ジョン・B・トンプソン

ブック・ウォーズ

デジタル革命と本の未来

久保美代子訳

みすず書房

BOOK WARS

The Digital Revolution in Publishing
(1st Edition)

by

John B. Thompson

First published by Polity Press Ltd., 2021

ブック・ウォーズ　目次

凡例

一、本文脇の（番号）及び対応する巻末注は、著者が付した原注である。
一、［　］は著者による補足を示す。
一、〔　〕は訳注を示す。
一、『　』は書籍の邦題である。邦訳がある書籍はその邦題にならい書誌情報を付した。また、邦訳を確認できなかった書籍は訳出し、初出箇所に原題を記載した。
一、〈　〉は、映画、絵画、新聞、雑誌、ウェブメディア、一部のアプリケーションなどの名称である。書籍と同様に英語表記を記載した場合がある。

まえがき

ここ数十年のあいだ、私たちが経験してきた技術革命は、これまで人類が経験してきたどの変化にも劣らぬほど、劇的で広範囲に及ぶものであった。とりわけ、この新たな技術革命が変えつつあるのは情報通信環境であるが、さまざまな産業分野にも創造的な破壊《ディスラプション》の手が及んでいる。それらは、20世紀の大半とそれ以前の時代に、情報通信環境を形成するうえで中心的な役割を果たしてきた産業である。新聞やラジオ、テレビ、音楽、映画など昔ながらのメディア産業は、変化の渦にほうりこまれ、古いアナログ技術は、脇に追いやられてしまった。記号化できる中身《シンボリック・コンテンツ》〔以降原則として「記号コンテンツ」と訳出した〕のコード化と伝送を基盤とする新たな技術によって、れてしまった。そして、アナログ時代にはキープレイヤーだったさまざまなメディア組織は、ふと気づけばデジタル革命に脅かされる状態に陥っており、収益は激減し、かつての支配的な地位はどんどん浸食されていった。そのいっぽうで、新たに登場した強力なプレイヤーが、情報空間の輪郭を変えはじめた。現在、私たちが暮らしている世の中は、情報やコミュニケーションの形態と経路という点からすると、わずか半世紀まえとは似ても似つかない世界になっている。

出版業界〔本書ではもっぱら書籍の出版業界について論じられる〕も例外ではない。この業界もまた、デジタル革命によって引き起こされた混乱の渦中にある。むしろ、この業界はほかのメディア産業より、よほど危機に瀕《ひん》しているともいえる。出版業界はメディア産業のなかでもとくに古い老舗《しにせ》業界であるというだけでなく、近代文化を形づくるうえでかけがえのない役割を果たしてきた。近世ヨーロッパの科学革命以降、出版業界に支えられて生まれたり、得られたりした膨大《ぼうだい》な文学や知識は、現在の私たちの生活や社会の重要な基盤をなしている。出版業界はそうやって500年以上ものあいだ、私たちに寄り添い、歴史や文化に深く浸透してきたのだ。このもっとも古いメディア産業が、現代の大規模な技術革命と出会ったとき、いったい何が起こるのだろうか。この新たな技術は、何世紀にもわたって慣習やビジネスモデルの屋台骨となってきたものとは根本的に異なる。出版業界がそのような技術に直面し、自分たちの立場が危ういと気づいたとき、何が起こるのだろうか。21世紀の最初の10年間に出版業界で働いていた者なら、遠い未来を見通さなくても、自分の将来に不安を覚える理由をすでにみつけていたことだろう。当時、音楽業界は急速に勢いを失い、新聞業界は収入が激減していたが、そのいっぽうで一部の大手技術系企業が書籍のデジタル化に本腰をいれはじめていた。このようなデジタル革命によって引き起こされた大きな渦に、出版業界が巻きこまれないわけがない。やり手の経営者であれ、利害関係のないアナリストであれ、出版業界がデジタル革命との遭遇を無傷で乗り切れるとお気楽に考えていた人などいないだろう。

　しかし、出版業界のデジタル化による破壊《デジタルディスラプション》は、具体的にどのような形を取るのだろうか。音楽業界のようにその分野を根底から覆すような転換期が訪れるのだろうか。音楽はCDなどの物理的な媒体を購入するかわりに、ネットでダウンロードされるようになり、音楽の制作と流通を一手に引き受けていた大手音楽レーベルは収益が激減した。出版業界では、電子書籍が普及して読者の新たな選択肢となり、紙に印刷された本は過去の遺物としてゴミ箱送りになるのだろうか。技術革命によって、出版業界の昔ながらの門番に邪魔されることなく、読者と作家がインターネットを介して直接コミュニケーションを取れるようになったら、書店は姿を消し、出版社は、つまはじきにされてしまうのだろうか。2000年代初頭、このような可能性のすべてが、業界のシニアマネジャーや評論家やコンサルタントらによって真剣に検討された。それらの人びとはディスラプションの崖の突端《とったん》にいる業界の将来について嬉々《きき》として見解を述べていた。

年月がたつにつれ、最古のメディア産業と現代の大規模な技術革新とのあいだの印象的な出会いが、徐々に形を取りはじめ、ほとんどの評論家が予想もしなかった結果をもたらした。これは単に評論家たちがまちがっていたというだけの話ではない（とはいえ、彼らはたいていまちがうし、とんでもない予想をしたりするのだが）。このような想定外の結果になったのは、技術が既存業界を破壊したときにどうなるか予測する際に、技術それ自体の分析にばかり頼っていたせいであり、検証されることもないまま暗黙の了解として、新たな技術というのは、その独自性と便利な特徴から、徐々に普及して当然のものと考えられているせいでもある。評論家たちの予測や分析では、現実の状況がほとんど考慮されなかった。いかにして新たな技術が発展していくかとか、いかにして新たな技術が多くの既存の社会制度や慣習、人びとの嗜好《しこう》のなかに組みこまれていき、ダイナミックな社会的プロセスの一端になっていくか、または場合によっては受けいれられずに終わるかを、彼らは認識していなかったのである。ようするに、ほとんどの評論家は、これらの技術が発展し普及していく特定の社会的な空間、つまり場《フィールド》を形づくっている現実社会への理解が欠けていたわけだ。評論家たちは、技術がそれ以前の技術すべてを一掃する万能な解決策《デウス・エクス・マキナ》であるかのように技術にばかり注目し、これらの技術が組みこまれ、その一端を担うことになる複雑な社会的プロセスを考慮していなかった。その社会的プロセスのなかで個人や組織は、自らの立場をよくしたり、ときには冷酷な死に物狂いの競争で相手を蹴落としたりして、自分の利益や目的を追求しているというのに。もちろん、このように社会的プロセスから切り離すことで、評論家の仕事はずっと楽になる。社会は混乱した場所なのだが、目の前の混乱を無視すれば、未来の予測ははるかにたやすい。だがそうしたところで、予測がさらに正確になるわけではないし、技術が存在する背景を構成している社会的要因や経済的要因、政治的要因を無視して、技術の変化がより深く理解できるようになるわけでもない。

本書は、出版界などの業界——というより、メディア産業やその他の産業を含む、あらゆる産業でも——にデジタル革命が及ぼす影響を理解するためには、社会の混乱に身を投じなければならないという前提に基づいている。そうやって混乱した社会に身を置いて、技術がいかに開発されて世に広まるのかを理解し、ある状況下で特定の好みや結果を求める個人や組織がその技術をどう受けいれたり、拒んだりするのかを理解してこそ、その影響を把握できるという前提だ。技術は無からなんらかの効果を生むわけではない。その技術を活用しようと決めた個人や組織との関係のなかで、効果が生まれる。個人や組織は自らの利益や目的（それがなんであれ）を追求するひとつの方法として、自分たちの時間やエネルギーや資源を技術に投資する。社会が混乱したとしても、その技術がたどる道から逸脱しているわけではない。社会の混乱こそが技術のたどる道そのものなのだ。なぜなら、新たな技術のアフォーダンス〔技術によって実現できることや可能になること〕と社会の混乱との相互作用によって、新たな技術が既存の制度や慣習にどんな影響を及ぼすのか、また影響があるとすれば、それはどの程度なのかが決まるからだ。

私が出版業界の混乱した世界にどっぷり浸るようになったのは20年まえだ。当時の私は、現代の出版業界の構造と変遷を研究しようとしていた。5年の歳月をかけて英米学術出版の世界を研究し、さらにもう5年かけて英米商業出版の世界に浸りきり、このふたつの世界について『デジタル時代の書籍（*Books in the Digital Age*）』（学術出版に関する本）と『文化の商人（*Merchants of Culture*）』（商業出版に関する本）を著した。

この2冊の本のテーマは、出版業界のかなり異なるふたつの分野にデジタル革命が及ぼした影響であった。1990年代半ば以降、これは業界の両分野で重要な問題となっていたため、当時の出版業界の研究に真っ向から取り組むなら、この問題を無視することはできなかった。とはいえ、これらの初期の研究のなかでは、デジタル革命の影響の解明は、唯一の関心事でもなければ、おもな関心事でもなかった。私が強く興味を抱いていたのは、これらの分野（私が「フィールド」と呼ぶもの）の構造上の重要な特徴を理解し、これらのフィールドの進化を時間とともに形づくるダイナミクスを分析することだった。デジタル革命は、すでに存在し構造化されていた制度や慣習や社会関係の上に打ち立てられたり、場合によってはそれらを破壊したりして、出版界でその存在感を示しはじめていた。デジタル技術とその革命によって、従来の組織は、昔からやってきたことに新たな方法を取りいれたり、何か新しいことができるようになったりした。また、組織の能力を改善して、作家や読者、クライアントにより良いサービスを提供したり、コンテンツをパッケージしなおしたり、新製品を開発したりして、さまざまな方法で、そのフィールドでの地位を開拓、または確立することができた。そのいっぽうで、デジタル革命によって、新たなプレイヤーがこのフィールドに参入して、新製品や新サービスを提供し、もともと存在していた出版社と張りあえるようにもなった。新たなプレイヤーや新たなチャンスが増えたことで、フィールド内では興奮と懸念と動揺がないまぜになり、既存のプレイヤーが支配していたフィールドで足掛かりを得ようとしている新規参入者によって、新たな取り組みが数多く生みだされ、開発が進められたが、衝突も多数生じた。もちろん、出版業界内の対立や変化は何も目新しいものではなく、この業界はこれまでにも幾度となく混乱と波乱に満ちた時代を経験してきた。しかし、デジタル革命が出版界に巻き起こした乱気流は、その特徴の面でも、もたらされた問題のスケールという面でも、前例のないものだった。500年以上ものあいだ続いてきたひとつの産業の根幹がふいに、これまでにないほど揺さぶられたのだ。まったく異なる方法で世界をみている強力な新興技術系企業を含めた新規参入者と出版社とのあいだで激しい対立が起こり、書籍出版という古くからある産業が注目の的になった。こうして小競り合いは、衆人環視のもとでの徹底的な戦いとなり、ときには法廷に持ちこまれることもあった。書籍戦争《ブック・ウォーズ》が始まった。

本は文化の一翼を担っているため、書籍戦争は文化戦争とみなすこともできるが、文化戦争と通常呼ばれるものとは異なる。「文化戦争」という言葉は、一般的には、中絶やアファーマティブアクション、性的指向、宗教、道徳観、家族生活に関するものなど、多様で社会に深く根ざした価値観や信念に基づく社会的対立や政治的対立を指すのに使われる。これらの対立は、多くの人びとが強く抱いている価値観や帰属する価値体系にその根幹があり、アイデンティティや利益と関係し、個人や集団として、自分あるいは自分の属する集団がどういうものか、自分たちにとって何が重要か、何に重きを置くべきかという感覚の違いに関係する。したがって、これらの文化戦争は公の場で情熱的に戦われることが多かった。書籍戦争は、これとはまったく異なる種類の対立である。通常の文化戦争のように情熱を燃えたたせることはなく、抗議のために通りをデモ行進したり、本を燃やしたりする人もいない。文化戦争の基準からすれば、書籍戦争は明らかに控えめだ。たしかに、あからさまな暴力的表現もなければ、デモ行進もなく、街頭で叫ぶこともないものを書籍戦争と呼ぶのは、いくぶん大げさかもしれない。しかし、あからさまな暴力的表現がないからといって、対立が現実には存在しないとか、重要ではないと考えるのはまちがいだ。むしろ、いつもは平穏な出版界でここ数十年のあいだに勃発した戦いは、まさに現実の戦いそのものだった。その戦いに人びとは覚悟と強い信念を持って臨んでいる。それこそが、当事者たちにとってきわめて重要な戦いであるという事実を裏づけている。この戦いは自分たちの利益に関係してくるし、自分たちの原理原則が危険にさらされるからだ。と同時に、こうした戦いは、書籍業界が大きな転換のときを迎えているという事実を示してもいる。この転換によって、フィールドは破壊され、これまで受けいれられていた方法に疑問が投げかけられた。そして、既存のプレイヤーは、新規参入者だけでなく、ほかの古参プレイヤーらとも一戦を交えねばならなくなった。それらの古参プレイヤーらは技術的な変化によって開かれた新たなチャンスの扉をみつけ、ときには他者を踏み台にしてでもそのチャンスをつかもうとしている。

本書の目的は、出版界でデジタル革命が起きたとき、具体的に何が起こったのか、また現在はどうなっているのかを検証することである。意外でもなんでもないが、これは、さまざまなプレイヤーが登場し、多様な展開をみせる複雑な物語である。既存の組織が自らの地位を守り、その地位を固めようとするいっぽうで、多くの新たなプレイヤーがこのフィールドへの参入を試み、私たちが「本」とみなすようになったものを新たな方法で創造し、普及させようとしている。出版の世界は、それ自体がおそろしく複雑で、多くの異なる世界で成り立っていて、それぞれの世界に特有のプレイヤーがいて、独自の慣習があることを考慮し、本書ではあえてひとつにまとめなかった。むしろ、『文化の商人』と同じく、英米商業出版というひとつの世界に焦点を絞って範囲を狭め、複雑さを軽減した。「商業出版」とは、フィクションであれノンフィクションであれ、一般読者を対象とし、バーンズ＆ノーブルや、ウォーターストーンズなどの書店や、アマゾンなどのオンライン書店を含むその他の小売業者で販売される本を出版している産業分野を意味する。「英米《アングロ・アメリカン》」商業出版とは、アメリカやイギリスを拠点とする英語の商業出版を指す。諸々の歴史的な理由から、アメリカやイギリスを拠点とする出版業界は、英語の商業出版という国際的なフィールドで、長いあいだ支配的な役割を担ってきた。学術出版や辞書などの参考図書《レファレンス》出版をはじめとするほかの出版分野や、英語以外の言語や英米以外の国で営まれている出版産業はプレイヤーもプロセスも異なるため、デジタル革命がそれらに及ぼす影響を理解するには別の研究が必要である。本書では英米商業出版の世界に焦点を絞ったが、プレイヤーはこの世界の老舗出版社に限定してはいない。老舗出版社はもちろん重要である。それはまちがいないが、デジタル革命によって引き起こされたディスラプションが重要なのは、このディスラプションがひとつの地殻変動となり、ほかのプレイヤーがこのフィールドに入りこめる隙間ができたからだ。これらのプレイヤーのなかには、古くからある出版界の最大手でさえ矮小《わいしょう》にみえるほどの規模でリソースを備え、独自の政策を打ちだし、戦いかたを心得ている大手技術系企業もいくつか含まれるが、無数の小規模プレイヤーや積極的な個人経営者などもいる。彼らはこのフィールドの端っこか、まったく別の空間でそのフィールドに直接影響を及ぼすこともある。またときには、本の世界として私たちが考える世界とのつながりがあったとしても、せいぜい間接的なものでしかないパラレルワールドに存在していることもある。

このような新しいプレイヤーとその取り組みのなかには、実際に勢いを増して、実質的な事業に発展するものもあるが、尻すぼみになって消えていくものもある。テクノロジーの歴史には、失敗した発明がいくつも転がっている。しかし、歴史家がテクノロジーの歴史やそれを開発した企業の歴史を書くときは、成功したもの、つまりある意味、あるいはある側面で世界を変えた技術や組織に注目しがちだ。私たちは、成功した発明や企業というレンズを通して歴史を振りかえる。私たちはグーグルやアップル、フェイスブック、アマゾンなどに魅了される。それらの企業はごく短期間で巨大化したほかに類のないユニコーン企業で、神話の生き物のような存在だ。しかし成功例ばかりに注目するという方法では、成功しなかったあらゆる発明や取り組み、新しいアイデアが振り落とされることになる。それらは当時良いアイデアだと思われ、一部の人びとからは熱狂的に受けいれられていたはずだが、なんらかの理由で志を成し遂げられず、失敗した偉大なアイデアの小史に仲間入りしたのだ。タイミングが悪かったのか、資金が底を突いたのか、あるいはそもそも良いアイデアではなかったのか――理由はどうあれ、驚くほど多くの新しいベンチャー事業が失墜する。しかし、失敗したベンチャー事業の歴史は、成功したベンチャー事業の歴史と同じくらい、多くのことを伝えている。失敗やつまずきから、成功の条件について多くのことが学べる。成功の条件や条件の一部が欠けたときに、どのようなことが起こるかをはっきり示しているからだ。大多数の新たなベンチャー事業が失敗に終わるのなら、成功したものだけに焦点をあてた説明は、どうあがいても部分的な歴史にしかならない。成功にのみ焦点を絞ったテクノロジーの歴史を書いても、勝者の視点から描かれた戦争の歴史と同じくらい偏っていて誤解を招くものになる。

もちろん、後知恵をつけたり、２０３０年や２０４０年、あるいは２０５０年にタイムスリップしたりして、出版業界を振りかえり、デジタル革命によってどのような変化が起こったかを自分自身に問いかけられるのなら、出版界におけるデジタル革命の歴史を書くのはずいぶん簡単だろう。過去の豊富なデータをくわしく調べられるし、この転換期を生き抜いた人たちのなかにはまだ現役がいて、経験談を聞けるだろうから。けれども、このデジタル革命のただなかで、その歴史を書くのは至難の業だ。古くから定着している業界の伝統的な慣習を打ち破りはじめたばかりの、まだ歴史が浅い技術革命について何がいえるだろうか。まだまだずいぶん多くのことが起こるにちがいないというのに。多くのことが不安定で、この業界の誰もが自分たちの周りで何が起こっているのか懸命に理解しようとしている最中に、まだ変化のまっただなかにいる世界について、どれほど確信を持って話したり書いたりできるのだろうか。いいかえれば、どうすればいきなり核心をつく、技術革新の物語を語れるのだろうか。

この質問の答えは簡単ではないし、どのような説明をするにしても、条件や制限がついてまわるだろう。とはいえ、少なくとも２０２０年にこの種の説明を試みるのは、２０１０年や２０１２年、２０１５年の時点で試みるよりたやすい。2020年には、電子書籍が本格的に販売されてから10年以上が経過しているため、パターンがようやく確立され、電子書籍が普及しはじめたばかりのころには得られなかった、ある程度明確な概観が得られているからだ。デジタルパブリッシングの初期の実験や過激なプロジェクトは試行を重ね、一部が成功し、多くが失敗に終わっている。その成功と失敗の両方から、このフィールドでものになりそうなもの、ものになりそうにないものがわかってくる。また、10年たてば、目新しさは失われ、真新しさという魅力に影響を受けた初期の開発は、もっと永続的な好みやテイストを反映したパターンに変わっているかもしれない。これらの（小さいとはいえ）諸々の理由から、タイムマシンがあればこの仕事ははるかに楽になっただろうが、まだ進行中の転換について何かためになることを述べるのも、まったく不可能というわけではない。

まだ進行中のプロセスについて書くときは、何がいちばん重要かの見きわめがむずかしいのはもちろんだが、最新の状態を記述するのはほぼ不可能に近い。私がここで提供しようとしているのは、そのときどきを写したスナップショットというよりも、変動中のあるフィールドの動的なポートレートであり、周囲で起きている変化を懸命に理解し、変化にどうにか適応し、変化を味方につけようと奮闘しているこのフィールドの人びとや組織の姿だ。これを適切に行なうには、一部の個人や組織に狙いを定め、彼らが手探りで道を進もうとしている姿を追い、彼らが直面した分かれ道、選んだ道、さまざまなタイミングで影響を受けた技術発展を再構築する必要がある。けれども、追跡できるのはそこまでだ。どこかの時点で物語を切りあげて、幕を引かねばならない。歴史は、歴史を書くという行為のなかで凍結され、提供される説明はつねに、その文が読まれる瞬間より以前の時間や時代の話になる。文章を書きおえるが早いか、世の中は動きつづけているので、描かれたポートレートは鮮度を失い、どんどん古びていく。即時の風化は、現在を記録するすべての歴史記録家のあらがえない運命なのだ。記録家はこの運命を受けいれ、度量の広い読者が時間のずれを理解してくれることを期待するしかない。

本書でベースにした調査の大半は、2013年から2019年にかけて行なった。このあいだに、アメリカとイギリス、おもにニューヨーク、ロンドン、シリコンバレーで活躍している大手出版社や数多くのスタートアップ企業、自費出版社、型破りな出版ベンチャーなどさまざまな組織の上級管理職やその他のスタッフを対象に180件以上のインタビューを行なった（私の調査方法と情報源の詳細は、付録2に記載している）。また、『文化の商人』で実施した280件のインタビューのなかで、本書に有益で関連があるものも必要に応じて使用した。

ニューヨークのアンドリュー・W・メロン財団に感謝する。2013年から2019年までの研究に資金を提供してくれたおかげで、私はこのフィールドでさらなる時間を過ごすことができた（Grant 11300709）。それより初期の研究に資金を提供してくれたイギリスの経済社会研究会議（RES–000–22–1292）にも感謝をささげる。また、スタッフとの面談を許可し、場合によってはデータを提供してくれた多くの組織にも感謝する。データの提供元の多くは本文中で紹介しているが、匿名を条件にデータを提供してくれた組織もある。その場合は徹底して約束を守った。そして、時間をさいていただき、ときには数年のあいだに何度もインタビューをさせていただいた多くの寛大な人びとに深く感謝する。みなさんの協力がなければ、この本を書きあげることはできなかった。本書のなかで直接引用した言葉はインタビューのごく一部で、ケーススタディとして登場する企業も私が調査した組織の一部にすぎない。とはいえ、どのインタビューも、変化しつづけるこの世界と、そこで活動している、あるいはかつて活動していた多くのプレイヤーについて理解を深めるために必要不可欠なものだった。インタビューさせていただいた人の多くは匿名とし、個人や企業について言及するときはたいてい仮名を使用した。しかし、エピソードがひじょうにユニークで、匿名性を保ちながらある程度厳密に説明を加えるのが不可能なときは、インタビュー対象者やその人が所属している企業の実名を使用している。その際はかならず本人の同意を得た。個人の実名を使用する際は、初出時にフルネームを記載している。いっぽう仮名を用いるときは、初出時を含めその後の使用時も、トムやサラなど架空のファーストネームのみを使用した。企業の名前を仮名にする場合は、初出時に〝エベレスト〟、〝オリンピック〟など引用符をつけている（これらの約束事やその根拠については、付録2で詳述した）。

本文中で実名をあげた人のインタビューを引用するときは、その人物や所属している組織について私が書いた文章を本人や組織に送り、それについてコメントをいただく機会を作った。多くの人がコメントをくれて、ときにはさらに詳細な説明をくれることもあった。それらのコメントを考慮にいれて、最終的な文章にした。これらの文章を快く読んで、フィードバックをくれた方々に心から感謝する。また、本文全体を読んでくれたマイケル・ケイダーとアンガス・フィリップスとマイケル・シャドソン、また、それぞれの専門分野（自費出版とオーディオブック）の章を読んでくれたジェーン・フリードマンとミシェル・コブスにも感謝する。みなさんが多くの有益なコメントや提案をくれたおかげで、さまざまな誤りや見落としを防ぐことができた。まだまちがいが残っていれば、それらはもちろん私の責任である。ていねいに校正してくれたリー・ミューラーに感謝する。本書の出版に向けて協力してくれたニール・ド・コート、レイチェル・ムーア、イーヴィー・デヴァル、ジュリア・デイヴィス、クレア・アンセル、スー・ポープ、サラ・ドブソン、ブレフニ・オコナー、アドリエン・イェリネック、クレア・ロス、マデリン・シャラガ、エマ・ロングスタッフ、リンディア・デイヴィス、ルーカス・ジョーンズなどポリティ社の多くの人びとにも感謝している。最後になるが、ミルカとアレックスに感謝をささげる。本書が産声《うぶごえ》をあげるまで何年ものあいだ、並大抵《なみたいてい》ではない忍耐と理解を示してくれただけでなく、いくつかの調査を実施しているあいだ、ニューヨークの寒い冬にも耐えてくれた。本書はふたりにささげる。本書執筆中、わずかな見返りで大きな苦労をかけた。心から感謝する。

ジョン・B・トンプソン　ケンブリッジにて

序論

アンディ・ウィアーは自分の幸運に目を疑った。ずっと作家になりたかったのだ。９歳のときにファンフィクションを書きはじめて以来ずっと……。

アンディは、夢はあったが思慮深い若者だったので、作家一本で食べていこうなどという大それた野望は抱かず、ソフトウェアエンジニアリングの勉強をして、コンピュータープログラマーになった。シリコンバレーの住人になったときは、それが賢明な選択だったと思ったし、25年間プログラマーとして順調にキャリアを積みあげてきた。それでも、作家としての夢を諦めたわけではなく、暇さえあれば物語をつづる生活を続けていた。１９８０年代の後半には、長編小説をひとつ書きあげて出版しようとしたこともあった。けれども、誰ひとり興味を持ってくれる人はいなかった。「よくある作家の卵の苦労話だよ。出版社は関心を示さないし、代理人になりたがるエージェント〔本書では著作権代理業者であるリテラリー・エージェントをさす〕もいない。誰にも振り向いてもらえない。望みはゼロだった」。それでもなお、アンディは寸暇を惜しんで執筆を続けた。そのころには執筆が趣味になっていた。１９９０年代後半から２０００年代前半にかけてインターネットが普及してくると、自分のウェブサイトを立ちあげて、書いた物語をオンラインで公開するようになった。また、メーリングリストの登録者を募り、新しい作品を投稿するたびにメールで知らせるようにした。メーリングリストの登録者は少しずつ増えていき、10年で3000人ほどになった。そのころ、連載小説を書きはじめた。1章分を書きあげるたびにウェブサイトに掲載して、読者に更新を知らせた。その連載小説のなかに、火星への有人宇宙飛行を題材にした物語があった。ソフトウェアエンジニアとして問題解決に興味があったアンディは、ある日こんなふうに考えた。「宇宙で何か問題が起きたとき、宇宙飛行士たちはどうすれば生き残れるだろうか。問題がふたつ発生したらどうなるだろうか。そのときはどうすればいいだろう。そう考えているうちにふと、これはもうすでにひとつの物語じゃないかと気づいたんだ」

アンディは夜や週末など、時間と書きたい気持ちさえあれば執筆し、章をひとつ書きおえるたびにウェブサイトに掲載した。読者は物語に夢中になり、火星への有人飛行に関する物理学や化学、数学などの専門的な細かい問題を指摘してくれた。アンディはそのたびに物語に修正を加えた。このような読者との積極的なかかわりが刺激になって、執筆は順調に進んだ。章を追うごとに、不幸な宇宙飛行士マーク・ワトニーの物語はどんどん展開していった。マークは火星に着陸した直後に起きた強烈な砂嵐のせいで意識を失った。目を覚ましたとき、ほかの乗組員たちはすでに緊急離脱したあとだった。自分は死んだと思われたのだ。かくして、マーク・ワトニーは、地球と通信が途絶え、限られた食物と水しかない状態で、遠く離れた火星にたったひとり取り残されてしまった。

この小説『火星の人』の最終章をウェブサイトに掲載したあと、アンディは別の小説を書きはじめようとしていたが、一部の読者から「『火星の人』の大ファンなのですが、ウェブブラウザで読みたくないので、電子書籍リーダーのバージョンを作ってもらえませんか」というメールが来るようになった。そこでアンディは、電子書籍バージョンを作成する方法を突きとめ（ソフトウェアエンジニアにとっては、それほどむずかしいことではない）、ＥＰＵＢ形式とＭＯＢＩ形式〔いずれも電子書籍のフォーマット〕のファイルを自分のウェブサイトに掲載して、読者が無料でダウンロードできるようにした。すると今度は、次のようなメールが届くようになった――「電子書籍のフォーマットを作ってくれて本当にありがとうございます。でも、私はコンピューターにうとくて、インターネットでファイルをダウンロードして自分の電子書籍端末にいれる方法がわかりません。できれば、キンドル版を作ってもらえませんか」。この要望に応えるため、アンディはアマゾンのサイトでキンドルの申請書を記入してファイルをアップロードした。するとアマゾンのサイトで電子書籍として販売されるようになり、キンドルで読めるようになった。アンディとしては、無料で配布したかったのだが、アマゾンでは電子書籍に価格をつける必要があったため、アマゾンが許可している最低価格の99セントにした。そして、読者にメールでこう知らせた。「みなさん、こんにちは。『火星の人』はウェブサイトから無料で読めますし、ウェブサイトから無料のＥＰＵＢ形式またはＭＯＢＩ形式のファイルをダウンロードすることもできます。あるいはアマゾンからキンドル版をダウンロードすることもできます」。すると意外にも、多くの人が無料バージョンではなく、アマゾンからキンドル版を購入してくれた。この電子書籍はまたたくまにアマゾンのベストセラーリストの上位に食いこみ、サイエンスフィクション（ＳＦ）カテゴリで1位になると、しばらくその座にとどまった。まもなく、１日３００部ほど売れるようになったが、本を出したことのないアンディには、その売れ行きがいいのか悪いのか、どちらでもないのか、想像もつかなかった。ただ、カスタマーレビューの評価が高くて、キンドルのＳＦ部門でずっと1位を維持しているのが、とにかくうれしかった。

そんなとき、思いがけないことが起きた。ある日、ひとりのエージェントからメールが来たのだ――あなたの小説を出版しませんか。弊社でそれを可能にします。もしまだエージェントがおられないのであれば、代理人にさせてください――にわかには信じられなかった。数年まえにアメリカじゅうのエージェントに手紙を書いて、代理人になってほしいと相談したとき、いい返事をくれた人は誰もいなかった。それがいま、頼んでもいないのにエージェントからいきなりメールが来て、代理人になるという。「いったいどうなってるんだろうって気分だった」

当時のアンディは知る由もないが、その少しまえ、3000マイル離れたニューヨークでは次のようないきさつがあった。ランダムハウスのインプリント〔出版社が有するブランドやレーベル〕であるクラウンのSF担当の編集者が、仕事の合間を縫っていつものようにお気に入りのインターネットSFサイトをみてまわっていたとき、『火星の人』に関するコメントをいくつか目にした。編集者はこの小説を調べてみた。すると、キンドルのSFベストセラーリストでは1位になっていた。カスタマーレビューでも高評価が多くあったので、編集者は本を買ってさくっと読んでみた。ストーリーはおもしろかったが、理系のテクニカルな部分の是非が判断できなかった。そのとき、たまたま友人のエージェントと電話で話す機会があり、この本の話をしてアマゾンで状況を追っていると伝え、読んで感想を聞かせてくれないかと頼んだ。このエージェントこそ、アンディにメールを出した人物だった。本を読んで気に入ったエージェントは（「度肝《どぎも》を抜かれた」――理系のテクニカルな部分はこのエージェントのオタク心《ごころ》をいたくくすぐった）、さっそくアンディに連絡を取って契約を結んだのだ。アンディのエージェントとなった男は、インターネットでおもしろい記事をみつけてはその記事の書き手に連絡を取ったり、アマゾンで良さそうな自費出版の本を発掘したりするなど、オンラインで新しい作家をみつけることに慣れていて、この領域で仕事を進める方法を心得ていた。エージェントは本を紹介してくれた編集者に義理立てしてまず連絡を取り、独占的にこの本を検討できる時間をわずかながらも設けた。編集者はこの本をクラウンの同僚数人に送り、週末にみてもらうことにした。同僚たちもこの本を気に入ったため、編集者は月曜日には検討を終えて、アンディらに気前のいい提案をして、いちはやくこの本の権利を獲得し、ほかの出版社へ売り込みをかけられないようにした。アンディは大喜びで契約を結んだ。「悩むまでもなかったよ。そのときやっていた仕事の1年分の収入よりも多い額で、しかもそれは前払金にすぎなかったんだから」とアンディは語った。

同じころ、ある小さな映画制作会社が、キンドルのベストセラーリストに掲載されている『火星の人』に目をつけて連絡してきた。アンディはついたばかりのエージェントに連絡を取り、小規模な映画制作会社が関心を持っているという事実を利用して、フォックスの関心を惹いた。フォックスはすぐに映画化権を手にいれて、リドリー・スコット監督、マット・デイモン主演で映画制作を発表した〔日本では〈オデッセイ〉という邦題で2016年に公開された〕。こうして出版権がランダムハウスに売却され、ハリウッドで映画制作が進行中となったところで、今度は文芸スカウトたち〔外国の出版社のために本国で話題の本などの発掘を行なう職業〕が海外の出版社に魔法をかけはじめた。うわさを広める《バズマシン》人びとが動きだし、評判が広まった。やがて、海外の31の地域に版権が売れ、アンディの多額の前払金は、本が出版されてもいないうちに回収された〔日本では早川書房から『火星の人』（小野田和子訳、2014年）として出版された〕。

このようなはるか遠くで交わされた会話を知らないアンディにしてみれば、自分の小説にとつぜん関心が向けられたことが、とても現実とは思えなかった。ランダムハウスおよびフォックスと契約した週は、いつものようにプログラミングの仕事のために出勤して、オフィスブースで作業をしていたが、電話で映画の契約について話し合うために会議室に行かなければならなかった——「どこからともなく、やあ、アンディと声をかけられ、きみの夢をすべて叶《かな》えますよっていわれたみたいな気分だった。嘘《うそ》みたいな話だったから、文字どおり嘘だと思ってた。実際に会ったこともない人たちとメールや電話でやり取りしただけだったから、心の奥底では「きっと詐欺だ」と考えていたよ」。契約書が届いて、その返送先が「ランダムハウス、ニューヨーク州ニューヨーク市ブロードウェイ1745」となっており、そのあと前払金の小切手が届いて、やっと現実感が湧いてきた。それでも「これが詐欺だったら、お粗末な手口だな」とアンディは思っていた。

ランダムハウスとの契約が済むと、キンドル版を削除するよう求められたので、そのとおりにした。少し編集されたその作品は、出版まえに多くの著名な作家たちに送られた。作家たちの反応は上々だった。名だたるSF作家たちが、自分たちのジャンルに加わった新たな作品として絶賛してくれたのだ。作家たちの太鼓判によって出版社内でも話題になり、評判が高まると、それに励まされるようにして営業部の人びとも、大手小売店のバイヤーと会うときにこの本を推してくれるようになった。これは、毎週何千もの新刊が出版されるなかで、1冊の本が頭ひとつ出るための欠かせない要素である。2014年2月にランダムハウス版の『火星の人』がようやくハードカバーと電子書籍で出版されると、またたくまに〈ニューヨーク・タイムズ〉のベストセラーリストに入り、6週にわたってその座を守った。〈ウォール・ストリート・ジャーナル〉に掲載された熱烈なレビューでは「説得力たっぷり……アーサー・クラークでも到達できなかった域のテックSFだ」と評された。ペーパーバック版が2014年10月に発売されると、〈ニューヨーク・タイムズ〉のベストセラーリストにふたたび仲間入りして1位の座を獲得し、年があけて2015年になっても相変わらずベストセラーの座を守っていた。

アンディの成功は、前例のない注目に値する事例だ。個人のブログとして始まったウェブサイト上の物語が、さまざまな変容を経て、世界的なベストセラーとなり、大ヒット映画となり、それに伴ってある男の人生とキャリアが一変したのだ。1世代まえであれば、このようなことは不可能だっただろうし、アンディのような才能は埋もれていたかもしれない。これは、デジタル革命が出版界に引き起こしたさまざまな良い面のひとつだ。インターネットのおかげで、新たな方法で才能が発掘され、それまでこつこつやってきた無名の作家がとつぜん、あっというまに世界的なスターダムにのしあがる。作家も出版社も、そして世界じゅうの何百万人もの読者も、みんながハッピーになった。たしかにアンディの成功は目を見張るものがあるが、これは物語のひとつの側面にすぎない。アンディが子どものころから抱いていた夢を実現させた、まさにその変化によって、長いあいだほとんど同じ方法で営まれてきた業界に大混乱がもたらされた。アンディを喜んで受けいれたこの業界は、アンディのあずかり知らぬところで、戦いの場と化していた。強力な新しいプレイヤーが伝統的な慣習を破壊し、いままで広く行なわれていたやり方に挑戦する戦場となっていた。グーテンベルクから5世紀たって初めて経験するほどの大規模な技術革命によって、戦いは激しさを増した。ブログからベストセラーになった『火星の人』の驚異的な成功は、出版におけるデジタル革命のパラドックスを象徴している。つまり、個人にも組織にも前例のない新しいチャンスが生まれるいっぽうで、水面下では出版業界の地殻変動が起きている。このふたつの動きがいかにして同時発生するのか、そしてなぜそのような形態を取るのかを理解することが、出版界のデジタル革命を理解する鍵となる。

　デジタル革命が出版業界に初めて姿を現したのは、１９８０年代のことだ。当時、英米の出版業界は、１９６０年代以降に勢力を拡大してきた三大プレイヤーに支配されていた。それは、小売チェーン、リテラリー・エージェント、出版社である[1]。第一のプレイヤーである小売チェーンは１９６０年代後半に、アメリカで、B・ドルトン・ブックセラーやウォルデンブックスなどの出現とともに広がり、中流階級の一家が都市の中心から郊外へと移住するにつれ、郊外のショッピングモールに根を張り、当時は珍しくない存在へと急速に普及していった。１９７０年代から１９８０年代にかけて、これらのモール型書店は、いわゆるブック・スーパーストア・チェーン、とくにバーンズ＆ノーブルやボーダーズなどに吸収・合併された。スーパーストアは、1980年代から1990年代にかけて、アメリカ全土に店舗を展開して激しい競争を繰り広げた。モール型の書店とは異なり、これらのスーパーストアは都市の一等地に店舗を構え、広い面積を確保して最大限に在庫を抱えた。これらの店舗は、伝統的な書店に慣れていない人びとを歓迎し、威圧感を与えない魅力的な小売空間として設計されていた。清潔で広く明るい空間には、ソファやコーヒーショップが併設されていて気楽に本が読めるし、入店時に荷物を預ける必要もない。イギリスでも同様の動きがあった。1980年代から1990年代にかけて、ディロンズとウォーターストーンズというふたつの書店チェーンが頭角を現し、一般大衆向けに新聞や文房具を販売しているW・H・スミスというチェーン店と競合したが、最終的にディロンズがウォーターストーンズに吸収された。

この状況に加え、1980年代後半から1990年代前半にかけては、書籍の小売店として量販店やスーパーマーケットが大きな役割を果たすようになるという、書店チェーンと似た流れが生じ、商業出版社が出版する本のかなりの割合が小売チェーンを通じて販売されるに至った。そのためこれらのチェーン店の支配力が強まり、市場シェアが大きくなっていった。市場シェアが増大したことで、小売チェーンは出版社との交渉時にかなり強い立場に立てるようになった。というのも、ある本に対する小売チェーンの貢献の度合いや、店頭ディスプレイでその本を取りあげるかどうか、取りあげる場合どれほどのコストをかけるかによって、その本のみつけられやすさ《ビジビリティ》や成功に大きな違いが生まれたからである。それとは対照的に、独立系書店は急激に衰退した。1990年代には、大型小売チェーンの豊富な品揃《ぞろ》えと強気の割引価格に対抗できず、多くの書店が倒産に追いこまれた。書籍販売の小売業態がそのような状況だった1995年の7月に、シアトル郊外の車庫で、アマゾンという名前の、インターネットを利用した小さなスタートアップ企業が事業を開始した。

20世紀後半、英米商業出版のフィールドで大きく発展した第二のプレイヤーはリテラリー・エージェントだった。もちろん、リテラリー・エージェント自体は目新しいものではなく、19世紀後半から存在していた。しかし、それが存在しはじめた最初の1世紀のあいだ、リテラリー・エージェントは、自分たちの役割は作家と出版社を結びつけ、両者にとって公平で合理的な取引を交渉する仲介役だと理解していた。しかし、1970年代から1980年代初頭にかけてリテラリー・エージェントの自己認識が変わりはじめた。このフィールドに新しいタイプのエージェント——私はスーパーエージェントと呼んでいる——が登場したからだ。これまでの流れなら、まず出版社で働いたあとエージェントになる人が多かった。その流れとは異なり、スーパーエージェントは出版の世界ではアウトサイダーで、リテラリー・エージェントの伝統的な慣習にとらわれておらず、エージェントの役割をより法律的に理解していて、仲介者というより、クライアントである作家の利益を守る擁護者の役割を果たしていた。このタイプのエージェントは争いをいとわず、代理している作家の利益を最大にするために徹底的に戦ったし、大手出版社の機嫌を損ねても気にしなかった。組織と良い関係を保つのがエージェントの役割のひとつとは考えていなかったのだ。これらのスーパーエージェントは出版ビジネスはたっぷり儲《もう》かるものだと知っていたし、とくに小売チェーンの台頭によって書籍販売のキャパシティが大幅に拡大していた状況では、作家は公平な取り分を得てしかるべきだと信じていた。また、作家のために誰かが戦う覚悟を決めないかぎり、出版社が作家に多額の前払金を渡したり、良い条件を提案したりしないことも知っていた。

とはいえ、スーパーエージェントの攻撃的で闘争的な方針が、すべてのエージェントに共通していたわけではない。なかには新参者のやり方に眉をひそめているエージェントもいた。しかし、気づかぬほどゆっくりと、エージェントの文化は変容していった。エージェントの仕事は誰もが満足するよう取引をまとめること、という意味合いはどんどん弱まり、ときには長いあいだ友好関係にあった出版社や編集者を怒らせたとしても、作家のために最善の取引をするという考えがどんどん強まった。これは、どの出版社と取引を続けるかの決め手が前払金《アドバンス》の額だけになるというようなことではなく、出版社の体質や編集者との関係、マーケティングへの取り組みなど、ほかにも考慮すべき点があった。しかし、前払金は重要で、その重要性はさらに高まった。前払金は、可能なら著作活動で生活したいと考えている多くの作家の生活の糧《かて》であるだけでなく、出版社が力をいれてくれるかどうかのサインともみなされた。前払金が多いほど、出版社は印刷部数、営業予算、販売努力などの面でその本を後押ししてくれるからだ。エージェントが、もっとも貴重で新しいコンテンツへのアクセスをコントロールしている市場では、出版社の前払金の額は、誰が出版の権利を取得するかを決めるうえで、ますます重要な要素となっていった。前払金の額はどんどんあがり、新作に対する出版社間でのオークションも頻繁に行なわれるようになって、最終的には資金が潤沢《じゅんたく》な出版社——つまり大手企業——ばかりが、人気のある作品を獲得できるようになった。

英米商業出版の流れを作った第三のプレイヤーは、巨大化した出版社である。1960年代初頭以降、英米商業出版のフィールドではいくつかの合併・買収の波が押し寄せ、かつては独立していた多くの出版社が大企業のインプリントに姿を変えた。たとえば、サイモン&シュスター、スクリブナー、ハーパー、ランダムハウス、アルフレッド・クノップフ、ファラー・ストラウス&ジルー、ジョナサン・ケープ、ウィリアム・ハイネマン、セッカー&ウォーバーグ、ワイデンフェルド&ニコルソンなどであるが、これらはほんの一部である。このようなM&Aの理由は複雑で、買収される側《がわ》の出版社の事情や買収する側の企業戦略などもさまざまだ。しかし、全体的な結果として、1990年代後半になるころには、英米商業出版界の景色は一変していた。かつては、オーナーや編集者の個性的な好みやスタイルを持ち味とする数十の独立系出版社が存在していた。ところがいまでは、5、6社の大手出版社がそれぞれ、多数のインプリントを傘下とする統括組織として機能しており、さらにそれぞれの出版社の背後には、はるかに大きなマルチメディアコングロマリットが控えていて、出版社はそのコングロマリットの監督下にあった。これらのコングロマリットの多くは、大規模で多角的な多国籍企業で、さまざまな産業や国に事業を展開していた。ドイツのベルテルスマンやホルツブリンクのように、株式非公開の同族経営企業もあれば、ピアソン、ニューズ・コープ、バイアコム、ラガルデールのように、株式を公開している企業もある。ほとんどの場合、これらのコングロマリットは、イギリスとアメリカの商業出版の資産を複数買収し、一企業の傘下にまとめた。それでも実際は、ペンギン、ランダムハウス（2013年の合併により、現在はペンギン・ランダムハウス）、サイモン&シュスター、ハーパーコリンズ、アシェット、マクミランなど同じ名前を使っているものの、アメリカとイギリスの事業はそれぞれ独立して運営され、親会社と直接やり取りしていた。

これらの大手出版社は、英米商業出版のフィールドでキープレイヤーとなり、2000年代初頭には、アメリカとイギリスの小売総売上の約半分を占めるようになった。大規模な小売チェーンと強力なエージェントがそれぞれ、顧客とコンテンツへのアクセスを支配しているのが特徴のフィールドでは、大手であることに明らかなメリットがあった。規模が大きければ、大規模小売チェーンとの交渉を有利に進められるし、取引条件を整えて出版社の収益を大きくすることができる。また、大規模なコングロマリットの潤沢な資金があるため、もっとも人気のあるコンテンツを獲得するための競争で強い立場を得られた。エージェントの力が大きくなってきたおかげで、前払金の額が決め手になることも多かった。中小出版社は、新興出版社の資金力に太刀打ちできず、その多くがけっきょくは白旗をあげて降参し、いずれかのグループの傘下に入った。

以上が、20世紀最後の40年間（1960年ごろから2000年代初頭まで）に英米商業出版業界のフィールドを形づくった3つの大きな流れである。もちろん、このフィールドを形成するうえで重要な因子は、ほかにもさまざまにあり、この時代に商業出版の世界で活躍した重要な組織もほかに数多くあった。この業界は、あきれるほど複雑な世界なのだ。不可解な商習慣、高度に枝分かれしたサプライチェーン、さまざまな事業を行なっている無数の組織。しかし、1980年代、1990年代、2000年代初頭の英米商業出版の世界が、なぜ1950年代以前の世界と大きく異なるのかを理解しようとするならば、また、2000年代初頭までに業界で広がり、当然のように行なわれていた重要な商習慣や現象を理解しようとするならば、前述の三大プレイヤーの発展が鍵となるだろう。ここでいう重要な商習慣や現象とは、新刊本のオークション、よだれが出そうなほど高額な前払金、大手小売店の店頭に陳列された平積みの本、空前のスケールと頻度で生みだされたベストセラー、高額な値引きと高い返本率などを指す。

1980年代初頭にデジタル革命がその存在感を示しはじめたとき、商業出版業界はこのような構造だった。当初のデジタル革命は、業界の外にいる者には感じられないほど地味なものだった。ほかの多くの産業分野と同様に、デジタル革命の初期の影響は、物流、サプライチェーンの管理の領域にとどまっていたものの、徐々に経理・人事などの後方支援業務システムにも変化を及ぼした。書籍出版のように、何千もの新製品、つまり書籍が毎週出版され、それぞれに個別の識別番号としてISBN（国際標準図書番号）がつけられている業界では、ITを活用したサプライチェーン管理によって大幅な効率アップが見込めた。1980年代から1990年代にかけて莫大な資金が投入され、出版サプライチェーンのあらゆる側面を管理する効率の良いシステムが構築された。つまり、制作、著作権、印税から、発注、倉庫管理、販売、フルフィルメント〔受注から配送までの一連のプロセス〕までのあらゆる業務の効率化が実施されたのだ。ITシステムの改善により、出版社は出版プロセスを効率よく管理できるようになり、取次業者は小売店にこれまでよりずっとすぐれたサービスを提供できるようになり、小売店はコンピューター化されたPOSデータを踏まえて、毎日のように在庫をモニターして再発注をかけられるようになった。このように水面下で書籍のサプライチェーン全体が静かに、劇的に変化していった。血が騒ぐような発展ではないが、出版業界の日々の業務に及ぼした重大な影響は、いくら強調してもしすぎることはない。

サプライチェーン管理や後方支援業務システムの改善は、日常的な事業経営という面で重要な意味を持っていた。しかし出版業界のデジタル革命は、その領域にとどまらなかった。出版業界ではデジタル革命が、はるかに大きな破壊力を発揮する恐れがあった。それはなぜだろうか。500年の歴史のなかで、出版業界にたびたび襲いかかってきたほかの多くの技術革新に比べ、デジタル革命がこれほどまでに破壊的で、大きな脅威となった理由はなんだろうか。

このデジタル革命の毛色が異なるのは、出版ビジネスの核となるコンテンツが、これまでとはまったく異なる方法で扱われる可能性を差しだしている点にある。それは、ほかのメディア・クリエイティブ産業と同様に、出版ビジネスで重要なのは、記号コンテンツ、つまり、物語という特定の種類の情報やその他一定の長さのあるテキストだからである。デジタル革命が可能にしたのは、いかなる情報であれ、情報（つまり記号コンテンツ）を、データとして処理、保存、送信できる数字の列（ビット列）に変換することだった。情報がデジタル化されたデータ形式になってしまえば、それを操作したり、保存したり、ほかのデータと結合したり、さまざまなネットワークを使って送信したりなどが容易にできるようになる。私たちはいまや、新しい世界にいるのだ。そこは車や冷蔵庫、紙に印刷された本などの物理的な形あるものの世界とはぜんぜんちがう重量のないデータの世界である。それらのデータは、まったく新しいプロセスを経て、独自の特性を持つネットワークを介して送信される。そして出版業界は、この新しい世界に深く引きこまれれば引きこまれるほど、グーテンベルクの時代からずっと縄張りにしてきた既存の物理的な形あるものの世界から離れていった。つまり、本に含まれるコンテンツは、紙の印刷物という物理的な媒体とはもう結びついていないのである。

　これこそデジタル革命が、出版業界やその他のメディア・クリエイティブ産業に、とてつもない影響を及ぼしている理由だ。デジタル化によって、コンテンツはデータに変換され、長らく組みこまれていた土台としての物理的な媒体から切り離せるようになった。この点で出版は、たとえば自動車産業とは大きく異なる。自動車産業は、デジタル技術の適用によってさまざまな形に変容しうる（し、これまでも変容してきた）。けれども、自動車自体は、たとえドライバーがいなくなったとしても、エンジン、車輪、ドア、窓などを備えた物理的な形あるものでありつづけるだろう。ところが本はそうではない。５００年以上ものあいだ、私たちは本を、インクと紙と糊《のり》で作られた物理的な形あるものと結びつけてきた。その事実は、本質的には歴史のなかの偶発的な結果にすぎず、本そのものに必須の特徴ではない。紙に印刷された本は、そこに収められたコンテンツ（たとえば物語）をある種の記号〔つまりここではおもに文字〕で示したり埋めこんだりできる有形のひとつの媒体にすぎない。過去には（粘土板やパピルスなど）ほかの媒体が使われたこともあったし、将来、ほかの媒体が生まれる可能性もある。そして、もしそのようなコンテンツがデジタルのコードに変換できるのなら、コンテンツを記録したり、修正したり、伝達したりするために、紙という特定の物理的な土台にコンテンツを埋めこむ必要はなくなる。コンテンツは、０と１の特定の並びでできたコードとして、バーチャルに存在する〔つまり、ここでの記号は０と１といえる〕。

　とはいえ、デジタル革命の影響はそれだけにとどまらない。デジタル革命によって、現代社会の情報通信環境は一変した。情報技術、コンピューター、テレコミュニケーションが組み合わさったデジタル革命により、これまでにないほど大量のデジタル化された情報が恐るべきスピードで伝送されるようになった。それによって、空前のスケールで情報通信の新たなネットワークが構築された。一般の人びとの情報環境は大きく変化した。電話や地図、コンピューターの機能を同時に使える小さな機器を、ポケットやバッグにいれて持ち歩くようになり、その画面に触れるだけで、他者とつねにつながったり、自分の現在地や行き先を把握したり、膨大な情報にアクセスできるようになった。出版などの昔ながらのクリエイティブ業界は、自分たちのビジネスに深く影響するというのに、自らはほぼコントロールできない変化の渦に巻きこまれた。この変化の渦を巻き起こしたのは、おもにアメリカ西海岸に拠点を置く大規模な技術系企業で、英米商業出版の中心を占めていた従来の出版社とは毛色の異なる企業だった。これらの企業が基盤にしている運営方針や活動理念は、昔ながらの出版界のそれとはまったくかけ離れていた。しかし旧来の出版界は、それらの大規模な技術系企業の活動によって新たに生みだされた情報環境に、適応せざるをえなかった。

けれども、デジタル革命による破壊的な影響を真っ先に経験したのは、消費の領域ではなく、生産の領域だった。従来の出版業界の方法でいくと、作家から受け取った（たいていはタイプされた）原稿は、編集され、校正され、植字工に指示（原稿指定）が出されるという手順だった。それが一掃され、徐々に制作プロセス全体がデジタル化されていったのだ。そう、ペンと紙、あるいはタイプライターを使うのではなく、コンピューターのキーを打つことで原稿を作成する作家が増えれば増えるほど、原稿は創造された瞬間からデジタルファイルと化し、ディスクやコンピューターのメモリに保存された0と1の数列としてのみ存在する、いわば生まれながらのデジタルテキストとなった。書くためのツールの形態が変化し(2)、この時点で、原稿から私たちが「本」と呼ぶ物体の作成へとつながる変換のプロセスが、少なくとも原理的には全面的にデジタル形式で行なえるようになり、コンピューター画面上での編集、差し替え、修正、組版のための原稿指定、デザイン、そして組版が可能になった。制作プロセスという観点からみると、本はひとつのデジタルファイル、あるいはデータベースとして再構成されたに等しい。出版社の制作部のマネジャーにとって、いまやすべての本は、特定の方法で操作され、コード化され、タグづけされた情報のファイルでしかない。デジタルファイルとしての本の再構成は、私が「隠れた革命」と呼んでいるものの重要な部分である[3]。ここでいう革命とは、製品《プロダクト》ではなく、むしろ過程《プロセス》の革命だ。つまり、最終的な製品が紙にインクで印刷された物理的な本であるため、これまでと同じにみえるかもしれないが、この本が制作される過程はそれまでとまったくちがっている。

このような制作過程のすべてのステップは原理的にはデジタルで行なうことができるが、実際はさほど簡単な話ではない。デジタル化されたからといって、かならずしも何もかもが単純化されるわけではなく、逆に複雑になることも多かった。さまざまな種類のファイルやフォーマット、プログラミング言語、ハードウェア、ソフトウェア、絶え間ないアップグレードなどがつきまとうデジタルの世界は、昔のアナログ印刷の世界よりもさまざまな面で複雑である。１９８０年代初頭以降の出版業界の歴史を担う重要な出来事として、本を制作するさまざまな段階に、デジタル革命がしだいに入りこんできた。植字は最初に影響を受けた領域である。旧来のライノタイプの鋳植機は１９７０年代以前は標準的な植字手段だったが、１９８０年代にはＩＢＭの大型汎用コンピューターを使った写植機が取って代わり、１９９０年代にはデスクトップパブリッシング（ＤＴＰ）がそれに取って代わった。植字コストは大幅に削減された。１９７０年代には、原稿から本を植字するのに１ページあたり10ドルかかっていたが、20年にわたるインフレによってドルの価値が下がったにもかかわらず、２０００年には１ページあたり４、５ドルになった。この変化は決定的で劇的なものだったが、この変化のなかで生きてきた人びとにとっては、新しいやり方に適応しなければならないという混乱の時代でもあった。植字工の仕事は再定義され、責任の系統がぼやけた。それまで植字工が行なっていた仕事の一部は廃止され、その他の仕事は社内の制作スタッフに振りわけられた。スタッフはふと気づくと出版界のデジタル革命の最前線に立たされていて、新しい技術を使ったり、つねに更新される新たなプログラムを習得したりしなければならなくなった。

１９９０年代半ばまでに、植字やページデザインなど書籍制作の技術的な領域の多くは、デジタル技術が導入されて完全に様変わりした。しかし、編集や印刷など、ほかの領域の進歩には一貫性がなく、植字と同じように性質的にデジタル化が進みやすいワークフローもあれば、アナログからデジタルへの一方通行の移行ではなく、もっと複雑に進む部分もあった。多くの作家がコンピューターで文章を作成し、デジタルファイルを作成していたが、そのファイルにはエラーが多く、出版社ではそのまま活用できないことが多かった。出版社にとっては、原稿を印刷し、印刷したページを編集して原稿指定し、その原稿をアジアの組版業者に送って、原稿を入力しなおし、ページレイアウト用のタグを付け足すほうが、簡単で安上がりなことが多かった。したがって、原則としては、作家がキーを打って原稿を作成しはじめた時点が、デジタルワークフローの開始時点なのだが、実際には、少なくとも商業出版でのデジタルワークフローの始まりは、編集され、原稿指定された原稿が組版業者によって再入力され、追加機能を含むファイルが出版社に提供される時点という、もっと後半のタイミングが一般的だ。

印刷もデジタル化が大きな影響を与えた領域だが、ここでもアナログからデジタルへの単純な一方通行の移行ではなく、より複雑な過程でデジタル化が進んだ。１９９０年代後半まで、大半の出版社はすべての本に伝統的なオフセット印刷を採用していた。オフセット印刷には多くの利点がある。印刷品質が高く、イラストも高水準で再現でき、印刷枚数が多いほど1冊あたりのコストが下がるという規模効果があるのだ。とはいえ、デメリットもある。もっとも重大なデメリットは、初期費用が高いこと。そのため少量の印刷では不経済になるので、年間販売部数が数百部以下の既刊本は、多くの出版社で一般的に絶版になる。大規模な商業出版社では、絶版の条件となる年間販売部数のラインがほかに比べてはるかに高かった。大規模な出版社にとっては、それらの本のスペースを倉庫に確保し、在庫がなくなったときに少部数を増刷して、販売を続けるという方法は、経済的ではなかったのだ。

ところが、デジタル印刷の出現によって状況が一変した。デジタル印刷の基本的な技術は1970年代後半から存在していたが、従来のオフセット印刷機に代わるほど本格的な技術にまで発展したのは、1990年代に入ってからだ。再現の質の向上とコストの低下に伴い、さまざまなタイプの新しい企業がこのフィールドに参入し、多様なデジタル印刷サービスを出版社に提供した。いまや、既刊本のファイルをデジタル印刷会社に送りさえすれば、既刊本を印刷しつづけられるようになった。デジタル印刷機は、従来のオフセット印刷で許容されていた部数よりはるかに少ない10部や20部、100部、200部といった部数で再び印刷を行なうことができた。1冊あたりのコストは従来のオフセット印刷よりも高くなるが、小売価格の引き上げにとくに積極的な出版社には無理な相談ではない。これによって従来の出版業界のフルフィルメントモデルが様変わりすることさえあった。既存のモデルでは、決まった部数を印刷して倉庫に置き、注文が入って売れるのを待つという流れになる。が、デジタル印刷を使えば、出版社がファイルをライトニングソース社のようなオンデマンド印刷業者に渡し、そのファイルをライトニングソース社がサーバーに保管しておいて、注文が入ったときにだけ本を印刷するという方法が取れる。この方法なら、出版社は倉庫に在庫を置くことなく、本を永続的に販売できるようになる。いわば「バーチャルな倉庫」が物理的な倉庫に取って代わったのだ。

２０００年代初頭には、英語圏の多くの出版社が動きの鈍い既刊作品に、ショートラン（小ロット）のデジタル印刷であれ、真のオンデマンド印刷であれ、なんらかのタイプのデジタル印刷を使用するようになっていた。とくに学術書や専門書の出版分野では、この新たなチャンスをいちはやく活用しはじめていた。これらの書籍の多くは、高額で少部数が販売される専門的な本であるため、デジタル印刷に適していたのだ。多くの商業出版社は、オフセット印刷に適した大量部数を扱うことに慣れていたが、２００４年にクリス・アンダーソンが初めて提唱したロングテール理論〔売れ筋以外の商品を多く扱うことによって売上を大きくするという理論〕をきっかけに、[4]古い既刊本のなかにデジタル印刷技術を利用することで得られる隠れた価値があると気づいた出版社もあった。学術・専門書の出版社と商業出版社のいずれもが、自社の既刊本を掘りおこしはじめ、著作権が残っている古い作品をみつけては、それをスキャンし、ＰＤＦに変換し、デジタル印刷された本としてふたたび販売するようになった。こうして何年もまえに絶版になった作品に、ふたたび命が吹きこまれた。デジタル印刷のおかげで、出版社はもはや本を絶版にする必要がなくなった。少部数で再度印刷するか、オンデマンド印刷プログラムにファイルをいれておくだけで、その作品を永続的に販売できるようになったのだ。これは出版業界のデジタル革命が初めてもたらした強烈なアイロニーのひとつだ。デジタル革命は、印刷された本を葬り去るどころか、それらに新たな命を吹きこみ、デジタル革命まえの世界では尽きていたはずの寿命をはるかに超えて、生きながらえられるチャンスを本たちに与えたのだ。今後、多くの書籍が絶版を免れるだろう。

　このような印刷技術の発展に加え、組版や書籍デザインのデジタル化に伴ってコストが大幅に削減されたため、新たなスタートアップ企業が出版フィールドへ参入する際の障壁がずいぶん低くなり、新参者に道が開かれた。いまや、これまでにないほど簡単に出版社を設立できるようになった。そして、パソコンのＤＴＰソフトを使って組版やデザインを行ない、デジタルプリンターやオンデマンド印刷サービスを使って少部数で、あるいは1冊のみでも容易に本を印刷できるようになった。デジタル革命は、小規模な出版事業の増殖を引き起こした。1990年代後半から2000年代前半にかけて、オンデマンド印刷技術を利用したさまざまな組織が登場して本格的に始まった自費出版は、2010年ごろから新たな性質を帯びるようになり、自費出版のフィールドにも多くの新しいプレイヤーが参入した。

これらの発展はそれなりにドラマティックだったが、それは変化のプロセスの第一段階にすぎず、やがてもっと大きな変化が訪れ、英米商業出版界で確立されていた構造や既存のプレイヤーは、はるかに厄介な状況に置かれることになる。1990年代のインターネットの普及、情報技術と通信技術の融合、高速インターネットに接続できるパーソナルコンピューターやモバイル機器の利用の高まりで一変したのは、サプライチェーンや後方支援業務システム、制作プロセスだけではない。顧客（読者）が本を手にいれる方法や、その本の形態、さらには読者と作家との関係も刷新された。従来の紙に印刷された本と、本を制作し、小売業者のネットワークを通じて本を読者に届けながら約500年にわたって成長してきた産業は、事実上、特定の媒体（本）を通じて、ある個人（書き手）が別の個人（読み手）とコミュニケーションを取るためのコミュニケーションチャネルを構成しており、さらに組織や仲介者（出版社、印刷業者、取次業者、小売業者、図書館など）へと枝分かれするネットワークを構成していた。それらの仲介者が本の書き手と消費者のあいだに立ち、このコミュニケーション・プロセスを可能にしている。デジタル革命が出版のような創造的な産業にもたらした大きな課題は、このプロセスを可能にしている仲介者がいなくても書き手と消費者とがつながれる、まったく新しいコミュニケーションの経路が生じる可能性の扉を開いたことである。これによって従来の仲介者は中抜きされ、サプライチェーンから完全に切り離されるかもしれない。

このようなデジタル革命の破壊的な力がもっとも劇的に示されたのは、音楽業界だろう。数十年にわたり、少数の大手レコードレーベルに支配されてきた音楽業界は、録音された音楽を物理的媒体（従来はLPレコード）に記録し、小売業者のネットワークを通じて販売するという経済モデルに基づいていた。1980年代にデジタル革命が音楽業界に与えた最初の大きな影響はCDの開発だったが、これはこのモデルの根本的な破壊には至らなかった。むしろ、物理的な媒体を別の媒体に置き換えただけで、消費者はLPやカセットテープをやめてCDを購入するようになったため、売上は急増した。しかし、1996年にMP3フォーマットが開発され、1990年代後半から2000年代前半にかけて、パソコンとインターネットの普及が組み合わさったことで、音楽の入手、共有、購入の方法が急激かつ劇的に変化した。記録された音楽の世界は、消費者が実店舗でアルバムを購入し、ときには友人と共有するという世界から、ダウンロードしたり、アップロードしたり、オンラインで共有できたりする世界、つまり可能性としては、インターネットにアクセスできる人なら誰とでも音楽を共有できる世界へと急速に変化した。

この変化がもたらした破壊的な影響を鮮やかに浮き彫りにしたのは、1999年に開始されたP2P（ピア・トゥー・ピア）ファイル共有サービス、ナップスターだ。ナップスターのサイトでは、何百万人ものユーザーの音楽ファイルがカタログ化され、誰がどんな曲のデータを持っているのかを確認できるようにしたうえで、遠隔地のパソコンからお金のやり取りはいっさいなしでシームレスに音楽のファイルをダウンロードできるようになっていた。ナップスターは爆発的な成長を遂げ、ピーク時には全世界で8000万人の登録ユーザーがいた。しかし、音楽セールスが減りはじめたため、音楽会社と米国レコード協会はナップスターを著作権侵害で訴え、2001年にこのサービスは幕を閉じた。しかし、解きはなたれたランプの魔人と、ナップスターの短命は、ネット配信の大規模かつ破壊的なポテンシャルを多くの人びとに痛感させた。ナップスターの終焉《しゅうえん》後も、多くのP2Pファイル共有サービスがはびこっている。その多くは、単一のサーバーからファイルをダウンロードするのではなく、さまざまなホストからファイルの断片を寄せ集めるビットトレント・プロトコルを使用しているため、閉鎖させるのはナップスターに比べてはるかにむずかしい。

P2Pファイル共有サービスとは別に、音楽をオンライン配信する合法的なチャネルが2000年代初頭に急速に成長した。なかでも重要なのはアップルで、2001年に音楽プレイヤー、iTunesを発売し、同じ年にMP3プレイヤーのiPodをリリースしたあと、2003年にはiTunesのミュージックストアを開設した。こうしていままでは完全に合法的に、1曲99セントで楽曲をダウンロードできるようになっている。2008年には、アップルはウォルマート、ベストバイ、ターゲットをしのいで、アメリカで最大の音楽小売業者となった。同時期のアメリカでのCD売上は激減し、1999年の9億3800万枚から2009年の2億9600万枚へ、10年まえの3分の1以下になった[5]。アメリカの録音音楽の売上から得られる総収益も急落し、1999年の146億ドルから2009年には78億ドルにまで落ちこんだ[6]。収益の激減は、図0・1に示すとおり災害級であった。

まだ音楽を購入していた消費者は、CDが圧倒的に主流のフォーマットだった1990年代後半に比べて、はるかに少ない金額で音楽を購入するようになった。1999年には、9億3800万枚のCDの売上が128億ドル（1枚あたり13・66ドル）の収益を生みだしていたが、当時はダウンロードによる販売がなかった。2009年には、CDの売上枚数は2億9600万枚に減少した。CD1枚あたりに換算すると14・58ドルの収益を生みだしていたが、売上枚数が10年まえの3分の1以下になったため、CD売上から得られる総収益は43億ドルに落ちこんだ。いっぽう、音楽のダウンロードは2004年以降劇的に伸び、2009年にはシングルが11億2400万回、アルバムが7400万回ダウンロードされたが、これらを合わせても19億ドルの収益にしかならず、CDの売上で得ていた85億ドルという収益の損失を補うには程遠いものだった[7]。

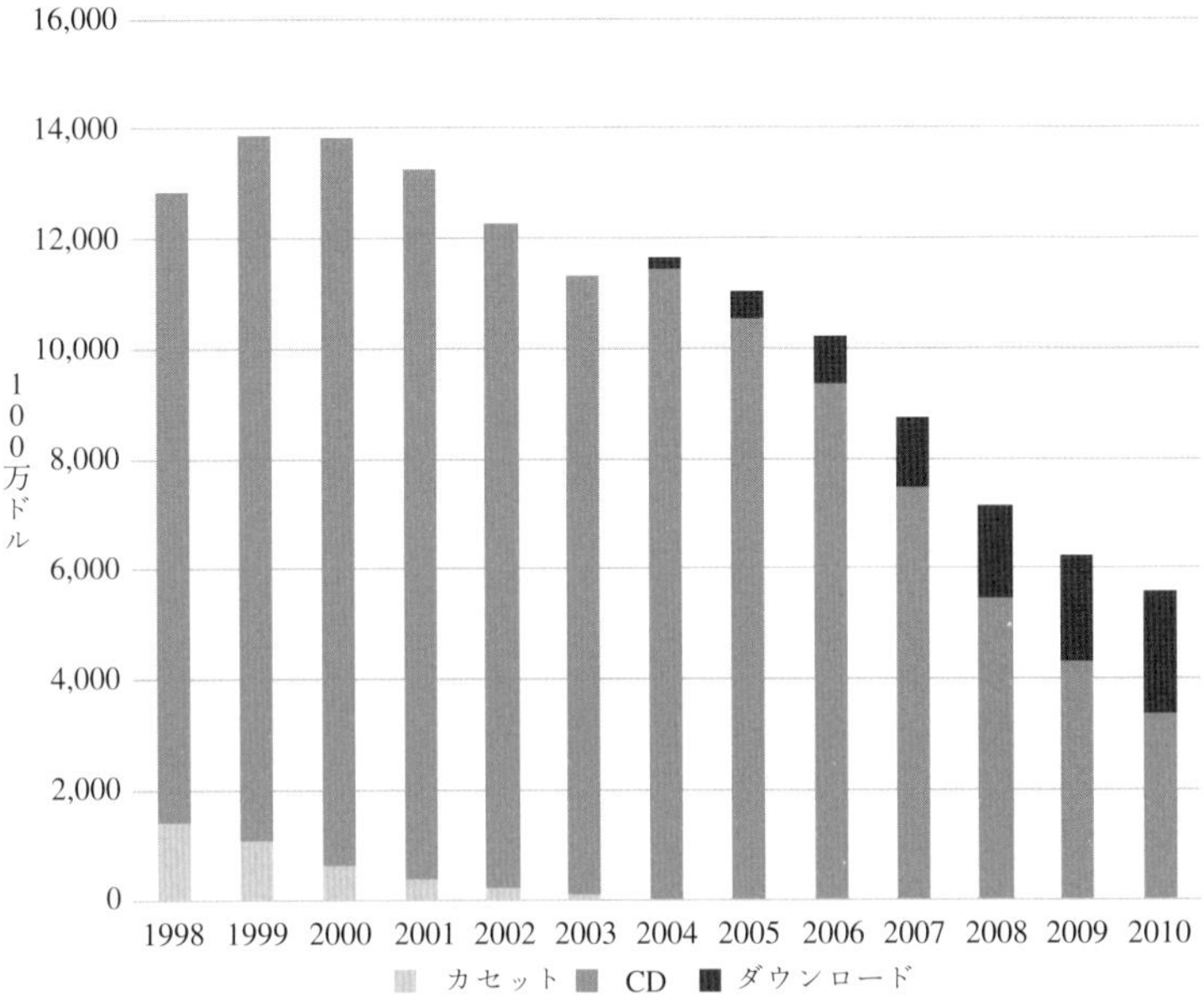

図 0.1　アメリカの録音音楽フォーマット別収益
注記：カセットテープ、CD、ダウンロード（シングルおよびアルバム）のみの売上
出典：The Recording Industry Association of America (RIAA)

さらに、多くの人びとがiTunesのような合法的なルートでお金を払ってダウンロードしているいっぽうで、驚くほど多くの、しかし誰にもわからない数のその他の人びとが無料で音楽をダウンロードしていた。オンラインダウンロードを追跡していたビッグシャンパン社のある推計によると、2010年の時点でも、不正ダウンロードは音楽市場の約90パーセントを占めていた。[8]

出版業界の多くの人びとが、音楽業界の激しい興亡を眺めながら、本の未来も音楽のようになるのではと不安を抱いていた。もし、著作権の侵害が広まり、本の総収益が半分になったら、出版業界はいったいどうなるのだろうか。500年以上にわたって業界が基盤としてきた充分に試行されつくしたモデルにかわって、どのような収益モデルが登場するのだろうか。それらの新しいモデルはどれほど頑健なのだろうか。音楽の世界では日常茶飯事になったファイル共有の横行から、出版業界はどうすれば身を守れるのだろうか。また、実店舗で本を購入するのではなく、ファイル形式でのダウンロードや、ネット注文が増えてきたら、書店はどうなるのか。実体のある書店はどうすれば生き残れるのか。そして、書店がなくなったり、大幅に減少したりしたら、読者はどうやって新しい本をみつけるのだろうか。想像力を駆使するまでもなく、1990年代後半から2000年代前半にかけて音楽業界に押し寄せた津波が、出版業界にも同じくらいの激しさで襲いかかってくるだろうことは明らかに思えた。シニアマネジャーたちは、マンハッタンにある高層ビルのオフィスから外を眺めながら「このすばらしい眺めも見納めになる日がくるのか」と思っていたかもしれない。

それでも、新たな世紀が始まって数年間は、出版業界で実際に何が起こるのかを示す徴候は、まったくみられなかった。1990年代から2000年代初頭にかけては、電子書籍革命の到来を予測する声があふれていた。やたらと引用されていたリポートのひとつが2000年にプライスウォーターハウスクーパース社が発表したものだった。そのリポートでは、電子書籍に対する消費者の支出が爆発的に増加すると予測され、2004年までには、電子書籍に対する個人消費支出額は54億ドルに達し、市場の17パーセントを占めるようになると試算されていた。また、スティーヴン・キングが初期にデジタル出版を用いて行なった実験が驚くべき成功を収めたことも期待を高めた。2000年3月、スティーヴン・キングは66ページの小説『ライディング・ザ・ブレット』（白石朗訳、アーティストハウス、2000年）を電子出版し、2・5ドルでダウンロードできるデジタルファイルとしてのみ提供した。この実験には度外れた反響があり、最初の24時間でダウンロード数は約40万に達し、2週間がたつころには60万になっていた。しかし、スティーヴン・キングの幸先《さいさき》のいい実験結果にもかかわらず、プライスウォーターハウスクーパース社の読みは、少なくともタイムスケールの点では、ひどく楽観的だったことがわかった。2000年代初頭に電子書籍を積極的に試用していた出版社は、かならずといっていいほど、その普及の程度がきわめて低く、ほんのわずかであることに気がついた。個々の電子書籍の売上は、何十部、場合によっては何百部にもなったが、多くの人が予想していた何百万部どころか何十万部にも及ばなかった。何が起こっていたにせよ、音楽業界の急激な変化とは程遠く、少なくともこの時点では、そこまでの変化はみられなかった。

21世紀の最初の10年から次の10年のあいだに、電子書籍の出現の物語は、大半の評論家が予想していたものよりずっと複雑なことがわかってきた。そして、数年まえに確信を込めて語られていた無数の予測はどれも的外れだったことが明らかになった。実際に起こったことを正確に予測していた人はごくわずかだったし、この物語の展開が徐々に紐解かれていくあいだも、その後の展開は読めなかった。実際のところ、何が起こるかは誰にもわからなかったし、出版業界に住まう誰もが、ひどく不透明な状況のなかで何年ものあいだ暮らしていた。それは、崖に向かって進んでいるもののその崖の縁に到達するのかどうか、また到達したらいったい何が起こるのかわからないような状態だった。出版業界の一部の人やその周辺にいる多くの人にとっては、電子書籍こそが不可解な慣習や非効率なシステムを抱えた出版界を、21世紀という新しい時代に引きずりこんでくれる革命的な新しいテクノロジーだった。けれども、ほかの人びとにとって電子書籍は、過去500年にわたって繁栄し、ほかのどの産業よりも文化に貢献してきた産業の終わりを告げる前兆だった。けれども実際は、そのどちらでもなく、電子書籍がたどる奇妙な旅路に、擁護者も批判者も同様に唖然《あぜん》とさせられることになった。

第1章　電子書籍のためらいがちな出足

電子書籍の歴史をくわしく語ろうとするならば、まずは電子書籍とは何かをある程度理解しておかねばならない。前述したとおり、1冊の本を構成しているものについての私たちの理解は、グーテンベルク以降の本が前提としていた特定の形態《フォーム》によって、何世紀にもわたって形作られてきた。つまり、インクで印刷された紙の1辺を（糊やときには糸で）綴《と》じた形態だ。この形によって、順を追って読み、一度に1ページずつページをめくれるようになっている。この形態は伝統的な写本に似ているが、紙やインク、印刷機の使用によって変化を遂げた。この形態では、1冊の本として扱えるものと扱えないものにある程度の限界がある。たとえば、20語しかない文章を1冊の本として扱うのはむずかしい。複数のページを埋めるだけの文章がないからだ（1ページに1語か2語しか記されない、とびきり変わったデザインでないかぎり）。同様に、原稿が無限に、あるいは何百万語にもなっても、単純に考えて1冊の本として制作するにはやはり無理がある（ただし、シリーズ本として制作することはできる）。いいかえれば、従来の紙に印刷された本は、コンテンツと形態が融合しているため、本として扱えるものと扱えないものにある種の付随的な制限がかかっている。ところが、コンテンツと形態が切り離されると、ふいに本とはいったいどういうものなのかが、それほどはっきりしなくなる。ページをめくる必要がなく、物語の始めから終わりまで鮮やかな簡潔さでストーリーが語られていれば、20語の原稿でも本と呼べるのではないだろうか。よく知られていることだが、ユネスコは国別の書籍生産量の統計を取るために次のような定義を示している――「表紙を除いて49ページ以上の非定期刊行物で、その国で出版され、一般に公開されているもの」(1)。ユネスコが、国別に比較できる統計を取るために明確な基準を生みだそうとしたのは理解できるが、本を概念化する方法として、これは明らかに独断的な数字だ。なぜ49ページなのか。48ページ、45ページ、35ページ、あるいは10ページではだめなのか。なぜ49ページの原稿が本としてカウントされるのに、45ページの原稿はカウントされないのか。いっぽうで、ページを印刷する必要がなく、形態による範囲の限界がないのであれば、数百万語の原稿も1冊の本とカウントできるのではないだろうか。紙に印刷された本という形から離れ、形態とコンテンツとの結びつきがなくなると、とたんに1冊の本とは何かが不明瞭になる。とすれば、原稿と本とを区別するものは、あるとすれば、いったいなんなのだろうか。電子書籍は単純な電子テキストなのか、それとも電子書籍はある種の特性を持つ電子テキストなのか。もしそうなら、その特性とはなんなのだろうか。

これらはすべて、デジタル革命が始まってからというもの、評論家や革新者や学者を悩ませてきた当然の疑問であるので、あとの章でふたたび取りあげるつもりだ。しかし、この章では、歴史という現実的な面からアプローチしよう。たとえば、「電子書籍」という用語とその同義語は、いつから私たちのボキャブラリーの一部になったのか。誰がこの言葉を使ったのか。この言葉を使いはじめたときは何を指していたのか。これらをいまからみてみよう。

電子書籍の起源と出現

「電子書籍」を意味する“electronic book”や“e-book”という言葉が一般に使われるようになったのは1980年代である。“electronic book”という言葉を創りだしたのは、アメリカのコンピューター科学者であり、コンピューターグラフィックスの専門家でもあるアンドリーズ（アンディ）・ヴァン・ダムであると通常は思われている。だが、電子文書システムの特性についての関連研究は、1960年代という早い時期からテッド・ネルソンやダグラス・エンゲルバートなどによって行なわれていた[2]。最初の事実上の電子書籍の誕生は、1971年7月に起こった偶然の出来事がきっかけであると一般的に考えられている。当時イリノイ大学の新入生だったマイケル・ハートはある晩、帰宅して翌日また大学に来るより、大学内のマテリアルズ・リサーチ・ラボにある部屋で、一晩過ごそうと考えた[3]。ラボに向かう途中で売店に寄り、夜食のための食料を調達した。店員は食料品を袋にいれるとき、模造羊皮紙に刷られたアメリカ独立宣言書をその袋にすべりこませた。ラボの部屋には、ゼロックス製のメインフレームコンピューター「シグマV」が設置されていた。その夜、マイケルは偶然、コンピューターを操作できるアカウントを手にいれた。このアカウントを使えば、コンピューターをほぼ無制限で何時間も使用できる――これは1億ドル相当もの価値があった。幸運にも手にいれたコンピューターの使用時間で何をしようかと考えながら食料品を袋から出していたとき、袋から模造羊皮紙の独立宣言書が落ちた。それをみて、あることを思いついた。独立宣言をコンピューターに打ちこんで、できるだけ多くの人が読めるようにしたらどうだろうか。これが、プロジェクト・グーテンベルクの始まりである。これは、パブリックドメインにある書籍や文書のなかから一般の人が関心を持ちそうなものをみつけて、コンピューターに入力し、もっともシンプルな電子形式（Plain Vanilla ASCII）で公開し、簡単に共有できるようにするというプロジェクトだった。本は、一連のページではなく連続したテキスト形式のファイルになり、元の原稿にイタリック体や太字、下線がある場合は大文字が使われている。独立宣言を入力したあと、マイケルは権利章典を入力した。すると別の人がボランティアとして自発的に合衆国憲法を入力し、続いて聖書、シェイクスピアの戯曲が一度にひとつずつ入力されていった。そのようにしてひとつひとつ入力が進み、1997年8月までに、プロジェクト・グーテンベルクは、欽定《きんてい》訳聖書や『不思議の国のアリス』、イタリア語の『神曲』まで、1000冊の電子書籍が作成されていた。

プロジェクト・グーテンベルクは、電子書籍のオープンアーカイブであったし、いまも変わらず無料でダウンロードできるが、1990年代になると、多くの出版社が自社の本の一部を電子書籍として提供する可能性を模索しはじめた。プロジェクト・グーテンベルクのような取り組みと、出版社が新たに生まれつつある電子書籍の世界へ最初に進出したときの大きな違いは、扱う素材がパブリックドメインに存在する文書ではなく、ほとんどの場合、著作権で守られている作品だったことだ。そのため、実際に電子書籍化するまえに、電子形式でその作品を販売する権利があるかどうか確認しなければならなかった。これが厄介だった。それまでは、ほとんどの出版社の契約書には、電子書籍、電子形式、デジタル版についての記述がなかったからだ。出版社は、まさか将来電子形式を利用するかもしれないとは思ってもいなかったため、作家やエージェントと交渉して締結する契約書に、この形式についての明確な条項を書きこんでいなかった。これが変化したのは、1994年ごろで、このあたりから、多くの出版社が契約書に電子形式やデジタル版に関する明確な条項を加えるようになった。具体的な条項の文言、収益の分配方法、契約変更のタイミングは、出版社によってまちまちで、同じ出版社でも時間が経過すると変化することがあった。ランダムハウスが契約書に最初の変更を加えたのはまさに1994年で、その後ほかの出版社もあとに続いた。けれども、それ以前に契約された本を電子版で出版する際は、出版社が作家やエージェントや遺産管理人に連絡を取り、電子版を出版するための明確な権利を得るために、元の契約に新たな条項を追加する交渉をしなければならなかった。これは、作家がその条項の追加に同意したとしても、時間と手間のかかる作業だった。さらに、デジタル革命とそれが出版業界へ及ぼすかもしれない影響をめぐる不確実性を考慮すると、交渉の過程で、係争や対立が生じることもあった。これは、印刷された本では標準とされていたこれまでの基準が、かならずしも信頼できる指針として解釈されるわけではないという状況で、さまざまな当事者が持っている力を最大限に活用して、新たにより良い条件で契約を結ぼうとしたからだ。

さらに、電子形式で発売された本が、実際にはどんなふうに読まれるのかという重大な問題もあった。もちろん、デスクトップパソコンやノートパソコンでもテキストを読むことはできるし、それらの機器に適したさまざまな専用の読書アプリケーションも利用できたが、デスクトップやノートパソコンには、多くの読者が紙の本に感じていた利便性や携帯性がなかった。1980年代から1990年代にかけて、多くの携帯型の端末やPDA（携帯情報端末）が登場し、これらの端末で電子書籍を読むためのソフトウェアも出回ったが、画面サイズが概して小さく、解像度も比較的低かった。1998年に、最初の電子書籍専用の端末、電子書籍リーダーがシリコンバレーで販売された。ペーパーバックサイズで重さ1ポンド、価格270ドルのロケット・イーブックを発売したのはパロアルトにあるヌーヴォメディアだった。いっぽうソフトブックという電子書籍リーダーは、250冊を格納できて重さ3ポンド、価格600ドルで、メンロパークにあるソフトブック・プレスから発売された。これらの機器は革新的で多くの注目を集めたが、販売数は両社合わせて5万台にも満たなかった。2000年、ヌーヴォメディアとソフトブック・プレスはいずれも、ジェムスターに買収された。ジェムスターは、ケーブルテレビや衛星放送のプロバイダー向けに、インタラクティブな番組ガイド技術を開発していた大手技術系企業だ〔録画時に使えるGコードを発明した会社〕。ロケット・イーブックとソフトブックは２０００年11月に廃止され、かわりにＲＣＡがジェムスターからライセンス供与を受けて製造した、白黒画面とカラー画面２種類のジェムスター・イーブックが新たに発売された。しかし、やはり売れ行きはふるわず、２００３年にジェムスターは電子書籍リーダーと電子書籍の販売を中止した。

１９９０年代後半から２０００年代前半にかけて、ほかにも数多くの読書用端末が登場しては消えていき、とうに廃《すた》れた消費者向け技術の小さな博物館があるとすれば、そこが満杯になるほどだった。それでも、とうとう最初のブレークスルーが２００４年４月に起こった。それは、日本でソニーがリブリエを発売したときである。これは電子インク技術を採用した最初の読書端末だった。電子インクは、バックライトスクリーンとちがって反射光を利用して印刷されたページの外観を再現する。スクリーンには帯電した顔料が収まったごく小さなカプセルが並んでいて、各カプセルにかかる電荷を調整すると、カプセルの外観が変化して表示が変わり、１ページ分の文章が表示される仕組みになっている。そして、電荷が調整されて新しいページが作りだされるまで、その表示が維持される。電子インクはバックライトスクリーンに比べてはるかに目に優しく、直射日光の下でも読みやすかった。また、ページを変えるときだけ電気を使うため、バッテリーの消費という面でもかなり経済的だった。アメリカでは２００６年10月に発売された。価格は約３５０ドルで１６０冊の書籍を保存でき、１万冊に及ぶソニー独自の電子書籍ライブラリから電子書籍を購入できるようになっていた。

ソニーの読書端末は大きな進歩だったが、本当の変革者は、１年後の２００７年11月に発売されたアマゾンのキンドルだった。キンドルはソニーの端末と同じく、バックライトスクリーンではなく電子インク技術を採用していたが、ソニーとはちがって、ユーザーはワイヤレス3Gネットワークを無料で使えるようになっており、それを介してアマゾンのキンドルストアから電子書籍を直接ダウンロードできた。読者は、読書端末から電子書籍をダイレクトに購入できるようになり、パソコンを使ってオンラインで電子書籍をダウンロードし、それをUSBケーブルで読書端末に転送する必要がなくなった。いまや電子書籍は、ワンクリックで簡単に購入できるようになったのだ。初代キンドルは399ドル、200冊の本を格納可能で、キンドルストアでは〈ニューヨーク・タイムズ〉のベストセラーリストにある本の大半を含む9万冊の作品を取り揃えていると謳《うた》っていた。2007年11月19日に発売された初代キンドルは、販売開始から5時間半で完売し、5ヶ月間も在庫切れ状態が続いたが、アマゾンは生産数を公表しなかったため、実際の売上がどの程度だったのかはいまだに謎である。2009年、アマゾンはキンドル2を発売した。内蔵メモリを大幅に増やし、約1500冊の本が保存可能で、より薄型になり、価格も300ドル以下になった（キンドルの開発については、第5章でさらにくわしく述べる）。

2009年後半になると、キンドルは、バーンズ&ノーブルから生まれた新たなライバルに対峙することになった。同社が2009年11月に発売した独自の電子書籍リーダー、ヌックである。バーンズ&ノーブルは、アマゾンがオンラインサービスを開始した2年後の1997年にオンライン書店バーンズアンドノーブル・ドット・コムを開設し、本のオンライン市場に早くから参入していたが、より創造的で効率的なライバルとの競争に苦戦していた。そこで、ヌックを発売することで、新たに出現した電子書籍市場で足場を確保し、キンドルと一対一で渡りあおうとした。キンドルと同様、ヌックは電子インク技術とワイヤレス3Gネットワーク接続を採用し、自社のオンラインストアから直接電子書籍を購入できるようになっていた。販売価格は249ドル。これは、アマゾンが2009年10月にキンドル2を値下げした価格と同じである。その

1年後、バーンズ&ノーブルは、7インチのフルカラー液晶タッチパネルを搭載したヌック・カラーを249ドルで発売した。この書店は電子書籍端末市場への参入が比較的遅かったものの、大きな強みがひとつあって、その強みを最大限に活《い》かした。それは全米に展開している700以上の小売店舗だ。その店舗の多くで、ヌックの展示、デモンストレーション、販売のための特別なスペースが設けられた。また、アマゾンと同様に、その店舗で本を買いなれた読者をベースとする大きな顧客層がすでに確立されていた。

アップルが2010年4月に初代iPadを発売し、ついに電子書籍市場に乗りこんできたとき、そこにはアマゾンとバーンズ&ノーブルというアメリカの二大書店がすでに存在し、大きな利益を得ていた。ところが、アップルは、電子書籍の読書体験を、多目的のタブレット・コンピューターに融合させたのだ。しかもそのタブレットは高解像度の液晶タッチパネルを搭載した、スタイリッシュの極《きわみ》のような最新鋭の端末だった。キンドルやヌックとは異なり、iPadは読書に特化した機器ではなく、アップストア（App Store）からiBook〔現在の名称はアップルブックス〕のアプリケーションをダウンロードすることで、電子書籍を読めるオプションをユーザーに提供していた。アプリケーションを開くと電子書籍やほかのコンテンツが表示され、アップルの「iBookstore」から購入できるようになっていた。iPadは大成功を収めた。発売から80日間で300万台が売れ、iPad 2が発売された2011年3月の時点では、全世界で1500万台以上が売られた。iPadは、キンドルやヌックよりもはるかに高価だったが（初期モデルは、容量や機能に応じて499ドルから829ドルで販売された）、これは単なる読書端末ではなかった。iPadによって、本は新しい世界に突入した。読書は、小さなポータブル・コンピューターが備えた多くの機能のひとつにすぎなかった。キンドルやヌックやその他の読書専用端末で可能だった機能をはるかに超えて、そのコンピューターでは新たな種類のコンテンツの創造が可能だったし、新たな方法でコンテンツを読んだり、消費した

2008	69.1
2009	187.9
2010	502.7
2011	1095.1
2012	1543.6

表 1.1　アメリカの一般電子書籍売上額（100 万ドル）
出典：Association of American Publishers（AAP）

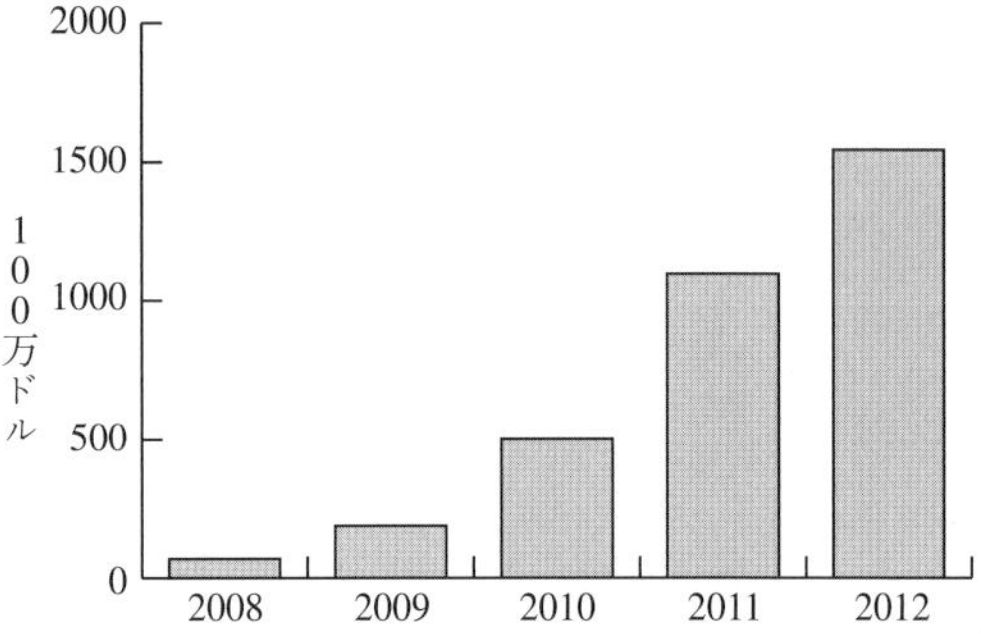

図 1.1　アメリカの一般電子書籍売上額
出典：Association of American Publishers（AAP）

りすることができた。

2000年代前半の電子書籍リーダーよりもずっとスタイリッシュで使いやすい新世代の読書端末が出現し、加えて大規模かつ確立された顧客層を抱える大手書店が積極的に電子書籍を販売したことが重大なファクターとなり、2008年以降の電子書籍の売上は劇的に伸びた。この注目の成長パターンを、表1・1と図1・1に示す。これらは2008年から2012年までのアメリカにおける一般書の全電子書籍の売上を示している[4]。2006年まで、電子書籍の売上はおそろしく低くほぼ横ばいで、おそらく1000万ドル以下だった。これは、年間の総売上が約180億ドルの出版業界では、1パーセントにも満たないごくわずかな割合だ。2006年と2007年には、ソニーの「リーダー」という端末の登場が一役買い、電子書籍の売上はいくらか伸びたものの、2007年末の売上はいまだ5000万ドルを大きく下回っていた。それが、2008年になって売上が劇的に増えはじめ——キンドルが年間通して販売された最初の年——、最終的には6900万ドルに達し、2009年には1億8800万ドルに跳ねあがり、1年間で約3倍に増加した。2012年には、電子書籍の売上は15億ドルを超え、わずか4年で22倍になった。めまいがしそうなほどの成長ではないだろうか。

アメリカの大手出版社では、電子書籍の売上の激増によって、自社の総売上に占める売上の増加率が、ハードカバーかペーパーバックかにかかわりなく従来の紙の書籍よりも、電子書籍のほうが高くなった。正確な数字は出版社によってばらつきがあるが、２００６年から２０１２年のあいだに、総売上に占める電子書籍の全体的な売上増加パターンは、おおよそ図１・２のような状態だ。アメリカの大手出版社の多くでは、２００６年の総売上に対し電子書籍の売上が占める割合は約０・１パーセントで、２００７年には約０・５パーセントだったが、２００８年には約１パーセントに増加し、２００９年には約３パーセントまで伸び、２０１０年には約８パーセント、２０１１年には約17パーセント、２０１２年には出版社やそのリストの性質にもよるが、なんと20〜25パーセントにまで上昇した。

2006	0.1
2007	0.5
2008	1.1
2009	2.9
2010	7.6
2011	17.3
2012	23.2

表 1.2　米主要出版社の総売上額に電子書籍が占める割合（%）

出典：Association of American Publishers（AAP）

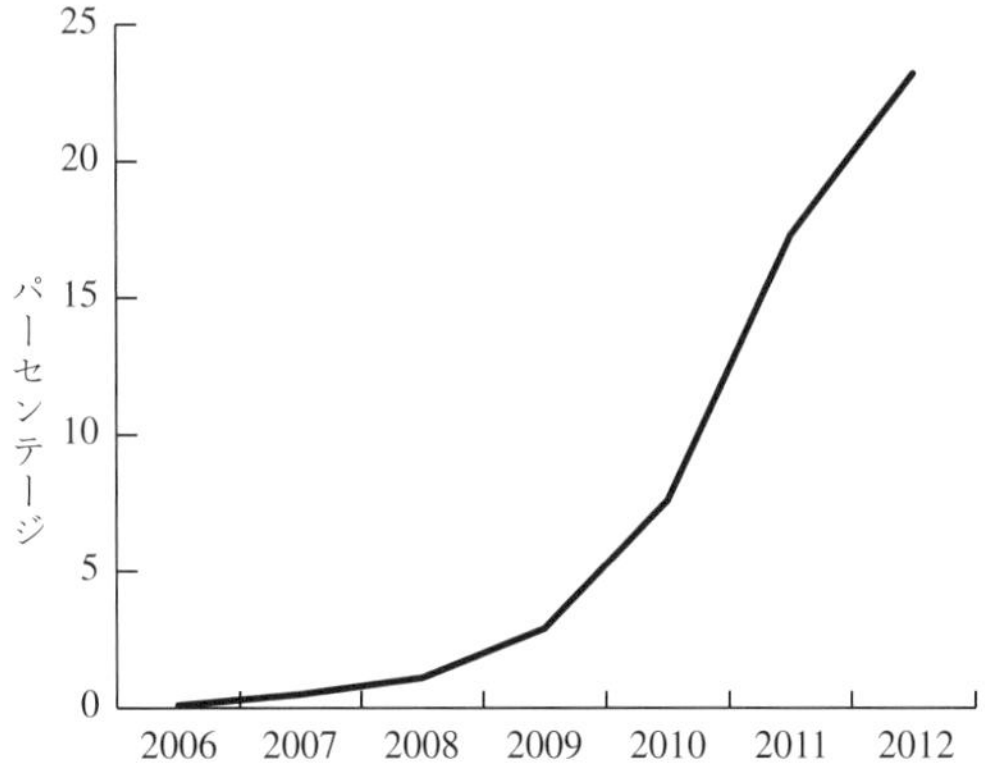

図 1.2　米主要出版社の総売上額に電子書籍が占める割合

出典：Association of American Publishers（AAP）

	売上額（100万ドル）	成長率（%）
2008	69.1	
2009	187.9	171.9
2010	502.7	167.5
2011	1095.1	117.8
2012	1543.6	41
2013	1510.9	–2.1
2014	1601.1	6
2015	1360.5	–15
2016	1157.7	–15
2017	1054.3	–8.9
2018	1016.1	–3.6

表 1.3　アメリカの一般電子書籍売上額とその成長率
出典：Association of American Publishers（AAP）

これはもはや、取るに足りない数字どころではない。

２００８年から２０１２年までの４年間にみられた電子書籍の売上急増は、出版業界の多くの人びとにとって劇的で、心をかき乱すような出来事だった。派手に予言された電子書籍革命が期待外れなものに思えた数年後に、ふいにその革命が議論の余地のない現実として目の前に現れたのだ。しかも、その驚異的な成長率を考えると、この増加はどこまで続くのかわからない状況だった。あなたが出版社の人間で２０１０年、２０１１年、２０１２年のあいだ、この急増が起こるのを眺めていたとしたら、きっと、自分たちの業界はどうなってしまうのかと不安に思っていただろう。パニックになる人だっていたかもしれないし、出版業界も音楽業界と同じ道をたどるのでは、と恐れていたにちがいない。電子書籍の売上がこのまま劇的な率で上昇しつづけ、数年後には会社の売上の40〜50パーセント、もしかすると80〜90パーセントまでも占めるようになるのではないかと。本はCDやLPレコードと同じ方向に進んでいるのだろうか。急坂を転げ落ち、デジタルダウンロードの影に隠れてしまうのか。これは、物理的な本の終焉の始まりなのか。当時、出版業界に携わっていた多くの人びとが、このような疑問を抱き、強い不安を抱いていた。それは無理もな

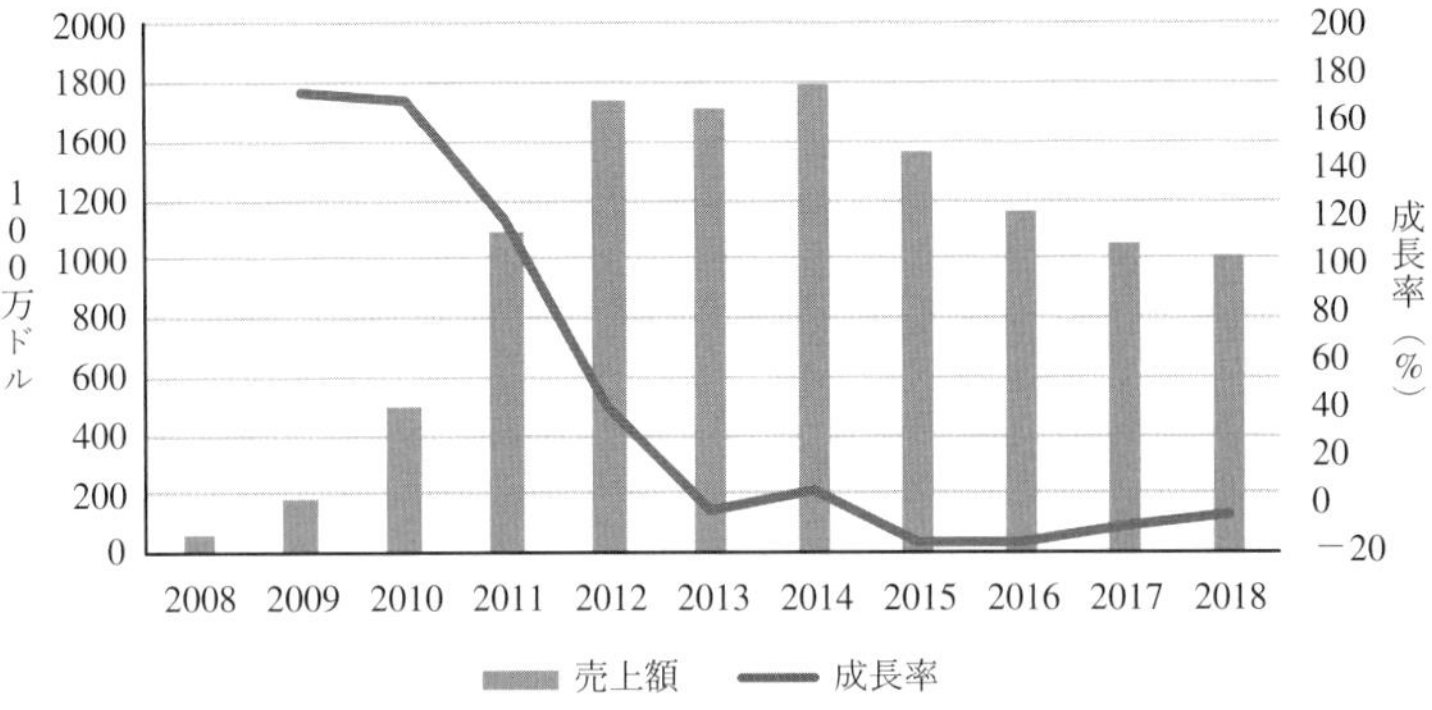

図 1.3　アメリカの一般電子書籍売上額とその成長率
出典：Association of American Publishers（AAP）

いことだった。

ところがその後、これと同じくらい劇的なことが起こった。電子書籍の売上増加がふいに止まったのだ。売上は、２０１３年から２０１４年にかけて横ばいになり、そのあと減少しはじめた。当時はこうなるとは誰も予想していなかった。めったなことでは動じない疑《うたぐ》り深い人でさえ、このとつぜんの運命の逆転には驚いたにちがいない。表１・３と図１・３に示されているとおり、２０１３年の電子書籍売上では華々しい上昇が維持されず、むしろわずかに低下し、２０１２年の15億４３００万ドルから２０１３年は２・１パーセント低下して15億１０００万ドルになっている。２０１４年には、わずかな増加がみられたものの、２０１５年にはさらに激しく落ちこみ、15パーセント減の13億６０００万ドルにまで低下し、翌年も同様の減少がみられた。図１・３は、１年ごとの成長率も示している。これによると、２００９年と２０１０年は各年約１７０パーセントというきわめて高い成長率を示していたが、その後、成長率は急降下し、２０１３年にはゼロを下回った。２０１４年にやや上昇したものの、２０１５年から２０１８年まで成長率はマイナスのままだった。

次に、総売上に占める印刷書籍と電子書籍の割合をみてみよう

	印刷書籍（%）	電子書籍（%）
2008	98.9	1.1
2009	97.1	2.9
2010	92.4	7.6
2011	82.7	17.3
2012	76.8	23.2
2013	76.6	23.4
2014	75.9	24.1
2015	79.3	20.7
2016	83.2	16.8
2017	84.3	15.7
2018	85.3	14.7

表 1.4　アメリカの一般書籍総売上額に印刷書籍と電子書籍が占める割合
出典：Association of American Publishers（AAP）

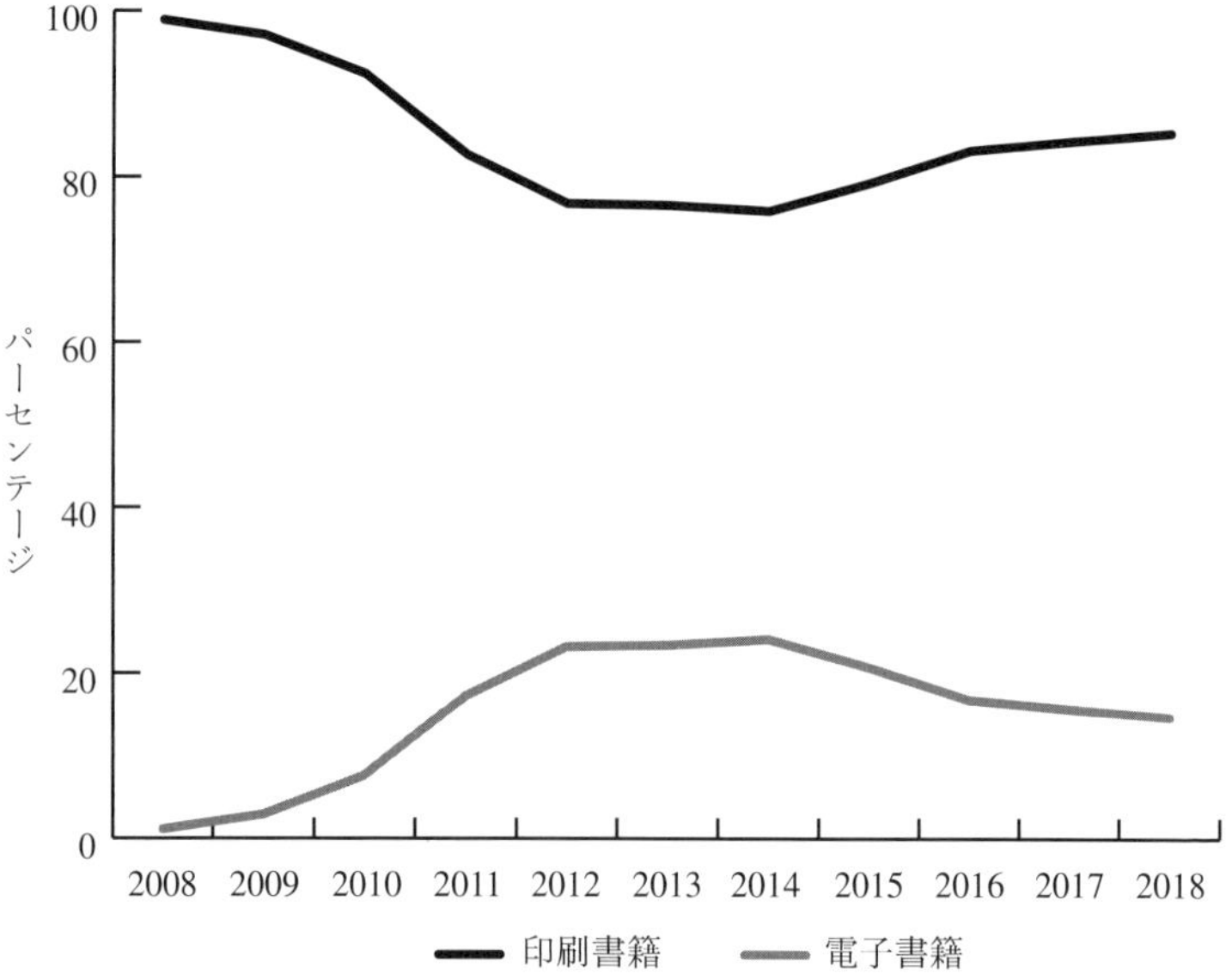

図 1.4　アメリカの一般書籍総売上額に印刷書籍と電子書籍が占める割合
出典：Association of American Publishers（AAP）

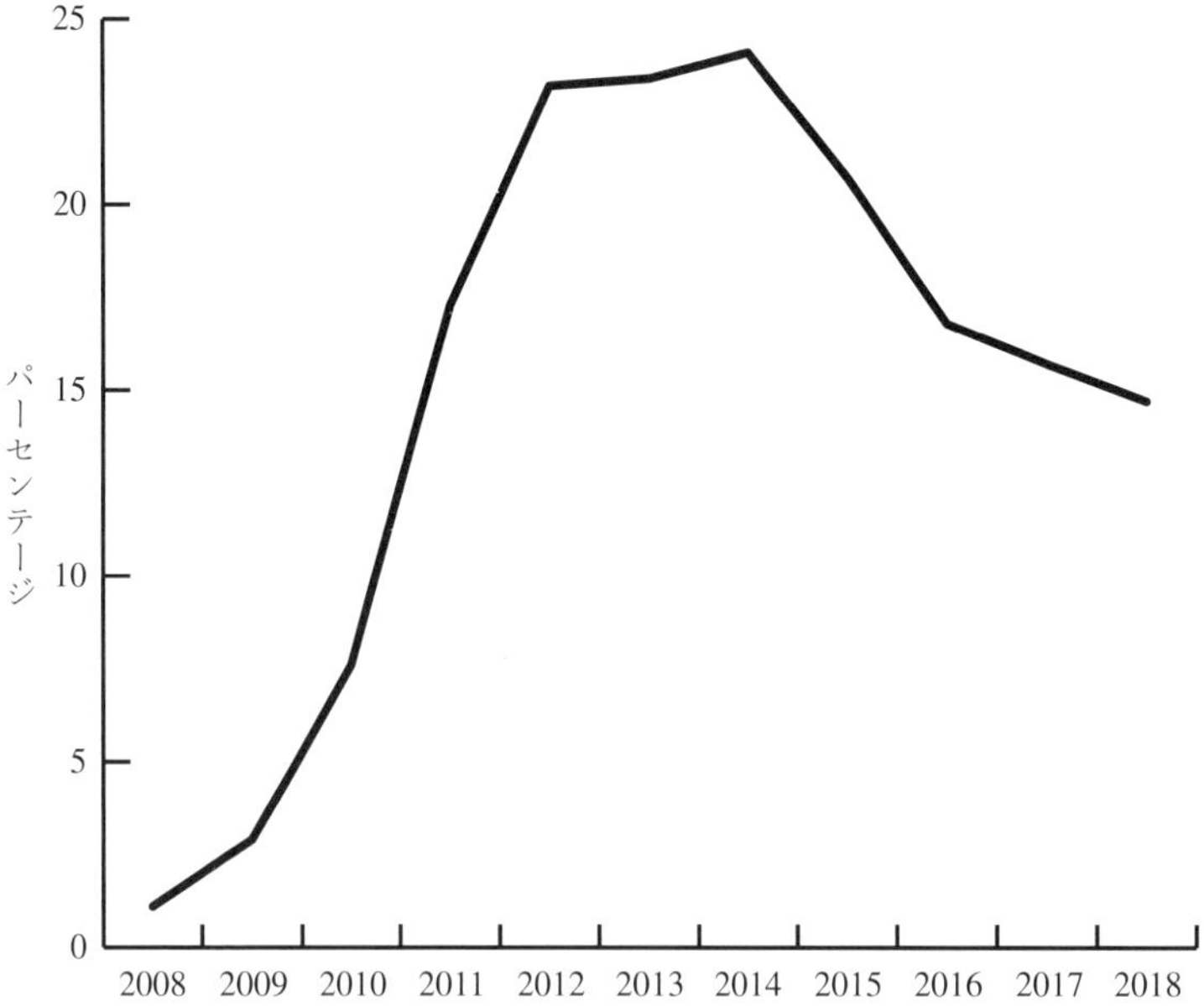

図 1.5　アメリカの一般書籍総売上額に電子書籍が占める割合
出典：Association of American Publishers（AAP）

（表1・4、図1・4）。電子書籍は２０１２年、２０１３年、２０１４年に23〜24パーセントで横ばいになったあと、減少に転じ、２０１７年、２０１８年には15パーセント前後まで落ちこんでいる。いっぽう、紙の本は引きつづき売上の最大の部分を占めつづけており、２０１２年、２０１３年、２０１４年には75パーセント前後まで落ちこんだものの、その後は回復し、２０１５年から２０１８年にかけて80〜85パーセントまで上昇している。

さらに、電子書籍のパーセンテージを抽出して、このグラフの縦軸を再構成すると（図1・5）、この期間の電子書籍の成長は、技術のS字カーブの標準的なパターンを示していることがわかる。つまり、最初は普及速度が遅いが、その後上昇しはじめ、なんらかのブレークスルーがあったときに急激に成長し、市場が飽和したり、性能の限界に達したりして横ばいになる。場合によっては、技術の進歩はそれ以上みられなかったり、シェアを奪うような代替技術が出現したり、目新しさがなくなったり、何かほかの理由で需要が減少したりして、S字カーブが下降に向かうこともある。電子書籍の場合、キンドルが現れたあと2008年から2009年にかけて上昇が始まり、2012年まで売上が急増し、その後、横ばいから下降に転じた。

もちろん、いまこの状況だからといって、アメリカの商業出版における電子書籍の売上が今後も15パーセントあたりにとどまるとか、減少しつづけるとか、このレベルを上回ることはけっしてないというわけではない。未来に何が起こるかなどわからないのだから。とはいえ、振りかえってみれば、2007年11月のキンドル導入後の劇的な増加は短命で、2012年にその歩みがとつぜん停止したのは明らかだ。未来は予測できないとはいえ、いま私たちが知っている状況を理解したうえで、近い将来、大手の商業出版社が電子書籍の売上を大きく回復させるだろうと予測するのは、よっぽど大胆な人だけだろう。さまざまな要因で年によってその数値は変動しうるとはいえ、これまでの結果から考えると、持続的かつ大きな回復は見込めそうにない。

電子書籍の売上パターンを細分化——水面下の状況を調べる

とはいうものの、問題は最初に思っていたよりもずっと複雑だ。S字カーブは全体の傾向を整然と表しているが、さまざまな種類の本をひとつの平均値にまとめているため、誤解を招きやすい。どの種類の本も同じように売れるなどと思いこむのは禁物だ——種類によって状況は異なるのだから。紙の本からデジタル形式に移行した割合は、本の種類によって千差万別である。この状況は、アメリカの大手商業出版社の売上デ

	部数（%）	売上額（%）
2006	0.1	0.1
2007	0.1	0.1
2008	0.5	0.5
2009	1.9	2.6
2010	6.2	8.6
2011	16.4	19.5
2012	22.2	25.9
2013	20.7	23.8
2014	19.8	23.7
2015	19.7	22.6
2016	16.4	17.1

表1.5　オリンピック社の総売上に電子書籍が占める割合

ータをみれば歴然としている。仮にその出版社の名前を〝オリンピック社〟と名づけて、みてみよう。表1・5と図1・6a、1・6bは、2006年から2016年までのオリンピック社の総売上に占める電子書籍売上の割合をパーセンテージで表した内訳である。すべてのデータは、純売上部数と純売上額、つまり返品を差し引いた売上に基づいている。これらのデータが業界全体を代表しているとか、商業出版社はみなこの出版社と同じ経験をしているなどと決めつけるべきではない。各出版社のデータはそれぞれ異なるし、その出版社が出版した独自の作品にある程度影響を受ける。とはいえ、オリンピック社は大規模で多様な種類の本を扱うメインストリームの商業出版社であり、ときおり生じる真に例外的な本のデータは、外れ値の影響を最小限に抑えるためにデータから除外している。そのため、各出版社の経験はそれぞれ独自のものであるとはいえ、ほかの大手出版社の売上パターンがオリンピック社の経験したパターンから大きく外れる可能性は低い。

これらのデータについては、もうひとつ重要な但し書きがある。それは、これらのデータの期間が2006年から2016年までで、これらのデータに基づいて2017年以降の売上パターンを推定することはできないということだ。将来のパターンは変わる可能性が

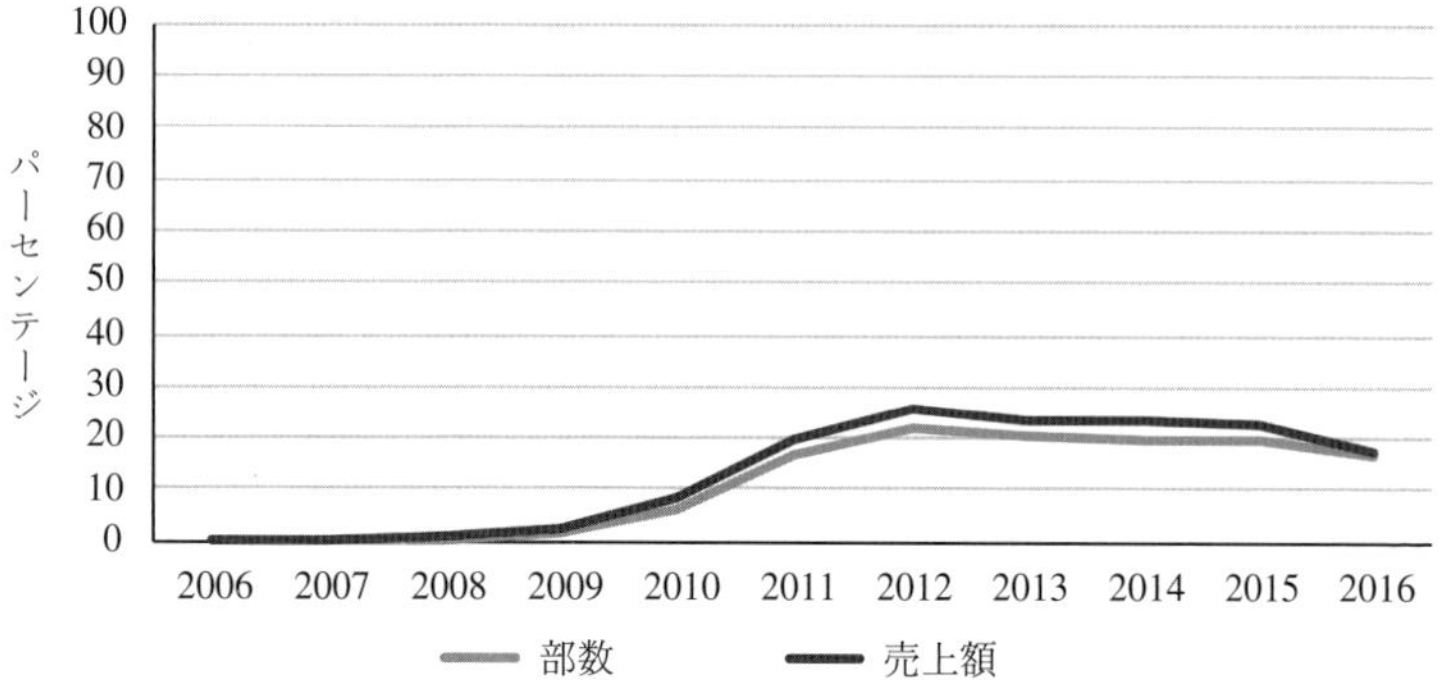

図 1.6a　オリンピック社の総売上に電子書籍が占める割合

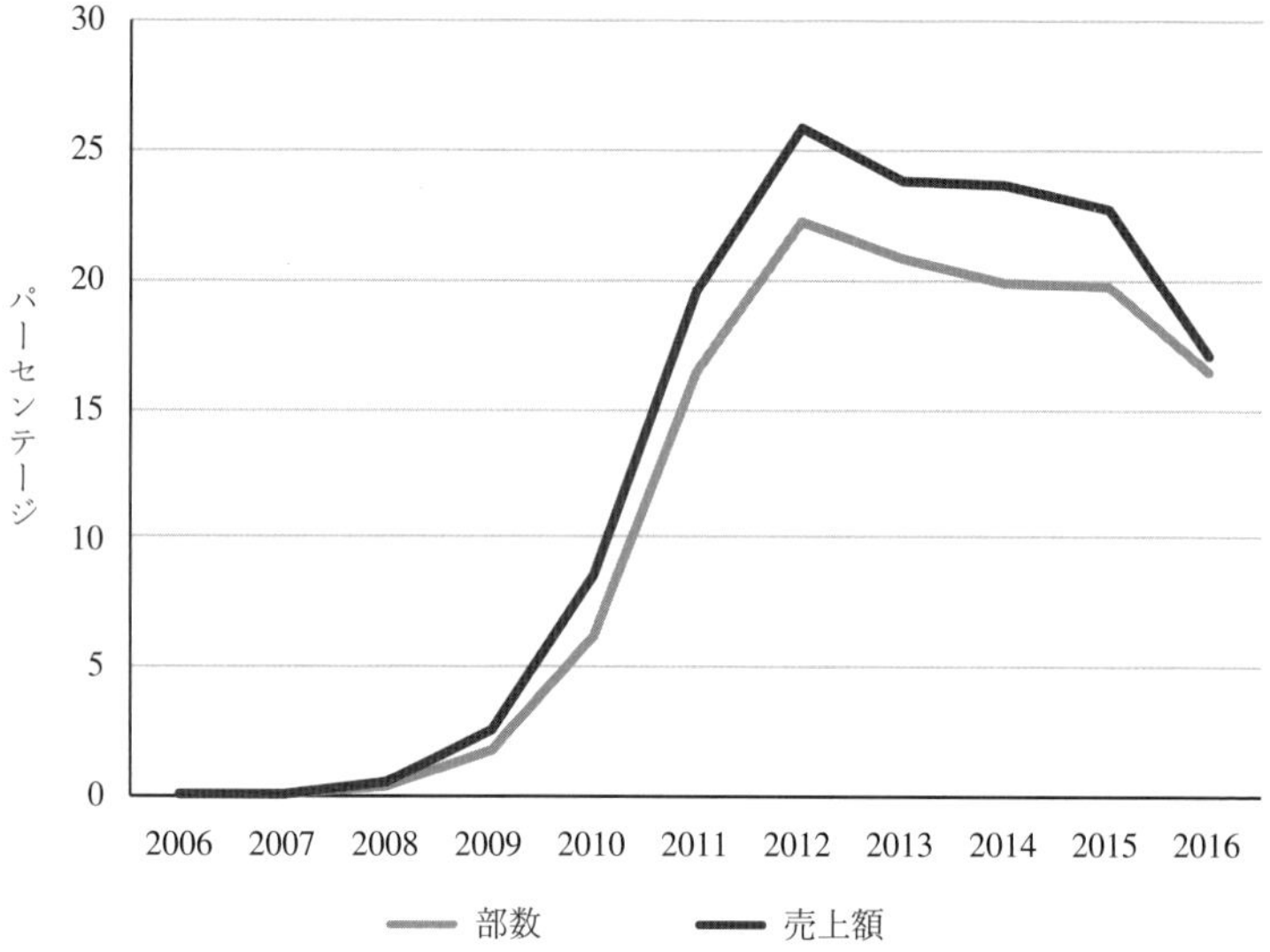

図 1.6b　オリンピック社の総売上に電子書籍が占める割合

ある。この件についてはのちほど取りあげる。しかしいまは、２００６年から２０１６年までという重要な10年間に実際に何が起こったかに焦点を絞ってみよう。

表1・5と図1・6aは、オリンピック社の総売上に占めるすべての電子書籍の割合を、ダウンロード部数と売上額の両方で示している。オリンピック社の電子書籍の売上は、２００６年と２００７年はごくわずかだったが、２００８年から急に増加しはじめ、２０１２年にはピークに達した。この当時、オリンピック社の総売上額の26パーセント弱が電子書籍で占められていた。その時点から、総売上額に占める電子書籍の売上の割合は減りはじめ、２０１５年には23パーセントを下回り、２０１６年には17パーセントにまで下がった。予想がつくだろうが、このパターンはダウンロード部数と売上額の両方で、ひじょうによく似ている。図1・6bのように、グラフのY軸の目盛間隔を変えると、電子書籍売上の横ばいがより鮮やかに示される。オリンピック社の電子書籍の売上パターンにも技術開発の標準的なS字カーブがみてとれる。

しかし、すべての電子書籍の総売上に占める割合をみていると、異なるカテゴリ間のばらつきが隠れてしまい、実際に起こっている状況のほんの一部しかつかめない。電子書籍の売上が増加しはじめるまえの２０００年代初頭、多くの評論家は、電子書籍革命が始まったら、それを活用するのはおもに、出張にビジネス書を携帯して空港や機内で読書をするビジネスマンだろうと想定していた。つまり、分野でいえば、一般向けのノンフィクション、とくにビジネス書や「斬新なアイデア」が詰まった本が電子書籍革命の先鋒《せんぽう》を務めると考えていたのだ。さて、その予想はあたったのだろうか。実際には何が起こったのだろうか。

表1・6と図1・7では、電子書籍をフィクション、ノンフィクション、ジュブナイルと大きく3つに分類した（ここでいうジュブナイルにはあらゆる児童書のほかヤングアダルトも含まれる）。図1・7は、これらの大きなカテゴリごとに、オリンピック社の総売上に占める電子書籍のパーセンテージを、売上額とダウンロ

	フィクション部数	フィクション売上額	ノンフィクション部数	ノンフィクション売上額	ジュブナイル部数	ジュブナイル売上額
2006	0.2	0.1	0.1	0.1	0	0
2007	0.2	0.2	0.1	0.1	0	0
2008	0.9	1	0.4	0.4	0.1	0.1
2009	4	4.7	1.5	1.8	0.2	0.4
2010	12.6	14.3	4.4	4.9	0.9	1.4
2011	29.1	30.4	12.2	12.6	3.5	5.3
2012	37.2	38.2	15.9	15	5	8.4
2013	40.9	40.2	16	15.3	5.9	9.2
2014	42.6	43.4	16.6	15.8	7.5	12.2
2015	40.6	37.4	18.2	16.6	4	7.4
2016	35	38.9	16.4	13.2	6	6

表 1.6　オリンピック社の大カテゴリ別総売上に電子書籍が占める割合（%）

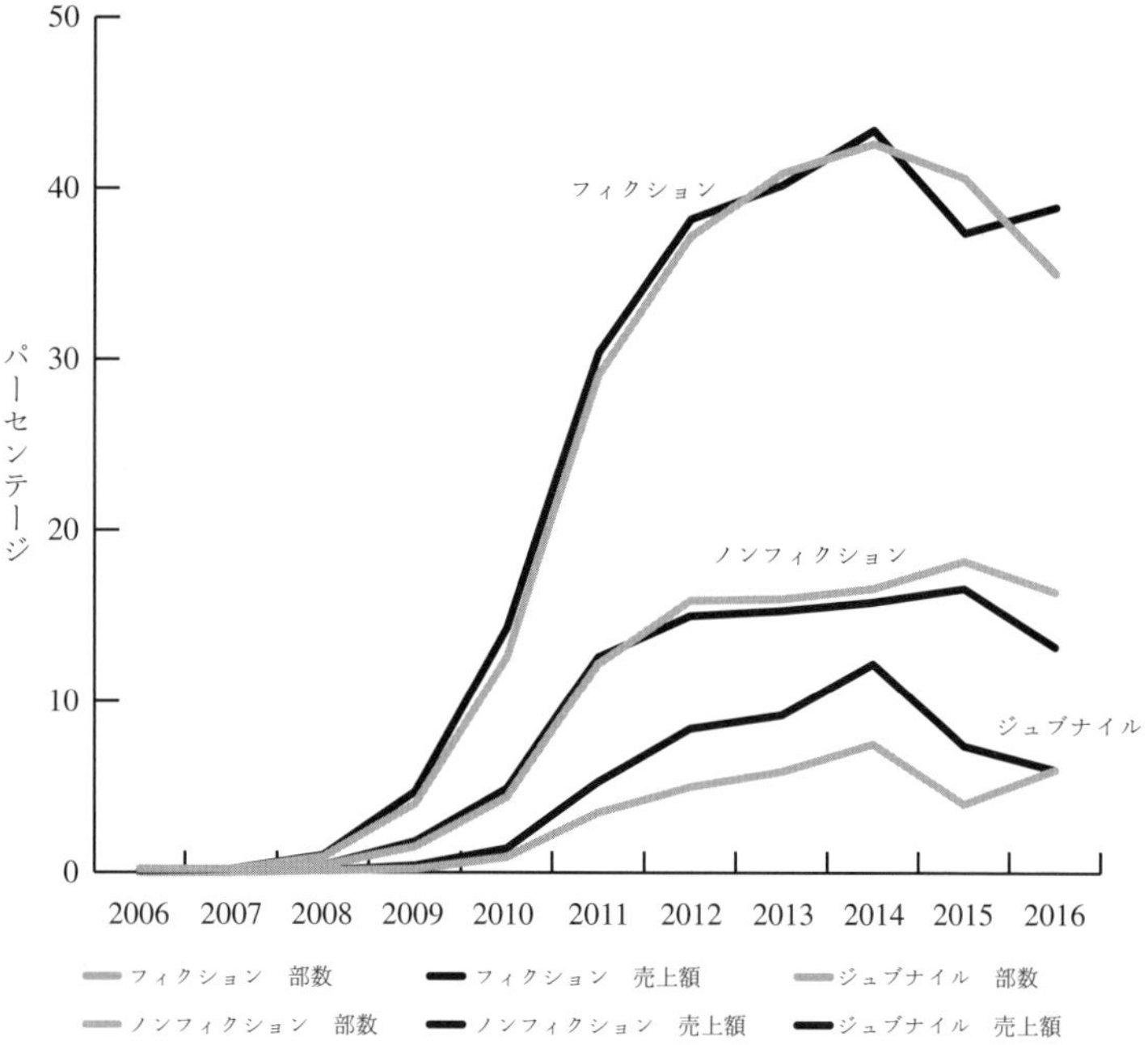

図 1.7　オリンピック社の大カテゴリ別総売上に電子書籍が占める割合

ード部数の両方で示した（図1・6bと同様に、Y軸はS字カーブがわかりやすく現れるように調整されている）。もっとも大きく変化したのは、ノンフィクションではなく、むしろフィクションだったことは一目瞭然だ。売上額でみると、フィクションの総売上額に占める電子書籍の割合は、2008年の1・0パーセントから2014年には43・4パーセントに増加したが、2015年には37・4パーセントに落ち、2016年には38・9パーセントとわずかに回復した。これとは対照的に、ノンフィクションでは、総売上額に占める電子書籍の割合が2008年の0・4パーセントから2015年には16・6パーセントに上昇したものの、その後2016年には13・2パーセントに落ち、期間を通じて20パーセントを大きく下回っている。ジュブナイルはさらに足取りが重く、電子書籍が総売上額に占める割合は、2008年の0・1パーセントから2014年には12・2パーセントに上昇したが、そのあと2015年には7・4パーセント、2016年には6パーセントまで減少した[5]。各カテゴリはS字カーブを描いているが、カーブの形はそれぞれ異なる。フィクションはほぼ45パーセント近くまで達したあと横ばいになって減少に転じ、ノンフィクションは15パーセント付近で横ばいになり、ジュブナイルの場合、電子書籍の売上額のピークは12パーセント前後で、その後減少した。フィクションとジュブナイルはいずれも2015年に急降下したが、ノンフィクションはひじょうに緩やかに上昇しつづけたあと、2016年に減少に転じた。

ところで、ここまでみてきたのはひじょうに幅広い分類での売上である。次はアメリカの標準的な件名標目であるBISACのコードの一部を使って、もう少し深く掘りさげ、さまざまなカテゴリ別のパターンをみていこう[6]。図1・8と図1・9は、オリンピック社の売上に電子書籍が占める割合の内訳を示している（これらの数値の根拠となったデータは、付録1を参照）。図1・8は純売上額、図1・9は純ダウンロード部数である（ここでも、Y軸はS字カーブをわかりやすく表示させるために調整した）。これらのグラフは、さまざ

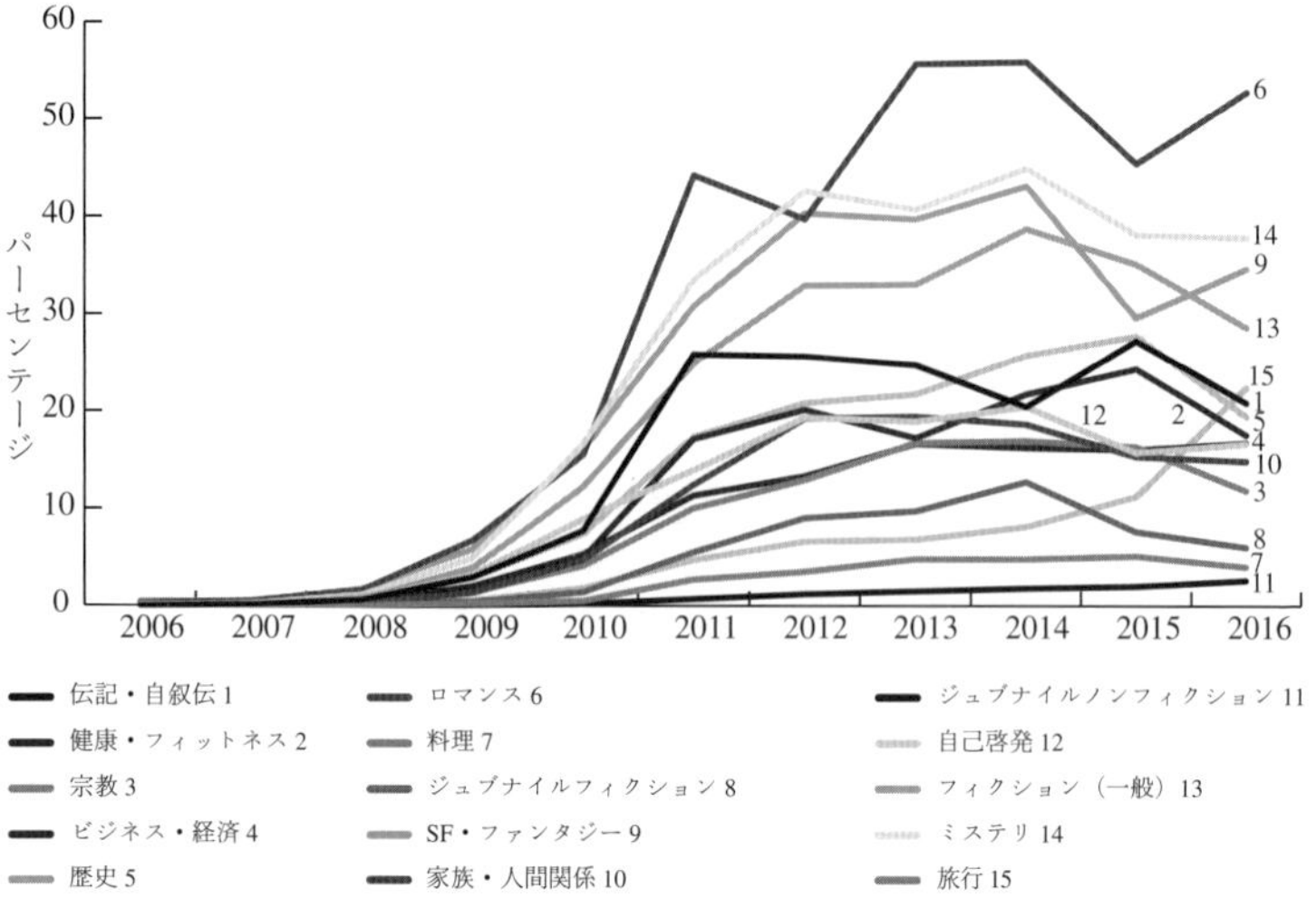

図 1.8　オリンピック社のカテゴリ別総売上に電子書籍が占める割合（純売上額）

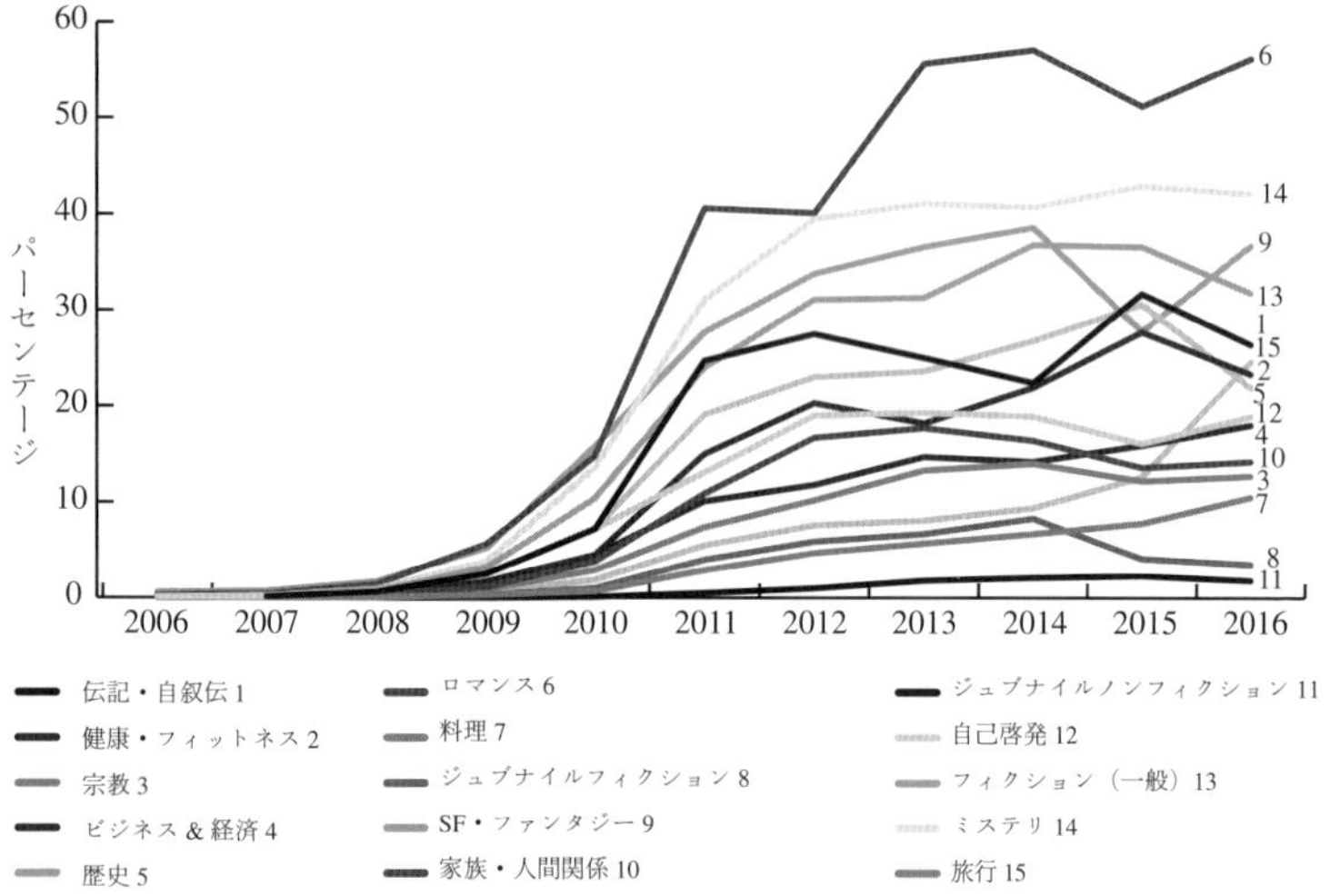

図 1.9　オリンピック社のカテゴリ別総売上に電子書籍が占める割合（純部数）

まなカテゴリ間で電子書籍の普及には大きな違いがあることを鮮やかに示しているし、これらのカテゴリをすべて「電子書籍」という単一のカテゴリにまとめることが、いかに誤解を招きやすいかを浮き彫りにしている。ここでは、本の各カテゴリがそれぞれ特徴のあるS字カーブを描いており、ひじょうに多様な軌跡をみることができる。それぞれのS字カーブは、独自の方法で上向き、ある時点で、そのカテゴリ独自の形で横ばいになりはじめる。ある場合は、成長がプラトーに達し、その後は多少の差があれども一定のレベルで安定する。またときには、上げ止まりから減少に転じ、ときには成長が横ばいから減少に転じたあとにふたたび上昇し、また別の場合は、増加がまったく始まらない。また、上下動を繰り返して飛び跳ねるような線になったり、低迷したあとに急上昇したり、急上昇したあとに落ちこんだりと、各カテゴリの数値は年ごとにそれぞれ変動がみられる。このような結果は何も意外なものではない。このグラフは、ある大規模な商業出版社の売上に基づいているので1年のうちに1カテゴリで出版される本の数は限られている。そのため、電子書籍として売れ行きが好調な本が1、2冊あれば（または、インプリントの売却や買収など特別な状況によって）、そのカテゴリで電子書籍の売上が急増したり激減したりすることがある。一出版社、それもオリンピックのような大手出版社の売上の数値には、このような特有の性質がみられるため、業界全体の典型としてみるべきではない。とはいえ、1年ごとの変動ではなく、おおよそのパターンや傾向に注目すれば、さまざまなカテゴリの書籍が経時的にどのように推移してきたかを知ることはできる。

これらのデータがはっきり示しているように、電子書籍の普及という面でもっとも実績が高いカテゴリはビジネスではなく、ロマンスで、ほかのすべてのカテゴリを大きく上回っている。2008年から2011年にかけて急増し、そのころにはオリンピック社でのロマンスの売上のうち、44・2パーセントを電子書籍が占めていた。翌年、電子書籍の売上は低下したが、その後ふたたび上昇に転じ、2013年と2014年にはロマンスの売上全体の約55パーセントを占めた。２０１５年には45パーセントまで下がったものの、２０１６年にはふたたび上昇に転じ、オリンピック社のロマンスの売上の約53パーセントを占めるようになった。オリンピック社が出版しているさまざまな全カテゴリのなかで、ロマンスは電子書籍が全体の売上に占める割合がもっとも高く、半分以上を占めている。ほかのカテゴリの電子書籍の売上が低迷しているにもかかわらず、ロマンスでは高い売上が維持されている。

いっぽうその対極にあるのはジュブナイルのノンフィクションで、電子書籍の普及率がひじょうに低い。このカテゴリの折れ線は平坦《へいたん》で、グラフの底からほとんど上昇していない。２０１５年のオリンピック社の売上に占めるジュブナイルノンフィクションの電子書籍の割合はわずか2パーセントで、２０１６年には2・6パーセントとわずかに上昇した。このカテゴリではS字カーブがみられないが、これはこのカテゴリでの電子書籍の売上にはまだ目立った上昇がみられないためだ。２０１６年の売上の97パーセントは、いまだ紙に印刷された本が占めていた。

もっとも売れ行きが好調なロマンスから、ちっともふるわないジュブナイルノンフィクションまで、電子書籍の普及に関してはひじょうに大きな幅とばらつきがあり、各カテゴリが独特の足跡を残している。しかし、それぞれの軌跡がユニークであるいっぽう、グラフの折れ線はグループごとにまとまっている。上方にある4本の折れ線はすべてフィクションのカテゴリで、上方3本の折れ線はすべてジャンルフィクションである〔日本では文芸小説に対し大衆小説とも呼ばれるフィクションの大きなカテゴリ〕。トップがロマンス、次がミステリや探偵小説、次がＳＦとファンタジーだ。電子書籍が好調な上位4つのカテゴリのなかには一般フィクションも入っているが、一般フィクションの折れ線はロマンス、ミステリ、ＳＦの折れ線よりも下にある。[7] これら4つのカテゴリの電子書籍の売上は２００８〜２０１２年に急増を示しており、ほかのカテゴリの本よりずっと高いレベルに達している。ロマンスが55パーセント前後で上げ止まりになって、その後は変動しているのに対し、その他3つのフィクションのカテゴリは30〜40パーセントのあいだで止まっている。これらのカテゴリの多くは、2012年から2014年のピーク時を境に緩やかに減少に転じているものの、オリンピック社ではロマンスの電子書籍の売上は2016年に新たな急増をみせている。

グラフの中央あたりにまとまっている折れ線は、伝記・自叙伝、歴史、ビジネス・経済、家族・人間関係、健康・フィットネス、宗教、自己啓発と、すべてノンフィクションのカテゴリである。フィクションカテゴリと同様に、これらの折れ線はいずれも、2008年から2011年に急上昇したあと横ばいになっているが、フィクションよりも低い水準で推移している。伝記・自叙伝と歴史は、2011年以降上昇しつづけ、2015年には27パーセントに達したが、その後急落した。健康・フィットネスは、2015年に24パーセントに達したあと低下した。ビジネス・経済、家族・人間関係、宗教、自己啓発などその他のノンフィクションは、15〜20パーセントのあいだでプラトーに達し、そのレベルで安定または下落に転じた。つまり、2011年から2015年のあいだに、これらすべてのノンフィクション・カテゴリは、16〜27パーセント、あるいはもっとおおざっぱにいえば15〜25パーセントのあいだで横ばいになり、この帯の最上部に伝記・自叙伝と歴史がある。

グラフの下方には、これまで電子書籍の売上が上昇しておらず、2016年になっても全体の売上に占める割合がごく小さいカテゴリが並んでいる。ここに含まれるのは、料理と、ジュブナイルのノンフィクションとフィクションで、料理は5パーセントを超えず、ジュブナイルノンフィクションは3パーセントを超えることがなかった。いっぽう、ジュブナイルフィクションは2014年に12・7パーセントまで上昇したもののその後2016年には6パーセントまで落ちこんだ。(8) 旅行もこの領域に属しており、オリンピック社の電子書籍の売上としては、上昇がみられず概して総売上の12パーセント以下にとどまり、2016年の急増は当時の特別な事情に起因する例外的な現象だった。これらのカテゴリでは（ヤングアダルトを除いて）電子書籍の売上に著しい増加がみられなかったことから、2008年以降の成長ラインは、従来のS字カーブのパターンではなく、むしろ上方に（または下方に）やや傾いた緩やかな傾斜のある平坦な線に近いものになった。

なぜばらつきがあるのか？

オリンピック社のデータは、さまざまな本のカテゴリ間で電子書籍の普及率に大きな差があることをはっきり示している。ほかの大手商業出版社のデータもほぼ確実に同様のパターンを示すだろう――まったく同じとはいわないまでも全体的なパターンは概して似たようなものであろう。では、これらのばらつきには、どのような説明がつくのだろうか。あるカテゴリは、ほかのカテゴリに比べて、総売上に対する電子書籍の売上の割合がひじょうに高く、e／p比率（すなわち、紙の本の売上に対する電子書籍の売上）も高いのはなぜだろうか。

電子書籍が共通して備えている要素で、このばらつきを説明することはできない。たとえば、いつでもどこでも簡単にすばやく購入できるという利便性や、どこへ行くにも複数の電子書籍を持っていけるという利便性――小さなペーパーバッグくらいの重さと大きさの機器で小さな図書館を持ち運べる、文字の大きさを変えられるという利便性、そしてもちろん価格。電子書籍は一般的に紙の本より安い（ただし、どれほど安いかはあとの章で説明するように、多くの要因によって異なる）。これらの要素はすべての電子書籍に備わっている要素であるため、カテゴリによって売上が異なる理由にはならない。旅行本や料理本は、ロマンスやスリラーと同じように、電子書籍としても購入しやすいし、電子書籍のほうが軽量だ。だから理由はほかにあるにちがいない。

電子書籍として売れるカテゴリと売れないカテゴリのもっとも顕著な違いは、売れるカテゴリが物語性のある直線的なテキストで構成されているのに対し、売れないカテゴリは物語性がなく直線的でもないということだ。ロマンスやスリラーは、直線的な物語性があるので、一般的に1ページ目から読みはじめ、最後まで（あるいは途中でほうりだすまで）読みつづける。文章は、物語として構成されていて、読み進めると徐々に展開していくので、読者はその筋書きを追う。これに対して、料理本や旅行記、実用的なハウツー本などは、概して最初から順を追って最後まで読む本ではない。むしろ特定の目的に合わせて参照するために使われる。たとえばある料理のレシピをみたり、旅行する予定の街や国についての情報を得たり、何かの実用的な作業を行なったりするためなど。これらの本はロマンスやスリラーとはまったくタイプがちがっていて、まったく異なる方法で読まれ、使われ、参照される。

この違いがなぜ、電子書籍の普及に影響するのかは、ユーザーの読み心地と結びつけてみれば理解できるだろう。ユーザーの視点でみると、キンドルのような電子書籍端末で物語性のある直線的なテキストを読むことは、概して楽しい体験になる。次々と簡単かつ迅速にページを進むことができて、テキストはスムーズに流れ、読者は最初から最後までその流れに沿って読み進んでいく。これはとくにジャンル小説に適している。これらの小説はすばやく、没入して読むことができて、端末自体にも、画面上のテキストの表示方法にも、筋を追いながら結末へと読み進むときに読者の邪魔になったり、ペースを落とす原因になったりするものは何もない。業界用語らしいいいかたをすれば、「フォームファクター」は良好だ。ここでいう「フォームファクター」とは、特定のデバイスで特定の本を読むときの体験の質を指す。キンドルのような電子書籍端末でジャンルフィクションを読むのは、紙の本を読むのとおそらく同程度の読み心地で、活字の大きさなどを変えられることを考えれば、それ以上の体験が味わえる場合もあるだろう。

しかし、実用的な内容であったり、絵や図が多かったりして直線的に読めない場合、フォームファクターはジャンルフィクションほど良好とはとうていいえない。これらの直線的ではないテキストは、かならずしも最初から最後まで通して読まれることを意図していない。これらの本は読者が1ページずつ順番に読み進めていくような物語になっていない。料理本や旅行ガイド、実用的なハウツー本など直線的ではない本の場合、読者やユーザーは必要な情報を得るために、前後に移動したり、別の場所に飛んだりする必要がある。読者が繰り返し同じページや別の箇所を見返す参考図書のような役割で使われることが多い可能性もある。この種の直線的ではないテキストの場合、キンドルのような電子書籍端末を使って読む体験は、直線的なテキストを読むときに感じる魅力に比べればはるかに劣る。さらにイラストなどが加わると、とくにキンドルのような白黒の電子インク技術を用いている電子書籍端末を使っている読者からすると、その魅力はさらに低下するかもしれない。

直線的でないテキストのフォームファクターが直線的なテキストのフォームファクターにはるかに及ばないといっても、今後もずっと良くならないというわけではない。いつかは同じくらい良くなるかもしれないし、実際、一部のデバイスやコンテンツの形態では、すでに良好な状態になっている可能性がある。たとえば、iPad用に開発された特注のアプリケーションは、ある種のコンテンツを使う際に理想的なユーザー体験になりうる。このアプリケーションでは、カスタマイズされたユーザーインターフェースを使って、拾い読みしたり、ページをあちこち移動したりと、直線的ではない読書体験が得られる。また、高解像度のカラーイラスト、高音質、高レベルのインタラクティブ性など、直線的なテキストを読むのとはまったく異なるユーザー体験が得られる可能性がある。しかし、このようなコンテンツを作るには、それ独自の課題や問題があり、現段階では、それが実用的な事業なのかどうか、また、どの程度実用できるのかは、まったく未知数だ。この件は、次の章で再度取りあげる。

電子書籍の普及度の違いを説明するうえでもうひとつ重要な要素は、コンテンツの「所有価値」である。本には、読者がコンテンツを消費するための本がある。読者がコンテンツを消費したあと、つまり一度読んだあと、その本は不要になる。読者はその本をとくに所有したいとは考えない。商業出版社の幹部であるジェーンは、これを「使い捨てフィクション」、つまり「本棚に並べる必要のない本」と表現した。いっぽう、読者が手にいれて保管し、本棚に並べて、後日読みかえし、ひょっとすると居間の本棚に飾りさえして、自分がどんな人間で、どんな種類の本が好きで、どんな本に価値を見いだすのか（あるいは他人からどんな本が好きでどんな本に価値を見いだしていると思われたいのか）を示す象徴的なしるしになる本もある。これらの本は、読者にとって所有価値がはるかに高い。所有価値が低い書籍は、電子書籍がうってつけだ。コンテンツを消費したあと、その電子書籍を削除することもできるし、物理的な場所を取ることなく少量のメモリでデジタルコレクションに保管しておけばいい。けれども、所有価値の高い本は、印刷書籍のほうがはるかに魅力的だ。印刷書籍には、デジタルファイルには欠けている永続性のようなものがある。ファイルの形式や読書端末は時とともに変化するが、印刷書籍は技術の変化に関係なく、将来もふたたび読むことができる。印刷書籍は、なんの制限もなく他人と共有したり、他人に貸したり、与えることができる。テーブルや本棚に飾っておいて、他人がそれをみて手に取ったり、称賛したりできる。また、美しい表紙、デザイン性の高いレイアウト、五感に訴える素材感など、一連の美的な特徴も備えている。これらの特徴が組み合わさった印刷書籍は、単なるコンテンツの伝達手段にとどまらないし、コンテンツとそのコンテンツを伝達する物質的な形態の両方に価値がある美的対象だ。ジェーンは次のように語った――「したがって、本当の問題は、所有したいのはどの本か、削除できるのはどの本か、ということになりますし、大事なのは、使い捨ての本と本棚に残しておきたい本を見分けることです」。それぞれの読者が独自の方法で、さまざまな要素に基づいてこの判断を行なっている。その要素とは、たとえば自らを示す象徴として特定の本に価値を見いだす程度や、オフィスや書斎、自宅にある本棚のスペースなどである。

テクノロジーも電子書籍の普及レベルの差を説明する重要な要素である。印刷書籍に対する電子書籍の比が高いカテゴリは、さまざまな読書端末用のデジタルファイルの作成および、関連ベンダーシステムへのアップロードが容易で比較的安価である。古い既刊本は、ハードコピーを第三者に送り、そこでテキストがスキャンされ、OCR（光学式文字認識）ソフトウェアを使ってXMLファイルに変換されることで、比較的簡単かつ安価にデジタルファイルに変えられる。全体のプロセスにかかる費用は300ページ以下の本の場合、200ドルもかからない。いっぽう新刊の場合、大半の出版社にはいまや、制作プロセスの標準的な出力作業として、複数のファイル形式を生成するデジタルワークフローがある。電子書籍は、出版社が保有し、紙の物質的な本を出版する際に印刷会社が使用するPDFやその他のファイルと一緒に保管されるファイルのひとつにすぎない。いったんシステムを導入してしまえば、制作プロセスにアウトプット作業をひとつ追加するだけで、電子書籍用のファイルをひじょうに安価に制作できる。しかし、直線的でない、図や写真が豊富なビジュアル本のなかには、良好なユーザー体験を生みだすデジタル版を作成するのに、ずっと複雑でコストがかかるものがある。たとえば、まったく異なる方法で構成されるアプリケーションとして、試作段階まで戻って、別の種類のデジタル体験が得られるものとしてその本を作りなおさねばならない場合もある

特性	e/p比率 高い	e/p比率 低い
テキストの特性	物語性のある 直線的なテキスト	非直線的で図表が多い
ユーザー体験 （「フォームファクター」）	読むスピードが速い。 継続的、 没入型の読書体験	読むスピードはゆっくり。 非継続的、 参照に使用
所有価値	高回転率 使い捨て	低回転率保管、 再使用／再読、 展示
技術	適切なファイル形式でのデジタルファイルの作成およびベンダーシステムへのアップロードが簡単で比較的安価	作成が比較的複雑で費用がかかるため、専門家による制作チームや専門的なプロセスが必要な場合あり

図1.10　電子書籍普及モデル

だろう。これは簡単なことではないし、かならずうまくいくともかぎらないため、この状況自体が、特定のカテゴリの本を適切なデジタル形式で利用できるようにするプロセスを邪魔している。

図1・10では、「電子書籍の普及モデル」と呼ばれるもののおもな特徴をまとめた。このモデルによると、さまざまなカテゴリの本のあいだにある電子書籍の普及の違いは、次の4要素で説明できるという——テキストの特性、ユーザー体験（またはフォームファクター）、所有価値および技術である。この4つの要素を合わせると、さまざまな可能性がみえてくる。スペクトラムのいっぽうの端に位置するのはフィクションで、ジャンルフィクション（ロマンス、ミステリ、SFなど）と一般フィクションの両方がある。ジャンルフィクションはデジタルへの移行がもっとも早く、劇的だった。このカテゴリの本は、物語

性のある直線的なテキストが特徴で、没入型の読書体験を通じてスピーディかつ連続的に読まれ、電子書籍のフォームファクターは良好である。このカテゴリの回転率や消費率は高く、読みおわった本は保管されない（または物理的な本として保持されない）ことが多い。またデジタルファイルの作成が容易で安価である。これらのカテゴリの本は、オリンピック社の総売上に占める電子書籍の割合がもっとも高いレベルに達し、２０１４年には40〜60パーセントを占めているが、多くは30〜40パーセントで横ばいになっている。ただし、ロマンスは例外で、50〜60パーセント台という顕著に高い率を維持している。

一般フィクションの場合、デジタル化への移行は、ジャンルフィクションほど急速でも劇的でもなかったが、かといって大きく後れを取ったわけでもなかった。２０１４年までに、オリンピック社の一般フィクションの電子書籍の割合は、ＳＦ・ファンタジーの割合やミステリの割合とほぼ同じになった。それでも、依然としてロマンスには遠く及ばなかった。一般フィクションのカテゴリに含まれるタイプの本は、ジャンルフィクションと多くの特性を共有している。一般フィクションは没入型の読書体験を通じて連続的に読まれる物語性のある直線的なテキストとして、キンドルのような電子書籍端末で読みやすい。つまりフォームファクターが良好だ。また、デジタルファイルの作成も容易で安価だ。文芸フィクションのような一般フィクションの一部の形態が、ジャンルフィクションと区別されうる点があるとすれば、それはその所有価値である。読者によっては、ジャンルフィクションよりも文芸フィクション（の特定の本や作家）のほうが所有価値が高いことがある。つまり、そういう読者は、これらの本や作家の本を所有し、本棚に置いておきたいと思う傾向が強いかもしれない。それが、自分が何者であるかを示したり、自分の文化的嗜好《しこう》を示したりする手段なのだ。また、このタイプの読者は、その本をプレゼントとして人に贈る傾向もある。プレゼントとは、ほかの誰かが所有できることを喜びそうな対象であるので、これは所有価値を示すもうひとつの方法である。

物理的な本は、電子書籍には果たせない役割であるプレゼントとして機能する——電子書籍はプレゼントとしては最悪だ。これらの要素は、文芸フィクションを含む一般フィクションの電子書籍への移行が、ジャンルフィクションに比べて少し遅く、２０１５年に到達した38・7パーセントという割合でさえ、依然としてロマンスを大きく下回っていることの説明になる。

スペクトラムのもういっぽうの端にあるのが、旅行書や料理本、ジュブナイルだ。これらのカテゴリの本は直線型ではなく、絵や写真がふんだんに盛りこまれていることが多い。これらの本の大半は一般的にゆっくりと読まれるし、直線的に最初のページから最後のページまで読まれるわけではなく、あるページから別のページに飛んだり、同じページを何度も読みかえしたりなど、ガイドブックのように使われる。一度読んだら手放す可能性は低く、後日にふたたび使われたり、読みかえされたり、繰り返し参照されたりする。ビジュアル本のなかには、棚やコーヒーテーブルに飾られる本もある。直線的な物語性のある本とはちがって、これらの本のコンテンツを、魅力的で使いやすいデジタル形式として使用できるようにするのはむずかしく、費用もかかる傾向にある。これらのカテゴリの本は、総売上に占める電子書籍の売上がもっとも低く、オリンピック社では12パーセントに及ばない（２０１６年の旅行書の例外的な数値は除く）。

このスペクトラムの両端のあいだに収まっているのが、「物語性《ナラティブ》のあるノンフィクション」である。物語性のあるノンフィクションとは、ＢＩＳＡＣの複数のノンフィクションカテゴリにまたがる緩い概念で、歴史、伝記・自叙伝、健康・フィットネス、宗教、自己啓発などがここに含まれる。これらのカテゴリが示す電子書籍の普及パターンはどれも同じとみなすべきではない。むしろ、まったくちがうのだ。これらのカテゴリのうち、たとえば伝記・自叙伝や一部の歴史書など、物語が大半を占める直線的なテキストは、電子書籍の普及率が比較的高いと思われるかもしれない。これはたしかにそのとおりで、電子書籍の普及スピードはフィクションに劣るとはいえ、2015年までに、オリンピック社における伝記・自叙伝と歴史書の電子書籍が占める割合は、一般フィクションやSFなどいくつかのカテゴリのフィクションよりも5〜10パーセント低いだけだった。マルコム・グラッドウェルやジャロン・ラニアーなどによる「ビッグ・アイデア」に関する本も、電子書籍の普及率は比較的高い。これは、コンテンツの大半が直線的な物語性のあるテキストで成り立っているからだが、すでに分析したBISACのカテゴリにはうまく収まらない。いっぽう、自己啓発書や家族・人間関係の本は、連続的に読むのではなく、折に触れて参照するために部分的に読まれるガイドブックのような本であるため、電子書籍の普及率が低いと思われる。これらは、やはり予想どおりの結果がみられた。しかし、多くの場合、物語性のあるノンフィクションは、ジャンルフィクションであれ、一般フィクションであれ、物語性のあるフィクションよりも電子書籍の普及率が低い。これは、ジャンルフィクションと一般フィクションのカテゴリには、次のような本が占める割合が高いという事実によって説明できる——(1)図表がなく、物語の文章のみが表示されることが多い。(2)没入型の読書体験のなかでスピーディに連続的に読まれることが多い。(3)読者が新しい読書体験へと進むことで回転率が高くなる。それに比べて、物語性のあるノンフィクションのカテゴリには、図表が入っている本の割合が大きく、ページを前後しながら比較的ゆっくり非連続的に読まれることが多い。また、読者はのちに読みかえすことを考え、本を保持したがる可能性があり、回転率が低いようである。

ここで少し立ち止まって、その他のカテゴリと比較して、ビジネス書や経済書について考えてみるのもいいだろう。先に述べたように、2000年代のはじめに多くの評論家は、電子書籍革命が起こったとき、その革命を先導するのはビジネスマンがデジタル機器で読むビジネス書だろうと予測していた。技術に精通し飛行機で世界を飛びまわるビジネスマンが、空港でのあき時間を利用して、ビジネスのトレンドについて書かれた最新の本に目を通すと思われていた。ところが実際は、電子書籍の普及に関していえば、ビジネス書や経済書はひじょうに控えめで、普及のスピードはやや遅く、２０１４年には20パーセントに達したものの、２０１５年には15パーセントまで低下した。これは、フィクションや、伝記・自叙伝や歴史書など物語性のあるノンフィクションのほかのカテゴリが達した率よりはるかに低く、２０００年代初頭の評論家たちの予想は大きく外れた。電子書籍の売上がようやく伸びてきたとき、その劇的な成長は、空港ラウンジでビジネス書を読むビジネスマンよりも、キンドルでロマンスを読む女性たちによってもたらされた（ロマンスの読者の多くは女性だ）。本書で述べてきたモデルのレンズを通してみると、ビジネス書の電子書籍の普及率が比較的低いというのは意外なことではない。ビジネス書や経済書の多くは、没入型の読書体験でスピーディかつ連続的に読むタイプの本ではないからだ。むしろ、ゆっくりと、さらには非連続的に読む本である可能性が高い。要は本の冒頭で記述されたり指摘された情報を思い出すために、ページを戻って読みかえしたり、先に飛んで読んだりする可能性が高い。また、一気に読んでそのあと処分する本ではなく、ガイドブックのようにのちに読みかえしたり、参照したりする本でもあるだろう。このような特徴からして、ビジネス書や経済書には、フィクションよりも自己啓発書や家族・人間関係の本に近い役割があることが明らかで、実際、そういう使い方がされている。

形態《フォーム》と形式《フォーマット》

デジタル革命が本の形態に及ぼした影響はあるだろうか。これについて、２００８年以降の電子書籍の売上の経験から何がわかるだろうか。それが示唆するのは、デジタル革命は、記号コンテンツを、伝統的に組みこまれていた紙媒体から切り離し、印刷媒体ゆえに課せられていた制約から本を解放したということだろうか。私たちが「本」として認識していた実体とはまったく別の特徴を持つテキストの実体として、本を再度、一から発明する道を切り開いたということだろうか。1990年代後半から2000年代前半にかけて、このように本が再発明されるだろうと推測する人が多くいた。それらの人びとは、デジタル時代には本の形態そのものが根本的に作り変えられるのではないか、と考えた。印刷媒体によって課されていた制約から解かれたとき、いくつかの章が連なる一定の長さの作品としてこれまで構成されていたテキストの形態が、変わるかもしれないと。この種の考え方で有名な例のひとつが、ロバート・ダーントンによる学術書のピラミッドモデルである。このモデルでは、本はもはや直線的なテキストとして書かれるのではなく、複数の層で構成される。直線的なテキストは多くの層からなる、複雑なデジタルアーキテクチャの最上層にすぎず、読者は、その表面を占める概要説明と、その下の層にある文書や図解資料で構成される多くの層とのあいだを行き来することができる。(9) 商業出版の世界にも多くの例がある。デジタルブックはもはや、200〜300ページの印刷されたテキストという物理的な形態に埋めこむことが可能なコンテンツの外枠とみなされてはいない。むしろ、生まれながらのデジタルブックで、デジタル方式で独自に存在する本、つまり、もっぱらデジタル媒体のなかだけに存在する本とみなされている。物理的な本でこれに相当するものは存在しない可能性があり、存在したとしても、その物理的な本は、デジタル媒体に関連づけて考えだされ、そのために創造されたコンテンツの一部でしかなく、紙に印刷した二次的な表現にすぎないこともありうる。

次の章では、商業出版業界で行なわれた、本をデジタルの実体として再発明しようという試みをいくつか掘りさげ、その結果を検証する。しかし本章では、2008年から現在までの大手商業出版社での電子書籍の売上パターンからどんな教訓が得られるかを検討したいと思う。このパターンはデジタル媒体において再発明されている本の形態を示唆しているのか。それとも、デジタル媒体というのは、単に紙に印刷された本のもうひとつの形式を出版社に提供しているだけなのだろうか。その形式で本は、構造的な特徴をほとんど変えないまま、パッケージされ読者に利用されるのだろうか。

私の考えでは、私たちがこれまで目撃してきたことは、過激な電子書籍革命の支持者の一部が信じていたような本の新しい形態の発明ではなく、むしろ、本の新しい形式の創造である。本は、基本的な構造上の特徴という点では、デジタル革命によってもほぼ変化していない。だからといって、新たな形式の創造が重大でないといっているわけではない。出版業界とそこで活躍する多くのプレイヤーにとっては大きな意味がある。それでも、本の形態そのものが再発明された場合に被ったであろう（し、おそらくいまだに被りうる）破壊力には遠く及ばない。この違いをさらに探求してみよう。

本の「形態」とは、本を成り立たせている記号コンテンツの構成方法を意味している。たとえば、特定の方法で並べられた複数の章の連なりや、ページが増えて長さが伸びていく方法など。本の「形式」とは、その本がパッケージされ読者に提示される方法のことである。同じ本が同じ方法で構成されたとしても、その形態を変えずに、複数の異なる形式でパッケージし、提示することは可能だ（この違いについては12章でくわしく述べる）。これまでのところ、デジタル革命によって本の新しい形式が創造されたが、本の形態は変わっていないというのは、ほとんどの場合、本がデジタル革命以前と同じような構造のままであるが、パッケージされ、読者に提示される方法――たとえば、電子書籍という形式――が新しいということを意味する。

出版の歴史には、新たな形式の発明（または過去に発明された形式の再登場）によって、いくつもの特徴が加えられてきた。その古典的な例が、1930年代にアレン・レインが立ちあげた低価格のペーパーバックシリーズだ。レインはほかの出版社からハードカバーで出版されていた本（通常、小説は7シリング6ペンス、伝記や歴史書は12シリング6ペンス）のライセンスを得て、わずか6ペンスという値段で安価なペーパーバック版を再発行した。これは、特徴的で覚えやすいペンギンを商標にしたペンギン・ブックス社の新シリーズだった。ペーパーバック自体はレインの発明ではなく、物理的な媒体として19世紀後半やそれ以前から存在していたが、概して「低俗なもの」とみなされていた。[10] レインの天才ぶりが垣間《かいま》みえるのは、ペーパーバックをスタイリッシュな新しい形式として再ブランド化したところだ。この新たな形式は市場や本のライフサイクルのなかで妥当かつ貴重な地位を得た。「私たちが目指したのは、スマートですっきりした清潔感があって、気むずかしい知識人の気持ちを逆なでしないように充分モダンで、それでいて簡潔で気取らない本を作ることでした」と、レインは述べている。[11] レインはひとつの市場の出現を感じとり――ある程度自由に使える所得を有し、手頃な価格で良い本を読みたいと考えている中産階級の増大――効率的な新しい方法でパッケージしなおした本を作りだし、この市場に提供したのだ。

とはいえ、何もかも順風満帆だったわけではない。当時は大きな抵抗に直面した。とくに出版社や書店は本の価格をこんなに安くしたら、人びとが本に費やすお金が少なくなるだけだと感じていた。「6ペンスの本では誰も食べていけない」と述べたのは、ハイネマン〔文芸出版社。現在はペンギン・ランダムハウスのインプリントとなっている〕のチャールズ・エバンスだ。エバンスは「そんな本で儲かるのはペンギン・ブックス社とおそらくはその印刷業者だけだ」とも述べ[12]、イーニッド・バグノルド著のベストセラー小説『ナショナル・ベルベット（*National Velvet*）』のライセンス供与を断った。著者が繰り返し懇願したにもかかわらず、である。それでも時がたつにつれ、アレン・レインが生みだしたペンギンマークの安価なペーパーバック版は、正当な形式としてそれ自体の立場を確立していった。つまり、別の方法でパッケージしなおされた同じ内容の本が、新たな価格をつけられ、消費者に届けられたのだ。

その後、ペーパーバックの形式は、寸法や特性の異なる3つの形式に姿を変えた。Aフォーマットは、寸法が110ミリメートル×178ミリメートルで、一般的にマスマーケット・ペーパーバックと呼ばれており、幅広い読者を対象にした本に用いられている。安価な紙に印刷され、低価格で販売され、書店だけでなくスーパーマーケットやドラッグストアなどさまざまな小売店に流通している。Bフォーマットは130ミリメートル×198ミリメートルとやや大きめのサイズで、文芸作家の本に用いられることが多く、Cフォーマットの寸法は多くのハードカバーと同じ135ミリメートル×216ミリメートルだ。BもCも、通常はマスマーケット・ペーパーバックより質のいい紙に印刷され、より高い価格帯で販売されている。これらはいずれも、マスマーケット・ペーパーバックのAフォーマットと区別するために、トレード・ペーパーバックと呼ばれることが多い。

同じコンテンツを消費者に提供するために複数の形式が存在し、それぞれの形式の価格が大きく異なる場合には、それぞれの形式が販売されるタイミングや段階が重要になるが、これをビジネスでは「ウインドウ戦略」と呼ぶ。英米商業出版では1冊の本が、3つの段階またはウインドウを進む。典型的な例としては、まずハードカバーで、サイズや本の種類に応じて25～35ドル程度の表示価格が設定される。その12～18ヶ月後には、本の種類に応じて14～17ドル程度の価格で、BまたはCフォーマットのトレード・ペーパーバックが発売される。さらに、またもや本の種類に応じて、Aフォーマットのマスマーケット・ペーパーバックが10ドル以下で発売される。とはいえ、すべての本がこのパターンにあてはまるわけではなく、ハードカバーが出版されたあとにトレード・ペーパーバックが出版されたとしても、マスマーケット・ペーパーバックとして発売されない場合もあれば、ハードカバーのあと、いきなりマスマーケット・ペーパーバックが発売される場合もあり、ハードカバーは出版されずに最初からトレード・ペーパーバック（「ペーパーバックオリジナル」と呼ばれることもある）として出版されることもあったりと、さまざまな変形パターンがある。出版社はこれらの形式を使いわけて、売上や利益が最大になるように努めたり、異なる読者層をターゲットにしたり、その本の販売寿命を延ばしたりする。

2008年から2012年にかけて、英米商業出版界で電子書籍の売上が伸びはじめたとき、電子書籍が印刷書籍をすっかり凌駕《りょうが》したり、少なくともいくつかのカテゴリで紙の本を食いつくしたりするかは明らかではなかった。またそうなった場合、本の形態にどのような影響を与えるのか、つまり、根本的に再構築される道が開かれるのかどうかも不明だった。それでも蓋《ふた》をあけてみると、電子書籍は、印刷書籍と結びついたままで、印刷会社のための印刷用ファイルとともに制作されるアウトプットのひとつにすぎなかった。コンテンツは基本的に同じで、ちがうのはパッケージや配信方法や価格だけだった。多くの出版社が、コンテンツにいくらか変更を加えた電子書籍をつくりだそうと試みた（次の章でその実験的な試みのいくつかを紹介する）。けれども、これらの試みの大半は失敗に終わり、現在普及している電子書籍は、印刷された本のコンテンツを再現していて、デジタルファイルとして利用でき、紙ではなく、画面上で読めるというタイプの電子書籍である。つまり、電子書籍はもうひとつの形式になったのだ。

電子書籍は本の新しい形態というより、もうひとつの形式であるとしても、出版業界にとっては大きな意味がある。出版社は、形式を扱う方法を心得ている。これまでみてきたように、新しい形式の発明は何も珍しいことではないし、当初は抵抗や不安が大きかったとしても、出版社は概して、新たな形式をさまざまなオプションに組みいれるのが得意で、さまざまな形式を用いてコンテンツをパッケージし、消費者に提供している。電子書籍は出版社が活用できる新たな収入源になっただけで、これは過去数十年のあいだに出版社が、マスマーケット・ペーパーバックであれ、トレード・ペーパーバックであれ、安価なペーパーバックというバージョンで生みだした新たな収入源を活用してきたのとまったく同じ道筋だ。

しかし、私が考えるように、電子書籍がもうひとつの形式として理解するのがもっとも的確であるとしても、電子書籍がさまざまな特徴を備えた新しい形式で、その特徴のなかには出版社にとって実用的な強みになるものがあると理解しておくのが重要だ。その筆頭に来るのが、紙に印刷した本に比べて販売コストが印刷物よりもはるかに低いことである。印刷の必要がなく、倉庫での保管が不要で、送料もかからないのだから（とはいえ、実際には流通コストがかかるが、これは業界外の人には見落とされがちだ）。同様に重要なのは、返本がないということだ。これは従来の商業出版のサプライチェーンにある無駄な側面なのだが、電子書籍の世界には存在しない。電子書籍の価格は一般的に低く、ロイヤリティは一般的に高くなるが、価格の低さとロイヤリティの高さを補ってあまりあるほどの節約効果があり、結果として出版社の収益性は改善される。さらに、購入は24時間いつでも可能で、画面で読むことさえできるなら、読者は事実上すぐに本を手にいれることができる。書店があくのを待ったり、郵送で到着する本を待ったりする必要はない。

オリンピック社での印刷書籍に対する電子書籍の売上パターンをみたとき、電子書籍は（新たな形態というよりも）新たな形式であるという考えを裏づけるものがいくつかみつかる。表１・７と図１・11ａ、１・11ｂは２００６年から２０１６年までのオリンピック社の売上を書籍の形式ごとに総売上に対する割合としてまず部数で、次に売上額（ドル）で示している。これらの図表からわかるのは、２００８年から２０１２年にかけての電子書籍の急増に伴い、マスマーケット・ペーパーバックの売上が部数と売上額の両方で大幅に減少していることである。マスマーケット・ペーパーバックが全体に占めていた割合は、２００６年と２００７年が部数でいえば24パーセント、売上は15パーセントだったのが、２０１６年には部数のわずか10パーセント、売上の６パーセントにまで落ちこんだ。ところが、ハードカバーもトレード・ペーパーバックも、

	EB[1]（部数）	EB[1]（売上額）	HC[2]（部数）	HC[2]（売上額）	TP[3]（部数）	TP[3]（売上額）	MP[4]（部数）	MP[4]（売上額）
2006	0	0	24	40	38	35	24	15
2007	0	0	23	36	38	37	24	15
2008	0	1	24	38	40	37	23	15
2009	2	3	26	41	39	35	20	13
2010	6	9	23	36	40	35	18	12
2011	16	19	22	33	36	30	14	9
2012	22	26	18	25	39	35	10	6
2013	21	24	23	32	33	27	11	7
2014	20	24	22	29	36	30	10	7
2015	20	23	25	32	33	28	9	6
2016	20	20	32	43	38	31	10	6

表 1.7　オリンピック社の売上に各形式が占める割合（%）

注記：1 電子書籍　2 ハードカバー　3 トレード・ペーパーバック　4 マスマーケット・ペーパーバック

それほど深刻な減少はみられなかった。ハードカバーの売上部数は25パーセント前後で相当安定していたが、２０１２年には18パーセントまで下がり、その後回復し、２０１５年には25パーセントまで戻り、２０１６年には32パーセントに上昇し、過去10年間でもっとも高くなった。ハードカバーの売上は、２００６年には全体の40パーセントを占めていたが、２０１２年には25パーセントにまで落ちたものの、２０１５年には32パーセント、２０１６年には43パーセントまで回復し、過去10年間のどの時期よりも高くなった。トレード・ペーパーバックの売上部数は、２００８年の40パーセントから２０１３年には33パーセントに減少したが、その後は回復し、２０１６年には38パーセントまで回復した。同様に、トレード・ペーパーバックの売上額は、２００８年の37パーセントから２０１３年には27パーセントに減少したが、２０１６年には31パーセントに回復した。

オリンピック社のデータは、電子書籍の普及によって、トレード・ペーパーバックとマスマーケット・ペーパーバック両方の市場が侵食されていることをはっきり示してい

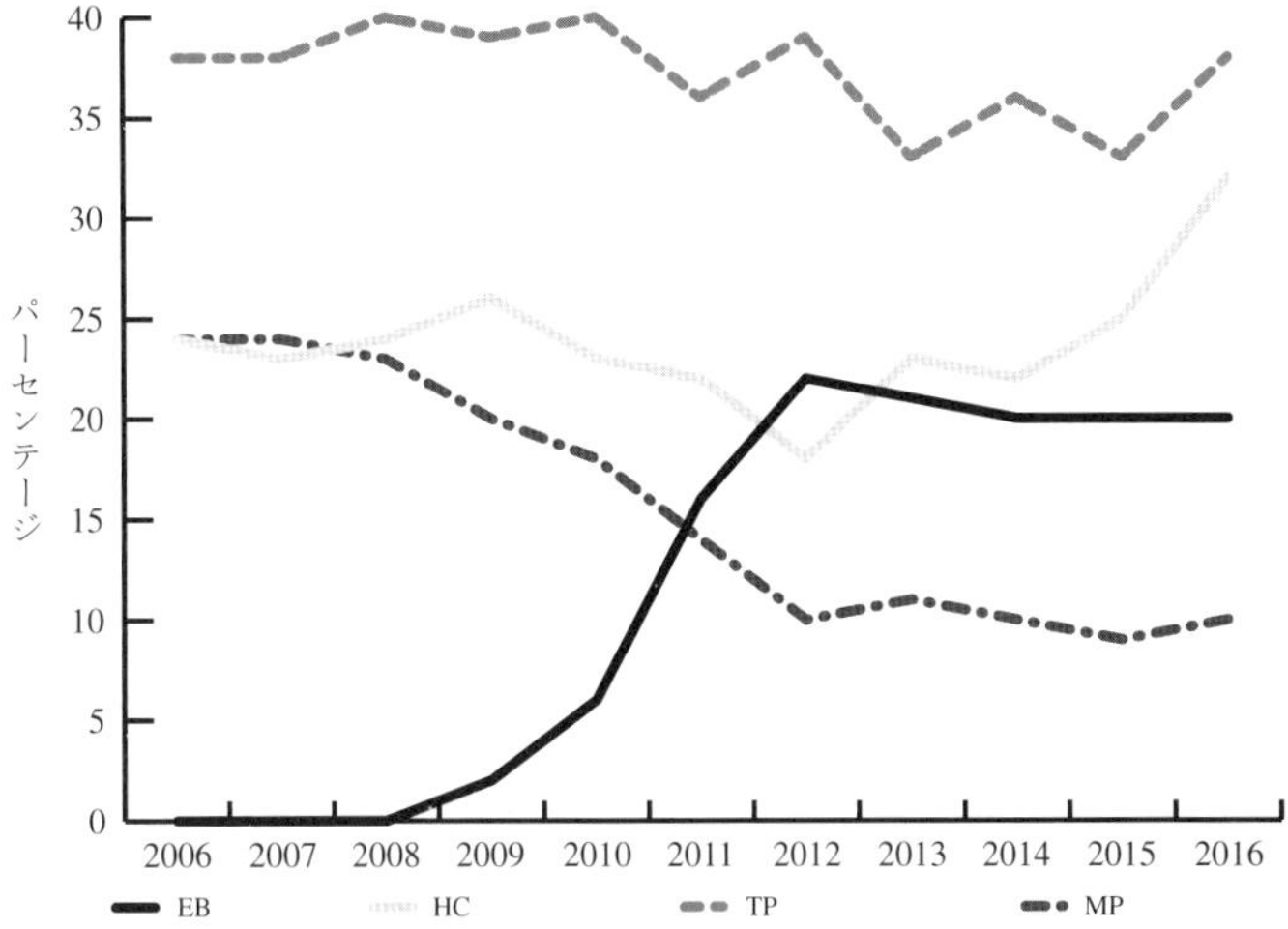

図 1.11a　オリンピック社の売上部数に各形式が占める割合

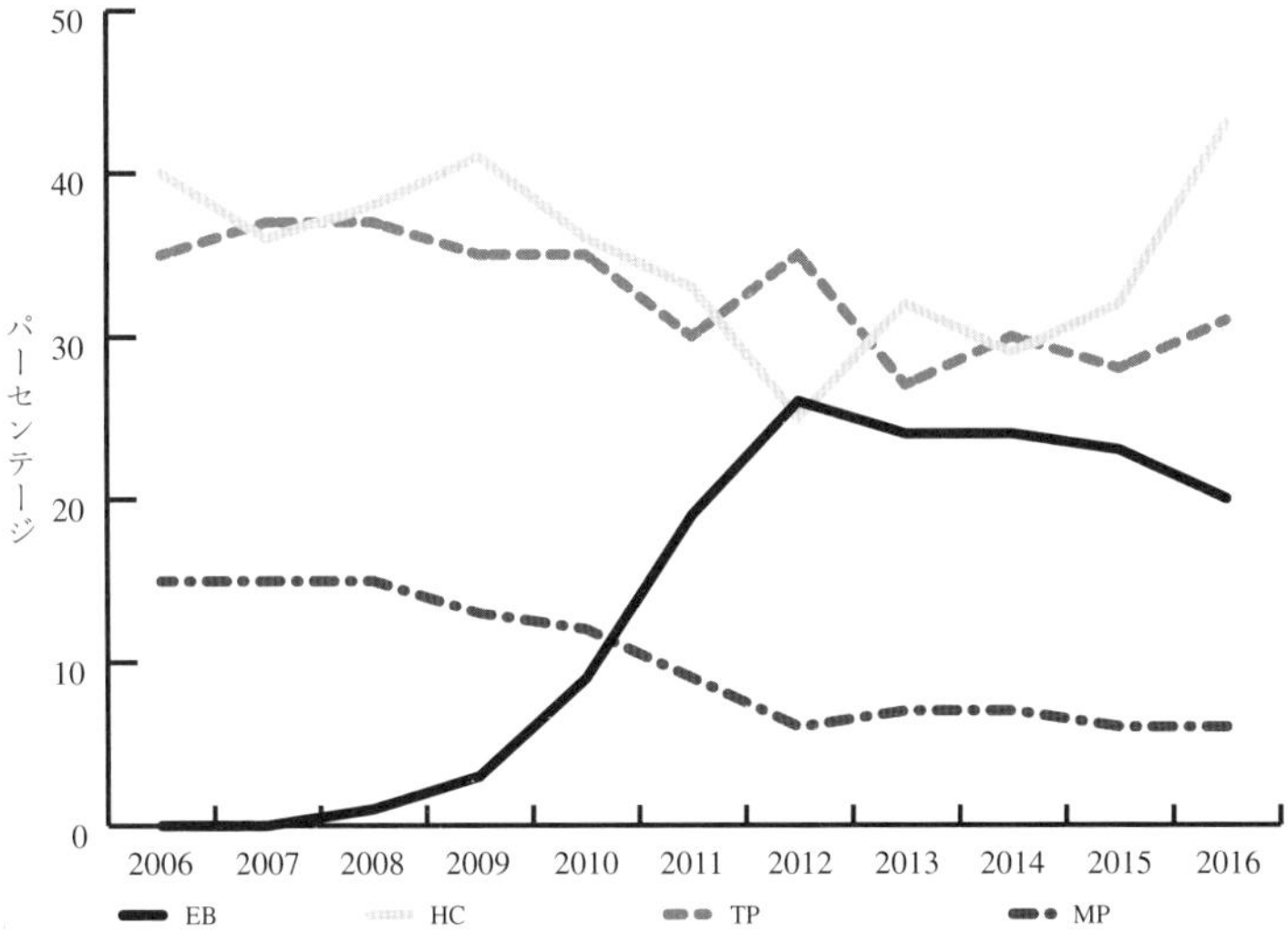

図 1.11b　オリンピック社の売上額に各形式が占める割合
注記：略号は表 1.7 と同様である。

るが、とくにマスマーケット・ペーパーバックは大きな影響を受けている。10年のあいだにオリンピック社の総売上に対する割合がほぼゼロだった電子書籍が20パーセントまで増加し、売上の15パーセントを占めていたマスマーケット・ペーパーバックは6パーセントに減少した。マスマーケット・ペーパーバックの売上減少は新たな現象ではなく、1980年代からずっと続いている。マスマーケット・ペーパーバックの市場は、大型書店チェーンや量販店によるハードカバー版の大幅な値引きなどさまざまな要因によって弱体化してきた。出版されたばかりのジェームズ・パターソンやノーラ・ロバーツの新作のハードカバーが20ドル以下で買えるのに、マスマーケット・ペーパーバックが出るのを1年も待つ人などいるだろうか。そのうえ、電子書籍が出現して、マスマーケット・ペーパーバックの棺桶《かんおけ》にはさらに釘《くぎ》が打たれることとなった。

なぜ電子書籍が印刷書籍という形式にさまざまな影響を与え、とくにマスマーケット・ペーパーバックに大きな打撃を与えているのか。それを理解するには、ウインドウ戦略の話に戻らねばならない。紙に印刷される本の世界では、商業出版のさまざまな形式は、一般的に段階的にウインドウで区切られている。つまり、本はまず、ハードカバーとして比較的高い価格帯で出版され、約1年後にペーパーバックとして、トレード・ペーパーバックまたはマスマーケット・ペーパーバックのいずれかで、かなり低い価格帯で販売される。ウインドウによって消費者は、新しい本をいちはやく手にいれるために高い値段を払おうとする人と、もういっぽうで1年以上待ってでもずっと安い価格で本を手にいれたい人に区分される。には通常、ウインドウ戦略が取られていない。電子書籍はたいてい、最初に出版される印刷書籍と同じタイミングで、一般的にその印刷書籍より安い価格で出版される。2009年から2010年という電子書籍が普及しはじめた早い時期に、出版社は電子書籍をウインドウ戦略に従って段階的に売ろうという試みを行なったことがあった。それはハードカバーとの共食いを最小限に抑えるための対策のひとつとして実施されたが、その試みは長くは続かなかった。アマゾンやアップルをはじめとする電子書籍販売業者から、電子書籍のウインドウ化をやめるようにという強い圧力がかかり、大手出版社はみなすぐにウインドウ化をやめてしまったからだ。その結果、電子書籍は紙に印刷された本の出版と同時に販売され、概して印刷された本よりも低い価格で販売されるようになった。この事実が、ペーパーバックというほかの印刷形式の販売時期をずらす根拠を著しく弱めている。デジタル形式であるとはいえ、ハードカバーが出版されたと同時に、より安価な電子版が利用できるのに、安価なペーパーバック版を手にいれるために1年以上も待つ必要があるだろうか。形式という点でいえば、あとから発売され、価格も低い安価なペーパーバック版が、ウインドウのない新参者の電子書籍によってもっとも大きな打撃を受けたのだ。

したがって電子書籍は、トレード・ペーパーバックやマスマーケット・ペーパーバックとたいして違いがない存在になるかもしれない。これは、もうひとつの新たな形式としてそれなりに重大な影響を及ぼすだろうが、新たな形態ではないことを意味する。そして、新たな形態ではなく新たな形式だった場合、出版業界への破壊的な影響は、多くの評論家が予想し、関係者が恐れていたよりもはるかに小さいようだ。当初、電子書籍は出版業界に過激なディスラプションがもたらされる前兆ではないかと不安視されていたが、業界の多くの人がいまでは、私がこの章で説明したのと同じ意味で、電子書籍は多くの特性を備えているとはいえ、単なる形式のひとつであると捉えるようになった。ある大手商業出版社のＣＥＯが、２０１７年に次のように述べている。

アラン・レインがペーパーバックを発明してから50年後、私たちは新しい形式という恵みを得た。そしてそれとともに、人びとはとつぜん、本ではなく読書端末を手にどこでも読書ができるという恵みも受け取った。

さらに、音楽あるいはナップスターのように無料で開始されたのではなく、人びとがその体験のために進んでお金を支払おうとするようなひじょうに魅力的なエコシステムを誰かが開発したという点でも恵まれていた。つまり、私たちにはきわめて魅力的な有料のエコシステムがあるので、その利便性から考えて、デジタル形式になった本を盗むのではなく、代金を支払うのが妥当だと人びとは納得したのだ。

このCEOは、電子書籍は業界にとって脅威というよりもむしろ強みになるとつねづね考えていた——出版社は運がいい。なぜならほかの企業が大金をかけて、デジタル形式の書籍を購入しようとする読者にとって魅力的なエコシステムを構築してくれたおかげで、新たな収益源がもたらされ、そのいっぽうで、消費者がデジタルコンテンツを違法に入手するニーズをなくすことができたのだから。

しかし、最終的にはどのような結果になるのだろうか。やはり、形式の革命であって、形態の革命ではないのだろうか。この問いにまだ確たる答えが得られない理由はふたつある。ひとつめの理由は、現在の売上パターンが安定するか否か、とくに紙の本の売上に対する電子書籍の売上の横ばいが続くか否かは、現在の小売環境が続くか否かに依存しているからだ。現在の小売環境の特徴は、2011年にボーダーズが破産し、バーンズ&ノーブルの多くの店舗が閉店しているにもかかわらず、チェーン店や独立系の書店など、多くの実店舗が生き残っているという点である。アマゾンが多くの商業出版社にとって、ずばぬけて重要な顧客になっているいっぽうで、いまだ存在している複数の書店は出版社の本にとって、重要なショーウインドウでありつづけている。これはもちろん、紙の本が書店のディスプレイや本棚などのおかげで、小売の場を得つづけていることも意味する。このような小売環境がこの数年のうちに大きく変化した場合、たとえばバーンズ&ノーブルやウォーターストーンズなどが劇的に規模を縮小したり、店舗を閉鎖したり、あるいは何かの理由で複数の書店が閉店を余儀なくされたりした場合、物理的な紙の本の売上に重大な影響が及ぶ可能性がある。その場合、紙書籍の売上と電子書籍の売上の関係がどうなるのか、またこの変化によって、さまざまなカテゴリの本がどのような影響を受けるのか、私たちにはまったくわからない。

ふたつめの理由は、書店の未来が読めないからだ。これまでの手掛かりに基づくと、電子書籍は新しい書籍の形態というよりも別の形式として理解するのが最善であるというのがどうやら、適切な見解になりそうであるものの、この判断が長期にわたって通用するかどうかは、時間がたってみなければわからない。

しかし、これまで描いてきた全体像は、ある重要な面で不完全である。それは、私たちが頼りにしているデータが大手商業出版社1社から得たデータであるということだ。この出版社が果たしてきた中心的な役割とそのリストの性質を考慮すると、この出版社の経験はほかの大規模な商業出版社と似ているとみなすのは妥当な判断だ。しかし、書籍市場に存在するのは、大手商業出版社の出版物だけではない。多くの中小出版社の出版物はもちろん、無視できないのは、自費出版物の存在だ。これは、ごまんとある自費出版社から出版されることもあれば、アマゾンのキンドル・ダイレクト・パブリッシングをはじめとする、さまざまな有り余るほどの自費出版プラットフォームを利用する多くの著者によって出版されることもある（これらについては、第7章でくわしく説明する）。多くの中小出版社の経験は、オリンピック社のような大手の商業出版社の経験とさほど大きくは変わらないかもしれないが、自費出版の世界はまったく別の次元にある。

キンドル・ダイレクト・パブリッシングを含む自費出版プラットフォームの多くは、電子書籍のみを出版し、[13]その一部がベストセラーになってもいる。[14]いっぽう大手商業出版社は、印刷書籍と電子書籍の両方の形式で出版し、印刷書籍がいまだにおもな収益源であるため、自費出版の世界のパターンは大手商業出版社とはまったく異なっている可能性が高い。また、米国出版協会のような専門機関が提供するデータに現れるパターンとも異なっている可能性がある。なぜなら、これらは従来の出版社から得たデータに基づいているので、自費出版に関する数値はそのデータに入っていないからだ。したがって、電子書籍の売上パターンを推測する際に、考慮されていない電子書籍が相当高い割合で存在すると考えられる。それがどれくらいの規模なのかは誰にもわからない。その規模を推定することはできるし、この件は第7章でふたたび取りあげるが、どのような推定であれ、ごくおおざっぱなものになるだろう。ただ、けっして小さくはないということは、ある程度の自信を持っていえる。自費出版は海に沈んだ大陸のようなもので、その本当の規模を知ることができれば、これまでの推定にまったく別の光をあてることができるだろう。

この点がなぜ重要なのかについて、もうひとつ別の理由がある。2012年に米司法省がアップルと大手商業出版社5社を相手に起こした訴訟の結果（第5章参照のこと）、これらの出版社は、小売業者が電子書籍をある程度割引ができるように修正されたエージェントモデル契約を、2年間受けいれる義務を負った。この義務が2014年に終了すると、すべての大手出版社は完全なエージェントモデルの契約に移行した。この新たな契約では、大手出版社の電子書籍の価格は、合意された価格に設定され、小売業者はそれらの電子書籍を割引販売できなくなった。この結果、大手商業出版社が出版した新しい電子書籍は、とくに2014年以降、通常は自費出版の電子書籍よりはるかに高い価格で販売されることになった。大手商業出版社から出版された新刊本の電子書籍が13〜14ドルにもなるのに対し、自費出版の著者が書いた新しい電子書籍は3・99ドルや2・99ドル以下になる場合がある。また、キンドルで自費出版された書籍の大半は、月額9・99ドルのキンドルアンリミテッド（30日間の無料体験あり）に加入すれば無料で読める。この事実を考慮すると、キンドルで自費出版された書籍の読書回数あたりのコストは、従来の出版社が出版した電子書籍の読書回数あたりのコストに比べてごくわずかになる。もちろん、いくら安くてもその本を読みたいかどうかという問題はある。とはいえ、いまや価格差がかなり大きくなっているという事実が、従来の出版社から出版される電子書籍の売上を低下させる作用を及ぼしている可能性は高い。そして、そのいっぽうで電子書籍の売上全体――その大きさ（または小ささ）はどうあれ――に占める自費出版の電子書籍のシェアはますます大きくなっていくだろう。

自費出版を含め、アメリカでその年に出版され販売されたすべての書籍を考慮にいれた場合、本の総売上に対する電子書籍の売上の全体像がどのように変化するのか、また、本のカテゴリごとの全体像がどのような違いを示すのか、現段階ではまったくわからない。自費出版を含めてもやはり、横ばい状態のままかもしれないが、電子書籍が横ばいをしはじめるレベルは、とくに自費出版の世界で人気のあるロマンスやミステリなどの特定のカテゴリでは、いまよりはるかに高くなるかもしれない。実際のところ、ロマンスやミステリなど特定のカテゴリで、従来の出版社の電子書籍の売上が減少しているという事実があるからといって、電子書籍の売上全体が減少しているとはかぎらない。むしろ、読者が比較的高額な従来出版社の出版した電子書籍から、キンドルやその他の自費出版プラットフォームを通じて自費出版されるはるかに安価な電子書籍に移り、自費出版社に電子書籍の売上が流れている可能性がある。これらの問題については、のちほど説明する。

アメリカ以外の状況

ここまで、アメリカの商業出版の電子書籍の売上パターンをみてきた。とはいえ、アメリカのケースはやや例外的で、これまでの電子書籍の売上は、ほかのどこよりもはるかに高かった。北米以外の市場のうち、

	一般書籍総売上額（100万ポンド）	電子書籍売上額（100万ポンド）	電子書籍売上額の割合（%）	電子書籍売上額の成長率（%）
2008	1717	0.7	0	
2009	1684	3.1	0	342.9
2010	1727	22.5	1.3	625.8
2011	1700	106.7	6.3	374.2
2012	1847	250	13.5	134.3
2013	1766	296	16.8	18.4
2014	1709	312	18.3	5.4
2015	1751	299	17.1	−4.2
2016	1872	276	14.7	−7.7
2017	1912	256	13.4	−7.2
2018	1910	251	13.1	−2

表1.8　イギリスの一般電子書籍売上
出典：Publishers Association

イギリスの電子書籍売上パターンが、アメリカともっともよく似ていることは意外なことではない。これは意外なことではない。イギリスとアメリカの書籍市場には多くの共通点があり、どちらの市場も、同じ大規模コングロマリットに属している大手商業出版社がいるし、アマゾンはイギリスでもアメリカと同じく大手の小売業者である。とはいえ、時差はある。イギリスでは２０１０年まで電子書籍の売上はほとんどなく、２０１１年になってようやく著しい増加がみられた。この時差の一因は、アマゾンが２０１０年８月までイギリスでキンドルを発売していなかったせいだ。アメリカでの発売からほぼ3年ものずれがあった。その当時、ソニー製のリーダーとｉＰａｄは、すでにイギリスで発売されていたが（ソニーのリーダーは２００８年9月、ｉＰａｄは２０１０年5月に発売）、イギリスで電子書籍の売上が急増したのは、キンドルが発売されてからのことだった。

では、イギリスでの電子書籍売上のパターンは、アメリカのパターンに1〜2年遅れているだけで、最終的には追いつくということなのだろうか。そう考えている人は大勢いるが、この仮説を強く支持するエビデンスはない。表1・8と図1・

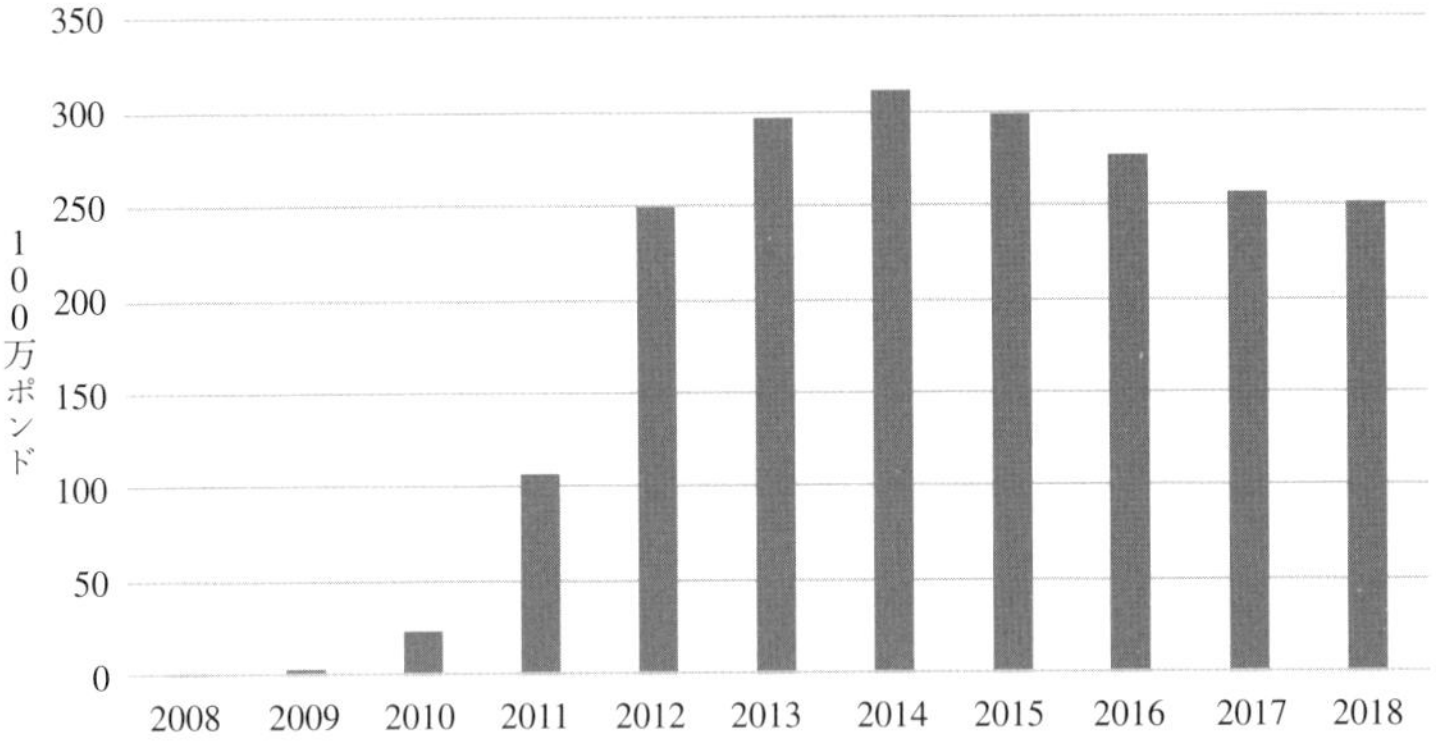

図 1.12a　イギリスの一般電子書籍売上額

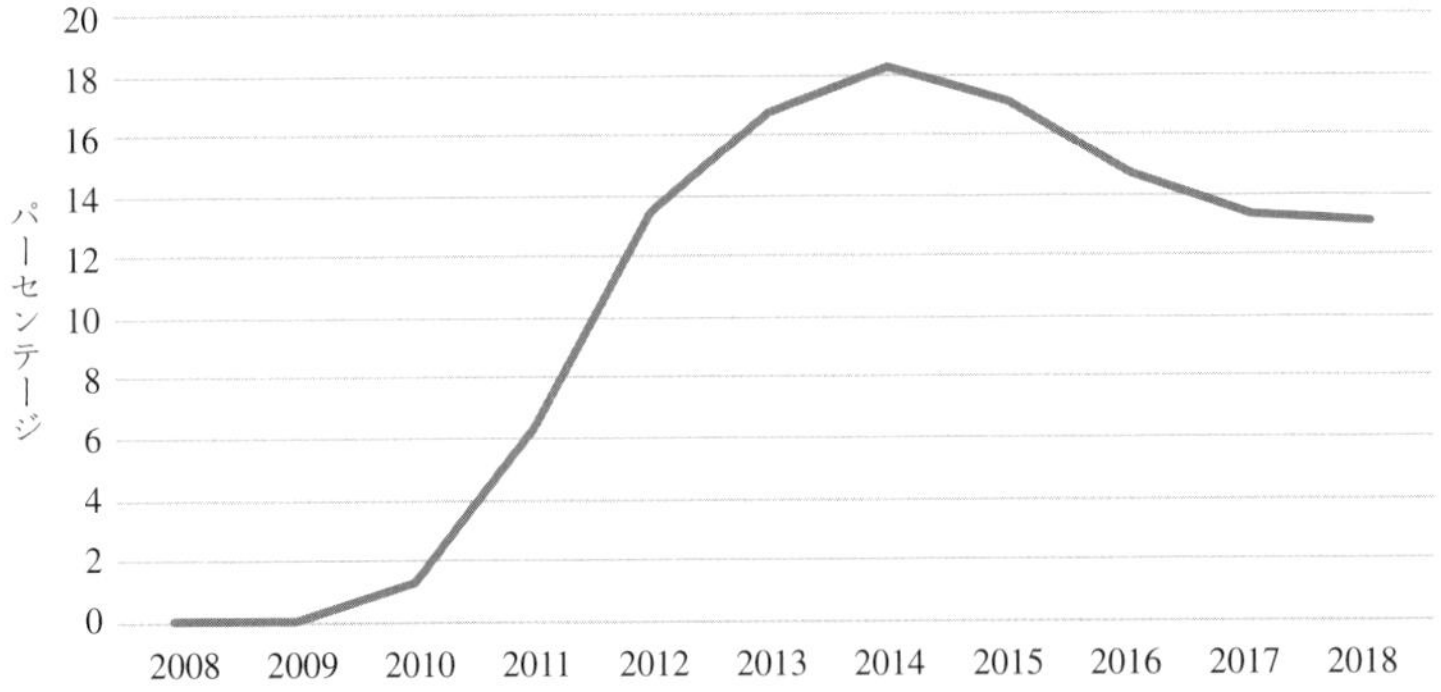

図 1.12b　イギリスの一般書籍総売上額に電子書籍が占める割合

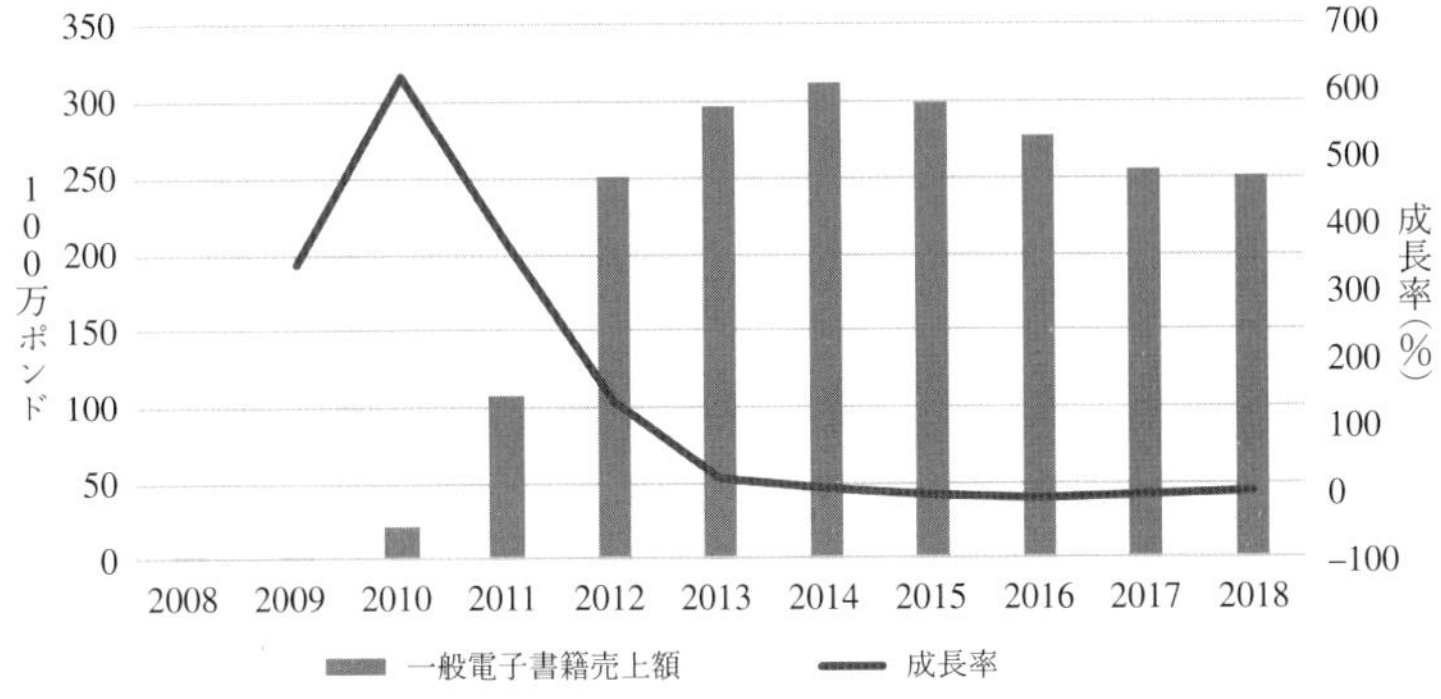

図 1.12c　イギリスの一般電子書籍売上額とその成長率

12a、1・12b、1・12cは、調査会社ニールセンと英国出版協会から得たデータに基づいて、2008年から2018年までのイギリスにおける一般書籍総売上額に電子書籍が占める割合を示している。[15] これらの図表をみれば、イギリスでの電子書籍の急成長が、アメリカとひじょうによく似たパターンをたどっていることがわかる。電子書籍の売上額は、2010年8月にキンドルが発売されたあと急増し、2010年に2200万ポンドだった売上額が、2011年には1億6000万ポンド、2012年には2億5000万ポンドに跳ねあがり、成長率は2011年が約375パーセント、2012年は約135パーセントの急増ぶりである。その後、成長は急激に鈍化し、電子書籍の売上額は2014年の3億1200万ポンドをピークに後退し、2015年は4パーセント低下、2016年と2017年は7パーセント低下した。書籍総売上額に占める電子書籍の割合は、イギリスでは2011年には6・3パーセントだったが、2012年には13・5パーセントに急上昇してその後も上昇し、2014年には18・3パーセントに達した。その後、2017年と2018年には13パーセント前後に後退した。こうしてみると、最初の急増からプラトーを経てやや下降に転じるというパターンはイギリスとアメリカでほぼ同じである。それでも大きな違いがふたつある。ひとつは、時差があるということ。イギリスでの急増と横ばいは、アメリカのそれと比べて1、2年遅れている。アメリカでは、電子書籍は2009〜2010年に急増し2012年にピークに達したあと2014年までその状態を維持したもののその後減少に転じた。いっぽうイギリスでは、2010〜2011年に急増し、2014年にピークに達したあと減少しはじめた。ふたつめの違いは、イギリスでも同じく電子書籍の売上が横ばいになってはいるがその割合が低く、アメリカでみられたほどのパーセンテージには達していないことである。イギリスのグラフでは2014年に18・3パーセントで横ばいになり、2017年から2018年には13パーセント前後まで後退した。これは、2014年に24・1パーセントで横ばいになり2017年と２０１８年には15パーセント程度に落ちこんだアメリカの数値に比べるとかなり下回っている。

英国出版協会のデータでは、電子書籍の売上額が大カテゴリで分類されている。ここで重要なカテゴリは、フィクション、ノンフィクション・参考図書、児童書である。表1•9と図1•13は、これら3つのカテゴリごとに、紙とデジタルを合わせた本の総売上額に電子書籍が占める割合を示している。電子書籍の急増はフィクションの領域でずっと大きな増加がみられ、この領域では、２０１４年と２０１５年に電子書籍がフィクション総売上額の40パーセント強を占め、その後は横ばいになっている。ノンフィクション・参考図書のカテゴリでは、２０１４年に電子書籍が総売上額の8•4パーセントまで上昇し、その後はやや落ちこんだ。電子書籍の普及率がもっとも低いのは児童書のカテゴリで、２０１４年に電子書籍の総売上額の7•1パーセントを占めたあと、２０１６年以降は5パーセント以下に減少している。これらの幅広いカテゴリのそれぞれで、古典的なS字形のカーブがみられ、なかでもS字がわかりやすいのはフィクションで、２０１１年から２０１３年にかけて電子書籍の売上が急増し、２０１４年にピークを迎え、２０１５年以降は横ばいになっている。このパターンはアメリカとひじょうによく似ているが、時間的には1年ほど遅れており、またピークから横ばいになったときのパーセンテージがアメリカよりも低い。

アメリカとイギリス以外では、電子書籍の普及率はこれまでのところ、英米に比べてはるかに低い。国によってデータの収集方法にばらつきがあるので、アメリカやイギリスのデータと厳密に比較できる正確なデータを収集するのはむずかしい。リュディガー・ヴィシェンバルトらは、電子書籍市場の動向に関するかなり徹底した比較分析を行なっており、その分析結果は毎年発行される〈電子書籍に関するグローバル・リポート〉で定期的に更新されている。[16] 表1•10は、ヴィシェンバルトらの研究結果の一部をまとめたもので、欧州5カ国の商業出版市場全体に占める電子書籍の割合を示している。これによると、多くのヨーロッパの国で総売上額のうち電子書籍が占める割合は5パーセント程度である。けれども、この種の全体的なパーセンテージは書籍の種類や出版社による大きなばらつきを覆い隠してしまう。アメリカやイギリスと同様に、電子書籍の販売比率がもっとも高いのは、一般フィクションと、ロマンス、ミステリ、SF、ファンタジーなどのジャンルフィクションである。

また、英語圏以外の市場のなかには、電子書籍の伸びが鈍化して、横ばい状態になっているが、アメリカやイギリスに比べてその率がかなり低い可能性を示唆する証拠もある。図1・14は、2010年から2016年までのドイツの商業出版市場総売上額に電子書籍が占める割合を示したものである[17]。これによると、ドイツでは2011年以降に電子書籍が上昇しはじめ、2011年には1パーセント未満だったものが2013年には約4パーセントにまであがったものの、その後は横ばいとなり、2016年はわずか4・6パーセントにあがったのみである。ドイツ図書流通連盟が2013年に行なった一部の出版社を対象とした調査では、電子書籍は比較的高く、全体売上額の10パーセント近くに達したと報告した出版社もあるが、いずれにしても、アメリカやイギリスで電子書籍の売上が横ばいになるまえに達していた割合には遠く及ばない[18]。2015年の末ごろには、ドイツの商業出版社はみな、電子書籍の売上が概して横ばいになっているのに気づいていた。

世界のほかの地域のパターンを比較するのはむずかしい。その理由のひとつはデータが収集された集団が異なるからである。またイ

児童書（紙＋電書売上、100万ポンド）	フィクション（電書売上%）	NF&R[1]（電書売上%）	児童書（電書売上%）
323.0	0.6	0.2	0.0
333.7	1.3	0.2	0.1
332.8	3.9	1.0	0.5
315.9	14.7	3.1	2.8
324.0	28.9	5.8	4.4
316.3	36.8	7.8	5.8
353.0	40.6	8.4	7.1
317.8	40.4	7.7	6.0
370.0	39.4	7.2	5.0
358.7	36.3	7.3	5.0
368.4	38.9	7.9	4.6

	フィクション（100万ポンド）	NF&R[1]（100万ポンド）	児童書（100万ポンド）	フィクション（紙＋電書売上、100万ポンド）	NF&R[1]（紙＋電書売上、100万ポンド）
2008	2.8	1.6	0.1	524.8	868.9
2009	7.6	1.8	0.5	568.9	781.7
2010	22.0	8.0	1.8	570.5	823.6
2011	85.0	25.0	9.0	576.7	807.6
2012	205.0	47.0	14.4	710.1	814.2
2013	233.0	64.0	18.5	632.7	817.0
2014	248.0	63.0	25.0	611.5	745.6
2015	249.0	63.0	19.0	616.1	817.9
2016	234.0	65.0	18.0	593.7	908.3
2017	220.0	69.0	18.0	605.9	946.7
2018	229.0	75.0	17.0	588.0	953.8

表 1.9　イギリスの大カテゴリ別電子書籍売上額

出典：Publishers Association

注記：1 ノンフィクション・参考図書

ンフラや市場も国によって大きく異なることが多いというのがもうひとつの理由である。たとえば、ブラジルでは、２０１６年の出版社の売上に占めるデジタル売上の割合は、おそらく３パーセント程度である。[19]インドや中国などのその他の大規模な市場では、信頼に足る比較可能なデータを入手するのは困難だ。ヴィシェンバルトらは、２０１５年のインドの電子書籍の売上は総売上の１パーセント未満と推定しており、[20]いっぽう中国の一般書の電子書籍の２０１４年の売上は１パーセント前後であったと推定している。[21]それでも、これらの推定がどの程度正確なのかは知りようがない。中国でもっとも一般的な読書端末は、読書専用の端末ではなくスマートフォンで、中国の二大通信事業者のひとつであるチャイナ・モバイルは、最大のオンラインモバイル読書プラットフォームを所有している。中国ではスマートフォンユーザーが、２０１８年には７億人を超え、書籍市場はアメリカについで世界第２位となり、これまで電子書籍の販売がふるわなかったとしても、デジタルでの読書が広がる可能性は相当に大きい。

このように、ヨーロッパやその他の地域のパターンをざ

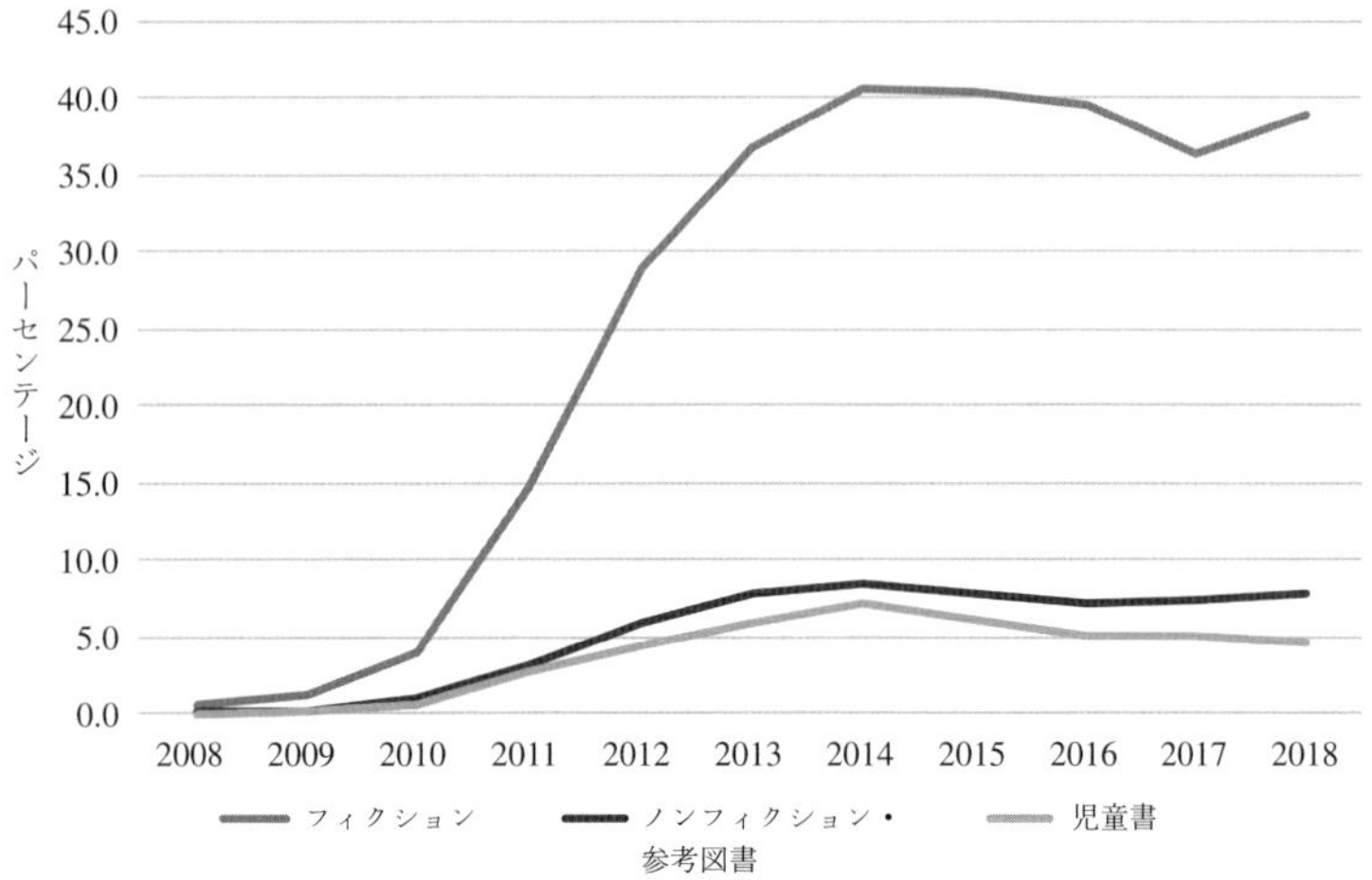

図 1.13　イギリスの大カテゴリ別書籍総売上額に電子書籍が占める割合

っくり拾ってみても、デジタル革命が世界のさまざまな国や地域の出版業界に及ぼした影響には明らかにかなり大きな違いがあり、アメリカの状況を一般化してほかの国や地域にあてはめることはできないという事実がくっきりと浮かびあがってくる。むしろ、アメリカが経た状況は、世界が将来的に経験する状態の先駆けどころか例外かもしれない――どちらかはまったく予想がつかない。電子書籍が従来の印刷書籍にどの程度取って代わるかは、本の種類のみならず多くの要因に左右される。たとえば、アマゾンのような大企業の果たす役割や、それらの大企業がプラットフォームや流通システムの構築にどの程度投資してきたか、あるいは今後どの程度投資するか、その国や地域の住民にとって魅力的で価格が手頃な読書端末が存在するか、適切な言語や形式で望ましいコンテンツが利用できるか、価格設定や適用される課税制度の違い、そしてとくに本の割引を禁止したり制限したりする固定価格制度があるかどうか（この要因ひとつで電子書籍が魅力的なものになるかどうか大きな違いが生じうる）、さらに、政府、立法者、司法当局が慣習の規制や紛争の

	一般書籍市場全体に占める割合（%）
ドイツ	4.6
フランス	3.1
イタリア	4
スペイン	6
オランダ	6.6

表 1.10　特定の欧州市場における一般書籍総売上額に電子書籍が占めるシェアの推定（2016年）

出典：Global eBook 2017

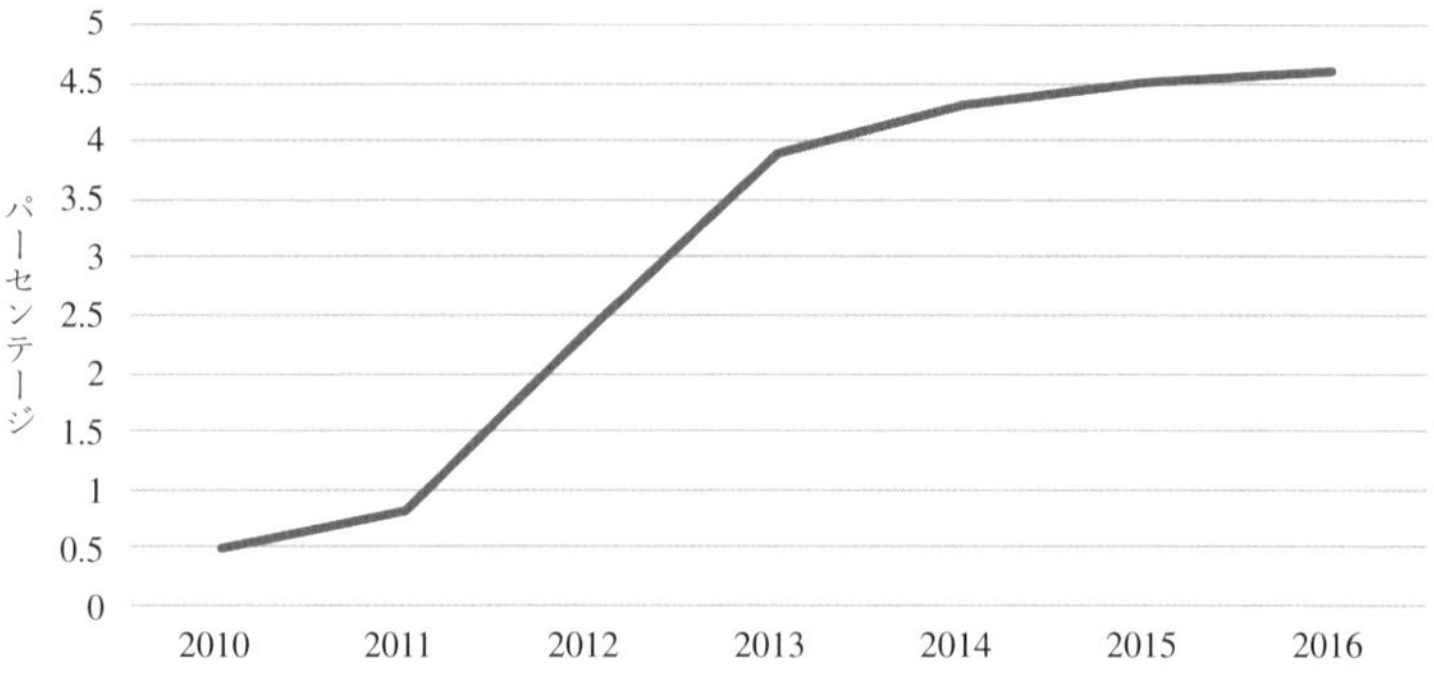

図 1.14　ドイツの一般書籍売上額に電子書籍が占める割合

出典：Börsenverein

裁定に果たす役割、そしていうまでもなく、読者の文化的嗜好、好み、習慣など。これらはみな、国や地域、文化圏や言語圏ごとに大きく異なる可能性がある。デジタル革命が、どのような場所でも同じように出版業界を崩壊させるとか、テクノロジーの津波と同じように出版業界を押し流すと考える根拠はないし、これまでの証拠からも、そのようなことは起こっていないことが示されている。商業出版におけるデジタルの普及レベルには、ひとつの一貫したパターンはなく、ひじょうに大きな幅がある。アメリカとそれより規模は小さいながらイギリスは、電子書籍がおもな収益源となった国として突出しているが、急激な広がりは収まっている——少なくともいまのところは。

第2章　本の再発明

前章で私は、電子書籍は本の新しい形態《フォーム》というよりも、もうひとつの形式《フォーマット》として捉えるほうが適切であると主張した。だが、デジタル革命によって「本」とは何かを再発明できるかもしれないという、もっと根本的な可能性は脇へ置いた。電子書籍は、物理的なものとしてではなく、デジタルファイルとして読者に届けられる本として一般的に理解され、印刷書籍のように物理的な紙のページをめくるかわりに画面を使って読まれる。この感覚でいえば電子書籍は、印刷書籍の物理的な特性から派生していて、その物理的な特性によって制限がかかっている。それは電子書籍が、印刷書籍のコンテンツと同じコアファイルを元にしており、電子書籍販売業者の要件や読書端末に合うようファイルを変換されているだけだからだ。この意味でいえば、電子書籍は、アンガス・フィリップスが「素朴《バニラ》な電子書籍」と呼ぶ、印刷されたテキストのレプリカにすぎない。(1)レプリカとしての電子書籍はかならずしも、印刷されたテキストとあらゆる面で同一である必要はない。たとえば、表紙、ページごとのレイアウトや体裁などのディテールが一部異なることがあるし、さらには献辞や題辞、図版、章の見出しや注釈のスタイルや位置などほかのパラテキストの特徴がちがうこともある。これらの違いは、文学者や書誌学者にとっては重要かもしれないが、それらの違いだけでは、電子書籍がレプリカとして印刷された本のテキストコンテンツに縛られているという事実は変わらない。しかし、電子的な形態で構築され、配信され、読まれる本は、紙に印刷された本の物理的な特性やテキストコンテンツから派生したものである必要はない。異なる方法で生みだすことや、異なる特性を備えることは可能であるし、さまざまな方法でそれを成し遂げることができる。いくつかはすでに試みられているし、まだ発明されていないものもある。新しいタイプの本を創造するための単純明快な方法は、電子書籍を直線的なテキストとして、デジタル独自の形態で開発し、そのテキストの特性を使って実験することだ。たとえば、テキストの長さを1万語くらいのごく短いものにして「デジタルショート」や「Ｅシングル」と呼ばれるタイプの電子書籍として低価格で販売して、その特性を試すことができる。

また、新たなタイプの本を創造するもうひとつの方法としては、フィクションであれノンフィクションであれ、既存の本にオーディオクリップやビデオクリップ、ポップアップグラフィックやアニメーションなどのマルチメディア機能を加えて電子書籍版を充実させる手がある。ビジネスでは、それらは一般的に「拡張《エンハンスド》された電子書籍」と呼ばれている。ｉＰａｄやキンドル・ファイア、ヌック・タブレット、グーグルのネクサスなどマルチメディア機能を搭載した、カラータブレットが広く普及したことに伴い、多くの出版社にとって、エンハンスド電子書籍は有望で追求すべき道のように思われ、２０１１年以降、この種の実験が数多く行なわれるようになった。

本を再発明する3つめの方法は、もっと過激になる。まったく白紙の状態から始めて、デジタル媒体や既存のＯＳや読書端末が許容できる機能や可能性を最大限に活用できる本を作るには、どうすればいいかを問うのである。既存の印刷された本からスタートして、その本をデジタルの読書体験のために拡張するのではなく、デジタルの読書体験からスタートして、それに適した本の創造を模索するのだ。この場合の本は、印刷媒体を想定した原稿として誕生するのではなく、まったく異なるもの、たとえばアプリケーションのひとつとして誕生することもあるだろう。そして、読み物の役目を果たすテキストであると同時に、デジタル媒体でのみ、つまり画面上でのみ存在してユーザー体験を提供するようになるかもしれない。このような本は直接紙に印刷された本と同等のものではなくなる。

レプリカとしての電子書籍とアプリケーションとしての電子書籍という両極のあいだには、さまざまなバリエーションや変形があり、実際には、図2・1に示すように、幅広い可能性がある。いっぽうの端には、印刷されたテキストを単に複製しただけの電子書籍があり、もういっぽうの端には、根本的に再発明された本があり、その中間には、デジタルショートやエンハンスド電子書籍などの実験的な形態がある。

本章では、このような新しい実験的な形態の本をいくつか検討する。バニラアイスみたいにベーシックな電子書籍だけではなく、ストロベリーや、レモンシャーベット、チェリー&ダークチョコレート味のアイスみたいな電子書籍を。まずは大手の出版社が行なってきたいくつかの取り組みをみてみよう。大手出版社は、業界の外側にいる多くの人が予想している以上に、新しい形態を使って積極的に実験を行なってきた。とはいえ、新たなタイプの本を創造することを目的に立ちあげられたいくつかのスタートアップ企業にも目を向けていくつもりだ。これらのスタートアップ企業が作ろうとしている本は、デジタル媒体として際立った特徴やアフォーダンスを備え、それを強みにしている。いくつかの点で、スタートアップ企業は、メインストリームの出版社より制約が少ない。それは従来の印刷技術に投資していない分、自由に実験を行なえるからである。とはいえ、メインストリームの出版社とはちがって、新しい事業がうまくいかなかった場合に頼れる印刷事業がないため、経済的にはこちらのほうが不安定だった。このような実験的な形態をみていくにあたって、もちろん、その形態自体の際立った特徴に注目するつもりだが、これが単にテキストにかかわる問

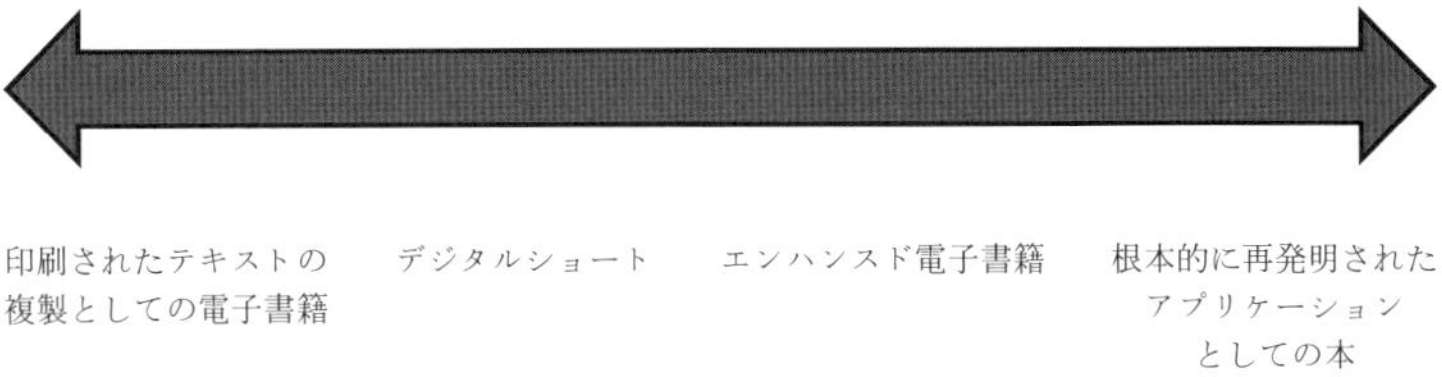

図2.1　本のいくつかの実験的な形態

題であるかのように、これらの形態の特性だけに目を向けるつもりはない。また、技術的なアフォーダンスに基づいて何が可能であるかを抽象的に推測するつもりもない。この種のコンテクストから切り離された分析はよくみられるが、この領域で実際に何が起こったのか、そして予測可能な範囲で将来に何が起こりそうなのかを理解するには、あまり有用ではない。私のアプローチはそういうものとはちがう。私は、これらの革新的な新しい形態の本を開発しようとしている（していた）組織のなかに入りこみ、それらの開発に携わった人びとと話をして、何を成し遂げようとしていたのか、なぜ、そして、いかにしてそれを試みたのか、またその試みは成功したのか、もし失敗したのなら、それはなぜかを突きとめる。このような方法でしか、次のような疑問は理解できない。たとえば、本はデジタル時代に真の意味で再発明されているといえるのか。本の形態は印刷媒体での形態を維持するのではなく、デジタル媒体のために再設計されているか。デジタル時代に発明されうる新しい形態は、短期間の実験段階を終えたあとも生き残る可能性があるか、など。新しいデジタル技術を用いて創造しうる新たな文学の形態を思いついたり、夢みたりすることと、その形態を実現するための有用な製品を考えだし、それを生産するための安定した組織構造を確立し、その形態が持続可能な文化的アウトプットとなるための充分な規模の収入源をみつけることとはまったく別の話だ。すばらしいアイデアと、それを実用に耐えるよう機能させることとは、ぜんぜん次元がちがうのである。

デジタルショートの栄枯盛衰

トムは、イギリスの大手商業出版社〝マンション・ハウス〟のデジタル部門の責任者だ。2011年に同社に入社したが、それ以前は、前衛的な小規模の独立系出版社でデジタルに関する戦略を開拓し、出版業界では、デジタルの未来を切り開く革新者であり、最先端の思想家でもあるという評価を得ていた。以前よりはるかに大きな出版社であるマンション・ハウスにデジタル部門の責任者として迎えいれられたトムは現在、同社が新たな開発の最前線にいつづけるために、新しいデジタル戦略を創造的に考える責任を負っている。

トムが最初に行なったことは、1冊の文字数が1万語ほどしかない短い読み物のシリーズを生みだし、電子書籍としてのみ出版することだった。「私が可能性を感じた領域は、長編ジャーナリズムです」とトムは説明した。これは、時事問題を中心としたノンフィクションのシリーズで、すばやく出版できて、価格も当時は2・99ポンド、つまり5ドル以下と安価だった。このシリーズはまずますの売れ行きで大半は数千部の売上だったが、有名作家の本は5000部以上売れた。その後、トムはこのシリーズを拡大し、マンション・ハウスのアーカイブのなかから、おもに有名な作家の作品で、デジタルショートとしてリパッケージできるものをみつけだし、少額の追加の前払金を支払って、電子書籍として発売した。そのなかにはさらによく売れて1万部以上に達したものもあった。ノンフィクションのデジタルショートの場合、トムの経験では、下は数千部で上は1万部と、ある程度の幅があった。前払金が低く抑えられるかぎりビジネスとして成り立ったが、全体的な売上には限りがあり、本の価格が低いせいもあって収益はそれほど多くなかった。

ところが、フィクションとなると話は別だ。トムが長編ジャーナリズムのシリーズを展開していたのと同じころ、マンション・ハウスのコマーシャル部門にいた同僚のひとりが、有名な小説家たちの短編をデジタル専用の電子書籍として発売する計画を立てていた。そのアイデアとは、たとえばクライム・スリラー作家など、著作が数十万部売れる有名作家に、7500から1万語の短編小説の執筆を依頼するというものだった。できれば、もうすぐ発売になる本のテーマに触れた前日譚《たん》やスピンオフのようなものを、と。さらにこの短編には、新刊の予約へとつながるように、新刊のプレビューをつける。そして、新刊が出版される数ヶ月まえにリリースし、99ペンスから1・99ポンドのあいだの低価格で販売する。この短編小説のデジタルショートは小説家のファンに向けて販売され、新刊への興味をかきたてる手段に使われる。「収益のあるマーケティングとして、ひじょうに効果的な戦略ですよ」とトムはいう。10万冊以上のそれらのデジタルショートを売り、おまけに新刊の予約注文も受けられる。予約注文の数はこの方法で3倍になった。これはウィンウィンの状況だ。印刷の本の世界では存在しなかった重要な新しい収入源が生みだされたと同時に、新作小説の呼び水となり、予約注文が増え、最終的には新刊の販売数が増えるのだから。

2010年代初頭には、ほかの出版社もデジタルショートを使って同様の試みを行ない、ほぼ同様の結果を得た。明らかに、かなり低価格で出版される短い読み物による電子書籍の市場は存在するのだ。それらの本の大半は、英語で印刷された本として出版するには7500～1万語と短すぎたため、印刷書籍の世界では形にならなかっただろう(2)。これは、新たな出版の基盤になる可能性があるのではないだろうか。デジタルショートを足掛かりに、新しい出版ベンチャーが築かれるのでは。

2006年末から2007年初めにかけて、このアイデアを温めていたのがジョン・テイマンである。ジョンは出版社の人間ではなく書く側だったが、従来のノンフィクションの本は取材から執筆まで通常数年かかるという事実に不満を感じていた。テイマンはキャリアの初期段階で、雑誌の編集者だったこともあり、うまく転がっていきそうなおもしろいアイデアをフォルダにいれてキープしておくことには慣れていたが、それらのアイデアの大半は、文学的にいうところの「前人未踏の地」に置かれていた。つまり、短い雑誌の記事にするには複雑すぎるが、長編の本にするために時間や労力をかけるほどの価値はなかった。またジョンは読書家でもあったが、購入してナイトスタンドに置かれた本のなかには、一度も目を通していない積読状態の本も多かった。1冊の本を読むのに7日から10日くらい時間がかかるので、すべての本を読む時間は取れなかった。そこでテイマンは思った。「これまでより早く内容をつかみ取れるような物語が読みたい。映画をみにいったときのような読書体験をしたい。いったん腰を下ろしたら、最初から最後まで一気に物語を読みたい。そんなことを考えているうちに、バイライナーの構想が生まれたんだ」

けれども、そのアイデアは早すぎた。それは2006年末から2007年初めのことで、キンドルはまだ発売されておらず、iPadが登場するのはまだ3年先のことだった。この種の短い読み物を読者に届ける方法はまだなくて、読者に発見されてダウンロードされるという一連のシステムが存在していなかった。そのため、テイマンはこのアイデアをいったん棚上げして、ほかの仕事をしていた。2007年11月、キンドルが発売されたが、キンドルはクローズドループで、最善の道には思えなかった。2010年の初めにiPadの最初のバージョンが登場したとき、テイマンはこのタイミングだと判断し、試作モデルの作成を開始した。作家や友人、投資家に声をかけ、創業資金を確保し、その後も何度か追加資金を調達して、合計で約1100万ドルのベンチャーキャピタル資金を調達した。声をかけた作家のひとりが、自分が本を出している出版社や寄稿している雑誌社では扱ってもらえない企画があって、このふたつのあいだを取ったようなテイマンのアイデアにぴったりはまる企画があるといってきた。この企画はまとまり、プラットフォーム全体が確立されるまえに、最初の本として出版された。それが、ジョン・クラカワーの『スリー・カップス・オブ・デスィート（*Three Cups of Deceit*）』である。この本でクラカワーは、グレッグ・モーテンソンが自己変革と慈善活動について語ったベストセラーの回顧録『スリー・カップス・オブ・ティー』（サンクチュアリ出版、藤村奈緒美訳、2010年）には、でっちあげや作り話があふれていると、2万2000語の文章で暴露し、痛烈に批判している。タイミングはこれ以上望めないほどだった。この電子書籍が出版されたのは、2011年4月17日にCBSのドキュメンタリー番組〈60ミニッツ〉でモーテンソンのエピソードが放映された翌日で、しかも最初の72時間は無料ダウンロードが可能だった。その最初の3日間で、なんと7万5000部がダウンロードされた。これは、テイマンが期待していた数をはるかに超えていて、バイライナーの将来を予感させた。この幸先のいいスタートで、バイライナーは大成功を収めるプロジェクトになると思われた。

次の年、テイマンと同僚らは懸命に働いて、バイライナーのアウトプットを強化し、自分たちの本が、アマゾン、アップル、バーンズ&ノーブル、コボ〔2012年に楽天に買収され子会社化〕などとくに大手の電子書籍販売企業で購入できるようにした。これらの企業はいずれも自社ストア内に、すぐ読みおえられる短い電子書籍専用の特別コーナーを設けていた。バイライナーは、テイマンが好んで「Eシングル」と呼ぶ領域を開拓した。つまり、5000〜3万語のすばやく書けてすばやく読める短い本を、電子書籍のみで出版したのだ。Eシングルのもともとのコンセプトをテイマンは次のように説明している――「作家が1、2年ではなく1、2ヶ月机に向かえば書きあげることができ、読者が一晩か午後いっぱいで読みおえられるような本を出版したかった」。テイマンはベンチャーキャピタルから調達した資金を使ってスタッフを雇うことにした。まずは編集と運営にふたり、技術的な仕事のためにひとりの計3人を雇った。電子書籍の出版数が増え、プラットフォームを構築したり、マーケティングを行なったりできるようになると、チームを20人前後にまで増やした。1週間に1冊の出版を目指したが、それは少し野心的すぎたようで、最終的には10日から2週間に1冊出版するパターンに落ち着いた。販売価格の30パーセントをベンダーに取られたあとの純収入を作家と50対50で分けた。また、作家には「アサインメント料」(「前払金」よりもこの言葉が好んで使われた。それは「昔ながらの出版用語を使わないようにしていた」からである)を0ドルから3～5000ドルの範囲で支払った――いままでで最高額は2万ドルだが、これは例外だ。テイマンはこう述べている「私たちは、優秀な作家たちを獲得し、すばらしい本を出版するという快挙を成し遂げました。初年度は32冊がベストセラーになりました」。作家には、マーガレット・アトウッド、ニック・ホーンビィ、アン・パチェット、ジョディ・ピコー、チャック・パラニューク、リチャード・ルッソ、エィミ・タンなど、多くの名だたる作家がいた。そして最初に出した『スリー・カップス・オブ・デスィート』は16万部を売り上げたが、これよりダウンロード数が上回った作品もいくつかあった。

2011年、デジタル出版界に生まれたこの革新的なベンチャー事業は、何もかもとんとん拍子に進み、待っているのは明るい未来のようにみえた。テクノロジー関連のリポーター、ローラ・オーウェンは、「Eシングルこそ、いまの時代を担うフォーマットです」と弾んだ声で述べた。「寝そべってiPadを眺めるのにぴったりマッチしています。10分で読みおえるほど短くはないですが、大半の人は1時間以内に読みきることができます[3]」。ところが、衝撃的なデビューを飾ってから3年後、バイライナーは問題に直面していた。売上が伸びず、利幅が薄く、経営者はコストを削る道を模索していた。夢のような甘い時間は終わった。いったい何が悪かったのだろうか。

テイマンいわく、要因はふたつあった。それらが徐々にバイライナーをむしばんでいったのだ。ひとつは、市場にEシングルがあふれたこと。バイライナーが開拓した形態は間を置かずにほかの企業にも採用され、

Eシングルの数が指数関数的に増加したが、この急増した読み物には品質のむらがあった。「質の高い本の数より粗悪な本の数が増え」消費者がEシングルを専門に扱っている電子書籍ストアのコーナーを訪れなくなってしまった。そのいっぽうで、価格は急落した。バイライナーはそれまで2・99ドルから4・99ドルのあいだで電子書籍の価格を設定していたが、市場、とくにアマゾンから、Eシングルの価格を99セントに引きさげよという激しい圧力がかかった。「アマゾンが登場したとき、価格設定に厳しい制限を設けられた」とテイマンは説明する。「価格は99セントと4・99ドルの中間に落とすしかなかった。できるだけ高い価格になるようにつねに望んでいたよ。ひとつには質が高いし、もうひとつは、作家が99セントで自作品を売られることを望まないと考えたから。この点については、アマゾンとずっと戦っていた」。それでも、Eシングルのカテゴリで出版されているものの多くが99セントという価格だったため、価格低下の圧力にあらがうのは困難だった。市場にEシングルがあふれ、Eシングルストアでの消費活動が低下し、価格引きさげのプレッシャーが強くなると、数字が動かなくなった。テイマンはいった。「99セントで多くの部数を売りさばかねばならず、ベンダーに30パーセントの手数料を払うと、ビジネスが成り立たなくなった」

まもなく、別の収益モデルをみつけなければならないことが明らかになった。1部99セントで販売し、そこからベンダーに30パーセントの手数料を払うという取引ではビジネスで儲けるための充分な売上が生みだせなくなったのだ。そこでバイライナーは、月額5・99ドルの購読料で、ウェブサイトやモバイルアプリケーションを使ってすべてのコンテンツが読めるサブスクリプションの実験を開始した。しかし、このモデルの実用化に充分なほど購読者が増えなかった。サブスクリプションモデルには時期尚早で、消費者がこのような方法で読み物にお金を払うことにまだ慣れていなかったせいかもしれない。テイマンはこう振りかえった。「あのレベルのサブスクリプションサービスに適切なビジネスモデルがあるのかどうか、いまだに確信はないね。それでも、もしそんなモデルがあったとしても、それを実現できたのは2〜4年先のことだっただろう。だから、私たちの売上はあがらなかったんだ」

バイライナーの歩んだ道は、シリコンバレーのベンチャーキャピタルが出資するスタートアップ企業にとっては珍しい話ではない。この種の大半のスタートアップ企業がそうであるように、バイライナーもその分野を「支配」できるほどの成長を目指していた。初期の段階では、バイライナーのシニアマネジャーにとっても、資金提供者にとっても、収益は重大関心事ではなかった。「私たちはいわゆる「収益以前の」段階だった」とテイマンは冗談めかしていった。「成長しているかぎり、利益を出さねばならないというプレッシャーはそれほど強くなかった。だから、数字があがっているあいだは、その成長に頼っていれば良かった」。ベンチャーキャピタルの投資家たちは一般的に、最終的に収益をあげるか、買収が見込めるほど大きく成長することを望む。ベンチャーキャピタルは、「バーン」、つまり「月々の費用がいくらで、収入がいくらなのか」に目を向ける。バイライナーは7桁の収益をあげていた。「それでも、ベンチャーキャピタルが出資している会社としては、関心を集めるほどの数字ではなかった」ので、ベンチャーキャピタルはバイライナーが買収されることを期待していた。「ベンチャーキャピタルから投資を受ける場合は、売却時に何倍もの利益を得ることが前提になっている」とテイマンは続ける。シリコンバレーのテクノロジー関連の投資家からすれば、投資した額の20倍、50倍、１００倍という高い利益を得ることもあるが、それほどの倍率になるのは稀《まれ》だ。投資家は、投資の大半が失敗すると認識しており、10回の投資のうち1回はリターンを得ようとしている。ほかの9回で失った損失を補塡《ほてん》できる倍率で1回はあたらねばならない。バイライナーに投資したベンチャーキャピタルは、大きな利益を生む結末にはなりそうにないとすぐに悟ったが、それでも売却時にはなにがしかの利益が得られればと願っていた。ベンチャーキャピタルの専門用語では、婉曲《えんきょく》的にソフトランディングと表現される結末だ。

2014年の初め、バイライナーはきわどい局面に立たされていた。現在のスタッフ数で有効なビジネスを維持できるほどの売上をあげておらず、これまでの成長の軌跡を考慮するとベンチャーキャピタルからのさらなる資金投資も見込めない。規模を縮小し、スタッフや諸経費を削減し、Eシングルに特化したブティック型の出版社として小規模なビジネスを再構築すべきだろうか。そうかもしれない。それも選択肢のひとつだっただろう。けれどもそれは投資家が関心を持ちそうな選択肢ではなく、ベンチャーキャピタルから資金提供を受けている企業のシナリオにその道はなかった。また、この選択肢はその創業者にとっても魅力的ではなかった。彼はすでに人生の4年間をささげてこの夢を追いかけてきて、すべてを投げうってきた。したがって、事業を縮小してでも続けていくという考えにはまったく心が躍らなかった。しかも、スタッフ、とくにソフトウェアエンジニアを引き留めるのは至難の業だと気づいた。「このような超過熱化した成長環境にあるとき、技術畑の人間は、こぢんまりした粋《いき》な出版社で糊口《ここう》をしのがなくても、条件の良い職がいくらでもある。スタッフを確保するのも、維持するのも、彼らに誠実に接するのもむずかしい。なぜなら、スタッフたちが昼食をともにしている人びとが作った企業は、商品を発売してから数年はいうまでもなく、数ヶ月のうちに億単位で買収されることが多々あるのだから」。スタッフがぽろぽろとやめていき、テイマン自身も嫌気がさしてきた。「私は書き手なのに、4年間何も書いていなかった。気づいたら、会社を経営していて、毎日オフィスに行っていたけれども、事業の成長にわくわくしているわけでもなかった」。テイマンは脇役に回り、別の人を招いて会社経営を任せ、自分自身はほかのことをはじめた。2014年9月、バイライナーはヴック社に売却された。(4) ヴック社はニューヨークを拠点として作家や組織にデジタル出版サービスを提供している企業だ。このイグジットは、テイマンが思い描いていた青写真とはちがった。「チームのためにも大規模な売却で終えられることを願っていた」とテイマンは打ち明けた。しかし、ソフトランディングだったとしても、恥じることではない。

バイライナーの3年間の栄枯盛衰をみるかぎり、電子書籍のみで出版される短い読み物の市場は存在するかもしれないが、独立した出版事業の支えになるほど頑健な市場ではないようだ。コンテンツが市場にあふれ、値下げの圧力がかかり、99セントという価格が当たり前のカテゴリになってしまったため、Eシングルのみの出版で売上を伸ばし、収益をあげるのは困難になった。バイライナーは、ベンチャーキャピタルから資金援助を得てEシングルの開発を先導できたが、シリコンバレーのベンチャーキャピタルの世界で重要視される、企業の成長や拡大を成し遂げることはできなかった。また、たとえブティック型の独立系出版社に転換する選択肢を選んだとしても、その種の出版社として売却できるほどの利益をあげるには至らなかっただろう。バイライナーは、その短い人生のなかで、いくつかの注目すべき売れ行きのいい書籍を出版したが、このモデルの寿命は短かった。

しかし、バイライナーは保守的すぎたのかもしれない。デジタル出版としてもっと過激な方法を考える必要があったのかもしれない。従来の印刷された本よりも短い電子書籍を出版するだけでなく、本の形態そのものを覆すような試みを行ない、デジタル媒体だからこそ可能なマルチメディアの特徴を取りいれた電子書籍を作れば良かったのかもしれない。もっと大胆な計画を立てて冒険したほうが、成功する可能性が高かったのかもしれない。

大胆な試み

２０１２年、メディア界の事業家であるバリー・ディラーと映画プロデューサーのスコット・ルーディンは、ヴィンテージとピカドールというインプリントをもともと出版していたフランシス・コーディに、新しいタイプの出版社を立ちあげるアイデアを持ちかけた。バリーは、ニューヨークのチェルシー地区にあるフランク・ゲーリー設計のビルに本社を構えるデジタルメディアの巨大企業、ＩＡＣインタラクティブコープの会長を務めていた。この企業は、ポップカルチャーと政治をおもに扱うニュースサイト〈デイリー・ビースト〉やオンラインデートサービスの〈マッチ・ドット・コム〉など、インターネットを利用した幅広い事業を展開しており、バリーはデジタル資産を拡大するための新しいアイデアを探していて、こんなことを考えていた。デジタル時代にふさわしい新たなタイプの出版事業を生みだしてみてはどうだろうか。出版にくわしいクレバーな人をみつけて２０００万ドルという多額の資金を投じ、何が起こるかみてみよう。10年、20年、30年というタイムスパンで本がどのようになっていくかを想像し、いま、それを創りだしてみるのだ。未来を予測する実験だ。

ときは２０１２年、デジタル革命は本格化していた。電子書籍が急増し、未来はきっとデジタルにあると思われていた。出版という古い世界と、ハイテクの新しい世界を結びつけるための潤沢な資金を備えたチャンスがここにあった。本が大好きで、冒険心がある人にとって、このチャンスにはあらがいがたい魅力があり、フランシスはノーといえなかった。フランシス・コーディはバリーとスコットに、アタヴィスト・マガジンとのコラボレーションを検討すべきだと提案した。アタヴィスト・マガジンは、ブルックリンに拠点を置くインターネットのスタートアップ企業で、オンライン環境で新しいタイプのストーリーテリングを試すためのプラットフォームを構築していた。視覚的に美しく、革新的な方法で物語に没入できるすばらしいプラットフォームだった。文句なしに完璧なパートナーになるだろう。フランシスらはそのプラットフォームを利用できるし、技術的なスキルの恩恵を受けることもできる。いっぽうアタヴィスト・マガジンは苦境に立っているスタートアップとして、資金注入を歓迎するだろう。その結果、2012年9月、アタヴィスト・ブックスが誕生した。

自由にしてもいいといわれたフランシスは、デジタル出版を使って、できるかぎり過激に実験してみようと計画した。「何を置いても、私が作りたいと思ったのは、美しい電子書籍でした」。アタヴィスト・マガジンによってすでに、デジタル媒体の美の可能性はみせつけられていた。フランシスは電子書籍でも同じようなことができればと考えた。本を何か美しいものへ変身させたかった。既存の電子書籍にいくつかの機能を付け足して単に改良するのではなく、電子書籍をデジタルプロジェクトのひとつと捉え、まったく新しい何かを作りだそうとした。当時は珍しかった、音や動きのある電子書籍を作成したかったのだ。フランシスの考えではこれらのデジタルブックもしくはプロジェクトは、短いものであるべきだった。当時、バイライナーはすでに事業を立ちあげていて、そのEシングルのスタイルが勢いを増しているようにみえたし、アタヴィスト・マガジンが同じような形態のものを扱っていたのも理由のひとつだ——ただし、アタヴィストは自分たちの出している読み物を「長編の記事」とみなしていた。それでも、短くすべきという以外はなんの制約もなかった。まったく新しい形態を発明すればいいのだ。それを依然として本と呼べるかどうかは、この際問題ではない。

フランシスは、美しい電子書籍を作るだけではなく、印刷とデジタルの関係を実験するために、印刷の本も作りたいと考えていた。価格、タイミング、印刷された本と電子書籍の関係、そして印刷という形式そのものを実験しようと考えた。たとえば、ハードカバー版を印刷するのではなく、フラップつきの高価なペーパーバックを試しに印刷し、どんな結果になるかみてみるのだ。ところが、計画のこの部分はすぐに問題にぶつかった。フランシスは、すぐれた作家と契約したいと考えていたが、元は出版社の人間だったので、契約のためにはエージェントと話をして説得する必要があると承知していた。そこで、彼女はエージェントにプレゼンテーションを行なった。エージェントは、他社に負けない前払金を支払ってもらえるという事実を気に入った。それは甘い調べのようにエージェントらに心地良く響いた。電子書籍の印税は、従来の出版社の多くが支払っていた純売上の25パーセントよりもずいぶん高かった。また、バリー・ディラーとスコット・ルーディンがかかわっていることや、IACの相当な資金援助も魅力だった。けれども、フランシスがデジタルを最初に出版して、印刷本をあとで出版したいといったとき、人びとは驚いて息を飲んだ。エージェントたちは、印刷が先でデジタルがあとという逆のウインドウを望んだ。フランシスは、その方法はすでに試されて、うまくいかなかったと注意を促したが、それでも抵抗する人が多くいたので、そのアイデアは早々に諦めねばならなかった（「すばらしいアイデアがみな、泡と消えていきました」）。しかも印刷の権利を得るのは、簡単ではなかった。一部の作家についてはなんとかその権利を得ることができたが、もっと有名な作家の作品のなかには、エージェントが印刷版の権利を保持していて、従来の出版社に売ってしまっていた場合もあった。

アタヴィスト・ブックスは、2014年3月に最初の本を出版した。カレン・ラッセルによる110ページのデジタル限定小説『献眠（*Sleep Donation*）』である。ラッセルは、2011年にクノップフからデビュー作『スワンプランディア！』（原瑠美訳、左右社、2013年）を出版し、オレンジ賞のロングリストに入った有名な作家だ。『献眠』は、アメリカ全土に不眠症の伝染病が広まり、健康なボランティアから「献眠」を集めることでしか治療できないという物語で、寄付された睡眠は睡眠銀行に保管され、不眠症で死の危険にさらされている人に「輸眠」つまり寄付された睡眠が与えられる。チップ・キッドがデザインした音と動きのある表紙が印象的なこの本はひじょうに好評で、〈ニューヨーク・タイムズ〉や〈ロサンゼルス・タイムズ〉などで絶賛され、2万部を超える売上となった。最初に出した本の成功は、新しいベンチャー事業にとって良い前兆だったが、まもなく問題にぶつかった。

『献眠』は、批評家の評価も高く、商業的にも成功したが、直球の電子書籍でもあった。アマゾンから3ドル99セントで購入でき、キンドルで読むことができる素直なテキストだ。インタラクティブな表紙以外は、このタイプの電子書籍として、技術的に複雑な部分や、実験的なものは何もなかった。ところが、アタヴィスト・ブックスがもっと複雑なことを試そうとしたとたん、問題が立ちはだかった。2014年5月、ハリ・クンズルの『トゥワイス・アポン・ア・タイム――ニューヨークの音の物語（*Twice Upon a Time: Listening to New York*）』を出版したときのことだ。これは、「ムーンドッグのすばらしい音楽と街の音のバイノーラル録音を組み合わせた、ユニークで多層的なデジタル体験とニューヨークの音に関する美しい散文エッセイとのコンビネーション」と説明されている。2008年にロンドンからニューヨークのイーストビレッジに移住したイギリス人小説家は、むせかえるような街の騒音に気づいた。そのせいで夜も眠れなかった。そこで、騒音を遮断するのではなく、騒音に耳を傾けた。音を増幅して録音するバイノーラルマイクを手に、通りをさまよい歩いた。そして、ストリート・パフォーマー、ムーンドッグの音楽を再発見した。ムーンドッグは1940年代後半から1972年まで、6番街と53丁目または54丁目の街角でヴァイキングの扮装《ふんそう》で演奏していた盲目のパーカッショニストだ。ムーンドッグの音楽とバイノーラル録音された街の音を織りこんで、読書体験とサウンドトラックを同期させた電子書籍の豊かなコラージュが制作された。これは実験的な試みだった。それはまちがいないが、問題は流通方法だった。このマルチメディア電子書籍を読者はどうやって読むのか。アマゾンもアップルも、このタイプのマルチメディア電子書籍を受けいれようとしないので、アタヴィストは自社アプリケーションを使ってその電子書籍を提供した。読者はこの電子書籍を読みたければ、まずアタヴィストのアプリケーションをダウンロードし、サインインしてから、電子書籍を購入して、そのアプリケーションを使って読まねばならない。これはひとつの解決策だったが、少々面倒だった。やらなければならないステップが多すぎてハードルが高くなり、そんな手間をかけたがる人はいなかった。「ワンクリックで買えないなら、もういいやって思うのが正直なところ」なのだ。プロジェクトが技術的に洗練されればされるほど、運用がむずかしくなる。流通経路も複雑になりすぎるし、市場がそもそも存在しないのだから。

さらに、別の問題もあった。この種の電子書籍は存在を知ってもらうのが一苦労だったのだ。『献眠』はこの点では問題がなかった。多くの書評がさまざまな場所で掲載されたからだ。これは、作家がかなり有名だったおかげでもあるし、また新しく注目を集めているデジタル出版のベンチャー企業が最初に出した電子書籍という目新しさのおかげでもある。さらには、アタヴィスト・ブックスにとっては最初の本というだけでなく、新たなベンチャー事業をプロモーションする機会でもあったため、プロモーションに多額の費用をかけていたおかげでもあった。しかし、『献眠』は例外であって、これが当たり前ではないことが明らかになり、それ以降、事態ははるかに困難になっていった。印刷された本がない状態では、編集者は興味を持ってくれなかった。ファラー・ストラウス＆ジルーのような定評のある出版社から印刷された本が発売されて初めて、その本はちゃんとした書評で取りあげられるようになった。「私たちが編集し制作した本が印刷された本として出版されると、書評で絶賛されました。デジタル版が出たときには、人びとは完全にトラウマになってしまうか、当惑するか、まったく書評に取りあげてもらえないかでした。誰もそれが何かわからなかったのです」。さらに、書店に印刷された本がないため、この本の存在自体に気づいてもらうのがむずかしかった。アタヴィストは、これらの本のために多くのマーケティングを行なった。「山ほどアウトリーチ活動をしました。フェイスブックやあれやこれや、想像しうるかぎりすべて」とフランシスは語る。「でも、いろいろなハードルがあるように思います。本屋には置いてないし、信頼の置ける情報源は何もいっていないし、どこにも姿がないし、で、いざ買おうとしたら今度はアプリケーションを使えなんて……冗談じゃない！　ということでしょう。何かよくわからないもののために、なぜここまで手間をかけなくちゃいけないの？　と」

2014年9月になると、フランシスは、デジタル出版のこのすばらしい事業がどんどん行き場を失いつつあることに気づいた。印刷されたテキストのレプリカにとどまらない独自のデジタルプロジェクトとして、美しい電子書籍を生みだすという輝かしいアイデアは、暗礁に乗りあげていた。書評に取りあげられず、配信システムはひどく複雑だ。どうすれば難破せずに済むだろうか。ふたつの道があった。ひとつは、オーディオ・ビジュアル素材をふんだんに活用したマルチメディア電子書籍という概念に見切りをつけ、『献眠』のように、アマゾンで購入してキンドルで読める単純なEシングルの道を進むことだった。しかしこれは、もっと過激かつ創造的にデジタル出版を使って実験するという、アタヴィスト・ブックスのもともとのアイデアとはまったく相いれない方向だった。さらに、このころになると、バイライナーが経営難に陥っていて、彼らが開拓したEシングルモデルは「やや輝きを失っていた」。バイライナーの運命は別にしても、フランシス自身も、当初は有望だと思っていたEシングルは、作家に報酬を支払い、成長を可能にするほど充分な売上を生みだせないという見解に至っていた。「Eシングルのことをじっくり見きわめてみたのです。そして、ビジネスモデルとしては有効ではないと判断しました。成長はなかなかむずかしいでしょう。このような小さな本を作ったところで、人びとはその本にお金を費やそうとは思わないのです」

もうひとつの道は、印刷書籍の事業を大きくすることだった。少なくとも印刷書籍があれば、書評で取りあげてもらえるし、すぐれた流通経路があるとわかっていたし、すでに試行錯誤した売上モデルがあったので、会社を軌道に乗せながら、デジタルの実験をどうやってうまく運用していくか検討することができるだろう。この段階に至るまでに、すでに相当数の印刷本の契約があり、さらにその契約を追加することができた。ＩＡＣと取引していなければ、進む道としてこれが賢明な選択肢だったかもしれない。ところが、ＩＡＣはデジタル企業で、〈デイリー・ビースト〉やその他多くのインターネット関連企業を所有していた。このような企業が倉庫に本を保管したり在庫を抱えたりしたがるはずがない。これはＩＡＣにとって妥当なビジネス戦略ではないし、デジタル出版を活用して実験を行なうというアタヴィスト・ブックスに投資した当初の目的に向かっているようにもみえなかった。

最初の本が出版されてから6ヶ月後、アタヴィスト・ブックスは明らかに袋小路に追いこまれていた。デジタル技術として手のこんだ電子書籍は、すぐには軌道に乗りそうにもないし、Ｅシングルはそれだけで成立できるほどの売上を生みだせないし、印刷書籍事業の強化はＩＡＣにとって意味がない。そろそろタオルが投げいれられる頃合いだった。２０１４年10月、アタヴィスト・ブックスは年末に事業を閉じることを発表した。まだ出版されていない本の作家たちは、ほかの出版社に引き取ってもらった。アタヴィストは合計で6冊の電子書籍を出版し、そのなかにはひじょうにクリエイティブで美しい本も含まれていたが、デジタル出版におけるこの大胆で新たな試みは、始まってまもなく終わりを告げた。

バイライナーとアタヴィスト・ブックスの失敗は、デジタル革命によって開かれた出版という空間で新しいものを創造することが、いかにむずかしいかを示している。デジタル媒体によって、テキストを作成する新たな方法や、テキスト作成にかかわる新しい方法が可能になる。つまり、それがどんなものであれ「本」

を作成する新たな方法が可能になる。そして、バイライナーとアタヴィスト・ブックスは、この空間で大胆に実験を行なった。しかし、この二者の短い寿命は、新しく、かつ持続可能なものを生みだすことのむずかしさを示している。持続可能であるためには、新しく生まれたものを歓迎する当初の高揚した期待感が落ち着いたあとも生き残れるほど、制度的にも財政的にも充分な後押しが必要だ。バイライナーとアタヴィスト・ブックスは新しい形態を生みだしたが、それは持続可能なものではなかった――現実的なビジネスモデルがなく、ビジネスを成り立たせられるほど多くの読者もいなかった。

だからといって、バイライナーやアタヴィスト・ブックスが試みた新しい形態に永続的な価値がないとか、多様な出版界の演目のなかで、またはデジタルと印刷が混じりあったエコシステムのなかで果たすべき役割がないというわけでは、もちろんない。それどころか、マンション・ハウスのトムの経験が示したように、デジタルのみの短い読み物は、さまざまな目的に合わせてうまく機能しうる。たとえば、有名作家の新刊本の発表に向けた「収益のあるマーケティング」としてなど。けれどもこの場合のデジタルショートは、出版界に以前からあった構造や形式に依存している。既存の出版社は新しい画期的な出版形式として、新たな収入源を生みだしたり、ベストセラー作家の新刊の需要を高めたりするためにデジタルショートを活用できる。このように解釈すれば、デジタルショートは、「本」というものを根本的に再発見したというよりも、むしろ、昔ながらの形式を支援してさらに大きな流れを作る形式で、既存のファンを惹きつけ、次の本の呼び水となる予告編のような役割を果たす。同様にアタヴィスト・ブックスの経験は、少なくとも現在の環境では、印刷された本がない状態で画期的な電子書籍を売るのはひどくむずかしいことを示している。また、デジタル出版プログラムを持続させたければ、新たに土台から作りなおして印刷された本の事業を立ちあげる必要がある。それに気づいた新規出版ベンチャーは、アタヴィスト・ブックスだけではなかった。(5)

とはいえ、アタヴィスト・ブックスはとくに技術的な問題に悩まされていたといえるかもしれない。つまり、デジタル技術として精巧な電子書籍を作成していたため、読者はその電子書籍を購入して読むためには、アタヴィスト・アプリという別のアプリケーションをダウンロードしてサインインしなければならなかった。この複数のステップが面倒で、ユーザーは購入をためらう。iPadの時代に、なぜ本自体をひとつのアプリケーションとして作り、アップストアから直接購入してダウンロードできるようにしなかったのだろうか。そうすれば、購入手順がずっとシンプルになっていたはずだ。そのほうが成功の確率が高いのではないだろうか。

アプリケーションとしての電子書籍

マンション・ハウスのトムは、いまの会社でも、そのまえに働いていた最先端の小さな独立系出版社でも、アプリケーション開発で多くの実験を行なっていた。どちらの出版社でも、踏んでいた手順はほぼ同じだった。自分で思いついたり、あるいは社内の編集者と話し合っているうちに形になったりしたアプリケーションのアイデアを、プロジェクトとして検討し、アプリケーションのエージェンシーや開発者から入札を募る。トムは〝バーチ・ツリー〟という小さな開発会社と良好な関係を築いていて、多くのアプリケーション開発を依頼していた。バーチ・ツリーは、プログラミングを独学で学んだ30代前半の男ふたりがささやかに営んでいる会社だ。ふたりはゲーム会社でしばらく働いたが幻滅して退職し、当時は独立して自宅で仕事をしていた。ある日、ふたりのうちのひとりに、出版社からいきなり電話がかかってきて、科学者と一緒にアプリケーションを開発しないかと誘われた。それが2010年で、iPadが発売されてまもないころだった。

ふたりはiOS関連の仕事を多くしていたので、アプリケーションを作れることはわかっていたし、もちろん興味もあった。「いくらぐらいかかるかと訊かれたので、そうですね、と適当に思いついた数字で、2万ポンドと答えたんです。すると、ああ、それぐらいなら、ちょうどいいといわれて」。それで取引が成立した。出版社の男、つまりトムは当時、小さな独立系出版社で働いていて、そのアプリケーションは、インターネットの未来について書かれた若いアメリカ人科学者によるデジタル限定の本だった。あらかじめテキストが存在していたわけではなく、アプリケーション開発と同時進行で書かれた。バーチ・ツリーのふたりは約2ヶ月を費やして、このアプリケーションを制作した。ふたりが作ったのは、ユニークな非直線的ナビゲーション・インターフェースで、作家のテキストをインタラクティブな3Dモデル、映像、画像、その他インターネットから引っ張ってきたコンテンツで強化した。アプリケーションはアップストアから4.99ポンドで販売された。トムはこのアプリケーションの出来映えに満足し、バーチ・ツリーのふたりをただただ称賛したが（「抜群だ」）、売上は期待外れだった。「まあ、1000部くらいでしたかね」。開発費が2万ポンドで、アップルへの手数料を引いたあとの収益が4000ポンドに満たないのだから、これは重大な損失だった。しかも、作家に支払われる報酬あるいは印税は考慮されていない。

とはいえ、いつもこの調子というわけではない。トムは、自分が手掛けた別のアプリケーションについても説明してくれた。それはマンション・ハウスの商業インプリントのひとつにかかわる仕事だった。著者は有名な科学者で、ポピュラーサイエンスの本を数多く書いてきた人だった。彼の新刊は、自然現象を科学的に解きあかす、若い人たち向けの豪華なビジュアル本だった。トムとマンション・ハウスの出版部門の同僚は、この本の出版と同時にアプリケーションをリリースしようと思いたった。そこで、さまざまなアプリケーションのエージェンシーや開発業者にこのプロジェクトへの入札を公募した。すると興味を持った人たちからアイデアが示された。トムらはファントムというエージェンシーに依頼することにした。このエージェンシーはさまざまなプラットフォームや業界にまたがって活動しており、アプリケーションの開発チームが社内にあった。トムらはこの会社に、プロジェクトで使える資金は4万ポンドであること、本の出版日までにアプリケーションをリリースする準備を整えておく必要があることを伝えた。この金額は、ファントム側が思い描いたアプリケーションの開発に必要な額よりもかなり少なかった──通常なら最低でも2倍の金額が必要だ。それでも、ファントムはこのプロジェクトを気に入っていて、出版社との共同開発を進めることに利点もあると感じていたので、条件面は柔軟に対応した。こうして、出版社が制作費として4万ポンドを負担し、エージェンシーが売上の一部を受け取るという条件で合意した。ファントムはアプリケーションの供給まで3ヶ月の期限を与えられた。5人がフルタイムでこのプロジェクトにかかり、必要に応じて専門家やフリーランスが起用された。本のテキストを用いて、さらに特別に作成したイラスト、アニメーション、著者の音声やビデオクリップ、そして、さまざまなインタラクティブなアクティビティやゲームが加えられた。ファントム側の、おもな技術的な課題は、大量のテキストを1枚の画像にリンクさせる方法をみつけることだった。そのアプリケーション内では本の簡略版ではなく、テキスト全体が使用されていた。大型本なら1枚のイラストの周囲に多数の文章を収めることができるが、タブレット端末の横画面モードではそれができない。そこで出したファントムの解決策は、コンテンツの層を別々にして、画面をスワイプしたときに画像と文字が異なる速度で動くようにすることだった。これは、錯覚の奥行きを作りだすという、ゲームデザインから拝借した手法だ。たとえば、背景の雲がゆっくり動き、手前のものが早く動くことで、奥行きがあるように思えるのである。それでも、ファントムの開発者は誰もこのような経験がなかったため、その場でプロセスを作りあげ、うまくいかないところは戻って修正しなければならなかった。こうした困難にもかかわらず、アプリケーションは期限内に納品され、2011年9月にハードカバー版が出版されてから1週間後にリリースされ、アップストアで9・99ポンドまたは13・99ドルで購入できるようになった。

これはよく売れた。「アプリケーションの売上は、ごく標準的な曲線を描きました」と述べたのは、ファントムのプロジェクトマネジャー、スティーブだ。「最初に急激に大きく売れて、その後はロングテールで売れつづけています。ですから、最初の数ヶ月で1万5000から2万ほど売れ、その後数年間でまた同じくらい売れました」。そのアプリケーションは合計で約3万5000部売れ、そのうち約半分が北米、約4分の1がイギリス、残りの4分の1が世界じゅうのその他の地域で売れた。「かかわった者全員が儲けました。これは大きな驚きでしたね」とスティーブはつけくわえた。スティーブがそういった理由は簡単で、計算はシンプルなものだ。アップルの30パーセントの手数料を差し引くと、純収益は約23万ポンド、ドルにして36万ドルになる。制作費が4万ポンドに固定されていたこのアプリケーションは、商業的にめざましい成功を収めた。この成功にはどのような説明がつくのだろうか。

スティーブいわく、答えはユーザー体験に焦点を絞ったソフトウェアエンジニアにある。

当時の多くのアプリケーションがしていたのは、「すべきこと」ではなく、「できること」で、いったん本を手にしたら、あとはそれに没入できるようなプロセスがそこにはありませんでした。ここを押してとか、そのキーを打って、というような「こっちを向いてという瞬間」が多かったのです。私たちの基本理念のひとつは、本を手に取って読みはじめたら、インターフェースは姿を消し、ただコンテンツに没入できるということでした。それをデジタルの本に応用したかったのです。それは洗練された方法で実現できたと思っています。軽いタッチのアニメーションとテキストのコンテンツを組み合わせて、本気の科学的な解説を示しつつ、読書体験も味わえるものがつくれたと自負しています。これはゲームでもなく、アプリケーションでもなく、本なのです。

スティーブの説明には、たしかに真実がいくつも含まれているが、アプリケーションのスタイリッシュな技術デザインやスムーズなインターフェースは、この物語の一部にすぎない。このアプリケーションの成功には、ほぼまちがいなく、商業出版の伝統的な面に直結する要素が大きくかかわっている。つまり、アプリケーションのリリース時期を印刷された本の出版の日程と合わせたこと、印刷された本とアプリケーションの両方に多額のマーケティング費をかけて、出版社が集中的な販売促進キャンペーンを打ったこと、そして著者が国際的に有名ですでに一般書籍のヒット作を出しているという高い実績の持ち主であったことが、成功の大きな要因である。このアプリケーションは、印刷された本をベースにしているものの、それをしのぐ画期的な製品だった。そのいっぽうで、アプリケーションの成功は、出版業界の既存の構造とプロセスに起因する部分があった。これらの構造とプロセスを無視して、印刷された本との同時発売やそれに伴うマーケティング費の使用、プロモーションキャンペーンを行なわずに、単独のアプリケーションとしてリリースしていたら、結果はこれほど印象的なものにならなかったかもしれない。

このふたつの例が示すように、この領域の活動の多くは、複合型出版活動《ハイブリッドパブリッシング》といいあらわせるものである。つまり、小規模精鋭の独立系出版社であれ、大手の総合出版社であれ、その中間であれ、従来の商業出版社は、アプリケーションの開発を委託して出版の画期的な形態を試しているのだ。こうして作られたアプリケーションは、単独の製品として、あるいは印刷された本から抽出したテキストをさまざまな方法で加工、改良、補足した電子書籍として販売される。この種の複合型出版活動が画期的なものになるかどうかは、従来の出版社に大きく依存している。これらの出版社は懸命に、デジタル出版のさまざまな形態を試したり、新たな可能性を探ったり、さらなる投資が妥当とされるに充分な普及が見込めるかどうか市場を検討したりしている。アプリケーションの開発者は、アプリケーションを構築する方法を概念化するのに不可欠な役割を果たす。技術的な観点から何ができるかわかっていて、出版社にアイデアを提案することが多い。しかし、最終的にこのようなケースで主導権を握っているのは出版社で、出版社が開発資金を提供し、固定額であれ収益の一部であれ（場合によってはその両方をミックスして）開発者に手数料を支払う。出版社が主導権を握ってこの種の実験的な形態に進んで投資しないかぎり、このような複合型出版活動は存在しないだろう。

では、出版社の視点でみたとき、これに価値があるのだろうか。経済的な観点から厳しい目でみると、大半の出版社の経験は明らかにまちまちだ。前述したような注目すべき成功例もあり、なかには10万、20万部以上ダウンロードされたアプリケーションもある。しかし、この種の成功例にはつきものだが、売上が期待外れに終わったアプリケーションも数多くある。数百とか数千しか売れないアプリケーションも珍しくない。売れ行きの悪さと価格低下の圧力という面をみて、この種のアプリケーションを開発し電子書籍を強化することの妥当性や、とくに、既存の物語のテキストにさまざまな種類のデジタルサプリメントを追加するということについて、疑問を呈する人が出版社内でも多くいた。このように多くの人が抱いている疑問を次のように簡潔にいいあらしたのは、ブルームズベリーのセールスディレクターだったエヴァン・シュニットマンだ。２０１１年のロンドン・ブックフェア・デジタル・カンファレンスでシュニットマンはこう述べた——「没入型の物語を読むプロセスを一新するというアイデアは、見込み薄だ」(6)。直線的な物語のテキストに関しては、シュニットマンがおそらく正しい。多くの場合、既存のテキストにさまざまなオーディオデジタルサプリメントを追加したり、何か別のデジタル媒体に変えたりすることで得られるものが多くあるのかどうかは明確ではない。とはいえ、料理本、旅行本、児童書など、ほかのカテゴリの本には、別の種類のデジタル革命のチャンスがあるかもしれない。また、既存の物語性が高いテキストを起点にする必要もない。本とは何かという先入観をひとまず脇に置いて、白紙の状態から始めて、何が起こるかをみてみればいいのではないだろうか。

本をアプリケーションとして再発明する

タッチ・プレス社は、ロンドン西部の古い工業団地内の静かな路地の行き止まり、ワープル・ミューズにある2階建ての小さな建物の一角にあった。団地内の多くの工場はすでに操業が停止されていて、多くの建物がさまざまな中小企業やスタートアップ企業のオフィススペースに変わっている。タッチ・プレス社は、ワープル・ミューズのふたつのユニットを使用していた。ひとつを所有し、もうひとつを借りていたのだが、壁をぶちぬいてふたつのユニットが行き来できるようにしていた。30人の従業員が収まるほどのコンパクトなスペースだ。ほとんど間仕切りがないオープンプラン型のオフィスで、Ｍａｃに向かって仕事をしているプログラマーの机が並んでいる。ひとつの部屋のいちばん奥には、大きな楕円《だえん》形のテーブルと大きな天窓のついたミーティングスペースがあり、ガラス製の間仕切りとドアでほかの部屋とは隔てられている。タッチ・プレス社は、アプリ界のロールスロイスと呼ばれるほど高級《ハイエンド》なアプリケーションを開発している企業として知られている。しかし、彼らは自分たちのことをアプリケーション開発者とは思っておらず、出版社とみなしており、自分たちが作っているものは本だと考えている。「「弊社はアプリケーション開発会社です」というと、出版社から依頼されて、本をアプリケーションに変える純粋に技術的な会社と思われるのですが、私たちはそういう仕事の仕方はしていません」と、この企業の創業者のひとりマックス・ウィットビーは説明し、こう続けた。

私たちは、それ自体がひとつのプロダクトであるものを創造しようとしています。また、自分たちを出版社とみなすことによって付随するさまざまなことが、私たちが作りだすものの成功には不可欠だとも思っています。ですから、声《ボイス》を持つ作家を探し、その作家が自分を表現できる媒体を提供し、すぐれた印刷の体裁や正確なスペル、文法に気を配り、情報をキュレーションしています。それが出版社のすべきことです。また、フィルターとなって作品を選び、決定を下しますし、出版文化に通じていて、変化をもたらすものを選ぶお手伝いもしています。

多くのスタートアップ企業がそうであるように、タッチ・プレス社もまた、偶然の出来事が重なって生まれた。BBCでテレビ番組のプロデューサーをしていたマックス・ウィットビーと、シカゴから南へ2時間のところに住むソフトウェアエンジニアであり、化学の知識を持つ作家でもあるセオドア（セオ）・グレイは、偶然にも元素周期表に関心があるという共通の趣味があった。そしてふたりはイーベイで同じ元素サンプルにビッドし、ふたりとも落札しそびれたことを知って、一度会おうという話になり、2002年に対面した。ふたりは友情を育み、元素に対する共通した興味を生かして共同作品を作り、小さなビジネス――「元素周期表帝国のようなもの」を立ちあげた。当時、たまたまセオは、アップルからiPad用ソフトウェアの供給を委託されているソフトウェア会社で働いていた。iPadはまだ開発中だったが、セオとマックスはすぐさま、元素周期表に基づいて集めた膨大なマテリアルを使って何か新しいことをするチャンスだと考えた。セオは以前から元素についての本を出版したいと考えていて、本の準備をしている過程で、各元素サンプルをターンテーブルに乗せて３６０度の画像を撮影していた。そのときとつぜん、自分たちがｉＰａｄ用に提供していたソフトウェア（セオが作成に手を貸したマセマティカという技術計算プログラム）を使ってこれらの写真を組み合わせれば、ｉＰａｄ上で指をフリックするだけでその元素サンプルを回転させられると気づいた。これは独特な体験だ。実際にやってみないとどんな感じか想像しにくいだろうが、初めて指をフリックしてその物質を３６０度回転させれば、すっかり魅了されるのはまちがいない。速くフリックすれば回転が速くなり、タッチするとピタッと止まる。平面のスクリーンで、これほどまでに説得力のある動的な３Ｄ効果が生みだせるとはなかなか想像できないだろう。

だがここで、重大な問題に直面した。この元素のアプリケーションをたった60日で作ることができるだろうか。それが可能なら、２０１０年4月に最初のｉＰａｄが発売されるのと同時に発売できるのだが。まずは、マセマティカを使って回転の効果を生むために写真をどのように統合しサイズを変更するか、回転する元素サンプルをページ上にいかにして配置するか、その物質をテキストやラベルとどのように組み合わせるかをプログラムに指示するアルゴリズムをみつけださねばならなかった。また、自分たちが作っているものが、画面上の単なる静止画のテキストではなく、これまでにない新しいものであることをアップルに納得してもらう必要があった。ｉＰａｄについて尋ねられる質問のひとつはきっとこれだ。「キンドルとどうちがうのか?」。ｉＰａｄを電子書籍リーダーとして考えると、あまり勝ち目はない。バッテリーの寿命は数週間ではなく数時間だし、日光の下では読みにくいし、価格も高い。電子書籍の定義が画面上で読む静止したテキストであるならば、キンドルのほうがｉＰａｄよりすぐれた電子書籍リーダーだろう。そこでふたりは、電子書籍の概念を変えるこのチャンスをつかむべきだという口説き文句で、アップルに売りこんだ。「未来の電子書籍はどんなものか、その話の中身を変えられるとしたらどうでしょうか。その話こそあなたがたに勝利をもたらすのです」とマックスらは語った。「人びとにこんなふうに思わせられるとしたらどうでしょう。キンドルにはたしかに100万冊の本があるけど、それがどうした。あれは100万冊の古い本じゃないか。こっちをみてごらん、すごいぞ。これこそが電子書籍の将来あるべき姿だと。その未来の電子書籍がキンドルでは楽しめない理由は山ほどあります。画質が問題外とか、プロセッサが必要な処理能力を備えていないとか、メモリが足りないとか。未来の電子書籍がキンドル上には存在できない理由はどっさりあるのです。現在のことは気にせず、輝ける未来をみてください」。アップルは納得した。〈元素図鑑〉は予定どおり完成し、iPadにインストールされる数十個のアプリケーションのひとつとなって、一般発売の数日まえに報道協定下でジャーナリストに配られた小ロットのiPadとともにお披露目された。レビュワーたちは有頂天で反応した。スティーヴン・フライは次のようにツイートした。「最高のアプリケーションだ……すべてが生き生きとしていてゴージャス。これだけでもiPadを持つ価値がある」

評判はほかに類がないほどで、このアプリケーションは爆発的な売れ行きをみせ、初日に価格13・99ドルと9・99ポンドで3600ダウンロードを売り上げた。その後、100万回以上ダウンロードされ、日本語、フランス語、ドイツ語など14カ国語のバージョンが発売され、300万ドル以上の純利益をあげた。実をいうとセオは、2009年9月にニューヨークの小さな商業出版社、ブラック・ドッグ・アンド・レーベンサールから『世界で一番美しい元素図鑑』（若林文高監修、武井摩利訳、創元社、2010年）という本を出版していた。この本は数カ国語に翻訳され、アプリケーションが登場するまえに全言語合わせて約7万部売れていた。アプリケーションがリリースされると、印刷された本の売上は一気に伸びた。2012年には、全言語合わせて58万部以上の売れ行きだった。これは、アプリケーションとしても本としても、みごとな成功である。

この〈元素図鑑〉の成功を元に、タッチ・プレス社が立ちあげられた。会社が設立されたのは〈元素図鑑〉が発売されてから数ヶ月後の2010年の夏で、資金として約50万ドルを集めた。その一部はふたりのエンジェル投資家から調達し、会社は順調にスタートした。彼らは、自分たち自身を新たな種類の出版活動、つまり「アプリケーションとしての本」の開拓者とみなしていた。彼らの見方に従うと、この媒体を使って実験をしている企業には3つのタイプがあった。ひとつめは、従来の出版社、ふたつめはビデオやテレビに精通した従来のメディア会社、そして3つめはビデオゲーム会社だった。それぞれのタイプの企業はなんらかの重要な役割を果たしているが、それぞれが、この新しい媒体が機能するのに必須な部分の一部しか理解していなかった。昔ながらの本の出版社は、ストーリーテリングや著者が重要であることを理解していたが、ビデオに関する専門知識や、アプリケーションとしての本を開発するための技術的なスキルが不足していたため、概して専門会社に開発を委託しなければならなかった。映画会社やテレビ会社は、タレントやストーリーテリング、ビジュアルメディアについて理解していたが、これらの会社もすぐれたアプリケーションを開発するためのソフトウェアのスキルが不足していた。いっぽう、ゲーム会社は、インタラクティブなすぐれたビデオゲーム体験を生みだす技術的なスキルは持っているが、ストーリーテリングや著者の価値を理解していなかった。そんなわけで、タッチ・プレス社が着手したのは、ほかのタイプの企業がこなせなかった方法でこの3つのスキルを融合させることだった。

ここで重要なのは、アプリケーション開発にかかわるほかの人びととソフトウェアエンジニアは、同じレベルにいるべき、ということだった。「どんなことをするかを決めてから、エンジニアを連れてくるのではなく、どんなことをするかを決めるプロセスに、エンジニアも参加する必要があります」。経営陣にはエンジニアのジョン・クロミーがいた。ジョンは2010年にチームに参加し、60日間で〈元素図鑑〉を作る手助けをして、CTOとなった。ジョンは技術チームを管理し、どの新規プロジェクトを請け負うかという重要な決定すべてに加わった。経営陣が新しいプロジェクトに着手することを決定すると、CTOとプログラマーの一部が出席する開発会議で、アプリケーションとしての本の企画と開発が行なわれた。壁には大きなスクリーンがあり、テーブルを囲むエンジニアたちはノートパソコンを接続して、スクリーンに映しだされた画像やテキストをいじりながら、どうするかを話し合った。サンプルページを表示し、オプションを検討し、技術的な限界を考察し、コストを検討し、何ができて何ができないかについて決定する。これはクリエイティブなプロセスで、このプロセスのなかでソフトウェアエンジニアの専門的なインプットが織りこまれつつ、本が執筆され、テキストが展開していき、アプリケーションのビジュアルとオーディオの要素が組み合わされて形になっていく。

タッチ・プレス社は、(マックスのテレビ業界での経験からして)技術的なスキルやオーディオ・ビジュアルの専門知識が強みだったが、出版業界での経験は浅かった。創業者のどちらも出版業の経験がなく、セオは作家として成功していたが、出版プロセスに関する知識は、ニューヨークの小さな商業出版社との距離を置いたやり取りに基づいていた。出版業という視点は、彼らのスキルのなかでもっとも弱い部分だったのだ。さらに、〈元素図鑑〉は別にして、既存の出版社が持っているような知的財産のようなものもなく、著者やエージェントとやり取りした経験もなかった。そのため、気づいたら新しいプロジェクトを開発する方法として、出版社やほかのクリエイティブな組織とコラボレーションしていたのも無理はない。出版社のほうから声をかけられることもあれば、タッチ・プレス社がアイデアを出して、パートナーとなる組織を探すこともあった。「〈元素図鑑〉以降のほとんどのプロジェクトは、慎重に選んだ知的財産の所有者、専門知識のある企業、そして多くの場合、マーケティング部門を持つブランドのオーナーとのパートナーシップでした」とマックスはいう。「パートナーシップは、21世紀の出版のあり方だと考えています」。パートナーの企業や組織はたとえば、フェイバー、ハーパーコリンズ、エグモント、ベアフット・ブックス、シカゴ大学出版局などの既存の出版社と、BBCのテレビシリーズ〈ウォーキング・ウィズ・ダイナソー〉の制作チームであるワイドアイド・エンターテインメントなどのテレビ制作会社、ロンドンを拠点とするフィルハーモニア管弦楽団やドイツ・グラモフォン社〔音楽レーベル〕などのクラシック音楽の組織、ウォルト・ディズニー・アニメーション・スタジオをはじめとする大規模なメディア企業などがある。それぞれの場合に応じて、利益配分は（アップルへの30パーセントの手数料と売上税を差し引いたあと）アプリケーションの開発者であるタッチ・プレス社、知的財産を管理する出版社やその他のパートナー、著者、そしてアプリケーション制作のために資金を投資した人（びと）とのあいだで、純収益が分割された。典型的な分配を例にすると、純収益の50パーセントがタッチ・プレス社とパートナーと著者に、そしてあとの50パーセントが投資家に分配された。またタッチ・プレス社とパートナーと著者のあいだでは、50パーセントがタッチ・プレス社に、残りの50パーセントをパートナーと著者で分ける場合もあれば、タッチ・プレス社に50パーセント、パートナーに30パーセント、著者に20パーセントとなる場合もある。タッチ・プレス社やパートナーが投資資金の全部または一部を提供した場合は、純収益に対する分配のパーセンテージはそれに比例して大きくなる。

出版社のなかでもとくにフェイバー&フェイバーとの提携はタッチ・プレス社にとって実りが大きく、次のような一連のアプリ本のリリースにつながり、多くの注目を集めた。まずは2010年12月に〈太陽系〉が発売され、2011年6月にはT・S・エリオットの〈荒地〉、2012年6月にはシェイクスピアの〈ソネット集〉が続いた。〈荒地〉はエリオットのアイコン的な詩が収められており——フェイバー&フェイバーの知的財産のリストのなかでも究極の作品——、印刷媒体では成しえなかった方法でその詩は息を吹きかえした。読者は詩を読めるのはもちろん、詩の朗読を聞けるし（エリオット自身による2編の朗読を含む7編の詩の朗読）、フィオナ・ショウによる朗読もみることができる。このうっとりするような魅力的なパフォーマンスはアプリケーションのために特別にフィルムに収められた。印刷された本では詩を圧迫していた膨大な注釈は、画面をタッチするだけでオン／オフできるサイドパネルに収められているし、詩人やポップシンガーなどさまざまな人が〈荒地〉が自分にとってどのような意味を持つのかなど、この詩について語るのを聞いたりみたりすることができる。90年まえに紙に印刷されて存在していた詩が新しいメディアで一新され、詩を読んだり聴いたりするだけでなく、解説を視聴することもできて、これまでにないユニークな方法で詩を体験できるようになった。このアプリケーションは驚くべき成功を収め、全世界でベストセラーとなった書籍アプリのなかで1位を獲得し、最初の年に約2万部を売り上げた。評判も良く、レビューで熱烈に称賛された。ある文学の教授は次のように絶賛した。「〈荒地〉アプリを使いはじめてすぐ、なぜこれほど多くの人が購入したのか、すぐにわかりました。同じ詩を表現していながら、まったくちがった角度から光をあてていて……。私が理解できたかぎりでは、〈荒地〉アプリの偉業は、1世紀近くものあいだ閉じこめられ、葬られていた印刷媒体からこの詩を救いだし、生き生きとしたダイナミックなものへ生き返らせたことです[7]」

〈荒地〉は、それまで印刷媒体で存在していた詩をデジタル媒体で一新したが、タッチ・プレス社が制作したアプリケーションの多くは、独自制作したデジタル作品だ。つまり、それまで印刷媒体として存在していなかったものを、iPad専用のアプリケーションとして作りだした。この好例が音楽アプリの〈オーケストラ〉である。これはロンドンを拠点にしているフィルハーモニア管弦楽団とミュージック・セールス・グループ社〔2020年にワイズ・ミュージック・グループへ社名変更〕とのコラボレーション作品で2012年12月に発売された。その後2013年5月にベートーヴェンの〈交響曲第9番〉が続き、2013年7月にはスティーヴン・ハフとの共演によるリストの〈ピアノソナタ ロ短調〉が、2014年5月にはマックス・リヒターとの共演によるヴィヴァルディの〈四季〉が発売された。これらのアプリケーションのうち、最初の〈オーケストラ〉は、ハイドンの交響曲第6番、ベートーヴェンの交響曲第5番から、エサ＝ペッカ・サロネンのヴァイオリン協奏曲まで、250年という月日のあいだに作曲された8つのオーケストラ曲を視聴することができる。音楽はハイファイ再生で、映像は、オーケストラの各楽器を奏でる演奏者の様子が至近距離から映しだされる。また、「ビートマップ」という機能を使うと、オーケストラのどの奏者が演奏しているかが、色のついた点の点滅で示され、さまざまなパートや楽器がどのようにかかわりあってその曲が成り立っているかがわかるようになっている。また、音楽に耳を傾け、映像やビートマップをみながら、画面の下半分にフルスコアまたは「演奏中のパート譜」（これもどちらかを選べる）をスクロールさせることもできる。さらに、このアプリケーションは、オーケストラの各パートや楽器の百科事典的なガイドにもなっていて、楽器をタッチすると、その楽器がどのように演奏されるのかが、演奏者本人のナレーションで直接説明され、その楽器でどんな演奏ができるかが示される。楽器にタッチして拡大したり、手前に持ってきたりすることもでき、指でフリックすると〈元素図鑑〉の元素物質のように360度回転する。指揮者のエサ＝ペッカ・サロネンにタッチすると、指揮している曲について自ら説明してくれるし、フィルハーモニア管弦楽団の歴史や、オーケストラ音楽の楽しみかたや譜面の読みかたのガイドが、〈ロサンゼルス・タイムズ〉の音楽評論家マーク・スウェッドの執筆で読める。〈オーケストラ〉とそれに続いて出されたアプリケーションは、音楽、音声、映像、画像、テキストが絶妙に融合し、アプリケーションというデジタル媒体でしか存在しえない作品になっている。

タッチ・プレス社が制作したアプリケーションが、創造性という面で成功を収めたのは否定しがたい。アプリケーションという新しい媒体を最大限に活用し、それまでは印刷されたページにしか存在していなかったテキストに新たな命を吹きこみ、まったく新しい作品を創造した。その作品はテキストとオーディオ・ビジュアル素材が織りまぜられ、印刷媒体では成しえなかったある種のユーザー体験が生みだされた。もちろん、このような作品を作ったのはタッチ・プレス社だけではない。この分野では、自宅でひとり、あるいはふたりで仕事をしている個人事業者から、大手出版社を含むはるかに大きな組織まで、多くのプレイヤーが積極的にアプリケーション作成に取り組んできた。それでも、タッチ・プレス社はとくに洗練された企業のひとつとして突出しており、いわゆる「高級アプリケーション」市場の先導者としての地位を確立した。ハイエンド製品として開発されたそのプロダクトは、ｉＰａｄの高解像度と機能性を最大限に活用して美しく作りあげられたアプリケーションである。それらのアプリケーションは、アップストアの週間ベストや「エディターのおすすめ」に定期的に選ばれ、マスコミでも絶賛された。〈サンデー・タイムズ〉はカルチャー欄のトップページで〈荒地〉を特集し(8)、〈ガーディアン〉は〈オーケストラ〉について「どこでもその場でクラシック……これまでみたなかでもっとも印象的なアプリのひとつ」と評した(9)。このように一貫して好意的な評価や称賛に浴するアプリケーション開発業者はひじょうに稀である。

タッチ・プレス社が最高品質のアプリケーションを制作していたことに疑いの余地はないとはいえ、この組織は、中長期的に持続可能でクリエイティブな組織なのだろうか。それは、タッチ・プレス社内の誰もが抱いていた懸念で、自分たちの生活がかかっているだけに、誰よりもその答えを知りたがっていた。アプリケーションのなかには、〈元素図鑑〉はもちろん、〈太陽系〉、〈荒地〉、〈オーケストラ〉など、批評家の評価だけでなく商業的に成功したものもあった。これらはコストを回収し、利益を生む作品となった。ところが、このように成功したアプリケーションもあれば、ダウンロード回数が1000回以下という無残な結果に終わったアプリケーションもあった。この種の高級アプリケーションの開発に費やす時間と費用を考えると、その失敗は中小企業にとって重大な損失だ。持続可能な企業になるには、頼りにできるヒット・アプリの定常的な売上が必要だ。プロジェクトによってはリスクを冒すのもいいが、その他のプロジェクトでは、コストを回収するのに必要な売上を達成し、ビジネスを維持できるほどの利益を得なければならない。それは可能だったのだろうか。

2012年、タッチ・プレス社はこの疑問の答えを出さねばならない段階に達した――投資資金が底を突いていたのだ。だからこそ、ビジネスとしてまだ伸びしろがあるのか知る必要があった。2010年に会社設立のために集めた50万ドルとは別に、さらに200万ポンドの投資資金を確保して事業を運営しビジネスを成り立たせてきたが、2012年の後半には資金が乏しくなっていた。ところが幸運にもちょうどそのとき、自分たちのビジネスモデルを試す絶好の機会が訪れた。ディズニーのシニアマネジャーらが〈荒地〉をみて感銘を受け、パートナーとして、アニメーションの歴史を紹介するアプリケーションを作らないかとタッチ・プレス社にアプローチしてきたのだ。これは大きなプロジェクトだった。アニメーションの歴史を豊富なイラストで紹介するのにぴったりの媒体が、アプリケーション以外にあるだろうか。そして、このようなプロジェクトを実現するのに、ディズニー以上のパートナーはない。ディズニーはアニメーションの歴史のなかで重要な役割を果たし、1920年代から現在まで、象徴的なキャラクターや著作権のあるマテリアルの豊富なアーカイブを有しているのだ。アニメーションの歴史を伝えるアプリケーションとしての本を制作するパートナーを探すとしたら、ディズニーがリストのいちばん上にくるだろう。しかも、今回はディズニー側から声をかけてきたのだから、手間はかからない。さらに、ディズニーの強力な宣伝力に支えられているので、このアプリケーションにはヒットする要素がすべて詰まっている。このアプリケーションが経済的に成功しなければ、ほかのアプリケーションにどれほどのチャンスがあるだろうか。

タッチ・プレス社は、2012年秋にウォルト・ディズニー・アニメーション・スタジオと契約を交わし、12月から本格的にアプリケーション制作に着手したが、それまでに、ほとんどの準備作業が終わっていた。タッチ・プレス社のスタッフの大半がこのアプリケーション制作に割り当てられた。タッチ・プレス社側のスタッフ約10名と、それに加えてディズニー側のスタッフもこのプロジェクトに貢献し、まる8ヶ月ものあいだ集中的な作業が必要とされた。予算も約40万ポンドという潤沢な額だった。セオは著者として、アプリケーションの制作と並行してテキストを執筆した。このアプリケーションでは、ディズニーのアニメーションの歴史がテーマごとに物語られ、筋書きやキャラクター、アニメーション技術や視覚効果、音楽などについて説明する章やセクションで構成されていた。テキストの随所にビジュアル素材が埋めこまれており、指でタッチするだけでそれらが動きだすようになっている。タッチしたキャラクターが息を吹きかえして中央に立ち、テキストがばらばらになってページ上に再配置されるようにするには、テキストと画像を織りこんだデザインが不可欠だった。ミッキーマウスが初めて登場した、1928年公開の短編アニメーション映画〈蒸気船ウィリー〉をはじめ、〈白雪姫〉、〈バンビ〉、〈ライオン・キング〉、〈くまのプーさん〉、〈アナと雪の女王〉など、すばらしいアニメーション映画の数々に登場するディズニーの有名なアニメーションキャラクターの動画もあった。インタラクティブなツールを使って、アニメーションの原理が説明され、レイヤーの追加や削除および動きを作ることで子どもでも簡単にアニメーション制作にチャレンジできる機能もあった。このアプリケーション〈ディズニー・アニメイテッド〉は2013年8月8日に13・99ドルで発売されてまもなく、アップルの「エディターのおすすめ」に選ばれ、アップストアのトップページに掲載された。

このアプリケーションは、8月9日から11日までカリフォルニア州アナハイムで開催された、2年に一度のディズニー公式ファンクラブのイベント、D23エキスポに合わせてリリースされた。これが呼び水になり、ディズニーファンのコミュニティでアプリケーションが認知され、リリース後最初の2週間で売上が急上昇した。その後、売上は通常のアプリケーションの売上パターンに沿って急速に下がり、低いまま推移したが、その後12月16日に〈ディズニー・アニメイテッド〉はアップルの「今年のベストiPadアプリ」に選ばれた。これが12月16日に発表されると、その後ふたたび売上が急増し、12月末まで売上は落ちずその間にさらに2万ダウンロードほど売り上げた。そして翌年1月に、〈ディズニー・アニメイテッド〉はもうひとつ賞を受けた。デジタル・ブック・ワールドのカンファレンスの一環として毎年授与される、デジタル・ブック・アワード2014のアカデミック／レファレンス部門でベストアプリケーションに選ばれたのだ。ほかにも、イギリスアカデミー児童賞のインタラクティブ・アダプテッド部門も受賞し、ブックセラー社のフューチャーブック・イノベーション・アワードではベスト・アダルト・デジタル・ブックも受賞している。このように、〈ディズニー・アニメイテッド〉は、評論家などによる評価や賞という面で、これ以上ないほどの成果をあげた。これは、アプリケーションとしての本の世界ではほとんど圧勝したといえるだろう。

ところが、これほどの成果を出したにもかかわらず、〈ディズニー・アニメイテッド〉の商業的な成功は、完璧とはいかなかった。アプリケーションの開発にかかった費用、8ヶ月間携わったスタッフの数、マーケティングにかけた追加の取り組みや費用、パートナー間の収益の分配を考えると、タッチ・プレス社が費用を回収するためには10万部の売上が必要であり、会社に現実的な経済的貢献を果たすにはそれよりもかなり多い30万部から50万部の売上が必要だったのだ。このアプリケーションは成功したが、この種の高級アプリケーションを開発するビジネスが、中長期的に有用で持続可能であることを示せるほど大きな成功ではなかった。マックスは当時を次のように振りかえっている。「〈ディズニー・アニメイテッド〉は、私たちにとってひじょうに重要なリトマス試験紙でした。というのも、これは私たちが魂を込めて生みだした美しいアプリケーションであり、スタッフは夜も週末も働いて、最高のものを作りあげたのです。また、ポップカルチャーのなかでもルーツが古くて人気の高いテーマに関するアプリケーションでもありました。アニメーション映画の歴史は、多くの人が関心を持つはずのテーマです。それに、なんといってもディズニーが後ろ盾してくれるのですから。ディズニー以上にマーケティングが得意な企業はそうそうみつからないでしょう。それでも、最初の5、6ヶ月で売れたのは7万部でした。これが物語っているのは、私たちのビジネスモデルはうまく働いていないということです。私たちは、この会社を設立し、〈元素図鑑〉の成功を繰り返すことを前提に投資を確保しました。美しい作品を苦労して作り、大量に売って、収益をあげるのはわくわくするようなビジネスです。それを続けて規模を拡大し、価値の高い会社にするつもりはありました。でもダメでした」。「ダメ」という厳しい現実によってもたらされた失望感が、手に取るように伝わってくる。マックスたちは4年かけて、新たなデジタルブックの発明という野心的なプロジェクトに乗りだし、アプリケーションやiPadという新しい媒体をめいっぱい使いこなせる30人ほどの優秀な人材でチームを作ったのに、いまやすべて無駄になるかもしれないという厳しい現実に直面しているのだ。いいアイデアなのに、なぜかうまくいかない。

なぜだろうか。「それは、私たちがアプリケーション制作に取り組んでいるあいだに、足元の土台が動いてしまうからです」とマックスは説明する。「〈元素図鑑〉が発売されたとき、このアプリケーションは数少ない選択肢のひとつでした。iPadでどんなことができるのかを本気で知りたければ、そういうアプリケーションを手にいれるしかなかったのです。ところがいまや、アップストアには１００万以上のアプリケーションがあり、その大半が無料なのです」。アプリケーションの数は増えるいっぽうで、平均価格は時がたつにつれ低下していった。数字がマックスの言葉を裏づけている。２０１５年1月のアップルの報告によると、アップストアには１４０万本以上のアプリケーションがあり、そのうち72万５０００本以上がｉＰａｄ用に作られたものだった。そこに、毎月約4万から5万本の新しいアプリケーションが追加されている。分析の多くが、アプリストアにあるアプリケーションの大部分（3分の2以上）が無料であることを示している。無料アプリケーションの多くは、アプリケーション内広告を含み、さまざまな種類のアプリケーション内課金が提供されている。これはいわゆるフリーミアムモデル〔基本サービスや製品は無料で提供され、特別な機能に料金が課金される仕組みのビジネスモデル〕というものであるが、ダウンロードの時点では無料だ。無料アプリケーションに続いてもっとも一般的な価格帯は最安値の99セントで、有料アプリケーション全体の50パーセント弱を占めている。その次に多いのが1.99ドルのアプリケーションで、20パーセント近くを占める。1.99ドル以下のアプリケーションは、アプリストアで販売されている全アプリケーションの89パーセントを占め、有料アプリケーション全体の66パーセント、つまり3分の2を占めている。[10] 消費者からすると、有料アプリケーションを購入するのはリスクなのだ。あるアプリケーションをダウンロードするのに10ドル払って、それが気に入らなかった場合、その10ドルは泡と消える。あるアプリケーション開発者はこう語る。「だから、アプリケーションは低価格に抑えて数多く売るか、無料にしてアプリケーション内課金で人びとからお金を得ようとする傾向があります」

タッチ・プレス社のような出版社にとって、このような展開はふたつの大きな問題を引き起こした。ひとつめは、可視性《ビジビリティ》の問題、あるいは出版業界でよく使われる言葉でいえば「発見可能性《ディスカバラビリティ》」の問題だ。たったひとつしかない店に１００万以上のアプリケーションがあり、そこに毎月4、5万もの新しいアプリケーションが追加されていく世界で、どうすれば自社のアプリケーションに気づいてもらえるだろうか。出版社はしばしば、実店舗の書店数が減少し、ショップウインドウや陳列台、店頭の平台《ひらだい》がなくなってきているため、自社の本をみつけてもらうのがますますむずかしくなっていると不満を漏らす。けれども、アプリケーション開発業者が直面している問題に比べれば、出版社の小売環境は、決まり悪くなるほど豊かなものにみえる。アプリケーション開発業者がアプリケーションを販売している世界には、たったひとつしかウインドウのない店がひとつだけ存在し、しかもそれを管理しているのは、完全に自らの裁量で毎週数個のアプリケーションを選んで紹介する一企業なのだ。さらに、すでに100万個以上のアプリケーションを抱えるこのストアに、毎月何万個もの新しいアプリケーションが追加されていく。あなたは自分のアプリケーションがその店頭で紹介され、さらには「エディターのおすすめ」に選ばれることを願い、祈るしかない。紹介されなければ、コンテンツの海の藻屑《もくず》となって消えてしまう。たしかに、新しいアプリケーションについてのレビューを得られる場所もいくつかあって、注目を集める助けになるだろうが、本の出版社が利用できる数多くの多様なレビュースペースには遠く及ばない。さらに価格の問題もある。全アプリケーションの3分の2は無料でダウンロードでき、アプリケーション全体の90パーセントが1・99ドル以下で販売されているなかで、ひとつのアプリケーションに13・99ドルを費やすように消費者をどうやって説得するのか。情報財がどんどん無料になったり、ひどく安価になったりしていく世界で、どうすればリスク要因を克服して、品質で売りこんで消費者にお金を払ってもらえるようになるのだろうか。

このふたつの問題、つまり可視性（というより非可視性）と価格（というより価格低下の圧力）は、タッチ・プレス社のようにアプリケーション市場の品質の高さを強みとしている出版社には不利に働く。タッチ・プレス社はプレミアムアプリの開発に力を注いでいたが、これらのアプリケーションの制作には膨大な時間と専門知識、そして費用が必要だった。〈ディズニー・アニメイテッド〉の場合、10人ほどのスタッフが8ヶ月間ほぼフルタイムでこのアプリケーションに取り組み、開発予算は40万ポンドだった。また、このアプリケーションは、数十万規模で大量に売れるものにしなければならないが、大半のアプリケーションが売られているごく安価な価格帯よりはるかに高い額で勝負しなければならなかった。とはいえ、すべては順調に進んでいた。それでもなお、コストを回収し、ビジネスを成立させるために必要な追加資金が得られるほど充分な収益はあげられなかった。「モデルを充分吟味したのに、うまくいかなかった」のだ。

では、この先どこへ向かえばいいのか。どんな選択肢があるのか。ひとつは、規模を縮小し、スタッフを何人か解雇して、はるかに質が劣るアプリケーションを作り、価格を大幅に下げて、少ない運営費でビジネスを成立させるという選択肢だ。けれども、マックスとセオにとって、それは失敗を認めるようなものだった。ふたりは、真に新しいものを創造し、新しいタイプの出版と新しいタイプの本、つまりアプリケーションとしての本を発明する一助になると信じて、この事業を立ちあげたのだ。そしてそのアプリケーションによって、デジタル機器上でオーディオやビジュアル、テキストが豊富に組み合わされた体験が可能になり、大切な作品に命が吹きこまれると考えていた。いま規模を縮小すれば、このタイプのアプリケーションを高品質で制作する能力がひどく損なわれてしまう。あちこちで少しずつ節約して、10～20パーセント程度価格を下げてアプリケーションを制作することはできるかもしれない。けれども、それ以上は削減できないし、その状態では自分たちのトレードマークである高品質のアプリケーションを制作できなくなってしまう。機能は備わっていても、美的価値のない安価なアプリケーションを作るのは、ふたりの望むところではなかった。また、きわめて優秀なスタッフを失うリスクもある。規模が縮小され、最高の報酬がもらえなくなった会社にとどまる理由があるだろうか。

もうひとつの選択肢は、ビジネス自体の路線変更を行なうこと――スタートアップの世界ではこれを「ピボット」と呼んでいる。たとえば、エージェンシー業務に移行して、個人向けアプリケーションの開発をやめるか、アプリケーション開発に加えて、ほかの企業へのサービス提供を開始するなど。マックスらは、製品の販売促進や、ブランド構築方法を模索している企業や、その他の組織のためにアプリケーションを開発する専門的なスキルを、ひととおり身につけてきた。これは、実際のコストに50パーセント以上大幅に加算した料金を請求できるほど強い立場での交渉が可能なら、大きな売上とかなりの差益が生まれる可能性を秘めている。彼らは、ハイエンドのアプリケーション開発者として確立してきた評判を足掛かりに、蓄積された象徴資本〔威信や名誉、認知といった無形の資本〕をお金に変えて、会社を黒字企業に転換させようとすることもできる。そうすれば経済的な利益が得られる可能性はあるし、その結果、充分な差益のある売上を生みだし、自社を黒字企業に変えられるかもしれない。ただしデメリットとして、創造性の面がコントロールできなくなる。「いったんそういう依頼を引き受けたら、もうまったく選択の自由がなくなり、納期内に出せるかぎりの質でプロジェクトを完成させるために、最高の人材を投入しなければなりません」とマックスは語った。「そうしているうちに、しまいには、クライアントが何かを望めば、それを差しだすだけになります。ですから、私たちがやろうとしているような、これまでとはまったくちがう新しいものを作る余地はほとんどなくなるでしょう。そのような仕事のやり方では〈荒地〉のようなものは生まれないと思いました」

2014年のうちに、何か手を打たねばならないということがしだいに明らかになってきた。もはや、全身全霊をかけて、あのように大規模で美しいアプリケーションを作り、成功を願うだけでは続けられなかった。資金が尽きてしまうからだ。取締役会は、事業開発の経験を持つ新しいCEOを招きいれた。彼女の任務は、損失を減らして事業を利益あるものにすることだった。会社は、ロンドン中心部のスタイリッシュなひとつづきのオフィスに移転し、「タッチ・プレス（Touch Press）」から「タッチプレス（touchpress）」へと微妙に社名を変え、エージェント業務の強化を試みた。旧タッチ・プレス社の幹部らと新経営陣のあいだには溝ができ、マックスは取締役を退任し、セオとともに別のことに力を注ぎはじめた。エージェント事業はブランドを変更したタッチプレス社ではうまくいかず、２０１６年初頭、会社は深刻な問題に直面した。新任のＣＥＯはクビになり、同社の科学系および文学系の一連のアプリケーションは、教育コンテンツ市場でベンチャーキャピタルから資金支援を受けている新しい出版社、タッチ・プレス・インクに売られた。この会社はアイルランドのデジタル出版社ストーリートイズ社と、教育ゲーム専門会社アンプリファイ・ゲームズ社によって共同設立された。ブランド名がアンフィオと変更された同社は、教育機関や文化的な団体に向けたインタラクティブなツールやコンテンツの開発を専門とする新たなベンチャー企業として発表された。こうして、ｉＰａｄの技術的な可能性を最大限に活用した一般消費者向けの美しいアプリケーションを創造することで、新たな出版活動を生むという大胆な試みは、事実上終焉を迎えた。

クリエイティブな原動力としてタッチ・プレス社を支えてきたマックスとセオにとって、これは期待外れの結果だった。ふたりが６年まえに会社を立ちあげたとき、目標にしていたのは、まったく新しいタイプの電子書籍、つまり、紙に印刷された本とはまったく異なる機能があり、読者やユーザーを豊かで多層的なマルチメディア体験に引きこむアプリケーションとしての本を創造することだった。また、このクリエイティブな活動を存続できるようなビジネスの構築も目標にしていた。だが、アプリケーションとしての本の制作は成功したものの、存続できるビジネスの構築はできなかった。「対象と読者とのあいだに強い絆《きずな》を生む媒体を、私たちは示してきました」とマックスは語る。「あるテーマに興味を持っている人にインスピレーションを与え、そのテーマを深く掘りさげる最高の方法を提供できるマテリアルを示せたのではないでしょうか」。しかし、マックスは最終的に、このモデルがうまく機能しなかったことを受けいれねばならなかった。iPadが普及してから2〜3年という短いあいだではあったが、美しいアプリケーションを作って人びとに10ドル〜15ドルで購入してもらい、それにまつわる出版事業を構築することができた。だが、その瞬間はもう終わってしまったのだ。「あっというまに開いて閉じましたが、この経験は楽しかったです。インタラクティブな媒体の長期的な開発に向けて何歩か前進させることもできましたし。けれども、ビジネス・ベンチャーとしては、うまく機能しませんでした」[11]

偽りの夜明け

2010年から2015年にかけて野心的で新しいベンチャー出版社が矢継ぎ早に登場した。それらの出版社はデジタル革命の波に乗り、さまざまな方法でデジタル時代ならではの本を再発明しようとしていた。なかでもタッチ・プレス社は、オリジナリティにあふれ、野心的でもあったが、しょせんは星の数ほどあるベンチャー企業のひとつにすぎなかった。「本の再発明」が何を意味するかは、ベンチャー企業によって大きく異なるが、「本の再発明」が意味しうるものの圧倒的な開放感こそが、その当時の高揚感の一部だった。「本の再発明」というのは、通常1冊の本としてみなされる長さをいろいろ実験することと考える人がいた。従来の物理的な本を作るために、ある程度の長さのテキストを作る必要性から解きはなたれ、通常よりずっと短くて、すぐに書けて一気に読めるもの、つまり短編小説や長めの記事に近いものとして、本を再発明できると考えたのだ。それがEシングルであり、デジタルショートである。あるいは「本の再発明」とは、もっと根本的なものを意味するとみなした人びともいた。それらの人びとが考える「デジタルブック」は、紙に印刷された本のデジタル版レプリカでもなければ、ディスプレイ上で読める静的なテキストのデジタル画像でもなく、ましてや「バニラ電子書籍」でもない、もっと別のものだった。それらの人びとにとって「本の再発明」というのはむしろ、テキストの長さにとどまらず、その形態そのものをさまざまに実験することを意味した。デジタル媒体とその媒体だからこそ許されるあらゆる技術的な可能性を利用して、本とは何かについて一から考えなおすことだった。500年の歴史を持つ紙に印刷された本が維持してきた形態を当たり前のものと考え、本のデジタル革命とは、物質に印刷されていたテキストが、ディスプレイ上で読めるようになっただけであるように考えるべきではない。デジタル革命によってもたらされた機会を生かして、テキストに音楽や声、画像や動画を織りまぜたまったく新しいものを創造すべきである。テキストはもはや静的なものではなく、流れるように動くものであり、読者は読んでいる物語の一部となり、その世界では印刷されたテキストという古い静的な世界では成しえなかった方法で物語が息を吹きかえす。そういうものがデジタル革命の展望だった。つまり、デジタル革命は本の長い歴史に訪れた新しい時代の夜明けで、このとき、本の形態や本とは何かという本質がゼロから再構築される可能性もあった。

このすばらしき新世界への最初の一歩は、思っていたよりはるかに困難だった。むずかしかったのは、新たな可能性を想像することでも、それらを創造することでもなかった。実際そこまではすべて実現され、2010年から2015年にかけては、まさにこれを実現するための新しい試みやベンチャー企業が次々と生まれたし、私たちはデジタル・クリエイティビティの恩恵を受けていた。それよりずっとむずかしかったのは、これらの新しいデジタル出力を製造し、それを持続していける組織構造やビジネスモデルをみつけだすことだった。すばらしい新たなデジタルオブジェクトが創造されると、それを本の新たな形態と呼ぶ人もいた。その新しいデジタルオブジェクトによって、本とは何かとか、本とはどういうものでありうるかという私たちの理解が広がったが、それらを創造するプロセスはたいてい持続可能なものではなく、それらのプロセスを実行していた組織の多くは消えていった。いくつかの理由で、それらの企業は創造的な活動を維持するのに充分な収益を生みだせなかったのだ。1度や2度、あるいは数回の大きな成功はあったかもしれないが、市場が変化し、可能性の窓が閉じると、存続可能な収益源を確保する能力が落ちていった。成功は失敗に変わり、期待や希望は失望に変わり、デジタル革命によって、新たな形式ではなく新たな形態の本が発明されるかもしれないという可能性も低くなっていった。これは、偽の夜明けだったのだ。

もちろん、私たちはまだ、デジタル時代の初期段階にいるので、いまの時点で起こったことだけを考慮して、未来がどう展開するかという結論に飛びつくのは賢明ではない。2010年から2015年にかけて行なわれた実験は、その当時に利用可能だった技術や配信システム、絶えず変化する情報環境というおおまかな造作に条件づけられたものである。この環境は進化しつづけるし、新しい技術や配信システムも生みだされるので、本を再発明する新たな機会が生まれる可能性は高い。しかしそのあと、これまで同様に持続可能性という問題が生じる。新たな形態は、それを生みだすプロセスや組織が最初のスタートアップの期間を過ぎても生き延び、その形態を維持できる場合にのみ、持ちこたえていくのだろう。

第3章　既刊本をめぐる戦い

新刊本の出版は、出版業のなかでも胸が躍る瞬間だが、既刊本はさまざまな面で事業の経済的な核となる。新刊リストから省かれ、既刊リストに掲載された本は、メディアの注目を惹かなくなり、市場での影響がずっと小さくなるが、売れつづければ、出版社の利益は新刊本よりはるかに大きくなる。この段階になれば、制作費は回収されている可能性が高く、前払金も回収あるいは相殺《そうさい》され、マーケティング費用ははるかに低くなっているため、その売上は新刊本よりずっと出版社の利益に貢献している。そのため、既刊本を数多く備えている出版社は、市場でずいぶん有利な立場に立てる。収益の50パーセントが既刊本の売上で占められているとしたら、毎年新たな会計年度が始まるとき、すでに山の五合目あたりまで登っていることになり、新刊本であと半分を登れば良いことになる。依然として課題はあるが、会計年度が始まるたびに山のふもと（または低い丘陵地帯）から登りはじめるよりずっと負担が少ない。ただ、既刊本のリストができるには長い時間がかかるというのが難点である。毎年、前年の新刊リストにあった本が既刊本に仲間入りして、既刊本のリストが増えるが、リストが長くなるには時間がかかる。だからこそ、１９６０年から２０００年末までの40年間、大手出版社はほかの出版社の買収に熱心だったのだ。ほかの出版社を買収すれば、時間のかかる厄介な既刊本リスト構築のプロセスを端折《はしょ》ることができる。これは既刊本の規模拡大の唯一の近道だった。だからこそ、デジタル革命に伴い、一握りのスタートアップ企業が既刊本の電子化権を獲得して電子書籍として売るチャンスをみつけ、既刊本を出している出版社から利益を横取りしたとき、老舗出版社は激怒した。こうして既刊本戦争が始まったのだ。

既刊本戦争の勃発にはふたつの年が関連している。1923年と1994年である。1994年は、多くの出版社が、標準的な著者契約書に電子書籍を扱うことと、電子書籍の権利を出版社に明示的に委託するという条項を追加すべきことに気づきはじめた年として重要である。それ以前の大半の著者契約書には、電子書籍はもちろん、デジタル著作権についても明示的な言及がなかった。一部の契約書では、「記録形式および情報検索方式内の」使用を対象とする条項が含まれていることがあったり、「現在知られている、または今後発明されるコンピューター、機械、その他の電子的手段を通じた」記録および検索に言及する契約書さえもあったりしたが、電子書籍についての明示的な言及がないため、この種の一般的な条項が電子書籍としての作品の販売を網羅しているかどうかは明らかではなかった。ところが、1994年以降、多くの出版社が、危険な抜け穴の可能性に気づき、この抜け穴をふさぐための対策として、電子書籍の権利を明示的に出版社に委託し、すべての電子書籍販売の純収益に対して合意した印税を支払うという条項を著者との契約書に追加するようになった。

いっぽう、1923年という年が重要なのは、1923年以前に出版された本はすべて、現在はパブリックドメインになっているからだ。1923年以降に出版された書籍は、それぞれの状況によって、パブリックドメインである場合とそうでない場合がある。アメリカの著作権法の一般的なルールでは、著者の死後70年間は書籍の著作権が存続するが、さまざまな条件がこのルールの適用に影響する場合がある。(1) したがって、

1923年から1993年の70年間に出版された本は、既刊本コンテンツという大海原を構成しており、その海原では電子書籍の著作権がいまだ有効である可能性がある。電子書籍という形態でこのコンテンツを利用する権利は、印刷書籍とは異なり、まだ著者やその著作権管理者に帰属している可能性があり、少なくとも理論的には、印刷書籍の出版社以外の誰かに譲渡できる。「可能性がある」と書いたのは、多くの出版社がこのリスクを見越して、著者やリテラリー・エージェント、著作権管理者に手紙を出し、電子書籍の権利を出版社に明示的に譲渡するという補遺を1994年以前の契約に追記するという合意を取りつけ、先に抜け穴をふさいでいることもあるからだ。また「理論的には」としたのは、2001年の有名なロゼッタブックス事件までは、誰も法廷でこれを検証したことがなかったからだ。

先制の一撃

ロゼッタブックスは、エージェントから出版する側に身を転じたアーサー・クレバノフの発案で、2000年にクレバノフと数人の同僚が設立した会社である。[2] 法律の知識を持つリテラリー・エージェントだったアーサーは、しばらくまえから、出版契約で電子化権について言及されていない作品の電子化権は、著者が所有していると確信していた。そのため、電子書籍の出版社を立ちあげ、既刊本を厳選して電子化の独占権獲得に特化した事業をしようと考えた。これが1990年代後半のことで、アーサーは多くの出版社が主要な既刊本や主力作家の電子化権を積極的に獲得しようとしていることは充分認識していたが、電子書籍のみを扱う小さな独立系出版社にはある種の強みがあると考えていた。出版社は大半の既刊本を積極的に宣伝しておらず、多くの著者やエージェントがこれに不満を感じていることも知っていた。また、出版社の多くは、印刷書籍の売上が低下して収益が目減りすることを恐れ、電子書籍の価格をあまり安くしたがらないことも知っていた。だから、電子書籍の出版社として既刊作品の電子化権を獲得したときは、価格はもっと柔軟に設定する心づもりがあった。さらに、多くの出版社が電子化に対する前払金を作家に支払わず、著作権存続期間中は電子化権込みで権利を取得していると考えていることもわかっていた。したがって、5年か3年ほどの短期ライセンスを組み合わせたささやかな前払金の提供は、魅力的な誘い文句になるだろう。

バーンズ&ノーブルのスティーブ・リッジオは、当時まだほとんど存在していなかった電子書籍市場の最前線に同社を立たせるために、電子書籍の品揃えを充実させようと懸命だった。このスティーブに励まされ、アーサーは名の知れた既刊本の電子化権獲得に向けて動きはじめた。アーサーは、エージェントとして、またアメリカの革装本の出版社であるイーストン・プレスの著作権マネジャーとして築いた人脈を生かし、次のような有名作品の電子化権を獲得した。オルダス・ハクスリーの『すばらしい新世界』（大森望訳、早川書房、2017年）と『素晴らしい新世界ふたたび』（高橋衞右訳、近代文芸社、2009年）、カート・ヴォネガット・ジュニアの『スローターハウス5』（伊藤典夫訳、早川書房、1978年）ほか4作品、パット・コンロイの『潮流の王者』（真野明裕訳、早川書房、1988年）ほか3作品、アガサ・クリスティーの『そして誰もいなくなった』（青木久恵訳、早川書房、2010年）ほか2作品、セオドア・ドライサーの『アメリカの悲劇』（橋本福夫訳、角川書店、1963年）〔映画〈陽のあたる場所〉の原作〕、ジョージ・オーウェルの『1984』（田内志文訳、KADOKAWA、2021年）、ウィンストン・チャーチルの『第二次世界大戦』（伏見威蕃訳、みすず書房、2023-28年予定）全6巻。続いて、フィクション、SF、ミステリ、シリアスなノンフィクションなど、約100作品の電子化権を獲得した。

ロゼッタブックスは2001年2月26日に事業を開始した。そしてまさにその朝、ランダムハウスの弁護士から手渡しで手紙を受け取ったのだ。それは、ランダムハウスが出版しているカート・ヴォネガット・ジュニア、ウィリアム・スタイロン、ロバート・パーカーという3作家の8作品を電子書籍リストからすぐに削除するよう要求する手紙だった。ランダムハウスは、それに従わない場合訴訟を起こすと明言していた。アーサーらは不意をつかれた。ほかの出版社が自分たちのやり方をおもしろく思わないだろうとは承知していたが、まさか開業初日に訴訟を起こされるとは考えてもいなかった。すぐに決断を下す必要があった。戦うか折れるか。アーサーらは戦うことに決めた。ランダムハウスは、自分たちの契約の対象となっている基本的な出版権、すなわち「本の形態で作品を印刷、出版、販売する権利」には、電子書籍も含まれていると主張し、ニューヨークの連邦地裁に差止命令を求めた。2001年7月、シドニー・スタイン裁判官は、ランダムハウスの仮差止請求を却下し、契約書に記載されたランダムハウスの「本の形態で作品を印刷、出版、販売する」ものには、「電子書籍として認識されるようになった」形式は含まれないという結論を下した。ランダムハウスは第二巡回区控訴裁判所に控訴したが、2002年3月、第二巡回区控訴裁判所は満場一致でスタイン裁判官の判断を支持した。両者は、この問題を裁判所でこれ以上追求しないことを決定し、2002年12月に和解が成立した。この和解により、ロゼッタブックスは、訴訟のきっかけとなった8作品の電子書籍の出版を継続し、そのほかにも、ランダムハウスが出版している作品のうち数十作が正式に許可され、電子版を発売できることになった。この一件は審理まで進まず、ランダムハウスは契約によって電子書籍の権利が与えられていると主張しつづけたが、司法上のひとつの先例となった。出版社はいまや、おおいに慎重に行動すべきだと思い知った。「本の形態で作品を印刷、出版、販売する権利」のなかに、電子形式で本を出版する権利が自動的に含まれるとみなせなくなったからだ。電子化権を持っているのは自分たちだと確信したければ、著者や著者のリテラリー・エージェントや著作権管理者に連絡を取り、電子書籍に関する特別な契約を結ばねばならない。

アーサーとロゼッタブックスの同僚たちは、裁判官の判断で潔白を証明された気がした。「裁判官の基本的な判断は、出版社にデジタル著作権という具体的な権利が付与されていないなら、デジタル著作権は著者に帰属するというものでした」と、アーサーはいった。これはアーサーが以前から考えていたとおりのことで、司法の後ろ盾を得た気がした。アーサーらは、既刊作品のライセンスを得て電子書籍として出版するプロジェクトを推しすすめ、利用可能な作品のリストをどんどん増やした。新たな作品の獲得は順調だったが、唯一の問題は、電子書籍を誰も買ってくれないことだった。ロゼッタブックスは市場の少なくとも5年先を行っていた。売上はなかなか伸びなかった。けれどもそれは、2007年11月にアマゾンがキンドルを発売するまでのことだった。

キンドルの発売後、アマゾンは多くの売れ筋作品をもっと電子書籍で提供したいと考えた。アマゾンにしてみれば、作品は多ければ多いほど良かった。しかし、出版社はまだ電子書籍の著作権契約を結ぶために著者や著作権管理者と連絡を取っている最中で、これがなかなかはかどらず、アマゾンは焦っていた。そこで、2009年にキンドルのコンテンツチームはアーサーに連絡を取り、ロゼッタブックスの有力な既刊作品を手にいれたいと伝えた。さらに、もしアマゾンに作品の独占販売権を1年間付与してもらえるなら、オンサイト販売に関して著者やエージェントにとって魅力的な特別契約をするとのことだった。これを考慮して、アーサーはスティーヴン・コヴィーの『7つの習慣――人格主義の回復』（フランクリン・コヴィー・ジャパン訳、キングベアー出版、2013年）と『7つの習慣――原則中心リーダーシップ』（フランクリン・コヴィー・ジャパン訳、キングベアー出版、2016年）の2冊の電子化権をキンドルの独占権として獲得した。『7つの習慣』は大ベストセラーとなった。1989年にサイモン&シュスターから出版されたこの本は、1500万部以上の売上を記録し、いまだにサイモン&シュスターの既刊ノンフィクションのなかでいちばんよく売れている作品だった。「サイモン&シュスターは大騒ぎしていました」とアーサーは振りかえる。「訴えると脅されましたが、訴えられませんでした。バーンズ&ノーブルも大騒ぎして、あらゆる種類の脅しをかけてきましたが、けっきょく何もしませんでした」。2009年12月にロゼッタブックスから出版されたこの電子書籍は、キンドルストアでまもなくベストセラーリストの1位になった。このケースでは、ロゼッタブックスが純収益の50パーセント以上の印税を著者に支払っていたため、著者にはとてつもない額の印税が発生した。

キンドルが普及して電子書籍の売上が急増したことで、ロゼッタブックスの収益もふいに上昇した。ゼロから数年で400万ドルもの収益になり、彼らの時代がやってきた。2013年以降、電子書籍市場の全体的な傾向を反映して売上は横ばいになったが、それまでに彼らは存続可能なようにみえるビジネスを確立していた。アーサーがランダムハウスと戦って自社を支持するふたつの司法判断を得たことで、既刊本を未踏の大陸と考えているほかの人びとにも扉を開いた。その扉の向こうでは、さまざまな本の電子化権が発掘されるのを待っていた。

名作をよみがえらせる

ジェーン・フリードマンもその扉を開いたひとりだった。ジェーンはランダムハウスとクノップフの副社長を務め、ヴィンテージ・ブックスの発行人を経験したのち、ハーパーコリンズのCEOになった。したがって商業出版の世界を隅から隅まで知っていた。2008年にハーパーコリンズを退社したあと、ベンチャーキャピタルの資金提供を受けてオープン・ロード・インテグレイテッド・メディアを立ちあげた。オープン・ロード社は、ロゼッタブックスと同様に、1994年以前に出版されたほとんどの書籍の電子化権は、印刷書籍の出版社が著者やリテラリー・エージェント、著作権管理者と連絡を取り、電子化権のために追加で契約を結んでいないかぎり、譲渡されていないという前提に立っていた。ジェーンは、1994年以前の多くの出版社の契約では電子化権が明示的に記載されていないことをよく知っていた。なぜなら、当時ランダムハウスで働いていたので、同社の契約内容を知っていたからだ。また、ほかの人と同様に、2001年にロゼッタブックスに対しランダムハウスが求めた仮処分請求はスタイン裁判官によって却下されたため、この訴訟が法廷外で和解されたことも知っていた。クレバノフと同様に、ジェーンも、「本の形態で作品を印刷、出版、販売する権利」についての一般条項、「電子的手段による保存と検索」についての一般条項、あるいは競業避止義務によって、電子書籍の権利が暗黙のうちに出版社に付与されているという考えにはまったく同意していなかった。契約書に電子化権のことが明記されていなければ、ジェーンの考えでは、電子化権は譲渡されておらず、印刷書籍の出版社とそのほかの当事者とのあいだでまだ話がまとまっていなければ、オープン・ロード社が合法的に取得できるはずだった。それでも、すべての契約書を精査し、すべての言葉を慎重に吟味しなければならなかった。契約書が曖昧で、弁護士が電子書籍の権利がふさがっていないと確信しないかぎりは、手を出さないでおいた。

オープン・ロード社が設立された2008年には、キンドルがすでに発売され、アメリカでは電子書籍が普及しつつあった。電子化権は貴重な資産であり、出版社がまだ著者やリテラリー・エージェント、著作権管理者とのあいだで明確な契約や補遺に合意していないのなら、急ぐべきという認識が広まっていた。したがってジェーンが参入したフィールドでは、すでにロゼッタブックスという別のプレイヤーが活躍していたし、既存の出版社は印刷書籍を出版していることで（法的には明確ではないにしても）実質的には優位な立場にあった。では、既存の出版社が提供できない、あるいは提供したくない何をオープン・ロード社は提供できるのだろうか。

ジェーンは提供できるものが4つあると考えていた。まず、熱意だ。ジェーンは既刊本の価値を知っていて作品を求めていたが、その多くは、出版社からとうの昔に興味を失われ、何年も、何十年も放置されていた。ジェーンのメッセージは簡潔だ──「偉大な作品をよみがえらせたい」。ジェーンは作家やその著作権管理者を訪ね、著者の本を心から大切に思っていることや、自分たちが電子書籍として再出版し、精力的かつ画期的な方法で宣伝することで、その本に新たな命を吹きこめると伝えた。ある著者の本が全集にまとめられるほど数があるなら、なお良い。作品を全集としてリパッケージし、宣伝することができる。新刊のベストセラーばかりがやたらと注目を集める世界で、これは力強いメッセージになった。

第二に、ジェーンは魅力的な印税率を提案できた。２００８年から２００９年にかけて、商業出版業界では、出版社はすべての電子書籍の売上に対して純収益の25パーセントの印税を著者に支払うことが一般的になっていた。これに対する反論がないわけではなかった。実のところ多くのエージェントは、とくに既刊本の印税をもっと高くすべきと考えており、場合によっては、純収益の25パーセントから開始して、一定の基準を超えたあとはパーセンテージがあがるというスライド式で契約が結ばれることもあった。しかし、少なくともしばらくのあいだは、純収益の25パーセントが業界の標準として定着したため、さまざまな関係者が電子書籍出版のビジネスに取り組み、事態の推移を見守ることができた。しかし、ジェーンはここでも別の見方をしていた。デジタル化にかかる費用を差し引いた純収益を50対50で分けあうと提案したのだ。「これは、ごく公平なモデルです。コンテンツを提供していただけるなら、私たちはマーケティングを提供する。

何もかもフィフティ・フィフティです」。一般的な本のデジタル化にかかる費用は、通常400ドル以下とごくわずかなので、この費用はすぐに回収される。「著者は作品が60回ダウンロードされた時点で、報酬を手にできます」とジェーンは説明する。

第三のポイントは、期間限定の電子書籍の権利獲得を提案したことだ。当初は5年間のライセンス権を交渉していた。「長期より5年間の本の権利を得るほうが容易だと考えたのです」とジェーンは語った。これは、多くの大手出版社が慣行として、印刷版の権利に合わせて電子書籍の権利も確保しようとしていたこととは対照的である。この場合はたいてい、電子書籍の権利は著作権の全期間のあいだ付与されることになる。著者、リテラリー・エージェント、著作権管理者にとって、5年間の電子化権の付与は、著作権の全期間の付与よりもずっと魅力的に映るだろう。とくに、当時は電子書籍の売上が最終的にどのように落ち着くのか不透明だったことを考えると、いっそう魅力が増す。とはいえ、のちにジェーンは、ライセンス期間はもっと長いほうがオープン・ロード社には望ましかったと認めている。

第四の（ジェーンからみると）もっとも重要な強みは、一貫したマーケティングキャンペーンを行なえることだった。ジェーンのコンセプトでは、オープン・ロード社は何にもましてマーケティング活動を行なうために設計されている。この組織は「すぐれたマーケティングマシン」で組織全体がマーケティングを中心に構築されていた。マーケティング部門がある従来の出版社ではなく、むしろ出版社がくっついているマーケティング会社に近い。大半のスタッフがマーケティングに携わっていた。2012年当時、約40名のスタッフがマンハッタンのソーホー地区にあるオープンプラン型のオフィスで働いていた。そのほとんどが30歳以下で、スタッフの80パーセントがマーケティング担当者だった。編集作業のほとんどは外注に回していた。出版責任者がひとりと、既刊本獲得担当者がひとりいたが、大多数のスタッフはマーケティングの仕事をしていた。「私たちは作家に関する情報のバイブルを作りました」とジェーンは説明する。「これほど手厚い扱いを受けたのは生まれて初めてだと、作家たちは言っていました。私たちは方針として、ライセンス契約期間中は1年365日マーケティングを行ないます」。大半の作家は、出版社が興味を示すのは新刊本のマーケティングだけで、既刊本をないがしろにしていると考えている。そして、マーケティングがされなければ、既刊本は忘れ去られてしまうのではないかと懸念している。その懸念はほぼ正しい。だから、何十年もまえに出版された本を救いだし、リパッケージして、画期的なマーケティングに本気で取り組むという考えは、多くの作家やリテラリー・エージェント、著作権管理者にとってひどく興味をそそられる提案だった。誰だって、自分の本にふたたびスポットライトがあたってほしいと願っているものだ。

ロゼッタブックスとちがってジェーンが提供しなかったものがある。それは前払金だ。ジェーンは、前払金はすっかり崩壊している古い出版モデルの一部で、それをこの新しいデジタル領域に持ちこみたくないと考えていた。ジェーンが望んだのは、新たなモデル、パートナーシップだった。そのパートナー関係では、電子書籍化にかかる費用を差し引いた純収益を50対50で分配する。これはシンプルでわかりやすく、独自の説得力がある。

これらの主張で武装し、ベンチャーキャピタルから調達した数百万ドルの資金を後ろ盾にして、ジェーンは早々にリストの構築に着手した。スピードが重要だった。最小必要量を満たさねばならなかったし、ベンチャーキャピタルから支援を受けているからには売上の伸びをすぐにでも示す必要があったからだ。おもな目標は、「ブランド作家」を特定して、1作品だけでなくその作家の既刊本すべての著作権を獲得することだった。2010年5月、オープン・ロード社は最初の電子書籍を発売した。ウィリアム・スタイロンの『ソフィーの選択』（大浦暁生訳、新潮社、1991年）である。その後、『ナット・ターナーの告白』（大橋吉之輔訳、河出書房新社、1979年)、『闇の中に横たわりて』(須山静夫訳、白水社、2001年)、『見える暗闇――狂気についての回想』(大浦暁生訳、新潮社、1992年)など、スタイロンのほかの作品もすぐに続いて発売された。ランダムハウスはスタイロンの作品を印刷書籍として出版していたが、スタイロン家がこれらの作品やその他の作品についてオープン・ロード社と交渉するのは防ぎようがないと受けいれていた。これらはすべて、電子化権を扱う条項が契約書に含まれるまえにランダムハウスが独自に契約を交わしていた作品だった。ウィリアム・スタイロンの未亡人であるローズ・スタイロンは、自分たち家族は販売促進計画と50対50の利益配分に心が惹かれたと語った。〈ニューヨーク・タイムズ〉のインタビューでは、次のように答えている。「子どもたちも私も、大衆の注目をもう一度集めるのにもってこいの方法だと思いました」[3]。ほかの多くの作家や本があとに続き、まもなくオープン・ロード社はパット・コンロイ、アリス・ウォーカー、ジェームズ・ジョーンズ、パール・S・バックなどの電子書籍を発売した。2011年8月までには、出版した電子書籍は780作品に上り、2012年8月には事業開始から2年あまりで3000作近くを出版していた。

ランダムハウスをはじめとする多くの出版社は、オープン・ロード社が数多くの既刊本を電子書籍として次々と発売していくのを、距離を置いて見守っていた。懸念はしていたが、契約上の立場が明確でないので法的手段に訴えるのは危険だという事実を受けいれるしか選択の余地はなかった。ジェーンがかつてCEOを務めていたハーパーコリンズは、やや冷淡な見方をしていた。2011年12月23日、ハーパーコリンズはジーン・クレイグヘッド・ジョージのベストセラー児童書『狼とくらした少女ジュリー』(西郷容子訳、徳間書店、1996年)の電子書籍版の出版をめぐり、オープン・ロード社に対し著作権侵害訴訟を起こした。ハーパーコリンズは、1971年に締結されたジョージとの契約により、「現在知られている、または今後発明されるコンピューター、コンピューターに保存された、機械的またはその他の電子的手段」によるものを含む本の形態をした『狼とくらした少女ジュリー』を独占的に出版する権利が与えられており、作家と電子書籍の権利に関する契約を結んだオープン・ロード社が発売した電子書籍版は、ハーパーコリンズの契約上の権利を侵害していると主張した。2014年3月、米連邦地方裁判所のナオミ・ライス・バックワルド裁判官は、ハーパーコリンズを支持する判決を下した。ロゼッタブックスの一件とはちがって、ジョージの契約には通常とは異なる条項が含まれており、ハーパーコリンズは、他社が作家の許可を得たとしても、当初の契約によって該当の本のライセンスが付帯する電子版の独占権を得ていると主張することができた。さらに、契約書に電子的利用に関する記述がなかったロゼッタブックスの件とは異なり、ジョージの契約書の第20条では、「現在知られている、または今後発明される」将来のコンピューターに基づく技術が具体的に言及されている。バックワルド裁判官は、「「現在知られている、または今後発明される」技術への将来的な言及を含むこの文は、電子書籍の出版をその範囲内に収めるのに充分な明確さがある」と述べ、これは「新規使用」に関する判例すなわち、契約がのちに発明される技術を対象として含むかどうかを評価する手順を確立した関連業界の過去の判例と一致しているとみなした。「この契約が起草された時点では、電子書籍の商業的な市場は存在していなかったが、電子書籍の技術は、第20条で規定されているまさに「コンピューター、コンピューターに保存されたもの、機械的なもの、またはその他の電子的手段」でのちに発明されたバージョンを含んでいる[4]」。ジェーンとオープン・ロード社の同僚たちはこの判決に同意していない。彼らの見解では、「現在知られているまたは今後発明される、コンピューター、コンピューターに保存されたもの、機械的なもの、またはその他の電子的手段」という表現は、電子データベースを指していて、電子書籍を意味してはいない。バックワルド裁判官は、新規使用に関する判例に基づき、より広い見解を示した。しかし、いずれにしても、これはこの契約に特有の文言であり、実をいうと、出版社ではなくエージェントがこの契約に挿入したものだったため、ほかの多くの契約書に記載されている可能性は低かった。オープン・ロード社はこの訴訟で敗訴したが、積極的な版権獲得戦略は程度の差こそあれ、妨げられることなく継続していた。ただそれ以降は、「電子的な保存と検索」といったフレーズを含む契約をしている作品の獲得は避けるようになった。それは、「電子的な保存と検索」が「電子書籍」を意味すると認めているからではなく（「電子的な保存と検索」は「データベース」を意味していると考えていた）、この種の裁判で相手側の主張が認められるというリスクを冒す価値はないからだった。

積極的な版権獲得の戦略と並行して、オープン・ロード社は恐るべきマーケティング体制を構築した。アイデアは単純そのものだった。巨大なデータベースを構築し、そこに自社の看板作家や本に関するコンテンツを詰めこんでいき、検索されやすく、アクセスされやすいようにすべてにタグをつける。その後、適切なタイミングでなんらかのテーマに関連のあるストーリーを作って、ソーシャルコミュニティに押しだすのだ。「私は情熱《パッション》的なコミュニティと呼んでいます」とジェーンは説明した。「私たちはウェブサイト、ブログ、映像チャネルをはじめ、あらゆるネット小売業者のマーケティング経路を通じてストーリーを拡散します。つまり、全体的な概念としては、消費者が過ごしているオンライン上で、私たちが創りだしたストーリーを用いて、消費者とコミュニケーションを取るのです。それらのストーリーが、ワンクリックで本の購入ができる映像に消費者を誘導してくれます」。たとえば、父の日に向けて、作家のひとりが父親にあてて書いた手紙にまつわる物語を書き、書きあげたばかりの本について語り、父の日とからめてその本を販売促進の目玉として宣伝し、多くのウェブサイトやブログに動画リンクを貼って配信した。すると、〈マザーロード〉や〈ニューヨーク・タイムズ〉に取りあげられ、何百万もの人に視聴された。同様に、全米うつ病啓発月間、黒人歴史月間、女性史月間、全米教師の日、全米いじめ防止月間、「子どもを職場に連れていく日」などと関連づけて、いずれもデータが豊富でそれ自体が興味深いデータベースからストーリーを作成し、テーマと関連のある情熱的なコミュニティにそれらのストーリーを押しだす機会になる。これによって、作家や本の認知度が高まり、読者がたやすく購入できる方法が提供できる。

マーケティング体制に欠かせないのが、高品質動画コンテンツを作成する能力だ。「動画はいわば、弊社自慢の秘伝ソースです」とジェーンは語った。社内に動画制作チームがあり、多大な時間と労力を費やし、思いを込めて作家の動画を撮影していた。多くの出版社は、出版する本のために短いブックトレーラー〔映画の予告編のように本を紹介する動画〕を制作しているが、オープン・ロード社のアプローチはちがった。オープン・ロード社はもっとリッチで画期的で、作家に焦点をあてた動画を制作したかった。「作家はつねにブランドなのです」と説明するのは、元映画制作者で、オープン・ロード社の動画制作チームを率いているルークだ。チームが目指していたのは、作家がゆったりくつろげる環境で、自然に自分の人生について話せるような状況を作ることだった。動画制作チームは、事前に作家の人生について相当のリサーチを行ない、作家の自宅がある町に少人数の制作チームを送りこんで撮影を行なった。1回の撮影で6～7時間、あるいはそれ以上の時間をかけて、多くのコンテンツを集めた。そのうち3～4時間は作家のインタビュー素材で、残りはいわゆるBロール、つまり自宅や庭、地元の風景など、ビデオ制作時に使える素材だ。これらの素材の大部分は、タグづけされたコンテンツとしてアーカイブに保存される。そして、ほんの一部が短いビデオクリップの制作に使われる。それらの動画はオープン・ロード社のウェブサイトやほかのサイトに掲載される。ここでいう「短い」ビデオというのは本当に短くて、正確には1分49秒しかない。これは、ネット上で動画をみるときの注意持続期間を考慮してのことだった。ネット上では注意を逸《そ》らすものが多くあることを考慮すると、そのあいだだけでも人びとの注意を惹ければ上出来だった。だが、これが問題だった。1分49秒のなかで、三幕構成の魅力的な物語を伝えねばならないのだから。「すべてを三幕に落としこみました」とルークは説明する。「昔ながらの映画の構成です。つまり基本的に、1分49秒で状況設定《エスタブリッシング》し、展開し、解決します」。この言葉をいま説明している状況にあてはめると、三幕構成は次のようになる。「作家を紹介し、読者が知らない作家の一面、または私たちが魅力的だと思う作家の一面を伝え、最後に作家についてもっと知りたいと思わせるものを持ってきて終わります」。そのあと、ムードや流れを作る一助になるよう音楽が織りこまれる。そうしてできあがったビデオクリップには説得力があった。それぞれのビデオによって、精巧に作りあげられたオーディオ・ビジュアル体験が可能で、視聴者はビデオに惹きつけられ、つかのま作家とつながり、作家についておそらく知らなかったことを知る。そして、この短いビデオクリップに使われなかった大量の動画素材は、コード化され、体系的に整理されてコンテンツ用のデータベースに収められた。そうしておくことで、いつでもそこから引っぱりだして、さまざまな動画と組み合わせたりすることができる。そうやってマッシュアップ映像が制作されることもある。それらの映像も、ウェブサイトやブログや、影響力のあるさまざまな種類のコミュニティに向けて投稿・配信されるのだ。

ロゼッタと同様に、オープン・ロード社は電子化権の空《あ》いている既刊本の権利を取得することで新たな出版ビジネスを構築できることを示した。この小さな会社は電子書籍と、インターネットによって生まれた新しい情報環境を活用した画期的なマーケティング活動とを組み合わせた。そして、この組み合わせによって、みごとな急成長を遂げた。最初の電子書籍を出版してからわずか4年の２０１４年には、９０００ほどの作品が並び、従業員は約50人で、年間収益は約１５００万ドルに達していた。またロゼッタブックスと同じように、オープン・ロード社もときおり法的な問題に直面したが、デジタル化されるまえの時代に作家と他社のあいだで結ばれていた契約は、電子出版について何も記載がないか、記載があっても法的な問題に発展するほど明確ではないものが大半だった。したがって、1923年から1994年に出版された本の世界には、電子化権が割り当てられていないままの作品が多数存在している可能性があった。オープン・ロード社のような出版ベンチャー企業にとっては、法的な課題よりも経済的な課題のほうが真の問題だった。それは、多額の売上を誇る成長ビジネスを利益の高いものに変換するという、昔からビジネスにつきものの課題だ。「利益を出すのはなかなか困難です」とジェーンは認めた。問題は、諸経費がかさむいっぽうなのに、価格引きさげの圧力がかかるという二重苦だ。諸経費が高いのは、オープン・ロード社がとくにマーケティングの面で積極的に人員を増やしたためだった。ジェーンは、自社の成功には強力なマーケティングが不可欠だと考えていたし、自ら開発したマーケティングモデルには、オリジナル映像を現場で撮影することなども含まれていて、それらの経費はけっして安くはなかった。「経費は馬鹿になりませんが、必要なものです」とジェーンはきっぱりといった。「約束したものを提供しなければ、作家がついてきませんし、そうなれば売上も見込めなくなります」。そのいっぽうで、電子書籍の世界では価格引きさげの圧力が強まっている。「デジタルの世界で利益を出すのは、ひじょうに困難です」。ジェーンは続ける。「ビジネスとして私を悩ませたのは、価格下落がやけに速かったことです。私のビジネスモデルでは一定の販売価格が前提になっていましたから」。ジェーンは、電子書籍を14・5ドル前後で販売するつもりでいた。[5] その場合7ドルを受け取ることになり、そのうちの半分を著者に渡すため、1ダウンロードあたりの収入は3・5ドルとなる。しかし、実際はそうならなかった。価格が期待していたよりはるかに低くなってしまったのだ。「価格がこんなに下がってしまったのは、これが販促ビジネスだからです。これがいまの時代のマスマーケットなのです。人びとはお得に買い物をしたがっているのです」。アマゾンの「日替わりセール」は、期間限定で価格を1・99ドルに引きさげる割引サービスでとくに人気がある。この種の特別な販売促進活動は、売上の急増をもたらすものの、1部あたりの売上はかなり低くなる。つまり通常なら、1部で3・5ドルだった儲けが50セント以下に落ちる可能性があるのだ。日替わりセールのようなプロモーションは、電子書籍市場にある程度の弾力性があることを示している。つまり、価格を大幅に下げれば、大量に売れる可能性はある。しかし、オープン・ロード社のような出版社が経験したのは、販売数が増加したところで1冊あたりの収益の減少は補塡できないという現実だった。

既刊本だけの電子書籍出版の限界

では、そこに進むべき道はあるのだろうか。ロゼッタブックスやオープン・ロード社が目指したように、既刊本の電子化権の獲得を土台にして、存続可能な出版ビジネスを構築することはできるのだろうか。もちろん、このふたつの会社は、理念も戦略も異なる組織だ。ロゼッタブックスは、外部からの投資を受けていないこぢんまりとしたビジネスで、約700作品という厳選した電子書籍のリストを作成し、スタッフはわずか8人で、2015年の売上は400万ドル前後だったのに対し、オープン・ロード社はベンチャーキャピタルからの資金提供を受けて、積極的に電子書籍出版点数と組織を拡大し、2015年には約1万作品を揃え、スタッフは50人以上、売上は約1500万ドルに達していた。2社はそれぞれの方法で、既刊本の電子化権を獲得することで、存続可能なビジネスを構築しようとした。その過程で次の3点が示された。まずは、まだ著作権が残っていて（つまり、1923年以降に出版されたもので）、まだ電子形式で読めない作品が大量にあり、これらの本の多くは電子化権の法的地位が不明確であるため、ロゼッタブックスやオープン・ロード社のような組織が、著者やリテラリー・エージェント、著作権管理者との直接交渉でこれらの権利を獲得できる可能性があるということである。１９９４年以前に出版社と著者とのあいだで交わされた契約のほとんどは、電子形式でその本を出版する可能性を考慮しておらず、この問題を明示的に取りあげていない。初期の契約書で使われていた文言は多種多様で、なかには、将来起こりうる技術開発の想定を試みた言葉や節、条項を導入している出版社やエージェントもいて、契約の状況はかなり混乱していた。しかし、契約書に電子版やデジタル版、電子書籍の権利についての記述がまったくない場合、これらの権利は著者に帰属し、著者またはその著作権管理者が、もともとの印刷書籍の出版社や別の当事者に合意された条件でその権利を譲渡できるという主張がなされることがある。ロゼッタブックスもオープン・ロード社も、契約書に特別な文言がないかぎり、既刊本の未譲渡の電子化権は作家に帰属するという前提でビジネスを展開していて、それまでこの前提が裁判所で覆されたことはなかった。

次は、既刊本にはまだ手つかずの大きな価値があること、そしてその価値の一部は既刊本作品を電子書籍として再販することで形になりうることである。これらの企業が２０１０年から２０１４年のあいだに到達した収益の伸び具合は、誰がみても印象的だった。たしかに、これらの会社は低いベース（オープン・ロード社の場合はゼロ）からスタートしたが、すぐに、従来型の多くの小規模出版社を超える収益を生みだす立場になった。両者を大きく支えたのは、２００８年から２０１４年のあいだにとくに目立った電子書籍の売上急増の波だった。ある意味、どちらの企業も電子書籍の成長の波に乗り、絶妙のタイミングで自分たちの周りで起きている、より広い範囲での変化を活用したのだ。しかし、これはまた、２０１４年以降の成長の鈍化と横ばい状態が、彼らの収益を低下させる圧力になって、今後もそうなる可能性があることを意味する（この点については後述する）。

最後は、オンライン環境が生みだしたチャンスを活用した画期的なマーケティングの価値である。どちらの企業も独自の方法でこの価値を示した。とくにこの件についてオープン・ロード社は、現代文化の淀《よど》みのなかで長いこと動きのなかった作家や本の知名度をあげるための新たな方法をみつけた。そして、それらにまた光をあて、命を吹きこみ、オンライン上で多く行なわれている現代的な考察や議論の対象に押しあげたのだ。ロゼッタブックスも画期的なオンラインマーケティングを強化し、ブックバブと連携して、オンライン上の読者とつながったり、それらの読者へ電子書籍が届くデジタルのギフトカードを送付できたりするさまざまなツールを構築した（ブックバブは電子書籍を特別な価格で購入できる定額制のサブスクリプションサービスであるが、詳細は後述する）。ロゼッタブックスのマーケティングへの投資額は、オープン・ロード社にはとうてい及ばなかったが、両社とも、考慮を重ね創造力を駆使して既刊作品を電子形式にリパッケージした。たとえば、物理的な本としてというより、画面上で映えるように表紙を一からデザインしなおしたり、作家の既刊本全体で一貫した表紙を作ったりした。

しかし、このような出版活動は中長期的に存続可能なのだろうか。これらの組織に不利に働く要素はさまざまあるが、おもな要素を5つあげる。第一に電子書籍の売上が横ばいしていること。電子書籍の売上の伸びが鈍化し、横ばいで推移しはじめると、全体的な売上を底あげするような上げ潮は期待できなくなった。2008年から2012年にかけての電子書籍の急激な伸びに支えられたこれらの企業の急成長は、電子書籍の売上がほぼ横ばいか減少に転じた状況では維持できない。また、従来の出版社とはちがって、これらの企業が扱っているのは電子書籍のみであるため、印刷書籍に頼って売上低下を相殺することもできない。電子化権が唯一の資産であるため、電子書籍市場の低迷にとくに影響を受けやすい。第二の要素は電子書籍の価格引きさげの圧力と、日替わりセールやブックバブなどの特別な販売促進活動の強化によって、単価が低下する恐れがあること。電子書籍市場にはそれなりに弾力性があるものの、作品1部あたりの収益の低下は販売部数の増加では完全に補えない可能性が高い。第三の要素は、これらの要素が重なると、収益と利益の両面から圧力が増大する可能性があること。ロゼッタブックスのようにスタッフの人数が少ない組織は、利益への圧力に対する耐久力が強い。いっぽう、オープン・ロード社のように多くの人員を抱える比較的大きな企業では、人員の制限や削減による諸経費の圧縮を求める強い圧力にさらされる可能性が高くなる。第四の要素は、これらの企業のおもな資産である電子化権を得るための契約は期限つきで、5年から7年後に更新したり再交渉したりしなければならない。そのため、（追加の前払金という形での）新たな潜在的コスト、許諾を受ける側が不利になる可能性のある条件の改訂、ひじょうに価値の高い作品の電子化権を失うリスクなどが生じる。第五の要素は、著作権は残っているが電子書籍の権利が割り当てられていない貴重な既刊本の数には限りがあり、それらの権利が印刷書籍の出版社やロゼッタブックスやオープン・ロード社などの既刊本の電子書籍出版社に獲得されればされるほど、残りが少なくなること。そのため、電子化権が譲渡されていない価値の高い既刊本を獲得して売上を伸ばす余地は時間がたつにつれ減少していく。ただし、オープン・ロード社のジェーンが懸念していたのはこの点ではない。「そこには無限の宇宙がある」とジェーンはいう。いまだに何千もの既刊本や作家がまだ再発見されていないし、権利も獲得されていないだけでなく、ほかの出版社が保有している期限つきのライセンスもあるので、その期限が切れればオープン・ロード社にその権利が回ってくる可能性がある。ジェーンは、プールが干上がることについてはまったく心配していなかった。だが、ほかの人びとはそれほど楽観視していない。「プールはかなり縮んでいる」とロゼッタブックスのアーサーはみている。どんな既刊本や作家でもいいというわけではなく、読者に認められる質の高い作品を出版して、ジェーンの言葉を借りれば「偉大な作品をよみがえらせること」が目的なら、獲得可能な作品のプールは底知れないほど深いとはいえない。

このような圧力に直面して、既刊本の電子化権の取得でビジネスを成り立たせていた企業が、別の収入源を増やそうと試みるのは当然のことだ。ロゼッタブックスの場合、この収入源の模索は二面的な戦略に発展した。新刊本のリストを構築し、作家に対して印刷書籍と電子書籍両方の出版サービスを提供して、既刊本の出版プログラムを補完しようとしたのだ。アーサーはこれを「フルサービス出版」と呼んだ。しかし、これを行なうなら、ロゼッタブックスは大手出版社と直接渡りあわねばならない。いまや同じプールから水を引かねばならないのだ。電子化権にとどまらず、すべての出版権をロゼッタブックスに譲渡するよう作家を説得しなければならない。もちろん、ロゼッタブックスは前払金という面では大手出版社に対抗することはできないが、ほかの方法で魅力的な条件を提示することができた。ロゼッタブックスは、50対50の共同事業として電子書籍の印税を作家に示した。制作費が回収されたあと、作家は収益全体の50パーセントを受け取る。これは、従来の出版社の標準的な電子書籍の印税率である25パーセントよりもはるかに高い。また、自分たちの強い熱意とレベルの高い管理能力を作家にアピールし、自社が出版する本はどれも最優先の出版物として取り扱うと述べた。だから大手出版社のように、新刊リストの下位に埋もれるようなことはない。さらに作家には編集上の自己決定権が最大限に与えられる。「作家には、最高の本にするためにこうしてもいいのではないか、というような意見は伝えますが、最終的に決めるのはあなたです、と伝えています。私たちは作家が決定したものを出版します。作家と読者のあいだにフィルターはありません」。彼らの望みは慎《つつ》ましかった。年間15〜18作品の新規契約ができれば、それでいい。それによって新たな収入源が生まれ、諸経費がいくらかでも相殺されるし、それに加えて本がヒットすれば、収益と利益の両方に真の変化をもたらすことができる。ロゼッタブックスの戦略のもう一面は、企業や機関とのコラボレーションを拡大することだった。たとえば、メイヨー・クリニックとは、食生活や家族の健康からアルツハイマー病に至るまでさまざまなテーマで20冊以上のシリーズを開発した。これらは大好評だった。

社員数や経費の面で、オープン・ロード社のほうがロゼッタブックスよりも、直面した圧力に有効な対策を講じるのがむずかしかった。じつは、オープン・ロード社は当初、ビジネスモデルの基盤として、3つの収入源を想定していた。ひとつめは、既刊作品を電子書籍として出版すること。ふたつめは、ほかの出版社とパートナーシップを結び、印刷書籍しか出していない出版社に、電子書籍出版サービスを提供すること。そして3つめは、デジタルショートとも呼ばれる2万語以下の短い読み物を対象に、少部数で電子書籍のオリジナル作品を出版することだった。この3部門の比率は、45対45対10を予定していたが、実際には60対35対5のように時間がたつにつれて変化していった。これは、ほかの出版社が気づいたように、デジタルショートの市場の弱さが一因だ。収益に対するさらなる圧力の下、オープン・ロード社は、オリジナルのデジタルショートを出版するという当初の計画からさらに離れ、画期的な方法でマーケティング力をさらに強化するために、消費者に直接売りこむ目的でいくつかの「バーティカルサイト」と呼ばれるジャンルごとの読者向けコミュニティサイトを立ちあげた。その原型となったのはトゥルークライムやホラーのファンをターゲットにしたサイト、〈ザ・ラインナップ〉だ。このサイトはトゥルークライムやミステリのファンが興味を惹くようにあつらえたオリジナルコンテンツを絶え間なく提供し、オープン・ロード社やほかの出版社から出版された関連分野の電子書籍を紹介する。新たなコミュニティ創設の目的は、同様のサイトを、ミステリやスリラー、SFやファンタジー、ロマンスなど、ほかの分野でも展開し、オープン・ロード社が消費者へ直接リーチできる能力を拡大することだった。新しいシニアマネジャーが招きいれられ、支出と収入の差を埋め、会社を黒字の方向へ進ませるという役割が任された。一部のスタッフが解雇され、ほかのスタッフは別の役割を割り振られ、新たな作品の獲得は停止された。ジェーンは目立たない立場に回り、最終的には会長兼エグゼクティブパブリッシャーという任を降りた。ジェーンは「1万冊の本の権利を獲得し、それらをふたたび活性化させ、よみがえらせることができました」と語り、大きな目的は果たせたと考えていた。けれども、会社はいまや別の道を歩んでいる。既刊本の電子化権を獲得し、電子書籍の出版数を拡大するという出版活動を基盤にして利益を出す成長事業を創造するという当初のアイデアは、一部しか成功しなかった。たしかに相当数の電子化権を獲得し、既刊本を新たなデジタル環境で再販できる画期的なマーケティング体制を構築したが、それを基盤にして利益をあげることはできなかった。採算を模索するうちに、オープン・ロード社は、画期的なマーケティング手法を用いて名著をよみがえらせるデジタル出版社から、ほかの出版社に一連のマーケティングツールを提供するデジタルマーケティング会社へと転換した。

既刊本の電子化権を取得して新しいビジネスを構築しようとしたスタートアップ企業は、ロゼッタブックスとオープン・ロード社だけではない。しかしこの2社は、もっとも際立った存在であったし、デジタル革命が既刊本をよみがえらせることや、長いこと価値ある資産とみなされなくなっていた多くの作品から、新たな価値を引きだせることを鮮やかに示した立役者だった。[6] ほぼ忘れ去られていた本や作家が、デジタル以前の時代には起こりようがなかった方法で発掘され、リパッケージされ、ふたたびプロモーションされ、現代文化の場にもう一度投入された。それればかりか、忘れ去られているわけではない本や作家さえもが新たな方法で読めるようになり、新たなオーディエンスに示され、再出発の機会を与えられた。このことで、元の印刷書籍を出版していた出版社と、衝突や法的な争いがときおり起こったが、1994年以前のほとんどの契約は、電子書籍の可能性を想定していなかったことを考慮すると、それは意外なことではない。また、契約に精通した起業家たちが、従来の出版社が当然のように自分たちのものと考えていた権利に異議を唱《とな》えたのも、必然の結果だった。いま思いかえせば、利用可能なコンテンツの貯水池が時とともに枯渇していき、電子書籍の売上の急増が落ち着くにつれて、これらの紛争の切迫感や激しさが緩んでいったのも驚くにはあたらない。既刊本戦争はその時代の産物であり、デジタル革命が起業家やスタートアップ企業に新たな可能性をもたらしたある瞬間、出版業界の法整備が新たに登場した技術的な可能性にまだ追いついていなかったときに発生した一連の紛争である。これらの争いは、一部のスタートアップ企業と大手出版社との対立や、新規参入の企業とこの業界の古株企業との対立、場合によってはかつて協力していた者同士の対立を招いた。(7) しかし、当時は緊張をはらんでいたとはいえ、ほかで起きていたいくつかの争いに比べれば、小競り合いみたいなものだった。

既刊本戦争によって、既刊本の重要性と、デジタル時代に既刊本をよみがえらせる方法に光があてられたものの、数年まえに出版された書籍の電子形式での再出版をおもなビジネスにした、またはそれを専門にした出版事業は、出版全体のエコシステムではニッチな活動以上のものにはなりそうにない。活気に満ちた出版のエコシステムでは、古いものをリパッケージするだけでなく、つねに新しいものを創造する必要がある。また、新しいものを出版するというリスクに喜んでかけようとする出版社が必要である。それらの出版社は、収益の大部分を形づくる既刊本の売上に頼ることで新刊の出版に伴うリスクを相殺しなければならなかった。既刊本の電子化権の取得をおもにしている、または専門にしている出版社は、古い作品に新たな命を吹きこむことで文字に書かれた現代の文化を豊かにすることはできるが、これまで存在しなかった作品を世に出してこの文化を拡大することはない。これらの企業はいわば、古きものの改修者であって、新たなものの創造者ではない。

第4章　グーグルの乱

　2001年2月、ランダムハウスにとってきわめて腹立たしいことが起こった。ニューヨークのちっぽけなスタートアップ企業が、ランダムハウスとその他の出版社が権利を持っているはずの本の電子書籍を出版したのだ。これは、ランダムハウスやその他の出版社にとって大きな懸念事項であったことはまちがいない。しかし、2004年12月、さらに厄介な事態が起こる。シリコンバレーに出現した新たな技術系巨大企業のなかでも最大かつ最強の企業のひとつ、グーグルが、ハーバード大学、スタンフォード大学、ミシガン大学、オックスフォード大学の各図書館およびニューヨーク公共図書館と提携し、これらの図書館が保管している何百万冊もの本をスキャンしてデジタル化すると発表したのだ。こうして、12年もの長い年月にわたるサーガが始まった。これによって、旧世界の東海岸の出版業界と新たな西海岸の世界に生きる新興ハイテク業界が対立し、法廷や会議室で発生した訴訟費用は何百万ドルに上った。

　アレクサンドリア図書館やホルヘ・ルイス・ボルヘスの「バベルの図書館」に代表されるように、世界じゅうのあらゆる本を集めて世界共通のひとつの図書館を作るという夢は、長いあいだ人間の想像の産物でしかなかった。世界で出版される本が膨大な数になるにつれ、この夢はどんどん現実から遠のいた。それが、デジタル時代になってこの古い夢に新たな光があてられた。世界じゅうの本のすべてとはいわないまでも、大半の本をデジタル化し、物理的な図書館内のわずかなスペースを占めるデータベースに保管して、世界じゅうの誰もがバーチャルに、そしてリモートでそれらの本にアクセスできるようにできないだろうか。デジタル時代のアレクサンドリア図書館として、世界共通の図書館を構築できるのではないだろうか。この崇高なアイデアは、多くの人びとの想像力をかきたてた。マイケル・ハートは1971年の夏の夜にプロジェクト・グーテンベルクを立ちあげ、コンピューターサイエンスの専門家ブリュースター・ケールは、1996年にインターネット・アーカイブを作り、それを誰もが無料で利用できるインターネット図書館に発展させようとした。このふたりのほかにも、デジタル革命によって、誰もが自由に利用できる世界共通の図書館という夢がようやく実現できるのでは、と希望を抱いた人たちは多くいた。ところが、実をいうとグーグルの図書館プロジェクトの始まりは、もっとありふれたことがきっかけだった。

検索エンジン戦争

2000年代初頭、グーグルは、数年まえに立ちあげられたシリコンバレーの典型的なスタートアップ企業で、検索エンジンのフィールドでは新参者だった。ラリー・ペイジとセルゲイ・ブリンは、1995年にスタンフォード大学の大学院生だったころに出会い、「ページランク」という名前の検索アルゴリズムを共同で開発していた。[1] ページランクの大きな特徴は、リンクに関する情報――そのサイトへのリンク数と重要性――を用いてサイトのランクづけを行なった点にある。つまり、ヤフーのホームページみたいに人気の高いサイトAが、別のサイトBにリンクしていると、サイトBの重要性が一気に高まり、検索結果の上位に表示されるようになる。ふたりはサイトへのリンク数とそのリンクの重要性を数値化することで、数学的に厳密にページをランクづけする方法を編みだしたのだ。この基本的な考え方を、その後数えきれないほどの方法で洗練させ、言葉やリンクに関する情報とほかの多くの変数とを組み合わせることで、さらにすぐれた検索結果をはじきだせるようになった。1998年、ペイジとブリンは、検索結果をランクづけするページランクシステムはビジネスとして発展させる価値があると、あるエンジェル投資家を説得した。そして、10万ドルを手にスタンフォード大学に別れを告げ、メンロパークにある友人の車庫で事業を開始した。1年後、彼らはクライナー・パーキンス社とセコイア・キャピタル社から提供される2500万ドルのベンチャーキャピタル資金を確保した。会社は急成長し、2001年3月にはグーグルはアメリカの検索エンジン市場で12パーセントのシェアを獲得していた。それでも、依然としてヤフーが頭ひとつとびぬけていて、検索エンジン市場の36・5パーセントを占めていたし、マイクロソフトのMSNも15パーセントを占めていた。[2] どうやってグーグルを成長させ、主要な競争相手、とくに目の前を走るライバルであるマイクロソフトを追い越すかという問題に、ペイジとブリンは悩んでいた。ますます過熱する検索エンジン戦争のなかで、どうすればグーグルが優位に立てるのだろうか。

検索エンジンは、自動化されたボット(ウェブクローラー。ウェブスパイダーともいう)を使ってウェブサイトをクロールして情報を集め、集めた情報に索引をつけ、それを大規模データベースに置き、検索されたキーワードへの応答の基盤にする。検索エンジンのアルゴリズムは、ユーザーが入力したキーワードにマッチするもっとも関連性の高いドキュメントを表示する。検索結果の質は、アルゴリズムの洗練度とデータベースに置かれたデータ素材の質の両方に依存しており、アルゴリズムの改善とデータベースに保管されている素材の質の向上の両方によって、検索結果が改善される。ページランクのアルゴリズムは、リンクを考慮にいれ、それらの相対的な重要性を評価することで、検索結果を格付けする方法としてかなり有効であると証明されていた。これにより、ユーザーは検索結果を何ページもスクロールしなくても、求める情報をみつけられる可能性が高くなる。とはいえ、データベース内の素材の質を高めるにはどうすればいいのだろうか。データベース内の情報が、単にウェブをクロールして集めた情報なら、その質は、何百万人ものユーザーや組織がウェブサイトに置いているコンテンツの質に依存する。この素材はかなり不均一で、良いものもあれば、かなり質が低いものもある。しかし、ウェブ上にあるものだけに頼るのをやめたらどうだろうか。ほかのコンテンツを探してみてはどうだろう。デジタル化してデータベースに収めることが可能で、一貫した質の高さが期待できるコンテンツを探してみるのだ。この考えに基づいて、ペイジとブリンは、グーグルのデータベース内の素材の質をあげ、検索結果を改善するいちばんいい方法は、本の中身《コンテンツ》をデジタル化して、このコンテンツをデータベースに追加することだと考えた。「本のデジタル化に投資した理由は、1にも2にも、検索結果の質の向上です」と、グーグルのシニアマネジャーのひとりは語る。「本はひじょうに権威がありますし、その数も何百万冊と膨大ですが、ウェブを利用するエンドユーザーにはその姿がほとんどみえません。だからこそ、グーグルを利用する人びとによりマッチした検索結果を提供したいのです。あらゆる言語で世界じゅうの本を検索できるというのは、検索エンジンにとって明らかに大きな強みになります。検索エンジンの質はウェブスパイダーがクロールするコンテンツの質と同じですから」。たとえば、子宮頸《けい》癌についての情報を探している人が、ウェブサイトだけでなく、そのテーマに関する科学的および医学的にもっともすぐれている本からも情報を得ることができたとしたら、得られる情報の質は格段に高くなる。知識の宝庫として、質の高いコンテンツとして、本の右に出るものはない。グーグルの経営者たち自身は、オンラインであらゆる知識を利用できるようなユニバーサルな図書館を作る夢を抱いていたかもしれないが

（ペイジはスタンフォードでの大学院生時代に、デジタル図書館プロジェクトに参加していた）[3]、本のコンテンツをデジタル化する際の動機は、検索エンジン戦争でヤフーやマイクロソフトという宿敵に負けない競争力を高めるのだというグーグルの強い覚悟に、しっかりとした根っこがあった。

グーグルはこの戦略をきわめるために、２００４年に野望に満ちた書籍デジタル化プログラムをふたつ立ちあげた——パートナープログラムと図書館プロジェクトだ。このふたつのプログラムは、それぞれ別のクライアントを対象に開発されたものだが、ふたつ合わせてグーグルブックスというプログラムを構成していることから、「グーグルブックス」と総称されることもある。パートナープログラムは、２００４年10月に開催されたフランクフルト・ブックフェアで正式にグーグルプリントという名前で発表された。これはグーグルが出版社と協力して行なわねばならない事業で、出版社の本をスキャンし、スキャンしたテキストをデータベースに保存する許可を出版社から得る必要があった。データベースをユーザーが検索すると、関連するテキストへのリンクが表示され、そのリンクをクリックすると、検索語を含むページ全体と、その前後数ページが閲覧できる。出版社にとってのメリットは、ユーザーがその本に目を留め、ブックサーチで数ページを閲覧し、アマゾンや出版社のウェブサイトやその他の小売業者のリンクをクリックして、本を購入することができる——ようするに無料でオンラインマーケティングが行なわれるわけだ。大半の出版社はグーグルと契約を結んだ。この契約によってテキストの閲覧が可能になるが、出版社はいつでも作品を削除できるという条件が規定されていたため、このプログラムに安心して参加することができた。しかし、なかには参加を拒否する出版社もあった。その理由は、ひとつにはオンライン上で自社の書籍がどのように閲覧されるかを自分たちでコントロールしたいと考えていたからである。もうひとつは、自社のもっとも貴重な資産である書籍のコンテンツを、強力な大企業に渡してしまうことに不安を感じたからだ。外部の人間には、グーグルという巨大企業の動機が完全にはわからなかったが、少なくとも出版業界の長期的な利益を向上させたいという望みではないようであるため、なおさら不安だった。多くの出版社が、とつぜん本を好きになる理由をみつけた大手技術系企業に疑念を抱いていたものの、大半の出版社は、出版社と技術系企業とのあいだの契約によって規制されるプログラムに進んで参加した。グーグルは、無料で閲覧できるコンテンツの量を出版社がある程度コントロールできるようにして、急速にオンライン化への移行が進む世界で本の可視性を高め売上を伸ばす可能性を示したのだ。

ところが、もういっぽうの図書館プロジェクトはまったく別の話だった。グーグルは出版社に働きかけ、パートナープログラムへの参加を呼びかけると同時に、出版社には知らせずに、多数の学術図書館の司書たちと別の会話をしていたのだ。グーグルはまず、ペイジの母校ミシガン大学から交渉を始めた。2002年から2004年のあいだにペイジは大学を訪れて司書と会い、図書館のすべての収蔵図書のデジタル化を提案した。[4] 同じ時期に、ペイジとブリンが大学院生として通ったスタンフォード大学の司書にも同様の提案を行なっていた。ミシガン大学もスタンフォード大学も好意的な反応を示した。「ラリーは、世界じゅうのすべての本をデジタル化したがっていました。そして、スタンフォード大学も協力してくれないかと誘われたので、私はイエスと答えました[5]」と、スタンフォード大学の司書マイケル・ケラーは当時を振りかえっていった。大学図書館の蔵書のすべてを大学側の費用負担なしでデジタル化するという提案はひじょうに望ましく、とても断れるものではない。ミシガン大学とスタンフォード大学の協力を取りつけたグーグルは、ほかのいくつかの図書館にも参画を求めた。2004年12月14日、グーグルは、ミシガン大学、スタンフォード大学、ハーバード大学、オックスフォード大学ボドリアン図書館、ニューヨーク公共図書館の5つの図書館と、各図書館の蔵書をスキャンしてデータベースに加えることに合意したと発表した。合意の細かい内容は図書館ごとに異なっていた。[6] 最初から、蔵書全体のデジタル化を委ねた図書館は、700万冊の蔵書を有するミシガン大学だけだった。スタンフォード大学はそれより控えめな規模から開始し、まず200万冊の書籍をデジタル化し、その後プログラムの拡大を目的として800万冊の蔵書全体をデジタル化した。ハーバード大学の当初の提携内容はそれらよりはるかに小規模で、パブリックドメインの4万冊の蔵書のデジタル化から始まった。また、オックスフォード大学は19世紀の文献のみ、ニューヨーク公共図書館は著作権の切れた文献のみをデジタル化すると提案していた。グーグルは図書館内にスキャナーを設置し、本をスキャンして索引をつけ、デジタル化されたコンテンツをデータベースに追加した。ユーザーがグーグルで検索を行なうと、検索結果にクエリに関連する書籍へのリンクが表示される。そのリンクをクリックすると、グーグルプリントのページが表示され、パブリックドメインの作品は全文が閲覧でき、まだ著作権で保護されている本は、検索語を含めその前後の文章——グーグルが「スニペット」と呼んでいる短い抜粋部分——を閲覧することができる。各図書館は、その見返りにスキャンされた蔵書のデジタルコピーを受け取る。「グーグルの使命は、世界の情報を系統立てて整理することです」と、ペイジは図書館プロジェクトを発表したときに、グーグルらしくビッグマウスを披露した。「私たちは図書館と協力しあって、このミッションの実現に貢献しています[7]」

だが、多くの出版社と作家らは別の見方をしていた。出版社側にしてみれば、これは前例のない大規模で組織的な著作権の侵害に思えた。図書館員との話し合いは秘密裏に進められていたので、大半の出版社や作家はこのような計画が進行中とは知らず、図書館プロジェクトの発表は寝耳に水だった。米国大学出版協会は、2005年5月にグーグルに対して書面でこのプログラムに異議を唱え、グーグルがどのように著作権を保護するつもりなのか、くわしい説明を求めた。米国出版協会は、6月にグーグルに対して、本のデジタル化プロジェクトを6ヶ月間中断して、著作権問題を検討する時間を取るよう求めた。２００５年9月20日には、全米作家協会（アメリカの８０００人の作家を代表する、ニューヨーク拠点の組織）が、著作権侵害を理由にグーグルに対し集団訴訟《クラスアクション》を起こした。その1ヶ月後の10月19日には、米国出版協会が、マグロウヒル、ピアソン・エデュケーション、ペンギン、サイモン＆シュスター、ジョン・ワイリー＆サンズの5出版社を代表してグーグルを提訴した。それは、長期にわたる話し合いが物別れに終わったあとの結果だった。米国出版協会は訴訟によって、グーグルが著作権で保護された書籍全体をスキャンするならば、これは著作権の侵害にあたるという裁判所の宣言と、著作権を有する者の許可なしにグーグルが本をスキャンすることを禁止する裁判所の命令を求めた。ロゼッタブックスに対する訴訟は小競り合いみたいなものだったかもしれないが、この訴訟によって書籍戦争が本格的に始まった。(8)

グーグルは、一貫して図書館プロジェクトは著作権を侵害していないとの見解を示していた。スニペットの表示は、アメリカの著作権法で定められた公正利用《フェアユース》の法理に合致しているというのがグーグルの言い分だ。それでも、米国出版協会や全米作家協会からの批判を受けて、グーグルは２００５年8月にオプトアウト・ポリシーを発表し、著作権者が除外したい作品のリストをグーグルに提供すれば、図書館プロジェクトから除外できるようにした。また、11月1日までスキャンプログラムを一時中断し、著作権者がプロジェクトから本を除外したいかどうか判断する機会を提供するとした。けれども多くの著作権者からすれば、グーグルのこのオプトアウト方式は、著作権の基本原則に逆行していた。著作物の使用許可の申請（オプトイン方式）を使用者側に課すのではなく、著作物の使用を望まない場合にはグーグルに知らせること（オプトアウト方式）を著作権者にグーグルが要求したからである。ようするに、この方式によって、グーグルが許可を求めるのではなく、著作権者が行動を起こす責任を負うことになる。出版社や作家の視点に立てば、グーグルのオプトアウト・ポリシーは、ピントのずれた対応に映った。

つきそうでつかない決着

原告の代表者とグーグルは協議段階に入り、何ヶ月もの交渉のすえ、2008年10月28日に和解案が発表された。(9) 提案された和解案では、新たな仕組みとしてブック・ライツ・レジストリの設立が提案された。これによってグーグルは、本のページを表示するための使用料を著作権者に支払わねばならなくなる。グーグルは1億2500万ドルを支払い（そのうちの一部は許可を得ずにスキャンした本の権利者に、一部はブック・ライツ・レジストリの資金に充《あ》てられる）、原告の裁判費用も負担することになる。また、グーグルは、著作権者によって設定された価格（それができない場合は、グーグルが価格設定アルゴリズムを使って設定する）で、本の全文表示と印刷が可能になるサービスを販売して収益を得る。このようにして得られた収益は、グーグルとブック・ライツ・レジストリが37対63で分けあい、ブック・ライツ・レジストリは著作権者らにその収益を分配する。この和解案では本が次の3つのカテゴリに区別される。著作権があり商業的に利用可能な本（簡単にいうと、紙に印刷された本やオンデマンド印刷で印刷が可能な本）、著作権があるが商業的に利用できない本、そしてパブリックドメインにある本である。また和解案によって、著作権が残っているふたつのカテゴリの本に対してグーグルに許される行為について基本的なデフォルトルールが定められた。著作権者は、グーグルのデータベースから特定の本を削除したり、デフォルトルールを変更したり、すべてをオプトアウトすることができるため、この和解案のデフォルトルールによってもっとも影響を受けるカテゴリは、すでに商業的に利用できなくなったが著作権が残っている本かもしれない（グーグルは、全出版物の約70パーセントがこのカテゴリに該当し、20パーセントがパブリックドメイン、10パーセントが著作権があり商業的に利用可能な本であろうと推定していた)。

この和解案は、著作権者の多くの懸念を解消しつつ、図書館プロジェクトを進めることができるという点で、法的な停滞を解消する創意工夫に富んだ打開策だった。そのため、関係者やオブザーバーの多くの目には、申し分のない、あるいは少なくとも満足のいく案に映った。ところがこの和解案は、アメリカ内外から多くの批判を受け、アメリカの司法当局からも手厳しく扱われた。２００９年９月、米司法省がこの和解案に異議を唱えたため、当事者はその案を引きさげ、２００９年11月13日に改訂版を提出した。この改訂版では、おもに孤児著作物(著作権が残っているが、著作権者が特定できない著作物)の取り扱いに関する仕組みと、和解の範囲をアメリカ、イギリス、オーストラリア、カナダで出版された本に限定することが盛りこまれた。後者の制限は、和解案は自国の著作権法に沿っていないと反発したフランス政府とドイツ政府に対応するためだった。グーグルと提携を結んだ図書館の本の多くが英語の本ではなかったため(50パーセントにも及ぶ可能性があった)、この改訂は、和解案の適用範囲がかなり大きく削られることを意味する。[10] これは、集団訴訟の和解案であるため、ニューヨーク南部地区連邦地方裁判所の承認が必要だった。ところが、２０１１年3月22日、巡回裁判所裁判官のデニー・チンは「公正ではなく、適切でも、合理的でもない」という理由で、この和解案を不承認とすると発表した。チン裁判官は、この和解案は、著作権者に自らの権利を守るために名乗り出る責任を負わせるため、著作権法の基本原則と矛盾すると主張した。この点において、チン裁判官は、多くの出版社がずっと考えていたことを肯定したことになる。また、チン裁判官は、この和解案は、グーグルに「著作権が請求されていない作品に対する事実上の独占権」を与えるばかりか、許可を得ずに本をコピーする行為に報酬を与えることになり、また存在しうる競争相手より優位な立場を与えることにもなると主張した。チン裁判官の判決は、和解案を作成した人びとにとって重大な打撃であったことはまちがいないが、同裁判官は、和解がオプトアウト契約からオプトイン契約に変更された場合には、不承認とした理由の一部が解消されると述べ、歩み寄りの可能性を残した。チン裁判官の見解では、孤児著作物はほかのカテゴリと分け、自己の利益を追求する民間の当事者同士の合意ではなく、議会の立法によって処理されるべきであるとしている。[11]

チン裁判官が修正和解案を不承認としたあと、グーグルと米国出版協会は、出版社5社を代表して交渉を再開し、2012年10月4日、7年間の法的紛争に決着をつけたと発表した。これは、訴訟当事者同士の私的な和解だったため、裁判所の承認は必要ではなく、和解の条件も公表されなかった。プレスリリースによると、出版社は、グーグルが図書館プロジェクトのためにデジタル化した資料から、自社の本や雑誌を利用可能にするか、削除するかを選択できることは確実であった。[12] この和解によって、図書館プロジェクトに含まれる本をグーグルが販売できるという、本の新たな流通経路も提供された。図書館プロジェクトでグーグルがスキャンした本は、グーグルブックス内に出版社別に収録され、ユーザーは最大で本の20パーセントを閲覧できる。また、ユーザーはグーグルプレイを通じてデジタルコピーを購入することもできる。グーグルプレイとは、2012年3月にグーグルが開始したデジタル流通サービスのプラットフォームでありメディアストアである。しかし、初期の和解案とは異なり、グーグルが著作権者への補償金の支払いに同意したという事実はない。

グーグルと米国出版協会の和解により、グーグルがスキャンした本の著作権を持つ作家や海外の出版社などは、個別に行動を起こさなければならなくなった。米国出版協会とグーグルの和解にもかかわらず、全米作家協会は集団訴訟を続行した。2013年11月14日、チン裁判官は、グーグルによる著作物の使用は米著作権法のもとでの「フェアユース」であると主張し、グーグルを支持する判決を下した。[13] チン裁判官はこの判決を下すにあたり、フェアユースの法理についてのピエール・ルヴァルの影響力のある解釈をかなり参考にした。[14] フェアユースの法理は、著作権法が作者に認めている知的財産の独占権の範囲を制限する方法のひとつとしてデザインされ、これによって批評や研究など、ほかの形態の創造性が抑圧されないようになっている。フェアユースには単純な基準はなく、それぞれの事例に応じてその内容を検討する必要がある。しかし、米著作権法第107条では、いかなる事例であれ、著作物の使用がフェアユースにあたるかどうか判断する際に考慮すべき4つの要素を次のように規定している〔左掲事項は『外国著作権法令集(60)アメリカ編』（山本隆司訳、公益社団法人著作権情報センター、2022年、https://www.cric.or.jp/db/world/america/america202202.pdf）を引用した〕。

(1) 使用の目的および性質（使用が商業性を有するかまたは非営利的教育目的かを含む）、
(2) 著作権のある著作物の性質、
(3) 著作権のある著作物全体との関連における使用された部分の量および実質性、および
(4) 著作権のある著作物の潜在的市場または価値に対する使用の影響。

ルヴァルは、フェアユースの法理の説明で、二次利用者のフェアユースに対する弁明が正当化されるかどうかの決定的な要素として、前述の4要素の1をとくに強調した。「私は、正当かどうかの問題に対する答えはおもに、問題となっている使用が変形的利用《トランスフォーマティブユース》〔変形的利用と訳されることが多い。中身の変更の有無にかかわらず別の斬新な目的に使用することを指す〕なものかどうか、またトランスフォーマティブであるならば、それはどの程度なのかにかかっていると考えている。その使用は生産的であるべきで、引用部分はオリジナルとは〔小説をニュースで引用する場合など〕異なる様式であるか、異なる目的

のために使用していなければならない」[15]。チン裁判官は、著作権で保護された作品のグーグルによる使用は、まさにこの意味で「トランスフォーマティブ」であると主張した——グーグルは、オリジナルの素材をただ複製しているのではなく、異なる目的のため、つまり検索を促進するために言葉を使用している。またグーグルの使用方法は、本のテキストを、データマイニングを含む実際のリサーチのためのデータに変換しているという意味でまさしく「トランスフォーマティブ」である。それによってリサーチの新たな分野が開拓されていくだろう。「グーグルブックスは、読書のためのツールではないため、本のかわりにはならないし、本に取って代わるものでもない。むしろ、「元の本に新たな価値をもたらし」、「新しい情報、新しい美学、新しい洞察と解釈の創造」を可能にする」と、ルヴァルの言葉を引用してチン裁判官は主張している——「したがって、これはトランスフォーマティブユースといえる」[16]。さらに、グーグルが本をスキャンしたことで本の市場に悪影響を与えているという証拠はなく、「それどころか、適切な事実調査によれば、グーグルブックスが著作権者の利益のために本の販売を促進しているということしか見いだせなかった」とチン裁判官は述べた[17]。全米作家協会の視点に立てば、これはフェアユースの法理の拡大解釈で、作家にもたらされる可能性のある実害を理解していない。全米作家協会は、この判決を不服として第二巡回区控訴裁判所に控訴したが、2015年10月、第二巡回区控訴裁判所は全員一致でグーグルに有利な判決を支持した。それでも全米作家協会は諦めずに、第二巡回区控訴裁判所の判決を審理することを最高裁に求めたが、2016年4月に最高裁はこの上訴を受理しなかった。

この問題と並行して、全米作家協会は、これとは別であるが関連のある紛争を、ハーティトラストを相手に戦っていた。ハーティトラストというのは、学術図書館のコンテンツのデジタル・アーカイブである。「ハーティトラスト」という名前は、ヒンディー語の「象」に由来している（象はけっしてものを忘れないといわれている）。ハーティトラストの起源は、２００８年に遡《さかのぼ》る。当時、グーグルの図書館プロジェクトに参加していた図書館の一部が、このプロジェクトで作成された数百万冊分の本のスキャンファイルを蓄積、管理、保存するためのリポジトリ作成を決定した。グーグルは、図書館プロジェクトの一環として、スキャンした各作品のデジタルコピーを、その作品を所蔵している図書館に提供していた。図書館はそのデジタルコピーを、検索可能な共有デジタルリポジトリであるハーティトラスト・デジタル・ライブラリに預けた。このデジタル・ライブラリでユーザーは、リポジトリ内のすべての作品の全文を検索することができた。しかし、パブリックドメインではなく著作権者が許諾していない作品の場合、全文検索の結果示されるのは、検索した言葉がみつかったページ番号と、ページごとの出現回数のみだ。図書館プロジェクトに参加していたミシガン大学が中心となり、カリフォルニア大学の図書館システムや、ビッグテンに加盟している大学とシカゴ大学のコンソーシアムである組織協力委員会のメンバー12校の図書館がハーティトラストに参加した。その後まもなく、コーネル大学、ダートマス大学、プリンストン大学、イェール大学など、ほかの大学も参加した。２０１１年には、７６０万冊以上の本がリポジトリに登録された。このリポジトリの中核をなすのは、グーグル図書館プロジェクトでスキャンされた文献だったが、データベースにはそれ以外の文献も含まれていた。２０１１年9月、全米作家協会をはじめとする作家協会や作家たちが、ハーティトラストと参加図書館を著作権侵害で訴えた。

２０１２年10月10日、連邦地方裁判所のハロルド・ベア・ジュニア裁判官は、ハーティトラストを支持する判決を下した(18)。チン裁判官がのちに全米作家協会対グーグル訴訟事件で主張するように、ベア裁判官は、ハーティトラストによるデジタル化されたコンテンツの使用はトランスフォーマティブユースにあたるため、フェアユースの法理に基づいて正当化されると主張した。ベア裁判官は、次の要素がフェアユース抗弁に有利に働くという見解を示した——デジタル化されたコンテンツによって、図書館は、検索可能な蔵書目録を作成したり、自然災害やその他の災厄のリスクに備えて蔵書を保存できたりするようになり、学者は、著作権で保護された文献の中身を表示させず大量の文献を検索して研究に関連のある本を特定できるようになるし、印刷された本を読めない障害のある人は、目のみえる人と対等に図書館の蔵書を読めるようになる。また、ハーティトラストの使用が売上の喪失を導き市場に損害を与えるという原告側の主張も退けた。この原告側の主張は、印刷書籍を購入したとしても、全文検索ができるわけではないし、印刷した本が読めない人はその本を読めないという事実を無視している。このふたつのトランスフォーマティブな使用目的は、マス・デジタイゼーション・プロジェクト（MDP）の柱である。ベア裁判官はこの用語を用いて、グーグル図書館プロジェクトにまつわる本の大量スキャンについて述べた。その結論は次のように明快だった。「フェアユース規定に、被告側のMDPによってなされるトランスフォーマティブユースが含まれないとは考えにくい。フェアユース規定が求めているのは、科学の進歩と芸術の育成へはかりしれない貢献の終了でもなく、ADA（障害を持つアメリカ人法）が唱える理想を実現させる取り組みの停止でもない」[19]。全米作家協会は第二巡回区控訴裁判所に控訴したが、2014年6月10日、第二巡回区控訴裁判所もハーティトラストを支持する判決を下し、著作物の全文検索が可能なデータベースを維持し、印刷書籍を読めない障害者が利用できる形式でそれらの著作物を使用できるようにする権利を支持した[20]。

ハーティトラストに関する判決は重要だ。この判決によって、図書館が蔵書をデジタル化し（ハーティトラストの場合は、グーグル図書館プロジェクトによって大きく促進された）、コンテンツを検索可能にする権利が認められたのだから。それでも、全文アクセスの問題は、印刷された本が読めない障害者というコンテクストでのみ扱われた。このため、印刷された本が読めない障害者以外の個人に対し全文アクセスをフェアユースの法理のもとで正当化するかどうかという問題は残されていた。したがって、この問題が注目を集めるようになるのは時間の問題で、別の争いが起こる可能性もあった[21]。

グーグルに対して行動を起こしたのは、作家や出版社やそれらの協会だけではなかった。２０１０年４月には、アメリカメディア写真家協会、全米写真家協会、グラフィック・アーティスト協会など写真家やグラフィック・アーティストの職業団体が、グーグルに対して集団訴訟を起こした。原告は、２００９年11月に申し立てを行ない、グーグルと米国出版協会とのあいだの（災いを招く和解案へとつながった）交渉への参加を求めたが、その際にチン裁判官からそれぞれ単独の訴訟で争うべきという助言を受けた。グーグルと写真家、グラフィック・アーティスト、およびその職業団体との裁判は数年間続き、２０１４年９月には非公開の和解に達したことが発表された。その条件はいまだ公開されていない。

この長い訴訟サーガの紆余曲折《うよきょくせつ》を考えると、誰が誰を訴えて、誰が和解して、誰が和解していないのか、何がなんだかわからなくなっていても無理はない。そのように細かい部分がすでに曖昧になりはじめている人には、ジョナサン・バンドの有用な「訴訟の系図」から作成した図４・１が、便利なリマインダーになるはずだ[22]。

スニペットの大きさ

２０１６年４月に最高裁判所による上訴の不受理という決定をもって、この長期にわたる多くの業種を巻きこんだ紛争はようやく終結した。この段階までに、グーグルは図書館プロジェクトで２０００万冊以上の本のスキャンを終えていた。まだ著作権が残っているのはそのうち約４００万冊で、これらもデジタルコピーがデータベースに保存されていて、グーグル検索の結果改善に役立っている。グーグルは、10年に及ぶ複雑な戦いのすえ、勝利を収めたかのようにみえた。スニペットの表示はフェアユースの法理を満たしているため、図書館プロジェクトは著作権を侵害していない、というのがグーグルの一貫した見解だった。チン裁判官の裁定は、最高裁の決定と合わせて、グーグルの見解を正当と認めているように思われた。ところが実際のところ、これはほぼ確実に「ピュロスの勝利」で、この結果を得るために費やした時間とコストは、利益を上回っていたのはまちがいない。グーグルは、図書館プロジェクトが開始される前年の2003年には、すでにヤフーとMSNを抜いて検索エンジンのトップに躍りでており、2005年にはヤフーの15パーセント、MSNの10パーセントに対し、グーグルは65パーセントの市場シェアを獲得していた。[23]グーグルは何百万冊もの本のデジタル化によって手にいれた大砲の助けを借りずに検索エンジン戦争に勝利していたのだ。しかも、これらのスニペットをすべて利用可能にしたとしても、検索への影響は、けっきょくのところそれほど大きくない可能性がある。

出版社にとって、このサーガはハッピーエンドではなかったようにみえるかもしれない。膨大な時間とお金を費やした長い苦闘であり、グーグルから多額の賠償金が支払われるはずだった骨折りのすえの和解案は、裁判所に認めてもらえなかった。しかし、多くの出版社はそんなふうには考えていない。2012年に出版社とグーグルとのあいだで成立した私的和解の条件は秘密にされているが、これをある種の勝利とみなす出版社側の人間もいる。大手出版社のシニアパブリッシャーであるトムは、「グーグルの動きを制限できましたし、さらに重要なのは、図書館の動きを制限できました」と語った。「私からすれば、本当に危険なのは、グーグルではありません。グーグルは検索に利用するために本を複製することしか考えていなかったからです。私が恐れていたのは、デジタル化したデータをグーグルが図書館に提供したこと、そして図書館の権限

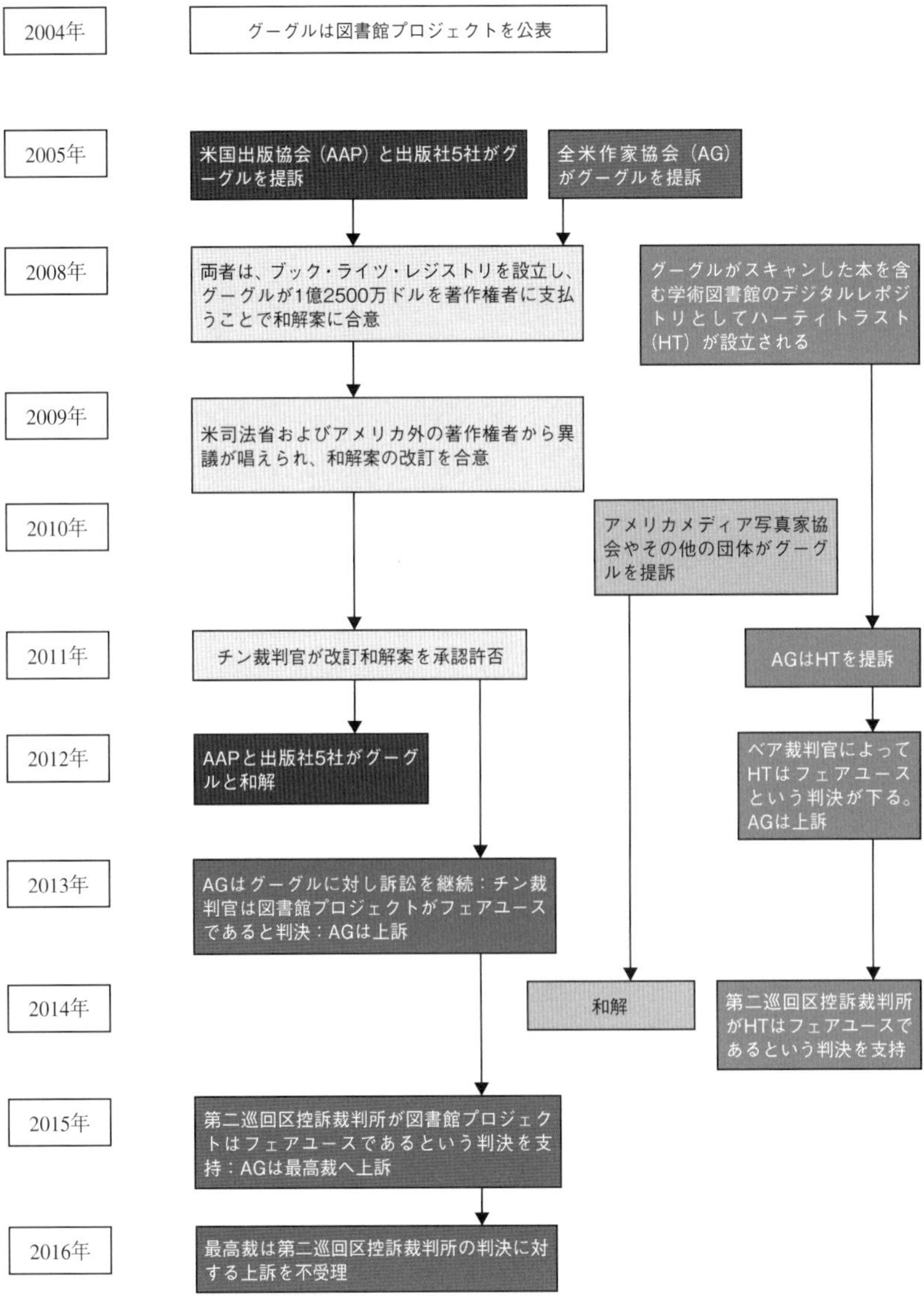

図 4.1　グーグル図書館プロジェクト訴訟

で多くの資料を無料で多くの図書館利用者の手に渡るようになることでした。ですから、私が思うに、危険なのはつねにグーグルが仲介している相手、つまり図書館こそが危険な存在なのです」。州立大学図書館は各州に属しているため、合衆国憲法修正第11条に基づき、金銭的損害賠償を求める訴訟に対する主権免除が認められると最高裁が解釈したという事実によって、さらにこの危険性が強まった[24]。そもそもこうした州の主権免除という免罪符があるからこそ、ミシガン大学やその他の州立大学当局は、グーグルと野心的な取引をする気になったのかもしれない。つまり州立大学当局は、フェアユース抗弁が失敗しても、著作権侵害で訴えられることはないと知っていたのかもしれない（したがって、ハーバード大学やスタンフォード大学などの私立大学の参加は少なかった[25]）。つまり、州立大学の図書館がそれらのファイルでできることを制限したい出版社にとって、グーグルに対する訴訟は、唯一の法的手段なのだ。さらに、デジタルコンテンツがすべて世の中に出回ることにでもなれば、あらゆる言語のすべての本がオンラインで無料で入手できて当然と人びとが考えはじめる恐れがある。そうなれば、出版社だけでなく作家にとっても危険な前例になる。したがって、これは多くの問題をはらんでいる。出版社とグーグルのあいだで結ばれた契約では、グーグルが今後できることに制限が設けられ、図書館がグーグルから受け取ったデジタルコピーに対してできることにも制限が設けられた。そしていまや、グーグルの図書館プロジェクトで起こったことをすべて考えあわせると、同じようなプロジェクトに着手したいと思っている人は、二の足を踏むだろう。「世界じゅうのすべての本をスキャンするプロジェクトに100億ドルを投資するまえに、過去に何が起こったかをみてみると、いい発見は多くありませんから」と、トムはいった。怒れる出版社との7年間の争いが待ちうけているし、訴えられて負ければ、コピーした本1冊ごとに賠償金を課される可能性があり、しかもそこまでしたところで利益はあまり明確ではない。そのため、出版社はグーグルに立ち向かうことで、ほかの企業がグーグルに追随しようとする行動を抑える強力な要因を作りだしたのだ。「あのとき、私たちが覚悟を決めたことで、私たちはこの問題が二度と蒸し返されないようにできたと思います。誰も同じような挑戦をしようとは思わないでしょう」

しかし、グーグルに有利で全米作家協会に不利なフェアユース判決は、出版社にとっても不利ではなかったのだろうか。ある程度はたしかに出版社にとっても不利ではあったが、出版業界のなかには、グーグルとの私的な合意が目前に迫っていたにもかかわらず、全米作家協会がなぜ訴訟を継続したのか理解できない人もいた。「出版社は和解したのに、全米作家協会は訴訟を続けた。なぜなのか、理解に苦しみます」とトムは語る。「私は彼らに、いったいどういうつもりなのかといいましたよ。出版社も作家も必要なものを手にいれたのに、なぜ続けようとするのか。続けるかぎり、けっして和解できないのに。続けたせいで負けたのです」。出版社はまだグーグルとの契約を結んでいる。フェアユースに関して全米作家協会に不利な判決が出たにもかかわらず、契約はそのまま残っている。しかし、出版社の立場からすると、現在の法的状況はあまり望ましくない。「現在は、スニペットを作成しているかぎり、本を複製しても良いという厄介な法律があります。スニペットで表示するために本を複製しても、いまのところ私たちのビジネスに支障はないでしょう。それでも問題は、スニペットで表示される範囲がどうなっていくかということなのです。今後スニペットで表示される範囲は、徐々に押し広げられていくでしょう」。スニペットで表示されるのが1文であれば、ほとんどの場合は問題にならないだろう。けれどもスニペットが1ページになったらどうだろう。あるいは2ページ、ひょっとすると3ページになったら。スニペットは、著作権法上、明確に定義された概念ではないため、閲覧できるテキストの範囲を少なくするどころか、さらに広げようと考える企業によって、表示範囲が拡大される可能性がある。また、辞書や百科事典やその他の参考文献のように、おもに事実に基づいていて参照が目的とされる情報が詰まっている著作物についてはどうだろうか。グーグルは、辞書をはじめとする特定の参考文献については、スニペットを表示しないと決定した。これは、スニペットが表示されることで、これらの文献の市場に害が及ぶ可能性を認識しているからだ。しかし、ほかの企業がこの点でかならずしもグーグルに追随するとはいえない。また、料理本やハンドブック、年鑑など、参考文献としては分類しにくいものの、含まれている情報としては価値がある本についてはどうだろうか。万一、これらの情報がスニペットの形態でお金を払うことなしに入手できるようになったりすれば、これらの本の価値は維持しにくくなるだろう。

グーグルブックスはどこへ向かうのか?

2013年にチン裁判官がグーグルを支持する判決を下したことで提起されたこれらの問題は、今後数年間、法学者や、おそらくは裁判官をも悩ませることだろう。グーグルブックス事件は決着がついたが、ようやく終わったころには、多くの人にとって、この問題はそれほど差し迫ったものではなくなっていたように思われた。それは、チン裁判官が最終的な判決を下したころには、一部の当事者はすでに法廷の外で和解していたからであり、また、出版におけるデジタル革命がすでに次の段階に進んでいたからでもある。2004年にグーグルが図書館プロジェクトを発表したときに、出版社や作家の懸念に油を注いだ不安の種の多くは、そのころには影が薄くなっており、ほかにもっと切迫した問題が起こっていた。2010年には、多くの出版社がグーグルに注意を払いながら、少々皮肉なことに、グーグルが電子書籍をもっと重要視して、小売空間でより積極的なプレイヤーになってくれればと願っていた。アップルに加えて、グーグルが影響力を持てば、いまや多くの出版社が、自分たちの業界の真ん中に居座る新たな巨人とみなしているアマゾンの力に対抗できるのでは、と期待していたからだ。しかし、グーグルの本に対する関心は、本を売ることではなかった。利幅の薄い本の小売業に参入しようとするはずがない。本業が検索で、広告から一財産が稼げるのだから。グーグルが本の市場に入ってきたのは、検索結果の価値を高めるために本のテキストを利用するという小売とは別の目的のためだった。グーグルは本の小売業者ではなく、電子書籍を購入できる機能を追加したのは、ほかの懸念事項が動機となったひとつのプロジェクトの延長にすぎない。グーグルがグーグルプレイを本格的に展開し、電子書籍ストアをマルチメディア・デジタル流通サービスに組みこんだころには、電子書籍市場はアマゾンに独占されており、新規参入企業が大きな市場シェアを手にいれるのは困難だった。とくに、エージェンシーモデル契約（これについては第5章でくわしく説明する）によって値引きする権限が制限されている場合や、戦略的にも財政的にもいちばんの関心事が別にある場合はなおさらだ。もちろん、グーグルは、その気になれば、小売業者として重要な競争相手になりうる。そのためのリソースは充分揃っているし、アマゾンよりもはるかに大きな利益をあげているからだ。しかし、これまでずっとほかのことに重点を置いてきたグーグルが、この方向へ舵《かじ》を切ろうとするわけがない。収益をあげるための主要な仕組みが小売業ではなくつねに広告であるのなら、なおさらだ。本をめぐる10年来の論争を脇から眺めていたあるグーグルの関係者は、次のように述べた。

なんとも皮肉なことに、私たちはいま、問題のただなかにいて、どうやって先へ進めばいいのかちっともわからない状態です。この状況のせいで本に関するビジネスから撤退してアマゾンに譲るかもしれないし、この分野に参入してアマゾンと競争することもありえます。なぜなら、私たちにとっては、どちらでも構わないからです。弊社はほかで充分に稼いでいますから。ビジネスとして本当にこの分野が必要なわけではありません。これほど厄介なものなら、ある程度のところで「もう、いいんじゃないか」という気分になります。それでも、もしかすると市場に参入して、この業界の大物プレイヤーになるかもしれません。ほかの出版社が何年もまえからそうなってくれればと願っていたような。現時点（２０１６年）は、ちょうどコインを空中に投げあげている状態です。とはいえ、現在進んでいる道を、今後もずっと歩んでいくつもりはないだろうと私にはわかっています。

グーグルが２００４年に本の世界に参入したのは、検索エンジン戦争での地位を固められるような新たなコンテンツをみつけるためだった。しかしグーグルは、２００５年になるころには、このコンテンツの助けを借りるまでもなく、どこからどうみてもこの戦争に勝利していた。検索エンジン戦争に勝利したあと、著作権者の粘り強い反対に直面しながら、さらに多くの本をスキャンしたり、会社への財政的な貢献度がかなり低そうな書籍小売事業に多額の投資をしたりする論拠は、どんどん説得力を失っていった。ペイジとブリンが、図書館の物理的なコンテンツを使って、グーグルが世界じゅうの誰もが利用できる図書館を作りだせるのではと夢みていた時期もたしかにあったかもしれない。だがそのアイデアは、図書館プロジェクトを立ちあげた最大の動機ではなかったため、圧倒的なシェアを占める検索エンジンとしての地位が確立されると、幻として終わってしまった。

第5章　上り調子のアマゾン

アマゾンのパワーは、出版界で唯一かつ最大の問題だ
――米大手出版社のＣＥＯ

デジタル革命がもたらしたもののうち、出版業界の既存構造の破壊に、何よりも大きな影響を及ぼしたものをひとつ挙げるとすれば、それは電子書籍ではなく、アマゾンだろう。１９９５年7月に、シアトル郊外の車庫で慎ましやかに生まれたアマゾンは、いまや物理的な本と電子書籍の両方の面で、唯一無二のもっとも重要な小売業者という地位を確立した。世界最大規模の小売業者でもあるアマゾンは、出版界のあらゆるプレイヤーの意識にその存在を焼きつけた。アマゾンの圧倒的な市場独占状態を考慮すれば、出版社がアマゾンとかかわらずにやっていくことはかなりむずかしく、多くの出版社にとって、アマゾンはもっとも重要な得意先となっている。それでも、アマゾンの支配が強まれば強まるほど、取引の課題が多くなる。アマゾンはどんどん拡大しつづける市場シェアを交渉の武器にして、出版社からより良い条件を引きだそうとする。その交渉はときに緊張をはらみ、世間の論争の的になることもある。このことは、アマゾンが書籍販売業の特性にもたらした強烈な変化に多少なりとも影を落としている。アマゾンのウェブサイトは事実上、入手可

能な本の目録といえるものになっている、アマゾンは、既刊や新刊を問わず、アマゾン以前の世界をはるかに上回る数々の本を読者に提供し、ほかの小売業者がとても太刀打ちできないレベルの顧客サービスを提供してきた。いまから思えば、アマゾンの出現はいわば、現代の出版業界史の転換点みたいなもので、アマゾン以前の本の世界と、アマゾン以後の私たちが知っている現在の本の世界は、まったく別物だ。アマゾンによってもたらされた小売業の変革は、デジタル革命によって可能になったもので、デジタル革命なしにはアマゾンは存在しなかった。しかもこの変革は、キンドルが生まれるよりもずっとまえから始まっていた。キンドルは、アマゾンが出版業界に及ぼした変革の重要な一翼をになったが、アマゾンによる変革はキンドルだけでなく、もっと広範ではるかに激しく、印刷書籍だけでなく電子書籍も取りこみ、出版におけるデジタル革命のほかの多くの側面も巻きこんだ。こんにちの英語圏の多くの読者や出版社にとって、アマゾン以前はどうやって本を売り買いしていたか、思い出すのも想像するのもむずかしいくらいで、アマゾンはいまや、本の世界の核のような存在になっている。

ある意味、アマゾンがもたらした小売革命は、1950年代以降の書籍販売の風景を変えてきた一連の進化のなかで生まれた最新の変革にすぎない。けれどもその長期的な影響は、これまでの進化よりも深く、広く及ぶ可能性が高い。英米圏における従来の本の販売方法は、いっぽうで多数の小さな独立型の書店、もういっぽうではドラッグストアやデパート、新聞雑誌の売店など書店以外のさまざまな小売店を通じたものだった。これがアメリカで最初に崩壊したのは、1960年代である。当時全国的に普及した各地の郊外型ショッピングモールに店舗を構えたモール型書店チェーン、B・ドルトン・ブックセラーやウォルデンブックスが台頭してきたからだ。(1) その後、それらのモール型書店は、1980年代から1990年代に頭角を現したバーンズ&ノーブルやボーダーズ・グループをはじめとする大型書店チェーンに駆逐されていった。19

９０年代は大型書店チェーンの全盛期であり、それらの書店はアメリカ全土にチェーン展開し、大都市圏にどんどん大型店舗を出して支配を争い、小さな自営書店や小規模チェーン店はますます廃業に追いやられた。イギリスでもひじょうによく似た展開があり、１９８０年代から１９９０年代にかけては、ウォーターストーンズとディロンズが競いあっていたが、どちらもＨＭＶメディアグループに買収され、ウォーターストーンズというブランドに統合された。１９９０年代の書籍販売の風景のなかで存在感を示していたのは、少数の巨大書店チェーンと量販店だった。巨大書店チェーンとは、アメリカではバーンズ＆ノーブルとボーダーズ・グループ、イギリスではウォーターストーンズとディロンズなどで、量販店はたとえば、アメリカにはウォルマート、Ｋマート、ターゲットや、会員制のプライスクラブ〔のちコストコ〕、サムズクラブ、ビージェイズ・ホールセール・クラブがあり、またイギリスにはテスコ、アズダ、セインズベリーなどがある。量販店は一般読者をターゲットとする本の販路として、ますます重要な存在になりつつあった。

アマゾンの台頭

このような状況で、アマゾンが書籍販売に向けて最初の一歩を踏みだしたのは、１９９５年夏のことだった。ジェフ・ベゾスは１９９０年代の初めに、ニューヨークのＤ・Ｅ・ショーというヘッジファンドで働いていた。そして１９９４年に、あるアイデアを思いついた。それは「エブリシングストア」というものだった。客と製造者の仲介をして、世界じゅうほぼあらゆる種類の製品を売るインターネット上の企業だ[2]。当時はインターネットがまだ産声をあげたばかりのころだったので、急成長中のインターネットを利用した新たなビジネス・ベンチャーを始めようと、ベゾスは仕事仲間とともにあれこれアイデアを練っていた。最初からあらゆる商品を扱うのは無理だとわかっていたので、まずはコンピューターソフトからアパレルや音楽まで20の商品カテゴリをリストアップした。そして、そのなかから本を選び、手始めにやってみることにした。ゆくゆくは総合的なストアになれればと考えているオンラインストアにとって、本は理想的な出発点だった。その理由は3つある。第一に、1冊の本はどこで買っても同じ本であるという意味で、質が一貫した商品であること。第二に、アメリカの本のおもな取次業者は2社のみで、さまざまな出版社と取引する必要がなく、大半の本はそれらの取次業者から調達できること。第三に、印刷されている本は300万タイトルあり、実店舗書店ではとうてい在庫として保管しておけない数であることだ。膨大な数の印刷書籍が存在するということは、実店舗書店で提供できないものをオンライン書店では提供できることを意味する。それはつまり、完璧な品揃えである。(3) したがって、オンラインストアにとって本は、おあつらえむきの商品だった。手始めの商品として本を選ぶ際に、ベゾスは、書籍文化に参加したいとか、貢献したいという確たる望みを満たそうとしたわけではなかった。ベゾスはなんといっても将来を見据えた起業家であり、インターネット時代の一小売業者として成長と成功のチャンスを最大限に生かす方法として、ビジネス上のひとつの決断を下し、本を選んだのだ。それがアマゾンの始まりだった。

ベゾスはシアトルに居を移し、資金を集め、車庫を改造してオンラインストアの準備を開始した。プログラマーを雇ってウェブサイトを作成し、1995年7月16日、ついにそのサイトを公開した。この段階のアマゾンは、実物の本を在庫として保管してはおらず、客が本を購入すると、取次業者のひとつに注文を出し、本が到着したら地下室(そのころにはシアトルのダウンタウンにある建物に移転していた)で梱包《こんぽう》して客に発送していた。これらのプロセスに少なくとも1週間はかかり、希少な本は2週間以上かかることもあった。(4) ささやかウェブサイト公開から1週間で、1万2438ドルの注文を受け、846ドル分の本を出荷した。

なスタートだったが、成長期はすぐにやってきた。1996年の初めには、シリコンバレーの技術系スタートアップ企業に資金を提供しているベンチャーキャピタルのいくつかと話をしていくうちに、シリコンバレーの起業家文化を支えてきた――そして現在も支えつづけている――「早く成長せよ」という原則を理解していった。この概念はシンプルだ。インターネットは新たなチャンスを切り開いた。それは最終的に、市場を制する地位を確立できた企業に大きな報酬をもたらす。そして、圧倒的な地位を確立するには、ほかの企業に抜かれないように早く動かねばならない。いまは利益を気にする必要はない。成長こそが鍵なのだ。マーク・アンドリーセンという、ネットスケープ社の共同創設者で、シリコンバレーの権威であり、のちに影響力の強いベンチャーキャピタルであるアンドリーセン・ホロウィッツを共同設立した人物は、このように述べている。「基本的な教訓のひとつは、まず市場シェアさえ広げれば、あとから収益はついてくるということです。いま市場シェアがなければ、のちの収益も得られません。もうひとつの教訓は、量を得た者が最後に勝つということです。そういう者が本当の勝利を勝ち取れるのです[5]」。これは「マイクロソフトの教訓」だとアンドリーセンは語った。「市場での遍在性を確保できさえすれば、選択肢はごまんと増えます。利益を得るための手がいくらでも出てくるのです」。1996年春、ベゾスと仲間らは、シリコンバレーの大手ベンチャーキャピタルであるクライナー・パーキンス・コーフィールド・アンド・バイヤーズから800万ドルの資金供給を受け、会社をできるかぎり早く成長させるという任務に取りかかった。スピードが命だった。アンドリーセンの言葉を借りれば「遍在性」ということになるが、他社より先に大きなシェアを獲得できれば、その支配力を活用してサプライヤーからより良い価格を確保し、顧客により良いサービスを提供し、最終的には利益の出るビジネスを構築することができるのである。

アマゾンの売上は、1990年代後半を通じてめざましい成長を遂げ、1996年に1575万ドルだった売上は、２０００年には27億６０００万ドルにまで増加した。２０００年までに、インターネットによる書籍販売は、アメリカの一般書籍売上の10パーセント弱を占めるようになっており、アマゾンはオンライン書店の最大手だった[6]。大手チェーン店、とくにバーンズ＆ノーブルとボーダーズは、２０００年の一般書籍売上の30パーセント弱を占め、依然として大きなシェアを誇る書籍小売業者だったが[7]、この状況にまもなく変化が訪れる。アマゾンの売上は伸びつづけたが、バーンズ＆ノーブルの売上は停滞した。そして、ボーダーズは２０１１年に倒産に追いやられた。多額の借金が重なり、売上の減少に伴ってもはや事業活動が維持できず、同年９月に全店舗が閉店してしまった。２０１０年には、アマゾンが市場の圧倒的な地位を築いていた。アマゾンの北米でのメディア売上（本、音楽、映画、テレビ番組、ビデオゲーム、ソフトウェア、デジタルダウンロードなどを含むが、アマゾンは本の売上を区別せずに報告している）は68億８０００万ドルに達し、急成長していた（前年比15パーセント増）。いっぽう、バーンズ＆ノーブルの店舗売上は落ちこみ、45億ドルを下回った。さらに、２００７年11月に発売されたキンドルが順調に売れるにしたがって、２００８年以降は電子書籍の売上が急増し、アマゾンの電子書籍市場のシェアは圧倒的なものとなり、書籍小売業界の地位をさらに固めるには最適な状況だった。

キンドルの起源は、アップルが音楽ストア、ｉＴｕｎｅｓを立ちあげた直後の２００４年に遡る。アップルがベゾスをはじめとするハイテク業界の多くの人びとの度肝を抜いたのは、音楽ビジネスを成長させ、アマゾンやほかの音楽小売業者を追い抜いたそのスピードだった。当時、アマゾンの年間収益の74パーセントが本と音楽と映画の売上であったことを考慮すると、アマゾンのコアビジネスである本の分野でアップルやほかの競合が、ｉＴｕｎｅｓのようなすぐれたデジタル流通システムを生みだしたりすれば、大きな痛手になるとベゾスは気づいていた。媒体がますますデジタル形式になっていく状況で、自社のコアビジネスを守るためには、アップルが音楽ビジネスを支配したように、アマゾンは電子書籍ビジネスを支配する必要があった。それが、ベゾスがｉＴｕｎｅｓの驚異的な成功から導きだした教訓だった。[8] アップルが音楽の世界でしたように、アマゾンは、使い勝手が良くてさまざまなカテゴリを網羅しているデジタル書店と、スタイリッシュなハードウェアとを組み合わせた統合的な消費者体験を生みだす必要があった。アマゾンは、本の世界のｉＴｕｎｅｓにならなければならなかったのだ。

ビジネス界の多くの人びとと同様に、ベゾスを含むアマゾンの経営陣たちも、クレイトン・クリステンセンの『イノベーションのジレンマ――技術革新が巨大企業を滅ぼすとき』（伊豆原弓訳、玉田俊平太監修、翔泳社、２０００年）を読んでいた。そして企業にとって大きな危険のひとつは、従来からあるビジネスがむしばまれていくことを恐れるあまり、破壊的な変化をなかなか受けいれようとせず、新しい市場を開拓しようとしないことだという考えに感銘を受けていた。[9] そして、クリステンセンの次のような見解を取りいれた――この危機を回避する可能性が高い企業は、コアビジネスから完全に独立した別の組織を設立し、その組織に自由裁量権を与えて、既存のビジネスがむしばまれはしないかという不安に駆られることなく、破壊的なテクノロジーにかかわりのある新規事業を立ちあげた企業である。ベゾスは、これこそ、アマゾンのやるべきことだと考え、シリコンバレーでＬａｂ１２６という秘密の研究グループを立ちあげた。そして、新たな読書機器の開発を含む、出版界のｉＴｕｎｅｓ的ソリューションを生みだすという任務を託した。[10] すばやく動かねばならない。ベゾスは確信していた。ぼやぼやしているとアップルやグーグルに先を越されてしまう。アマゾンが率先して人を惹きつける電子書籍ソリューションを開発し、当時市場に出回っていた不細工な電子書籍リーダーよりもずっとスタイリッシュで使いやすい読書機器を作らねば。

３年間の集中的な開発期間を経て２００７年11月19日に、とうとうキンドルが発売された。すでに出版社を説得して、キンドルがサポートする独自のファイル形式であるMOBIファイルで多くの作品が利用できるようにしており、発売までに、アマゾンのキンドルストアには、多くの新刊ベストセラーを含む、9万冊以上の作品が並んでいた。しかし、アマゾンが販売する電子書籍の価格は、明かされていなかった。発売日当日になってやっとベゾスは、ロウワー・マンハッタンのWホテルでの商品説明開始から17分後に、〈ニューヨーク・タイムズ〉のベストセラーをはじめ多くの新刊のキンドル版電子書籍を9・99ドルで販売すると発表した。多くの出版社は仰天した。まさかこんなことになるとは思っていなかったからだ。ベゾスは、アップルがiTunesで1曲を99セントで販売していることを参考に、しばらくまえからこの価格に決めていたが、発売まで出版社には伝えないでおくことにしていたのだ。9・99ドルという価格設定は、アマゾンが多くの電子書籍を赤字で販売することを意味していた。アマゾンは、出版社が設定した定価の約50パーセントの割引を受けるという、標準的なホールセール（卸売り）モデルで出版社から本を購入していた。これは、一般的な印刷書籍に対し出版社が通常設定している割合だった。したがって、定価26ドルの新刊のハードカバーの電子書籍版が1冊売れるごとに、アマゾンは3ドル強の赤字を被っていたのだ（これは、出版社がハードカバーの定価に合わせて電子書籍の定価をつけていることを前提としているが、実際はかならずしもそういうわけではなく、出版社がデジタル定価を印刷版の定価よりも20パーセント低く設定している場合もあり、その場合アマゾンの赤字は41セントになる）。

出版社を不安にさせたのは、アマゾンが自分たちの売った電子書籍で損をしていることではなかった。それはアマゾン自身の問題だ。出版社の懸念は、それとは別にふたつあった。ひとつめは、アップルが「1曲の値段は99セント」と消費者に思わせてしまったように、アマゾンの大胆な価格設定によって消費者の心に「電子書籍は1冊9・99ドル」という印象が刻みつけられてしまうことだった。この数字は直感的に決められたマーケティング戦略の産物で、製造から販売に至るバリューチェーンで実際に発生したコストをちっとも考慮していない。ベゾスは、ベストセラーや新作の価格を象徴的な閾値《しきい》である10ドル以下に固定することで、消費者がキンドルに引き寄せられると承知していたし、当面の損失を受けいれる準備も整えていた。それでも、この閾値が市場の標準として定着し、消費者がその価格を当然と思うようになりでもすれば、このニューノーマルに引きずられて、出版業界全体の価格が容赦なく引きさげられてしまうのではないだろうか。その結果、出版社の売上は強烈な下降圧力の影響を受け、わずかな差益がさらに絞られ、前払金以上の儲けが出ない作品が増加するだろう。もうひとつの懸念事項は、この新たな価格が人気を博してアマゾンが電子書籍の圧倒的な市場シェアを獲得し、事実上の独占状態になったとき、アマゾンはその市場パワーを利用して出版社に電子書籍の価格を下げるように強い圧力をかけたり、アマゾン側に有利な条件を出したりしてくるのではないかということだった。そうなれば、アマゾンは赤字を出さずに9・99ドル（またはそれ以下）で電子書籍を販売しつづけられるが、出版社のほうは差益がさらに圧迫されてしまう。あとでみていくとおり、出版社の懸念はまったく見当違いというわけではない。

すでに述べたとおり、結果的にキンドルは成功を収めた。これは多くの人にとって驚きだった。それまで数々の電子書籍リーダーが現れては消えていったが、一般大衆にあまり強い印象を残していなかった。一般の読書家たちは、印刷されたページで本を読むほうが好きなようだった。ところが、キンドルはちがっていた。ほかの多くの企業が失敗したのに、なぜアマゾンは成功したのだろうか。

キンドルには強みが6つあった。第一に、アマゾンは多少なりとも適切な技術を手にいれていた。キンドルはコンパクトで軽く、使いやすかった。アップルの製品ほどスタイリッシュではなかったが、それまでに開発されてきたさまざまな電子書籍リーダーに比べれば、ずいぶんスタイリッシュだった。ソニーの電子書籍リーダーと同様、キンドルにも電子インク技術が採用されていて、目に優しく、まぶしさを軽減し、直射日光の下でも読めるようにして、さらにバッテリーの寿命は数日から1週間という長さだった。第二に、キンドルストアには人気のコンテンツが揃っており、タイトル数も豊富だった。ベゾスは、これまでの電子書籍リーダーは、読者が読みたがる作品タイトルが惨めなくらい乏しいせいで、書籍リーダー自体の魅力を半減させていたのを知っていた。そのため、多大な労力をかけて、キンドルの発売日までに、キンドルストアに人気の本が充分に揃うようにした。そのラインナップには、当時の〈ニューヨーク・タイムズ〉のベストセラーと新刊112冊のうち101冊が含まれていた。第三に、少なくとも目を惹く作品につけられた価格が魅力的だった。〈ニューヨーク・タイムズ〉のベストセラーや多くの新刊につけられた9・99ドルという目を惹く価格は、マーケティング戦略として有効で、ほかの多くの電子書籍がそれより高い価格で販売されていたとしても、アマゾンの電子書籍は安価という印象を与えた。キンドルの初期費用はそれなりのもので、最初のキンドルは399ドルで販売された。けれども、多くの本を低価格で購入できるのなら、初期費用のすべてとはいわないまでも、少なくとも一部は時間がたつにつれて回収できる。第四に、キンドルはアマゾンのウィスパーネットという無線ネットワークに最初から接続されているため、キンドルストアを開けば直接電子書籍を探して購入することができる。無線LANに接続したり、コンピューターとつないだりする必要はなく、無線LANの料金を支払う必要もない。ネットワークの費用は本の費用に含まれている。これによって、本を購入する手間がおおいに省けるようになった。自宅であれ、通勤電車内であれ、職場であれ、週末の外出先であれ、どこにいても1分もかからずに電子書籍を購入し、キンドルで読むことができるのだ。

第五の長所は、時間とともに築かれてきた高い信頼性を特徴とする、すでに確立されている社会的関係のなかにキンドルが投入されたことだ。これは欠かせない利点だった。多くの読者にとって、アマゾンは馴染みのある存在だった。何年もまえから多くの人びとがアマゾンで本を買っており、クレジットカード情報もアマゾンに伝え、頼りになる本の供給者としてアマゾンを信頼するようになっていた。電子書籍の端末を購入するというのは、信頼に値する行為であり、実際そこには大きな信頼が伴った。電子書籍端末が問題なく動作するとか、それが使いやすいというだけでなく、読みたい本が手に入るとか、クレジットカードの情報が盗まれたり悪用されたりする不安を抱えずに電子書籍を購入できるとか、何よりも、1年後2年後に電子書籍端末やそこに入っている本が販売中止になったりしないか心配しなくていいという見込みがなければならない。そこまで見込まれるには、相当に時間や労力がかかるものである。こんなふうに誰かに信頼を置くとすれば、これまで本にかかわってきたことが明らかで、頼りになる書店としてすでに信頼を勝ち取っている組織以上に最適な企業はないのではないだろうか。

最後のひとつ、第六の長所は、何百万人もの顧客に関するデータと購入履歴データを足掛かりにして自社サイトで、また直接その読者に向けて、キンドルを積極的に宣伝できることだ。アマゾンは、最先端の読書端末に興味を持ちそうな特定の集団、つまり本を買っている消費者に直接販売活動をしかけることができる。これに匹敵する能力のある技術系企業はほかにない。

電子書籍の売上の伸びとキンドルの成功には、切っても切れないほど強い結びつきがあった。バーンズ&ノーブルがヌックを発売して電子書籍市場に参入してきたのは2009年11月で、そのころアマゾンは、キンドルの販売開始からまる2年を経ており、揺るぎないリードを確保しているように思われた。電子書籍の市場はまだちっぽけで、一般書籍の売上の3パーセントにも達していなかったが、当時、アマゾンの電子書籍市場のシェアは90パーセント前後とみられていた。出版社は、このまま電子書籍市場が伸びつづけ、アマゾンの独占的なシェアが維持されれば、その優位性を逆手に値下げや条件の引きさげを要求されるのではないかと懸念した。出版社はある状況に陥っていることに気づいた。電子書籍が印刷書籍の売上に置き換わって、ますます重要な存在になっていき、電子書籍の販売の大半が一小売業者を通じて行なわれ、その小売業者が価格の引きさげを決定したら、のっぴきならない事態になる。出版社は、アマゾンに本気で対抗できるプレイヤーやデバイスが増え、市場が多様化することを切《せつ》に望んでいた。そのため出版社は、遅ればせながらバーンズ&ノーブルが電子書籍端末市場に参入したことを歓迎したし、2009年末には、アップルがようやく出版社にアプローチしてきて、新しいデバイス向けにコンテンツを獲得しようとしている事実を歓迎した。当時はまだ秘密のベールに包まれていたが、その新たなデバイスは2010年の春に発売が予定されていた。それがiPadだった。

サンフランシスコで、iPadのベールがようやく外されたのは、2010年1月27日のことだった。アップルは六大出版社のうち5社と契約を結び、iPadの発売と同時に2010年4月3日に開設されるiBookstoreで電子書籍を販売することになっていた。アマゾンとちがってアップルはエージェンシーモデルを採用したので、そのモデルに基づいて出版社は、価格を設定することができた(ただし、あらかじめ決められた一定の価格帯の範囲内で設定しなければならず、その価格帯はおもにアップルが決定していた)。アップルは販売エージェンシーとしてその価格の30パーセントを手数料として取る。これはアップルがアップストアで採用しているモデルと同じだった。すべての出版社がアップルと契約を結んでいたが、そのなかには議論を呼びそうなプライスマッチ条項、いわゆる最恵待遇(MFN)条項が含まれていた。この条項では、アップルの競合他社がより低い価格である電子書籍を販売している場合、出版社はその電子書籍をiBookstoreでも同じ価格で提供しなければならないと規定されていた。この条項は、事実上、出版社がほかの小売業者をエージェンシーモデルに移行させる強い誘因となりえた。それによってほかの小売業者は電子書籍の価格を値引きできなくなる。もしほかの小売業者で値引きされれば出版社はiBookstoreでの販売価格をその価格に合わせなければならなくなり、その低い価格の70パーセントしか受け取れなくなるからだ。出版社には、電子書籍の販売において、従来のホールセールモデルよりもエージェンシーモデルを好む理由がほかにもあったが、最恵待遇条項があることで、その根拠はより強固なものとなった。そして、六大出版社のうちの5社とアマゾンとのあいだで、一連の緊迫した交渉が始まった。始まりは、いまや伝説となっている、ホルツブリンク傘下米マクミランのCEO、ジョン・サージェントのシアトルへの旅だった。2010年1月28日、サージェントは飛行機でシアトルに向かい、アマゾンにエージェンシーモデルに基づく新たな契約条件を提案したが、話し合いは失敗に終わった。アマゾンに提案をはねつけられ、ぞんざいに出口へ案内された。そして、サージェントが金曜日の夜にニューヨークに帰りついたときにはすでに、印刷書籍とキンドル用電子書籍の両方で、マクミランのすべての本の購入ボタンがアマゾンのサイトから削除されていたのだ。これはまさに、出版社がずいぶんまえから恐れていた類の、アマゾンの攻撃的行為だった。

2010年1月末の長い週末のあいだ、出版業界の多くの人びとがコンピューターに貼りついて、何ヶ月ものあいだくすぶっていた対立の火種がとつぜん爆発し表立った争いに発展した様子を、啞然としながら見守っていた。両当事者の見解が表明され、作家や読者、ブロガーはそれぞれの側の味方になって争いに加わった。その2日後、アマゾンは方針転換を決めた。六大出版社のうちほかの4社からもまもなくエージェンシーモデルへの移行を求める同様の要求があると気づいたのだ。そうなったとして、マクミランを含む5社すべての本の販売を拒否するかといえば、それはできない。2010年1月31日の日曜日、アマゾンは自社サイトに敗北を認める次のメッセージを掲載した。「我々は、強い反対の意志があり、それが真剣であることを示すためにマクミランの全作品の販売を一時的に中止した。しかし、最終的にはマクミランの条件を受けいれざるをえない。それは、マクミランが出版した作品はマクミランが独占しているからであり、電子書籍としてはやたらに高いと思われる価格であるものの、我々としてはそれらの本をお客様に提供したいからである」[11]。サージェントは、電子書籍をめぐる新たな価格戦争の初戦に勝利した。けれども、戦争はまだ始まったばかりだった。

司法省が参戦

ここまで紹介したのは、あくまで物語の背景にすぎない。ここから現代の出版史のなかでも、きわめて痛烈なエピソードのひとつへと進む。それは米司法省が起こした、アップルと大手出版社5社に対する、電子書籍の価格設定をめぐる反トラスト法（独占禁止法）違反の訴訟である。マクミランとの対立の直後、アマゾンは米連邦取引委員会に、一連の経緯を説明し、出版社とアップルが電子書籍の価格を固定するために違法な談合を行なっているのではないかという懸念を表明した。これを受けて、司法省はこの問題に着手した。その2年後の2012年4月11日、司法省は、アップルと出版社5社に対し反トラスト法違反訴訟を起こした。アップルと出版社は共謀して電子書籍の価格を釣りあげ、電子書籍販売における競争を制限し、シャーマン反トラスト法第1条に違反しているとされた[12]。司法省は、証拠を集め、出版社が互いに連絡を取りあっていたことを示した。メールや電話、そして「マンハッタンの高級レストランの個室での会合」を含む対面で、エージェンシーモデルを導入してアマゾンに電子書籍の価格を引きあげさせるという共通の戦略について話し合い、合意し、水平的共謀に関与しているというのが提訴した側の主張だった。いっぽうアップルは

「重要な共謀参加者」として行動したとされた。つまり、機を捉えて電子書籍の価格を引きあげるという出版社の望みを叶え、そのいっぽうで出版社にエージェンシーモデルを提案し、契約に最恵待遇条項を追加して小売価格競争から自分の身を守りつつ、ほかの出版社との交渉状況を各出版社に知らせることで、共謀者とされる者たちの集団行動を調整していたというのが司法省側の主張だった。このように、一当事者が多数の共謀者の行動を支配して調整することを、反トラスト法では「ハブアンドスポーク」型の共謀と呼ぶ。競合企業同士が製品の小売価格を固定する陰謀は、シャーマン反トラスト法第1条の「当然違法行為」にあたり、アップルも水平的価格謀議の垂直的な協力者として、同法に違反していると主張された。

このような訴訟問題に直面した出版社は、法廷で争って敗訴した場合には時間も費用もかかることが予想された。そのため、5社のうち3社がまもなく司法省と和解し、物議を醸す最恵待遇条項を含む既存のエージェンシー契約を終了させることに同意した。司法省の見解では、この条項は事実上出版社にアマゾンを含むすべての小売業者にエージェンシーモデルを強要し、価格競争をなくすことを強いる条項である。出版社は、エージェンシーモデルを使いつづけることはできた。司法省はエージェンシーモデル自体を違法とはみなしていなかったからだ。それでも、出版社は2年のあいだ、小売業者による電子書籍価格値引きをある程度認めなければならなかった（小売業者は、1年間に出版社の図書目録に掲載された書籍を販売して得た手数料の額以上の割引は許可されない――ようするに、手数料は割引の資金として使用できるが、それより多くを値引きできない。これは「エージェンシーライトモデル」と呼ばれる）(13)。また、6900万ドルの和解基金を設け、2010年4月1日から2012年5月21日のあいだに電子書籍を購入した読者への補償に用いることも合意した。当初、アップルとほかの2出版社は和解に応じなかったが、2012年12月、ペンギンはランダムハウスとの合併に先立ち、司法省と和解したことを発表し、2013年2月にはマクミランも和解を発表した。各出版社が和解していくにつれ、不利な結果になった場合に残りの被告が被ることになるコストが増大していった。そのため司法省の主張に同意しているか否かにかかわらず、和解への圧力が高まった。「数週間まえに、想定される最大の推定損害額を知らされました。息が止まりそうな金額をここでお伝えすることはできませんが、当社の全資産をはるかに上回る金額でした」と、マクミランのCEOジョン・サージェントは、ネット上に投稿したレターで述べている。[14] サージェントは、自分とマクミランが価格釣りあげの陰謀に関与したことは断固として否定していたが、裁判で争いつづけていくことに伴うリスクがとにかく高すぎた。

アップルは単独で裁判で争うと決めた。その裁判は、2013年6月にマンハッタンの連邦地方裁判所で行なわれた。デニス・コート裁判官は、小売価格の競争をなくし電子書籍の価格を釣りあげる共謀を促し実施する際に、アップルは中心的な役割を果たしたとみて、アップルに不利な判決を下し、判決のなかで次のように述べている。「アップルは機を捉えて、巧みに立ち回った。アップルは、被告出版社に対し、電子書籍の価格を引きあげるために必要なビジョン、形式、スケジュール、調整を提供したのである」[15]。アップルは控訴したが、2015年6月に第二巡回区控訴裁判所は2013年の判決を支持した。3人の裁判官のうちふたりは2013年の判決を支持したが、3人目の裁判官であるデニス・ジェイコブスは異議を唱えた。[16]

ジェイコブス裁判官の反対意見によると、連邦地裁と控訴裁判所の同僚はいずれも、アップルの立場を誤って解釈していた。ジェイコブス裁判官の見解では、裁判所は、アップルが別の競争空間で活動していることを充分に認識していなかった。アップルは、「小売業者同士というまったく別の水平的」競争にかかわっており、もうひとつの企業であるアマゾンが市場の約90パーセントを占めて実質的に独占している、電子書籍市場への参入をもくろんでいた。このように考えると、アップルの動きは反競争的行為とはいえないというのがジェイコブスの見解だ。むしろアップルは、「明確かつ圧倒的に競争促進的である。アップルは、90パーセントを一企業が独占している市場で主要な競合になる可能性があり、売上や評判の低下が確実になりそうな条件では市場に参入しようとしないのは当然だ」と述べている。アップルの行為は、アマゾンの独占状態に風穴をあけ、電子書籍市場の一極集中を崩し、アマゾンの市場シェアを（少なくとも一時的に）約90パーセントから約60パーセントに低下させ、他社が参入できるよう障壁を取り払ったとジェイコブスは結論づけている。

とはいえ、ジェイコブスの反対意見は少数意見で、巡回裁判所のデブラ・アン・リヴィングストンによって、すっぱり退けられた。リヴィングストン裁判官は多数派の意見として「反対意見の理論は、強力な競争相手の存在が水平的価格協定についての共謀を正当化している。これは反トラスト法とはまったく異質の、市場の自警団とでもいうべき概念を支持しているのである」と主張した。リヴィングストン裁判官は続けてこう書いている。

アップルは、価格固定の共謀を組織することで、iBookstoreが入りこめる道をみつけたが、それを実現させるには、市場全体の電子書籍の価格が、アップルと被告出版社がともに同意した水準まで確実に上昇しなければならなかった。市場に参入するための条件として価格競争の排除を許していては競争にならないのは明らかである。また、消費者にとっては、新たな電子書籍小売業者を手にいれる代償として、すべての電子書籍の価格が出版社のカルテルに支配されるというのは、慰めにもならない慰めである。出版社がアップルの手を借りて、新たな価格設定モデルに共同で合意したのは、まさに、電子書籍の価格を釣りあげ、新技術による強い逆風に直面した自分たちの利益と市場での存在意義を守るためである。(17)

リヴィングストン裁判官が示した見解では、アップルは価格競争を排除し、その結果消費者により高い価格をもたらすような陰謀に加担したことで、シャーマン反トラスト法に違反した。いっぽうジェイコブス裁判官の主張によると、市場の状況は重要な考慮事項であり、すでにその分野に存在する企業が事実上、市場を90パーセント独占している状況で、アップルは独占状態に風穴をあけ、競合に市場を開放するためになんとかやってのけられる唯一の行動を取ったのだ。判決は2対1でリヴィングストンを支持するものとなり、アップルは和解の一環として4億5000万ドル（そのほとんどが電子書籍の購入者に支払われる）を支払うことになった。アップルは最高裁に上告したが、2016年3月7日、最高裁は上告審を行なわないことを発表し、そうすることで前回の判決を支持した。こうして訴訟はようやく終結した。

この長い悪臭芬々《ふんぷん》たる裁判が法廷で進行しているあいだ、アマゾンは思いがけない恩恵を受けていた。コート裁判官が下した判決では、出版社は既存のエージェンシー契約を終了し、電子書籍の値引きを再度許可するよう求められた。これはアマゾンにとっては都合のいい結果だった。電子書籍市場のアップルのシェアは、多くの人が期待していたほど急速には拡大せず、電子書籍市場の3番目の主要企業であるバーンズ&ノーブルはヌックで勝負していたが、当初獲得したシェアを失いつつあった。グーグルは、2012年3月にグーグルプレイを立ちあげ、このゲームにはやや遅れて本格参入したため、まだ大きく食いこめてはいない。2014年初頭には、電子書籍市場におけるアマゾンのシェアは、バーンズ&ノーブルが大きく後退したことでふたたび上昇し、いっぽうアップルのシェアは15〜20パーセントあたりという控えめな位置にとどまった。さらにアマゾンは、デジタルの売上だけでなく、印刷書籍でもその地位を強固なものにしつつあった。多くの出版社にとって、アマゾンは印刷書籍の販売でも電子書籍の販売でも、唯一のもっとも重要な顧客と

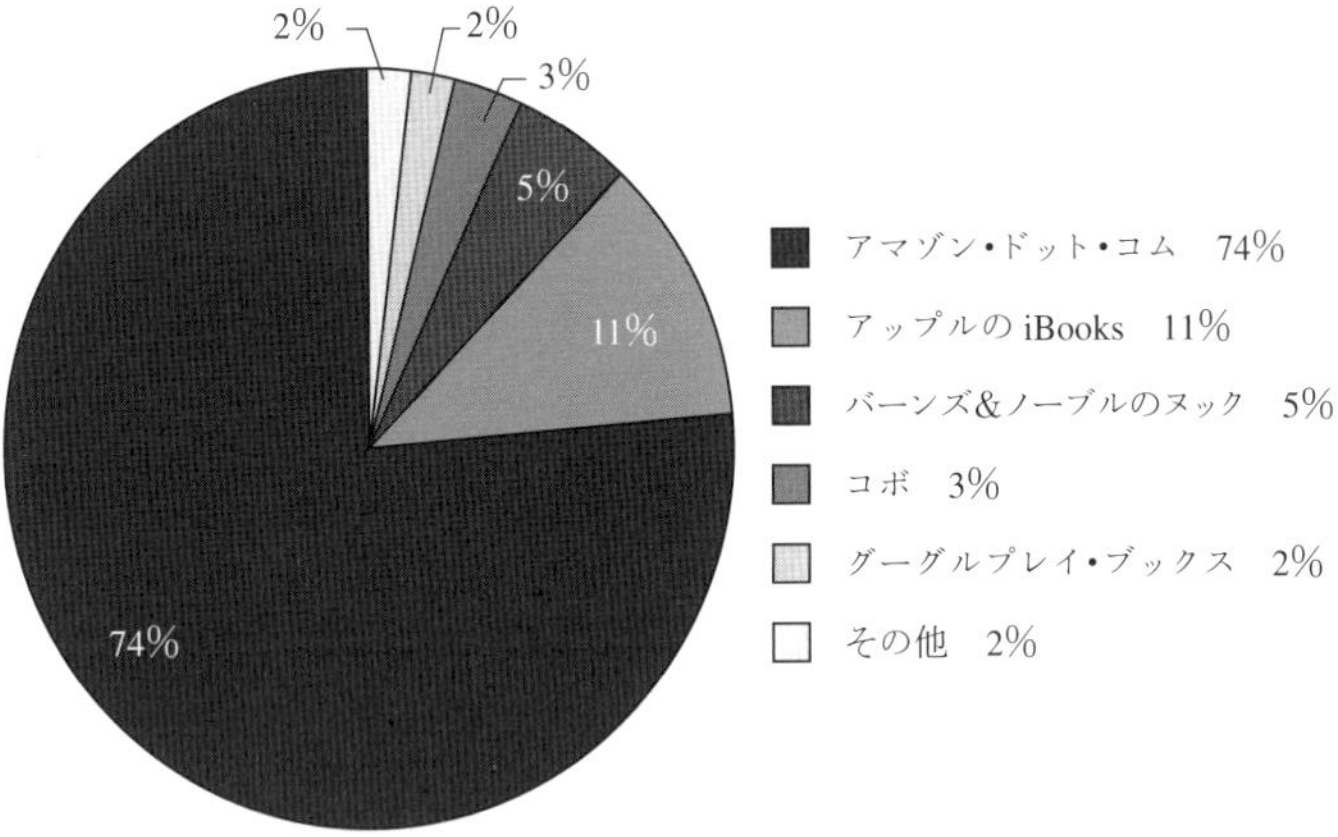

図 5.1　2016 年の有料電子書籍売上部数の米小売業者別市場シェア（推定）
出典：Author Earnings

なっていた。ある研究によれば、２０１４年３月時点で、アマゾンはアメリカにおける紙とデジタルを合わせた新刊本すべての売上部数の41パーセントを占め、電子書籍市場では67パーセントのシェアを獲得していた[18]。また、２０１３年でみると、アマゾンはオンラインで売られた紙媒体とデジタル媒体を合わせた全新刊本の売上部数の65パーセントを占め、オンラインのアウトレットでは書籍購入の41パーセントを占めていた。それに比べて、書店チェーンが占めている割合は22パーセントだった[19]。別の推定では、２０１６年のアメリカの有料電子書籍の売上部数の74パーセントをアマゾンが占めていたが、アップルのｉＢｏｏｋｓは11パーセント、バーンズ＆ノーブルのヌックは５パーセント、コボが３パーセント、グーグルプレイ・ブックスが２パーセント、その他のさまざまな企業が合わせて２パーセントだった（図５・１参照）。この数字でさえ、アマゾンの電子書籍市場における実際のシェアは過小評価されている。というのも、アマゾンの電子書籍サブスクリプションサービスであるキンドルアンリミテッドを利用して読まれる電子書籍が考慮されていないからだ（詳細は第9章で解説する）[20]。電子書籍では、アマゾンの市場シェアに近い小売業者はほかにないし、印刷書籍でも、アマゾンは多くの出版社にとって最大の小売業者になっていた。20年まえには存在すらしていなかった一企業が起こした変化にしては、小売業の景色をがらりと変えるほど途方もなく大きな変化である。

しかし、話はそれだけでは終わらない。アマゾンの電子書籍の価格戦略をめぐって論争が激しくなり、出版社がエージェンシーモデルに切り替えようとしていたちょうどそのころ、２０１０年1月20日に、アマゾンはキンドルのデジタル・テキスト・プラットフォーム（ＤＴＰ）を使ってアマゾンで直接自著を出版した著者に、新たに印税を70パーセントとする選択肢を提案すると発表した。ＤＴＰとは、作家であれ、出版社であれ、誰でも文章をアマゾンにアップロードし、キンドルストアで販売できる自費出版ツールである。ＤＴＰは、２００７年11月にキンドルと同時にサービスが開始され、題名と著者名と本文さえあれば、ほとんど手間をかけずに、誰でも自費出版ができるようになっていた。著者は99セントから２００ドルまでの価格を選択すれば、すぐにキンドルストアで自作原稿を本にできる。アマゾンは、売上の65パーセントを保持し、35パーセントを著者や出版社に渡していた。しかし２０１０年1月、アマゾンは、アップルが出版社に提供しているエージェンシーモデルが、売上の30パーセントをアップルが保持し、70パーセントを出版社に渡すという70対30の比率であることを知って、いくつかの条件を満たせば、ＤＴＰで出版される書籍の印税率を70パーセントにすると新たに発表した[21]。著者は、定価を2・99ドルから9・99ドルのあいだで選択する。その価格はその本のあらゆる印刷書籍バージョンの最低定価より20パーセント以上低くしなければならない。しかし、この条件とほかのいくつかの条件を満たせば、著者は定価の70パーセントから配送料を差し引いた額を受け取ることができる――エージェンシーモデルでアップルから出版社が受け取るのと同じパーセンテージだ。もしアマゾンが出版社の不安をあおろうとしていたのなら、この発表をするのにこのうえなく良いタイミングを選んでいた。出版社はアマゾンのアグレッシブな電子書籍の価格戦略が自社の収益を圧迫し、業界に長期的な悪影響を及ぼすのではないかとすでに懸念していたうえに、また新たな不安の種ができた。アマゾンはいまや著者から直接に、さらに多くの本を出版しようとし、従来の出版社で出版したときに受け取る電子書籍の印税率（一般的には純売上の25パーセント）よりもずっと高い印税率を提案し、出版社を完全に締めだすつもりではないだろうか。当時、この時点で70パーセントという新たな印税率の導入は、出版社と電子書籍の価格設定をめぐって繰り広げている戦いのさなかにいたアマゾンにとって、大胆でアグレッシブな対抗策だった。また、この時期にはすでに順調に進んでいた自費出版の歩みを、さらに前進させる強いカンフル剤としての効果もあった(22)。

さらに、もうひとつ。前述のＤＴＰは――のちにキンドル・ダイレクト・パブリッシング（ＫＤＰ）と改称される――アマゾン独自の多面的な出版プログラムのひとつにすぎなかった。まもなく、この多面的なプログラムが全体像を現しはじめた。２００９年５月、アマゾンはアマゾンアンコールという出版プログラムを立ちあげた。これは、日の目を浴びていない本や著者を発掘し、再出版して、アマゾン（ブックストアとキンドルストア）やほかの小売店で販売することを目的とした出版プログラムだった。その１年後、出版プログラムを翻訳書にまで広げた新しいインプリント、アマゾンクロッシングを発表した。そして２０１１年５月、アマゾンはふたつのジャンルインプリント、モンレイク・ロマンスとミステリに特化したインプリント、トーマス＆マーサーを立ちあげ、10月にはファンタジー・ＳＦ・ホラーを扱うインプリント、47ノースを立ちあげた。さらに２０１１年５月には、タイム・ワーナー・ブック・グループの元ＣＥＯで、出版業界では有名なリテラリー・エージェントのラリー・カーシュバウムが、アマゾン・パブリッシングのニューヨークオフィスの責任者となり、文芸・商業小説、ヤングアダルト作品、ビジネス、一般ノンフィクションの総合的な目録を開発する権限を得たと発表があった。こうしてアマゾンは著者と契約して、編集からマーケティング、販売、流通に至るまで、全体を完全に統合した出版サービスを提供し、従来の出版社と直接対決するという野望を持っているようだった。出版社はそんな相手のことを、どう解釈すべきだったのか。出版社にとってもっとも重要な顧客である小売業者が、電子書籍の売上の60パーセント以上を占め、印刷書籍の売上の割合も拡大してきているなかで、今度は独自の出版プログラムを拡大して、自分たちに直接競合することになったのだ。陰謀論者でなくても、アマゾンが自分たちの利益を奪おうとしているのではないかと考えてしまうだろう。

アシェットとの対立

いまやアメリカで大きなシェアを誇る本の小売業者となったアマゾンと、そこに本を供給している出版社との関係は、出版社が和解判決の厳しい条件に打ちのめされていることもあり、ますます緊張を増していた。そこに、アマゾン対アシェットという「広報活動災害」とでも呼ぶべき対決が勃発した。大手出版社とアマゾンとの和解後の契約は、２０１３年中は有効だったが、２０１４年に期限切れを迎えるものが多く、新しい契約の交渉が行なわれることになっていた。アシェットは一番手で、アマゾンとの契約の期限は２０１４年3月だった。２０１４年1月、アマゾンはニューヨークにあるアシェットのオフィスを訪れ、それまで合意していた条件とは大きく異なる条件を提示した。アシェットのシニアマネジャーは、アマゾンの要求の大きさに不意をつかれた。応じないというのが、アシェットの反応だった。新しい契約が結ばれるまで、契約は30日ごとに自動的に更新されるため、アシェット側は時間稼ぎをすることにした。そして、3月末が近づいてきた。協議は行なわれたが、両者の意見はまったく一致せず、新しい契約がいつ結ばれるのか、そもそも締結に至るのかさえわからない状態だった。アマゾンはアシェットへの圧力を強めはじめた。近刊本の予約は受けつけないし、発送は遅らせる、値引きを減らすなど、自在に使えるさまざまな手段を用いて、アシェットの本を買いにくくした。[23] 関係が悪化し、アシェットの売上が落ちはじめた。そして争いがその夏まで長引くと、作家たちが徐々に懸念を口にしはじめた。そして、1通の書簡がデイヴィッド・プレストンによって書かれ、ジョン・グリシャム、スティーヴン・キング、ポール・オースター、ドナ・タートをはじめ多くの有名作家を含む900人以上の作家の署名いりで、8月に〈ニューヨーク・タイムズ〉の日曜版に見開き広告として掲載された。その書状は、アマゾンにアシェットの本への制裁措置をやめるよう求め、「世界最大級の小売業者になる手助けをした作家たちの一部に害を及ぼしている」とアマゾンを糾弾する内容だった。[24] いっぽう、ヒュー・ハウイーやバリー・アイスラーなどの自費出版界の著名人の元に集結したほかの作家たちは、アマゾンを強く支持し、アシェットを厳しく批判する独自の請願書を発表した。[25] 対決はこの時点で、世間を巻きこみ、かなり醜悪なものになっていた。

それから数週間の交渉後、アシェットとアマゾンが最終的に合意に達したと11月に発表があった。アシェットは、電子書籍の販売価格を自社で設定できるエージェンシーモデルの維持に成功したが、アマゾンに支払う手数料を増やさねばならなくなった。この契約の交渉には1年近くかかり、とくにアマゾンにとって相当悪い評判が立った。多くの人の目には、企業の力を見苦しいほどまで誇示したことでアマゾンが評判を落としたように映った。ではなぜ、アマゾンは一供給者との取引条件の交渉で、このように悪評が立つリスクを進んで冒したのだろうか。また、もっと広い目でみるなら、いっぽうはアメリカ最大の書籍小売業者、もいっぽうはこれまたアメリカ最大の商業出版社という立場でありながら、なぜこれほど関係がこじれてしまったのだろうか。

アマゾンは、顧客に焦点を絞り、最低価格を含めた最高のサービスを顧客に提供することを自社のビジネス全体の中心に据えている。アマゾンにとって価格競争は欠かせないピースだ。それをひとつの手段として、客に値打ちのある品を提供したり、競合他社を切り崩したりするのだから。アマゾンがエージェンシーモデルに魅力を感じないのは、ほかの小売業者と競争し、市場シェアを確保するために組織的に（ときには冷酷に）利用してきた重要な手段のひとつを、エージェンシーモデルにすることで失ってしまうからだ。司法省による価格固定訴訟の結果、出版社に課された特別な条件によって、小売業者は一定の条件の下で限定された期間中は電子書籍を値引きすることが認められたが（エージェンシーライト）、この期間中に小売業者が行なった値引きは、電子書籍を販売することで得られる手数料を食い潰すため、小売業者の負担になった。したがって、アマゾンの利益率は大きく圧迫されていて、値引きを諦めず、また客にも負担をかけずに利益率を向上させるには、本の供給元から絞りとるのが唯一の道だったのだ。手数料の値上げや、電子書籍の販売促進のための共同広告[26]などを要求できれば、アマゾンは利益率を改善しつつ、電子書籍の値引きが可能なあいだはそれを続けることができる。いっぽう、出版社は絞りとられることになる。アマゾンの要求がひじょうに大きかったことと、アシェットの経営陣が、埋めなければならない溝があまりにも大きいときに交渉を渋ったことが、この対立がこれほど長引き、これほど激しいものになった端的な理由であろう。

市場のパワー

前述の対立という特定の状況以外にも、危機的でさらに大きな問題があった。出版業界の多くの組織は、印刷書籍と電子書籍の両方の重要な小売業者として、アマゾンの市場のパワー〔market power は「市場支配力」と訳されることもある〕があまりに大きくなっていることに強い不安を抱いている。また、アマゾンが市場のパワーを振りかざし、濫用《らんよう》するのは、需要独占《モノプソニー》ではないかという懸念を示す向きもある。経済学的にいえば、モノプソニーは供給独占《モノポリー》の鏡像、つまり対義語である。モノポリーは、単一の（または圧倒的に支配的な）売り手が、市場を独占していることによってその力を利用し、消費者が支払う価格を引きあげることができる状態を表している。それに対し、モノプソニーとは、単一の（または圧倒的に優勢な）買い手が、その市場を独占していることによってその力を利用し、供給者に支払う価格を引きさげることができる状態を指す。モノプソニーの昔ながらの例は、買い手が1社しかない農産物市場である。たとえば、1社の大規模な鶏肉加工業者が複数の小規模の養鶏農家から鶏肉を購入している場合、養鶏農家はこの買い手に販売する以外に選択肢がないため、買い手は養鶏農家から仕入れる鶏肉の価格を引きさげることが可能になる。また、複数の買い手が共謀して供給者に支払う価格を引きさげる共謀的なモノプソニーもある。モノプソニーの程度が市場パワーの濫用といえるほど強い場合は、反トラスト法の適用範囲になり、反トラスト法のもとで、モノプソニーとして、その企業や組織が起訴されたこともある[27]。この意味でアマゾンはモノプソニーなのだろうか。モノプソニーだとしたら、反トラスト法を違反するほどパワーを濫用しているのだろうか。

そう考えている人もいる。「アマゾンは巨大なオンライン小売業者で、パワーがあまりに大きすぎるし、アメリカが痛手を負うような方法でそのパワーを利用している」――これは、経済学者でコラムニストのポール・クルーグマンが、アマゾンとアシェットの対立が頂点に達していたころ主張していた言葉である[28]。もちろん、アマゾンは、小売業全体はいうまでもなくオンラインの小売市場を独占しているわけではないし、おそらく今後も独占することはないだろう。しかし、クルーグマンによれば、こと書籍に関しては、アマゾンは、かつてスタンダード・オイルが分割されるまえに石油事業でふるっていたような「泥棒男爵」型の市場パワーを持っているという。「アマゾンは、オンラインでの書籍販売を圧倒的に支配しており、その市場シェアは、1911年に解体されたスタンダード・オイルの精製油の市場シェアに匹敵します。本全体の売上をみても、アマゾンは群を抜いています[29]」。クルーグマンは、アマゾンが市場の独占的な立場を利用して消費者に対し価格を釣りあげようとはしていないと認めている。むしろ、アマゾンは消費者への販売価格をあえて低く抑え、ほかの小売業者の価格を下げさせていることが多い。「そのかわりに、アマゾンは、その市場パワーを利用して出版社に圧力をかけ、実質的には本に支払う金額を引きさげさせているのです」。問題は、これが反トラスト法に基づいて訴えられるようなパワーの濫用にあたるのか、それとも単なる正常な商習慣なのかということだ。もし、これが通常の商習慣にとどまらないもので、アマゾンの行為はモノプソニーにあたり、市場パワーを濫用しているという主張をするとしたら、その論理はこんな流れになるかもしれない。アマゾンは、すべての新刊書籍販売の40パーセント以上、電子書籍市場の70パーセント以上を占めていることから、交渉相手である供給者に比べてきわめて強い立場にあり、条件が折りあわなければ、出版社の収入源の約半分を断つことができる。これは、出版社にとっても、その出版社によって著書が出版されている作家にとっても、致命的な結果となる。なぜなら、アマゾンを通じて本が販売できなくなった場合に生じる売上の不足分をアマゾン以外の小売業者で補うのはとうてい無理だからだ。さらにアマゾンが、客がその出版社の本を買わないようにしたり、買えないようにしたりという方法を使って自由自在に出版社に圧力をかけるならば、これは市場パワーの濫用とみられてもおかしくないだろう。クルーグマンからすれば、このことに疑いはない――「アマゾンが消費者の望むものを提供しているとか、その地位は自らの手で獲得したという話はここでは問題ではありません。問題は、アマゾンが大きなパワーを持ちすぎているかどうか。そしてそのパワーを濫用しているかどうかです。たしかにアマゾンは大きなパワーを持ちすぎてますし、それを濫用してもいます[30]」。ほかの人びとはクルーグマンほど確信が持てないかもしれないが、アシェットとの対立によって、アマゾンの市場パワーの問題に光があてられ、いまやこの問題を無視するのはむずかしい状況だ。

では、なぜアマゾンは、2010年から2012年にかけてアップルや大手商業出版社が受けたのと同じような反トラスト法上の調査を、司法省から受けていないようにみえるのだろうか。これを説明するのに役立ちそうな理由はいくつか考えられる。そもそもアメリカの反トラスト法は、企業側の単独の行動と複数企業による行動を区別していて、複数企業による行動のほうをはるかに強く懸念している[31]。アメリカの裁判所は、1社の単独行動が誰かに危害を及ぼすことはむずかしいが、複数の企業の提携や共謀による行動は、はるかに深刻な脅威となる可能性が高い、とみなしている。さらに、水平的価格協定は、シャーマン法第1条に基づいて違法とされており、1940年にはアメリカの最高裁判所が水平的価格協定を禁止する当然違法の原則を確立している。つまり、裁判所はそのような契約はいかなるものであれ当然違法とみなし、それに反対する主張を審議しないのだ[32]。したがって司法省は、複数の企業が結託して価格を固定しているのではないかと疑った場合、調査を行なう可能性がかなり高くなる。これは、反トラスト法という側面からすると、たやすく手の届く果実であり[33]、司法省は、訴訟を起こせば勝てる可能性がおおいにあるとわかっているのだ。そのため、アップルと大手出版社とのあいだで電子書籍の価格を固定するために行なわれた共謀行為と思われる行為は、トラストを規制している当局の注意を惹く運命にあった。いっぽう、一小売業者がほかの競合よりも低い価格で独自に電子書籍を販売しても、簡単には疑いをかけられないのだ。

アマゾンが司法の目をすり抜けているふたつめの理由は、アメリカの反トラスト法上おもに注目されているのが、買い手より売り手であるからだ[34]。とはいえ、トラストを規制する当局が大手の買い手企業を相手取って訴訟を起こす場合もある。その好例が、トイザらスに対する連邦取引委員会の訴訟である[35]。しかし最近のアメリカの反トラスト法上の規制で、買い手を相手取った訴訟は、売り手に対するよりもずっと少ない。これは、買い手のパワーに向けられる注意の欠如を正当化しているわけではなく、むしろ反トラスト法の重大な弱点といっても良く、対処すべき問題だ。これは、トラストを規制する当局がアマゾンのような大規模な買い手企業に対してこれまで行動を起こしてこなかった理由の説明になる。

3つめの理由は、「モノプソニー・パワー」を構成しているものを何か具体的に挙げるのは、かならずしも容易ではなく、また、このパワーの濫用とはいったいどういうものを指すのかを明確にするのも容易ではないことだ。反トラスト法の文献では、「モノプソニー・パワー」と「カウンターベーリング・パワー〔「拮抗力」とも訳される〕」が区別されることが多く、反トラスト法の政策は伝統的にカウンターベーリング・パワーよりもモノプソニー・パワーをはるかに重視してきたが、カウンターベーリング・パワーのほうがずっと一般的である[36]。ざっくりいえば、モノプソニー・パワーは次のふたつの条件に合う場合に限定される。(1)大きな市場パワーを持っていない、供給コストの上昇に直面している多くの売り手から買い手が購入しており、(2)買い手が、これらの売り手に対して、競争的水準以下の価格で売り手の製造品を供給するよう強要できるほど重大なパワーを持っている場合[37]。このふたつの条件によって、モノプソニー・パワーと一般的なカウンターベーリング・パワーの場合とが区別されるといわれている。カウンターベーリング・パワーは、売り手が重大な市場パワーを有し、買い手が競争的水準により近い価格で交渉する場合を指す。これらの定義にあてはめると、アマゾンのパワーは、モノプソニー・パワーというより、カウンターベーリング・パワーのケースのようにみえる可能性があり、実際、一部の法学者はそのような見解を示している[38]。それでも、これらのふたつのパワーの形態の区別は、ぱっと見ほど明確ではない。たとえば、売り手が「重大」なパワーを有するとみなされるには、どの程度のパワーが必要なのだろうか。一部の売り手が「重大な」パワーを持っていたとしても、そんなパワーを持っていない多くの小規模な売り手がいて、買い手の条件を受けいれなければ廃業するしかないとしたらどうだろうか。さらに、パワーのある買い手が要求する価格が「競争的な水準」以上か以下かはどうやって判断するのだろうか。また、実際の市場が現実に混乱していたり、買い手と売り手のあいだの交渉がこじれたりしている場合、そしてモノプソニー・パワーとカウンターベーリング・パワーの線引きがむずかしいとき、トラストを規制する当局は、それがモノプソニーの教科書的な定義にあてはまるか否かにかかわらず、大規模な買い手企業のパワーを積極的に調査すべきではないだろうか[39]。

強力な買い手に対する対応がなぜ稀なのかの説明になるかもしれない4つめの理由は、害に関する説得力のある根拠を展開するのがむずかしいからである。強力な買い手の厳しい交渉戦術は、具体的に誰に痛手を負わせるのだろうか。とくに、買い手がコスト低下という利益の一部を価格低下という形で顧客に還元する場合はどうだろうか。強力な買い手の行為は、川上の供給者の収益を減少させ、その利益率を圧迫することで、それらの供給者に損害を与え、さらに買い手の条件への同意を拒否した場合には、廃業に追いこまれる可能性もあると主張することができる。これは同様に、新たな製品の開発、あるいは本の場合は作家が新たな本を執筆できるレベルの前払金や印税の支払いなど、新たなコンテンツの開発に投資してきた供給者が利用できる資源を削減することによって、川下の客が害を被る可能性がある。しかし、供給者の幸福が害されたとしても、アマゾンと本の場合、供給者との厳しい交渉によって、消費者の幸福が害されると実証するのはずっとむずかしい。アマゾンが消費者に低価格で本を届けることをほぼ信条のようにしていて、そのためにパワーを利用しているときはとくに。消費者の幸福がもっとも重要な問題として扱われる場合、パワーの強い大規模な買い手によってますます厳しく絞りとられる供給者の悲鳴は、低価格の祭りを楽しんでいる消費者の幸せなおしゃべりに紛れて聞こえない可能性が高い。

最後の理由は、現行のアメリカの反トラスト政策では、アマゾンが大企業であるという事実は、それ自体でもそれによっても、アマゾンに対して行動を起こす根拠にならないということだ。これは1970年代に起こった、アメリカの反トラスト政策の大きな転換を映しだしている(40)。それ以前のアメリカの反トラスト政策では、大企業は消費者や中小企業に害を与える可能性があり、また、大企業というものは経済的・社会的なパワーが集中して望ましくないという理由から、企業の規模にいまより注意が払われていた。しかし、1970年あたりから、ロバート・ボークやリチャード・ポズナーを含む勢いのある法学者のグループやジョージ・スティグラーなどのシカゴ学派の経済学者たちが、新古典派経済学に根ざした反トラスト法の新たなアプローチを開拓しはじめた。従来の反トラスト法が注意を払っていたパワーの集中や大企業の規模に対する懸念は、消費者利益、自由競争、市場の規制緩和が重視されていくにつれ、それらの影に隠れてしまった。大企業がその市場パワーを濫用したりほかの企業と共謀したりして価格の釣りあげや、生産量の抑制をしていれば、消費者の幸福に害をもたらすとみなされ、反トラスト法で訴えられる対象となることがある。けれどもシカゴ学派の思想家たちにとっては、「巨大さ」それ自体は問題でなかった。大企業のほうが効率が良く、より求めやすい価格で消費者に商品を提供できるかもしれないからだ。ボークの考えでは、当時の反トラスト政策の多くは、一部の非効率な企業を競争から保護し、ほかの商品を生産することなく価格を高く維持することを可能にしていた。これが、ボークの言葉を借りれば「反トラストのパラドックス」である(41)。ボークの考えでは、反トラスト法の行使は最小限にとどめ、たとえば水平的価格協定、モノポリーや複占《デュオポリー》

〔2社で市場を占有する状態〕を生む水平的な合併、限定された排他的行為など、明らかに反競争的な行為に標的を絞って重点的に目を光らせていくべきであるという。この方針は、レーガン大統領時代を特徴づけている新自由主義《ネオリベラリズム》と規制緩和という政策と調和しており、ボークらが主張した概念の多くが、司法省や連邦取引委員会の訴訟手続きや裁判所の判決に取りいれられた。このような新しい風潮で、中小企業を大企業から守るというようなことは、大企業であるがゆえにより効率的である可能性があり、消費者に低価格を提供できる可能性があるということがひとつの理由となって、トラストを規制する当局の強い関心を集めなくなっている。反トラスト法に関する政策が、企業のパワーよりも消費者の幸福に焦点をあてている場合、価格を引きさげることに尽力している大企業は、たとえその企業が低価格を実現するために供給者に負担を強いている可能性があるとしても、反トラスト規制当局の関心を惹きにくい傾向にある。

このようなさまざまな理由が、司法省がなぜ、アップルと大手出版社に対しては訴訟を起こしたにもかかわらず、アマゾンに対しては（少なくともいまのところは）措置を講じていないのかの説明になる。アメリカのトラスト規制当局がつねに目を光らせているのは、供給者に対し厳しい交渉を行なっている単一の買い手の行動ではなく、共謀して価格を釣りあげようとしているようにみえる複数の売り手のほうである。価格協定が反トラスト法の当然違法行為であることを考慮すると、今回のアップルと出版社に対する訴訟で不可解なのは、司法省がこの問題の調査を決めたことではない。むしろ気になるのは、高い金を払って企業弁護士の一団を雇っているはずの多くの大企業が、なぜ自社のCEOやシニアマネジャーがうっかり罠《わな》にはまるのを防げなかったのか、である。アマゾンとのあいだで電子書籍の価格設定や価格モデルをめぐって緊張感のある議論が続いている時期に、競合する企業のCEO同士の交流やコミュニケーション、会食は避けるほうが賢明だと、なぜもっと強く助言しなかったのか。それとも、助言されていたのだとしたら、なぜそれを無視したのか。たしかに、ニューヨークの出版界は狭く、激しい競争の場というよりプライベートな会員制クラブに近く、さまざまな企業のCEOやシニアマネジャーは互いに知り合いで、ファーストネームで呼びあう関係にあり、自社で本を出版している共通の作家や地元の学校の質など、さまざまな問題を非公式に話し合うことが多い。しかし、その会話や会食で実際に何を話したにせよ、業界でもっとも重要な小売業者との緊張感のある交渉が続いていた大事な時期に、そのような会話や食事会が行なわれていたという事実だけで、最悪の事態を想定する傾向にある調査担当者の心に疑念が生じたとしても無理はない。とにかく、形勢は不利だった。アップルと出版社が共謀していたにせよ、いなかったにせよ、実際に行なわれた会話の内容を知らないかぎり、証拠の多くは状況証拠である。とはいえ、この種の共謀事件では、共謀者が共謀の証拠を隠ぺいまたは破棄するためにどんな苦労も厭《いと》わないことを裁判所は承知しているため、状況証拠や限られた直接証拠でも、罪を立証するのに足りているとみなされることが多く、司法省はこの種の証拠を充分持っていた。[42] このような事情を考慮すると、競合する大手企業のCEOやシニアマネジャー同士が、もっとも重要な得意先のひとつとそれぞれが緊迫した交渉を行なっているときに、直接連絡を取りあっていたことは、控えめにいっても、まちがいなく賢い選択ではなかった。

それでもなお、一歩引いた視点でこの訴訟の詳細をみてみたとき、司法省が狙いを定めたのは本当に適切な標的だったのかと首をひねる人がいるかもしれない。供給者間での価格協定という共謀は明らかに規制対象ではあるが、それは正しい標的だったのだろうか。出版社がエージェンシーモデルに移行するまえの電子書籍市場のシェアの90パーセントをアマゾンが占めていて、エージェンシーモデルが導入されたあとのアマゾンのシェアが60〜65パーセントに低下したとしたら、けっきょくは出版社の行動はおそらく正当なものだったのだろう。もしかすると、出版社が協力しあって行動することで、アマゾンが電子書籍市場を完全に支配している状況を打破し、アップルをはじめとするほかの小売業者がこのフォールドへ参入する余地をもたらし、より多様な電子書籍市場を作りだすことができたのかもしれない。それは可能だったのだろうか。その可能性は高く、この見解に共感し、アマゾンこそが真の脅威とみなすオブザーバーや評論家は多かった。けれども、コート裁判官はこの種の反論には取りあわなかった。業界にとってある特定の状況が望ましくないとか、強力な小売業者の活動が有害あるいは不公平という見解があったとしても、その状況を終わらせるという理由で、競合同士の共謀を正当化するという理屈は受けいれられるものではない。「違法行為に対する救済策は、適切な法執行機関への苦情の申し立てあるいは民事訴訟、もしくはその両方である」とコート裁判官は語った。「違法な行為を行なったのは、別の企業が反トラスト法を違反しているせいだというのは、言い訳にならない[43]」

コート裁判官の答えは申し分なく筋が通っている。悪事に悪事で返しても善事にはならないのだ。けれども私たちにはまだ、トラスト規制当局と裁判所、反トラスト法の既存の解釈が受けいれようとしない問題が残っている。それは、市場で大きなシェアを支配している単独の強力な小売業者が、あるフィールドや市場において、供給者間の共謀と同じくらい悪質な影響を及ぼしうるという問題だ。市場をほぼ独占している単独の強力な買い手は、それより小さな複数の供給者が協力して行動するのと同じくらい効果的に、市場プロセスをゆがめ、競争を減らすことができる。さらに、デジタル時代には、アマゾンのような強力な企業は、一小売業者としてだけでなく、プラットフォームの役割も果たし、支配的なプラットフォームとしての立場を利用して、新たな形で排他的な行為を行なうことができるため、反トラスト法の基本的な前提とその執行について早急に見直す必要がある。古い時代に確立された基準は、新たなパワーの形を考慮して改訂する必要があるのではないだろうか。その新たなパワーは、ネットワーク効果〔同じサービスやプラットフォームを利用する人が増加することで、そのサービス自体の有用性や価値が高まる効果」や大量の顧客データを独自に管理することなどで利益を得ている企業によって行使されている。これは、デジタル以前の時代には存在しなかった状況である。これらの基準の一部を見直し、反トラストの監視の目を厳しくしてもいい頃合いだという認識を強めている人びともいる。その監視の目は、ネットワーク効果とプラットフォームやOSとしての自社の役割のおかげで、反競争的で有害な結果をもたらす事実上の独占企業となった大規模技術系企業に対して向けられている。(44) もちろん、現行の最高裁の構成や、いまだにシカゴ学派のアプローチに固執しているアメリカのトラスト規制当局の現在の上層部を考えると、これが近い将来実現するかどうかは、また別の問題だ。それでも、改革を求める有識者の論拠は強力だ。この件については、のちほどふたたび取りあげる。

心休まらない休戦

外部から状況を眺めている多くの人びとにしてみれば奇妙に思えることかもしれないが、和解判決によって課された一時的な契約が切れたあと、アマゾンとこの対立にかかわっていた出版社のあいだで交わされた新たな電子書籍の契約はすべて、エージェンシーモデルに基づくものになった。なぜアマゾンはいまになってエージェンシーモデルを喜んで受けいれようとするのだろうか。4年まえは、あれほど激しく反対して争っていたのに、和解判決を受けたいまになって。もしかすると、アマゾンの市場のパワーはそれほど大きくなかったということだろうか。

この奇妙な展開を理解するためには、2014年になるころには、市場の状況が変わり、エージェンシーモデルの契約が出版社だけでなく、アマゾンにとっても魅力的に映るようになっていたことを理解する必要がある。エージェンシー契約が、数年まえには存在しなかった形でいまではアマゾンに都合のいいものになった理由は、少なくとも5つあった。まず、2014年のキンドルの売上が、もはや2008年から2010年のころほどの伸びをみせなくなってきたこと。2008年から2010年にかけて、客をキンドルの世界に引きこむことは、アマゾンのエコシステムに客を引きこむのにもってこいの方法だった。13ドルの本を9・99ドルで販売することで新規の客を獲得できるのなら、その新規の客を獲得するためにかかった費用は3ドルということになる。ひとりの客から生涯得られる価値（顧客生涯価値《ライフタイムバリュー》）を考えれば、ひじょうに安上がりだ。キンドルは、新規顧客を獲得するためのツールとしてきわめて費用対効果が高かったし、一度アマゾンのエコシステムに加わり、アカウントを登録してクレジットカードやその他の情報を提供した客は、囲いこまれ、電子書籍だけでなくほかの商品についても生涯顧客となりうる。したがって、ドアの内側に客を招きいれることには計りしれないほどの価値があったし、市場のシェアを最大にすることがアマゾンの利益になった。この段階で、値引きした電子書籍の提供で新規顧客を引き寄せるというアマゾンの方法を邪魔するエージェンシーモデルの存在は、アマゾンにとって重大な障害となった。そのためアマゾンは抵抗した。けれども、電子書籍の売上が横ばいになると、キンドルの売上も横ばいになった。キンドルで電子書籍を読む人たちは、すでにキンドルを持っていたので、もはや新規顧客獲得の効果はなくなっていた。獲得できる新規顧客が以前より少なくなってきたのなら、電子書籍が1冊売れるたびに3ドルの損失を出す必要はない。こうして、キンドルの売上が減少するにつれ、エージェンシーモデルは、かつてのような障害ではなくなっていった。

ふたつめの理由は、2014年には電子書籍市場が成熟し、アマゾンは市場の約67パーセントを占め、圧倒的な地位を築いていたからである。どの点からみても、出版社との戦争には勝利していたし、電子書籍の売上が横ばいで、競合が低迷しているなかで、飛び道具を使いつづける必要はない。いまやアマゾンにとっては、あと2~3パーセントのシェアを獲得することは重要な問題ではないのに、赤字を出しながら本を売る必要などない。休戦を呼びかけて、静かにエージェンシーモデルへ移行することで得られる利益を享受しようではないか。これは3つめの理由につながる。アマゾンは、投資家から利益をあげよという成長の圧力を受けていた。アマゾンは新しいことにも投資しなければならなかったため、成熟した事業で金を作る必要があった。本はアマゾンの成熟事業のひとつで、まさに原点でもある。だから、本をロスリーダー、つまり収益度外視の目玉として扱うのをやめ、本でお金を稼ぐことにしたのだ。そして小売業者として本で儲けたいのなら、エージェンシー契約の話は渡りに船だった。本の販売価格がいくらであれ、30パーセントのマージンを保証してくれるのだから、申し分のない話ではないか。これからはエージェンシー契約でいこう。いまや市場シェアがもっとも大きい小売業となり、市場はもうこれ以上大きく成長しそうにないし、これで電子書籍ビジネスは利益が確保できる、というわけだ。

4つめの理由は、2014年までにアマゾンはまったく別の電子書籍ビジネス全体を手中に収めていたという点である。その事業は急成長しており、アマゾンは価格や利鞘《ざや》を含むビジネスのすべての面で、どこよりもはるかに大きくその分野を支配していた。それはキンドル・ダイレクトを介した自費出版である(のちほどくわしく説明する)。大手の商業出版社が自社の電子書籍の価格を12・99ドルに保ちたいのなら、アマゾンとしてはそれでぜんぜん構わなかった。むしろそのほうが、アマゾンには都合が良かった。なぜなら、キンドル・ダイレクトによる自費出版事業やキンドルアンリミテッドのサブスクリプション事業が、読者には、はるかに安くみえるようになるからだ。大手出版社の新刊電子書籍が12・99ドルであるのに対し、1・99ドルから2・99ドル、あるいはそれ以下の本もあって、キンドルアンリミテッドのサブスクリプション料は月額

9・99ドルだ。また、アマゾンが自費出版本やキンドルアンリミテッドから得る利益率は、すべてアマゾンの制御下にある。ニューヨークの気むずかしい出版社との長ったらしくて厄介な交渉は必要ない。

5つめの理由は、この時点でエージェンシー契約に合意すれば、競合や新規参入者が誰も、大幅な値引きによる価格の引きさげで市場シェアを奪えなくなるからである。市場が急速に拡大していたころは、アマゾンにとって値引きができるというのは重要なことだった。当時は、新規顧客の獲得競争に勝って自社の電子書籍のエコシステムに囲い込む必要があったからだ。しかし、市場の拡大が止まり、獲得すべき新規顧客が相対的に少なくなった状況では、既存であれ潜在的であれ競合する企業に、値引きという武器を使って対抗されては困る。エージェンシーモデルは出版社が価格を設定して小売業者は値引きできなくなるので、ほかの小売業者に対する完璧な砦《とりで》となる。かつてはアマゾンにとって命とりだったエージェンシーモデルが、そのころには競合や新規参入者から自社の市場優位性を守る有効な手段となっていたのだ。

このように考えると、エージェンシーモデルとは、そんなにいいものなのかと、疑問を抱く人がいても不思議はない。「出版社はアマゾンに大きな貢献をしました」と語ったのは、ある大手技術系企業のシニアマネジャーだ。この企業は、アマゾンに対抗できる規模と影響力を持っているが、今後もアマゾンに対抗できるかどうかは疑わしい。「出版社は財務上の利鞘をアマゾンに与えました。これはまさにアマゾンが必要としていたもので、またこれによってアマゾンの競合の息の根が止まったので、アマゾンにとって願ったりかなったりでした。出版社はアマゾンが利鞘を必要としていたから、このような緊張の緩和が起こったのだと気づきました。まずいときにまずいアイデアが重なったのです」。2014年にエージェンシーモデルに戻るという動きは、アマゾンには都合が良かったが、いまやアマゾンが支配する成熟した市場に、アマゾンと価格競争をしてシェアを獲得しようとする新規参入者にとっては、エージェンシーモデルが市場参入を阻む強力な障壁となった。

たしかにそうかもしれないが、電子書籍がエージェンシーモデルではなくホールセール契約で売られていたころも、ほかの電子書籍小売業者がアマゾンと競争し、その大きな市場シェアを奪うことは困難であったことも事実だ。いまのほうがチャンスはあるのではないだろうか。しかも、エージェンシーモデルは出版社に実際の利点がある。第一に、エージェンシーモデルによって、電子書籍の値引きが終わり、電子書籍小売業者はもはや、値引き価格を提示して他社を出し抜くことができなくなるため、公平な競争の場が生まれる。第二に、電子書籍の価格の大幅な低下がなくなれば、印刷書籍の価値低下もなくなるので、印刷書籍が保護され、実店舗の書店を支援することにもなる。第三に、出版社と作家に充分なお金が入るよう、ある程度は出版社が価格を決められるため、知的財産の価値を保護できる。ようするに、それが大手商業出版社が電子書籍のエージェンシーモデルを選択した理由であり、そして、一部が懸念しているにもかかわらず、それらの出版社が少なくとも当面はエージェンシーモデルを支持する可能性が高い理由でもある。

アップルと5出版社に対する司法省の訴訟はすでに過去のものとなり、アマゾンと大手出版社のあいだのエージェンシーモデルに関する緊張は緩んでいるが、電子書籍の価格設定と値引きをめぐる問題はなかなか解消されそうにない。それはこの問題が、デジタル革命で危機に瀕しているものの核心をついているからだ。情報の最大の特徴は、最初から情報を作りだすにはコストがかかるが、複製の限界費用はゼロに近いということである。そして、情報の複製はひじょうに安価であるため、大手技術系企業や小売業者はひとつの手段としてそれを利用して市場シェアを拡大し、それぞれの領域で優位になろうとする。別のいいかたをすれば、情報は、自社の目的を果たそうとする企業同士の戦いのなかで、使い捨てられる消耗品になる。したがって、オンラインの情報や記号コンテンツに価格引きさげの圧力が強まる。情報や記号コンテンツは、企業が規模を拡大し、市場シェアを獲得し、ユーザーデータをどんどん収集する方法として利用される。そして、その情報は安ければ安いほど、これらの目的を達成するのに効果的だ。このため、いっぽうは情報やコンテンツの作成者側、もういっぽうはインターネットを使ったサービスを提供する企業側という、根の深い構造的な対立を生みだしている。その目的とは急成長し、ネットサービス企業にとって、情報や記号コンテンツは目的達成のための手段である。その目的とは急成長し、そのフィールドの支配的なプレイヤーになること、少なくとも大きな注目を集められるほど充分支配的になることである。しかし、作成者側にとってコンテンツは、目的達成のための手段ではなく、それ自体が目的であり、時間と労力と創造力を費やして作成するため、それ自体に価値がある。ネットサービス企業にとって、情報や記号コンテンツの価格を下げようとする行為は理にかなっている。なぜなら、複製の限界費用はゼロに近いので、価格が下がれば競争力が強化され、さらに効率よく目的を追求することができるからだ。ところが、情報やコンテンツの作成者側からすれば、値下げの圧力は、自社の不可欠な利益を損ないかねない。なぜなら、コンテンツ作成プロセスから価値が吸い取られるからだ。また、時間を確保し、労力と創造力を傾けて一からコンテンツを生みだしている作家や出版社を含め、個人や組織が利用できるリソースがますます少なくなるからだ。エージェンシーモデルでは、出版社がデジタルコンテンツの価格設定をコントロールできるため、印刷版の価格と足並みを合わせた価格で、クリエイティブなプロセスを維持するのに充分な収益が得られる価格を設定することができる。エージェンシーモデルをやめれば、小売業者が値引きできるようになり、ほかのプレイヤーがアマゾンの独占に対抗できるようになるかもしれない。けれどもその場合は音楽業界が示しているように、単なる仮説では済まないリスクがついてくる。それは、出版業界から価値が流れでて、質の高い作品を生みだす業界を維持するのが、時間とともにますますむずかしくなるというリスクである。

第6章　可視性への闘い

出版界というフィールドにおけるアマゾンのパワーは、小売業者としてのシェアが恐るべき大きさであるとはいえ、拡大しつづける巨大なシェアにのみ起因しているのではない。パワーのもうひとつの源は、アマゾンが収集してきた豊富なデータである。そのデータはアマゾンのサイトを利用している3億人を超える客に関するもので、客が商品を検索したり、購入したりするたびに集められていく[1]。情報の収集によって、アマゾンはパワーの源、つまりユーザーのデータを利用できるようになる。このデータは、デジタル時代にますます重要性を増しているが、本を供給する出版社はいままで、これをほとんど活用できずにいた。このようなユーザーデータを私はとくに「情報資本」と呼んでいる。この情報資本については第12章でくわしく説明するが、ここでも簡単に定義を説明しておく。情報資本とは、情報の断片からなる特定の種類のリソースのことで、これらの情報の断片は、収集し、保存し、処理して、ほかの情報の断片と組み合わせることが可能で、特定の目的を追求するためのパワーの源として活用できる。もちろん、組織のリソースとしての情報という面に目新しさはない。組織はつねに顧客や競合する企業、市民、敵などに関する情報を収集し、これらの情報を、製品やサービスの向上であれ、敵を出し抜いたり撃退したりするためであれ、脅威へ対抗するためであれ、自社の目的のために利用してきた。しかしデジタル時代になって、情報を収集・保存するキャパシティ、収集できる種類、使い道がすっかり様変わりしてしまった。個人がネットワークを利用するたびに、足跡《フットプリント》のようなもの――つまりデジタル・フットプリントが残る。このデジタル・フットプリントを、組織は自らの目的のために記録し、処理し、利用することができる。たとえば、自社が提供するサービスを洗練し向上させるアルゴリズムにそのデータを入力したりする。これはグーグルがしていることだ。検索ごとにその結果を利用して、検索エンジンの効率と正確度を改善し、次回以降の検索に備えて関連ページを識別できるようにする。データはユーザー別に生成され、アルゴリズムに再帰的に入力される。このデータが多ければ多いほど、改善のための再帰的なプロセスは効果を増す。ユーザーのデータが組織の成功の基盤となるのだ。

同じ原理がレコメンデーション・アルゴリズムの背後に潜んでいる。これはアマゾンを含む多くのオンライン企業の屋台骨だ。ユーザーのプロフィールやネットワーク上の行動（ページビュー、選択、購入など）によって生じたデータに基づいて、新規購入を促すためにおすすめ商品《レコメンデーション》が提示されるのだ。そしてこのレコメンデーション・アルゴリズムは、時間の経過とともに新たなユーザーデータを取りこんで、洗練されつづけ、それぞれの顧客の閲覧経験を改善し、個別化《パーソナライズ》していく。これはマーケティングの仕組みとしてきわめて強力だ。個々のユーザーが実際に買ったものや買う可能性のあるものに合わせて、レコメンデーションが綿密に特別仕立《テイラーメイド》てされるのだから。同時にこの仕組みは、データを所有するオンライン小売業者によって制御されている。データはアルゴリズムに入力され、それを駆動させる。データと、データで構築されたレコメンデーション・アルゴリズムは、どちらも厳重に防護された秘密事項で、その小売業者の成功の鍵であり、その性能によって、より適切な商品を顧客の目の前に差しだして購買意欲をそそれるかどうかが決まる。しかし、これらのデータやレコメンデーション・アルゴリズムの詳細は、レコメンデーションという機能の助けを借りて本を販売している出版社を含めた供給者の手には届かない。

この点でデジタル革命は、つねに本のサプライチェーンを独特なものにしていた特色のうえに成り立っているが、デジタル環境の特徴とオンライン上のふるまいに基づくレコメンデーション・アルゴリズムに伴うパワーとを考慮すると、デジタル革命はこの特色を、まったく異なる重要な次元に押しあげた。これは従来型書籍サプライチェーンの特徴だ。すなわち、出版社は自分たちの本を最終的顧客の読者に直接売ることはめったにない。出版社のおもな顧客はいつも仲介業者、つまり書店や取次業者だった。とはいえ、実店舗を持つ書店の世界の小売業者が持っている顧客情報や顧客の閲覧・購買行動に関する情報は、デジタル時代のアマゾンやその他の技術系企業が持つ情報よりはるかに少なかった。デジタル時代の閲覧や購入というふるまいの多くはオンラインで行なわれ、ネットワーク上でのこの動きはすべて、ユーザーが使用しているプラットフォームを運営している企業によって捕捉・保存・利用される。この新たな世界では、小売業者が顧客について知っている情報と、出版社が知っている顧客情報のあいだのバランスが、デジタル時代以前よりも大きく偏っている。なぜなら、オンライン小売業者は、過去の小売業者に比べてはるかに多くのユーザー情報を知っているからだ。そしてこれによって、出版社がパワフルな新しい小売仲介業者であるアマゾンに依存する度合いがさらに増す。アマゾンはいまや、出版社の売上の大部分を占めるだけでなく、出版社の最終顧客である読者のデータを所有し、そのデータを使って新しい強力なマーケティング体制を構築している。そしてこのマーケティング体制をコントロールしているのは、出版社ではなくアマゾンなのである。これは、デジタル化以前の時代には存在しなかったある種の依存関係だ。

ユーザーデータに基づいた新しいマーケティング体制の創造は、データを管理する小売業者へのパワーバランスの移動を予感させた。しかしそれだけではない。デジタル時代にますます重要になる新しい形態の可視性と発見可能性の傾向も示しているのだ。書籍ビジネスは量を扱うビジネスである。さまざまなメジャーな本の市場では、毎年膨大な数の新刊が出版されている。さらに、従来の出版業界が算出している新刊出版数は、各歴年に発行されたＩＳＢＮに基づいているが、デジタル技術によって可能になった新たな出版形態が存在することで、この新刊本の数は以前ほど信頼性が高くなくなった。[2] この問題は、多くの自費出版本にＩＳＢＮがついていないという事実によって、さらに複雑さを増す。この状況では、アメリカやイギリスなどの市場で毎年何点の新刊本が出版されているのか、正確な数字がわからないし、それどころか、数字を出そうにも何を新刊本として数えるべきなのかさえはっきりしなくなっている。とはいえ、その数が膨大であるのはまちがいない。少なくとも何十万タイトル、おそらく数百万タイトルに上るとされている。[3] 毎週、雪崩《なだれ》のように大量のコンテンツが現れる状況で読者は、おびただしい数の新刊本のなかから自分で本を探すとなると圧倒されてしまい、早々に諦めてしまうだろう。読者は、自分が興味を持ちそうな本を探すのに必要な複雑さを軽減し時間を短縮する方法を必要としている。もちろん読者はすでに自分なりに簡単に興味のある本をみつける方法を手にしている。信頼の置ける友人の推薦や書評を参考にしたり、すでにほかの作品を読んで好きになった作家の作品を選んだりなど、充分にテストしつくされた方法だ。作家のスタイルや作家が作りだす登場人物への愛着に基づく読者の忠誠心が、有名作家の成功を支えている。しかし、複雑さを軽減する別の方法が活用できるなら、読者はそれを受けいれるだろう。出版社は、コンテンツがあふれている状況で自社の本に注目を集め、読者が時間と集中力を費やすに値するものとして自社の本を選んで、購入して、できれば読んでもらう方法をみつけなければならない。出版社が、直接的であれ間接的であれ、リアルであれバーチャルであれ、自社の本を読者の目の前に差しだし、みえるようにしたり、発見できるようにするための効果的な方法をみつけなければ、いかにして読者は新しい本のことを知ったり、膨大な数の新しいコンテンツのなかから、それらの本をみつけたり、発掘したりできるだろうか。たいていの場合、出版社が直接本を販売しているのは消費者ではなく、仲介業者（小売業者や取次業者）である。それでも、読者の注意を惹き、購入を促す方法が必要だ。でなければ、出版社が仲介業者に販売している本は、返本され出版社に戻ってくる。セルスルー〔商品が小売店から実際に消費者に販売された状態〕がなければ、出版社の小売店や取次業者への販売は、倉庫から倉庫への在庫の移動あるいは販売を委託した状態にすぎず、最終的に売れ残った在庫のコストは出版社の負担になる。従来からの出版の世界で、セルスルーを達成するために出版社が用いていた戦略は、マーケティング、宣伝、店内プレイスメントの組み合わせだった。プレイスメントとは、書店チェーンや量販店、スーパーマーケットなどの小売店で可視性の高い物理的空間に本を置くことだ。ところが、オンラインの世界では、可視性はまったく別の形態になる。

実店舗世界の可視性

デジタル革命以前は、自社の本が読者の目に留まるように、出版社はメディアなどによる可視性と物理的または「場所に依存した可視性」に頼らねばならなかった。[4] 出版社は一般的に、さまざまなメディア戦略を駆使して、新聞や雑誌、専門の書評誌をはじめとする従来の印刷メディアに広告や書評を掲載して、本の可視性を高めていた。それでも、物理的可視性または場所に依存した可視性を高めるために、多くの商業出版社が宣伝費の予算の大半を費やしていたのは、購買活動が活発な書店チェーンや主要な小売店などだった。これらの店舗こそ、現実の閲覧者の奪いあいが行なわれている場所だった。昔の戦争のように、戦場、つまり時間と空間に位置づけられた物理的な場所で戦いは行なわれていた。おもな戦場は店の店頭スペースだった。そこには、陳列台が6台ほど戦略的に配置され、ドアから入ってきた客の行く手をさえぎり、客が無意識のうちに歩みを止めて目の前の台に並べられた平積みの本に気づき、本を手に取ってページをめくり、新作のフィクションやノンフィクション、ベストセラーなど、こちらの本からあちらの本へと陳列台を移動するのを促す。そして、まだこの空間に佇んでいる客が、周りに目を向けるように誘導し、本が山と積まれたラダー型のラックや、壁の棚に並んでいる（たいてい）色鮮やかな表紙のベストセラーに気づくように仕向ける。この物理的な空間は――たしかにいまもまだ残っている――読者に本のことを知ってもらい、買ってもらうために不可欠な場所なのだ。

その重要性を考えると、意外なことではないが、この店頭スペースは無料ではなく、むしろ積極的に商品化されている。このスペースを商品化するためのおもな仕組みは、手数料を遠回しに表現して「共同広告（co‐op）」と呼ばれる。[5] 基本的に共同広告とは、出版社が小売店のプロモーション費用の一部を負担するための財政的な貢献方法のひとつである。出版社には共同広告に対する各社独自の方針がある。大半の商業出版社は、特定の小売店に提供できる金額を、その小売店で売れた自社の本の前年純売上に対するパーセンテージとして算出している。その割合は、出版社によって2〜4パーセントと幅がある。たとえば、ある出版社の条件が前年の売上の4パーセントであった場合、この出版社の本の売上が前年は10万ドルだった小売業者は、翌年に使える共同広告費として4000ドルを得ることができる。小売業者はこのお金をプールし、店舗かウェブサイトでこの出版社の本を宣伝するために使用する。宣伝方法は、出版社の営業担当者または顧客担当マネジャーと小売業者のバイヤーとのあいだで本ごとに決められる。ときどき、補充する費用を増やして、書店の特別な販促活動に複数の特定の本を組みいれることがある。たとえば「1冊買えばもう

「1冊無料」とか「2冊分の金額で3冊買える」といったペーパーバックの販促活動など。大手の商業出版社は、1990年代後半から2000年代前半にかけて共同広告にかける費用を大幅に増やした。1980年代は30～35パーセントだった共同広告の費用が、2010年には多くの出版社でマーケティング費用全体の半分以上を占めるようになっていた。

出版社側は、バーンズ＆ノーブルなどの大手小売チェーン店の店頭ディスプレイに本を並べてもらえるかどうかを、完全にはコントロールできない。通常は、全国展開している小売店を担当している出版社の販売マネジャーが、小売チェーンの本部バイヤーに新刊を紹介し、重要な本に対してどのような期待をしているかを伝える――たとえば、自分たちがその本にどれほどテコ入れしているか、何部くらい仕入れしてほしいと考えているかなど。バイヤーは、同じ作家の本の売上歴や表紙、その他さまざまな要素を考慮して、本を独自に評価し、それに基づいてどの本を何部買うかを決定する。共同広告の金額はたいてい購入額と連動している。営業担当者とバイヤーのあいだでは、小売業者が何部購入するか、出版社が買いつけをサポートするためにいくら使うかを決めるやり取りがある。その後、営業担当者とバイヤーは、店頭の陳列台、店内中心部、棚の端の通路に面したディスプレイ部分、ラダー型のラックなど、どこを使ったどのような店内プロモーションが適切か、何店舗で何週間行なうかなどを交渉する。料金は、陳列位置のタイプ、本の種類（布張り表紙、トレード・ペーパーバック、マスマーケット）、本の購入数、取り扱い店舗数、プロモーション週数、1年のうちのどの時期かによって異なる。値段がいちばん高いのは店頭真正面の陳列台で、奥に行くほど値段が下がる。通常は、バーンズ＆ノーブルのようなアメリカの大手小売チェーン店の店舗正面中央の陳列台に2週間本を置いてもらう場合、出版社の負担は全店舗で1万ドルになる――おもな量販店や空港内の店舗（全書店の約3分の1）ではおそらくその半分、独立系書店（全書店の約10～15パーセント）ではさらに少ない。店舗奥の陳列台なら3500ドル。また、ラダー型のラックは1週間で2万5000ドルになることもある。これらの置き場所は、小売店が買いつけた本の仕入れ部数に連動する。おおまかな目安として、店内の陳列は、ハードカバーの新刊で1冊1ドル程度となる〔日本の書店ではこの有料陳列台の仕組みはない〕。

大手小売チェーンの店頭ディスプレイに本を置くコストを考えれば、この期間の本の売れ行きは重要である。これは本を置くために手数料を支払っている出版社だけでなく、金をかけて実店舗である不動産を維持している小売業者にとっても重要なことで、だからこそ、出版社は新刊を出版したあと数日から数週間は、新刊本の売れ行きをとくに注意深く見守る傾向がある。これは何も意外な話ではない。大手出版社は、大手小売チェーンから毎日売上の情報を入手して、店頭でのプロモーションを含め、1日単位でどれほどすばやく売れ筋の本が動いているかを確認することができる。動きの速い本があれば、大手出版社は人員をさらに配置し、プロモーション活動をさらに強化する。大手出版社は、成功の最初の兆しにすばやく反応し、燃えはじめた火に薪をくべるのが得意だ。いっぽうで、店頭プロモーションを行なった本が売れなければ、店頭に置いておくための費用は妥当とはいいにくくなる。最初の数週間は、おもな商業出版物にとって、成功するか失敗するかの重要な時期であり、もしその本に動きがなければ、高価な店頭プロモーションからすぐに撤退させられる。書店の店頭やその他小売店の物理的な空間は、高い可視性と高い売上をもたらすかもしれないが、この空間を占めるために支払われる価格も高くなる。実際には、このような価値の高い、可視性の高いスペースに置かれる本はごくわずかで、また、よしんば置かれたとしても、そこにとどまる時間はほとんど無に等しいくらい短いこともある。

メディアを介した可視性の変貌

店頭で展開されるプロモーションの費用と、その場所の少なさを考えると、本の可視性をいくらかでも高めるためにさまざまなメディアを利用するという方法は、大半の出版社と大半の本にとってつねに魅力的な選択肢となる。このようにメディアを利用して可視性を高める方法は、試行錯誤を充分に重ねた方法が数多くあり、出版社はどこも、マーケティング担当者、宣伝担当者、プロダクトマネジャーなどの専門スタッフを置いている。それらの人びとの仕事は、さまざまなメディアに働きかけて、そのメディアのなかで、本や作家のことを目にしたり、気づいたり、耳にしたり、話題にしたり、評してもらったりすることである。これらの目的はすべて販売促進である。しかし、デジタル革命のおかげで、このメディア空間が様変わりしつつあり、その過程でメディアを介した可視性は変貌している。この変貌のあらましを説明するのは簡単だ。要は、従来のいわゆるマスメディアの重要性が低下し、ソーシャルメディアを含むオンラインメディアがますます重要な存在になっているのだ。しかし、この領域で生じているあまりに多くの一般化と同じく、このおおまかな説明では、一方通行の流れという単純な想定と一致しない複雑な多重性がみえてこない。

従来のマスメディアが、本の可視性を高めるためのプラットフォームとして重要性を失いつつある理由のひとつは、これらのメディアがそれ自体の新たな圧力に直面しているため、本のために希少なスペースをさこうとしなくなったことである。マスメディアという言葉は、つねに誤解を招きやすい用語である。何百万人もの読者や視聴者からなる巨大な観衆《オーディエンス》をイメージさせるが、実際には、多くのメディアが生みだすオーディエンスは、これよりもはるかに少ない。ここで重要なのは、オールドメディアと、ニューメディアとのコントラストだ。オールドメディアとは、デジタル革命以前に発達していた新聞、雑誌、ラジオ、テレビなど、いずれも比較的多数の受け手にコンテンツを伝播するために用いられるメディアである。ニューメディアとは、デジタル革命に続いて現れた、とくにインターネットと、それによって可能になった独自形態のコンテンツの作成、配信、相互作用とに本質的に結びついたメディアである。新聞は、本の可視性を生みだすという点でもっとも重要な伝統的メディアのひとつであるが、しばらくまえから勢いが衰えてきている。新聞の種類や発行部数が減少しており、書評を掲載するスペースは縮小されるか、すっかり姿を消しつつある。新聞の付録として独立して発行されていた多くの書評特集号が廃止になったり、規模を縮小したりしている。2001年には〈ボストン・グローブ〉が書評と時事解説のページを統合し、2007年には〈サンディエゴ・ユニオン・トリビューン〉が書評欄を廃止し、2008年には〈ロサンゼルス・タイムズ〉が、「サンデー・ブックレビュー」という日曜版の独立したコーナーを廃止して、土曜日版の紙面の別コーナーと統合し、本の紹介にさくスペースを縮小した。アメリカの大都市の新聞としては独立した書評欄を維持している数少ない新聞のひとつである〈ニューヨーク・タイムズ〉でさえ、「ブック・レビュー」という付録号のボリュームを半分近くに縮小しており、1980年代半ばには平均44ページだったのが、現在では通常24〜28ページとなっている。[6] この流れは大手のテレビ局でもほぼ同じで、〈ザ・トゥデイ・ショー〉、〈グッドモーニング・アメリカ〉、〈ジ・アーリー・ショー〉などのテレビ番組では、かつては本のプロデューサーがいて、多くの時間をさいて本を紹介していたが、現在では本の優先順位は低くなってしまった。〈オプラ・ウィンフリー・ショー〉の一コーナーとはいえ15年間ほかに類のないテレビ番組として、本に可視性を提供し、本の販売を促進してきたオプラズ・ブッククラブでさえ、2011年5月に終了してしまった。とはいえ、オプラ・ウィンフリー・ネットワーク〔オプラ・ウィンフリーが立ちあげたテレビチャンネル〕やさまざまなソーシャルメディアでオプラズ・ブッククラブ2・0が再スタートしている。それでも、全盛期のオプラズ・ブッククラブのように広範な視聴者を獲得していない。イギリスのリチャード&ジュディ・ブッククラブも同様の運命をたどった。これは、2000年代初頭にチャンネル4の〈リチャード&ジュディ・ショー〉の一コーナーとして放送され、本の可視性を高め、本の売上を促進するうえできわめて重要な役割を果たしていた。しかし、2008年8月にこの番組自体が打ち切られ、イギリスのデジタルネットワークで短期間放送されたあと、このブッククラブは文房具と本を扱うW・H・スミスと共同で運営するウェブサイトに姿を変えた。

1990年代後半から2000年代前半にかけて、大半のマーケティングマネジャーは、自社の本の可視性を高めるために頼っていた従来のメディアが衰退しかけていると認識していた。そして、ほかの方法をみつけるか、少なくともほかの方法を追加して、自社の本に読者の目を向けさせる必要があると考えていた。2000年代前半になると、既存メディアにすっかり依存していたマーケティング戦略は、本や作家、見込みのありそうな読者、出版社のリソースやノウハウを頼りに、既存メディアと新しいメディアをさまざまな方法で組み合わせた、より多様なマーケティング戦略へとシステマティックに移行していった。情報環境は急速に変化していた。オンラインサイトが急増し、2000年代中頃のウェブ2・0〔初期のウェブとは異なる次世代のウェブを漠然と総称する言葉。SNSなどを通じて利用者側も情報発信できるようになったウェブの特徴を指す〕の発展に伴い、ブログやソーシャルメディアのプラットフォームが人気になりはじめていた。出版社はほかの多くの業界と同様に、このすばらしき新世界でどのように舵を取り、自らのマーケティング戦略をこの世界にいかにしてなじませていくかを突きとめようとしていた。ネットの世界では、本をどうやってアピールすればいいのだろうか。インターネットの仮想空間で読者の注意を本に向けるには、どのようなツールが使えるのだろうか。また、大半の出版社が理解しようと懸命な、急速に変化していく世界で、このような新しいタイプのマーケティング活動は、マーケティングスタッフの従来からの活動とどのようにかかわってくるのだろうか。

多くの出版社では、本が出版される約1年まえに会議が開かれ、マーケティングマネジャーがその本のマーケティング予算を設定し、マーケティングキャンペーンの計画を立てる。予算は、その本の損益計算書に基づいて、たとえば、総収益の6・5パーセントなど、通常は予想される収益に対する割合で設定される。「したがって、その予算は低いときで5000ドル、あるいは3500ドルということもありますし、高いときは50万ドルになる場合もあります。5000ドルに近い低予算キャンペーンでないかぎり、大半のキャンペーンは、その中間の額に収まります」と説明したのは、ある大手出版社のインプリントのひとつでマーケティングを担当している人物だ。「そこで私たちは、『さて、私たちには予算が5000ドルないし50万ドルある。読者にリーチするためには何が必要だろうか。ターゲットはどんな読者層だろうか。その読者はどこにいるだろうか。どうやってそれらの読者にリーチすべきか』という話をします。弊社でこういった会話に参加するのは、出版部門の責任者や編集者、広報担当者、営業担当者、そしてマーケティングチームです」。ここで重要なのは、その本の主要な読者と考えられる人たちにリーチするために、与えられた予算で何ができるのかを突きとめることである。

印刷広告や作家によるプロモーションツアーなど、従来の本のマーケティングキャンペーンの要素のなかには、重要性が薄れてしまったものがあり、多くの出版社がそれらに割り当てるリソースを減らしている。そのかわりに、大半のマーケティングマネジャーは、読者になりそうな人びとにピンポイントでリーチできるきめ細やかな方法をみつけることに、ますます力を注ぐようになっている。そうやってリーチするときは、従来からある新聞・雑誌などの印刷メディアやテレビなどの電子メディアに加えて、メーリングリストやブログ、ウェブサイト、オンラインのニュースサイト、ソーシャルメディアなど、数多くのさまざまなチャネルを使う。そして、興味を持ってくれそうなグループやコミュニティ、さまざまな個人を特定し、その人たちにどの方法でアプローチするのがいちばん良いのかを探りあてようとする。あらゆる媒体で、おしゃべりや口コミを生むために、ターゲットを絞ったメールキャンペーンを実施したり、カンファレンスやコンベンションへ出向いたり、ソーシャルメディアへ投稿したり広告を出したり、その本について書いたり話したりしてくれそうな適切な立場にいる人に本を送ったりする。対面であれ、ブログやソーシャルメディアを介してであれ、既存の印刷メディアや電子メディアを通じてであれ、その本の話題が拡散しさえすれば、手段を気にする人はいない。

大手出版社のマーケティングマネジャーの多くは、新たなメディアを重視するようになっているが、従来メディアを使った宣伝や書評への掲載を確保するためのマーケティング上の取り組みと別々に考えるのではなく、むしろそれらと関連させて考えている。現代の複数のメディアチャネルが混在する情報過多でハイブリッドなこの世界で、マーケティングマネジャーが取り組むべき課題は、どこであれ、本に気づいて、目にして、議論して、話題にしてもらうことである。そして、オンラインで気づいて、目にして、話題にしてもらうためにもってこいの方法は、オフラインの既存の印刷メディアや電子メディアで、気づいて、目にして、話題にしてもらうことである（その逆もまたしかり）。それらは相互に排他的なチャネルではなく、相補的なチャネルになりうるので、何もかもうまくいけば、互いが支えあい強化しあって、好循環で話題が拡散される。また、既存の印刷メディアや電子メディアの多くがハイブリッドメディアとなって、オンラインコンテンツがオフラインのコンテンツのことを掲載し、再現し、ときにはそれを大きく上回って話題を拡散する場合があることを考えると、オンラインのメディアがオフラインのメディアとつながることも、またその逆も、これまでより容易になっている。メディアはつねに自己引用を行なっており、メディア内で話題になったことやコメントされたことをつねに話題にしたり、コメントしたりしてきた。デジタル時代が到来しても、メディアのこの基本的な特徴は変わらず、むしろその自己引用の規模が桁違いに大きくなった。

たとえば、ブログとして生を受けたアンディ・ウィアーの作品『火星の人』について考えてみよう。この小説は２０１４年にクラウンから出版されて〈ニューヨーク・タイムズ〉のベストセラーになった。このとき社内の宣伝担当者は従来メディアへの対応を担当し、オンラインメディアでのキャンペーンは、オンラインメディアを専門に扱うフリーランスのＰＲ業者、アンドレアに委託した。既存メディアを専門とする宣伝担当者は、さまざまな新聞や雑誌、テレビやラジオ番組のさまざまな編集者やプロデューサーを知っていて、そのような人びとと信頼関係を築き、彼らがどんなことに興味を持っているかを把握していなければならない。同様に、オンラインメディアを専門とする宣伝担当者も、オンライン空間の地図を理解し、誰が重要な役回りを担っているかを把握し、その人物たちと関係を構築しなければならないし、自分が販売促進したい本に興味を持ってくれそうな人びとが、オンライン上のどこに集まっているかを知っておかねばならない。アンドレアには、自分が促進しようとしている宣伝に適したオンライン空間とキープレイヤーに関する精巧な認知地図がある。キープレイヤーのことをアンドレアは「重要なインフルエンサー」と呼んでいる。「彼らは膨大な数の投稿を行なっており、多数の人びとが彼らをフォローしているからです。人びとが彼らの投稿は話の種になるとわかっているからです」。オンラインの宣伝担当者としてのアンドレアの価値の一部、また出版社が彼女を雇いたいと思う理由のひとつは、アンドレアが重要なインフルエンサーを知っていて、それらのインフルエンサーと関係を築いていることだ。そのため、インフルエンサーが興味を持ちそうな本を手にいれたら、さっそくアプローチして、その本について話すことができる。またアンドレアは扱っている本それぞれについて、誰に接触すべきか正確に把握している。これこそ、アンドレアが『火星の人』を担当したときにしたことだった。アンドレアは、「面白いものを集めたディレクトリ」と自称しているサイト・ブログ〈ボイン・ボイン〉の創設者のひとりで、共同編集者でもあるマーク・フラウエンフェルダーに連絡を取った。マークがこの本を気に入ってくれれば、ボイン・ボインで何かをしてくれるだろう。また、マークはおそろしく顔が広く、テレビ番組に呼ばれてポップカルチャーの最新トレンドについてコメントすることなどが多いので、それ以外の場所でもこの本のために何かしてくれるだろうと考えていた。そして、まさにそのとおりのことが起こった。マークはこの本を気に入り、毎週配信しているボイン・ボインのポッドキャストで著者にインタビューしてくれたのだ。それがほかの多くのサイトで取りあげられ、クロスリンクされた。そのあと、アンドレアはマークにレディットでのチャット投稿を依頼し、それがレディットのトップページに掲載された。そして2014年2月4日、マークは、アメリカのNPR〔旧ナショナル・パブリック・ラジオ〕が配信するポップカルチャーに関するラジオ番組〈ジェシー・ソーンのブルズアイ〉にゲストとして出演した。マークはこの機会に『火星の人』をほめちぎり、「火星のロビンソン・クルーソー」と表現し、「すばらしい本でお気に入りだ。夢中になって読んだよ」と絶賛した。マークの熱の入ったコメントはまもなくソーシャルメディアで取りあげられ、ツイッターでつぶやかれたり、フェイスブックに投稿されたりして、感染症のようにまたたくまにソーシャルメディアじゅうに拡散された。そのあと2月7日には、トム・シッピーの書いた高評価のレビュー（「説得力に満ちている」）が〈ウォール・ストリート・ジャーナル〉に掲載され、これがまたソーシャルメディアで取りあげられ、ツイートや投稿が行なわれ、オンラインとオフラインのメディアでの報道が、互いに影響しあいながら、どんどん大きく広がっていった。会話のなかで、この話題に及んだとき、アンドレアはフォルダを開き、大判の紙を取りだした。その紙には、これらの主要なメディアイベントがそれぞれどのように取りあげられ、オンラインとオフラインの両方でほかのメディアに再転送されていったのかという経過が記録されていた。つまり、これらの別々のメディアイベントが互いにつながっているということを示す紛れもない地図だ。これらの個別のメディアイベントは、オンラインとオフラインのメディアが密接につながっている世界では、あっというまに取りあげられ、再転送され、増幅され、拡散され、より広範な人びとのネットワークへと広がっていった。それはまたたくまに起こった同時配信のようなもので、アンドレアによって可能になったのだが、彼女が管理しているわけでも指揮しているわけでもない。「あなたがやるべきことはただひとつ、できるだけ多くの人の目や耳に届くようにして、圧倒させることです。この火星の人というのは何だろうか。そこらじゅうでやたら目につくし、耳に入ってくる、というように」

オンラインとオフラインのメディアが融合した新たなハイブリッドな世界では、オンラインとオフラインのどちらかいっぽうが重要なわけではなく、オンラインとオフライン双方の協調的な相互作用が鍵となるが、この相互作用がうまくいけば、おしゃべりを増幅させる好循環が生まれる。次に記すのは、ある経験豊富なマーケティングマネジャーの言葉だ。

けっきょくのところ、オンラインメディアがオフラインよりも効果的だとはいえません。それは真実ではないのです。本当に効果的なのは、すべてが調和して作用することです。たとえば、NPRの放送で本の売れ行きが変わったのをみたでしょう。あれがまさに相互作用です。コンテンツにもよりますが、一般的にはNPRで大きな特集が組まれると、売上が急増します。ですから、NPRは私たちにとってすばらしいテレビチャンネルですし、番組でぜひとも取りあげてもらいたいと思うのです。けれども、さらに効果的なのは、そのコンテンツがオンラインでも多少なりとも反響を呼ぶことです。誰かがその本について話を聞いて検索してくれれば、その作品の広告をみるでしょう。かくかくしかじかのものを探せば、そこにあるのですから。あるいはアップルの端末を開いた人が、あれこれいじっているうちに、iTunesをみて、注目の本についてのコーナーで、かくかくしかじかが商品化されている、と気づくのです。このような出来事は、それぞれ単独でもそれなりに興味深いものですが、3つすべてが重なることで、もっとずっと効果的な販売が行なえるのです。私たちにとって販売促進の秘訣《ひけつ》は、これらすべてのプログラムをどのように連携させるか、どのようにバズらせて市場で幾度も話題にさせられるか、ということなのです。私たちはすべてをひとまとまりのものとして考えています。

アルゴリズムの勝利

オンライン小売業者、とくにアマゾンの役割がますます大きくなってきたことで、本の可視性は別の道に方向転換している。それによって、いままでとはまったくちがうツールで本を消費者の目の前に差しだして注意を喚起することができる。実店舗で本を目立たせるための方法はさまざまある。たとえば、店頭の陳列台やラダー型のラックを使ったディスプレイなどはその最たるものだが、そのほかにも書店員のおすすめを紹介したり、店の特設コーナーで表紙を表にして陳列したりすることなどがある。このような可視性には、光をあてる価値のある特徴がふたつある。ひとつめは、可視性が一般化されていること、つまり、誰が来店しても同じ本が目に入ること。ふたつめは、可視性が場所に依存していること、つまり、本を目にするためには、実際にその店に入らなければならないことだ。標準化された場所に依存した可視性。それが実店舗の書店で高めることのできる可視性である。これはきわめて効果的に力強く作用する場合がある。たとえば、バーンズ&ノーブルやウォーターストーンズの店先の陳列台やラダー型のラックから驚くほど大量の本を売ることができるだろう。しかし、書店の物理的な特性からして、それ以上のことはできない。

ところが、オンライン環境では、可視性を高めるためのさまざまな新しい機会が開かれている。たとえば、あなたが入ったある書店では、なんらかの方法を使って、目にする本がみな、あなたのために選ばれた本になるようにカスタマイズできたとしたらどうだろうか。つまり、パーソナライズされた書店で、あなたに示される本は、あなたが関心を抱きそうなタイプの本が選ばれているのだ。したがって、これまで一度もスリラーを買ったことがない、あるいは買おうという関心を示したことがない人に、ジョン・グリシャム作の最新のスリラーが表示されることはない。何がいいたいのかというと、ジョン・グリシャムの本をスリラーに興味のない人に向けて表示するのは、その人の貴重な時間と集中力を無駄にすることになる。いっぽう、あなたがふだん購入したりサイトで眺めたりする本が、政治家の伝記や第一次世界大戦に関する歴史書だとして、書店があなたに出版されたばかりのその種の本を選んで表示させることができるならば、これは、あなたのためにデザインされた書店に入っていくようなものである。可視性は個々の訪問者の関心や趣味、好みに合わせてカスタマイズされ、パーソナライズされ、テイラーメイドされる。しかもあなたは、家やオフィスを離れて、物理的な店舗へ歩いていく必要もない。パーソナライズされたバーチャルな可視性は、あなたがどこにいようとも、あなたの画面に届けられる。

各ユーザーが過去に購入した商品を基づいて、それぞれのユーザーにパーソナライズしたウェブページを提供するというアイデアは、ベゾスがアマゾンのために考えた当初のビジョンの一部で、１９９５年にサイトを立ちあげた直後、ベゾスとスタッフたちは、このビジョンの実現に着手した。これを実現するには、過去のデータに基づいてコンピューターがレコメンデーションを生成できるアルゴリズムを構築しなければならなかった。では、どのようなデータを使い、どのようにしてアルゴリズムを構築したのだろうか。

アマゾンは、ウェブサイトをパーソナライズするための試みとして、最初にファイアフライ・ネットワークという企業が開発したブックマッチというソフトウェアを利用した。(7) 客は本をいくつも格付けするように要求され、その格付けに基づいてこのプログラムが個々の客にすすめる本のリストを作成した。しかし、このシステムはあまりうまく機能しなかった。多くの客は、プログラムから商品を推奨してもらうために、わざわざ手間をかけて自分で本を格付けして、必要なデータを提供しようとはしなかった。そこでアマゾンは自社でアルゴリズムを開発し、客が実際に購入した本を足掛かりにして推奨リストを作成するアルゴリズムを構築した。このレコメンデーション・アルゴリズムの最初のバージョンは、「シミラリティーズ〔「似た者同士」という意味〕」と呼ばれ、購買履歴が似ている顧客をグループ化し、それぞれのグループに属する人びとにとって魅力のある本をみつける仕組みになっていた。(8) この結果、さっそく売上が増加した。シミラリティーズはブックマッチに取って代わり、アマゾンの個別化マシンへと進化していった。

レコメンデーション・アルゴリズムを開発するというアマゾンの当初の目的は、「クラスター・モデル」の使用に基づいていた。つまり、顧客を区分けして、アルゴリズムが各ユーザーをもっとも類似した顧客を含むグループに割り当て、グループ内の顧客の購入と評価を使用してレコメンデーションを生成するのである。けれども、クラスター・モデルでは、グループに含まれる顧客がかなり多様であるため、比較的質の低いレコメンデーションが生成される傾向がある。そこでアマゾンはアルゴリズムを「アイテム間協調フィルタリング」というものに変更した。(9) クラスター・モデルでは、ユーザーと類似する顧客をマッチングするのに対し、アイテム間協調フィルタリングのアルゴリズムでは、ユーザーの購入・評価したアイテムと類似するアイテムをマッチングする。アルゴリズムはまず、顧客がある商品と一緒に購入する傾向のある商品をみつけ、併せて購入する頻度という観点から、アイテム間の類似度を計算することで、類似アイテム表を構築する。それぞれペアになったアイテムのあいだの類似度が判断され、数値が与えられると、アルゴリズムはもっとも相関性の高いアイテムに基づいてレコメンデーションを生成する。この類似アイテム表の構築は、コンピューターによる計算量がひじょうに多いが、オフラインで行なうことができるため、かなり大規模なカタログやリピート顧客層に対してもそのアルゴリズムを拡張することができる。アルゴリズムのオンラインコンポーネントは、ユーザーの購入履歴や評価から類似アイテムを調べる。これは比較的簡単に行なうことが可能だ。そのため、アルゴリズムはきわめて高速で、ユーザーが新たに何かを購入したときなどユーザーデータの変化に即座に対応することができる。アルゴリズムによって相互に関連性の高い類似アイテムがレコメンデーションされるため、おのずと的確なレコメンデーションが行なわれやすくなる。またこのアルゴリズムは、ユーザーのデータがごく限られたものであっても充分に機能する。[10]

アマゾンはこのレコメンデーション・アルゴリズムを、顧客とつながる領域で使用している。たとえば、ホームページに現れるおすすめ商品、パーソナライズされたあなた専用のページ、ショッピングカートページに現れるおすすめ商品など（「スーパーマーケットのレジの横に陳列されている「ついで買い商品」に似ていますが、当社のついで買い商品は各顧客に合わせているのです」[11]）。そしてアマゾンが定期的に顧客に向けて配信する多くのメールキャンペーンなどでも。世界じゅうの3億人以上の顧客が購買したり閲覧したりする際のデータを有し、その顧客に直接マーケティングしたり販売したりできるキャパシティを備えたアマゾンは、小売業者として競合よりはるかに大きな強みがある。アマゾンは、量的にもその詳細においても前例のない豊富なユーザーデータ（すべての購入、すべての閲覧ページ、すべてのクリックに関するデータ）を利用して、可能なかぎり効率のいいマーケティング活動を個別に行なうことができるのだ。

新旧ふたつの世界の可視性は、これ以上ないほど異なっていることがある。実店舗という古い世界の可視性は一般化され、場所に依存していて、選ばれる本が限られている。店頭正面の陳列台や書店やその他小売アウトレットのショーウインドウに陳列される本は限られている。仮にすべての書店で異なる本が陳列されたとしても（実際にはそうではない――それとは程遠い）、陳列された作品の総数は、出版されている本の数のごく一部にすぎない。これとは対照的に、オンライン書店の世界の可視性は、パーソナライズされ、仮想的で場所に依存していない。その世界で可視化されうる作品数は、それぞれのユーザーに対し、それぞれの関心や好みに合わせてテイラーメイドされた本が選ばれて提示できるため、無限である。

ふたつの世界の可視性は、形態が大きく異なるだけでなく、牽引役も異なる。実店舗の世界で、店頭の目立つ場所で可視性が得られるのは、交渉という社会的なプロセスの結果である。このプロセスのなかで、出版社の営業担当者と書店や書店チェーンのバイヤーは、陳列すべき作品を検討し、場合によっては陳列を支援する共同広告という形で出版社から受ける財政的貢献の額を交渉したりする。これは対面または電話やメールを使って行なわれる社会的プロセスのひとつである。そして、このプロセスのなかで、出版社と書店という本のサプライチェーンの重要なふたつの組織を代表する個人が、多数の候補から厳選した少数の作品を店頭の目立つ場所に陳列することと、この可視性に関する条件について合意する。これに対し、オンライン書店の世界では、選定プロセスはおもにアルゴリズムによって行なわれる。もちろん、このアルゴリズムを書いたり、さまざまな要素がどの程度の重みがあるかを決めたりするのは人間なので、このプロセスに人間もかかわってはいる。けれども、どの作品をどのユーザーに示すかという選択は、おもにユーザーデータの自動分析に基づいている。自動分析の対象はユーザーが以前にどの本を買い、どの本を閲覧したか、それらの本に似ているのはどの本かなどだ。これは、出版社と書店のあいだの交渉による合意ではなく、書店が独自に保有するユーザーデータを使って、顧客のオンラインでの行動に基づいてレコメンデーションが作成さ

	標準化された場所に依存した可視性	パーソナライズされた仮想的可視性
小売業者	実店舗型書店	オンライン書店
本の選択	標準化されている	パーソナライズされている
表示	場所に依存	仮想的
範囲	制限されている	無制限
牽引役	出版社と書店との取引	ユーザーデータに基づくアルゴリズム、出版社から支払われる手数料

表6.1　可視性の形態

れるという自動的なプロセスである。このプロセスは、オンライン書店によって完全にコントロールされており、出版社はそこから除外されている。もちろん、出版社はこのプロセスに参加することができるが、それなりの額を払わねばならない。従来の書店と同様に、オンライン書店も、オンラインでの掲載やパーソナライズされたレコメンデーションの見返りとして、追加の手数料の支払いを出版社に交渉することがある。アマゾンのオンラインストアでは、これらの支払いは、新たな共同広告料、つまりペイ・パー・クリック（PPC）〔クリックされるごとに広告料が課金されるシステム〕広告キャンペーンに連動した支払いという形で行なわれる。これによって、出版社はアマゾンの検索結果ページや競合書籍のページに自社の書籍の広告を掲載できるようになる。しかし、オンライン空間での可視性を高めるおもな牽引役は、共同広告やPPCに支えられた作品ごとの掲載ではなく、ユーザーデータに基づいたアルゴリズムの活用だ。

　表6・1では、ふたつの可視性の形態の違いをいくつかまとめている。実店舗の書店では、標準化された場所に依存する可視性を高めることによって、本が消費者の目に留まるようにしている。たとえば選ばれた少数の本を店舗正面の可視性の高いスペースや、エントランスエリアの陳列台や棚、店舗正面のショーウインドウに陳列し、同じ本がその空間に入ってきたすべての人びとにみえるようにしている。陳列する作品の選択は、書店員が行なうが、場合によっては書店員と出版社のあいだで取り決められ、共同広告料という形で陳列料が

提供されることもある。アマゾンのようなオンライン書店では、パーソナライズされた仮想空間を利用して複数の本に消費者の注意を惹きつけている。各消費者に対して、パーソナライズされ選ばれた作品が、定期的なメールによる通知、または常時更新されるホームページやショッピングカートページでのおすすめ欄で提示される。レコメンデーションは、各消費者のそれまでの閲覧行動と購買行動に基づいたアルゴリズムによって生成される。場合によっては、このパーソナライズされた仮想空間での可視性に、出版社からの共同広告料やPPC広告料が支払われることもある。

一般論としては、オンライン空間で本の新たな可視性の形態が出現したことは、本にとっては良いことでしかない。読者になってくれそうな人に対して本を示すための方法が増えれば増えるほど、本や著者、出版社にとっては望ましい。しかし、同時にこの発展に伴うリスクもある。ここではふたつの点に注目してみよう。

第一のリスクは、アマゾンの成長と本の物理的な小売スペースの減少に伴い、高めることのできる本の可視性の種類が、物理的な店頭での可視性からオンラインスペースでの可視性へと移行したという事実に関連している。長期的な視点でみれば、この移行はすでにかなり進んでいる。2006年当時、アメリカ最大の書店だったバーンズ&ノーブルは、アメリカ全体でスーパーストア695店とB・ドルトンブランドで展開するモール店98店の合計723店の実店舗書店を運営していた。そして、ボーダーズ・グループは当時、スーパーストア499店とモール店のウォルデンブックス564店の合計1063店の書店をアメリカ国内で運営していた。10年後の2016年、バーンズ&ノーブルはまだ640店舗を維持していたが、B・ドルトンの店舗はすべて閉店し、ボーダーズは2011年に倒産し、ほぼすべての店舗が閉められた。このふたつの動きだけでも、アメリカの実店舗の劇的な減少を表している。これらのふたつの書店チェーンが経営していた店舗数が、10年のあいだに半数以下になったのだ。[12] これが問題なのは、本の可視性を高めるスペースが減少したというだけではなく、失われつつある可視性が、新しいものの発見が促されるタイプの可視性だからである。この点について、もう少し深く掘りさげてみよう。

書店に足を踏みいれた人は誰でも、アマゾンのパーソナライズされたレコメンデーションよりもはるかに多くのさまざまな本に出会うことができる。それは、書店の店頭に陳列されている本が、特定のユーザーの関心や好みに合わせて選ばれていないからこそである。これはたしかに、それ自体が弱点でもある。商業スリラーにまったく興味がないのに、書店に入ると正面にジェームズ・パターソンの最新作が並んでいるということもある。しかし、これは同時に、市場の多様性と発見可能性を高めてもいる。多様性とは、それまでの購買行動や閲覧行動と一致するかどうかにかかわりなく、幅広い種類の本に出会えることを意味する。もちろんこれはそもそも、マイナーな分野に限定されていない書店に入ったとしての話である。発見性とは、書店に足を運んだ人が、探しに出かけた本とはちがう本を発見する可能性があることを意味する。オンライン環境につきまとう問題は、レコメンデーションがアルゴリズムによって行なわれるため、以前に買ったり閲覧したりしたことのある作品と似たようなものに範囲が狭められてしまうことだ。たとえば、これまでに存在したことのないほど巨大な図書館の真ん中に、ひとり取り残された場合を考えてみよう。館内は真っ暗で、あなたはペンライトしか持っていない。ペンライトをつけると、目の前にあるものだけはみえるが、この広大な図書館を埋めつくしている何百万冊ものほかの本は暗闇に埋もれてしまう。レコメンデーション・アルゴリズムはこのペンライトで照らされた本のようなものだが、現実はこのたとえよりもひどい。アルゴリズムによるレコメンデーションが行なわれている現実世界では、ペンライトを握っているのはあなたではなくアマゾンで、この企業がいつスイッチをいれ、どこにライトを向け、いつスイッチを切るかを決めているからだ。多様性と発見可能性は、類似性と予測可能性の犠牲になっている。売上の見込みを最大化するために、特定の個人に宣伝される本の範囲が狭められるからだ。

これは出版社にとって深刻な問題である。また、実店舗書店の存続が出版社にとっても、本の文化にとっても重要であることを示す理由のひとつでもある。書店は、出版社と本のためのショップウインドウであるだけでなく、これまでの個人的な閲覧や買い物のパターンに左右されない閲覧体験が味わえる空間でもある。もちろん、書店のなかで本をみてまわるという経験は完全にランダムな出来事ではない。先に述べたように、店頭スペースは共同広告料を土台にした出版社と書店のあいだの取引に基づいて、本が陳列される商品化された空間なのだ。しかし、この空間での閲覧は、閲覧履歴や購入履歴に基づいたアルゴリズムによっておすすめされる本を目にするのとはまったく異なる体験だ。書店の陳列台はパーソナライズされていないからこそ、多彩かつオープンで、それぞれの閲覧者に思いがけない驚きを与える可能性を秘めている。

ふたつめのリスクは、本の世界で現在オンラインの可視性を形づくるのに、圧倒的な役割を果たしているのがひとつの企業、つまりアマゾンであるという事実に起因している。時とともに物理的な小売空間は減少し、世の中の可視性は物理的な場所からオンラインへと移りかわりつつある。これが意味するのは、それぞれの客にどの本を提示するかという決定権を、アマゾンがますます支配していくということだ。個々の客は、日々の生活のなかでアマゾンからのメールによる通知を毎日受け取っている（「注目の新刊が……」、「こんにちは、ジェーン・ダンシー。アマゾンがあなたに新しいおすすめをご紹介します」、「こんにちは、ティム・ブレイク。最近チェックされた商品から、以下のおすすめ商品を紹介させていただいております」などなど）。この方法が新しい本に出会う方法として主流になればなるほど、どの本を提示するかを決定しているアマゾンのパワーが大きくなる。アマゾンは、出版社と紛争になったとき、その出版社の本の販売を拒否するだけでなく、その本のレコメンデーションも停止し、パーソナライズしたレコメンデーションを通じて提供していたその本の露出をなくすこともできる。オンライン空間での可視性は、ますますアマゾンのなすがままになっているのだ。

出版社は、オンライン空間での本の可視性を圧倒的に支配しているようにみえるアマゾンに対抗するために、何ができるだろうか。いくらかでも支配権を取り戻すために何かできるとしたら、それはなんだろうか。アシェット、サイモン＆シュスター、ペンギンという大手出版社3社は、アマゾンにかわる本の推薦や小売を行なうサイト、ブッキッシュを協力して立ちあげた。ところが、２０１３年2月に出遅れつつどうにか開設したものの、すでにレースは始まっていたためインパクトを与えるのはむずかしく、1年もたたないうちにスタートアップ企業で電子書籍小売業者のゾラ・ブックスに売却された。では、出版社はいさぎよく諦め、アマゾンがオンライン空間での可視性をみごとに征服したことを認め、アマゾンがその強大なマーケティングのパワーを、公平かつ好意的に行使してくれるよう期待するしかないのだろうか。それとも、自分たちが出版した本のオンラインでの可視性を、自分たちでもっとコントロールできるように、出版社ができる具体策や、切り開くことのできる別の経路はあるのだろうか。

これらの重要な疑問については、すぐあとで取りあげるが、そのまえにこの物語のもうひとつの興味深い展開について考えてみよう。２０１５年11月、アマゾンはシアトルに最初の実店舗を開店した。２０１８年10月時点で、ニューヨークからロサンゼルスまで全米のさまざまな都市で計17件の店舗を運営し、さらに店舗を増やす計画がある。ある意味、これは不可解な展開だ。オンライン小売業としてビジネスを構築し、実店舗の競合企業が衰退していくそばで、デジタル革命の波にうまく乗って指数関数的に富を築いてきたようにみえる企業が、なぜいまさら実店舗の運営に乗りだしたのだろうか。実店舗にはさまざまな問題がついてまわる——都市中心部の高額な不動産賃借料、在庫の保有、返本処理、薄い利幅など。もちろん、これは本以外の製品、とくにエコー〔スマート・スピーカー〕やファイア・テレビなど自社のテクノロジー製品の宣伝・販売の一手法としての試みであることはまちがいない。アップルストアのように、消費者が購入まえに新しいデバイスを目にしたり試したりできるようにしているわけだ。とはいえ、テクノロジー製品を売るのが本当の目的で、本は単なるみせかけというわけでもない。アマゾンの書店には実際に棚いっぱいに本が詰めこまれている。ではなぜ、アメリカでの新刊書籍の販売数が紙とデジタルを合わせて40パーセント以上に達していて、オンラインでおおいに有効な書籍販売活動がすでにできているときに、アマゾンは実店舗を開くのだろうか。これまでに挑戦しては失敗してきたほかの多くの書店よりうまく実店舗を経営できるとアマゾンが考える理由はなんだろうか。いったい何を得ようとしているのだろうか。

実店舗を開くことにより、アマゾンは新たな種類の閲覧体験を、実験しながら開発している。これは、アマゾンのオンラインサービスの一部であるパーソナライズされた閲覧体験でもなく、ほかの実店舗の特徴である一般受けするような閲覧体験でもなく、むしろ両方のモデルを融合させた中間的なものだ。アマゾンの書店に足を踏みいれることは、これまで出会ったことのない書店空間に足を踏みいれることだ。第一に、この店は驚くほど小さい。１００万冊以上の本を客が選べるようにしてきたことで（「地球最大の書店」という）名声を築いた書店にしては、アマゾンの実店舗の小ささと陳列されている作品数の少なさは、ひじょうに印象的だ。同じように印象的なのは、書店内のすべての本が表紙をみせて並べてあるその陳列方法である。背表紙をみせて無数の本が棚いっぱいに立ててあるのではなく、表紙を完全にみせた状態で陳列〔面陳〕され、間接照明がそれぞれの表紙にあたり、表紙のアートワークを最大限に生かして並べられている。よくみると、それぞれの本が置かれている棚に、黒地に白文字のスタイリッシュな札がさりげなく表示されていて、アマゾンのカスタマーレビューから引用したコメントとオンラインランキングが記載されている。『マンハッタン・ビーチ』（ジェニファー・イーガン著、中谷友紀子訳、早川書房、2019年）はごちそうだ。美しい文章と、練られた筋書きで、ある時代とそのトーンが映しだされている。明かされる秘密と明かされない謎のバランスがみごと。このような小説はめったにめぐりあえるものではない」――メアリー・リンス。星3.8――840件のレビュー（2018年5月4日時点）。店内を進むと、（アマゾンのニューヨークにある店舗の場合は）「ニューヨークのフィクション・トップセラー」というコーナーと、「ニューヨークのノンフィクション・トップセラー」というコーナーに出会う。角を曲がると、「これが好きなら……」というコーナーがあり、左側に1冊、右側に4冊の本が表紙をみせて並べられ、そのあいだに「こちら［矢印が左を指している」が好きならこちら［矢印が右を指している］」も気に入るでしょう。」と書かれたシンプルな札が置かれている。たとえば、『『クレイジー・リッチ・アジアンズ』（ケビン・クワン著、山縣みどり訳、竹書房、2018年）が好きなら、『パンジャブの未亡人たちのためのエロティックな物語（*Erotic Stories for Punjabi Widows*）』などが好きでしょう」というように。

店内をみればみるほど、この小さな店に表紙をみせて置かれた本は、やみくもに選ばれたのではなく、選び抜かれているのだとわかるし、陳列された本を調べれば調べるほど、この選択がアマゾン独自の情報に基づいて行なわれていることがわかる。独自の情報とは、アマゾンのオンラインサイトでの販売や予約注文、カスタマーによる評価とレビュー、および2013年にアマゾンが買収した読者向けソーシャルメディア、グッドリーズでの人気度、そしてアマゾンが保持している顧客データにある住所や郵便番号、オンラインでの本の購入履歴や閲覧履歴などが含まれる。[13] その印象を裏づけたのは、若い書店員のアリスだ。ピンク色の髪に鼻ピアスをした20代のこの店員は、棚をみているお客さんを熱心にサポートしていた。アリスの説明によると、アマゾンのキュレーションチームが、アマゾンやグッドリーズのレビューやカスタマーの評価、そして地元の人びとの関心や好みに関する情報に基づいて本を選んでいるという。「ニューヨークに住む人とシカゴやＬＡに住んでいる人では、興味の対象がちがうんです」とアリスはいう。週に一度、キュレーションチームから最新リストが送られてきて、週単位で作品を部分的に変更しているそうだ。「なぜ表紙を出して陳列しているんですか」と私が尋ねると、アリスはこう答えた。「とにかくみつけてもらうためです。表紙を向けて並べているほうが、断然閲覧しやすいですし、発見もされやすいので。背表紙を読もうとして首を曲げる必要もないし」

さらにいくつかの質問に答えてくれたあと、アリスから逆に質問された。「アマゾンのアプリケーションは使ってますか？」私は使っていなかった。「問題ないです。ここには無料のＷｉＦｉがあるので。おみせします」。アリスはいとも簡単に私のｉＰｈｏｎｅを操作し、わずか数秒でアマゾンのアプリケーションをインストールした。私のｉＰｈｏｎｅにバーコードリーダーがあるのに気づいたアリスは、「アマゾンアプリに内蔵されているバーコードリーダーが使えるので、もうバーコードリーダーアプリはいりません」と説明してくれた。こっちのほうがずっといいですよ、とアリスは請け合い、さらに数回指をすばやく動かしたかと思うと、古いバーコードリーダーは消え、そのかわりにアマゾンアプリが鎮座していた（いずれにしろ、私はあのバーコードリーダーを一度も使っていなかった）。アリスは本の表紙をスキャンして値段を調べる方法を実演し、アマゾンプライム会員になればお得になると説明した。アマゾンのサイトでは、しばしば33パーセントなどの大幅な割引価格で本が販売されている。プライム会員であれば同じ価格でこの店でも購入できるが、そうでないのなら、この店内の本は定価で購入しなければならないという。「これは、デイヴ・エガーズの『リフターズ（*The Lifters*）』です」とアリスはいって、表紙をスキャンした。「プライム会員なら

12・03ドル、プライム会員でない場合は17・99ドルです。お望みなら、いますぐプライム会員になれますよ」。私はその誘いを丁重に断った。親しみやすく、魅力的で、機転が利き、説得力のあるアリスは、新しいアマゾンの書店を代表する顔である。そして書店自体と同様に、実店舗に魅力的に陳列された本と、アマゾン・ドット・コムのオンラインの世界をシームレスに行き来し、アマゾンのオンラインとオフラインの包括的なエコシステムに、ほとんどあらがいがたいほど滑らかに客を招きいれる。

アマゾンの実店舗は、新たな種類の可視性の実験の場である。それは、従来の書店の一般化された場所に依存する可視性とも、オンラインのパーソナライズされた仮想的な可視性ともちがう、データに基づいてカスタマイズされた、場所に依存する可視性だ。オンラインストアと同様に、アマゾンの実店舗では、アマゾン独自のデータを用いて、どの店舗にどの本を陳列するかを決定し、地理的な場所に合わせて本の選択をカスタマイズしている。すべての本を面陳することで、書店の物理的な空間の可視性を最大限に高め、ほかの実店舗の書店とは異なる、視覚的に豊かな閲覧体験を作りだしている。データに基づいた品揃えは、在庫しているタイトル数が圧倒的に多いことよりも重要だ。これはバーンズ＆ノーブルのスーパーストアとは好対照である。バーンズ＆ノーブルのスーパーストアは、在庫を最大限に確保するために設計された本の大聖堂で、数フロアにわたって、無数の本棚が並び、そこに背表紙をみせて縦に並べられた本がぎっしり詰めこまれている。いっぽうアマゾンの書店は、この企業のエコシステムへの招待状として、書籍や最新のテクノロジー製品がよくみえるように陳列され、ことあるごとにプライム会員の魅力が強調されている。この書店はこれで心惹かれるひとつの世界を提案している。データに基づいてカスタマイズされた可視性に関するこの実験が、けっきょくどう転ぶかはまだわからないが、この計画の大胆さには舌を巻いた。

読者へリーチする

前述のとおり、アマゾンはアメリカの電子書籍市場の70パーセント以上を占め、紙とデジタルを合わせた新刊本の販売部数の40パーセント以上を占めており、これまで存在した小売企業のどこよりもはるかに大きな割合で、書籍購入者の閲覧・購買行動に関する独自の情報を独占的に所有している。これについての歴史的な重要性は、はかりしれない。全盛期のバーンズ＆ノーブルでさえ、アメリカの書籍小売売上に占める割合は、おそらく25パーセントにも満たなかった[14]。さらに、実店舗で購入される本の多くは、顧客アカウントを通じてではなくレジで購入されるし、実店舗での個人の閲覧行動は追跡されたり記録されたりしないので、バーンズ＆ノーブルが顧客について収集・蓄積できる情報量は、アマゾンよりはるかに少ない。アマゾンは、すべてのオンライン顧客が当然ながら登録ユーザーであり、その閲覧行動と購買履歴が追跡、記録、保存されている。現在、一小売業者が保有している顧客情報の量と詳細さとしては、歴史上例のないものであり、これによって生じた出版社とアマゾンのあいだの構造的なバランスの偏りは、本の小売分野でこれまで存在していたものの比ではない。このような理由から、また、アマゾンの圧倒的な市場シェアがますます拡大していることからも、出版界の多くの人びとがアマゾンのパワーを不安視しているのである。前の章の冒頭で引用したCEOの言葉は、ひとりの声ではない。

では、この構造的なバランスの偏りを緩和するために、出版社に何かできることがあるだろうか。この新しいデジタル時代に、いったいなぜ出版社は古臭い慣習にこだわって、自分たちが出版している本の最終的な消費者や読者である個人とつながったり、接触したりすることが、事実上できないままでいるのだろうか。

なぜ、一小売業者が本の購入者に関する情報を独占し、その情報を独自の資産にして利用し、出版業界というフィールドで自らの地位を強化するままにして、その小売業者に本を供給する出版社がときおり犠牲を払わせられているのか。

　これらこそ、アマゾンのパワーが強まるのを目の当たりにした多くの出版社がずっと抱いてきた疑問である。自社の本の人気が他社の資産の一部となり、しかも自社との対立に利用されかねないという皮肉な状況は、出版社の経営者たちも認識している。そうはいっても、実際問題として出版社に何ができるだろうか。アマゾンを通さずにほかの小売業者と提携したり、本を直接顧客に販売したりすることはできる。先鋭的な独立系の小規模出版社であるＯＲブックスが取った大胆な方法は、ほとんどの本を顧客に直接販売するというものだった。これは、（小売業者に対する値引きがなくなるので）売上ごとの利益も大きくなるし、（顧客は直接購入するためにＯＲに登録せざるをえないので）顧客の詳細な情報が得られるという二重の利点がある。しかし、多くの既存の出版社にとって、アマゾンを切り離すという行動はなかなか取りにくい。アマゾンは最大かつほぼ唯一ともいえるほどの上得意客であり、多くの場合、自社の売上の40パーセント以上をアマゾンが占めているからだ。また多くの出版社がしばらくのあいだ、自社のウェブサイトから消費者に直接本を販売するキャパシティを有していたが、これは大半の出版社にとってある程度の成果しか得られなかった。アマゾンのような効率的で組織化された、購入しやすいオンライン小売業者から本を買うことができるのに、出版社から直接買う消費者がいるだろうか。アマゾンは、すべての出版社の本を無数に取り扱っているなんでも揃う《ワン・ストップ》ショップであり、（アマゾンの割引や無料配送サービスを考慮すると、最低でも）価格はおそらく同じだというのに。よく知らないし信頼する根拠もない多くの出版社にクレジットカードの詳細な情報を提供する必要もない。これは、直販に見込みがないという意味ではない。出版社のウェブサイト上に単にショッピングカートを作るのではなく、もっと効果的な方法があるかもしれないといっているのだ。また、自社の本に興味を持ち、読んでくれる人たちに直接アプローチするために出版社ができることは、もうほかにないといっているわけでもない。

では、アマゾンを回避するという思い切った手段を取らないのなら、出版社には何ができるのだろうか。この疑問から端を発して、近年出版社のシニアマネジャーたちが新たな取り組みに乗りだしている。そのひとりがメリッサだ。メリッサは、幅広く一般書籍を扱うアメリカの大手出版社〝タイタン〟で、消費者に向けた新しいタイプのアプローチを開発する部署を率いている。「私の仕事は、読者との関係を築く方法をみつけることです」とメリッサは語る。「つまり、読者は誰か、いかにして読者に接触するか、影響を与えるか、どうやって行動のきっかけを作るか、を理解することです」。これはタイタンをはじめ、大手であれ中小であれ、ほかの多くの出版社も関心を持ちはじめている重要な課題だ。読者との直接的な関係を構築する試みは、商業出版社の新たな聖杯《ゴール》なのだ。「市場が変化していく状況を考えると、それは自然な流れです」とメリッサはいう。もちろん「変化」とは、スーパーストアチェーンを犠牲にしてアマゾンが成長したことを指すが、アマゾンでの力学も変化している。かつては、タイタンにとって、アマゾンでの本の掲載やマーケティングに影響を及ぼすのは、はるかにたやすいことだった。アマゾンのホームページで掲載場所を確保したり、特定の販促領域のスポットを購入したり、送るメールの内容に影響を及ぼすことができた。「私たちにはアマゾンのプラットフォームに大きな影響力を持っており、自社の本の販売を促すことができたのです」。もちろん、共同広告にせよ、ペイ・パー・クリック型の広告料にせよ、何か別の形にせよ、タイタンはそのために金を支払う。安くはなかったが、少なくともアマゾンのプラットフォーム上で露出させることはできた。ところがいまは状況がちがう、とメリッサは説明する。アマゾンは巨大化し、ほかに優先したいものが現れた。本の分野では、自費出版のほうがアマゾンのビジネスとして、比にならないほどの重みを持つようになっているので、タイタンはもはや、販促のツールとしてアマゾンをあてにできなくなった。

アマゾンは強さを増し、自費出版している著者のほうに人びとを誘導し、自分たちが作りたいものに人びとを引き寄せています。したがって、出版社はアマゾンのプラットフォームで販売を促進する方法をみつけださねばなりません。アマゾンはいまだ注文から発送まで対応する巨大なフルフィルメント小売業者なのですから。アマゾンがある本を後押ししてくれると、やはり効果があります。ですが、私たちはそれ以外の作品も幅広く扱っています。またアマゾンは小売の宇宙を形づくっています。その宇宙は広大で多様なので、ノイズのなかからシグナルを受け取ってもらうために私たちは自分たちで販売を促進できるようになりたいのです。つまり、アマゾンに頼るのではなく、自分たちでメールリストを構築すべきなのです。

メリッサは、特定の作品の販売促進をするよりも、メールアドレスのデータベースを独自に構築するほうがリソースの有効活用になると同僚たちを説得する必要があった。これを言葉にするのはたやすいが、実行するのは至難の業だった。出版社のマーケティング担当者や編集者らが、次週や次月に出版される本のことを気にかけるのは当然で、これらの本に注目を集め、部署の人員を動かさねばならない。それによって年度末に評価されるのだから。出版社の財政面での要求やインセンティブからすると、短期間で利益をあげる方法のほうが都合がいいのである。しかし、短期主義を捨てて、消費者に直接アプローチするために何度も使用できる再生可能な資産としてデータベースを構築すれば、長期的価値が高まるだろう。そう同僚を説得すべきだ。「つまり、１冊の本が出版されるたびに新たなオンライン広告に何万ドルも費やすより、自分たちで直接アプローチできる100万人のファイルを作るほうがいいのではないでしょうか。もちろん、メールサービスプロバイダーの費用や準備費用は支払わねばなりませんが、1000ドル単位のコストよりずっと安く済ませられます。それに加えて、グーグルやフェイスブックを介した検索マーケティングを行なっているだけよりも、もっとずっと深く読者とかかわることができます。購入者が接触の許可を与えてくれるのですから」

この戦略は、メールがオンラインのマーケティングツールとして、多くの人が考えていたよりもはるかに価値があるという視点を前提としている。メリッサは次のように語っている。「2000年代の中頃は、メールは古いもので、ソーシャルメディアほど魅力的でも、興味深いものでもないと思われていた時期が長くありました。誰もがお金と時間を費やしてフェイスブックの「いいね」を獲得して、フェイスブックを通じて誰にでもつながることができました。これはいまでも有効です。けれども、ソーシャルメディアのプラットフォームはひじょうに変化が激しいことが明らかになっています。フェイスブックはしょっちゅうアルゴリズムを変更していますし、どういうブランドかによって関係が変わり、しかも自分たちでは本当にはコントロールできません。いっぽうメールの場合は、自分たちでしっかりとコントロールすることができます」。いつ、どのくらいの頻度で人びとに連絡を取るか、何を共有したいかを細かく決めることができるし、さまざまな方法で受信者をセグメントに分けることもできる。メールの相対的な効果は、異なる業界を超えたマーケティング担当者のあいだで共通の認識になっている。メリッサによると、マッキンゼーの調査では、顧客獲得の手段として、メールはフェイスブックとツイッターを組み合わせたときよりも40倍近い効果があると示されたという。(15) これは一般的な小売業の場合だが、本の場合はメールの効果がさらに大きいかもしれないと、メリッサは語った。特定の有名作家や特定のジャンルに関連のあるメールは開封される可能性が高いからだ。「標準的な開封率は20パーセントですが、ダニエル・スティールみたいに超有名な作家に関連したメールの開封率は60パーセントくらいになるのです。これには本当に驚きました。メールを介して得られる反応は、かなり驚異的なものです」。だが考えてみれば、これはそれほど意外ではない。多くの人は、自分が好きな本の著者と感情的なつながりを持っていて、その作家のことや、書きあげたばかりの新しい本や、出版したばかりの新刊本についてもっと知りたいと思っている。「人びとはこのようなクリエイティブな人たちとのつながりを求めています。ですから、これを強みにして、最大限に活用する必要があります。実際、メールはこの強みを生かせる手堅い手法なのです」

たしかに理論はそのとおりかもしれないが、実際のところ、どうすればいいのだろうか。どのようなシステムを構築し、どのようにして人びとのメールアドレスを手にいれるのか。メリッサは、その構造について充分に考えつくしていた。大きな画用紙を取りだして、いくつかの箱と矢印を描き、すばやく文字を書きこんだ（図6・1参照）。中心にあるのは、消費者データベースだ。これは、顧客のメールアドレスと、関心のあることを含め顧客に関するその他の情報すべてが詰まった構造化されたデータベースである。その上には、データをどのように扱うかを定義するテクノロジーサービスの層がある。また、リポートとデータ解析を扱う層もある。「これらはすべて、基本的にさまざまなチャネルプログラムを支援します」とメリッサは述べ、図の上部に並んだボックスを指さした。ひとつめがメールだ。メールサービスプロバイダー（ESP）を利用して読者にメールを配信する。ESPを利用すればメールを客層ごとにグループ分けしたり、パーソナライズしたりすることが可能で、変動価格でのレコメンデーションも可能になる。作家のニュースレターや、シリーズものの読み物も作れるし、完全に手書きにしたり、手書きの署名をいれたりすることもできる。「昔ながらの手紙によるコミュニケーションですね」。企業別やカテゴリ別、作家や書籍別など多くのさまざまな括りで配信することも可能だ。メールはひじょうに柔軟性が高い。すべてのメールやニュースレターはカスタマイズできるし、慎重にターゲットを絞ることも可能だ。

メールの次に並んでいるチャネルはウェブサイトだ。これには、タイタン本社のサイトだけでなく、傘下のさまざまなインプリントのサイトが含まれる。その多くが独自のブランドサイトを持っているのだ。しかし、重要なのは、タイタンが構築したさまざまなバーティカルサイトやタイタンが構築しているほかのものも含まれている点である。すぐあとで触れるが、それらは、消費者と直接やり取りがある。メールチャネルとウェブチャネル、とくにバーティカルサイト・チャネルは、メリッサが率いている取り組みにとくに重要なチャネルだ。これらのチャネルは出版社が大半をコントロールでき、そこを通じて読者に直接接触し、顧客に関するデータを収集しているからだ。

次のチャネルは広告で、グーグル・アドワーズ〔のちにグーグル広告に名称変更された〕などの検索エンジンマーケティング（SEM）や、フェイスブックやその他のソーシャルメディア上に掲載される広告が含まれる。消費者のデータベースを構築することで、メリッサは広告のターゲットを以前よりはるかに正確に絞ることができるし、広告のターゲットにしたい集団を事前に選んで設定することができる。たとえば、母親向けの新刊本を出版する予定があり、ロサンゼルスで特別販売を計画したとする。メールの一覧から、データベースをもとにロサンゼルス在住の母親をすべて選択し、そのメールアドレスをソーシャルメディアの広告プラットフォームに直接読みこませれば、ロサンゼルスに住む母親で本に興味があることがわかっている人を直接ターゲットにすることができる。ソーシャルメディアはターゲティングに適しているが、かならずしも本に興味があるというフィルタリングがされるわけではない。メリッサは次のように説明している――「ですから、大変有効に経費を使えるのです。自分たちで手にいれたデータを利用することで、ウェブメディア全体のどの領域に

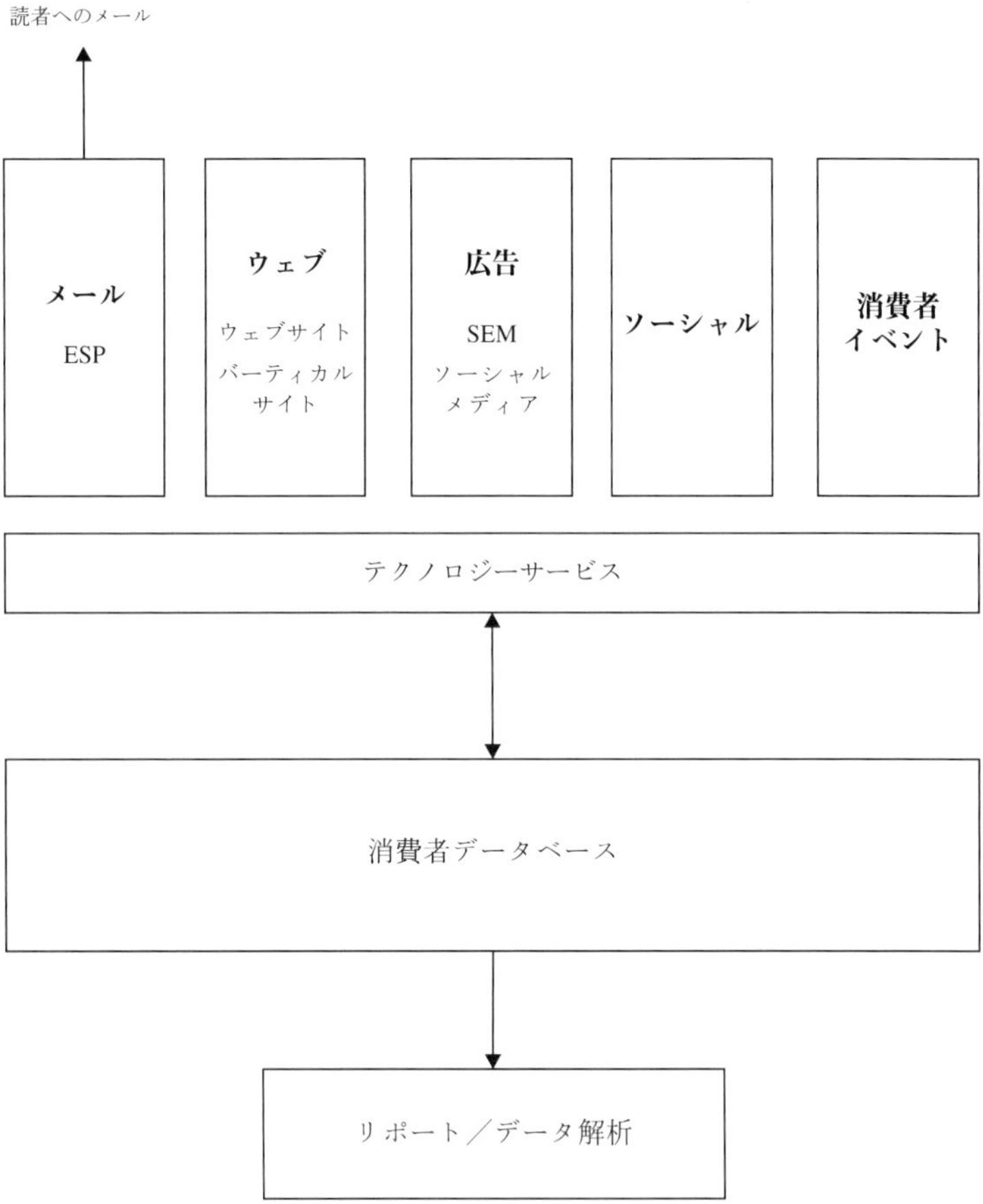

図6.1　消費者データベースの構築

経費を使うべきかという情報を得られるのですから」。さらに、フェイスブックやツイッターやその他のプラットフォームで、ページを作成したり、フォロワーを増やしたり、またさまざまな種類の消費者向けイベントを企画するなど、ソーシャルメディアを活用する方法はいろいろある。「ここには何兆億もの方法があります」と、メリッサは最後のふたつのボックスを指していった。

この体制を作りだしたあとは、次の大きな課題として、データベースにメールアドレスや関連する顧客情報を投入しなければならない。できるだけ早く、できるだけ正確に手にいれることのできる顧客データを使ってデータベースを構築する必要がある。タイタンのような大企業であれば、すでに持っている顧客データを用いて多くのことができるが、これらのデータをまとめて新しいデータベースに統合するのは、意外と厄介な作業になるかもしれない。そもそも、この種のデータを使って行なえることを規制するルールがある。顧客は、ある目的のためのデータ使用は許可しているかもしれないが、ほかの目的での使用は許可をしていない場合がある。そのときは別の目的にデータを使用するまえに、顧客に連絡を取って許可を得なければならない。ここで重要なのは、可能なかぎり幅広い許可を得て、データを使ってできることの範囲を最大限に広げておくことだ。また、データの情報が古くなっていたり、メールアドレスが変わっていたり、客がすでに関心を失っていたりすることもある。情報がうまく整理されていなかったり、整理の方法が異なっていたりする場合もある。古くからある顧客データを整理するのはそれだけで大仕事だ。この種のリストを調べて、反応のないメールや重複しているメール、配信停止を選択した顧客を除いたあとは、その数が半分になっているかもしれない。しかも、ここからがスタートなのだ。では、どうやって新規登録者のリストを構築すればいいのだろうか。「自社のウェブサイトに登録フォームを設けて、「もっと情報が欲しいかたはメーリングリストに登録してください、とするのは従来のやり方で、それでも問題はありません」とメリッサは説明する。その方法でも新しいメールアドレスがある程度集まるが、それだけでは充分ではない。これはあまりにも受動的だ。顧客を獲得するためにはもっと能動的でなければならない。そこで登場するのがパーティカルサイトだ。

現在、メリッサの時間の多くは、新しいサイト（〝グッドフード・ドット・コム〟と呼んでおこう）の開発に費やされている。「これはウェブサイトなのですが、グッドフード・ドット・コムの裏の狙いは、メールプログラムであるということです」とメリッサはいう。「おもに女性を対象にしたメールの登録サイトです。サイト上はそんなふうにみえません。父親たちを疎外したくないからです」。メリッサらが女性に焦点を絞るにはいくつか理由がある――女性は熱心に本を読み、購入し、購入する本はさまざまな多くのカテゴリのチャネルにまたがっているし、ソーシャルメディアでの活動も積極的であるため、ほかのどの層よりもおすすめ商品を共有したり、それについておしゃべりしたりするからだ。メリッサは野心的な目標を立てた。12ヶ月後に50万人の女性に登録してもらい、30パーセント以上のメール開封率を達成すること。さまざまな方法を利用して、女性をサイトに誘導し、メールを購読してもらうために、有料広告を打ち、食品会社やスーパーマーケットと提携し、ヌックやiPadや本のギフト券などが当たる懸賞キャンペーンを行なった。懸賞はとくに効果的だとメリッサは説明する。「私たちは基本的に、あなたが選んだ25冊の本をプレゼントします、というようなことをしています。「あなたが選んだ」としているのは、ユーザーが何を好んでいるかという情報も集めたかったからです。名前だけでなく、好きなものが知りたいのです。フェイスブックで広告を出すと、グッドフード・ドット・コムをクリックし、さらにはユーザー登録をしてくれる人びとがいます。その人びとは住所や好みを入力してくれます。これはとてもいい方法ですし、費用対効果も高いのです」。なかには懸賞にしか興味がない人もいるが、かなりの割合（半数以上）の人がグッドフードからのニュースや情報を受け取ると選択し、そのうちの半数がタイタンからの情報を受け取ることも選択する。そのあと、登録してくれた人には、ターゲットを絞ったメールを通じてコミュニケーションをパーソナライズすることが重要だ。あなたが知りたいのは、人びとが何を好み、どんなことを聞きたがっているのか、なのだから。たとえば、ふたりの子を持つアマンダというワーキングマザーがいるとする。アマンダは、凝った料理を作る時間はないけれど、子どもにはしっかり食事をさせたいと思っている。アマンダにターゲットを絞ったメールを送りたければ、そのことを念頭に置かねばならない。アマンダはフレンチの有名シェフのレシピには興味を示さないだろうが、手早くできる健康的な料理の本を紹介し、ささやかな笑いも提供できれば、あなたからのメールを毎回開いてくれるようになるだろう。

メリッサたちは、初年度に50万件のメールアドレスを獲得するという目標を実際に達成した。「情報を受け取るためにユーザー登録したかたが50万人おられました。そのうちの半分、あるいはそれ以上のかたが実際に積極的に情報を受け取ってくださっています」。自社のデータベース内にあるこれらのメールアドレスや顧客情報は、ソーシャルメディアに頼るよりもはるかに有用だ。「以前は、フェイスブックのアカウントを立ちあげて、毎日投稿を行なえば、フォロワーにはかならず投稿が届き、ニュースを読んでもらうことができていました」とメリッサは説明する。「でも、最近は人びとの投稿がニュースフィードに示されなくなっています。フェイスブックに10万人のフォロワーがいて、そこに投稿しても、そのグループの1パーセントにしか届きません。フェイスブックのアルゴリズムがいまはそのように構築されているからです」。懸賞の広告を出せば大きな反響が得られるなど、顧客にアクセスする手段として、フェイスブックはいまでも充分に重要だ。しかし、メリッサの視点からすると重要なのは、これらの顧客をできるだけ多く、コントロールしやすいタイタン独自のデータベースに移行させることだ。

メリッサのチームは、このサイトのために多くのコンテンツを制作しており、最初の1年が終わるころ、制作されたコンテンツは500以上あった。メリッサの説明によると、コンテンツの「90〜95パーセント」近くが「ヒント」だ。つまり、どういうときにどのレシピがぴったり合うのか、特定の実際的な問題にどのように対処するのがベストか、などの短い記事である。「人びとはガイダンスを探しているので、私たちが日常的にしているのはそういったヒントの提供です。「さあ、この本を買いましょう」という宣伝とは対照的ですね。押し売りのようなことはしません。コンテンツは情報であり、ヒントであり、ライフスタイルに近いものです」。それでもなおメリッサは、これで実際に本が売れていると自信を持っている。「私たちはすべての活動を追跡していますので、本が売れていることはわかっています。これはごく軽い売り込み方法です。記事のなかには、まったくクリックするリンクがついていないものもあります。記事の30パーセントには購入リンクがついていますが、それはごく地味なものです。購入ボタンがあって、それを押すと小売業者に誘導されるというような。小売業者で実際に購入する率は、私たちが実施しているほかのプログラムのいくつか（より販売に重点を置いたプログラムでさえ）よりも高いことがわかっています」

この効果的な雛形《ひながた》を創りあげたメリッサの現在の目標は、このモデルを会社全体に展開し、ほかのトピックに特化したサイトを限定的に構築することだ。グッドフード・ドット・コムを制作することでツールやテンプレート、手法が一揃いできあがった。これらは社内のほかのグループや部門が、専用の顧客データベースを構築するために使用することができる。そしてそのデータベースによって、本に興味を持ってくれそうな読者層に直接かつ効果的にアプローチできるようになる。これらの取り組みは、タイタンの顧客情報データベースを大幅に拡大するための大掛かりな計画の要である。メリッサは誰にもまして野心を抱いている。「私はこんなふうに考えています。アメリカの人口は3億8000万人で、そのうち25パーセントは本当に熱心な読者です。その人たちがわが社の最高の読者なのです。月に複数の本を読むそれらの人びとは価値が高く、顧客の中心を担っています。私たちがターゲットにすべきは、この集団なのです。現実的には、その半分以下でもターゲットにするにはかなりの数でしょう。つまり３０００万人です」。野心的な目標であることはメリッサも認めている。ひどく楽観的すぎるようにみえるかもしれない。いっぽう、タイタンのデータベースにはすでに７００万人の顧客が登録されていて、その前年はたいして労力をかけることなく１００万人が追加された。したがって、３０００万人という数字はけっして不可能な目標ではない。しかし、重要なのは数字ではない。全社内の人間が、いまや顧客データベース構築の重要性に注目し、このデータベースの情報を使って、読者の興味に合わせてきめ細かく個別化し、読者にアプローチするにはどうすべきかを真剣に考えている。

メリッサが考えているとおり、顧客データベースの構築は、人びとがオンラインで知識や情報を得たり、ものを購入したりすることがますます増えている世界で、出版社であるために欠かせない要素となり、出版社としてあるべき姿にも欠かせない要素になってきている。人びとは以前に比べてさらに書店に足を向けなくなり、実物の本が実際に並べられている様を目にしなくなっている。本のマーケティングは個々人に向けてオンラインで行なわれるようになった。しかし、出版社は、アマゾンのような大手小売業者がこのようなオンラインマーケティングを自分たちのために行なってくれるとは期待できない。「アマゾンが私たちのためにマーケティングをしてくれるとは思えません。むしろ、出版社は締めだされるのではないかという不安が増しています。アマゾンは以前、すべての本の割引セールを行なっていました。今後はそんなことはしないでしょう。アマゾンはメール戦略の多くを、より収益性の高い商品へ移行しています。したがって私たちにとっては、アマゾンのマーケティング方法が正しいとか適切かということはもはや問題ではなく、マーケティングをしてくれるかどうかが問題なのです」。このような根本的な変化を考えると、メリッサの見解では、出版社はやれることをして、自分たちが出版している本に興味を持っている人、あるいは興味を持ってくれそうな人に直接働きかけるキャパシティを育てていかねばならないようだ。メリッサの言葉は次のようなものだった。

この時点で、私たちにとって重大なピースは、私たちは作家に向けた最高のサービスの提供を目標にしているということです。そして、作家に提供する最高のサービスとは、できるだけ多くの読者に本の作り手のことを知ってもらい、その作家の魅力を感じてもらうことだと私は考えています。ですからこれは、そのパズルの重要なピースのひとつにすぎません。これまで、そのパズルのピースは、サプライチェーンを介してもっとも効率よく本を購入段階に導くことであり、小売業者をサポートすることでした。いま、私たちはそれを継続しつつ、さらに、作家を前面に押しだし、簡単にみつけてもらえるように読者にアプローチして影響を及ぼす方法をみつけなければなりません。それがいまの時点では、業界全体で、規模を拡大する戦いになっていると思います。

この戦略を実行しているのは、タイタンだけではない。多くの出版社が自社で顧客データベースを構築していて、グッドフード・ドット・コムのようなサイトを立ちあげている出版社も多い。ペンギン・ランダムハウスは、ブライトリー・ドット・コムという幼児の母親向けのサイトを運営しているし、ハーパーコリンズはエピック・リーズというティーンおよびヤングアダルト向けのサイトを運営している。マクミランはSFとファンタジーの読者向けのサイト、トーア・ドット・コムを運営していて、ファラー・ストラウス＆ジルーは文芸小説の読者向けのサイトとニュースレター、ワーク・イン・プログレスを運営・配信している。そのほかにも多くのサイトが存在する。その大半は類似したモデルに基づいて運営されている。出版社がサイトを作成し、そのサイトにコンテンツを掲載する。そのコンテンツにはしばしば作家や書籍のリンクが付され（自社の本もあるが、他社が出版した本やその作家を特集したり、おすすめしたりすることもある）、さまざまな方法を駆使して人びとに登録を促し、メールアドレスやその他の情報を自社の顧客データベースに追加するのだ。モデルは似ているが、変化に富んでいる。このようなサイトのバリエーションのひとつとしてとくに興味深いのがリテラリー・ハブだ。

出版界のスイス

リテラリー・ハブは、グローヴ・アトランティックの社長兼発行人であり、文芸出版界の著名人でもあるモーガン・エントレキンによって発案された。モーガンが目指したのは、ある特定の出版社だけでなく誰にでも開かれた純粋な文学サイトを作ることだった。その目的はシンプルだ。「発見可能性です。膨大な量の文学コンテンツが生みだされていますが、あまりにも広く散らばりすぎて、その90パーセントは日の目をみずにいます」とモーガンは語る。モーガンの考えでは、質の高い文学作品を読みたいと思っている人の多くが重要視しているのは、出版社ではなく作家と本である。大半の読者は、どこの出版社が出しているかはまったく気にしていない。読者はただその本について知りたいと思っている。だから、読者に出版社のサイトを訪れるように説得するよりも、すぐれた作家とすぐれた本にのみ焦点をあてたサイトを作ってみればいいのではないか。どの出版社から出版されているかは関係なしに。すなわち、一出版社が独自に作ったものではなく、多くのさまざまな出版社が協力して作ったベンチャーサイトにしたらどうだろうか。多くの出版社の取り組みを合わせて、質の高い文学に関心のあるあらゆる人たちに人気のあるサイトになるような、単一のリソースを作りだすのだ。どの出版社も単独では、人気のあるサイトになれそうにない。それは最大手の出版社であるペンギン・ランダムハウスでさえ限界がある。なぜならファラー・ストラウス＆ジルー、スクリブナー、エコー、リトル・ブラウン、ノートンなどが出版した本は扱っていないからだ。しかし、出版社が自分たちの努力と自分たちの本を合わせることで、単独の出版社ではこれまでできなかったことが実現できる。

しかし、このような共有リソースを作成するのは容易ではない。とくに出版のような、出版社間の競争心が、友愛的な協力精神より強いとはいわないまでも、同じくらい強いフィールドではなおさらだ。これを成功させるには、このフィールドで独自の地位を確立していて、多大な時間と労力と資金を費やすことができる企業が必要である。グローヴならそれができると、モーガンは考えた。グローヴは五大《ビッグファイブ》出版社の一員ではないし、かといって小さな独立系出版社でもなく、ちょうどいい大きさだろう。ビッグファイブの出版社のひとつがそれをやろうとしたら、ほかの大手出版社が警戒するだろうし、小さな独立系出版社には、これを実現するために必要なリソースがない。けれどもグローヴは米出版業界というフィールドで生き残っている数少ない中規模出版社のひとつであり、ほかの出版社の競争上の不安を和らげるのに充分中立的な立場にあるように思われる。「グローヴは、文学界のスイスのようなもの」とモーガンは大胆にいった。「だから、この計画を実現できるし、まとめ役も務まります。私たちは全力でグローヴの作品が特別な恩恵を受けたりしないようにしています。むしろ、グローヴの作品は恩恵を受けていないほうだと思います」

このサイトのモデルは「招待制のクラウドソーシング」である。つまり、ほかの出版社やコンテンツ制作者をパートナーとしてこのサイトに招待し、年間14〜16本という合意した本数でコンテンツを寄稿してもらうのだ。文学雑誌や出版社を含め、パートナーが100〜150集まり、それぞれが作家や本、文学界に関する記事を年間一定数寄稿してくれれば、新しいコンテンツが定期的に供給されることになり、それで充分に新しい特集や本の抜粋などを追加してサイトを毎日更新することができる。モーガンは、ほかの出版社の説得を試みたが、いざやってみるとそれほどむずかしいことではなかった。「私は自ら出版社をめぐって人びとにこの話をしましたが、頼んだ人はみな、イエスといってくれました」。モーガンには、金銭的な見返りを期待することなく3年間資金を提供する用意があったという事実も、まちがいなく助けになったはずだ。「ある出版社から「このサイトの収益モデルは?」と訊かれたので、こう答えました。「ああ、いい質問です。収益モデルはありません。収益はゼロです。1年目、収益ゼロ。2年目、収益ゼロ。3年目も収益ゼロ。だから、少しでも収益があれば、予算を大幅に上回ります」」。モーガンは、投資家の財務的な期待に縛られたくないので、外部から資金を集めるつもりはなかったし、ほかの出版社を説得して、この種のベンチャーに投機的に資金を提供してもらうつもりもなかった。それよりも自分自身で資金を出して、グローヴ・アトランティックのリソースを使うほうがクリーンでシンプルだ。もし、リテラリー・ハブが成功すれば——別の言葉でいえば、多くの人が定期的にこのサイトを訪れ、ニュースレターに登録してくれれば、出版社にサイトの広告枠を購入してもらい、その収益で資金を捻出できる。しかし、それはまたあとの話だ。モーガンはまず、このアイデアがうまく転がりはじめるかどうかを確認しなければならなかった。

しかし、どうやって成功するつもりだろうか。複数の出版社が数年まえにブッキッシュで同じようなことを試みて、失敗に終わったのではなかったか。そのとおりだ。けれども、モーガンの頭にあるのはそれとはちがうものだった。「ブッキッシュが失敗したのは、対象があまりに広すぎたからでしょう」とモーガンはいう。「すべての読者にすべてがはまるとは思いません。焦点を絞る必要があるのです。私たちの場合、柱になるのは文学です」。けれども、「文学」を狭い意味で解釈すべきではない。文芸フィクションが中心になっているが、シリアスなノンフィクションや、ある種のジャンルフィクションも網羅している。しかし、商業的な超ベストセラーは扱わないだろう。「それらの作品はほかのどこでも多くの注目を集めています」とはいえ、スティーヴン・キングがリテラリー・ハブに記事を書きたいといえば、「歓迎します」という。同様に、ハーレクイン・ロマンスの作家が、ハーレクイン・ロマンスとジェーン・オースティンやエミリー・ブロンテとを比較した記事を書きたいといえば、それも可能かもしれない。目指しているのは、包括的に広く受けいれることだ――「境界線を設けないようにしています」。唯一の実際的な基準は質だ。それは、モーガンが出版してきたのはその種の作品であるからであり、そういうものに関心があるからでもある。また、けっきょくのところ、質が高いからこそ読者が惹きつけられ、何度も訪れてくれるのだとモーガンが心から信じているからでもある。さまざまな種類のコンテンツが爆発的に増加してオンラインで読めるようになっているインターネットの時代に、これは爽快なくらい古い考え方である。「私が何を信じているかわかりますか？　充分にいいものを作れば、人は集まってくると私は信じています。これを持論として私は本当に長いあいだビジネスを行なってましたし、このビジネスのすばらしいところ、とくに私たちの分野では、質が勝利をもたらすということです。すぐには勝てないこともありますが、最後に勝つのは質なのです」

　リテラリー・ハブは2015年4月に開設され、1年のうちに月間のユニークビジター数〔重複しない訪問者数〕が45万人に上り、定期的にサイトを訪れる人は25万人、ニュースレターの登録者数は3万人になった。サイトでは毎日、5〜6本の特集記事が更新され、その大半はリテラリー・ハブのために書かれたオリジナル記事だ。また、毎日1冊の本から新たな抜粋が掲載される。あとになって、クライム系の新たなバーティカルサイトが追加され、網羅する本の範囲が広がった。さらにリトハブ・ラジオができた。これは本に関するポッドキャストのためのプラットフォームだ。週6日配信されるニュースレター、リトハブ・デイリーでは、サイトの新機能に関する簡単な説明や、そのウェブ周辺から得られたその他の文学関連の記事がまとめて紹介されている。充分なスポンサーシップパッケージが売れ、予算の60～70パーセントがそれでカバーされている。スポンサーシップパッケージは出版社に販売され、年間手数料を払うかわりにサイトの広告スペースが一定量確保される。すべての広告は本を対象としているため、このサイトの精神にぴったり合っている。それは〈ニューヨーク・レビュー・オブ・ブックス〉〔文芸誌。文芸に限らず経済や科学などを含めた評論が掲載されている〕の雰囲気と似ていなくもない。モーガンは、数年後には自己資金で運営できるようになるはずと自信を持っていたが、極端な話をすると、それは重要ではない。このサイトを作ったのは、けっして金儲けのためではなかった。このサイトを作ったのは、従来からの可視性と発見可能性の仕組みが衰退していく世界で、本の可視性を高め、読者が本をみつけるための新たな道を開くことだった。「伝統的な文学メディアは衰退してきています。それはわが国だけでなく世界じゅうで起こっています。リテラリー・ハブはその問題に取り組もうとしているのです」とモーガンは説明する。ただし、リテラリー・ハブでの特集が、〈ニューヨーク・タイムズ〉の書評やNPRへの著者出演と同じ影響をもたらすわけではない。「真面目な話、リテラリー・ハブに掲載されるより、私は〈ニューヨーク・タイムズ〉の1面に載るほうがいいですね」。けれども、これはどちらがいいかという問題ではない。問題は、文学を支え、強化するための空間としてオンラインの世界を利用するために、実際かつ具体的に、出版社に何ができるかだ。あるいは、モーガンにいわせれば「文学的な言葉で表現するならば、デジタルの世界を攻略するために」何ができるのかだ。すべての出版社が単独で自社専用のサイトを独自に作ろうとすれば、その努力は分裂し敵対して、うまくいかないだろう。しかし、ひとつのプラットフォーム上で協力して取り組めば、充分な豊かさと質を備えたサイトができる可能性が高まる。さまざまな出版社の本や著者の特集記事があり、質の高いコンテンツが継続的に提供される、読者が引き寄せられ何度も訪れたくなるサイトが。

現代の出版界は可視性を高めるための従来の仕組みが衰退し、新たな仕組みの大半が他者の手に委ねられている。このような状況で、顧客データベースやウェブサイトを作成したり、ターゲットを絞ったメールやニュースレターを活用することで、読者に直接アプローチし、新刊や近刊の情報を知らせることが可能になれば、出版社は単独で、あるいは協力しあって、自社の本の可視性を高めたり、消費者に自社の本を提示する方法をコントロールしたりできるようになる。とはいえこれらの取り組み（は多々あり、取り組み自体の構成や目的はさまざまである）が広がり、存続していくかどうかを語るのは時期尚早である。また、この種の取り組みによって、本の世界で現在アマゾンが持っているパワーやユーザーデータという形の情報資本を出版社がいくらかでも取り戻したり、削りとったりできるかを判断するのも時期尚早だ。アマゾンは、情報資本の支配権争いで圧倒的に有利な立場にある。なにしろ、3億以上のアクティブユーザーを抱えているのだ。これは、一出版社や出版社の合弁企業がこれまで望んできた数をはるかに超えている。それでも、出版社にもこの戦いに使える切り札がないわけではない。とどのつまり、多くの読者とアマゾンのあいだにある関係は、実用的で機能的なものにすぎない。アマゾンはすぐれたサービスを手頃な価格で提供している。大半の読者は、アマゾンとのあいだにこの実用的で機能的な関係以上のものを望んではいない。いっぽう自分が読みたいと思う本の著者や、そのアイデアやストーリーとなんらかのつながりや関係を持ちたいと思っている読者は多い。この関係は、単なる機能的な関係にとどまらない、より豊かで、より熱く、よりインタラクティブな関係だ。そしてこの関係を促進するのに、出版社はアマゾンよりはるかに有利な立場にいる。この可能性を見いだし、デジタルリソースを意のままに活用して読者にアプローチしている出版社は、自分たちなりのささやかな方法で、この種の関係を構築し、強めつつある。これらの出版社は、従来の出版社がまったく知らなかった読者についての情報を集めはじめており、その知識を使って、自社の本を買いたい、読みたいと思ってくれそうな個人に直接アプローチする方法を考えだしている。このようにして出版社が構築していけるであろう情報資本は、アマゾンが蓄積している膨大な量の情報資本には及ばないが、量があれば事足りるというわけではない。特定の出版社が出版している種類の本や著者に強い関心を持っている読者の小さなデータベースは、興味の対象がばらばらな顧客の大きなデータベースと同じか、ひょっとするとそれ以上の価値があるかもしれない。また、この種のデータベースを構築することで、巨大な小売業者が大半のカードを握っているゲームのなかで、出版社がわずかながらもパワーバランスに変化を与えられる道が開けるかもしれない。

しかも、道は1本ではない。電子書籍の普及により、電子書籍に特化した新たなマーケティングの機会が生まれたため、とくにこの機会を活用して、多数の出版社がそれぞれの試みを始めている。ここでとりわけ重要な電子書籍の特徴は、限界費用なしで価格を利用した販売促進ができることだ。この特徴を利用しているのが、2011年にアマゾンが開始したキンドルの「日替わりセール」プログラムである。これは特定の電子書籍を1日だけ大幅に値引きした価格で読者に購入する機会を提供した。しかし、デジタル時代にあっては、大幅な値引きが発見可能性を高めるための有効な手段になると考えたのは、アマゾンだけではなかった。

ディスカウントによる可視性

ジョシュ・シャンカーはハーバード大学で経済学を専攻し、ＭＩＴスローン経営大学院でＭＢＡを取得したあと、インターネット起業家として何かできないか模索していた。２０１１年、大学時代の友人から連絡があり、ある問題の解決に協力してもらえないかと頼まれた。その友人はライターで、数人のライター友だちと、自分たちが書いて出版しようとしている本をどうやって販売するかを考えていた。ジョシュは出版のことはくわしくなかったが、ボストンでサンバサ・メディアというメールマーケティング会社を設立したことがあったので、この方面の経験はいくらかあった。したがって、その会社で培ったマーケティングテクニックの一部を、本にも応用できると考えた。友人は、自分の本を電子書籍として自費出版する予定だったので、書店の店頭に陳列するといった大手出版社が本をみつけてもらうために行なってきた従来の手法は、その友人には合いそうになかった。さらに、ジョシュは出版について少し調べたことがあったので、出版業界に大きな変化が起きつつあることを認識していた。電子書籍の重要性が増し、アマゾンが急成長していて、実店舗の書店が衰退しつつあり、本を発見する場は、オンラインに移行しつつあった。ジョシュは次のように考えていた。「もはや書店内で発見しやすくすることが鍵ではなくなりました。鍵は、消費者がどこにいるかにかかわらず、あなたの本が欲しくなるようにするにはどうすれば良いか、なのです」。ジョシュはビジネススクールを卒業後、ソーシャルネットワーキングの会社を立ちあげて売却しており、ある程度の資金を持っていたため、共同設立者のニコラス・シアレリとともに、ライターである友人のおかげでみつけた問題を解決するための会社を立ちあげることにした。それが、２０１２年にスタートしたブックバブの始まりだ。

当初のアイデアは、日刊のメールマガジンを作成して、読者に大幅に値引した電子書籍を紹介し、そのメールマガジンで友人の本も紹介するという計画だった。ジョシュは、サンバサ・メディアで値引による販促を活用していたので、その手法には通じていた。さらに書籍出版の世界では、電子書籍によってこれまでとは異なる機会が得られると考えていた。印刷された本とはちがって、電子書籍の限界費用はゼロだからだ。したがって、大幅な値引きはもちろん、電子書籍の無料配布さえも可能で、新しい本や著者を知ってもらうための有効な手段になりうる。ジョシュはこのアイデアを実践してみることにした。またこれがうまくいけば、ふたつの収入源から収益を得ることによって、ビジネスが成り立つかもしれないと見通してもいた。ようするに、いっぽうでは、著書や出版物をブックバブのメールに掲載する手数料を著者や出版社に請求し、もういっぽうでは、小売業者に対して、販売代行手数料を請求することができる。しかし、この計画を実現させるには、まず次のふたつを実行しなければならなかった。ひとつめは、著者や出版社にとって日刊のメールマガジンが魅力的な提案となる規模のメール購読者リストを構築すること。そしてふたつめは、メールマガジンで購読者に紹介するのにふさわしい本の選択方法をみつけることだった。

ジョシュらは、資金を使ってオンライン広告を出し、購読者リストの構築を開始した。無料のメールマガジン購読者リストは急速に長くなり、2年後には200万人の購読者を獲得していた。2014年に400万ドル、2015年に700万ドルのベンチャーキャピタル資金を調達し、その大部分を会員数の増加のために費やし、2017年には購読者が1000万人を超えた。個人がメールマガジンを購読するときは、ベストセラー、スリラー、ロマンスなど興味のあるカテゴリを選択するように誘導される。登録者数が増えるにつれ、毎日のメールマガジンに掲載する本を選ぶ作業がますますむずかしくなった。毎日、ブックバブは著者や出版社から割引が可能な本として２００～３００冊の本を受け取るのだが、受けいれられるのは1日に30～40冊ほど、つまり送られてきた本の10～20パーセント程度だった。ブックバブの日刊メールマガジンの魅力のひとつは、各購読者に紹介する作品点数が多くないことだったので、かなり厳選する必要があった――通常は6～7冊程度だが、熱心なヘビーリーダーの場合は10冊まで増えることもある。では、どうやって厳選するのだろうか。ジョシュらは、受け取ったそれぞれの本を読んで、1冊1冊判断すべきだと考えた。「編集チームがすべての本に目を通して、どの程度割引するか、著者の論点は何か、特定のリストにいかに適合するかなどを検討して、最良のものを決定します」とジョシュは説明する。著者や出版社がお金を払うのは、自社の本や自著がリストに選ばれたときだけだ。ここでの選択の過程がかなり重要だった。作品数を多くしすぎて読者を圧倒しないようにしなければならないし、読者の関心にできるだけ沿った本を選ばねばならない。「私たちが読者に提供する価値のひとつは、キュレーションされた体験を提供することです。それができなければ、読者から信頼してもらえませんし、出版業界の効果的なマーケティング手段になれないので、このモデルは機能しません」

　選べる作品数を増やし、ユーザーの興味と選択した本の一致度を高めるために、カテゴリを細分化してモデルを洗練させ、ユーザーに選択肢を絞ってもらった。たとえば、ロマンスというカテゴリだけではなく、コンテンポラリーロマンス、ヒストリカルロマンス、パラノーマルロマンス、タイムトラベルロマンスなど、ひとつ以上のサブカテゴリを選択してもらうようにしたのだ。各メールマガジンは、ユーザーが選択したカテゴリに基づいて、それぞれカスタマイズされる。「メールマガジンは高度にカスタマイズされています」とジョシュは説明する。「パーソナライズされていますが、過度にパーソナライズされているわけではありません。何千冊もの本に目を通し、あなたにぴったりの3冊を選ぶわけではありません」

ブックバブの注目すべき特徴は、編集プロセスが日々の活動の根幹にあることだ。これは、すべてがアルゴリズムや機械学習によって自動化されたオペレーションとはちがう。それとは程遠い。ブックパブの編集者による選択プロセスは、編集チームが提供されたすべての本に目を通して実施している。つまり、本の選択はアルゴリズムを使ったレコメンデーションエンジンによって行なわれているのではないのだ。本を選定しおわると、社内の編集者であれ、フリーランスであれブックバブのスタッフは、毎日配信されるメールマガジンに掲載される本の紹介文を書く。出版社や著者の紹介文をそのまま使ったりはしない。これが重要だとジョシュはいう。会員の心に響くような紹介文を求めているからだ。「私たちはレビューを読み、本に関するさまざまな情報を読んで、購読者が本のどの部分を好むのかを理解しています。本のどの部分を強調すれば読者の心に刺さるか、つまり、なぜその本がその時期に、その購読者の心に響くのかを理解しているのです」。テクノロジーによる問題解決に大きな信頼が置かれる技術系スタートアップの世界で、このように人の手による創造の価値を重んじるという確固たる考え方は新鮮だ。もちろん、ブックバブでは自動化やデータの活用が重要な役割を果たしているし、一部の記事では、アルゴリズムの使用を試みている。けれども、本の選定と紹介文の作成といった核となる活動は、断固として人間が行ないつづける。ひとつには、これは、ブックバブの価値の大半が、ユーザーのブランドに対する信頼にかかっていることをジョシュらが認識しているからであり、きめ細かく厳選された本と気の利いた紹介文が、この信頼には不可欠な要素なのだ。重要なのは、人間と機械、編集者の判断とアルゴリズムの活用のあいだのバランスを取ることだ。

ブックバブは、自費出版の分野から始まったが（ジョシュの大学時代の友人からキンドル・ダイレクトを使った新たな本の出版の計画について助けを求められ、その友人の友人らも同じように助けを必要としていた）、まもなく、従来の出版社も気づいた。ブックバブが絶妙にターゲットを絞った読者に向けて、本の可視性を高めるのに、かなり効果的な方法を生みだしたと。初期のころは、ブックバブのリストはおもに自費出版の本で構成されていたが、徐々に従来の出版社が出している本の比重が大きくなっていった。現在は、ほぼ半々で混在しているが、従来の出版社の本は、ベストセラーなど比較的大きなカテゴリで紹介されることが多い傾向にある。ブックバブでは、無料の本と値引された本の両方を提供しているが、自費出版の著者は、自分の基盤を構築する方法として、本を無料で提供することが多い。典型的なシナリオは、出版社や著者に宣伝したい本がある場合だ。売れ行きが止まった既刊本だけでなく、出版されたばかりの本に注目を集めたい著者の既刊本などである。出版社は、プロモーションしたい本を割引の対象としてブックバブに提出する。ブックバブがその本を選び、適切なカテゴリの読者にメールマガジンで紹介することを決定した場合、出版社や著者は「その日のうちに数百部から数千部、場合によっては1万部以上」急に売上が激増するのを目の当たりにすることが多い。3日間のセールがもっとも一般的だが、なかにはもっと長い期間セールを行なう出版社もある。多くの場合、出版社や著者はその後、ハロー効果を目にすることになる。つまり、割引セールが終了したあと、本の割引がなくなったにもかかわらず、高い売上が何日か続き、その後、新たな定常状態が以前よりも高い位置で推移することがある。たとえば、販促まえは1日5冊売れていたとしたら、販促後は1日10冊売れるようになったというように。また、出版社や著者は、アマゾンのベストセラーリストで順位があがり、重要なオンライン空間で本の可視性が高まっていると気づくこともある。「ベストセラーリストに載れば、注目を集めますし、本を読んだ人はそれを話題にしてくれるので、本に新たな命が吹きこまれます」。大半の出版社や著者は、この方法を既刊本から使いはじめたが、いまや多くが既刊本以外の本にも使いはじめている。たとえば、最初はバカ売れしたが、いまは売上が伸び悩んでいる出版されてまだ間もない本などだ。「このちょっとした後押しが大きな助けになり、ベストセラーとして息の長い本になるのです」

ブックバブを使った本の宣伝は安くはない。出版社や著者に請求される手数料は、カテゴリや本の価格、販売地域（アメリカのみ、アメリカ外［イギリス、カナダ、インド、オーストラリアを含むがアメリカは除く］、またはこれらすべてを選択できる）によって異なる。たとえば2019年の時点で、クライムフィクションのような大きなカテゴリで、すべての販売地域に提供されるメールマガジンで紹介してもらう場合、出版社や著者が負担する費用は、価格が1ドル以下の本は1138ドル、価格が1〜2ドルの本は1970ドル、2〜3ドルの本は2845ドル、3ドル以上は3983ドルである。[16] これらのコストを回収するためには、たくさんの電子書籍を販売する必要がある。[17] しかし、購読者数が少ないカテゴリでは、手数料は大幅に低くなる。たとえば、タイムトラベルロマンスでは、1ドル以下の価格の本は248ドル、アフリカ系アメリカ人関連の本は164ドル、プロモーションの対象をアメリカのみに限定すると、1ドル以下のタイムトラベルロマンスの料金は198ドルまで下がる。これらの価格は、カテゴリの購読者数だけでなく、カテゴリごとのパフォーマンスでも調整される。ほかのカテゴリよりもコンバージョン率［ここでは、メールを受け取ったメンバーが実際に本を購入する率］が低いカテゴリは、請求される料金が下方修正される。

ブックバブの収益の大半は、本を紹介することで出版社や著者から受け取る紹介手数料と、小売業者から受け取る手数料であるが、毎日配信するメールマガジンの下部にディスプレイ広告も導入している。ここには広告がひとつだけ掲載できるようになっており、このスペースに表示される本は、リアルタイムのオークションで決定される。ひとりの読者がメールを開くたびに、その読者の匿名化されたプロフィールについてリアルタイムオークションが行なわれる。したがって、この読者はこういうカテゴリの本が好きで、こういう著者をクリックしていて、こういう小売店を利用し、この地域に住んでいるということがわかれば、その人に広告を表示するために、その特定のスペースに入札しているすべての出版社や著者のあいだで、オークションが始まる。このオークションでは第二価格オークション方式（最高入札者がスペースを獲得するが、支払う価格は2番目に高値で入札した者の入札価格を支払う）——これはグーグルやフェイスブックが採用しているのと同じ方式だ。

ブックバブは、出版社や著者、小売業者から得る手数料と広告による収益とを組み合わせることでビジネスとして利益をあげつつ、値引きを利用して、本の可視性を高めている。ブックバブは、その膨大な購読者数と、きめ細やかに選ばれた本を紹介する日刊のメールマガジンによって、自費出版の著者にとっても、従来の出版社にとっても、魅力的なマーケティングツールとなっているが、ブックバブに自分の本を選んでもらい、その販売促進活動に加えてもらうのは簡単なことではない。多くの出版社は、アマゾンなどの小売業者と同じく、独自に日替わりの割引サービスなどを開始しているが、ブックバブは、自費出版のコミュニティを含め、さまざまな出版社や著者の要求を満たすことができる。もちろん、期間を限定して大幅な値引きを行なうこの方法は、限界費用や配送コストがわずかしかない電子書籍にこそ有効である。電子書籍として売れ行きがいい書籍のカテゴリ、とくにロマンスなどのジャンルフィクションのカテゴリには効果的だ。しかし、印刷書籍や、児童書やビジュアル本など、ほぼ印刷書籍として読まれることが多い書籍のカテゴリにはあまり効果的ではない。それでも、電子書籍への移行が大きく進んでいるカテゴリの本や、自由に使えるマーケティングツールが限られている自費出版の著者にとっては、ブックバブが開発した手法は、読者にアプローチし、オンライン空間での可視性を高めるための強力な新しい仕組みである。

デジタル時代の可視性

本は、より広範な情報通信環境のなかに、その一部として存在している。そして、デジタル革命は、この環境を変えることによって、私たちの生活のなかで本が流通する方法、本のみせかた、本をみつけたり選んだりする方法、購入し日常生活に取りいれる方法も変えてしまった。すべての本が紙に印刷され、大半が書店で売買されていた時代には、書店は、新聞やラジオやテレビなどの従来のメディアとともに、本の可視性を高める重要な空間であり、そこで本は読者の目に触れ、発見されていた。出版社はこれらの空間をどのように利用すれば良いか、ゲームのルールを承知していて、コストを計算し、可視性が売上に及ぼす影響を予測することができた。しかし、書店が衰退し、アマゾンが出現し、オンラインメディアの重要性が高まり、従来のルールや慣習は大混乱に陥っている。とはいえ、昔のやり方が通用しなくなったわけではない。それらの方法も通用する。〈ニューヨーク・タイムズ〉に掲載される絶賛のレビューは、いまでも本の売上をほかの何よりも引きあげる。けれども、既存メディアが衰退し、出版される新刊のタイトル数が増えているため、そのような書評を得ることがこれまでよりむずかしくなっている。いずれにしても多くの読者の関心がほかに移ってしまっているのだ。書籍のスーパーストアの全盛期には、ボーダーズ・グループやバーンズ＆ノーブルの店頭の陳列台が読者を獲得するためのおもな戦場だったが、これらの戦場はいまや、オンラインで注目を集めるための戦いにどんどん取って代わられつつある。

出版社は、ほかの企業がせっせと準備を整えた新しい場所に読者が移動しているという事実にようやく気づいた。そして、この状況を懸命に理解し、使ったことのない新たな方法を試さねばならないと知った。出版社が事態を把握したときにはとうに、アマゾンはオンラインの小売業者として揺るぎない地位を築いていて、本を試し読みしたり買ったりしている個人に関する膨大なデータをすでに集めていた。大半の出版社は古い出版の世界にとどまったままで、小売業者をまだ自分たちの顧客と考えており、読者にはほとんど注意を向けていなかった。これらの出版社は、古い出版の世界を構成していた情報環境は自分たちの周りですでに崩れおち、新たな情報環境に変わっていることがみえていなかった。だが新たな情報環境では、コミュニケーションの流れがより流動的で、データが新たなパワーの源となりつつあったのだ。出版社が何かするには遅すぎるといっているわけではない。けれども、何をするにせよ弱い立場からスタートすることになるし、いまや自分たちのフィールドに君臨している企業が豊富に持っているリソースもなければ強みもないのだ。

第7章　自費出版の大爆発

500年以上の歴史を通じて、出版業の基本はつねに「選択」にあった。出版社は、手にいれたものをみな出版するわけではなく、さまざまな可能性をふるいにかけて、出版すべき原稿を選択してきた。選択の基準は分野によって、あるいは出版社によって異なる。コストを見積もり、売上を予想し、質を見きわめ、出版する意義を判断し、自社の出版物にふさわしいかを検討する。これらは出版社の意思決定プロセスを構成する、数ある要素の一部で、これらのさまざまな要素が組み合わさってこれまで判断されてきたし、今後もそうやって意思決定されていくだろう。どのように選択するかは、出版社によって大きな違いがある。比較的みさかいがなく、ハードルがかなり低い出版社もあれば（「とにかく出版してみて、結果をみる」という出版哲学）、選び抜いた限られた作品だけを扱う出版社もある。作品を厳選する出版社の極端な例のひとつが、アシェットのインプリント、トゥウェルブ・ブックスである。トゥウェルブ・ブックスはそれぞれの本の潜在能力を最大限に引きだすために1年に12冊、月に1冊だけを出版するという目的で2007年に発足した。選択の基準や厳格さは分野や出版社によって異なるが、選択という機能は共通している。すべての出版社が程度の差こそあれ、選択を行ない、どの本に時間や専門知識や自社のリソースを投資すべきか、どの本は見送るべきかを決定している。出版社は門番であるという表現はメタファーとしてよく知られている[1]。出版社は、どのプロジェクトを本にして公の目に触れさせるか、どれを触れさせないかを決める門番なのだ。商業出版の世界で門番として働くのは、出版社だけではない。エージェントも同じだ。というよりむしろ、本になる候補としてどの企画を取りあげるべきかを最初に判断しているのがエージェントで、出版界の門番という輪のいわば外輪を担っている。出版社とエージェントは本の数がつねに、相対的に限られている状態を保ってきた。両者は本になる可能性のあるさまざまな作品――異なるプロセスがこの世に機能していれば、存在していたかもしれない数々の本――のごく一部だけを選択して出版することによって、限られた数の本で占められた市場を作りだしている。たとえ出版される本の数が年々顕著に増加してきているとしても、選択という仕組みがなければ出版されたであろう本の総数からすれば、その数はやはり少ない。

　この状況が、デジタル革命でがらりと変わった。出版社やそのコンテンツの供給者が選択を行なっているという事実は、長いあいだ門を通り抜けられなかった出版候補の作品が大量にあったことを意味する。野心に満ちた作家の卵の前に次々と現れるハードルに引っかかってしまった出版候補の作品は、みなどうなったのだろうか。その多くがゴミ箱行きになったか、どこかの引きだしにしまいこまれ、ほかの書類に紛れて忘れられているにちがいない。しかし、本になり損ねた作品の山と大勢の作家志望者の存在こそが、既存の出版組織の意向や能力を上回る出版需要（とおそらく読書需要）があることを意味している。そして、この抑えられていた《ペントアップ》需要が原動力となり、自費出版が爆発的に増加したのだ。

　自費出版は、いまやそれ自体がひとつの世界となっている。出版界のパラレルワールドとして無計画・無秩序に広がりつづける未知の領域は、近年すさまじく拡大し、その劇的な成長ぶりが衰える兆しはまったくない。自費出版は「非従来型出版」とでも呼ぶべき、急発展している分野に不可欠な要素である。「非従来型出版」とは、従来の出版モデルにあてはまらない書籍やその他のコンテンツを出版するさまざまな形態を指す。従来の出版モデルでは、出版社が著者やエージェントからコンテンツを獲得し、印税や前払金を払い、本の制作やマーケティングに投資し、何をどのように出版するかという重要な決定を行なっていた。非従来型出版には多くの異なる形態がある。(2) 出版量の圧倒的な多さからいえば、こんにちの非従来型出版のなかで最大規模を誇るのは、ビブリオバザール、ゼネラル・ブックス、ケッシンジャー・パブリッシングなどである。ロイヤリティフリーコンテンツ出版社と呼ばれるこれらの企業やインプリントは、パブリックドメインの作品をスキャンしてオンデマンド印刷で提供することに特化しているが、(3) この事業は自費出版とはぜんぜんちがう。自費出版というのは非従来型出版に含まれるが、この用語をどう理解するか、どの範囲までを含めるかによって、その形態はさまざまである。非従来型出版の世界が複雑で多様であるのと同じくらい、自費出版の世界も、後述するいわゆる「バニティプレス」から自費出版サービス提供業者、自費出版プラットフォームまで、ひとつの世界ではなく多くの世界があり、それぞれがその世界のなかで分化し、さまざまなやり方で事業を行なう多くの企業や、膨大な数の自営業者が棲息《せいそく》している。これらの自営業者は、新たに出現した自費出版サービスというシャドウエコノミーに存在場所を見いだした。この世界、というか複数のこれらの世界が時とともに進化していくと、古いプレイヤーは力を失ってビジネス界から去り、新たなプレイヤーが現れた。新たなプレイヤーは、目新しい方法で本を制作し流通させられる新技術を活用した。自費出版の世界は全体的に図示されたことがないし、時系列で進化を追跡されたこともない。自費出版の出現の詳細な歴史はまだ記されたことがない。(4) とはいえ、おおまかにいえば、自費出版の歴史はバニティプレスの出現、オンデマンド印刷による自費出版社の出現、独立系出版の成長という3つのフェーズ、あるいは波で特徴づけられる。それぞれのフェーズを簡単にみていこう。

バニティプレスから独立系出版へ

自費出版は原稿を書いた著者自らが、リテラリー・エージェントの役割も務めてほかの出版業務にも携わる出版形態といえる。著者がエージェントであるといっても、唯一のエージェントということではない。それどころか、あらゆる形態の文化的な生産活動と同じく、自費出版のプロセスにはさまざまなエージェントや第三者がかかわっている。しかし、これらの媒介者や第三者は、著者が自作品を出版できるように協力する支援業者や援助者、サービス提供業者とみなされているし、彼ら自身もそうみなしている。出版社というより、作品の出版支援業者か取次業者に近い。出版するのはあくまでも著者である。自費出版を支援する組織が目的としているのは、著者がおおよそ自分の好きなように自作品を出版できる枠組みやプラットフォームを確立することであり、従来の出版社が行なう選択から著者を解放し、何をどのように出版するかという重要な決定を著者が下せるようにしている。と同時に、自費出版を支援する組織は、提供するサービスに対して手数料や委託料を請求して、この活動を利益の生じるビジネスにしようと努めている。

自費出版では、出版業の役割と責任の多くが逆転している。従来の出版モデルでは、出版社が作品を出版するかどうかを決定し、（多くの場合独占的に、通常は法的に著作権が有効なあいだ）出版権を取得し、出版する権利に対し印税（やときには前払金も）を著者に支払い、作品の制作とマーケティングに投資して、出版に関する重要な意思決定をすべて行なう。いっぽう自費出版では、著者が何をどのように出版するかを決定し、著作権を保持し、作品を出版するために必要なサービスに対し出版仲介業者に、直接的に前金として手数料を支払ったり、間接的に販売委託料を支払ったりする。自費出版では、著者は著作権を保持し管理できるが、費用とリスクも負うことになる。本が売れれば著者は報酬を得られるが、売れなければ、著者はすべての損失を被らねばならない。著者は意思決定者であり、投資家であり、リスクテイカーである。従来の出版社のように、何をどう出版するかという重要な決定を行ない、その本の出版に投資し、頼みの綱の出資者としてふるまう第三者は存在しない。

自費出版の出現は、20世紀初頭から半ばにかけて出現したいわゆる「バニティプレス」（軽蔑的な響きのある「バニティ」ではなく、「サブサイディプレス」という呼び名もある）に遡ることができる。1920年にゴードン・ドーランスがピッツバーグに設立したドーランス・パブリッシングと、1949年にニューヨークで生まれたヴァンテージ・プレスが、一般的に初の大手バニティプレスとみなされている。これらの自費出版社はオフセット印刷を用いており、少部数の本を印刷するための前払手数料としてかなりの額を著者に請求した。印刷された本は一部を著者が保有し、残りは出版社の倉庫に保管された。オフセット印刷は値が張り、初期費用が高いため、1冊あたりの費用を妥当な額にするにはかなりの冊数を印刷する必要があった。したがって、バニティプレスが著者に請求する出版手数料は相当な額で、印刷部数や提供するサービスによって5000ドルから2万5000ドル以上になることもあった。それゆえに〝虚栄（心）出版《バニティプレス》〟と名づけられたのだ。これは、従来の出版社に受けいれてもらえなかった作品を著者自身が出版できる自費出版の形態だが、著者にかかる経済的な負担はかなり大きかった。自分の原稿を出版することはできるが、そのために多額の費用を支払わなければならず、しかも大半が売れ残って、気づけば車庫に山積みという可能性もある（車庫があるとしての話だが）。当然ながらこの種の自費出版は、作家や批評家のあいだでは評判が悪く、「バニティプレス」という言葉についてまわる不名誉な響きはなかなか払拭されなかった。ヴァンテージ・プレスは60年という歴史のなかで2万冊以上の本を出版したが、2009年に投資銀行家に売却され、

2012年に事業を停止した。ドーランス・パブリッシングはピッツバーグで事業を継続していて、自費出版サービス提供業者に方向転換したが、依然として著者に前払いの手数料を請求しており、多くの人びとから古いタイプのバニティプレスの継承企業とみなされている。

1990年代にオンデマンド印刷の技術が開発され、自費出版のフィールドに参入しようとしている新しいプレイヤーに、もってこいのスペースが生まれた。オンデマンド印刷は、印刷分野に及んだデジタル革命の初期の産物で、ソフトウェア業界のマニュアルやドキュメントを制作し供給する事業から始まった。1990年代の前半までに、デジタル印刷の質はオフセット印刷に匹敵するほどのレベルに達し、単純なテキストであれば、オフセット印刷とデジタル印刷の質の差はどんどん小さくなっていった。さらにデジタル印刷は、少部数で印刷できるという強みがある。オフセット印刷は、一部あたりのコストが妥当な額になるように500〜1000部以上印刷しなければならないが、オンデマンド印刷は、10部や20部、あるいは一度に1部ずつ、まさに注文に応じて《オンデマンド》印刷することさえ可能だった。これによって、新世代の自費出版社が生まれ、著者に対し、はるかに安い費用でこれまでとまったく異なる提案ができるようになった。1990年代後半から2000年代前半にかけて、オーサーハウス（当初の社名はファーストブックス）、アイユニバース、エクスリブリス、パブリッシュアメリカなど多くの企業が出現し、いずれもデジタル印刷とオンデマンド印刷を使って、はるかに低い費用で本を出版できるようにした。これが自費出版の第二興隆期である。とはいえ、これらのオンデマンド印刷を採用している自費出版社の多くは、依然として前払いの手数料を請求したため、この面でみると旧来のバニティプレスと似ていた。しかし、これらの自費出版社が請求する料金は、概してバニティプレスが請求していた額よりもはるかに低く、著者は299ドルほどでペーパーバック版の自著を出版できる。また、アラカルト方式でさまざまな追加サービスを購入することも可能である。それによって通常は価格があがるが、早期のバニティプレスの請求額に比べると、はるかに低い金額だ。とはいえ、これらの自費出版社の多くは、「バニティプレス」というレッテルに伴う悪印象は、ちょっとやそっとでは振り払えないと気づいた。著者に前払いの手数料を請求して出版サービスを提供するという事実だけで、著者の夢を食い物にしているのでは、と疑いをかけられやすく、価格は高いのに仕上がりは悪いという苦情が著者たちから湧きおこった。それでも、これらの自費出版社によって何万もの新たな本が制作された。オーサーハウス、アイユニバース、エクスリブリスは、2004年だけで計1万1906点の新刊を生みだした。[5] けれども世の中には、これらとは別のサービスに対する需要が高まりつつあった。オンデマンド印刷を基盤にビジネスを打ち立てたこれらの自費出版社とて、じっと立ち止まっていたわけではない。技術が刷新されていくのに合わせて、これらの企業も進化し、買収や売却されるうちに組織自体も変容し、ときには名前すら変わった。[6] ところが、2000年代の前半に、オンデマンド印刷技術を基盤にした自費出版社とはまったく異なる、新しいタイプの自費出版業が出現した。

自費出版の第三の波も、デジタル技術によって生まれたが、著者とその自費出版を可能にする組織との関係は、まったく異なるアイデアに基づいている。第三期の自費出版業とそれ以前のフェーズを区別する重要な概念は、自著の出版を望む著者が出版のために支払いをする必要はなく、自費出版支援組織は、著者が支払う手数料で利益をあげるべきではないという考えである。それどころか、支払いの構造全体をひっくり返して、著者が出版の手数料を出版支援業者に支払うのではなく、本が売れたときに出版支援業者が著者に報酬を支払うべきとされた。ようするに、売上から手数料を引く形で出版費用をまかなうのである。この新たなモデルでは、売上がなければ、委託料も手数料も発生しない。このシンプルかつ斬新なアイデアによって、自費出版界に革命が起こり、1990年代以前のバニティプレスやオンデマンド印刷を採用している自費出版社と、2000年代前半に出現した自費出版組織の新しい波とが切り離された。ここでようやく、バニティプレスの時代から自費出版がずっと着せられてきた汚名、つまり著者が自分の作品を出版するという栄誉に浴するためにお金を払っているという見方から、解放されたのである。

2000年代前半に出現した自費出版の新たな波は、自費出版の新たな文化や精神も運んできた。それは、著者自身による出版プロセスの管理や主導性が奨励されるDIY出版文化だった。ようするに、本を出版するために法外な額を請求してくる第三者の仲介者に自費出版を外注するのではなく、自分自身で出版せよ《ドゥー・イット・ユアセルフ》——自分で解決せよ、やり方はここにある——という文化である。起業家として主体的に、それしか選択の余地がないからではなく、洗練された方法として自分で出版する。それが現在、一般的に「独立系作家」と呼ばれている作家の定義である。これらの作家は、望ましい選択肢として自身で出版することを積極的に選び、自費出版ではどのようなことが行なわれるのかを理解しようと努め、このレッテルをやけくそや失敗の印《しるし》ではなく、名誉の証《あかし》として身にまとう。「独立系作家」という言葉を採用することで、これらの作家は自費出版という判断が前向きな選択であるという見解を示している——自分は独立系作家でそれに誇りを持っていると知らしめているのだ。また「独立系作家」という言葉は、この道を選んだのは自分だけではないことも示している。ひとりの孤立した行為ではなく、ほかにも多くの人がこの道を選んでいることを知ったうえで、この決定を行なったと知らせているのだ。独立系作家になると決め、この言葉を用いることで、それらの作家は、画期的で、頼もしく、前向きな時代の精神と調和したムーブメントの一部になる。バニティプレスというレッテルの影が完全に消えたわけではないが、自費出版の第三の波と独立系作家のムーブメントの広がりとともに、新たな文化が登場し、その文化のなかで自費出版は「独立系出版」〔なお、メディアグループ傘下にない「独立系出版社」と、ここでの「独立系出版」は異なるものを指している〕に姿を変えた。多くの人が、自費出版の価値をこれまでよりはるかに自信を持って前向きに捉え、自費出版という選択肢を、少しの不安や後悔もなくできる決断と考えている。

自費出版のこの新たなフェーズを導いたのは、このフェーズを下から支えるアイデアを生んだ新たな仲介者たちである。この仲介者らが開拓した社会基盤は、新しい自費出版を可能にして、これに伴って出現した独立系作家という新たな文化にもなじんだ。この第三のフェーズへの転換時に、初期の重要な役割を果たした仲介企業のひとつがルルである。ルルは2002年にカナダの起業家のボブ・ヤングが設立した。ルルは、自分の作品を出版したい著者やクリエイターに、編集ツールや印刷サービスを提供するために設立された。

ボブ・ヤングはオープンソースソフトウェアの企業レッド・ハットの創業者で、オープンソースビジネスモデルとレッド・ハットでの経験について著した『OS戦線異変あり――オープンソースのLINUX大作戦』(倉骨彰訳、日経BP、2000年)という本を、インターナショナル・トムソン社のインプリントであるコリオリスから出版した。ヤングは、この本がハードカバーで2万5000部ほど売れたのに収入がごくわずかだったことに驚き、失望した。「この経験で教わったのは、出版業界は壊れているということと、だから修正できるチャンスがあるということでした。2万5000部近く売れても、その本の売上の大半は、実際にその物語やコンテンツや知識を生みだした人ではなく、出版社に渡っていました。そこで私は自問しました。ちょっと待てよ、いまはインターネットの時代なんだぞ。この本を著者が直接読者に売ればいいんじゃないか、とね」。ボブはオープンソースソフトウェアビジネスの会社を立ちあげて成功に導いたという商業的なバックグランドがあり、レッド・ハットの新規株式公開で大金を得ていたので、現金もあった。それで、オープンソースの出版プラットフォームとしてルルを立ちあげることにしたのだ。

ルルを設立するときに、ボブが掲げた目標はシンプルだった――「さまざまな出版社にそっぽを向かれた、あらゆる物書きに出版できる力を与えること」。ボブは、オーサー・ソリューションズやアイユニバース、トラフォード・パブリッシングなど、ほかの自費出版社があって、それらが著者にサービスを提供していることを知っていた。しかし、ボブの頭にあるモデルはそれらの出版社とはまったく別のものだった。「それらの企業のモデルでは、自著を出版したいという著者の願望から、収益の大半を稼いでいますが、私たちのモデルでは、著者に自身で出版するよう促します」。ルルのプラットフォームで自費出版すると決めた著者は、前払いで手数料を支払う必要はない――無料で出版できるのだ。ルルの自費出版ツールで作った本は、ページ数や製本の種類、ユーザーが選択した利益率などの要素に基づいて価格が決まり、1冊あたりの差益の80パーセントが著者に、20パーセントがルルに支払われる（ボブいわく「これは、私が『OS戦線異変あり』で結んだ印税契約と正反対の率です」）。客から注文が入ったときは、第三者の印刷業者か、ライトニングソース社などのオンデマンド印刷業者が注文に応じてオンデマンド印刷を行ない、著者は差益を受け取り、ルルはそこから20パーセントを受け取った。本が売れなければ、ルルは何も受け取れない。このオンデマンド印刷技術を利用したモデルは、誰であれ前払金を支払わずに本を出版できた。

ルルは2004年にサービスを開始した。自費出版のプラットフォームがこの事業の中核だったが、ルルでは、追加料金でさまざまなほかのサービスが受けられた。たとえば編集、表紙デザイン、ISBNの割当て、マーケティング、アマゾンをはじめとするオンライン小売業者での販売など。最初の4年間で、ルルは急速に成長し、2008年には約100万人がルルを使って自著を出版した。ルルを介して自費出版された本の多くは、ほんのわずかな部数しか売れなかったが、大量に売ることが重要なポイントではなかった。「出版社は、作家が10人いたらそれぞれの本が100万冊売れることを夢みています。いっぽうルルは、1000万人の作家の本をそれぞれ100冊売りたいと考えています」とボブはいう。[7] ルルは、自費出版の新境地を開拓した。その地では、自費出版社（この場合はルル）が一連のツールとサービスを作家に提供する出版支援業者となり、前払いの手数料はなく、売れた場合にその売上から分配金を受け、著者が購入を決めた追加サービスがあれば、それに対する手数料を得る。自費出版の新しい形態へと多くの人びとを導いていたのはルルとその創業者だったが、まもなく、同じようなアイデアを持ったほかの企業がこぞってそこに加わってきたため、ルルの影は薄くなった。それらの出版社のなかには、印刷書籍を専門にしている企業、電子書籍を中心に扱う企業、両方を手掛ける企業があった。自費出版のフィールドには、あっというまに多数の新たなプレイヤーが群がった。どの企業もデジタル技術が生んだ新たなチャンスを活用する方法を独自にみつけ、著者による自費出版を可能にしていたが、それと同時に、作家に前払金を請求せずに、ルルのような自費出版社か仲介業者としてビジネスを成り立たせようとしていた。次は、いくつかの企業がたどってきた道を振りかえってみよう。

電子書籍時代の自費出版業

マーク・コーカーは、作家として本を出したいのになかなか出せずにいた。以前は、シリコンバレーでベンチャーキャピタルの支援を受けて企業向けのPR会社を経営していた。あるとき社内でコピーライターが必要になり、メロドラマガイド誌の記者だった女性を雇った。そして、その記者が書くメロドラマ俳優たちの物語にすっかりはまってしまった。2000年にITバブルが崩壊したとき、コーカーはPR会社からいったん退き、メロドラマ業界を舞台にした小説をその元部下と書こうと決意した。ふたりは、大手メディアの撮影スタジオがひしめくカリフォルニアのバーバンクに出向き、何十人ものドラマ関係者にインタビューし、彼らの話に基づいて小説を書き、約900ページの草稿を完成させた。ふたりは出版業界について何も知らなかったが、この本がいいものだと確信していた。あちこちのリテラリー・エージェントを訪れると、何人かが興味を示したので、最終的にひとりを選んだ。そのリテラリー・エージェントは、この本に夢中になり、かならずヒットすると請け合った。けれども、けっきょくはどの出版社もこの本を買おうとはしなかった。そのエージェントは2年間、この本を出版しようと努めたが、どうにもならなかった。どうやら、メロドラマを題材にした本はこれまで売れたためしがないため、出版社は金の無駄遣いになると考えたらしい。なんの実績のない無名の作家ふたりによるこのテーマの新たな本で、リスクを冒したがる出版社はいなかった。

そんなとき、エージェントから自費出版を検討してはどうかと提案された。マークは、ダン・ポインターの自費出版マニュアルを読んだことがあった(8)。これは長いあいだ自費出版のバイブルとみなされていた。とはいえ、書店へ流通されなければ、大量に売るのはむずかしいので、誰にも興味を持たれず売れ残り、車庫に山と積まれるのがオチと、マークは充分承知していた。そこで、自費出版サービスを提供している出版社に連絡を取るよりも、この計画をいったん棚上げして、まずは、作家がいかにして本を出版するのか、あるいはこの場合はなぜ出版できないのかという問題に重点的に取り組むことにした。その結果をマークは次のように説明した。「出版社はどの作家に対しても、リスクを進んで冒すわけでも冒せるわけでもないし、関心を示すわけでもないとわかりました。誰にでもイエスといっていては、出版社のビジネスモデルは立ちいかなくなるので、ノーという文化を培ってきたのです。出版社は、大多数の作家を価値がないとみなしています。私は、こんな考え方はいまどき古いと思いました。誰もがブロガーやジャーナリストになれる時代に、これはおかしいでしょ。誰だって作家になれるはずです」

マークはシリコンバレーで仕事人生の大半を過ごしてきた者として、自然に、問題の少なくとも一部はテクノロジーで解決できるのではないかと考えるようになった。「テクノロジーは、なんであれその手に触れたものを、もっと消費者の望みに沿ったものにしようとします。もっと速く、もっと小さく、もっと安くという具合に。テクノロジーに食いつかれたら、進化せざるをえないのです」。マークはこの概念を出版業界にあてはめて、こう考えた。「なるほど、印刷書籍は比較的費用がかかるから、すべての本を印刷して出版したり、印刷された本を世界の隅々に流通させたりするのは経済的に現実的ではない。けれども、電子書籍なら、0か1のビットやバイトで表されるデジタルファイルなので、それが可能です」。そして2005年に、マークは電子書籍だけを扱う新しいタイプの出版ビジネスを生みだす方法を考えはじめた。これがスマッシュワーズの始まりである。この誕生の背後にあった思いをマーク自身が次のように語っている。

どんな著者に対してもリスクを冒し、イエスといえるような無料のオンライン出版プラットフォームを作れるとしたら、どうでしょうか。私は、作品に商業的な可能性を見いだせないからと、出版するチャンスを与えてもらえない世界じゅうの何十万人もの著者のことを想像しました。すると、商業的な可能性という近視眼的なプリズムを通してしか本をみないなんて、まちがっているという思いが湧いてきました。だからといって、出版社を責めるつもりはありません。出版社もビジネスなので、やっていくにはお金が必要ですから。とはいえ、そのビジネスモデルには厳しい制限があるため、多くの本の出版にノーといっています。それらの原稿はチャンスを与えられれば、ベストセラーや文化的な名作になったかもしれません。原稿が著者とともに葬られるせいで、永久に人類から失われた幾多の名作について考えてみるべきでしょう。

そんないきさつで、私はこの無料のオンライン出版プラットフォームをイメージしはじめました。私にとって重要だったのは、スマッシュワーズが無料という点でした。それは、最良の出版社のベスト・プラクティスの一部を模倣したかったからです。出版社は著者に投資して、その著者に賭け、読者から得たお金は出版社から著者へと流れていきます。その逆ではありません。また、世の中には本を売ることによってではなく、著者からお金を巻きあげてビジネスを成り立たせているバニティプレスと呼ばれる会社があることも知っています。だから、私たちのビジネスモデルは、著者の利益と一致するようにしたかったのです。つまり、本を売ったときだけ会社は利益を得て、出版サービスやパッケージを売り物にはしません。また、報酬モデルも正反対にしたかったのです。リサーチしてわかったのですが、出版社は通常、印刷された本と電子書籍の定価の４〜15パーセント、または17パーセントを印税として著者に支払っています。そこで私は考えました。このモデルを逆にしたらどうだろうと。それで、純利益の85パーセントを著者に、15パーセントを私たちが受け取ることにしました。これはかなり画期的なアイデアでしたね。

また、私は編集の門番にはならないと決めていました。読むに値するかそうでないかを決定する責任を負いたくないのです。これは私が果たすべき役割ではないと思いましたし、本当は誰もその役割をすべきではないのです。その役割を担えるのは読者でしょう。著者に出版したい本を出版する自由を与え、読者には読みたいものを読む自由を与えればいいのです。私の理想郷的な見解では、そうすることで、さらに幅広い多様性と高い質と大きな選択の自由が生まれます。

マークの計画には、この時代の自費出版界で起こっていたことから逸脱している重要な部分がふたつあった。ルルやほかのデジタル印刷やオンデマンド印刷技術を使った自費出版社とは異なり、マークは電子書籍に特化し、印刷の本は徹底的に避けた。これは、印刷された本の制作や流通に伴う費用がかからないようにするためであるが、ルルがしたように、自費出版の古い収益モデルをひっくり返したいとも考えていた。マークのサービスは完全に無料で著者に提供され、著者から作品を出版するための手数料は徴収されない。マークがお金を稼ぐつもりなら、著者にサービスを売るのではなく、読者に本を売らねばならない。マークは売上に対して手数料を取るが、この料金はわずかなものである。著者は売上が生じれば最大の分け前を得ることになる。著者は純利益の85パーセントを受け取り、マークは15パーセントしか受け取らない。従来の出版モデルの報酬の分配とは多少の差こそあれ、真逆である。マークは、電子書籍に特化すれば、金をまったく請求せずにあらゆる著者にイエスといえるようになるプラットフォームを作れると確信していた。従来の自費出版の収益モデルを逆転させ、媒体を先進的な電子書籍に絞るというアイデアは大胆で、執筆プロセスに似た、何かを壊して新しいものを生みだすわくわく感があり、ある種の創造的な破壊行為といえる。言葉を壊す《スマッシュワーズ》という社名は、力強さと不穏な雰囲気が入り混じっていて、この新たなベンチャー企業の名前にぴったりだった。

マークは、自宅を担保に借金して、プログラマーを雇い、プラットフォームを構築した。そして、本の著者がごく簡単に使えるシステムを作った。著者たちはただアカウントを作って、スタイルガイドをダウンロードすればいい。スタイルガイドには、マイクロソフトのワードやアップルのページズなど標準的なワープロソフトを使って、スマッシュワーズ用に原稿をフォーマットする方法が記されている。原稿の準備が整ったら、表紙画像と一緒にスマッシュワーズのサイトにアップロードする。題名と短い説明を入力し、本を分類するためのカテゴリをふたつ選び、ほかにいくつか質問に答えたあと、ふたつのファイルとメタデータを、マークが「肉挽き器」と呼ぶ変換エンジンにかけると、原稿がＰＤＦ、ＥＰＵＢ、ＭＯＢＩなど複数の電子書籍用のファイル形式に自動的に変換される。「つまり、1回アップロードすれば、7種類のファイル形式に変換され、文字どおりあっというま――5分かそこらで、何か小さなものが回転しているのを眺めているうちに、本の各形式のファイルが吐きだされていきます。するとまもなくあなたの本が、スマッシュワーズのホームページで販売されるのです」

スマッシュワーズは２００８年５月からサービスを開始し、その年の終わりには90人がそのサイトで１４０点の本を自費出版していた。この新たなベンチャー事業は順調にスタートしたが、出だしは緩やかだった。「売れ行きのいい日は、１日に10ドル分くらいの本が売れていました。私たちの収益につながるのはスマッシュワーズのサイトで本を売ることだけだったので、クレジットカードの経費を差し引いたあと受け取る手数料は、10ドルに対して1・20ドルでした。ビジネスとして存続可能とはとても思えませんでしたが、著者たちからのフィードバックは上々でした」。マークはまもなく、多くの著者にとって、お金を稼ぐことは重要ではなく、執筆の理由はそこではないと気づいた。「すぐにわかったことですが、大半の著者は、自費出版から喜びや楽しみを得ているのです。それはお金には換えられません。私にいわせれば、これは、従来の出版社の発想と著者の発想のあいだにある溝を表しているように思えます。著者が執筆する理由はしばしば、出版社が本を出版する理由と異なります。出版社はその業界のビジネスモデルのせいで、商業的な可能性という近視眼的なプリズムを通して本を評価するしかありません。いっぽう著者は執筆に伴う表現の自由をただ望んでいるのです」。多くの著者は自作の本を喜んで無料で提供する。そして、スマッシュワーズではサービスを開始した初日から、著者が自分の本の価格を自由に設定することができた――自費出版するのは著者なのだから、著者しだいだった。けれどもマークは、収益の規模を大幅に、かつすばやく拡大する方法をみつけなければ、ビジネスが立ち行かなくなると充分承知していた。

突破口が開けたのは、６ヶ月後の２００９年の半ばだった。最初のころ、マークはスマッシュワーズを、著者が作品を出版するための手段であり、本を売るための手段でもあると考えていた。本はスマッシュワーズのプラットフォーム上で出版され、そのサイトで販売すればそれでいいと考えていて、バーンズ＆ノーブルなどの小売業者に本を卸す必要はなかった。むしろ、マークは小売業者を競合相手とみなしていて、小売業者との連携は断固拒否していた。しかし２００９年に入ってから、マークは考えを改めた。取次の問題を真剣に考えていなかったと気づいたのだ（「取次は私の事業計画の落とし穴でした」）。きっかけは、「なぜ自分の本はバーンズ＆ノーブルで買えないのか」というある著者の言葉だった。マークはバーンズ＆ノーブルと話し合いを始めた。驚いたことに、バーンズ＆ノーブルは、スマッシュワーズの本を欲しがっていた。しかも一部ではなく、すべての本を望んでいたのだ。その後まもなくソニーとも話し合った。ソニーもスマッシュワーズの本をすべて販売したがっていた。２００９年の後半には、アマゾンとも取次契約を結んだ。さらに２０１０年の前半に、アップルがタブレットを発売し、電子書籍ストアを開設する予定と聞き、アップルに電話してｉＢｏｏｋｓｔｏｒｅの責任者になんとか連絡をつけた。その責任者は偶然にも、アップルの本社があるクパチーノに毎日車で向かう途中に、ロスガトスにあるスマッシュワーズのオフィス近くを通っていることが判明し、会うことになった。マークは、いくつか条件を満たせば、ｉＢｏｏｋｓｔｏｒｅの立ちあげ時に、スマッシュワーズの本を加えてもいいといわれた。そこでマークはアマゾンとの契約を保留にして、アップルに照準を合わせた。ボウカーと取引して数千ものＩＳＢＮを入手して、スマッシュワーズの本にＩＳＢＮを割り当てられるようにした（スマッシュワーズはそれまで、手間のかかるＩＳＢＮの取得はしていなかったが、アップルが要求したのだ）。２０１０年4月3日にｉＰａｄの発売と同時にｉＢｏｏｋｓｔｏｒｅがスタートしたとき、ストアには２２００冊のスマッシュワーズの本が並んでいた。

ビジネスの照準を取次業務に絞りなおしてまもなく、マークは売上があがりはじめたことに気づいた。まだ赤字だったが、損失は小さくなってきていた。それでも、黒字に転換するまえに資金が尽きてしまうと、マークにはわかっていた。「試算では利益が出るまであと1年か1年半はかかりそうでした。そこまで生き延びられるだけのつなぎがあれば、自立できるだろうと考えていました」。その結果、マークには助けが必要だった。「それで母に相談しました。誇りを持った人ならみなそうするでしょう」。母親から20万ドル借りることができた。乗り切るのに充分な額だった。売上は上り調子で、2011年9月に、スマッシュワーズは黒字転換した。

これでマークはひとりのプログラマーだけでなく、ほかの人も雇えるようになった。それまでは、事業開発やマーケティング、顧客サービスや本の審査まで、プログラミング以外のすべての仕事を自分でやっていた。審査はいちばん時間がかかるが、スマッシュワーズの売上を伸ばすには欠かせない取次業の肝《きも》になる作業だった。著者が原稿をアップロードすると、スマッシュワーズであっというまに出版されるが、スマッシュワーズで出版された本がすべて小売業者や図書館に送られるわけではない。提携した小売業者や図書館に送られるのは「プレミアム・カタログ」に掲載された本だけだ。したがって、マークとそのチームは、アップロードされたすべての本を確認し、プレミアム・カタログに掲載するかどうか判断しなければならない。おおかたの場合、判断で重要なのは文書の形式が整っているかどうかだ。「たとえば、行頭のインデントがあるか、段落が適切に分けられているか、フォントは全体を通して統一されているか、などです」。けれども、アップロードされた本はすべてそうなっているのではないのだろうか。「まさか。50ポイントくらいの特大フォントで書いている人とか、原稿のなかでうっかりやってしまう、ぞっとするようなあらゆるミスをさまざまな人がしでかしています」。スマッシュワーズのスタイルガイドでは、きちんと書式が整った本とはどのようにみえるかを説明しているが、注意深くそれを守らなければ、あるいはきちんとワードを扱う方法を知らなければ、しっちゃかめっちゃかな本ができあがる。

とはいえ、重要なのは文書の形式だけではない。「違法コンテンツではないかも確認しています。たとえば、未成年者の画像が使われているポルノグラフィや、未成年の登場人物を描いた性愛作品、度を超えたあからさまなレイプシーンのある性愛小説などがそうですし、いくつかタブーとされるものも許可していません」。また、著作権を侵害しているコンテンツにも目を光らせている。「明らかに侵害しているものもあります。J・K・ローリングの本がアップロードされたら、許可されていないのは明白です。審査チームは、そういう違法なコンテンツを含めジェネリック・コンテンツがないかも監視している。スパムや、プライベート・ラベル・ライツのコンテンツをみつけて削除しています」。

多くの記事を集めた巨大なデータベースを閲覧できるサービスがあります。それらはすべて著作権のないジェネリック・コンテンツなのです。「基本的な掃除のコツ」、「ダイエットのヒント」など、ありきたり《ジェネリック》なテーマを扱っています。これらのサービスでは、コンテンツにあなたの名前を付して販売できます。私たちは、このようなあまりに平凡で独自性のない本は欲しくないのです」。これらのコンテンツもみな、作品がプレミアム・カタログに掲載され、小売業者で販売されないうちに審査チームが検出して取り除かねばならない。これは並大抵の仕事ではない。スマッシュワーズのサイトでは、毎日250から300冊の本が出版されている。それらすべての本を読むのはむずかしいので、流し読みをして、マークが「サイン」と呼んでいる手掛かりを探す。「何かおかしいと感じるものを目や鼻を利かせて探します」。たとえば、表紙をみて「専門のデザイナーが手掛けているかそうでないか」を確認する。文章の書きぶりと本の紹介文を読む――「本を書いているのに紹介文が書けないわけがないでしょう」。つけられたタグを調べる――「「未成年」や「ぎりぎり合法」などの言葉を、私たちは危険信号とみなしています」。また、詳細な調査が必要な場合はそれを審査チームに警告してくれる自動システムも使っている。「私たちはこの作業が得意ですし、人手をかけています。疑わしくみえるものをみつけて、さらにくわしく調べ、テキストストリーム検索を行ない、適切でないものを特定します」。サインをみつけたり、自動システムを使ったりしてプロセスを簡略化したとしても、新たなコンテンツをすべて審査するのは大仕事だ。スマッシュワーズは、約25人のフルタイム従業員のうち7人を審査者として雇っている。これは全スタッフの4分の1以上にあたる。

この状況からすると、けっきょくのところ、スマッシュワーズは門番のひとつとして機能しているのではないだろうか。たしかに、従来の出版社よりはるかに制限の緩い門番ではあるが、それでもやはり門番にはちがいないのでは……。これは微妙な問題だ。「私たちは判定したくはありません。本の質や商業的な価値を判断する編集上の門番にはなりたくないのです」とマークは語る。「ですが、ひじょうに厳密な基準もあります。違法なコンテンツをみつけたら、それは排除します。私たちの見解として、そのような本はこのサイトで販売すべきでないのはもちろん、どこであれ販売すべきではありません」。しかし、境界線上にあるものはどうだろうか。厳密には違法ではないが、ある意味容認できない内容だと判断する場合はあるのだろうか。「ええ、そういうこともあります」とマークは答えた。「境界線は複数あって、曖昧なものもあります」。ぎりぎり合法の性愛小説は、その典型だ。

> メインストリームの性愛小説は数多くありますが、それはこのような許容範囲の境界線を押し広げるようなタイプではありません。私たちは、そのような著者や出版社〔ここでいう出版社はいわゆるひとり出版社やごく小規模の出版社をさしていると思われる〕を好んでいますし、そのような本を愛し、喜んで彼らとかかわっています。けれども、著者や出版社が許容範囲の境界を広げようとすることがあります。ぎりぎり合法というのは、そうやって境界線を広げようとするひとつの例です。まさに許可の瀬戸際にいるのです。たとえば、出版社が本当は、未成年者との性的な状況を夢想して刺激を受けるよ

うな人たちをターゲットに考えているのでは、という疑いがある場合、出版社がたとえ登場人物はすべて18歳以上だと主張したとしても、年齢がそれほど明白に示されていなかったときは、また、私たちが一線を越えていると感じたときは、この出版社とかかわらないでおこうと判断します。

レイプや過激な暴力に重点を置いている本も一線を越えているとみなされる可能性がある。けれども、一線を越えているのは、極端に性的なコンテンツだけではない。政治的に極端な指向性のある本もそうみなされうる。たとえば、反ムスリム、反ユダヤ思想の原稿などがそうだ。「その多くは本よりもブログにふさわしい内容です。なぜならそれらは、たいていほかの誰かの意見にすぎないからです。当人が伝えたいと思う見解と一致している誰かの意見をオンラインでみつけて、それを自分の意見にしているだけです」といったのは、このとき会話に加わったマークの同僚のひとりだった。もし、本当に境界線上にある微妙な案件があって、審査担当者が確信が持てなかった場合は、審査チームのほかのメンバーにその作品を送って、みんなの意見を聞くという。審査チームの意見がまとまらないのは稀だが、そんなときはマークに最終判断が委ねられる。文章を変えれば作品を排除しなくて済むと考えれば、それを著者に伝える。「それ以外は、このコンテンツは不適切だと伝えます。これはブログのほうが適切ではないでしょうか、とか、出版しないでください、私たちはあなたの適切なパートナーではありませんと伝えたりもします」。そんなとき、作り手が反発してきたりしないのだろうか。「ええ、それはしょっちゅうあります。ときには、ひどく腹を立てて文句をいってくることもありますし、検閲だといいがかりをつけてくる人もいます」。けれども、マークと同僚たちはこのことについては楽観している。「私たちは、プロフェッショナルな著者とプロフェッショナルな関係を結べると期待しています。もし、誰かが故意にルールを破ろうとしたり、私たちや小売業者を危険にさらそうとしていると感じさせたり、とくにその著者が卑劣な真似をしてきたら、私たちはその人と仕事をしないだけです。幸いにもこのようなケースはめったにありませんが、世の中には倫理に反する人がうじゃうじゃいますから、私たちはつねに用心しています」

つまり、自費出版の世界にも門がないわけではないのだ。たとえ、それを望んでいなくてもプラットフォームは門番になっている。それはけっきょくのところ、プラットフォームは自分たちのイメージや周りからどうみられるかを気にするからだ。イメージは大切だ。競争の場にいる企業ならどこでもそうだが、イメージは企業がせっせと創造し、蓄積し、保護している象徴資本の一部である。けれども、自費出版の門は、従来の出版界よりもはるかに制限が緩やかなのはたしかで、門番としての厳格さと選択性という面では従来の出版社の比較にならない。スマッシュワーズのような自費出版のプラットフォームは、自由放任主義の出版事業にかぎりなく近い。このようなプラットフォームは、その運営者が作品についてどう思っているかはどうあれ、できるだけ多くの著者が望むものを出版できるように力を尽くしている。「〔スマッシュワーズが〕このガラクタの津波を可能にした（アマゾンを除けば）世界最大のプラットフォームであることを、とても誇りに思っています」。マークはためらいをみじんもみせずにいった。「私たちは質の低い本を出版しているという負の面もありますが、コインの裏を返せば、これまでより大きな多様性をもたらし、より質の高い本を世に出しています。あらゆる物書きにチャンスを与え、読者には読みたいものを判断するチャンスと自由を与えています。たとえ私がある本をガラクタ同然の代物で、合理的な感覚ではどう考えてもひどい文章だとみなしたとしても、その本を読んで、たったひとりでも満足する人がいるのなら、その本は価値があるのです」。ごく稀にだが、自費出版の門番が門を閉めるときがあるが、それは商業的な理由からではない。自費出版の組織は、従来の出版社が行なっているようなやり方で、売れそうな作品を選んだり、売れないと思う作品を拒絶したりしない。むしろ、自費出版の門番が門を閉めるときは、次のような理由からによることが多い。たとえば、技術的な理由（文書形式が不適切であるなど）、法的な理由（違法の可能性がある）、社会規範上の理由（内容が、なんらかの形で不快であったり容認しかねると門番がみなしたものや、または組織として啓発したり、伝えたりしたい価値観とは相いれないとみなしたもの）など。

スマッシュワーズは2011年以降、ほぼ毎年利益を生みつづけ、2015年には約2000万ドル規模のビジネスになり、マークは、電子書籍に特化した自費出版社のベンチャー事業を、順調に継続可能な企業に転換させた。作品の出版数の伸びは目を見張るほどだった。事業開始初年度の2008年、スマッシュワーズは140タイトルを出版したが、6年後の2014年には11万2838タイトルがスマッシュワーズのカタログに掲載された。2019年末には、前年の50万7500タイトルから4パーセント増の52万6800タイトルが掲載され、ウェブサイト上で販売され、[9] 著者数は14万6400人に上った。シリコンバレー南端のロスガトスにある、広いことだけが特徴みたいな通りに面した木造2階建ての2階にある気取りのない小さなオフィスから、スマッシュワーズはまたたくまに世界最大級の自費出版プラットフォームになった。マークはまた、活発で有益で閲覧者が多いブログによって、率直で明快な自費出版の支持者としての評判も得ていた。さらには、独立系作家ムーブメントを力強く擁護しており、『独立系作家宣言（*The Indie Author Manifesto*）』という本まで著した。[10] しかし、ロスガトス大通りでは、何もかも順調とはいかなかった。自費出版のフィールドでは、強力な競争相手が出現し、将来に暗い影を落としていた。その競争相手に目を向けるまえに、シリコンバレーの反対側に向かい、自費出版の新たな波に乗って活躍した、もうひとつの重要なプレイヤーの出現を追跡しよう。

あなただけの美しい本

アイリーン・ギティンズは感覚の鋭い写真家で、たまたま技術系業界で働いていた。アイリーンは25年間、サンフランシスコでウェブベースのソフトウェア事業を営んでいたが、個人的なプロジェクトとして、これらのビジネスをともに築いてきた起業家仲間の写真を撮ろうと思いたった。そして、総勢約40人一人ひとりに、すべての写真を1セットにして渡したいと考えた。しかし、1セットのプリントを作るだけで1日がかりの作業だった。「大事な友人や同僚たちでしたが、この先の1年をカスタムプリント作りに費やすつもりはありませんでした」。そこでアイリーンは考えた。「1冊の本にすればいい。一度作れば、何冊も手にいれることができる」と。これを思いついたのは、2004年から2005年にかけてのことだ。アイリーンは調べてみたが、実現するのは思っていたほど簡単ではなかった。たった40部しか売れない取引に関心を示す出版社はいなかった。出版社が関心を持つのは、相当な部数が売れて投資した分の見返りがあると踏んだ本だけだ。アイリーンは技術系起業家として、ひとつの問題に出くわし、テクノロジーを使って問題を解決できるかどうかやってみることにした。従来の出版社が抱いている「投資に見合う収益を得るために売らねばならない本の部数はどれほどか」という問いではなく、アイリーンは別の問いがないだろうかと考えはじめた。「こんな問いはどうだろう。本1冊だけでビジネスとして利益を出すことはできないだろうか。これが、弊社の大きな骨組みになったのです」。作り手であれ、誰かほかの人であれ、たった1部売れただけでも、そこから利益が出る方法を開発できれば、そしてその1冊の価格が法外な額でなければ、出版についてまったく新しい道が開けるかもしれない。

アイリーンはこのアイデアをベンチャーキャピタルの投資家に売りこみはじめた。ベンチャーキャピタルから支援を受けたふたつの会社の元CEOとして、アイリーンにはサンフランシスコのテクノロジー界に強力なコネクションがあった。それでも、たやすくはなかった。「当時は2005年で、何もかもがオンライン化されていった時代です。そんなときに「すばらしいアイデアがあるんです。きょうび誰もがデジタルカメラやカメラつき携帯電話で写真を撮ってるでしょ。だから私は、大量のデジタルコンテンツをアナログに戻して、本として印刷することにしたの。おもしろいアイデアでしょう」という話をすると気でも触れたのかと思われました」。あまり乗り気でない態度をほうぼうで示されたにもかかわらず、アイリーンはなんとか200万ドルの資金を調達し、2005年にブラーブを設立した。ソフトウェアエンジニアの小さなチームを雇い、1冊の本でビジネスを成り立たせられる制作プラットフォームの構築を開始した。

アイリーンは技術系の起業家で、そこはハイテクスタートアップ文化の中心地である2000年代前半のサンフランシスコではあったものの、ブラーブの基盤は印刷物にあった。「私たちが印刷物からスタートしたのは、人びとにとってそれがむずかしいことだったからです。ウェブサイトを作ったり、フリッカーに画像をアップしたりという画面に基づく共有はむずかしくありませんでした。本当に大変だったのは、ずぶの素人でも本が作れるようにすることでした」。アイリーンは自分が直面した個人的な問題をきっかけにこの会社を設立した。40人の起業家の友人たちに贈りたい高画質のデジタル写真があるが、デジタルファイルとして送付したり、ウェブサイトにアップしてリンク先を知らせたりということはしたくなかった。1冊の本として友人たちにプレゼントしたかったのだ。「私が作ったオリジナルの本は心づくしの贈り物でした。リンクを贈り物として差しだすのは無理があります。私は物質として何かをプレゼントしたかったのです。包装してリボンを結び、「ありがとう、すてきな写真が撮れたから受け取ってね」といいたかったのです」。アイリーンは直感的に、こんなふうに考えるのは自分だけではないと思っていた。それほど高額でなく、それほど複雑でもない方法で作れるなら、自分のオリジナルの本を作りたいと思う人はたくさんいるはず。そして、売るために本を作りたいと思っている人たちも世の中にはいるだろう。アイリーンはそんな人たちの助けにもなりたいと考えた。ぜひそうしようではないか。問題は、デザイナーでもなく本の制作方法も出版方法も知らない人たちが、本を作れるようになる方法をみつけることだった。しかも、本ならなんでもいいわけではない。本当に美しい本でなければならない。印刷とデジタルでは、本を作り、コンテンツを共有する方法がまったくちがう。かならずしもいっぽうが他方よりすぐれているというわけではなく、単に違いがあるというだけで、提供される目的もそれぞれ異なる。アイリーンの説明によると、印刷された本はスローフードのようなものだ。たしかに、マクドナルドでハンバーガーにかぶりつきたい、それがまさに求めるものだというときがある。けれども、最高の食材でちゃんとした料理を作りたいときもある。じっくり考えた献立を、ゆっくり食材を味わいながら食べたいときがある。デジタルはある目的には適しているが、美しく仕上げられた印刷書籍のページをめくり、じっくり写真（写真があれば）やページを眺めたり、何度も見返したりしたいときもあるはずだ。だからといって、ブラーブが電子書籍を作らないというわけではない。それも作るようになる。しかし電子書籍を作りだしたのは、のちに高画質で高水準の画像が再現できる機器、iＰａｄが登場してからのことだ。それまでのあいだは、アイリーンが作りたい本の種類を考えると、印刷書籍から始めるのがちょうど良かった。

マークと同じくアイリーンも、それまでは出版について何も知らなかったが、満たされていないニーズの存在に気づいて宿題を片付けにかかった。そしてまもなく、世間にはすでに、いわゆるバニティプレスと呼ばれる自費出版社が多くあると知った。ところが、それらにはまったく魅力を感じなかった。「その存在を知ったとき、悲鳴をあげてできるだけ遠くへ逃げだしたいくらいでした。なんてひどいビジネスだろうと思ったからです。そのタイプの出版社は自分でベストセラーを出版したいと夢みる人びとの気持ちを食い物にしているのです。そして、夢みる人びとはもちろん、自分たちの本が売れると信じたがっているものです」。自費出版の新たな波を構成しているほかのスタートアップ企業と同様に、ブラーブも、この旧来のモデルを明確に否定した基盤の上に成り立っていた。「ですから、私たちはサービスを開始したとき、大丈夫、それはいりません、と明確に示しました。私たちのツールはすべて無料です、以上。つべこべいいっこなし。ブラーブを使うのに手数料はかかりません。私たちのツールはどれでも使えて、支払いが発生するのは、あなたがその本を購入するときだけ。それと、そうそう、購入に必要な最小単位は1冊です。車庫に積みあげておく必要もありません。在庫は抱えなくていい。1冊購入するだけです」

アイリーンにはもうひとつ気になることがあった。従来の出版社もバニティプレスも、ひじょうに文字が多い。それらの出版社が制作しているのは、文章優先の本ばかりだ。しかし、写真を長年撮影してきたアイリーンにしてみれば、これまでにないほど広く画像が浸透している世の中の動きと、出版社の傾向は相いれないものだった。アイリーンの目からみると、世界の新たな共通語は画像である。誰もが写真を撮って画像でコミュニケーションを取っている。スマートフォンであれ、フェイスブックであれ、フリッカーであれ、インスタグラムであれ。「だから思ったんです。なぜ、本には絵や写真がこれほど少ないのか、なぜもっといいデザインにしないのか、なぜカラーでないのか。いまの本は、1950年代のテレビみたいに思えます。私たちの生活のほかの部分には、画像が浸透しているというのに」。人びとは画像を望んでいないわけではなく、むしろ求めている。けれども、出版業界が用いていた従来型のモデルでは、手頃な料金で本に多くの美しい画像を掲載するのはむずかしかった。しかし、新たなモデルを試している新しいスタートアップ企業として、ブラーブはちがう方法でこれを実現しようとしはじめた。目標は、クリエイターがカラーで美しいビジュアル本を作れるようなツールを生みだすことだった。写真にまつわるブランドの構築と、質が高いという評判の確立を目指した。「写真を何かを映しただけのものではなく、作品そのものと考えている人びとに、たとえば、カラーマネジメントや製本など、質の高さを売りにできれば、いつかティファニーから声がかかるかもしれない、と。それで、実際そうなったのです」

アイリーンらは人びとが本を自分で創り、デザインできるような一連のツールを作った。フォトブック制作のためにデザインしたツールは3つ。ひとつめはブッキファァイというオンラインの本制作ツールで、これを使えばシンプルで簡潔な本が作れる。「たとえば、公開したい写真が20枚あるとすれば、1ページに1枚の写真を掲載し、左ページにキャプションをつければ、1時間半ほどで準備が終わり、アップロード・ボタンを押せば完了です。それでできあがり。誰でもごく簡単に本を制作できます」。ふたつめのツールはブックスマートという。このツールは1ページに1枚の写真を掲載するよりもやや複雑な本を作りたい人向けだ。テンプレートとレイアウトがあって、そこに画像と文章をドラッグ&ドロップするようになっている。ブッキファイよりも複雑だが、それでもひじょうに単純である。3つめのツール、ブックライトは、テキストと画像があり、印刷書籍だけでなく電子書籍も作りたい人のためにデザインされている。テンプレートやレイアウトがあるが、すべて修正やカスタマイズが可能で、融通が利く。また、単純なテキストだけの本のためのツール、PDFアップローダーもデザインした。たとえばワードで本を書いた著者がPDFで出力し、アップロードすると本が作れるのだ。そしてもうひとつ、アドビのインデザインのユーザー、つまりすでにアドビ・インデザインを愛用しているグラフィックデザイナーが使えるツールを開発した（「いちばん望ましくないのは、人びとが毎日使っているツールが使えないという状態です」）。アイリーンらはプラグインツールを構築し、アドビ・インデザインで作業したあと、このアプリケーションから直接アップロードして、印刷書籍にも電子書籍にも出力できるようにしたのだ。

ツールはすべて無料で使用できる。ブラーブは、1部でも20部でも2000部でも、ユーザーが注文する印刷部数がどれほどであれ、ひとつの料金を提示することで利益を得ている。そして印刷コストのなかに、ブラーブのマージンを含めている。要は、印刷製造に実際にかかる費用にブラーブの取り分を上乗せしているのだ。「あなたが購入する本の1冊1冊の単価に利鞘を組みいれています。ビジネスの基本に戻って、1冊の本が売れるだけでも儲かるようにしているのです。もし1冊ごとに儲けが出なければ、大量販売に頼っている出版社と同じ状態になって、1万冊売れる作品を探すべきだと考えるようになってしまうでしょう」。けれども、ふんだんに写真や絵が盛りこまれたビジュアル本をごく少部数、たとえば1部だけ印刷するとしたら、その1部のコストはとんでもない額になりはしないのだろうか。「それは、作り手の目的によります」とアイリーンは説明した。たとえば、あなたが個人的に本を作っていて、第一子の誕生を撮影した本を制作して自分の両親や義理の両親に贈りたいとき、この本の価格には、それほど神経質にならないだろう。「多少は価格を気にするでしょうが、1冊50ドルの本なら、最高のプレゼントになります」。だから、アイリーンらは当初、個人的に本を制作する人びとをターゲットにした。安価とまではいわないが手頃な価格で、質が高く画像を豊富にいれられるビジュアル本を作れるサービスには、潜在的な需要があるとみていた。いっぽう、商業的な目的がある場合は、もっと厄介だ。この場合、1冊あたりの価格は、その本の作り手にとってきわめて重要な検討事項になるだろう。けれども、作り手が300部、500部、1000部以上買ってくれるのであれば、デジタル印刷ではなくオフセット印刷を用いて大量に印刷するので、1冊あたりの価格は大幅に下がる。

ブラーブは2006年3月末にサービスを開始し、その年の末までに取引額を約100万ドルまで伸ばした。1冊あたり約30ドルで、最初の9ヶ月で3万冊を超える売れ行きだった。18ヶ月で黒字化し、それ以来黒字を維持している。システムを介して作られる新しい作品の数はあっというまに高い数字に達した。多くの人がギフトブックを作成するクリスマスまえなどの繁忙期はとくに売れる。「ピーク時には、1・5秒ごとに新たな作品がサーバーにアップロードされてきました」とアイリーンは振りかえる。設立からわずか4～5年後の2010年末には、すでに約35万タイトルを出版していた。中小の出版社が年に200～300タイトル、4年間では1000タイトルほどを出版していることを考えると、この小さな自費出版のスタートアップ企業が出版している新たな作品の数は、まったく驚くべきものだった。とはいえ、この出版の大半は出版界では水面下にあった。ブラーブを使って本を出版した人の多くは、独自の流通経路を使っていたため（もしくは、単に家族や友人に本をあげていたため）、ＩＳＢＮが必要でないし、欲しくもなかったからだ。

ブラーブを介して自費出版された本は、ブラーブのサイト上にあるブックストアから購入できる。ブラーブは注文を受けると、本を印刷し、購入者に直接発送する。だが、自分の本をアマゾンやバーンズ＆ノーブルなどその他の書店でも購入できるようにしたいと考える著者もいたため、ブラーブは、自社で出版された本をもっと広い流通網に乗せられるように、アマゾンと、テネシー州に拠点を置く取次業者であるイングラムとも関係を築いた。アマゾンの場合、ブラーブは単に第三者の出品者として登録しただけだ。アマゾンはサイトにブラーブの書籍を掲載し、その対価として売上の何割かを受け取る。著者がもっと広い流通経路を選択すれば、オンラインであれオフラインであれ、ほかの書店でも購入が可能になる。この場合ブラーブは、イングラムのカタログに掲載されるよう手配する。すると書店は通常の方法でイングラムを通じてブラーブの本を注文できるようになる。注文はブラーブに転送され、ブラーブが印刷して書店に出荷し、イングラムは取次業者として手数料を受け取る。つまり、実質的にブラーブはオンデマンド印刷の供給者として、オンデマンドで注文に応じ、物理的な在庫を抱える必要がない。

ところで、アイリーンは、ブラーブのサイトで自費出版される本の内容について不安にならないのだろうか。またたくまに名の知られる会社になった理由でもある、ビジュアルコンテンツや写真に重点を置いていることを考慮すると、なおさらではないだろうか。アイリーンは次のように答えた。「会社をスタートさせた当初は、この件がひじょうに心配でした。ヘイトを題材にしたものや、不快なポルノなどがあったらどうしようかと思っていました」。けれども、結果として、アイリーンが恐れていたよりこの問題ははるかに少なかった。会社としてコンテンツを監視したり、ヌードとポルノとのあいだを線引きしたりすることにかかわりたくなかった。実際のところ、システムを介して流通する本の中身はみていない。つまり、常時何百点と出版されている本を調べたりチェックしたりしていないのだ。アイリーンたちが実際にやったのは、パートナーの印刷会社と取り決めをすることだった。印刷時に疑わしい作品をみつけたら、ブラーブに知らせてほしいと依頼したのだ。そのような報告があれば両者でファイルを確認し、判断を下す。「ほっとすることに、10年以上の歳月で、作者に連絡を取って「申し訳ありませんが、別のところで印刷していただけないでしょうか。弊社ではこの本を印刷できません」と伝えたのは、20件も満たない数でした。驚くほど少ない数ですね」。ときには、ウェブサイトに不適切に思えるものが掲載されていると連絡がくることもある。そういうときは確認して、たしかにそうなら、そのコンテンツを削除する。「私たちはエンドユーザーに連絡して、ただ「この本に関してなんらかの懸念が生じましたので、遺憾ながら削除させていただきます」と知らせます」。それでも、こういうことはめったに起こらない。「恐れていたようなことは、現実には起こっていませんせん」

ブラーブは技術系企業として始まり、作家やクリエイターが作品を自費出版できるような使いやすいプラットフォームを構築したのは大きな成果で、自費出版される本はみな、そのプラットフォーム上ではデジタルファイルとして存在する。けれども本自体は、ブラーブが設立された最初の数年間は印刷書籍としてのみ出版された。当時、２００６年から２００７年にかけて、とくにブラーブのおもな商売道具である画像がふんだんに取りいれられたビジュアル本については、電子書籍リーダーの技術が普及に耐えるほど充分には進歩していなかったので、これは理解できる。やがて、読書端末の技術が向上し、ｉＰａｄやその他のタブレット端末が市場に出回っていくと、ブラーブはプラットフォームを改良し、２０１０年ごろから、印刷書籍だけでなく電子書籍としても出力できるようにした。また、拡張《エンハンスド》された電子書籍も試した。「当時は、エンハンスド電子書籍はもっと大きなビジネスになると思っていましたし、電子書籍の世界のこの領域でこそ、ブラーブは最大の価値を与えられると思っていました。つまり、リッチメディア電子書籍です。ところが、世間の人びとはそれを望みませんでした。少なくともいまのところはまだ。人びとが望んでいたのはむしろ、そういったほかのメディアに注意をそらされずに、読書に没頭するという体験でした」。ブラーブは、作家やクリエイターに対して、電子書籍と印刷書籍の両方を出版できる選択肢を提供していたが、大半の人は依然として印刷書籍を購入しているし、それはブラーブのコアビジネスでありつづけている。

ところが、ビジネスは別の面で変化した。初期のころは、ブラーブを使っている人の多くは個人的な理由で本を作っていた。たとえば、学校の卒業や子どもの誕生など私的なイベントの記念や、アマチュアカメラマンやアマチュアアーティストなどの愛好家が、自分の作品を本にする場合などである。ところが、フェイスブックやインスタグラム、ピンタレストなどのソーシャルメディアの普及によって、現在は友人や家族と映像や写真を共有するための選択肢が増えた。そのため、作りの良い本を制作するのに必要なモチベーションのハードルがあがってしまった。ブラーブを利用する人のタイプは、専門のクリエイターと、アイリーンが「プロシューマー」と呼ぶ制作者《プロデューサー》でもあり消費者《コンシューマー》でもあるユーザーが多くなった。「私たちにとってのプロシューマーとは、熱意にあふれている人のことです」とアイリーンは語る。「料理愛好家もいれば、我が子や友人や家族のために絵本を書きはじめた人もいますが、どの人も本のことを本気で考えているんです。本はその人にとってビジネスの一環なので、明らかに真剣に捉えています。ですから、いまや私たちのビジネスの成長はすべて、これらのプロシューマーとプロクリエイターのカテゴリのなかにあります。つまりビジネスが、このカテゴリにどんどん移行しているのです」。実際、このカテゴリには、異なるタイプのユーザーもいる。たとえば、ビジネスを始めたばかりの人やずっと続けてきた人のなかには、自分のビジネスを大きくするために本を使おうとしている人がいる。写真家であれば、本を作品集のようなものとして見込み客に渡したりするし、カップケーキのビジネスを始めた人であれば、お気に入りのカップケーキを写真集にして、さらに集客しようと考える。また、特定の技術や専門知識があり、ある分野に精通している人のなかには、美しい本を作って本格的に販売し、ヒットさせて、いくらか収益を得たいと願う人もいる。そしてときには、本当に成功する人もいる。たとえば、オルダー・ヤロウがこの例にあてはまる。

オルダー・ヤロウはサンフランシスコでデザイナーを職にしているワイン愛好家だ。オルダーは2004年に始めたワインのブログ〈ヴィノグラフィ・ドット・コム〉で、数年のあいだワインに関するブログを書いていた。複数の出版社から連絡を受け、本の執筆を打診されたことも一度や二度ではないが、その提案には乗らなかった。しかしあるとき、ワインを飲むときに感じるさまざまなフレーバーやアロマを、言葉と画像で紹介する、絵や写真をふんだんに使ったビジュアル本のアイデアが浮かんだ。オルダーは写真家としての経験はあったが、モノクロの風景写真を得意としていて、フルカラーの美しい食物の写真は専門外だったため、この本に必要なタイプの写真は自分では撮れないと思った。そこで、サンフランシスコの料理写真家、リー・バイシュと手を組んで本の企画書を作り、ワイン本の執筆を熱心に持ちかけてきた出版社にそれを送った。ところが、どの出版社もこの企画に乗ってこなかった。出版社としては、規模が大きくなりすぎて、制作費もかかりすぎるし、利益が出るほど充分な部数が売れるとも思えなかったのだろう。こうして昔ながらの出版界の門はぴったりと閉じられた。

そのころまったく偶然に、オルダーはこれとは無関係の状況でアイリーンと知り合い、自分のアイデアをアイリーンに相談してみた。アイリーンはこの企画に夢中になり、ブラーブで作ったプラットフォームが、オルダーが思い描いている質の高い写真集にとくに適していると説明した。唯一の問題は、価格がけっして安くないことだった。オルダーが望むページ数とフォーマットを考慮して、ブラーブの標準的な1冊ずつの印刷では、1冊あたり197ドルかかることになる。25ドル近くの妥当な価格で本を売るには、1冊あたりのコストをもっと大きく下げねばならない。そのためには、印刷部数が1000部以上は必要だったが、そうすると出費が2万5000ドルになる。オルダー自身にその額を支払う余裕はなかった。そこでオルダーは、クラウドファンディングサイトのキックスターターでキャンペーンを立ちあげることにした。キャンペーンを成功させた人を何人か知っていて、その人たちから指導や助言を受けられるのが大きな理由だった(11)。目標額を1万8000ドルに設定して、その資金でプロの校正者とデザイナーに金を支払い、質が高く美しい写真が収まった150ページのハードカバーを制作することを目指した。支援者になる見込みのある人を70ドルの本（または150ドルでサインいりの本と電子書籍が手に入る）の予約に誘導した。名前の知られたワインのブロガーとして、オルダーは自身のネットワークとソーシャルメディアで効果的にこのプロジェクトの宣伝を行なった（ソーシャルメディアはクラウドファンディングの成功に不可欠である）。最終的に、

183名の支援者から2万4240ドルを集めた――プロジェクトを開始するのに充分すぎるほどの額だ。オルダーが文章を執筆し、リーが写真を撮り、内部のデザインはプロのデザイナーと協力してレイアウトを決めた。オルダーは750部を注文し、それらをすべて売り切り、さらに1000部を増刷し、ほぼすべてを売った。さらにこの本は、2015年にルイ・ロデレール・インターナショナル・ワイン・ライターズの協会長賞を受賞した。『ワインのエッセンス（*The Essence of Wine*）』は、自費出版のサクセスストーリーだ。この物語が示しているのは、従来の出版社に断られた人びとが、ブラーブのような自費出版のプラットフォームを通じて、どのようにして別の出版方法をみつけられるかだけではない。自費出版が、いかにしてクラウドファンディングと結びついたのか、そして、従来の出版社からの支援がない作家が、資金面の壁をいかに乗り越えたかも示している。

2016年には、ブラーブは自費出版界のメジャー企業となり、従業員数は110人を超え、総売上は約8500万ドルに上った。技術系産業に従事した経験があり起業家としてすぐれた勘《かん》を持つアイリーンは、自分が撮影した写真を同僚に配るためにどうやって写真集を40部作るか、という個人的な問題解決の手法を、10年足らずで数百万ドルのビジネスへと変換させたのだ。この種のサクセスストーリーの大半がそうであるように、ツキがあったしタイミングも良かった。とはいえ、この種の自費出版プラットフォームに可能性があることをいちはやく見抜き、すばやく動いて隙間に飛びこんだのはアイリーンだ。そして、自分たちの会社におおいに役に立つ重大な戦略的決断を次々と下してきたのもアイリーンだ。とくに重要な決断は4つある。第一に、アイリーンはプロフェッショナルな顧客が自社の主力客になるといちはやく認識し、この顧客をいかにして満足させるかに照準を合わせてきた。第二に、おもにプロフェッショナルな顧客を相手にしているからには、質が重要になると認識していた。「ですから、質の面でレベルアップしなければなりませんでした。質を高め、良質のものを提供すれば、それに応えてくれる人がいます。そういうものです」。第三に、ブラーブが扱っている質の高い視覚的なコンテンツが豊富なビジュアル本というタイプを考慮し、印刷された本に焦点をあてるという賢明ではあるが直感に反している決断を下したこと。それが直感に反しているというのは、アイリーンらの会社は基本的に2000年代初頭という時代に誕生したシリコンバレーの技術系スタートアップ企業だったからだ。人びとが美しい印刷書籍を制作できるようにする技術系企業として自社を立ちあげるというのは、シリコンバレーのその時代の精神とは程遠かった。けれどもアイリーンは、ビジュアル本は印刷書籍にしたほうが、文章ばかりの本より、寿命が長くなると感じとり、結果としてその感覚は正しかった。アイリーンはその理由を次のように説明した。「それは、本そのものに価値があるからです。本の内容だけでなく、本そのものに物質として価値があるのです。美しくて、手に取って何度も見返したくなる魅力があります。ですから「なぜ、一般書籍ではなく、ビジュアル本に特化したのか」と訊かれたら、私は「なぜって、印刷書籍では、ビジュアル本でこそ私たちの特徴が発揮されるし、ビジュアル本はずっと長いあいだ流通しつづけ、消えてしまわないから」と答えています」。アイリーンは印刷書籍で勝負し、勝ったのだ。

アイリーンが下した4つめの重大な決断は、一刻も早く利益を出すことだった。アイリーンにはビジネスの手腕がある。会社を設立したのはブラーブが初めてではないし、ベンチャーキャピタルの世界がどのように回っているかも知りつくしている。当初はベンチャーキャピタルから資金を調達したが、市場の変化は速いので、さらに資金が必要になって追加資金がなかなか調達できない状況に陥るのはごめんだと考えていた。つまり、会社がいつまでも利益を出せずにいて、ベンチャーキャピタルから繰り返し資金を調達する状況は危険だとわかっていたのだ。

だからこういったんです。少し斬新で、人びとが財布を開いてお金を出してくれるようなビジネスを構築しようって。重要なのは閲覧者ではありません。私たちには、広告のスキームを通じてのちに閲覧者をマネタイズするつもりはありませんでした。私たちが創ろうとしているのは、キャッシュフローの観点からみて、ひじょうに収益性の高いビジネスです。買わねばならない在庫品や機械はありません。印刷された本に加算することで保証される収益がありますし、パートナーである印刷業者への支払いサイクルは30～45日後なので、キャッシュフローの観点からみて、私たちのモデルはきわめてすぐれていました。すべてオンデマンドなので、商品を買ったり製造したりする必要はありません。お客様が自作の本の代金を払ってくれるので、本の制作費用を負担しているのはお客様なのです。

このビジネスモデルは効果的だった。ブラーブはすばやく黒字化を達成し、その後ずっと黒字を維持している。もちろん、ベンチャーキャピタル支援の企業として、出口戦略のドアはつねにあけており、ベンチャーキャピタルは、大企業への売却やＩＰＯを通じた株式の公開によって、投資のリターンをいつでも求めることができる。しかし、確実に収益をあげ、きわめて有効なキャッシュフローを生みだす健やかなビジネスモデルを構築することで、資金を使い果たした挙句に、すでに目移りしているベンチャーキャピタルから冷遇されるリスクを最小限に抑えたのだ。

自費出版界では比較的大手で、質の高いビジュアル本を出すという評判も得ているので、アイリーンは競合他社をそれほど気にしていなかった。近年登場したほかの多くの自費出版社は、フィクション分野の本――アイリーンいわく「文字ばかりの本」――のなかでもジャンルフィクションに力をいれている。そして多くが電子書籍のみを扱うか、それに重きを置いていた。これは、ブラーブが扱っている領域でもなければ、ブラーブが評判を得ている出版のタイプでもない。だからといって、ブラーブに唯一無二の分野があるわけではない。それには程遠い状態だ。ほかにも多くの出版社が存在しているが、実際に問題となるのは1社のみであるという。「競合は1社だけです」。アイリーンは語った。「それはアマゾンです。アマゾンはただものではないですから。でも、アマゾンはビジュアル本の自費出版はしていません。アマゾンが期待を寄せているのは、文字ばかりの本のビジネスを成り立たせることですし、印刷の本を出すとしても、ソフトカバーで、ハードカバーではありません。カラーでもありませんし」。とりあえず、いまのところは。「とはいえ、私たちはつねにアマゾンの動向に注意しています。いつ気が変わってもおかしくありませんから。なんといっても、相手はアマゾンなので」

自費出版というフィールドに参入したアマゾン

マークとアイリーンがそれぞれ、新しいベンチャー事業を思い描いていたころ、自費出版の世界はまだ大半が、バニティプレスと呼ばれる出版社で占められていた。バニティプレスとはぜんぜんちがう、新たなモデルを開拓しているルルのような新しい企業も登場していたが、このフィールドで圧倒的な立場を確立した大手企業は存在しなかった。だがそれは、アマゾンが参入するまでのことだ。

２００５年、アマゾンはブックサージとカスタムフリックス・ラボズというふたつの会社を買収した。ブックサージは、２０００年にライターの一グループが設立した自費出版社で、オンデマンド印刷技術を使って、さまざまにカスタマイズされた出版パッケージを提供していた。カスタムフリックス・ラボズは、独立系映画制作会社が映画をもっと配給しやすくなるようにと、制作会社の同僚4人が２００２年に設立したDVDのオンデマンド配給社だった。アマゾンは、２００７年にカスタムフリックス・ラボズの名称をクリエイトスペースに変更し、２００９年10月にはクリエイトスペースという名前の下でブックサージとクリエイトスペースを統合して、著者や映画制作者やミュージシャンのための統合されたオンデマンド・サービスを開始した。これによって、それらのクリエイターたちはオンデマンド印刷のペーパーバックなどの作品を制作して、在庫や初期費用や最低発注量などに縛られずに、アマゾンで作品を販売できるようになった。(12)アマゾンは、このサービス展開と並行して、これとは別に、２００７年11月にキンドルという新製品の発売に合わせて電子書籍の自費出版プラットフォームを公開した。当初、キンドルの自費出版ツールはキンドル・デジタル・テキスト・プラットフォームと呼ばれ、著者や出版社が原稿を直接アマゾンにアップロードしてキンドルストアで売ることで、電子書籍を自費出版できるようになっていた。この作業はほとんど手間がかからず、必要なのは、題名と著者名と原稿と表紙だけだった。著者や出版社が99セントから２００ドルのあいだで価格を選択すると、数時間もすればキンドルストア上にその本が出現する。アマゾンは売上から65パーセント取り、35パーセントを著者や出版社に渡す。分け前の比率はのちに変わり、２０１０年１月にはアメリカとイギリスでの販売については、一定の条件を満たせば、30対70に変更になった。つまり30パーセントをアマゾンが保有し、70パーセントを著者や出版社に渡すのだ。(13)２０１１年１月以降、キンドル・デジタル・テキスト・プラットフォームはキンドル・ダイレクト・パブリッシング（ＫＤＰ）に名称を変え、70パーセントの印税という選択肢が、カナダでの販売にも拡張された。

アマゾンがあっというまに電子書籍市場で大きなシェアを占めはじめると、ＫＤＰは作品を自費出版しようとする著者にとってひじょうに魅力的な選択肢になった。キンドル・ダイレクトの自費出版ツールは、比較的簡単に使えるようになっており、いったんテキストがアップロードされ、変換されてキンドルストアで出版されれば、圧倒的に支配的な電子書籍プラットフォームであり流通システムでもあるアマゾンの、世界じゅうのサイトで売られることになる。さらに、クリエイトスペースを使ってアップロードのプロセスを踏めば、アマゾンを通じて、電子書籍と印刷書籍の両方で、ほぼ即時に、しかもひじょうに有利な印税率で本を販売できる――これは、英語圏でまたたくまに印刷書籍と電子書籍の小売最大手になった企業からのきわめて説得力のある提案である。KDPの唯一だが重大な欠点は、このプラットフォームを通じて出版された電子書籍は、キンドルでしか利用できないので、iPadやヌックやコボなどほかの機器で本を読みたければ、別のプラットフォームや配信業者でも自費出版を行なわねばならないところである。機転の利く著者はまさにそうしていた――KDPで自費出版を行ない、スマッシュワーズやヌックやiBookstoreなど、ほかの自費出版のプラットフォームや取次業者でも、その本をアップロードしているのだ。できるだけ多くのプラットフォームを使って自費出版をしない理由はない。そうしたいという充分な動機があって、手間が気にならなければ、プラットフォームは多ければ多いほどいい。

ところがその後、著者が利用できる選択肢の構成が変わりはじめた。2011年12月、アマゾンはKDPセレクトというサービスを開始した。KDPセレクトは、キンドルストアで少なくとも90日間独占販売させるという条件で、KDPで自費出版した著者が新たなレンディング・ライブラリから貸出料の分配を受けたり、さまざまな販促ツールや宣伝の特典を受けられたりする、新しいオプションだった[14]。アマゾンは、月単位でその分配金の総額を決定している。たとえば2011年12月の分配金の総額は、50万ドルに設定された。KDPセレクトに加わった本1点に対する月ごとの支払いは、キンドル・オーナーズ・レンディング・ライブラリ内に置かれたすべてのKDP本の貸出総数に対して、その本が占める割合に基づいて決められる[15]。K

DPセレクトを選択した著者は、電子書籍を無料で配信できる5日間のプロモーション期間が与えられる。また、その著者の本は、ショッピングカートのおすすめ商品や、「こちらもおすすめ」、「この商品を購入したあとに買っているのは?」などに登場し、アマゾンによって積極的に宣伝される。著者は90日後にKDPセレクトの解除を選べるが、解除しなかった場合は、自動的に登録が更新される。これの難点は、KDPセレクトに登録された本は、キンドルストアのみでしか販売できないため、この期間中はほかの小売業者で販売したり配信したりできないところだ。したがって、その本がiBookstoreやバーンズ&ノーブルやコボなど、ほかの小売業者や取次業者を通じて購入できるようになっている場合は、KDPセレクトに登録されている期間中は、それらのすべての小売業者や取次業者からその本を引きあげなければならない。

自費出版で本を出版している多くの著者らにとって、KDPセレクトは魅力的な選択肢だ。新たな収入源の可能性が開かれ、アマゾンがキンドル・オーナーズ・レンディング・ライブラリのために取りおいた資金の一部が与えられ、期間限定の無料プロモーションを利用して販売が促進され、アマゾンのサイトやアマゾンの宣伝媒体で本の可視性を高められるのだから。さらに、キンドルは市場浸透度がきわめて高く、アマゾンの電子書籍市場シェアは圧倒的である。それらも考慮すると、多くの自費出版作家にしてみれば、KDPセレクトを通じて得られる収益増加と可視性の強化によって、ほかの小売業者や配信業者から本を引きあげることで被りかねない損失は、補われると考えるのが妥当だった。アマゾンの電子書籍市場でのシェアが独占状態になればなるほど、多くの著者の目には、アマゾンのサイトで自分の本の可視性をあげ、キンドルでの売上を最大化するためにできることは何でもするのが、理にかなっているようにみえた。いずれにしろ、売上の大半はキンドルから得られるのだから。

しかし、ほかの自費出版のプラットフォームや小売業者や取次業者からすれば、アマゾンでの独占販売は無害なものにはみえなかった。一部の人の目には、この行為はフィールドを独占するプレイヤーのひどく攻撃的なふるまいに映った。これによってほかの自費出版プラットフォームは、著者をさらにつなぎ留めにくくなると感じた。スマッシュワーズのマークは、これは競合他社を滅ぼそうとするアマゾンの危険な策略だと認識して、強い懸念を抱いた。

２０１１年12月のことだったと、私ははっきり覚えています。当時、私は休暇中でしたが、そのことを知った瞬間、嫌悪を覚え、それをブログに書きました。このままでは、未来は絶望的だと思ったからです。なぜなら、私の世界観では、自費出版は出版の未来だからです。売上という面でいえば、自費出版は出版界全体にそれほど大きな影響を及ぼしていませんが、長期的には、出版におけるパワーは出版社から作家に移行していくと私は確信していました。私の目からは、自費出版で本を出す独立系作家は、出版の未来の姿に映ります。したがって、アマゾンがこの独占販売のプログラムを作り、多くの作家を惹きつければ、最終的にはアマゾンと競合しているほかの出版社はみな、大事な作家の大半を奪われるでしょう。そして、作家を失うということは読者も失うということです。なぜなら、読者がある作家の本を読みたいと思ったとき、それがアマゾンでしか読めないのであれば、読者は最終的には、どの本もすべてアマゾンで買う習慣がついてしまうからです。そうすると、読者はバーンズ＆ノーブルやコボやその他のさまざまな大小の小売業者から離れ、どれもアマゾンで購入するようになるでしょう。その結果、ほかの小売業者のもとには、読者も作家もいなくなり、最終的にその小売業者は廃業に追いこまれるでしょう。アマゾンが独占販売に成功したとき、論理的な流れでは、このような状況になります。

マークは脅威を大げさにいいあらしているのかもしれない。自費出版本のプールが、たとえ大規模なプールであったとしても、マークが示したように消費者の購買習慣を大きく変えるかどうかは疑わしい。けれども、KDPセレクトによって、どこでどうやって自費出版するか、またアマゾン以外のサイトから自分の本を削除するかどうか著者が意思決定する際に、おそらく、アマゾンに有利な方向へバランスが傾く。「2011年12月にアマゾンがKDPセレクトを開始したとき、私たちは衝撃を受けました。一夜にして、スマッシュワーズから何千冊もの本が姿を消したのですから。こんなことは初めてでした」とマークはいった。「そして、それがまだ続いています。毎月、何千冊もの本がKDPセレクトに登録され、スマッシュワーズから削除されています。また、何千冊もの本がスマッシュワーズに戻ってきてもいます。周期的に出たり入ったりしているのです。けれどもアマゾンは、3ヶ月ごとの更新率が約95パーセントと主張しています。ということは、著者は自分の本をKDPセレクトにいれて、そのまま置きっぱなしにしているのです。流砂みたいなものです。いったんそこに入ったら、二度と出られません」。また、別の自費出版プラットフォームの設立者は、ちがう比喩を使って次のように述べた。「アマゾンは世界最大の罠をしかけています。その罠にはまったら、一生出られません」

アマゾンは2014年7月、その地位をさらに強化した。月額9・99ドルで大量の電子書籍や、オーディオブックが利用できるサブスクリプションサービス、キンドルアンリミテッドを導入したのだ。[16] キンドルアンリミテッドの定期購読をしているユーザーは、多くの本を好きなだけ読み、好きなだけ本を保持しておけるし、アマゾンプライムの会員になる必要もない。キンドルアンリミテッドは、自費出版本の著者をKDPセレクトにおびき寄せるエサだ。自費出版作家は、KDPセレクトに登録するだけで、自分の本をキンドルアンリミテッドにいれることができる。KDPセレクトに登録された本は、自動的にキンドルアンリミテッドで読めるようになる。つまり、ＫＤＰセレクトで独占販売するという条件に著者が同意しないかぎり、キンドルアンリミテッドに自分の本は含まれないし、キンドルアンリミテッドに本をいれたくなければ、登録期間終了時にＫＤＰセレクトから自分の本を削除しなければならないということになる。マークからすれば、いちばん恐れていたことがこれで確認されたにすぎなかった。ＫＤＰセレクトとキンドルアンリミテッドを使って、アマゾンは自費出版をしている著者を独占的なキンドルの世界にひっぱりこむ罠を作り、独占条件によって囲い、アマゾンにすっかり依存させる。著者はアマゾンからさまざまな恩恵を受けて、その好意に依存する。マークは遠回しないいかたはしない。「私からすれば、アマゾンはすべての著者を、アマゾンの土地を耕す小作人に仕立てようとしているように思えます。土壌や土地、顧客へ通じる道を所有しているのはアマゾンで、さらにあなたを所有して、あなたが収入の１００パーセントをアマゾンの好意に依存するようになれば、あなたは独立性や支配力を失い、小作農家になってしまいます」

アマゾンとＫＤＰセレクトやキンドルアンリミテッドのプログラムによる独占的なやり方に対し、マークが歯に衣を着せぬ批判を行なったのをきっかけに、自費出版作家のあいだで活発な議論が巻き起こった。マークに賛成する人もいれば、反対する人もいたし、一部の作家は強く異を唱えた。多くの作家が指摘しているとおり、ＫＤＰセレクトがオプションである事実を考慮すると、小作人のたとえはすぐに破綻する。自費出版作家はＫＤＰセレクトに参加する必要はなく、試してみようと決めたあとでも、90日の登録期間が過ぎれば、いつでも解除できるのだ。だから、そのような人びとをアマゾンの土地の小作人というならば、小作人としては稀にみる自由を得ている。荷物をまとめて出ていって、ほかの魅力的な土地を耕すこともできるし、希望すれば両方の土地を同時に耕せる。アマゾンの土地だけを選んだら、それも良いだろう。少なくとも当面は、アマゾンの土地が相当肥沃で、自分たちの役に立つと感じているのだから――将来どんな危険が

潜んでいようとも。(17)

アマゾンの独占販売条件の利点と危険がどれほどかはさておき、この激しい論争は、自費出版の世界が従来の出版の世界と同様に鮮烈な戦いの場になっている事実を浮き彫りにしている。さまざまな種類のサービスを提供している多数の供給業者と、そのほかのプレイヤーらが、持てる力を最大限に活用して、自費出版というフィールドで自らの地位を強化したり、守ったりしようとしているのだ。そして、このフィールドで供給業者が激増しているなか、あるプレイヤーが現れて、圧倒的な支配力を持ちはじめ、その力で自分たちに有利なようにそのフィールドを変容させ、再構築している。その犠牲になるのはたいてい、活躍の場として、またはせめて生き残れる場としてニッチを切り開こうとしている比較的小さなプレイヤーたちだ。作品を自費出版しようとしている多くの人びとにとって、これが複雑な状況にみえるのは仕方がない。従来の出版界と同じか、むしろはるかに複雑になった気がしているかもしれない。なぜなら、独立系作家は、この複雑な状況をかわりに解明してくれるエージェントがいない可能性が高いからである。

出版サービスという連続体《スペクトラム》

マークには、この状況を理解しやすくする有用な方法がある。「私は、出版サービスの市場をひとつの地続きになったスペクトラムとみなしています」。マークはペンを手に取り、ホワイトボードに1本の線を引きながら説明しはじめた（図7・1）。「スペクトラムのいっぽうの端はフルサービスで、もういっぽうの端はセルフサービスです」。従来型出版社は、編集、組版、本文や表紙のデザイン、制作、印刷から、マーケティング、販売、流通、二次的著作物の権利処理、財務会計まで一連のサービスを著者にすべて提供すると

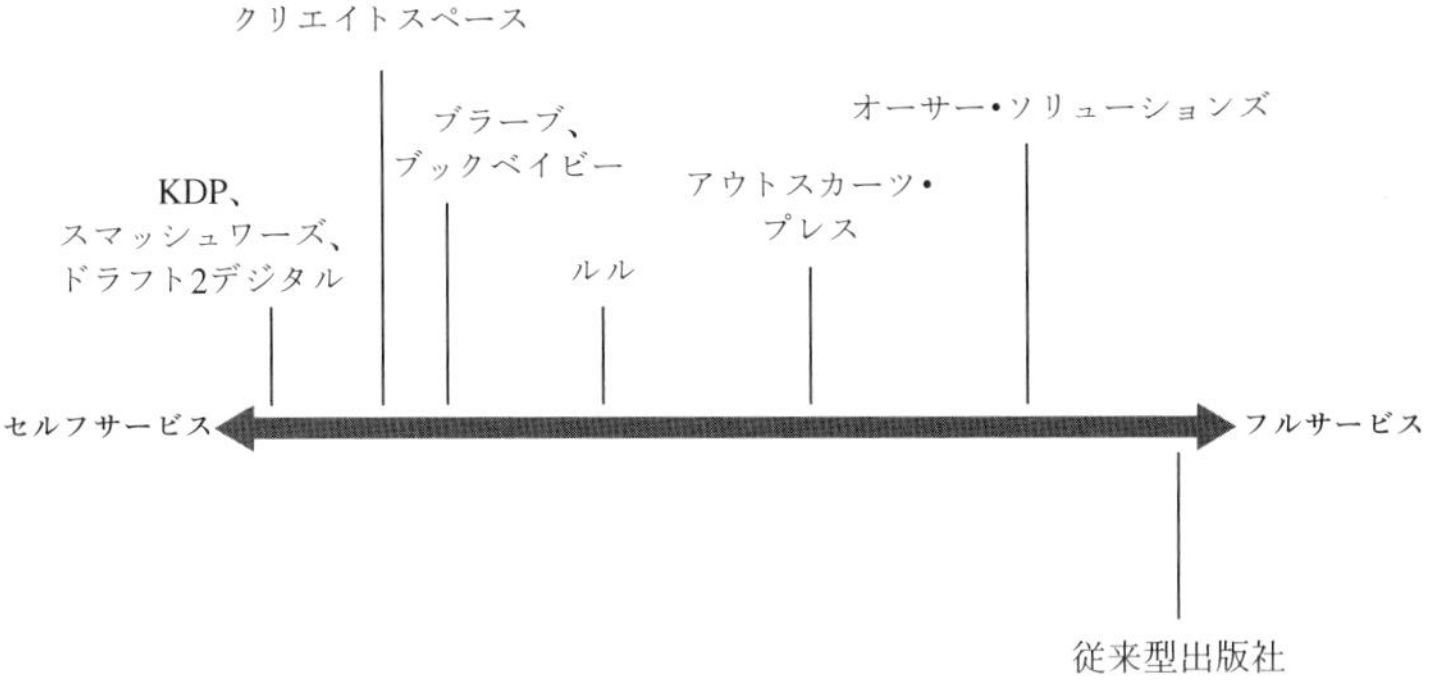

図7.1　出版サービスのスペクトラム1

いう意味で「フルサービス」だ。この場合、著者はいったん本を書きさえすれば、すべきことはたいして多くない（とはいえ実際には、多くの人が意識しないまま多くのことを自分でしているかもしれないが）。従来の出版社は、自分たちがサービス提供業者だとは思っていないだろうが、本質的にはそうなのだ（少なくとも部分的には。マークのモデルは従来の出版社が行なっている活動の一面しか捉えていない。従来の出版社は投資家でもあり、リスクテイカーでもある。これについては第12章でくわしく説明する）。「もういっぽうの端は、DIY出版です」とマークはいった。自費出版のこの形態では、著者は出版業もこなし、プラットフォームはセルフサービス型で、出版用原稿の準備から、表紙のデザイン、プラットフォームへの原稿と表紙のアップロード、本の出版に必要なメタデータの提供という一連のステップを著者自身が進めていくことになる。スマッシュワーズとKDPは、どちらもマークのスペクトラムのセルフサービス側に位置する。フルサービスとセルフサービスという両極のあいだには、さまざまな機能やパッケージを著者に提供する膨大な数のサービス提供業者が存在する。図7・1では、違いを説明するためにこれらのサービス提供業者のごく一部を取りあげているが、ほかにも多くのサービス提供業者がある。これらのなかでも、電子書籍に特化しているサービス提供業者や、印刷書籍に特化しているもの、その両方を扱うものという違いがある。たとえば、スマッシュワーズとKDPは電子書籍のみを対象にしており、オクラホマ州で2012年に設立された自費出版のプラットフォーム、ドラフト2デジタルもそうである。クリエイトスペースは、印刷書籍のみのサービス提供業者で（というか、だった）、[18] ブラーブはとくに印刷書籍を主体にしているが、前述したとおり、さまざまな電子書籍の選択肢も提供している。ルル、ブックベイビー、アウトスカーツ・プレス、オーサー・ソリューションズなどは、電子書籍と印刷書籍のサービスを提供している。とはいえ、スマッシュワーズ、KDP、クリエイトスペース、ドラフト2デジタル、ブラーブ、ブックベイビー、ルルはスペクトラムのセルフサービスの端に近い傾向があるが、オーサー・ソリューションズとその多くのインプリントや部門（オーサーハウス、アイユニバース、トラフォード・パブリッシング、エクスリブリスなど）とアウトスカーツ・プレスはフルサービスの側に近く、提供するサービスに対して著者に手数料を請求する。「出版サービスのスペクトラムを、サービスに対して著者が支払うコストという観点からみたとき、スペクトラムはこのグラフのようにみえます」。マークはそういいながらボードに別の図を書いて、X軸をサービス、Y軸をコストとして説明した（図7・2）。

グラフの左下には、低サービスで低コストのサービス提供業者が並んでいる。KDP、スマッシュワーズ、ドラフト2デジタルなどのDIY型の自費出版社などがこれにあてはまる。右側に移動するほど、自費出版社が提供するサービスが増えて、著者が負担するコストはあがっていく。なかでもオーサー・ソリューションズは、もっとも費用がかさむ自費出版サービス提供業者である。とはいえ、ここに挙げたのは、現在利用できる多くの自費出版サービス提供業者のごく一部にすぎない。従来型出版社は、このグラフの右下に位置する。サービスは高いが著者が負担するコストは低い（ただし印税率という面でいうと、著者へのリターン

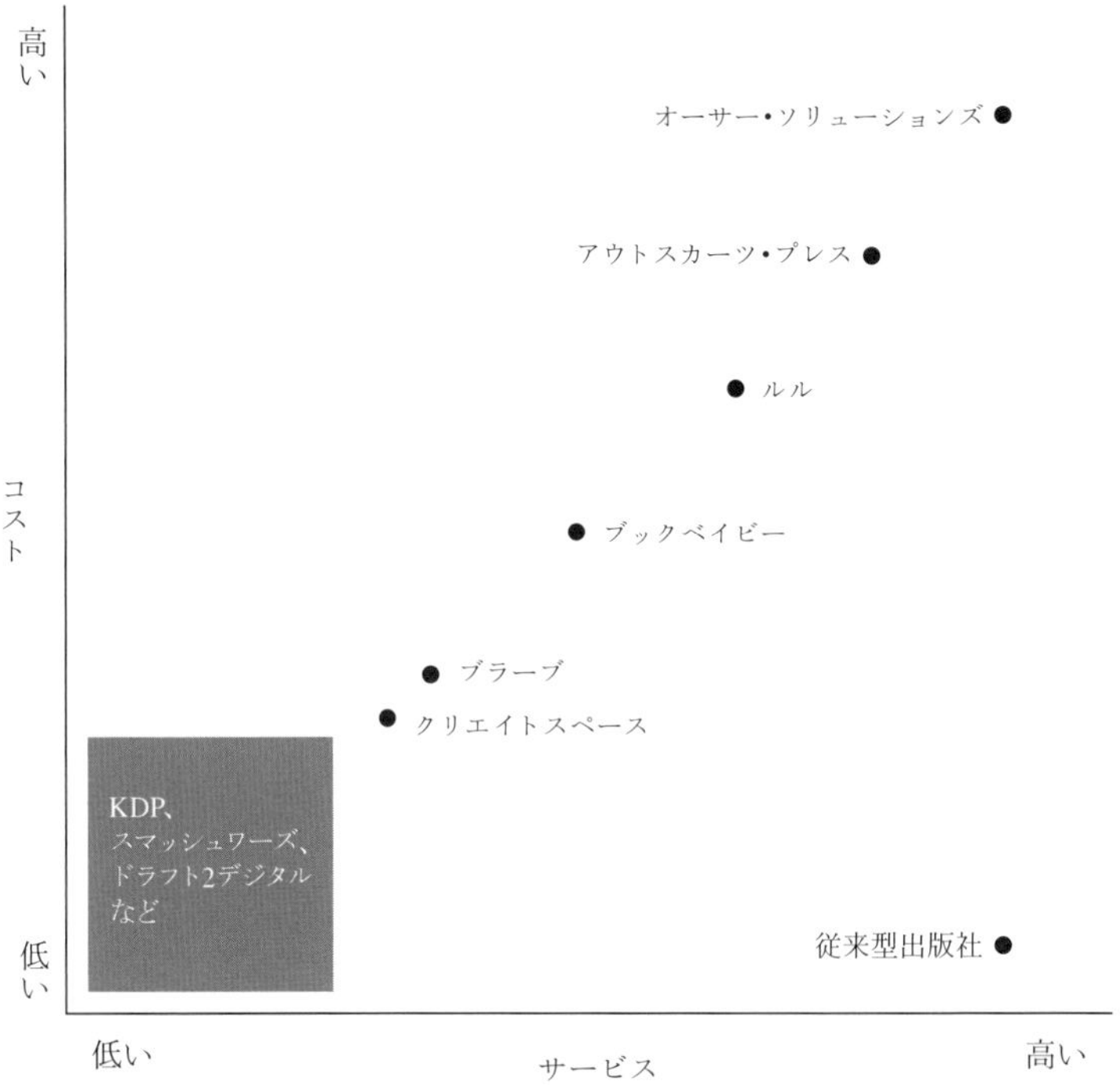

図7.2　出版サービスのスペクトラム2

は従来型出版社のほうが、自費出版プラットフォームよりも大幅に低い傾向がある)。独立性を誇りにして、自分でこなせる能力に自信のある独立系作家は、このグラフの左下の角に惹きつけられる傾向がある。つまり、前払手数料がなく、販売時の手数料も比較的低い額で、自費出版ツールを著者に提供している無料のセルフサービス・プラットフォームのグループに惹きつけられる。これらのプラットフォームは、グラフ左下の灰色枠内にある。出版にまつわる作業をほかの人に任せたい、または自分でこなす知識も自信もない著者は、フルサービス側に引き寄せられる傾向がある。そちら側に位置しているのは、従来の出版社と、著者にさまざまなサービスや出版パッケージを有料で提供している自費出版組織である。ただし、誇りを持って独立している独立系作家の目には、オーサー・ソリューションズなどの自費出版サービス提供業者は、嫌悪すべき対象に映っている（「自尊心のある独立系作家なら、それらの出版社は使わないね」と自費出版の世界にくわしいある評論家は述べた）。

この絵でもまだ充分に複雑ではないとでもいうように、自費出版のブームによって、自費出版のプラットフォームと並んで、シャドウエコノミーとして存在するサポートサービスが、重要な「第二次産業」として生まれた。実際には、従来の出版社であれ、オーサー・ソリューションズみたいなフルサービスの自費出版社であれ、それらによって提供されるさまざまな出版サービスは、切り離されてアラカルト式に、フリーランサーや小規模な企業から個別に提供される。基本的に、著者にばら売りされるこれらのサービスは、次の3種類に大別される——編集サービス、デザインサービス（レイアウトデザイン、表紙やカバーデザイン、組版など）、マーケティングサービス（広告宣伝など）。著者は、自費出版プラットフォームが提供している推奨サポートサービスのリストをみて、自費出版プラットフォームからこれらのサポートサービスが受けられると知ったり、友人や同僚からすすめられてサービスを利用したりする。フリーランサーのなかには、編集者やデザイナーとして自営している人もいる。従来の出版社でフルタイムの仕事をしながら、夜間や週末にフリーランスとしてこの仕事をする人もいるし、作家になる夢を追いかけながら食いつなぐ方法として、編集やデザインをしている人もいる。また、フリーランスの多くは、継ぎ目なく仕事を得るために、ニューヨーク・ブック・エディターズやロンドンを拠点とするリージェンシーなどの出版サービスエージェンシーも活用している。このようなエージェンシーは、著者とフリーランサーをつなぐハブの役割を果たしている。著者から連絡があると、エージェンシーは著者のニーズを評価して、ニーズに合った適格なフリーランサーを吟味して仕事を委託し、著者からの支払いはエージェンシーとフリーランサーのあいだで分配される。

ニューヨーク・ブック・エディターズは、ナタシャ・レキチによって２０１３年に設立された。小さなノンフィクション出版社のアトラス&カンパニーで編集者として働いていたナタシャは、良い編集の重要性を認識していて、同社を離れるとき、自費出版を計画している人に編集サービスを提供する会社を立ちあげようと決めた。当時は自費出版が話題になっていたので、自分が提供できる編集サービスは、自費出版を考えている人からそれなりに必要とされるだろうと考えたのだ。とはいえ、ナタシャは自分で編集するつもりはなかった。アトラス&カンパニーで編集したのは数点で、編集の仕事をうまくこなす技能も才能もあるとは思っていなかった。そこでナタシャは、一緒に仕事をしたことのあるほかの編集者たちを仲間に引きいれようと考えた。「私の計画では、従来の出版社の編集プロセスとほぼ同じ編集プロセスを望む自費出版予定の人と、一緒に本を作るつもりでした」。著者には、必要な、あるいは望みの編集の種類に応じて、さまざまなパッケージを提供する。たとえば「構造編集」というオプションは、文章の構造、プロット、登場人物の造形などに関する大きな問題を扱う。著者は構造上の問題についてコメントした編集者からの手紙やメモを受け取り、弱点を補い、文章をよくする方法について助言を受ける（追加料金で、電話で1時間のフォローを受けることも可能）。「行編集」オプションでは、編集者が文章を1行ずつ確認し、文から文、段落から段落への言葉の明瞭さと流れに注意が払われる。もっと単純な「校正」では、文法やスペル、ピリオドなどの修正を行なう。オプションによって価格は異なり、単語数によっても異なる。原稿の編集を希望する著者は、申請書に記入し、あらすじとサンプル原稿を提出する。するとナタシャは、プロジェクトの編集を引き受けるかを決め、原稿の状態に応じてどのパッケージが適切かを判断する。そのあと、フリーランスの編集者に仕事を依頼し、報酬をその編集者と分けあう。ナタシャが手を組んでいるフリーランスの編集者の多くは、従来の出版社で経験を積み、副業として会社外で仕事を探している人や、退職してフルタイムのフリーランサーとして働こうと考えている人たちだ。なかには実際に退職して、フリーランスへの道を進み、出版サービスというシャドウエコノミーの盛況ぶりをしっかり味わっている人もいる。

ナタシャがニューヨーク・ブック・エディターズを立ちあげたのは、おもに自費出版を計画している人に、編集サービスを提供しようと考えたからだった。が、実際は予想とまったくちがっていた。自費出版をしようと考えている人からも多くの依頼を受けたが、従来の出版社からの出版を望んでいる人からの依頼がもっとも多かった。およそ50パーセントが従来の出版を希望しており、自費出版を希望しているのは25パーセントで、残りの25パーセントは先入観を抱かず、どちらに進むべきか迷っている状態だった。従来の出版を希望する人の多くは、エージェントをみつけて、本の契約を得たいと考えていたが、自分の原稿にもっと磨きをかける必要があった。それらの人びとは、原稿がもっと良くなればエージェントがつくし、条件のいい契約を結べるチャンスが大幅に向上するという助言を受けたり、あるいは自分でそれに気づいたりした。したがって、作家の卵たちにとっては、ニューヨーク・ブック・エディターズと連絡を取り、編集パッケージに投資するのは妥当な選択だった。投資したとしても、夢にみていた出版契約が結べるかどうかの保証はなかったが、そうする意味はあった。

リージィは、エマニュエル・ナタフ、リカルド・フェイエ、マシュー・コブ、ヴァンサン・デュランによって、2014年にロンドンで立ちあげられた。ナタシャとはちがって、リージィの共同創業者ら自身は、出版業界で働いたことがなかった。エマニュエルとリカルドはパリのビジネススクールを卒業したあと、事業を開始するチャンスを求めていた。ふたりは、アマゾンがKDPを使って、自費出版をごく手軽に始められるようにしたことは知っていたが、そうやって自費出版される本は、編集やデザインがまずいものが多いのも知っていた。そこで思いついたのが、オンラインマーケットプレイスの創造である。それによって、自費出版で本を出そうとしている著者と、質の高い本の制作を手助けできる編集者や、デザイナー、マーケティングを行なうマーケターをつなぐのだ。ふたりは、ヨーロッパで起業準備期《シード》の事業に資金投資している、ロンドンが本拠の投資会社シードキャンプ社を通じて資金を調達した。そして、オープンなマーケットプレイスとして機能するプラットフォームを構築し、サービスを開始した。このマーケットプレイスでは、独立系作家が出版業を専門とするフリーランサーの技術を利用できるようになっていた。アップワークやピープルパーアワーをはじめ、この種のほかのマーケットプレイスはオンライン上にすでに存在していたが、エマニュエルたちは、出版に特化したマーケットプレイスを作って、すぐれた編集者を集めようとしていた。誰もが入札合戦に加わって、最安値をつけた人ばかりが落札するようなマーケットプレイスは作りたくなかった。それでは、腕のいい編集者は集まらないからだ。そこで、あるシステムを作った。本を出そうとしている人は編集の仕事を依頼するために連絡を取りたい人を5人まで選んで、その5人を入札に招待し、そのうちのふたりがなんらかの理由（忙しくて時間が取れないなど）で入札を辞退したとき、さらにふたりに声をかけられる。編集者が入札したら、それぞれと話をして、どの編集者にするか選べる。このシステムによって、限定された競争の場を作り、最安値が勝利する傾向にある一般的なオークションにならないようにして、同時に著者は、編集者を決定するまえに選ばれた数人の編集者と意見を交換する機会を得られるのである。

　このようなオンラインのマーケットプレイスが機能するには、顧客（この場合は著者）から信頼を得て、購入するサービスが本物で、お金を払うに値する価値があると（ようするに詐欺でないと）信じてもらわねばならない。したがって、フリーランス編集者の審査は、リージィの重要な役割である。リージィでは、サービスを提供したい人は誰であれ、資格、専門とするジャンルと言語、職歴、ポートフォリオなどを含むプロフィールの記入が求められる。リージィはそれらすべてをチェックする。専門ジャンルを記載するときは、ファンタジーやロマンスなどそのジャンルに合った本が、少なくとも1冊はポートフォリオに含まれていなければならない。職歴に記載している内容もポートフォリオにある本と相関していなければならない。リージィ側が疑いを持ったときは、本の謝辞を参照して、その編集者の名前があるかを確認する。この過程は徹底的に行なわれ、応募した人のうち、最終的にリージィのリストに掲載されるのは、たった3パーセントである。「自称編集者やデザイナーは多いのですが、提供するサービスが、私たちの基準に達していない人も多くいます。私たちの基準はかなり高いので」と、共同設立者のひとり、リカルドはいった。編集者には、少なくとも5年の経験と、6冊以上の本を編集した経験が期待される。それはかならずしも従来の出版社から出版された本である必要はないが、従来の出版社での経験は重視される。従来の出版社で働いた経験がない場合は、挙げた本のいくつかがベストセラーになった本や、アマゾンでかなり高い評価を多く受けた本であることが期待される。

リージィを通じてフリーランスの編集者などをみつけたいときは、具体的にどんなことを望んでいるのかをフォームに記入して、1、2章をいくつか、または原稿全体をアップロードし、自分の本の特徴に合うフリーランサーを調べて5人以下に絞り、入札に招待する。その後、入札内容を検討し、入札者とコミュニケーションを取ったあと、どの入札者を採用するかを決定する。スケジュールと支払い計画が合意に達したら、仕事の開始だ。リージィは、手数料として取引した各当事者から10パーセントを取る。著者からは支払いの10パーセントを受け取り、フリーランサーが受け取る額からも10パーセントを手にいれるため、リージィは取り分として、全体の支払額の20パーセントを受け取る。だから、たとえば編集者が報酬として1000ドルを請求したとき、著者は1100ドルを支払い、そのうち100ドルをリージィが受け取る。そして編集者は１００ドルを受け取るが、リージィは編集者の報酬から１００ドルを差し引くので、実際の編集者の受取額は９００ドルになる。リージィは、著者とフリーランサーのあいだでコミュニケーションを取るための、メッセージ通信のインターフェースを独自に持っている。それによって、すべての通信がリージィのプラットフォーム上とそのシステム内で行なわれる。これは、万一争いが発生したとき、著者とフリーランサーとのあいだで行なわれたやり取りの完全な記録を、リージィが確実に保持できるようにするためである。争いはときおり発生する。また、システム内にすべてを保存することで、著者とフリーランサーがリージィを介さずに、将来のプロジェクトで直接共同作業を行なうようになるリスクを減らせる。

リージィは、独立系作家がフリーランスの出版サービスを利用するためのマーケットプレイスを作るという目的で始まったが、そのプラットフォームは、ほかの顧客も引き寄せた。自著のために従来の出版社をみつけたがっている人や、従来の出版社そのものだ。２０２０年の前半には、リージィは毎月約１０００件の新たなコラボレーションを管理していた。そのうちの約70パーセントが編集サービスで、15パーセントはデザイン、残りはマーケティングや宣伝、ゴーストライティングが占めている。著者の約半数は自費出版を目指しており、約30パーセントは従来の出版社を探しており、残りの20パーセントはまだ選択を絞っていない状態だ。従来の出版社のなかには、フリーランサーを探すためにリージィを利用している企業がある。また、リージィはブラーブなどの自費出版プラットフォームと提携を結んでいる。ブラーブは著者にリージィを推薦し、いっぽうリージィは著者が完成させた本をブラーブに簡単にエクスポートできるようにしている――自費出版仲介業者同士のコラボレーションだ。リージィの共同設立者は、出版業界での経験がなかったが、自費出版の爆発的な広がりによって、急増している独立系作家たちのあいだに、専門的な出版サービスのニーズが増大していると理解していた。さらに、そのサービスがもはや従来の出版社では提供しきれないことをみてとり、出版サービスを売ったり買ったりできる効率の良いオンラインのマーケットプレイスを作った。このマーケットプレイスによって、著者は目的に合った有能なフリーランサーをみつけられるし、フリーランサーは継ぎ目なく仕事を得ることができる。

このシャドウエコノミーで働いている人びとからすれば、フリーランスの仕事で生活が成り立つようになるだけでなく、プロとしてのやりがいも得られる。キャロラインは、ニューヨークの大手出版社で約2年半のあいだ編集アシスタントをしていたが、不満や物足りなさを感じていた。キャロラインの仕事はおもに上級編集者のプロジェクト管理で、自分自身が原稿を編集する機会はめったに得られず、たとえ編集したとしても、それが仕事の重要な部分とみなされていないように感じていた（「編集は誰の優先事項でもなく、家でやるもので、オフィスで編集に費やす時間はまったくありません」）。

キャロラインは空いた時間を使って、フリーランスで編集の仕事を何度かしたことがあったし、それが楽しかったので、フリーランサーになるのもひとつの選択肢だとわかっていた。2年半後、キャロラインはビッグファイブのひとつである出版社をやめて、独立した。何人かの作家が、ニューヨークを拠点とする非営利団体のフリーランス編集者協会を通じて、自分をみつけてくれた。この協会は、ジョブ・リスティングサービスというものを提供しており、作家が仕事を依頼できるようになっていた。しかし、キャロラインはニューヨーク・ブック・エディターズとリージィのことも知っていたので、その両方にフリーランス編集者として登録した。それらから継ぎ目なく仕事を受け、1年半後には、仕事を選んで断る余裕も出てきた。また、編集アシスタント時代の2倍以上の収入を得ていたので、会社を作る計画を立てはじめた。そうすればさらに多くの個人顧客を獲得し、ほかのフリーランサーに仕事を外注できる編集サービスエージェンシーに転身できる。この方法なら、ビジネスを成り立たせて、同時に複数の作家たちの原稿の編集が続けられる。それこそ、キャロラインにとってやりがいのある仕事なのだ。「いまは、フリーランスになるまえには想像していなかったくらい、たっぷり編集の仕事をしていますし、この仕事を愛しています。けっきょくのところ、編集の仕事が楽しいのです」とキャロラインは語る。

ビジネスが大きくなって、ビジネス志向になってきているとしても、私はやりたいだけ編集をしていられます。また、作家とじかに仕事をして、原稿に自ら手をいれ、商業的なことをあまり気に病まずに、ベストを尽くして最高の仕上がりにできるところが気に入っています。私も、マーケティングや読者層などあらゆることを考慮にいれますが、出版社とはちがいます。出版社では、いつも売上がつきまとい、物語については気にもされず、どれほどの部数が売れるかということばかり気にかけられます。そのようなビジネス的な意識もわかっていますが、まずは原稿を大事にして、それから、売れるように、手に取ってもらえるように仕掛けを作ることが重要なのです。

キャロラインは、出版サービスというシャドウエコノミーで現在働いている何千もの人びとのひとりだ。キャロラインのように、フルタイムのフリーランサーとして充分な収入を得ている人もいれば、あき時間にフリーランサーとして働き、別の仕事から得ている収入を補っている人もいる。また、作家やその他の目標に向かって夢を追いかけているあいだ、生きていくために必要な収入を稼ぐ人もいる。もちろん、従来の出版社は、編集、校正、索引づけ、表紙デザインなどの作業に関してはとくに、長いあいだフリーランサーのシャドウエコノミーに依存してきた――この部分については何も目新しいものはない。さらに、ニューヨーク・ブック・エディターズやリージィのようなサービスを利用してフリーランスの編集者を雇う作家の大半が、これまでみてきたとおり、従来の出版社から自著を出版したいと願っている。けれども、自費出版プラットフォームの増加と、作品を自費出版しようとする人びとが利用できる機会の爆発的な拡大が、出版サービスのシャドウエコノミーの成長をあおっていて、原稿の修正や改善、本の組版やデザイン、マーケティングをしてくれる人を求める（そしてそれに喜んでお金を払う）作家の人口がかなり大きくなってきていることは疑いようがない。

自費出版プラットフォームの増加とそれに伴う出版サービスの激増は、まちがいなく21世紀前半の出版界の景色を一変させた。自費出版自体は目新しくないが、現在の発展は、これまでの発展とは質がちがう。多くのプラットフォームやサービスが合わさって、自費出版のエコシステムはすっかり新しく生まれ変わった。この新たなエコシステムは、従来の出版の世界と並行して存在し、まったくちがう世界であるものの、複雑に重なりあう部分もある。この新たなエコシステムで自分の作品を自費出版しようと決意した人びとは、いまや、次のようなさまざまな決断を下さねばならない。たとえば、どのように自費出版するか、どのプラットフォームを使うか、出版サービスを利用するか否か、利用するなら、フリーランスの編集者やデザイナー、マーケティング・宣伝担当者に直接依頼するか、ニューヨーク・エディターズやリージィなどの出版サービス仲介業者（ＰＳＩ）を介して依頼するか、など（図7・3）。低コストでＤＩＹの道を選ぶ人びとは、自分がどの程度の支援が必要かを見定め、編集者、デザイナー、マーケティング・宣伝担当者を自分で手配することができる。または、それらのフリーランスによるサービスをまったく利用せずに、別のところから最低限の専門的な助言のみを受け、原稿をそのままの形で、スマッシュワーズやＫＤＰなどの自費出版プラットフォームにアップロードしてもいい。または別の選択肢として、ある程度専門家の手は借りたいが、誰に助けを求めればいいのかわからないときは、行き届いた選択肢がいくつか与えられ、充分に情報を得たうえで

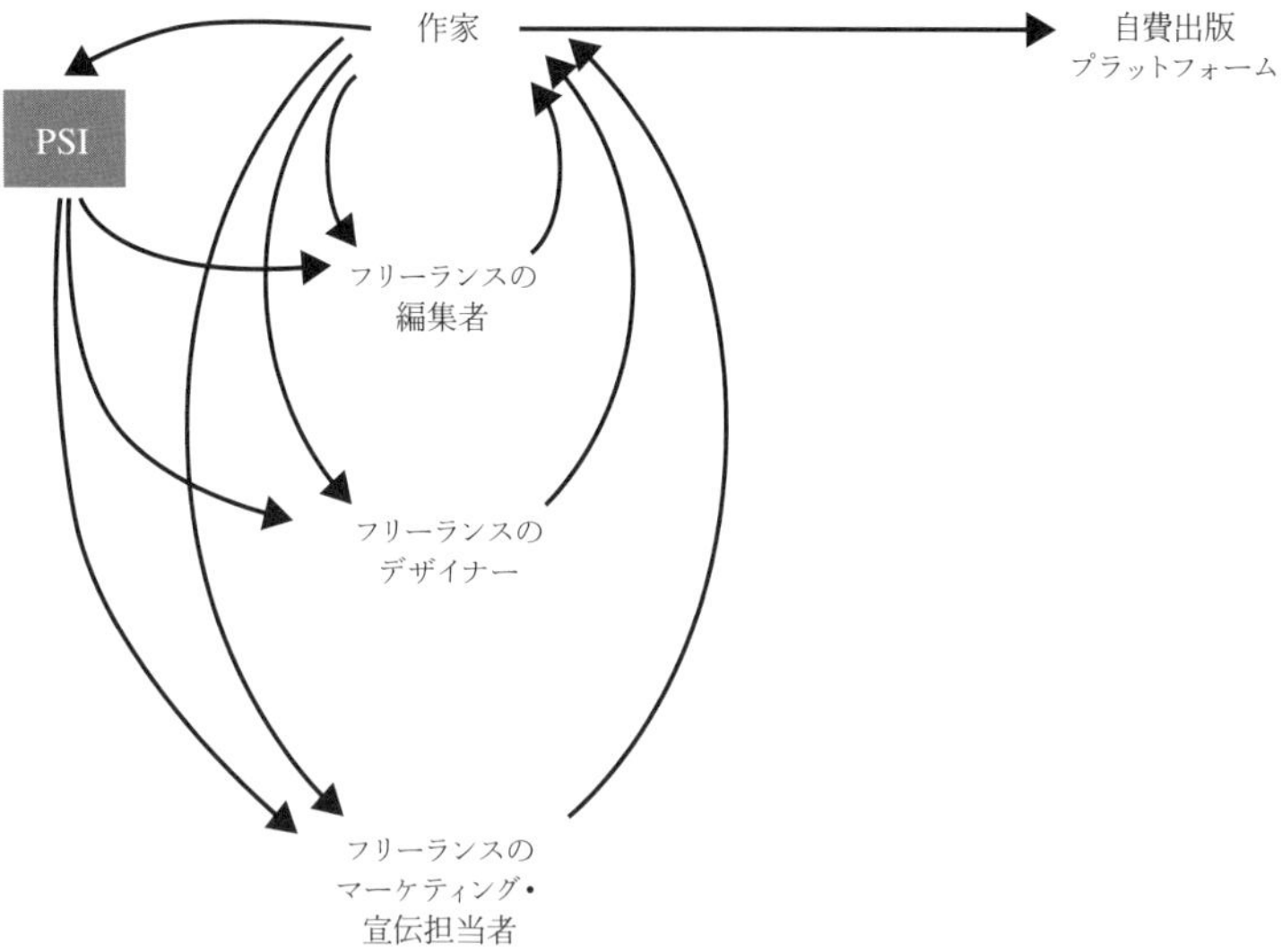

図7.3　出版サービスの新たなエコシステム

判断を下せるようになっている、出版サービス仲介業者を利用することもできる。自費出版を希望し、ある程度は専門家の意見を聞きたいが、自分で手配する手間はかけたくないという場合は、パックになった出版サービスを提供する自費出版プラットフォームを選べば、必要なサービスを得られるパッケージが購入できる。

自費出版の爆発的な広がりは、出版サービスのシャドウエコノミーを生みだした。シャドウエコノミーは自費出版プラットフォームと並存しているが、従来の出版の世界からはほとんど独立している。自費出版の世界と従来の出版界は複雑に重なりあい、相互に影響しあっているとしても、自費出版の世界がどれほど大きいかについて、私たちはいまだに実感がない。ここで話題にしている業界は、どれほどの規模なのだろうか。デジタル革命のあとを追うように出現した、自費出版の新たな世界のサイズを測定する方法はあるのだろうか。

隠れた大陸

じつは、自費出版という新たな世界の規模を正確に測定するのは驚くほどむずかしい。自費出版はいわば、出版界の隠れた大陸である。２０１２年の当初から書誌サービスのボウカーは、２００７年から２０１８年までの、アメリカにおける自費出版数の推定を試みた一連のリポートを作成した。[19] このリポートによれば、この期間にわたって、自費出版の本が急速かつ持続的に成長し、印刷書籍と電子書籍を合わせた総数が、２０１０年の15万２９７８点から２０１８年には１６７万７７８１点へと８年間で11倍も増加していることが示された。しかし、これらの報告は、この分野の急成長を示す有用な指標であるものの、ふたつの重大な理由から、自費出版の世界を説明するには決定的な限界がある。第一に、ボウカーの数字は、この数年間に出版された新刊本や新刊作品の数を示してはいない。これらの数字は、ボウカーのブックス・イン・プリントというデータベースに登録され、アメリカで出版または流通したＩＳＢＮの数である。ただし、前述のとおり、著者や出版社は単一の本または作品の形式ごとにＩＳＢＮを登録している場合があるため、かならずしも本とＩＳＢＮが一対一で対応しているわけではない。たとえば、出版社は一般的に、ハードカバー版にひとつのＩＳＢＮ、ペーパーバック版には別のＩＳＢＮ、さらに電子書籍のファイル形式（ＥＰＵＢ、ＭＯＢＩ、ＰＤＦなど）それぞれに別のＩＳＢＮを割り当てる。したがって、ひとつの新たな作品が複数のＩＳＢＮとつながっている可能性もあるのだ。これは出版社のあいだではよくみられる慣習であるが、自費出版の著者が、出版する本に複数のＩＳＢＮを使っているかどうか、その規模は不明であるし、独立系作家のなかには、そもそもＩＳＢＮを取得する手間をかけない者もいる――「家族や友だちに配れるように自費出版しただけなのに、なんだってわざわざＩＳＢＮを取らなくちゃならないんだ」という具合に。[20] したがって、ボウカーの数字が示しているのは、あくまでも、自費出版社やサービス提供業者による新たなＩＳＢＮの登録数であって、実際の近年の新刊や新作の数ではない。[21]

ボウカーのリポートに限界がある第二の重大な理由は、この数字には、自費出版プラットフォームのなかでも最大級のプラットフォームであるアマゾンのＫＤＰから出版された本が含まれていないからだ。これは、ＫＤＰがＩＳＢＮの登録を必要としないせいである。アマゾンは、ＡＳＩＮ（アマゾン標準識別番号）という独自の10桁の識別番号を割り当てている。これは電子書籍に固有のもので、アマゾンのサイト上にある電子書籍の識別番号として機能する。したがって、ボウカーの数字に含まれていない膨大な自費出版活動があるのだ。そしてそれはＫＤＰで自費出版された本にとどまらず、ＩＳＢＮなしで自費出版されたすべての本がこれにあてはまる。

このような重大な但し書きがあるにはあるが、ともかくボウカーの数字をいくつか簡単にみてみよう。表7･1、7･2、7･3は、数あるなかからおもな自費出版プラットフォームを選び、それらが２０１０年から２０１８年までに取得したＩＳＢＮ数を、形式別に要約したものである（印刷書籍は表7･1、電子書籍は表7･2、印刷書籍と電子書籍の合計は表7･3）。表では印刷書籍と電子書籍それぞれのＩＳＢＮ取得合計数を記載している。この合計には、これらの表に記載していないほかの多くの自費出版プラットフォーム（ひじょうに小規模な出版社もある）の登録数も含めている。[22] 表7･1は、アマゾンのクリエイトスペース／ＫＤＰプリントが、印刷書籍の自費出版プラットフォームとして、はるかにリードを広げていることを示している。自費出版された印刷書籍のために発行されたＩＳＢＮに対するアマゾンの自費出版プラットフォームのシェアは、２０１０年は30パーセント強にすぎなかったが、２０１８年には90パーセント以上を占めてい

社名	2010	2011	2012	2013	2014	2015	2016	2017	2018	2010–18 増加率（%）
クリエイトスペース／個人出版[(1)]	35,686	58,857	131,456	187,846	293,436	425,752	517,705	929,290	1,416,384	3689.02
ルル	11,681	25,461	27,470	40,895	45,761	46,972	41,907	36,651	37,456	220.66
ブラーブ	0	0	0	752	15,943	31,661	21,365	19,223	17,682	n/a
オーサーソリューションズ[(2)]	11,915	18,847	18,354	28,290	25,529	20,580	19,270	15,667	16,019	33.44
インディペンデント•パブリッシャー•サービシズ[(3)]	3,689	3,272	2,566	2,115	2,037	2,289	2,150	2,126	2,245	−39.14
アウトスカーツ•プレス	1,576	1,489	1,824	1,931	1,802	1,968	1,523	1,157	1,186	−24.75
小規模出版社[(4)]	19,081	24,366	29,755	33,948	36,131	39,698	43,755	45,649	44,426	132.83
合計[(5)]	114,215	158,972	235,639	305,160	429,240	577,213	657,062	1,060,821	1,547,341	1254.76

(1)　クリエイトスペースとKDPプリントを含む。いずれもアマゾン傘下。アマゾンは2018年にクリエイトスペースをKDPに吸収した。
(2)　オーサーソリューションズの多くの異なる部門とインプリント（エクスリブリス、オーサーハウス、アイユニバースなど）を含む。
(3)　インディペンデント・パブリッシャー・サービシズは、バーコード・グラフィックスの一部門で、自費出版社向けにサービスや製品を提供している。とくに登録者としてリストに挙げられた出版社の名前で単一のISBNを割り当てるサービスを行なっている。
(4)　小規模出版社とは、合計でISBNの登録数が10点以下の出版社を指す。
(5)　合計には、この表に掲載していないその他の多くの自費出版社が取得したISBNを含めている。

表7.1　アメリカの自費出版プラットフォームのISBN取得数（印刷書籍）

社名	2010	2011	2012	2013	2014	2015	2016	2017	2018	2010–18 増加率（%）
スマッシュワーズ	11,787	40,614	90,252	85,500	112,483	97,198	89,041	74,290	71,969	510.58
ルル	8,597	12,544	30,061	33,892	37,126	38,465	33,336	30,747	30,021	249.20
ブラーブ	51	264	2,091	2,090	1,531	1,527	1,592	1,433	1,416	2676.47
オーサーソリューションズ[(2)]	11,915	18,847	18,354	16,627	8,635	4,007	11,018	10,304	10,565	−11.33
インディペンデント•パブリッシャー•サービシズ[(3)]	132	285	306	380	344	603	389	335	387	193.18
小規模出版社[(4)]	5,328	12,528	13,458	12,706	11,161	10,645	10,451	10,749	14,476	171.70
合計[(5)]	38,763	88,238	158,493	156,278	173,156	154,236	148,769	131,524	130,440	236.51

表7.2　アメリカの自費出版プラットフォームのISBN取得数（電子書籍）

社名	2010	2011	2012	2013	2014	2015	2016	2017	2018	2010–18 増加率（%）
クリエイトスペース／個人出版[1]	35,686	58,857	131,456	187,846	293,442	425,752	517,707	929,295	1,416,384	3869.02
スマッシュワーズ	11,787	40,614	90,252	85,500	112,483	97,198	89,041	74,290	71,969	510.58
ルル	20,278	38,005	57,531	74,787	82,887	85,437	75,243	67,398	67,477	232.76
ブラーブ	51	264	2,091	2,842	17,474	33,181	22,957	20,656	19,098	37347.01
オーサーソリューションズ[2]	41,304	52,548	49,885	44,917	34,164	24,587	30,288	25,971	26,584	−35.64
インディペンデント•パブリッシャー•サービシズ[3]	3,821	3,557	2,872	2,495	2,381	2,892	2,539	2,461	2,632	−31.12
アウトスカーツ•プレス	1,576	1,489	1,824	1,931	1,802	1,968	1,523	1,157	1,186	−24.75
小規模出版社[4]	24,409	36,894	43,213	46,654	47,292	50,343	54,206	56,398	58,902	141.31
合計[5]	152,978	247,210	394,132	461,438	602,369	731,449	805,831	1,192,345	1,677,781	996.75

表 7.3　アメリカの自費出版プラットフォームのISBN取得数（電子書籍と印刷書籍）

た。ルルやブラーブ、そしてオーサー・ソリューションズのさまざまなインプリントは、ISBN取得数の大きな部分を占めているが、アマゾンのプラットフォームに比べれば矮小だ。表7・2は、スマッシュワーズがISBN数でみれば、電子書籍の自費出版プラットフォームのトップであることを示している。しかし、ここには自費出版の電子書籍市場におけるアマゾンのシェアは反映されていない。アマゾンのプラットフォームであるKDPはISBN登録を必要としないからである。アマゾンのKDPプラットフォームで自費出版された電子書籍の数は、まちがいなくスマッシュワーズを介して自費出版された本の数よりもはるかに多いが、その正確な数はアマゾンにしかわからない[23]。印刷書籍と電子書籍を合わせた数字も同様のパターンを示していて、クリエイトスペースがトップで（数字があればKDPがここでもまちがいなくトップである）、ついでスマッシュワーズ、ルル、ブラーブ、そしてオーサー・ソリューションズの複数のインプリントの組み合わせとなっている。自費出版のプラットフォームと自費出版社は多くあるが、ISBNの95パーセント以上を占めているのはたった5つの組織で、KDPを含めれば、その集中度はさらに高くなるであろう。クリエイトスペース、スマッシュワーズ、ルル、ブラーブはすべて、ISBN取得数という面では、この期間に大幅に成長しているが、オーサー・ソリューションズとアウトスカーツ・プレスは減少している。しかし、クリエイトスペースについては、成長が継続しており、年々増加している。いっぽう、スマッシュワーズ、ルル、ブラーブは、2014年、2015年をピークとしてその後はやや減少している。ボウカーが定義している小規模出版社のカテゴリは、この期間のISBN取得数が10個以下の自費出版社（自費出版で本を出版した著者が、ISBNを自分の名前や会社名で登録している場合もある）である。これを累積すると相当数のISBN数（2018年には5万8902）に上り、著しい増加（2010年から141パーセント増）を示している。全体的には明らかな増加傾向がみられ、自費出版社が発行しているISBNの総数は、2010年から2018年で10倍以上増えている。そのほとんどの恩恵を受けているのは、アマゾンと、DIY出版の傾向が強い自費出版プラットフォームのスマッシュワーズやルルやブラーブなどで、バニティプレスと呼ばれる、著者に手数料を課す古いタイプの自費出版インプリントが、その分だけ割を食っている。

出版された数量に関していえば、その数字と成長率は驚異的だ。しかもこれらの数字は自費出版の活動の一部しか示していない。とはいえ、これはあらゆるカテゴリをひっくるめた数字である。では本の種類はどうだろうか。スマッシュワーズのマークは、2015年3月から2016年2月までの12ヶ月間の自社の小売売上を分析し、本のカテゴリ別に売上を分類し、自身のブログでその結果を公開している。(24) 自費出版された本のカテゴリの割合はプラットフォームによって大きく異なるため、一プラットフォームの結果を一般化することはできないが、マークの分類はひとつの指標にはなる。スマッシュワーズの売上はフィクションが中心で、売上の89・5パーセントがフィクション作品である。そのなかでも、とびぬけて大きな割合を占めているカテゴリはロマンスで、ヤングアダルト・ロマンスを含むその売上は全体の約50パーセントにもなる。

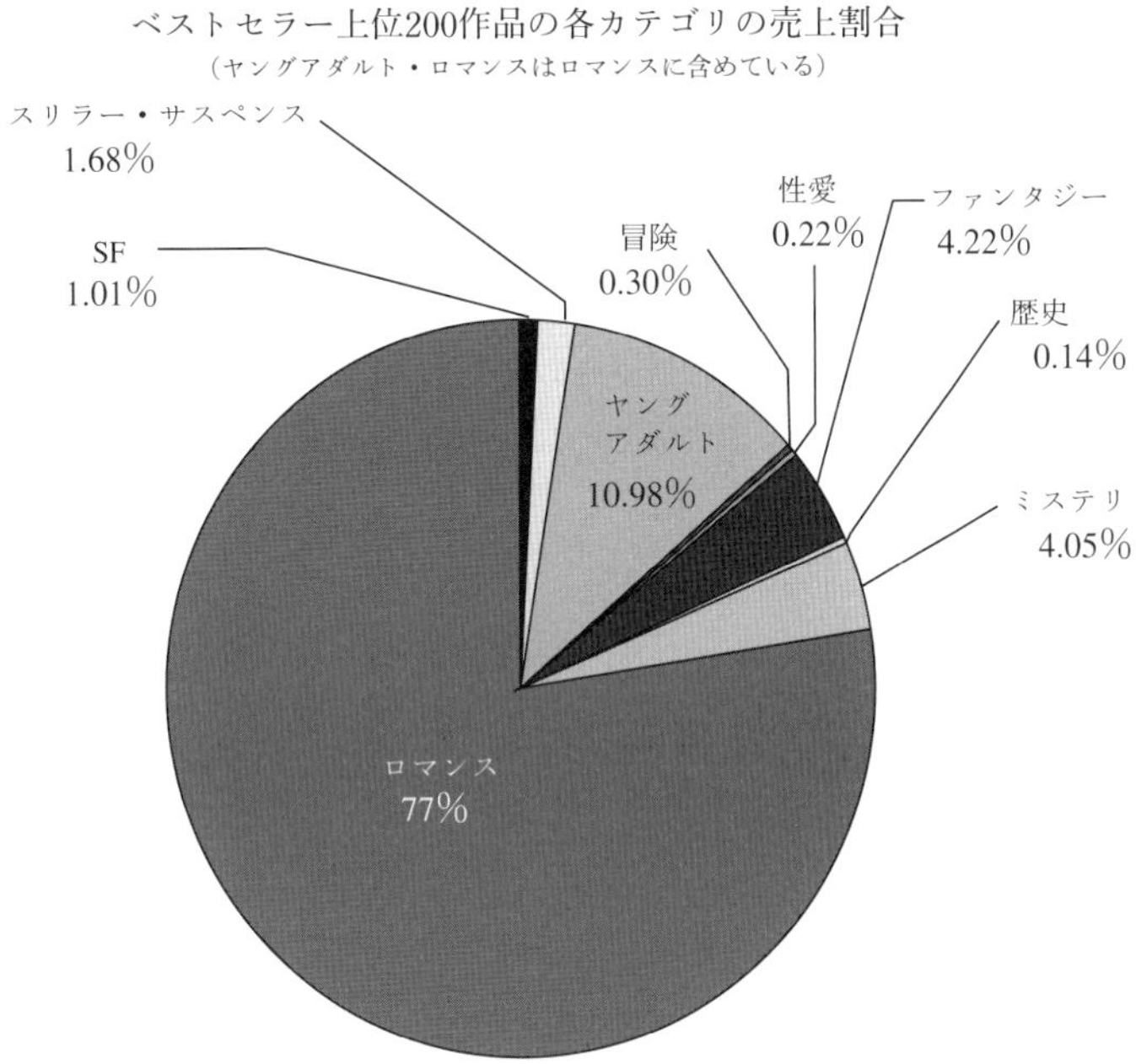

図7.4　スマッシュワーズのベストセラー上位200位のカテゴリ

また、性愛小説も重要なカテゴリで、約10パーセントを占める。ノンフィクションは（ノンフィクションのすべてのカテゴリを含む）は売上の11パーセントを占めているにすぎない。ベストセラー作品はロマンスが圧倒的に多い。図7・4は、スマッシュワーズのベストセラー上位200作品のカテゴリ別分類である。トップ200のベストセラーのうち、ロマンスが77パーセント、ヤングアダルトが11パーセントで、ロマンスとヤングアダルトを合わせると、トップ200のベストセラーの売上の88パーセントを占める。ベストセラー上位10作のうち9作がロマンスで、ベストセラー上位50作では78パーセントがロマンスである。ただし、スマッシュワーズは、フィクション、とくにロマンスに力をいれている出版プラットフォームである。

業界外の人びとの多くはこの現象を目にして、自費出版の世界では、出版される新作の数は膨大だけれども、売上という面でいうとかなり偏りがあり、売れ行きがいいのはごく少数の作品で、大半の本の売上はわずかではないかと考えるかもしれない。それはあながち見当外れでもない。自費出版の世界はべき乗分布に従っており、ニッチな売れ行き作品のロングテールがひじょうに長い世界なのだ。スマッシュワーズのマークが公表しているデータのいくつかが、これをはっきり示している。[25] ２０１３年に、本の販売によって生じたスマッシュワーズの収益の半分は、上位１０００作品によって得られた。これはスマッシュワーズが出版した作品の０・36パーセントにあたる。収益の残り半分は、それ以外の27万４０００作品で構成される。図７・５は、２０１２年５月１日から２０１３年３月31日までの、スマッシュワーズのベストセラー上位５００作品の順位売上曲線を示す。このグラフは、典型的なべき乗則の曲線を示している。つまり、左側の少数のタイトルが売上の大半を占め、順位が下がるにつれ曲線が急速に下がる。ベストセラー１位の作品の売上は５００位の作品の37倍で、50位の作品の売上は５００位の作品の７倍である。この当時、リストにあったのは27万５０００作品で、ロングテールはさらに右へ５５０倍長く伸びるので、まさに超ロングテールである。２０１６年に行なわれた同様の分析では、スマッシュワーズでもっとも稼いだ著者は、５００位の著者の73倍の収益があり、50位の著者の収益は、５００位の作家の９・５倍だった。マークは縦軸の値を公表していないので、これらの作品や著者が実際にどれほどの収益を得たかはわからない。しかし、実際の値が示されなくても、このべき乗則の曲線は、スマッシュワーズの自費出版プラットフォーム（ほかのプラットフォームがぜんぜんちがう傾向を示す可能性は低い）では、少数の作品と著者が売上の大きな割合を占めており、自費出版本の大多数の本の売上は、（あったとしても）ごくわずかであることをはっきり示している。

このデータが示しているのは、謎多き自費出版の裏にある厳しい現実の片鱗《へんりん》である。自費出版の増大はま

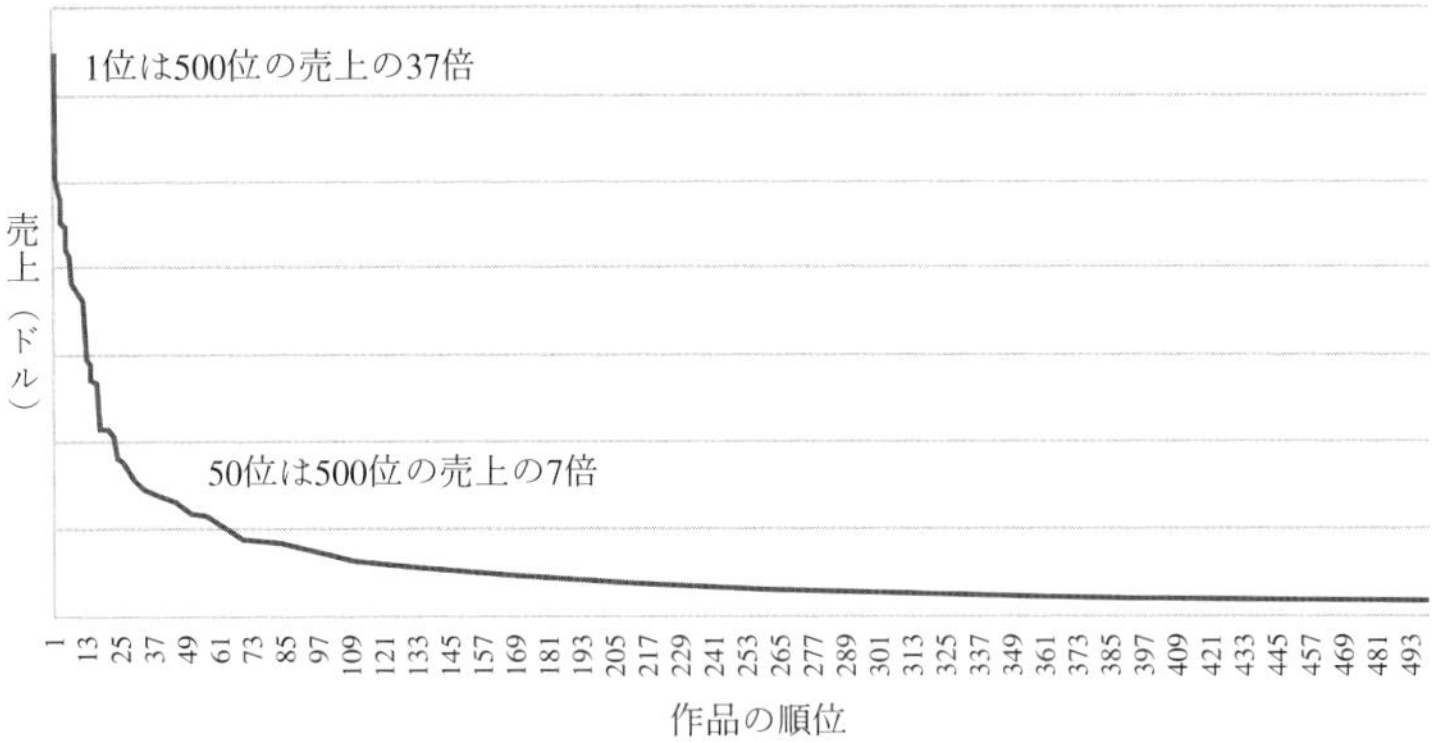

図7.5　2012年5月1日から2013年3月31日までのスマッシュワーズのベストセラー上位500作品の順位売上曲線

さに大転換をもたらす変化であり、多くの人びとに本を出版する機会を開いた。これによって、文章が書けて、比較的簡単な手順をいくつか踏んで原稿の書式を整え、適切なプラットフォームにアップロードができる人なら誰でも、本を出版できるようになった。それでも、大きな成功を手にいれられるのは、ほんの一握りの著者や本である。大半の膨大な数の人びとは、超ロングテールのなかに埋もれてしまう世界で、相変わらず大きな偏りがある。もちろん、多くの人びとにとって、これは問題ではない。これらの人びとが作品を書いて出版する動機は、商業的な成功とは関係がない。大事なのは作品を世に出して、読みたいと思う人に読んでもらうことだ。だから、すすんで無料で自著を提供する人もいる。しかしこういう具合だと、自費出版の影響を俯瞰してみたとき、自費出版は相変わらずメインストリームから外れた存在でしかないと解釈される可能性がある。自費出版のこれまでの発展は、たしかに興味深く重要だけれども、しょせんは出版界の周縁の出来事ではないかと。多くの人は、本当によく売れている本はたいてい、従来の出版社から出版された本で、自費出版された本は、ベストセラーという神殿のなかでは異質で稀な存在だと考えているのではないだろうか。その見解は正しいのだろうか。

この問いに納得のいく答えを出すのは、そう簡単ではない。もっともよく売れている自費出版の本は、電子書籍形式である可能性がひじょうに高い。その理由のひとつは、電子書籍なら、自費出版作家が従来の出版社よりも価格の低い本を出版できるからである。もうひとつの理由は、自費出版で本を出す人びとは、従来の出版社のような流通力はなく、大量に売るために欠かせない、人目を惹く小売空間に物理的な本を置けないせいである。ところが厄介なことに、電子書籍の最大の自費出版プラットフォームはKDPで、最大の小売業者はキンドルストアであるのに、アマゾンは売上の数値を公表していない。したがって自費出版の電子書籍は、アマゾンでどの程度売れているのか、従来の出版社の電子書籍が投げかける影の奥にどの程度隠れているのかを、直接突きとめる方法がない。では、間接的にならば、突きとめられるのだろうか。

独立系の電子書籍の出版数を推定する

ある日の午前10時、私はサンフランシスコのソーマ地区（South of Market の略）にあるカフェに向かっていた。ソーマ地区は、以前は使われなくなった倉庫が並んでいたが、いまや多くのハイテクスタートアップ企業や、シリコンバレーからこの街に移ってきた、少し名の知れた技術系企業の本拠地になっている。私は、ソフトウェアエンジニアをしながら自費出版で本を出している男に会いにいくところだ。匿名を好むこの作家は、ペンネームで小説を書き、私を含め彼の仕事に興味を示した人とは、データ・ガイという名前で連絡を取りあう。幸運にも今回は匿名性を一時保留して、対面でコーヒーを一杯飲んでもいいらしい。

データ・ガイは2010年代の中頃に、アマゾンの手を借りずにアマゾンの売上を算出する画期的な技術を開発して、世間の注目を集めた。データ・ガイはこの手法を使って、アマゾンの電子書籍の売上に自費出版が占める割合が、アマゾンの関係者以外の多くの予想をはるかに上回ることを示した。もちろん、そうやって算出した数値が正確かどうかはわからない。それらは、データ・ガイが考案した手法ではじきだされた、あくまで推定値である。それでも、アマゾンの売上データを直接確かめられない状態にあって、私たちが手にいれられる数値としては、いちばん実情に近い値だろう。

この手法を使って作成した売上データは、一連のリポートで発表されており、オーサーアーニングスというウェブサイト上で参照できる。[26] ２０１４年２月に発表された最初のリポートには驚かされた。ジャンルフィクションのカテゴリで、自費出版された本がアマゾンの電子書籍ベストセラーリストで強い存在感を示し、ベストセラーリストにある作品の約35パーセントを占め、1日の総売上でいえば、ジャンルフィクションの電子書籍ベストセラーの約24パーセントを占めていたからだ。[27] これは、ビッグファイブの出版社が出版する作品を調べてみると、いっそう際立ってみえる。アマゾンの電子書籍ジャンルフィクションのベストセラーリストでは、ビッグファイブの出版社が出版した作品が占める割合は、28パーセントにすぎず、自費出版された本のパーセンテージよりかなり低い。ただ売上でいえば、ビッグファイブが出版した本は、相当大きな割合を占めているようである（ビッグファイブは52パーセント、対して独立系作家の売上は24パーセント）。けれども、独立系作家は自著の電子書籍の売上に対して、かなり高い割合で収益を得ている（通常、購入価格の70パーセント。いっぽう従来の出版社で本を出版している作家の大半が受け取っている印税は、純収入の25パーセント）。この事実を考慮すると、独立系作家は、ビッグファイブで本を出版している作家よりも、電子書籍のジャンルフィクション・ベストセラー売上から得られる作家収益の、相当大きな割合を占めているると思われる（この収益全体の47パーセントが独立系作家へ流れ、いっぽうビッグファイブで出版している作家が得ているのは32パーセント)。つまり、このリポートを信じるなら、かなり多くの自費出版された電子書籍が、アマゾンのロングテール上で惨めに無視されるどころか、むしろ良好に売れていて、かなり多くの独立系作家が見返りを受けていることになる。このリポートを書いたのがヒュー・ハウイーで、そして同様の手法を用いた後続のリポートもヒュー・ハウイーが執筆したか、あるいはハウイーが共著したものであることから、これらのリポートを疑いの目でみている人もいる。ヒュー・ハウイーが大成功している自費出版の作家で、独立系出版の熱烈な支持者であり、従来の出版社の味方ではないことはよく知られているからだ。読者のなかには、独立系のムーブメントを擁護するために、データが選択的に整理され、あるいは手直しさえされているのではないかと疑う人がいるかもしれない。それはあながち不合理な懸念ではない。誰でも、偽造やいまいましい戯言《たわごと》や統計のことは知っている。そこで私は、データ・ガイと会って、話をじかに聞いてみるのもいいだろうと考えた。

データ・ガイはゲーム業界のソフトウェアエンジニアで、ふだんはゲームエンジン(ゲームを制作する開発者が使用するソフトウェア)を作っている企業のデータを解析する仕事をしている。また、独立系作家でもあり、これまでに自費出版で本を数冊出していて、かなりの成功を収め、独立系のムーブメントに強く共感している。そのような背景でデータ・ガイはヒュー・ハウイーと出会い、共同作業を開始した。ふたりとも独立系作家として成功し、アマゾンのベストセラーリストで上位を争っていた。そしてこれがきっかけで、自分たちは経験しているが誰も本気で考察していない現象について会話を始めた。その現象とは、出版業界の従来の中間業者を抜かして、自費出版で出した本で生計を立てている、または少なくとも生計の一部をまかなっている作家たちの出現だ。データ・ガイは「これまで存在しなかった著述業の中流階級が誕生した」と表現した。個人的な理由から、データ・ガイはアマゾンのベストセラー・ランキングからデータを抽出できるソフトウェアを開発し、自分の興味のある複数のジャンルのなかで、さまざまな出版社から出版された本がどれほど売れているかを調べていた。データ・ガイはゲーム業界で、アップストアからデータを抽出するこの種の競合分析をすでに行なっていたので、同じ手法をアマゾンのサイトに応用しただけだ。アマゾンのサイトをクローリング〔ウェブサイトを巡回して情報を取得・保存すること〕するウェブスパイダーと呼ばれるプログラムを書き、ベストセラーリスト、サブ・ベストセラーリスト、サブ・サブ・ベストセラーリストをそれぞれ調べ、本のタイトル、著者、出版社、価格、ＩＳＢＮまたはＩＳＢＮの欠落などのメタデータを集めた。アマゾンには膨大な数のベストセラーリストがあり、それぞれがさらに、ロマンス、ヒストリカルロマンス、中世もののロマンスなどに細分化されている。各リストは上位１００作品がランキング形式で掲載されている。誰でもこれらのリストを順にすべて調べたり、各リストの上位１００作品の詳細をみたりできる。データはすべてそこにある。だから、集めればいいだけなのだが、あまりに量が多すぎるのでコンピューター技術を使わなければ集めきれない。スパイダーはひとたび巡回させれば50万冊の本の情報を集められる。そのなかで電子書籍は約20万冊だ（印刷書籍が25万冊、オーディオブックは5万冊）。データ・ガイは、こうして抽出した20万冊分の電子書籍のデータが、その日のアマゾンの電子書籍売上の65パーセントを占めていると推定した。この抽出した生データが形づくるデータベースの数字を、データ・ガイは分析している。

　データ・ガイは出版社の分類から始めた。ビッグファイブと呼ばれる出版社は容易に特定できる。つまり、大手出版社5社とその傘下のインプリントすべてである。中小規模の出版社もそれほどむずかしくない。ビッグファイブとアマゾンのインプリント、そして自費出版社以外のすべての出版社がこれにあてはまる。しかし、自費出版された作品は厄介だ。出版社の記載がない場合は明らかで、単純にＫＤＰを介した出版である。ところが、多くの独立系作家は、自著のために出版社の名前を創るという選択をする。たとえば、サニーサイド・プレスとか。サニーサイド・プレスは、1冊か、2冊か、もしかしたらそれ以上かもしれないが、この著者の本を出版しているだけという可能性がある。だが、友人や隣人、あるいは夫も本を書いて、サニーサイド・プレスの名前で出版したいと思うかもしれない。これは依然として自費出版だが、いまやこのインプリントは、複数の作家のための媒体となりうる。そうなると、サニーサイド・プレスという名前をみつけたとき、これが自費出版社か小規模出版社かは、どうやって見分ければいいのだろうか。それは、調べてみるしかない。データ・ガイは、その名前をグーグルで検索してウェブサイトをチェックし、本当に独立系作家による自費出版の本かを確認した。そして、明らかに自費出版された本である場合、これらを「独立系出版」本とした。詳細を追跡できず、独立系作家による自費出版と確認できなかった少数のケースについては、それらを「未分類の単独作家の出版社」というカテゴリに分類した。それらも自費出版された本であるのは、ほぼ確実なのだが、未分類のグループにいれるという安全策が取られている。

データ・ガイは、アマゾンのベストセラーリストに掲載された20万冊の電子書籍のデータを抽出して、出版社を分類し、自費出版された本と従来の出版社から出た本を区別できるようになった。次に、それがいったい何を意味するのかを突きとめようとした。つまり、アマゾンのベストセラーリストで特定の順位にランクインするというのは、販売部数や収益という観点ではどのようなことを意味するのか。それを解明しようとした。アマゾンのベストセラーリストに挙がった本がどれかを知ることと、リストに挙がることで実際の売上や収益がどうなるのかを知ることは、まったく別物である。では、アマゾンがいかにして本をランクづけしているのか知らないのに、データ・ガイはどうやってこの謎を突きとめたのだろうか。アマゾンの順位は、さまざまな要素を考慮したアルゴリズムによって決定され、作品は定期的に途切れなく順位が割り当てられる（ランクは1時間ごとに更新される）。データ・ガイはこのアルゴリズムがどういうものか知らない。

アマゾンの関係者以外は誰も知らないだろう。では、どうすればランキングから売上へ、売上から収益へと変換できるのだろうか。そうするためには、アマゾンのランキングアルゴリズムをいわば「リバースエンジニアリング」する方法をみつけなければならない。データ・ガイは次のようにしてそれを行なった。まず、売上の数値を教えてくれた多くの作家らの何百冊という本の1日の正確な売上を使って実際の売上のデータを収集し、このデータを特定の時点のランキングにマッピングした。これによって、順位から売上への変換曲線を作成することができた。そしてこの曲線の作成に用いなかった新しいデータセットを使って、方程式によって算出した推定売上と実際の売上を比較し、この変換曲線をテストした。「誤差はだいたい2から4パーセントで、これまででいちばん外れたのは6パーセントでした」とデータ・ガイはいった。使用するデータが多ければ多いほど、結果は正確になる可能性が高い。

データ・ガイは、さらに広範な作品にまたがるデータを用いて、だんだんと方程式を洗練させた。そして、ときおりスパイダーを巡回させて、データを処理し、新たなリポートを作成した。図7・6〜7・9のグラフは、2016年1月10日にデータ・ガイが、スパイダーを巡回させた結果の一部を示した円グラフである。(28)

図7・6はデータ・ガイがスパイダーを走らせた日（2016年1月10日）に、アマゾンの電子書籍ベストセラーリストの27パーセントが、自費出版（つまり独立系出版）の電子書籍で占められていたことを示している。また12パーセントは、未分類の単独作家の出版社から刊行された本が占めている——これらもおそらく自費出版の本である。ここで最大の割合を占めるのは、中小出版社から出版された電子書籍で、47パーセントを占めた。いっぽう、ビッグファイブの大手出版社が出版した電子書籍が占める割合は、13パーセントにすぎず、自費出版の電子書籍に比べると大幅に少なかった。またこの結果は、アマゾン全体のベストセラートップ20のうち10作品、アマゾン全体のベストセラートップ10のうち4作品が自費出版であり、アマゾン

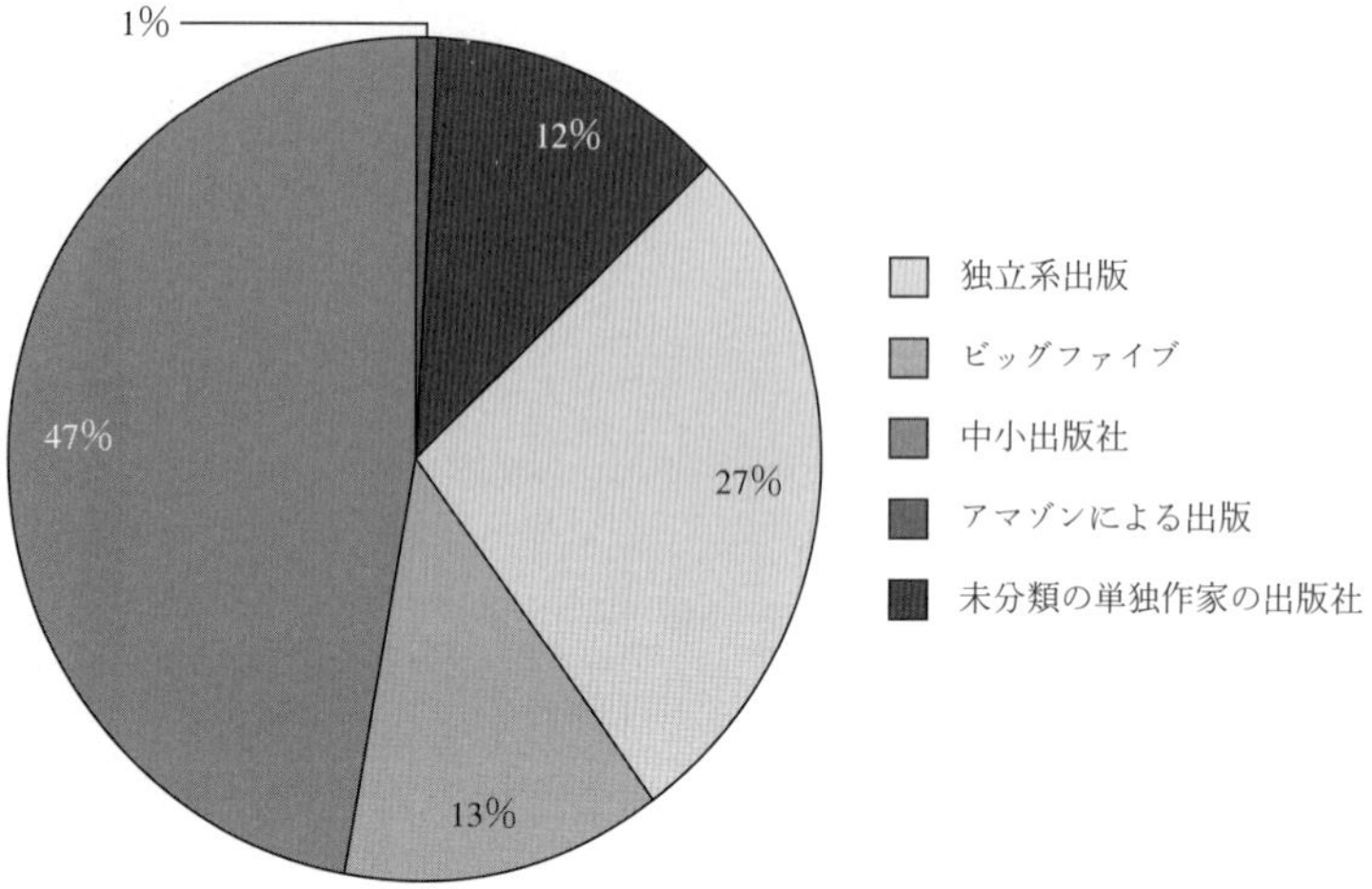

図 7.6　アマゾンの電子書籍ベストセラーリストの作品点数 *
* 2016 年 1 月の値。フィクションとノンフィクションの計 19 万 5000 冊。アマゾンでの電子書籍売上の約 58 パーセントを占める。

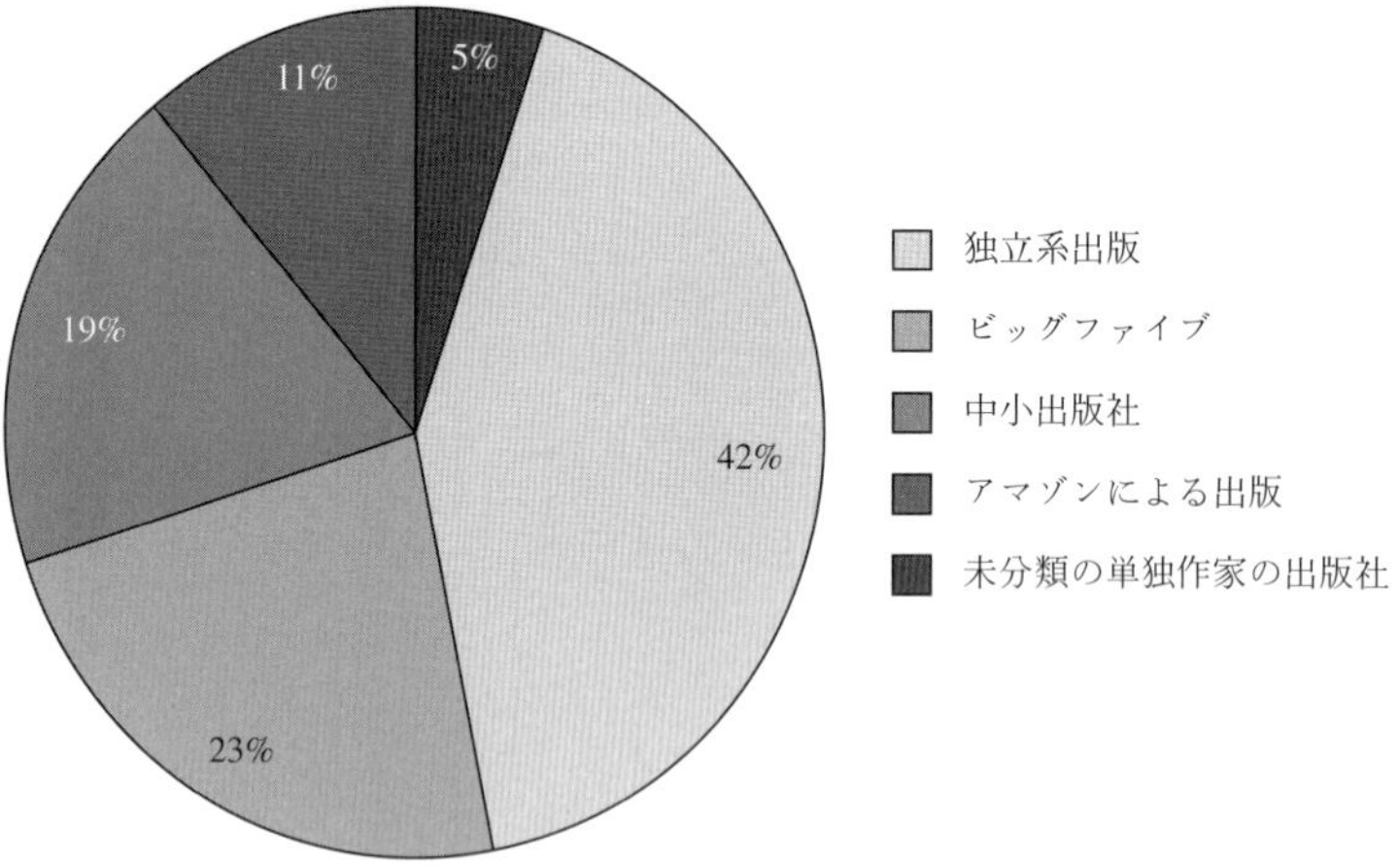

図 7.7　ベストセラー電子書籍の 1 日あたり売上部数

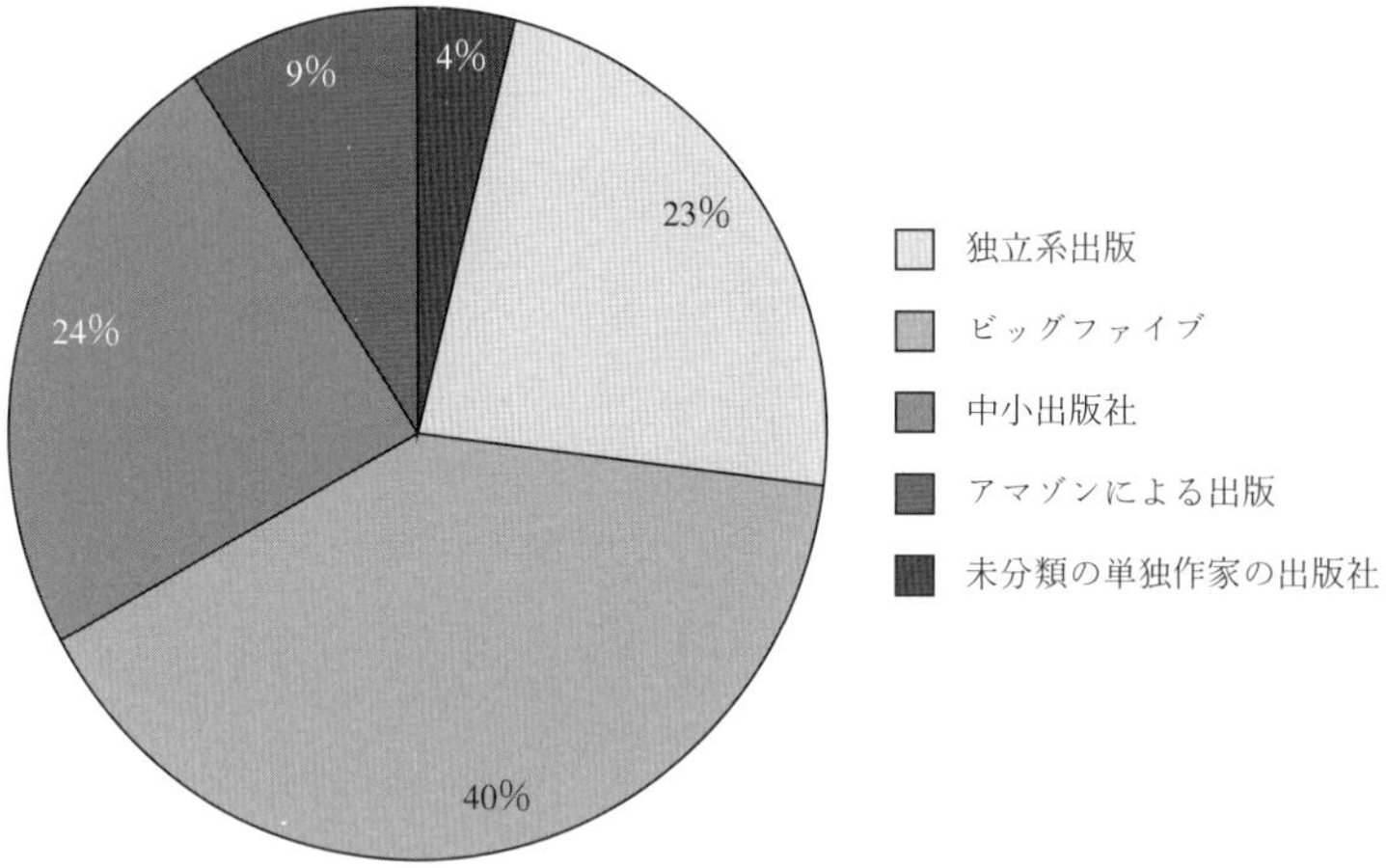

図 7.8　アマゾンのベストセラー電子書籍の 1 日の総売上額

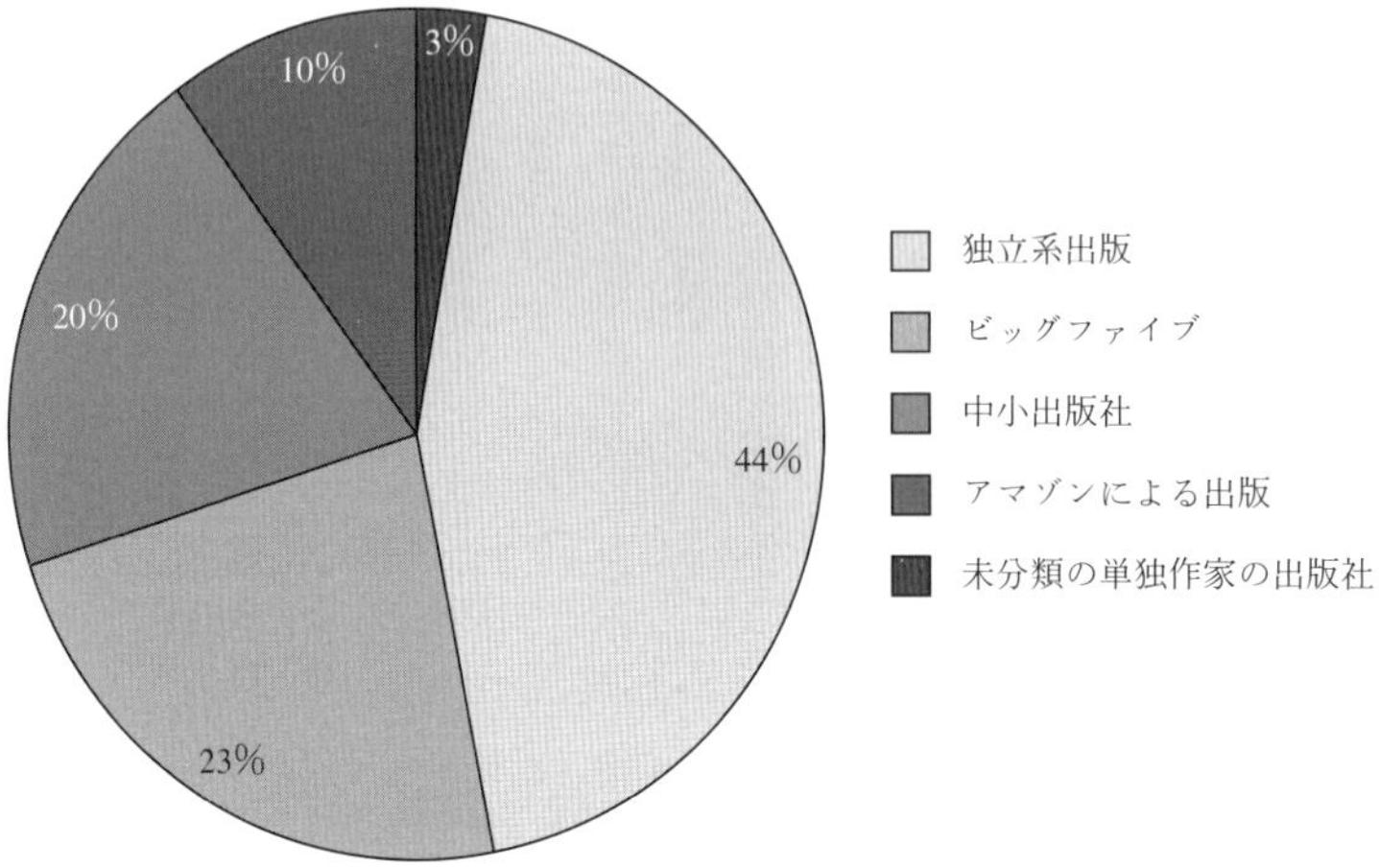

図 7.9　ベストセラー電子書籍の作家が 1 日で得る収益

全体のベストセラートップ100のうち56作品が自費出版であったことも示している。

図7・7と図7・8は、前述の順位売上曲線を用いて作成したもので、アマゾンのベストセラーリストの順位から売上を推定している。図7・7は、電子書籍ベストセラーの販売部数のうち、自費出版の電子書籍が占める割合が42パーセント、ビッグファイブの作品は23パーセント、中小出版社の電子書籍は19パーセントであることを示している。これが正しければ、アマゾンにおける電子書籍ベストセラーの売上部数に自費出版の電子書籍が占める割合は、すべての従来の出版社が出版した電子書籍の割合と同じということになる。自費出版の売上の一部は、キンドルアンリミテッドで会員が借りた本で占められている。アマゾンのランキングアルゴリズムは、キンドルアンリミテッドの会員が本を借りれば売上として扱っている。2015年のキンドルアンリミテッドの支払いは約1億4000万ドルに達し、その全部または大半が独立系作家に支払われた。しかし、アマゾンのベストセラーリストに入っている自費出版された本のなかには、キンドルアンリミテッドに登録されていないものも多く含まれている。売上部数を売上額に変換すると、従来の出版社から出版された電子書籍は、アマゾンの電子書籍ベストセラーリストに入っている電子書籍全体の1日の売上の大きな割合を占め、ビッグファイブ出版社の作品が40パーセント、中小出版社が24パーセント、独立系出版の作品は23パーセントであった（図7・8）。この割合の逆転が起こるのは、従来の出版社から出版された電子書籍は概して、自費出版された電子書籍より価格がずっと高いからだ。自費出版される電子書籍は、一般的に99セントから4・99ドルという価格がつけられるが、従来の出版社が出版する電子書籍は9・99ドルから14・99ドルという価格がつけられることが多い。

最後の円グラフ図7・9は、キンドルで自費出版している作家は、従来の出版社から本を出版している作家よりも高い率で、販売収益から印税を受け取るという事実を考慮している。電子書籍のベストセラーの売

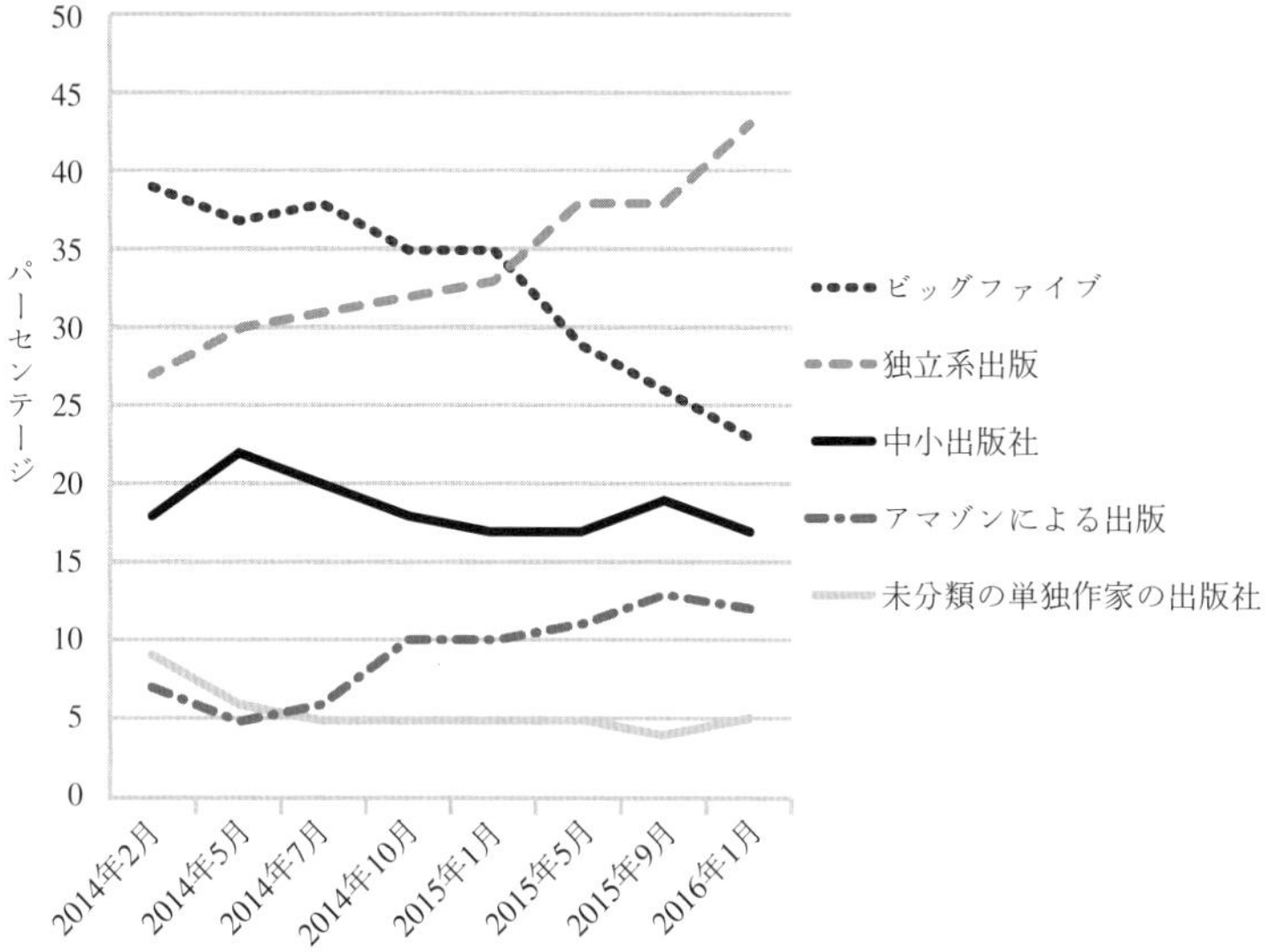

図 7.10　電子書籍売上部数でみた出版種類別市場シェア
出典：Author Earnings

上から著者にもたらされる収入のうち、独立系出版の作品はその44パーセントを占め、ビッグファイブから出版された作品は23パーセント、中小出版社から出版された作品は20パーセントである。この結果は、全体としてみると、独立系作家が電子書籍のベストセラーの売上から得る収益は、従来の出版社から本を出版している作家と同程度であることを示唆している。これが真実なら、注目すべき結果であろう。

２０１６年１月に作成されたデータと、２０１４年２月の最初のリポートから定期的に実施されている同様の解析とを組み合わせることで、データ・ガイは、このパターンがどのように変化してきたか、それ以降はどう変化していくかを示した。図7・10から図7・12のグラフはその傾向を示している。図7・10は、２０１４年２月から２０１６年１月までに、電子書籍の売上部数の市場シェアが大き

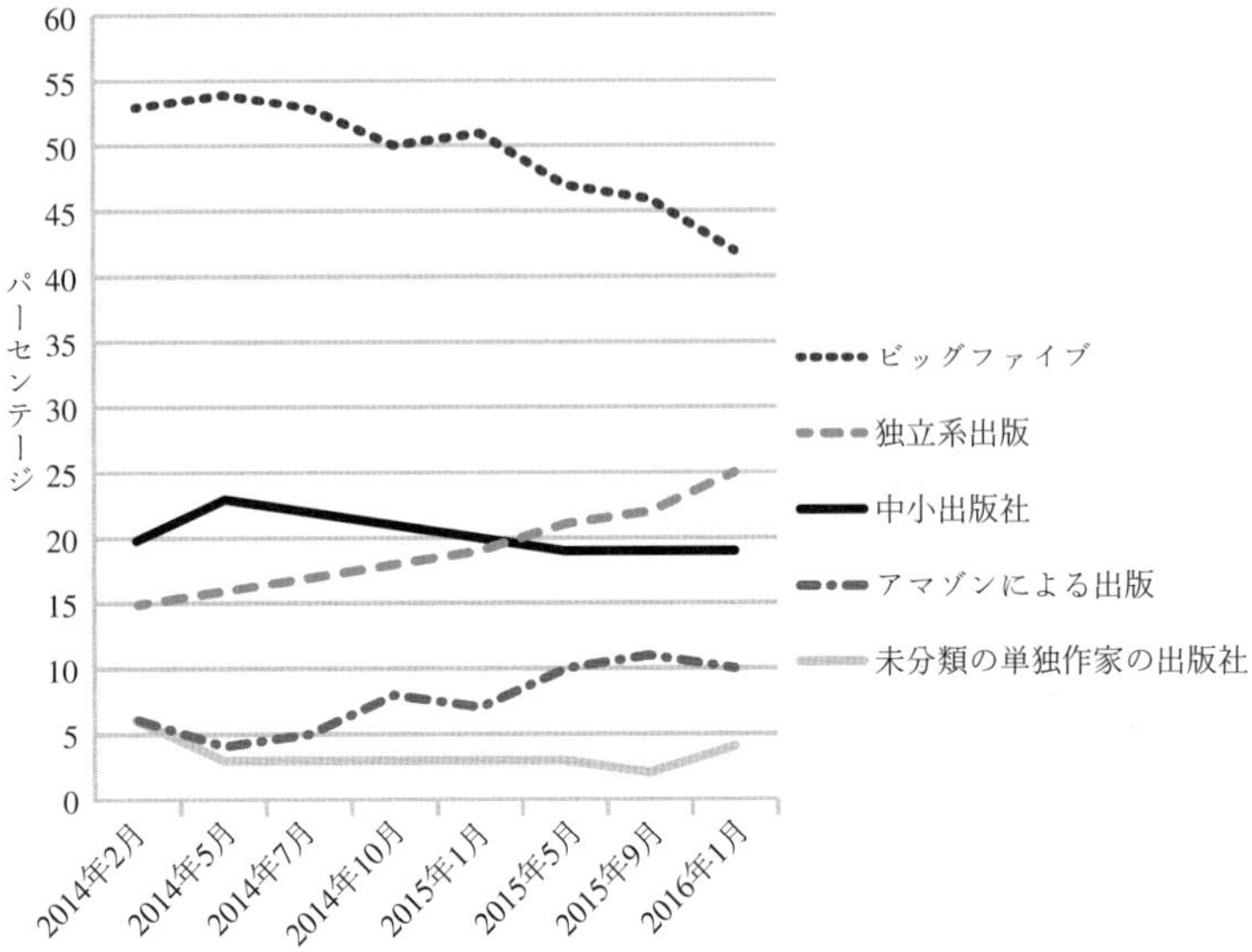

図 7.11　電子書籍総売上額でみた出版種類別市場シェア

く変化したことを示している。ようするに、自費出版された電子書籍の市場シェアは増大したが、ビッグファイブから出版された電子書籍の市場シェアは小さくなった。ふたつの折れ線は２０１５年１月ごろに交差していて、その後２０１６年１月には、自費出版された電子書籍は、アマゾンでの電子書籍の販売部数の45パーセント近くに上り、いっぽうビッグファイブが出版する電子書籍の割合は25パーセントを割りこんだ。売上金額でみると（図7・11）、ビッグファイブから出版された電子書籍は、引きつづき売上のなかで大きなシェアを占めているが、このシェアは時とともに減少しているようである。著者収益のシェア（図7・12）をみると、独立系出版の本がふたたび有利な傾向にあり、ビッグファイブと独立系というこのふたつの重要な折れ線は、やはり２０１５年１月あたりで交差し、２０１６年１月には電子書籍の作家の収益の

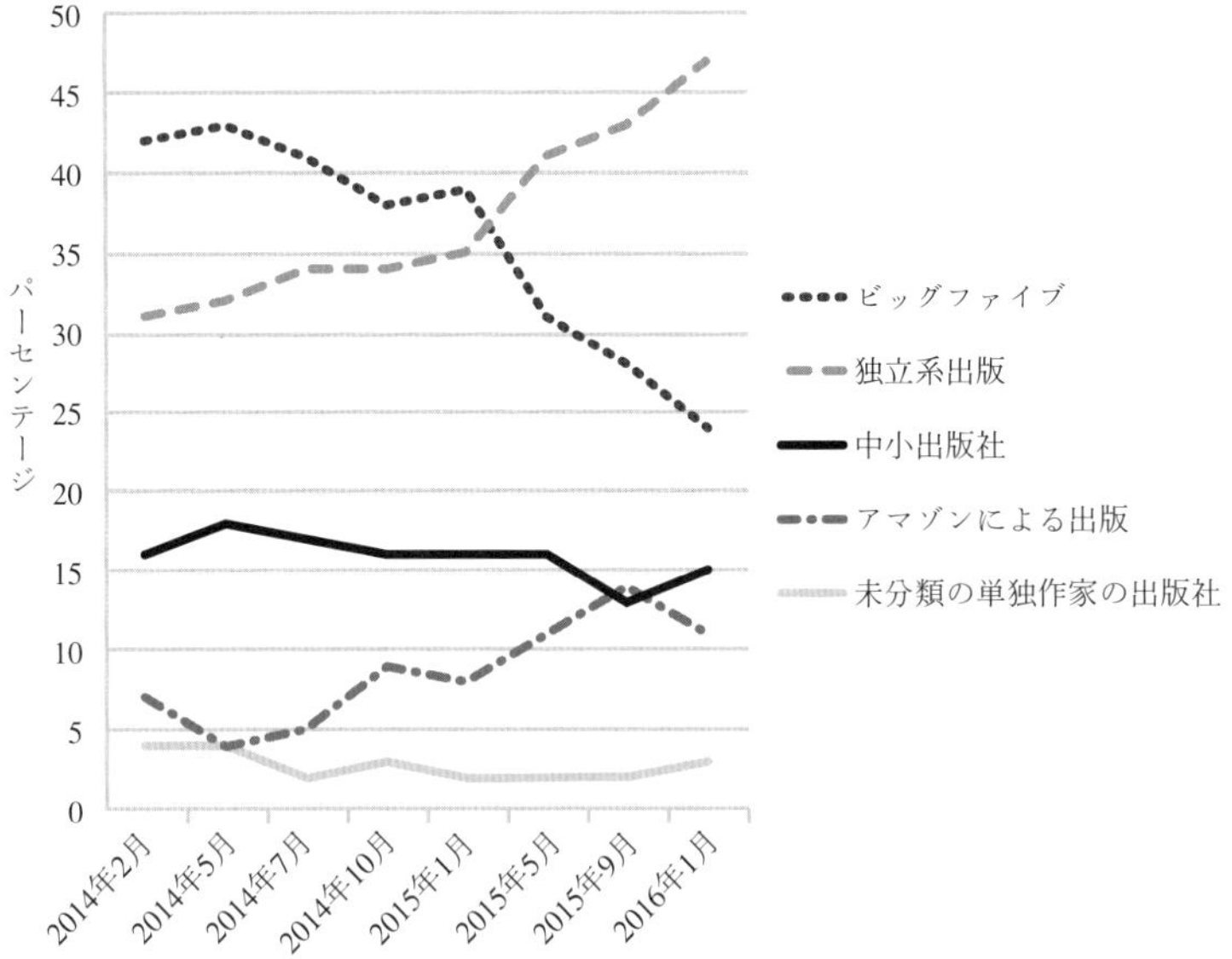

図7.12　出版の種類別電子書籍の作家収益でみた市場シェア

45パーセント以上が独立系出版で占められているのに対し、ビッグファイブの電子書籍は25パーセントを下回っている。

データ・ガイの見積もりは、アマゾンの実際の売上に基づいているのではなく、前述の方法を使って算出したアマゾンの売上の推定値であり、独立系出版、とくにKDP出版の本に有利な数値に偏らせる方法はいろいろある。キンドルアンリミテッドで会員が借りた本は、アマゾンの売上ランキングアルゴリズムでは売上としてカウントされるし、またKDPを通じて自費出版された本は、キンドルアンリミテッドで偏って選ばれる。そのため、アマゾンの売上ランキングアルゴリズムをリバースエンジニアリングした順位売上曲線は、このKDPびいきのバイアスの影響を受けている可能性がある。さらに、円グラフはアマゾンのベストセラーリストに焦点をあてているため、ロングテールについては何も示していない。また、出版された本が、ロングテールのなかでもかなり遠くの領域に最終的に収まる可能性と、出版社の種類が関係しているのかどうかについても、何も示していない。だからたとえば、独立系出版の本がごくわずかな部数しか売れず、ごくわずかな収益を生みつつ、最終的にロングテールのかなり遠くの領域に収まる可能性は、従来の出版社の本よりもはるかに高いこともありうる。もっとも重大なのは、作家の収益の算出と、独立系出版と従来の出版社のあいだのそれらの収益の分配が、推定された印税収入のみに基づいており、従来型出版社によって支払われる前払金を考慮していない点である。前払金は、従来の出版社から本を出版している大半の人気作家の収入の大きな割合を占めており、前払金の大半は実売の印税額を上回るので、これは重大な抜けである。このように、データ・ガイの手法や算出方法にはさまざまな面で疑問があるものの、これらの数字は、アマゾンのベストセラーリストでの、自費出版された電子書籍の存在感を示している。その存在感は多くの人が考えているよりもはるかに大きく、自費出版された電子書籍は、アマゾンの電子書籍の販売部数と売上額の両方で、相当な割合を占めている。本当に販売部数の40〜45パーセントを占め、売上額の25パーセントもあるのかどうかは確かめようがないが、これらの推定値が5〜10パーセント程度ずれていたとしても、やはり相当な割合であることに違いはない。

さらに、アマゾンで自費出版された電子書籍のシェアは、従来型出版社の電子書籍の（横ばいまたは減少しているようにみえる）シェアに比べて、顕著に、かつ大きく増加してもいるようにみえるため、そこから重大な疑問が湧いてくる——従来の出版社から得たデータだけに頼って、電子書籍の市場で起こっていることや、印刷書籍と電子書籍の関係の変化について、どの程度一般化できるのだろうか。第1章でみてきたとおり、米国出版協会や書籍産業研究団体のＢＩＳＧなどメインストリームの業界の情報源から得たデータや、従来の出版社からのデータは、電子書籍の占める割合が、本全体の売上に対して、２００８年から２０１２

年にかけて急増したが、２０１２年以降は横ばいになったことを示している。その割合は、本のジャンルによって大きくばらつきがあるものの、あらゆるカテゴリで総売上に占める電子書籍の割合が、２０１２年以降は拡大が止まり、ジャンルによっては減少しているようにみえた。ところが本当は、総売上に対して電子書籍の売上の比率が横ばい・低下したというより、電子書籍市場での従来の出版社のシェアが、自費出版された電子書籍のシェア拡大によって減少しただけだとしたらどうだろうか。その可能性はあるのだろうか。

２０１２年に司法省によって課された「エージェンシーライト」契約が失効したあと、２０１４年にビッグファイブが電子書籍の価格設定をエージェンシーモデルに移行したことで、自費出版された電子書籍の、収益はともかく、少なくとも販売部数の面で、市場シェア拡大に拍車がかかった可能性がある。エージェンシーモデルへの移行によって、出版社が自社の電子書籍の価格を設定し、アマゾンのような小売業者による値引きを阻止できるようになったため、ビッグファイブの電子書籍の価格と自費出版された電子書籍の価格差が広がっている。また、ＫＤＰを介して自費出版された１００万冊以上の本は、ひと月9・99ドルのキンドルアンリミテッドに加入すれば無料で閲覧できることを考慮すると、キンドルで自費出版された本を1冊読むときのコストは、従来の出版社が出版する電子書籍を1冊読むときのコストに比べて、ごくわずかな額にしかならない。現在みられるこの価格格差の顕著な拡大が、従来型出版社の電子書籍の売上低下と、自費出版の電子書籍の割合拡大に影響を及ぼしているとみられる。

それならば、２０１２年以降、一般書籍の電子書籍の売上が一見したところでは頭打ちになっているようにみえている状況で、本当はいったい何が起こっているのだろうか。一般書籍の全体的な市場では、見た目どおり、電子書籍の売上部数と売上額が、印刷書籍の売上に比べて全体的に横ばいになっているのだろうか。それとも、従来の出版社では電子書籍の売上部数と売上額が横ばいになっているいっぽうで、一般書籍の全体的な市場では少なくとも売上部数に関して、電子書籍の売上拡大は続いているのだろうか——つまり、消費者はより安価な独立系出版の電子書籍を買うようになったり、キンドルアンリミテッドのようなサブスクリプションサービスを介してそれらの電子書籍にアクセスするようになったりしているのだろうか。もし後者があてはまる場合、電子書籍の販売部数は、一般書籍の売上部数全体に対する割合からみると、いまだに増大しつづけている可能性がある。そして、電子書籍売上が頭打ちしているようにみえるのは、一般書籍全体の市場のなかで電子書籍の全体的な売上が頭打ちになっている状態を示しているのではなく、従来の出版社が占めている電子書籍の市場シェアが減少しているだけのことではないだろうか。

これらの疑問に対する決定的な答えはない。アマゾンやその他の小売業者および取次業者を介して販売される電子書籍の実際の売上データが、明確な答えを出せるほど充分に集まらないからだ。とはいえ、従来の出版社から得られたデータは、電子書籍の市場で起こっている全体像のほんの一部しか示していないようである。アマゾンで何が起こっているかをよく知る立場にある人は、アマゾンの電子書籍ビジネスは横ばいしていないと主張した。「従来の出版社が電子書籍の売上を減らしているいっぽうで、私たちの電子書籍ビジネスは年々拡大してきました。本の世界を、従来の出版社が出版した本だけで定義したら、現実の本の世界がみえなくなり、別の結論にたどりつくでしょう[29]」。自費出版の世界は大半が隠れた大陸で、メインストリームの業界の情報源からはみえてこない。なぜなら、それらの情報は、従来の出版社が収集した売上データやEPOS（電子販売時点情報管理）システムのデータに頼っているからだ。この隠れた大陸がいったいどれほどの規模なのか、またそれを構成している本のタイプはどんなものなのか、正確に知っている人は誰もいない。キンドル、KDP、クリエイトスペース／KDPプリントの重要性を考慮すると、アマゾンは、この隠れた大陸がどのようなものかについて相当詳細に把握しているだろうが、アマゾンが把握している情報も部分的で不完全であろう。スマッシュワーズなどアマゾン以外の情報源から明らかになったのは、フィクション、とくにロマンスやその他のジャンルフィクションのカテゴリが、自費出版の売上の大半を占めているということだ。自費出版の隠れた大陸はこれらの領域がとくに大きいようである。データ・ガイのアマゾン・ベストセラーリストの分析は、この見解を裏づけている。図７・13は、データ・ガイが分析した広域カテゴリ別のベストセラー電子書籍売上額で、従来の出版社として、ビッグファイブと中小出版社の売上が示されている。(30)ビッグファイブは、ほぼすべてのカテゴリで明らかに中小出版社を上回る売上を占めている。例外はノンフィクションのみで、これはほぼ半分に分かれている。ところが、独立系出版を考慮すると（図７・14）、事態は一変する。自費出版という沈んだ大陸が姿を現すのだ。これはどのカテゴリにもあてはまるが、とくにジャンルフィクションで顕著である。たとえばロマンスでは、独立系作家が自費出版した電子書籍やアマゾンのインプリントが出版した電子書籍は、アマゾンのベストセラーリストに掲載された電子書籍の売上額の半分以上を占めている。また、ジャンルフィクションのその他のカテゴリであるミステリ・スリラー・サスペンス、ＳＦ・ファンタジー、ティーン・ヤングアダルト、性愛小説でもかなりの割合を占めている。これらの数字は、自費出版という隠れた大陸の様子を正確に把握し、電子書籍の売上の実際の傾向や、電子書籍と印刷書籍の関係の変化を示す全体像を描けたとき、その全体像は、従来の出版社のみから得たデータで描かれた全体像とは、ちがってみえる可能性があるという見解を支持している。(31)

パラレルな世界と複数の経路

２０００年代前半以降の自費出版の劇的な成長によって、英米商業出版は変わってしまった。その変化は

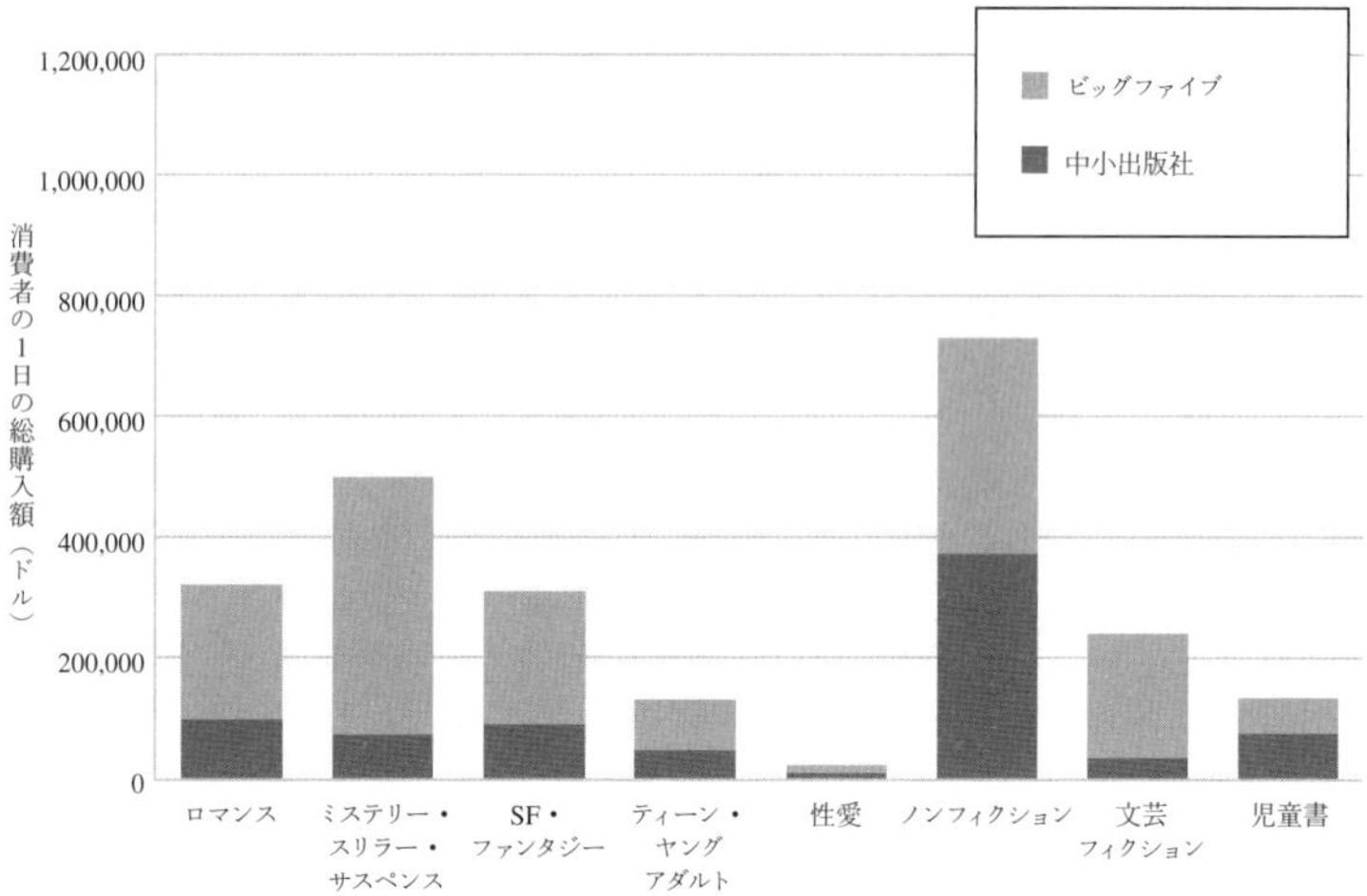

図 7.13　2016 年 1 月のアマゾンにおけるカテゴリ別ベストセラー電子書籍の 1 日あたり総売上額 1

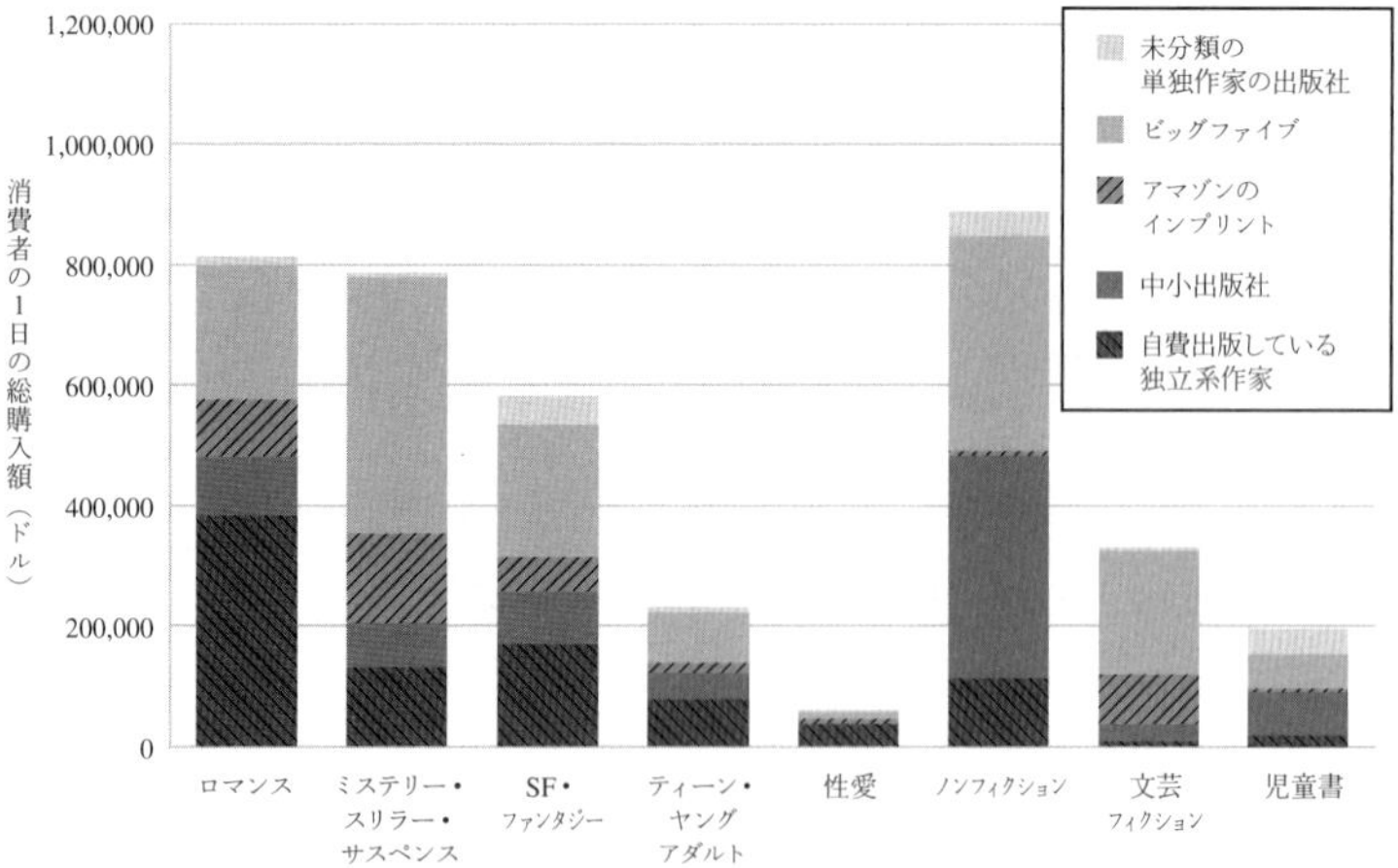

図 7.14　2016 年 1 月のアマゾンにおけるカテゴリ別ベストセラー電子書籍の 1 日あたり総売上額 2

根本的なものであるが、ほとんど理解されておらず、いまだ進化を続けていて、新たな種類の出版環境を生みだしている。その新たな環境で従来の出版社は、活気に満ちているのにほとんど姿のみえない自費出版という新たな世界と交わらずに存在している。ときおり、この自費出版の増大が火種となり、従来の出版社が省かれる可能性についての議論が勃発することもあった。作家、とくに固定ファンがいる人気作家が、従来の出版社からの出版をやめ、自立を決めて作品を自費出版した場合、それらの作家が稼ぐ収益の割合が、大きく跳ねあがるのではないかという連想を呼びおこしもした。アマゾンやほかの自費出版プラットフォームで自費出版すれば、売上の70～80パーセントが収入になるのに、従来型出版社の25パーセントという電子書籍の印税率を受けいれる必要などあるだろうか。とはいえ、実際はそんなふうにことは運ばない。たしかに、従来の出版社から自費出版に移行し、自費出版の価値を声高に支持する作家もいるが、逆に従来の出版社に移行し、メインストリーム出版の世界の扉が開いて受けいれられたと喜ぶ作家もいる。移行は一方通行ではなく、ベストセラー作家が、自費出版プラットフォームを使いはじめるのではないかと従来の出版社が恐れているように、自費出版プラットフォームも、大きな成功を手にした作家を従来の出版社に奪われてしまう可能性を心に留めている。実際のところ、従来の出版と自費出版というふたつの世界は、ふたつのパラレルワールドのように、ほぼ交わることなくそれぞれが並んで進化し、共存しているが、作家のなかには、特定の本を出版するときや自身のキャリアのさまざまな段階など、時と場合に応じて、ふたつの世界を行き来する人もいる。

　作家の立場からみれば、自費出版の成長と、第三の波の時期に出現した新たなプラットフォームの普及により、利用できるさまざまな選択肢が大きく広がった。本の出版はいまや、かつてないほど簡単になり、コンピューターが使えてＩＴの基本的な知識がある人なら、費用をほとんど、あるいはまったくかけずに、最低限の手間で自作品を出版できる。これは、自費出版ムーブメントのなかで活動している人物がいったとおり、まさに「出版の民主化」である。しかし、従来の出版と自費出版がそれぞれ傍らに共存しているこの新たな出版環境は、構造化されたひとつのスペースである。そのスペースでは、誰が、どのように出版し、その後ろにはどのような種類のリソースがあり、その出版を後押しするためにどのような取り組みがなされ、どのような専門的知識が発揮されたかによって、成功の確率が大きく変わる。作家たちは、電子書籍の売上で高い印税を得ることは利益になるが、最終的に重要なのは、全体的な売上であって売上に対する率ではないとわかっている。けっきょく少ししか本が売れなければ、いくら印税率が高くても意味がないのだ。自費出版の世界で本当に成功している作家はごく一部で、大多数の自費出版作家が得ているのは、わずかな収入である。[32] それでも、この状況は変わってきている。自費出版している作家は、さらに起業家精神が増し、自分の本をもっと効果的に宣伝し売るための方法——作家がとくに問題に直面する領域——を含め、出版に関するあらゆる面について以前より情報を得ている。[33] また、商業的に成功している作家の数はまだ全体からすればごく小さな割合であるが、ますます多くの独立系作家が自著から相当な額を稼げるようになっている。さらに、本を出版する理由や目的は人それぞれで、誰もが金儲けのためにやっているわけではない。収入を得るのが大事な理由の人もいれば、そこは重視していない人もいる。たとえば、友人や家族に数冊配れればという思いだけで、あるいはずっとまえからしてみたかったという理由で、本を出そうと考える人がいるのだ。生みだした作品が、電子書籍であれ、印刷された本であれ、あるいはその両方であれ、出版された本として世に出回っているのを目にして、自己満足に浸るだけでいい人もいるだろう。

したがって、この新たな出版環境が流動的なスペースになっているのは意外なことではない。そのようなスペースで作家は、達成したいことやそのときどきで活用できる選択肢によって、従来型出版と自費出版の世界を行ったり来たりするのである。なかには、選択肢が提示されているかぎり、つねに従来の出版社から出版するつもりでいる作家もいる。従来の出版社こそ、その作家らが選んだ出版社であり、そのような作家の多くは、自分の作品を自費出版するという考えに、まったく魅力を感じていない。自費出版という道を進みたいと考えたこともない。そのいっぽうで、自分は独立系作家だという明確なアイデンティティを備えている作家もいる。自費出版の世界はそれらの作家たちの世界になった。これらの作家は、自費出版することを誇りに思い、従来の出版社から本を出したり、再出版したりしようとは考えもしない。独立系作家のなかには、従来の出版社を、作家の創造的な作品に頼って生きる寄生虫とみなし、かかわりを持ちたくないという信念に基づいて、従来の出版社を毛嫌いしている人もいる。けれども、多くの独立系作家は、自分には自費出版が合っていると感じており、ほかの人が従来の出版社から本を出したいなら、それはその人たちの自由だと考えている。そして、この両極のあいだには、拡大しつつある大きな集団がある。ここに位置するのはハイブリッド作家で、そのときどきの選択肢によって、また書きたい本のタイプによって、積極的にさまざまな選択肢を活用している。たとえば、学者として成功して学術系の出版社からノンフィクションを何冊か出版したことのある作家が、ひそかにロマンス小説を書いてみたくなったとする。その女性は、ペンネームでロマンス小説を書いて、自費出版するのがいちばんいい方法だと考え、自らの選択でハイブリッド作家になり、ノンフィクションは従来の学術出版社から出版しつづけながら同時に、自費出版によって生まれたチャンスを活用して、ロマンス作家としてひそかにキャリアを追いかけることができるのだ。あるいは、大手の商業出版社からスリラーを何冊か出版したものの、新作を出版してくれる出版社がみつからず、以前は開いていた扉がいまは閉ざされている作家がいるとしよう。この作家は、現段階で取れる最善の道は自費出版しかないと判断し、自らの選択というより、必要に迫られて独立系作家になるかもしれない。あるいは、アンディ・ウィアーのように、ブロガーや自費出版の作家として執筆活動を開始し、編集者やエージェントに発掘される人もいる。これらの編集者は、自費出版の世界を従来の出版社のための研究開発の場とみなすようになっている。発掘された作家は、従来の出版社から自分の本が出版できるのを喜び、従来の出版社の作家として、自費出版の世界ではとても稼ぎだせなかったほどの収入を得るかもしれない。とはいえ、従来の出版界への扉は、自費出版によって差しだされた新たなチャンスを生かしたからこそ、開かれたのだ。

第8章　本のクラウドファンディング

自費出版とは、出版への道を見張る出版界の門番を新たな技術を使って迂回《うかい》する方法だ。門番は数々存在するが、なかでも代表的なのはエージェントや編集者、従来の出版社である。クラウドファンディングとは、プロジェクトの性質がなんであれ、なんらかの金銭的な投資を必要とするプロジェクトを開発し、実現するために必要な財源、つまり資金への道を見張る門番を、新たな技術を使って迂回する方法だ。出版の世界に門番がいるように、資金の門番もいるのである。銀行の支店長やエンジェル投資家、ベンチャーキャピタル投資家、助成金を提供する財団などがそれである。何かアイデアがあって、新しいベンチャーを立ちあげたり、新しい製品を作ったり、新たなビジネスを始めたりしたいと思ったとき、それらを実現するにはお金が必要になる。そのお金はどこから調達すればいいのだろうか。貯金があったり、親兄弟に援助や借金を頼んだりできるかもしれない。しかし、個人や家族の資金を頼れなければ、資金の門番の扉を叩《たた》かざるをえない。門番はあなたのアイデアを気に入り、お金を貸してくれたり、投資をしてくれたりすることもあるが、だめなときもある。リスクが高すぎるとか、儲けが出そうにないとか、向こう見ずすぎるとか、計画がずさんすぎるとか、もしくは支援したい事業とは種類が異なるとか。そういうときは、どうすればいいのだろうか。

諦めるか。あるいは、ほかの資金源を探してみるのも手だ。クラウドファンディングは、従来の資金の門番に頼ることなく、資金を得るための道を提供してくれる。これは、門番とは異なるほかの人びと、つまり一般大衆《クラウド》に頼る方法である。

クラウドファンディングでは、資金調達《ファンディング》はもちろん重要だが、それと同じくらい、クラウドも重要である。むしろクラウドとなる人びとこそが鍵なのだ。あなたは、ほかの人とかかわりあって、自分を支援してくれるよう説得しなければならない。もちろん、従来の資金の門番から資金を調達するときも、ほかの人を説得して支援してもらうのだが、そこには決定的な違いがある。クラウドファンディングでは、あなたがやろうとしていることに、個人的に関心を持った多数の人びとから、それぞれ少額の資金を集めるのが目的であるのに対し、従来の資金調達方法では、少数の人びとから、多額の資金を集めなければならない。これらの人びとは、かならずしもあなたのプロジェクトに個人的な関心を抱いているわけではなく、とにかく投資に対するリターンを得たいと考えている。額もちがうが、目的もちがうのである。クラウドファンディングでは、望みを実現するために多くの人を説得して、少額ずつ投資してもらえるよう努める。こちらの人びとは、投資によって大儲《もう》けしようと企んでいるのではなく、あなた自身やあなたの活動を支持し、あなたがやろうとしていることや作ろうとしているものがなんであれ、それを手にいれたいとか、楽しみたいとか、あるいはただ手助けしたいと思っているから投資するのである。あるクラウドファンディングの関係者は次のように述べている。「クラウドファンディングは、ひじょうに利他的に、何かが成し遂げられたり、作られたりする方法です」

けれども、このクラウドにはもうひとつ不可欠な特徴がある。単に資金の供給源であるだけでなく、あなたが作ろうとするものがなんであれ、その将来の市場にもなるのだ。これこそ、銀行からお金を借りたり、ベンチャーキャピタルから資金を調達したりするのと、クラウドファンディングがまったく異なる理由である。銀行の支店長やベンチャーキャピタルは、あなたの製品（やあなたが作ったり実行したいと考えているもの）を買ったりしないが、クラウドを構成する個々の人びとは、まさにそれを行なっている。ようするに、それらの人びとは、あなたの製品の購入を事前に約束してくれている。お金を払うことを誓約《プレッジ》して予約注文しているわけだ。つまり、クラウドファンディングのプレッジとは一種の予約注文である。したがってクラウドファンディング・モデルは、まさにその性質から、一種のリスク低減装置となる。何か新しいものを作るときに伴うリスクを低減してくれる。このモデルではたいてい、プレッジつまり先行予約が特定の目標額に達しなければ、先へ進むことができない。したがって、プロジェクトを始めるまえに、あなたがやろうとしていることに興味を持っている人が充分いるかどうか、そしてプロジェクトの実現に足りる充分な資金を、多数の支援者が提供してくれるかどうかがわかる。

　多額の投資を必要とする大規模なプロジェクトの資金集めの手段として、クラウドファンディングが有用な理由を示すのは簡単だ。たとえば、短編映画の制作には1万ドルほど必要で、長編映画なら10万ドル以上かかる。しかし、本を出版するのはそれほど高い資金を必要としない。数が増えた自費出版のプラットフォームのひとつから自費出版するなら、なおさらだ。では、本の世界でクラウドファンディングを活用する意義はどこにあるのだろうか。本を書いて出版するときに、さまざまな費用がかかる可能性はあるし、実際にかかるものだ。たとえば、本のリサーチのために国外に出かけたり、専門家に編集やデザインや組版を依頼したり、高品質の画像をたくさん載せたりしたくなるかもしれない。さらに、アーティストにオリジナルの作品を依頼したり、デジタルプリンターではなく高品質のオフセット印刷機で印刷したり、予約なしに書店で販売できるように部数を余分に印刷したり、本格的なマーケティングと宣伝活動を行なって、プロのマーケターや広告業者を雇ったりしたくなるかもしれない。さまざまなコストを合計すると、かなりの出費になる可能性がある。従来の出版社での出版を計画している、または望んでいるなら、それらの経費の一部、あるいはすべては出版社の負担になるだろう。つまるところ、それが出版社の仕事の一部なのだ。出版社は前払金を支払うし、制作費やマーケティング費などを払うための財源として、出版までの過程で銀行の役目も果たす。しかし、それが意味するのは、出版社が出版の世界へ通じる道の門番だけでなく、資金の門番でもあるということだ。出版社は、あなたのプロジェクトを採用し、契約を結ぶかどうかを決定するとき、そのプロジェクトの実現に必要な額をつぎこんであなたのプロジェクトを後押しするかどうかを決定している。出版社が関心を持たなかったら、どうなるのか。あなたのプロジェクトに、つまりあなたの本に賭けようとしなかったら、どうするべきか。もちろん、低コストのルートを追及し、経費を最低限に抑えて自費出版する道を追求してもいいだろう。けれども、もっと手をかけたいのに、すでにお金が足りないとしたら、それを実現するには、どこでリソースを手にいれればいいのだろうか。そういうときに使えるのが、クラウドファンディングだ。

クラウドファンディングで資金を集めた本がみな、自費出版というわけではない。一部は自費出版だが、従来の出版社から出版されることもある（たしかに、従来の出版社のなかには、クラウドファンディングを活用している作家を積極的に探して、出版の提案をしているところもある。くわしくはのちほど述べる）。また、クラウドファンディングの仕組みを土台とする新しい出版組織から出版される本もある。これは出版モデルにクラウドファンディングが組みこまれている例である。しかし、クラウドファンディングは自費出版とイコールではないし、両者のあいだに、かならずしもつながりがあるわけでもない。それでも、クラウドファンディングと自費出版のあいだには強い親和性がある。いずれも、デジタル革命によって可能になった

ＤＩＹ文化の一翼であり、デジタル革命が形成に一役買った文化の民主化の一翼でもある。文化の門番のまえを通る必要も、門番の恩恵に頼る必要もなく、自分でやる。自分で潜在的な読者に直接アピールすればいい。門番のことは忘れよう。読者に決めてもらうのだ。

　出版業界のクラウドファンディングの役割を理解するには、ふたつの異なる側面をみなければならない。ひとつめは、クラウドファンディングがより一般に広がり、インディゴーゴーとキックスターターをはじめとする、大手のクラウドファンディング組織が出現し、それがクリエイティブな業界で重要な役割を果たすようになったことである。これらのクラウドファンディング組織は、本だけをターゲットにしているわけではない。本のプロジェクトにも資金を提供しているが、全体からみればごく一部である。さらにいえば、これらの組織は、資金を集めているだけという意味では純粋なクラウドファンディング組織で、一般大衆《クラウド》から資金を集めるためのプラットフォームである。資金が集まったとしても、それらの組織が実際に本を出版するわけではない。本を出版するには、従来の出版社にしろ、自費出版にしろ、別の取り組みを行なわねばならない。したがって、クラウドファンディング自体は出版（あるいは自費出版）の一形態というわけではなく、あくまでも資金調達の一手法にすぎない。インディゴーゴーやキックスターターのようなクラウドファンディング組織は、本を書いて出版するための資金を集める手助けをしてくれるが、本を出版してくれるわけではない。出版しようと最善を尽くすのはあなたの仕事だ。

　とはいえ、クラウドファンディング組織のなかには、本や出版に特化して、クラウドファンディングの仕組みを出版モデルに組みこんでいるものもある。この種のクラウドファンディング出版社のうち、出版の世界で、ある程度重要な役割を担っている組織がふたつある。ロンドンのアンバウンドと、米カリフォルニア州オークランドのインクシェアズである。インディゴーゴーやキックスターターとちがって、アンバウンドとインクシェアズは出版社であるので、クラウドファンディングの仕組みは、資金調達方法として使われるが、出版プロジェクトを進めるかどうかの判断にも使われる。目標額に到達すればプロジェクトが進められ、到達しなければ進められない。これらの組織では、クラウドファンディングは出版プロセスに欠かせない部分である。出版モデルのひとつとして、この仕組みにはいくつか実際的な利点がある。この方法によって、本の出版に必要な資金が、出版社ではなく一般の人びとから提供されるため、出版に伴うリスクの重大な要因が取り除かれる。それだけでなく、読者の関心の度合いを測るひじょうに有効な仕組みにもなるからだ。これは、出版業界がいままで行なってきた市場調査のなかでも、かなり有効な調査形態を手にいれたといえるだろう。

クラウドファンディングの隆盛

クラウドファンディングの背後にある本質は、目新しいものではない。多くの評論家が指摘してきたとおり、自由の女神像の台座の資金の一部は大衆からの寄付でまかなわれた。自由の女神像制作委員会が充分な資金を集められないでいると、ジョセフ・ピュリッツァーが自身の新聞〈ニューヨーク・ワールド〉で資金集めのキャンペーンを開始した。ピュリッツァーは5ヶ月で、16万人以上の寄付者から10万1091ドルを集めた。これは像の台座完成に必要だった残額10万ドルをまかなうのに充分な額だった。とはいえ、1990年代から2000年代初頭にかけてのインターネットの普及によって強力な新しいメディアが誕生し、それに伴ってクラウドファンディングが発展したのは疑う余地がない。いまでは、膨大な数の支援者候補とつながり、早く、安く、簡単にそれらの支援者と交流できるようになった。クラウドファンディングのために早くからインターネットを使いはじめたのは、音楽界と映画界だった。1997年、ブリティッシュロックバンド、マリリオンはアメリカツアーの資金を調達するために、ファンへ向けてメールでキャンペーンを行ない、6万ドルを集めた。このキャンペーンの成功に勇気づけられたマリリオンのメンバーは、その後マネジャーを解雇して、データベースに登録されている6000人のファンに直接メールを送り、次のアルバムを前金で買ってくれないかと尋ねた。予約注文は1万2000件を超え、集まった資金は、アルバムにいれる曲の作詞作曲とレコーディング費用に充てられた[1]——当時は「クラウドファンディング」という名前さえまだついていなかったが、インターネットを使ったクラウドファンディングはすでに始まっていた。

2000年代前半になると、多くの人からお金を集めるために、ウェブ上のプラットフォームが急速に使われるようになった。2003年に、ボストンのミュージシャンでコンピュータープログラマーのブライアン・カメリオは、アーティストシェアというウェブサイトを立ちあげた。このサイトではミュージシャンがデジタル録音を行なうために、ファンから寄付を募れるようになっていた[2]。最初のプロジェクトはマリア・シュナイダーのジャズアルバム〈コンサート・イン・ア・ガーデン〉で、このとき、ファンからの寄付をよりいっそう促すために段階的に返礼を行なうシステムが使われた。これがいわゆる返礼システムで、これ以降、クラウドファンディングの世界の標準的な手法となった。こうしてウェブ上のクラウドファンディングが実際に存在するようになったが、「クラウドファンディング」という言葉を作ったのは、一般的にはマイケル・サリバンと考えられている。サリバンは、2006年8月に立ちあげたファンダヴログというサイトで、そのサイトの資金調達スキームを表すためにこの言葉を使った。このサイトでサリバンは、ビデオブログ関連のプロジェクトやイベントのインキュベーター〔起業やベンチャーを支援する団体〕を作ろうと試みた（がその後、失敗した[3]）。2000年代前半には、ほかにもさまざまなクラウドファンディングのプラットフォームが立ちあげられた。そのなかで目を惹く存在は、インディゴーゴーとキックスターターだった。

インディゴーゴーは、2008年にダナエ・リンゲルマン、スラヴァ・ルービン、エリック・シェルの3人によって設立された。3人は資金の使い道が異なる者同士だったが、資金調達のむずかしさを経験、あるいは目撃していた。ダナエは映画制作者と仕事をしていたし、エリックは劇団の役員で、スラヴァは父親を癌で亡くしたあと、慈善事業を開始していた。エリックとスラヴァは古い友人で、エリックとダナエはMBA取得のためにバークレーのハース・ビジネススクールに通っているときに知り合った。2007年、3人は資金調達のための新しいデジタルツールを作るというアイデアを思いついた。当初は映画に焦点を絞っていた。ダナエとスラヴァが映画に入れこんでいたし、映画はデジタルツールを使った資金調達という面では、未開拓の分野だと感じていたせいでもあった。そこで3人は、2008年1月に開かれたサンダンス映画祭でインディゴーゴーのサービスを開始した。映画が出発点だったものの、計画としては映画だけでなく、より一般的なサービスを提供し、スラヴァいわく「どのような目的でも、どのような種類の創造でも、どのような起業でも」人びとが実現を望むクリエイティブなプロジェクトならなんであれ、資金を調達できるようにしたいと考えていた。(4) そのため、2009年12月にあらゆる分野のプロジェクトを対象にこのプラットフォームを開放した。

キックスターターは2002年にその起源がある。ニューヨーク生まれの若者だったペリー・チェンは、当時ニューオーリンズに住んでいて、この地の音楽シーンに夢中になり、ジャズフェスティバルでショーを開催したいと考えたが、どうすればうまくいくだろうかと悩んでいた。そのショーに来たいと思う人たち全員が、参加の意思表明をできたらどうだろうか。そうすれば、何人が来たがるかを調べて、それをもとにショーの開催を決められるのではないだろうか。そのショーは実現しなかったが、アイデア自体はペリー・チエンの頭から離れなかった[5]。3年後、ペリーはニューヨークに戻り、ヤンシー・ストリックラー、チャールズ・アドラーとチームを作った。2006年と2007年にいくつかのシード・ファンディングで資金を集め、ウェブサイトを開発し、2009年4月にキックスターターを立ちあげた。

インディゴーゴーとキックスターターのベースになったモデルは、基本的に同じだ。映画や音楽アルバム、本、技術製品、新たなベンチャー事業、社会活動、個人的な活動など、どんなプロジェクトであれ資金を集めたい人は、資金調達キャンペーンのページを作り、資金調達の目標（調達額の異なる複数の目標を設定可能）と期限（キャンペーンによって1日から60日のあいだで設定できるが、一般的には30日から40日）を設定し、プロジェクトの宣伝文を書き、目的を説明して寄付を呼びかける短い動画を作り、寄付の額に応じて特典や返礼を決め、ソーシャルメディアでキャンペーンを開始できる。キャンペーンが成功すれば、サイトに5パーセントの手数料を払う。インディゴーゴーとキックスターターの違いは、ひとつにはキックスターターのシステムが0か100か《オール・オア・ナッシング》であるところだ。期限までに目標が達成されなければ、プロジェクトは実施されず、クレジットカードへの請求はないし、資金もいっさい集められないし、お金のやり取りはまったく生じない。いっぽうインディゴーゴーのほうは、ユーザーは、目標を達成した場合にのみ寄付金を受け取れる「固定型資金調達」モデルを採用するか、目標に達したかどうかにかかわらず、集まった寄付を受け取れる「フレキシブル資金調達」モデルを採用するかを最初に選ぶことができる（フレキシブル資金調達モデルの場合、インディゴーゴーが徴収する手数料は9パーセントになる）。フレキシブルモデルは、アート分野の多くのプロジェクトで効果を発揮する。多くのクリエイターは、1万ドル集まればいうことなしだが、もっと少ない金額でもプロジェクトを実現できるとわかっているからだ。

インディゴーゴーやキックスターターに登録した人は誰でもキャンペーンを開始できるが、これらの組織はいずれも、積極的にキャンペーン活動をする人びとを募ってもいる。両組織には、利用可能な国や地域に熱心なスタッフメンバーがいる。スタッフメンバーは、自分の住まう国や地域で、キャンペーンを実施しそうな候補者に接触し、そのプラットフォームサイト上でキャンペーンを開始するよう奨励することを仕事としている。「アウトリーチ・リード」とも呼ばれるこれらの募集担当者は、映画祭やライターのイベント、技術カンファレンスなど、潜在的なキャンペーン実施者が集まる場に参加し、新たな人びとをクラウドファンディングに引き寄せようと、その実用性を語って聞かせる。これらのスタッフメンバーは、キャンペーンの効果を最大限にするために、キャンペーンを形づくるエキスパートでもある。何が効果的で何がそうでないかを熟知していて、その多くが自分自身のキャンペーンを成功させた経験があるため、その経験に頼ることができる。また、成功したキャンペーンと、失敗したキャンペーンに関する内部データの多くを参照できるので、そのデータを使って助言することができる。「最高のキャンペーンを行なえるよう協力します」とトムは語った。トムは自分自身で複数のキャンペーンを成功させたあと、それらのクラウドファンディング組織のひとつで働きはじめたスタッフメンバーのひとりだ。「私が教えたとおりにすれば、かならず成功します」と語るトムの態度は自信に満ちていて、大げさにいっているのではないことがはっきりみて取れた。

インディゴーゴーもキックスターターも、それらが利用可能な国の人びとであれば、誰でもキャンペーンを始められる公開型《オープン》のプラットフォームだが、まったく無干渉で放任というわけではない。各プラットフォームでルールや審査手順がある。つまり彼らもまた門番なのだ。ただし、従来の資金の守り手とは大きく異なる種類の門番ではある。この門番らは、プロジェクトを支援するかどうかは判断しない。その決定は、思慮深い一般大衆に委ねられる。ただ、ゲームのルールを確立し、特定のプロジェクトがそのルールにのっとっているかどうか、自社サイトでキャンペーンを行なうことが妥当かどうかの判断は下している。ある種のキャンペーンははっきりと排除される（たとえば、ユーザーは違法行為や他人を騙《だま》すための資金調達を目的としたキャンペーンの作成はできないし、キックスターターは慈善事業や社会活動の資金調達を目的としたプロジェクトを排除している）。また、ある種の文言や画像は許可されておらず（憎悪や迫害を扇動するもの、明白に性的なものやポルノなど）、ある種の返礼も禁止されている（たとえば、金銭的なインセンティブ、ドラッグ、アルコール、武器、生きた動物、人骨など）。この点に関しては、キックスターターは規制が比較的厳しいといわれている。当初、キックスターターで立ちあげられるプロジェクトはすべて、人間が実際に審査していたが、現在は最初の審査で、高リスクのプロジェクトかどうかがアルゴリズムで判断されたあと、リスクが高いと判断されたプロジェクトだけを「インテグリティチーム」のメンバーが審査している。ここで審査しているのは、大半がプロジェクトがルールに従っているかどうかの確認で、適合していない場合は、クリエイターに連絡を取り、問題を解決するためにすべきことを伝える。とはいえ、不正や詐欺を発見し、自称している人物が本当に当人であるかどうかを確認する場合もある。けっきょくのところ、クラウドファンディングという事業は全体として、信頼に基づいている。支援者が金を騙しとられる可能性が高かったり、キャンペーン実施者が、公言したことを実現しない可能性が高かったりする場合、人びとは個人的な知り合いではないキャンペーン実施者のプロジェクトを支援しなくなるだろう。単純に動画をみて気に入ったとか、やっていることに興味をそそられたという理由で、知り合いでもなく、会ったこともない人が進めているプロジェクトを支援するのは、ある種の賭けである。それゆえに、これは詐欺ではないという確信や、キャンペーンの実施者が約束を守ってくれるという安心感があれば、人びとが賭けに出る可能性がはるかに高くなる。「信頼があるからこそ、クラウドファンディングは機能するのです」とトムは説明する。「信頼を失ったら、おしまいですね」(6)

クラウドファンディングキャンペーンを成功させる鍵は、適切なコミュニティに近づく方法を知り、コミュニティの人びとにお金を出してもいいと思わせる、説得力のある理由を与えられるかどうかだ。いいかえれば、重要なのは一般大衆《クラウド》である。「製品や本、映画や慈善活動など、あらゆるクラウドファンディングに共通している重要な要素は、これです」。トムは続ける。「慈善活動や社会活動など、寄付の傾向が強い活動であってさえも、適切なコミュニティに近づき、お金を出してもらえるよう説得力のある理由を提供しなければなりません」。したがって、そのコミュニティ（クラウド）に焦点を絞り、そのコミュニティに向けてキャンペーンを展開することが鍵であるし、そのコミュニティの関心をどうやって惹きつけるかが重要になる。より正確にいえば、クラウドをふたつのクラウドに分ける必要がある、とトムは説明した。ひとつめのクラウドは、あなたの家族や友人、あなたが執筆した本の読者、あなたが制作した映画のファン、あなたのフェイスブックの友人、ツイッターのフォロワーなど、あなたがキャンペーン実施者としてプラットフォームに導くクラウドである。あなたがキャンペーンを計画したとき、これらの人びとが最初に導かれるので、あなたはあなたのクラウドとともにキャンペーンを開始することになる。大半のキャンペーンでは、家族や友人、ファンやフォロワーが最初の30パーセントを占める。「キャンペーン実施者に初めて会ったとき、私はいつもこう尋ねます。あなたのネットワークはどういうものですか。どんな相手にメールやソーシャルメディアを使っていますか。周りにいるのはどんな人たちですかと聞きます。まず、そういう人たちを集めなければいけませんから」。これらの人びとは、プロジェクト自体にあまり心惹かれていなくても、あなたのことが好きで助けたいと考えたり、あなたがサポートしてくれたお返しとして支援したりしてくれたりするだろう。「3～5日くらいで最初の30パーセントを集めることができれば、理論的には、キャンペーンの期間中、その勢いを維持できるほど充分な推進力を得られるでしょう」。しかし、最初の30パーセントを獲得できなければ、骨の折れる戦いになる。「私たちは多くのテストを行なってきました。あるプロジェクトが開始されたとしても、目標額の10パーセントしか資金が集まっていない場合、心理的に誰も資金を出そうとしなくなることが示されました。「おっと、このキャンペーンは失敗しそうだから、これにお金を出すのはやめよう、きっと実現しないぞ」と考えはじめるからです」

ふたつめのクラウドは、あなたと個人的な知り合いではなく、友人や家族、フォロワーというようなあなたのネットワークの一員ではないけれども、プロジェクトに興味を持って支援したいと思ってくれそうな人びとからなるクラウドである。あなたはそのような人たちをオンラインで探し、交流を始める必要がある。たとえば、あるアーティストに関する本を書いたり、映画を作ったりするプロジェクトを提案するなら、そのアーティストに興味を持ってくれるのは、どんな人たちかを考えるのだ。それらの人びとに接触し、交流を開始し、あなたが計画していることを伝え、それらの人びとが関心を持ちそうな方法でキャンペーンを構築し、それらの人びとが価値があるとみなしそうな種類の特典を用意する必要がある。この作業はとても大変だ。プロジェクトを立ちあげるだけで魔法のように資金が集まるなどと、期待してはいけない。自分のプロジェクトに興味を持ちそうな人たちが、どこにいるのかをリサーチして、その人びとに接触し、自分が何者か、何をやっているのか、なぜ興味を持ってもらえそうなのかを知らせなければならない。「悩ましいのは、キャンペーンを成功させるためにどれだけの労力が必要なのか、わかっていない人がいることです。「そうだ、クラウドファンディングでもやって資金を集めてみよう」と軽く考える人がいます。それでクラウドファンディングのサイトを立ちあげて資金を集めようとする。けれどもそんなにうまくはいきません。2010年当時でさえも、そううまく話は進みませんでした。かなりの労力を必要とします。フルタイムの仕事並みに」

キャンペーン実施者のプロモーション活動やアウトリーチ活動は必須だが、クラウドファンディングの組織も、キャンペーン実施者に専門的なアドバイスを提供したり、クラウドファンディングのプラットフォーム上でプロジェクトの可視性を高めたりすることで、大きな違いをもたらすことがある。クラウドファンディング・プラットフォームは、門番としての役割を最小限にしようとするいっぽうで、サイト上のプロジェクトを積極的にキュレーションしている。「私たちは選別していないので、ルールに合うものであれば、誰でもプロジェクトを立ちあげられますが、キュレーションはしています」と説明したのは、トムとは別のクラウドファンディング出版プロジェクトを専門にしているスタッフ、シンディだ。「サイトを訪れ、出版カテゴリにたどりついた人たちに、このカテゴリが推しているもののなかでも、最高にすぐれていて、クールで興味深いプロジェクトをおみせするようにしています」。キックスターターのような大規模クラウドファンディング・プラットフォームでは、出版カテゴリだけでもつねに500〜600件のプロジェクトが動いている。プロジェクト数が膨大なため、サイトを閲覧している人が目にするは、ほんの一部でしかない。したがって、これらのプロジェクトを体系的にまとめることが重要だ。これをしているのがキュレーションチームである。シンディのようなカテゴリのマネジャーから、アイデアが出ることもある。「私たちはキュレーションのプロセスに参加しています」とシンディは簡単に説明してくれた。キュレーションチームと話をして、気に入ったキャンペーンを推薦しているという。けれどもキュレーションチームは、閲覧やプレッジがされたかなど、ユーザーのエンゲージメントの高さを考慮にいれたアルゴリズムを使用して、カテゴリごとにプロジェクトのランクづけも行なっている。「私たちが気に入っているものや、支援が多いものが上位になる傾向があります」とシンディは説明した。「そして、スクロールダウンしていくと、支援数が比較的少ないプロジェクトが表示されます」。これによって自己強化型のパターンが生まれやすくなる。つまり、多くの支援を受ければ受けるほど順位があがり、サイト上でますます可視性が増していき、その結果、さらなる支援が得られ、成功の可能性がますます高くなる。したがって、大半のキャンペーンで最初の30パーセントを構成するひとつめのクラウド、つまり友人や家族やフォロワーなどから支援を得ることが、二重の意味で重要である。これによって幸先のいいスタートが切れるだけでなく、走りだしたあとの勢いのようなものも得られ、プロジェクトの順位があがり、アルゴリズムによって生成されるサイト上での可視性が得られるからだ。また、これらのプラットフォームには、それぞれ100万人を超える大規模な会員の基盤があり、会員が過去に支援したキャンペーンや閲覧したキャンペーンに基づいて、おすすめのキャンペーンを紹介する個別化したニュースレターが配信されている。

出版カテゴリには、常時500件以上の活動中のプロジェクトが存在するが、そのうち成功するのはどれくらいの割合なのだろうか。成功率を算出するのは単純な作業ではない。インディゴーゴーとキックスターターでは、用いているモデルが異なることを考慮すればなおさらだ。キックスターターの場合は、0か100かというモデルなので、成功は単純に計算できる。目標に到達してプロジェクトを実現させるか、しないかである。では、目標に達するプロジェクトはどれほどの割合なのだろうか。「成功率はカテゴリによって大きく異なります」とキックスターターのある関係者は語った。「出版カテゴリでの成功率は、全体として約29パーセントくらいでしょう」。つまり、キックスターターで開始された出版プロジェクトのうち、約70パーセントは目標額を達成できず資金を得ていない。(7)これは、怖気づくほど高い失敗率のようにみえるが、プロジェクトのアピール力や、説得力やデザインに、大きなばらつきがあることを心にとどめておくと、少しは気が楽になるかもしれない。その関係者は話を続けた。「出版カテゴリで動いている500件あまりのプロジェクトのうち、おそらく150件は、運まかせみたいなタイプで、プロジェクトにあまり熱心に取り組んでいません。このような人たちは、いろいろ調べたりもしないし、懸命に働きかけようともしていません」。その150件の中途半端なプロジェクトを除くと、成功率は40パーセント程度になり、ずっとましに聞こえる。それでも、クラウドファンディングのプロジェクトを立ちあげる人からすれば、目標額に達する見込みは薄い。だからこそ、インディゴーゴーが用いているフレキシブルモデルのほうが魅力的にみえる可能性はある。この場合、成功は0か100かの100の場合だけではない。目標額を達成すれば文句なしにすばらしいが、達成しなくてもプロジェクトは実現に向けて進められる。インディゴーゴーのクリエイティブなキャンペーンの大半は、フレキシブルモデルを採用している。したがって、成功の定義を、目標額に到達したかどうかは問わず、プロジェクトが実現できたときとするなら、インディゴーゴーのほうが成功率はずっと高くなる。

本を出版するためにクラウドファンディングで資金調達することと、実際にその本を出版することは別物だ。クラウドファンディングと出版は、実際にはどのようにつながるのだろうか。クラウドファンディングから出版までの道筋はどうなっているのだろうか。インディゴーゴーやキックスターターのような、一般的なクラウドファンディングのプラットフォーム上では、出版までの経路はさまざまである。出版までこぎつけるかどうかは、キャンペーン実施者が解決すべき問題であって、プラットフォーム側が、キャンペーン実施者に働きかけるべきことではない。プロジェクトは、その本の出版計画がすでに徹底的に練られたものかどうかという点で、大きな違いがある。作家が事前に従来の出版社と契約していて、その本に関するリサーチのためやイラストの費用をまかなうため、あるいは特別なマーケティングや宣伝キャンペーン（またはこれらすべて）の費用をまかなうためという場合もある。たとえばサマー・ブレナンは、ヴィクトリーヌ・ムーランという、フランス人画家でモデルだった女性の生涯と作品について本を書きたいと考えた。ヴィクトリーヌの姿は、〈草上の昼食〉や〈オランピア〉などマネの有名な絵画のなかで永遠に残されているが、ヴィクトリーヌ自身の生涯や作品は、ほぼ忘れ去られてきた。サマー・ブレナンは、『パリのスフィンクス（*The Parisian Sphinx*）』と名づけた本の出版契約をホートン・ミフリン・ハーコート社と結んでいた。けれども、パリを旅して、そこでいくらか時間をかけてアーカイブの調査をしたいと考え、インディゴーゴーでキャンペーンを立ちあげた。目標金額は2万5000ドルで、半分を研究と執筆に、残り半分を特典の実施に充てようとした。35ドルの支援で支援者は『パリのスフィンクス』のサインいりハードカバーを受け取れる。60ドルでサインいりの本2冊とパリからのその人に向けたポストカードを、75ドルでサインいりの本と著者が「研究資料やコンピューターや食料品をパリで持ち運ぶのに使う」軽量のトラベルバッグなどを受け取れる。そして1000ドルの支援には、返礼として著者と一緒に、ヴィクトリーヌ・ムーランが暮らし、作品を制作した場所を訪ねるパリ市内のウォーキングツアーに参加できる（旅費、宿泊費は含まれない）。サマーは2日で目標を達成し、さらに4万ドルと6万ドルの「ストレッチゴール」をふたつ設定した。最終的に支援額は合計5万3130ドルに上り、最初のストレッチゴールを達成し、ヴィクトリーヌ・ムーランの物語を語るポッドキャストを制作した。すでに出版契約は結んでいるため、あとはリサーチを行なって、本を書きあげるだけだ（もちろん、それが大仕事なのだが）。そこから先の出版までのルートは、従来の出版の道をたどることになる。

しかし、『パリのスフィンクス』は、クラウドファンディングを使った典型的な出版プロジェクトではない。多くの場合、著者は従来の出版社との契約をまだ結んでいない状態だ。著者のなかには、メインストリームの出版社の関心を惹きたいと考えている人もいれば、ブラーブやルル、クリエイトスペースなどの自費出版プラットフォームを介した出版計画を立てている人もいるだろう。だが、著者がメインストリームの出版社の関心を惹きたいと考えているとしても、クラウドファンディングキャンペーンの宣伝文句にするほどの説得力はないため、そこは概して強調しないでおくようすすめられる。「大手出版社に注目してもらえるような本を書いていると宣伝しましょう、と助言したことはありません」と、クラウドファンディングで出版を専門としているスタッフ、シンディは述べた。「なぜなら、プロジェクトの支援者たちは、返礼が確実に手に入ることを望んでいるからです。ですから、たいていの場合、私が提案しているのは、自費出版するつもりではあるが、もしかしたらエージェントや編集者の目に留まり、より多くの人に読んでもらえるようになるかも、という期待は持っているという表現です」。そして実際のところ、クラウドファンディングのプロジェクトがエージェントや編集者の目に留まり、従来の出版社に拾われることもある。例として、リンダ・リウカスの『ルビィのぼうけん――こんにちは！プログラミング』（鳥井雪訳、翔泳社、２０１６年）という子どもの本のプロジェクトをみてみよう。この本は4歳から7歳の子どもたちに物語と子ども向けのアクティビティを通じて、コンピュータープログラミングの基礎を教えることを目的に作成された。リンダは、編集、デザイン、フォントの購入、製造、発送の費用に充てる資金として、1万ドルの調達を目標に掲げた。10ドルのプレッジで電子書籍、20ドルで電子書籍とプログラミングの手引きになるワークブック、40ドルでハードカバーの本と、ワークブック、60ドルでハードカバーの本と、ワークブック、ルビィとその仲間たちのポスターなどを保証した。リンダのキャンペーンは大きな成功を収め、30日間で９２５８人の支援者から38万７４７ドルもの資金が集まった。このプロジェクトは出版社の目に留まり、マクミランの児童書のインプリントであるファイウェル＆フレンズから契約を持ちかけられ、２０１５年に出版された。

もちろん、『ルビィのぼうけん』は例外で、大半の本のプロジェクトが集められる支援者の数や調達できる資金の額は、これには遠く及ばないし、資金が調達できたとしても、大半の本は自費出版の道をたどる。

それは、著者がそれをずっと望んでいたためでもあるし、従来の出版社のどこにも拾ってもらえなかったためでもある。まえの章で述べたオルダー・ヤロウの『ワインのエッセンス』は、著者の計画どおり、クラウドファンディングで資金を調達し、自費出版を成功させた本の良い例である。また別の意味ではあるが、同じように成功したもうひとつの例に、マーゴット・アトウェルの『ローラーダービー・ライフ（*Derby Life*）』がある。マーゴットは、ローラーダービーというローラースケート競技の選手で、ゴッサム・ガールズ・ローラー・ダービー〔現在の名称はゴッサム・ローラー・ダービー〕で7年間、さらにWFTDA（Women's Flat Track Derby Association：ウーマン・フラット・トラック・ダービー協会）リーグ・チャンピオンのゴッサム・オールスターズで、４シーズン競技に参加していた。また、２０１１年にウェブサイト、ダービーライフ・ドット・コムを共同設立し、数年間このサイトの編集をしていた。そして、ローラーダービーの本を執筆し、その歴史や道具やゲーム戦略を解説して、実際に競技をしている選手や選手志望の人びとに助言しようと考えた。この本はスケーターとファンのための本だ。また、マーゴットは、ニューヨークの小さな独立系出版社ビューフォート・ブックスで7年間働いていた経験もあり、多少なりとも出版の知識を備えていたため、従来の出版社に頼らず、自分で『ローラーダービー・ライフ』を印刷して出版できるとわかっていた。けれども、編集や組版、印刷や発送のための人材がいくらか必要だった。また、ほかのスケーターにも、ささやかながら報酬を支払えたらと願ってもいた。スケーター仲間がローラーダービーの世界での経験を、短いエピソードにして書き送ってくれたので、それらの物語を本に取りいれられたのだ。また、もう少し余分に資金を集めることができれば、白黒写真をいくつか掲載したいとも思っていた。したがって、マーゴットは目標額を７０００ドルに設定した。その額には、編集、組版、校正に２６００ドル、ほかのライターへの原稿料に１１００ドル、印刷と発送に２２００ドル、予備費として５００ドルが含まれていた。もし、この額を上回って８０００ドルを集められたら（ストレッチゴール）、本にローラーダービーの白黒写真を10～15枚ほど掲載する。プレッジの返礼は、8ドルの寄付で、電子書籍と本のなかでお礼の言葉。25ドルで、ペーパーバックや電子書籍と本のなかでお礼の言葉。40ドルで、ペーパーバック2冊と電子書籍2冊と本のなかでお礼の言葉。50ドルで、サインいりペーパーバックと電子書籍と、本のなかでお礼の言葉と、特製の口髭型のボトルオープナー兼キーホルダーであった。2014年9月にキックスターターでキャンペーンが立ちあがり、4週間で254人の支援者から9183ドルが集まった。出版の知識を生かし、マーゴットは自分の会社を立ちあげ、ガットパンチ・プレスという出版社名で『ローラーダービー・ライフ』を自費出版した。電子書籍やペーパーバックやその他の特典を送ると、支援者は本と口髭型のキーホルダーを持った自撮り写真をツイッターやフェイスブックに投稿したり、アマゾンやグッドリーズでこの本のレビューを書いたり、友人に話したりした。したがって254人の支援者の周りには、潜在的な読者たちのネットワークがあり、広がりつつあるこの潜在的な読者たちは、ネットワークの中心にいる支援者とつながっているため、その多くが本のテーマにも興味を抱いた。これこそが、クラウドファンディング・モデルの核になるオーディエンス構築の仕組みである。「最終的に本を1200部印刷しましたが、出版してから9ヶ月未満でそのほとんどが売れました」とマーゴットは語った。

マーゴットは出版業界で働いた経験があって、出版プロセスにもかなりくわしかったため、ほかの人とはちがう立ち位置にあったし、自分の本を自費出版するために会社を設立することにも自信があった。たしかにマーゴットには出版業界についての知識があった。そのおかげもあって、キックスターターで出版のアウトリーチ・リードとして採用され、現在その職に就いている。とはいえ、クラウドファンディングのプラットフォームで、キャンペーンを開始する作家の大半は、それほどの知識もなく自立もしていない。また、オルダー・ヤロウのようにブラーブやルルといった自費出版プラットフォームを介した自費出版を計画して、出版と印刷にかかわる業務は外注でと考える人もいる。作家がどの出版方法を選ぶにせよ、出版という観点で、クラウドファンディング・モデルがきわめて有用なのは、順調に資金を集められたプロジェクトは、事前に資金調達と予約注文の両方が得られるところだ。資金が重要なのは当然だが、それに負けず劣らず重要なのは、支援者の数が、関心の高さと潜在的な需要の大きさを示すという点である。だからこそ、作家だけでなく出版社が、クラウドファンディングのプラットフォームで出版プロジェクトを立ちあげたり、作家と出版社が共同でプロジェクトを行なったりするのだ。また、作家と出版社が共同でクラウドファンディングを行なう理由のひとつとして、出版社が資金面で支援できると考えている以上のことを作家が望んでいる場合がある。たとえば、出版社はイギリスの3都市を回るツアーの予算を用意しているが、作家は全英12都市をめぐるブックイベントを希望している場合など。こういうとき、作家は出版社の助けを借りてキャンペーンを立ちあげ、追加の資金を調達したりする。しかし、一部の出版社がクラウドファンディングのキャンペーンを立ちあげたり、積極的に支援したりしている根本的な理由は、クラウドファンディングの核であるオーディエンス構築のメカニズムに価値を見いだしているからだ。出版社はかならずしも資金を必要としているわけではない。とくにデジタル技術によってさまざまな費用が大幅に低減している昨今は、本を出版するのにそれほど費用がかからないからだ。出版社が必要としているのは資金よりもオーディエンス、つまり、その出版社が出版している本に興味を持って、本を買うために財布を開いてくれる読者を必要としている可能性がある。目端が利く出版社は、クラウドファンディングを資金調達以外の目的で使えると考えている。これを使って、本のためのネットワークを築きオーディエンスを獲得するのだ。クラウドファンディングは、出版社がいつも行予約注文マシンであり、オーディエンス獲得マシンなのだ。クラウドファンディングは、出版社がいつも行なってきた昔ながらのビジネスの方法を逆転させる。従来のモデルでは、出版社は本の契約を結んだあと、その本のオーディエンスをどうやってみつけるかを探る。ところがクラウドファンディングでは、本と一緒にオーディエンスもついてくる。「オーディエンスはもうそこにいるのです」とシンディは説明する。「本の背後に控える熱狂的な支援者、つまりコアなファンとともに、さらにオーディエンスを増やせるのです」

クラウドファンディングの隠された特性であるオーディエンス構築の仕組みが、ここでは重要なポイントになる。これを認識したふたつの革新的な出版組織の創設者は、自分たちの出版モデルの構造にクラウドファンディングを組みこんだ。アンバウンドとインクシェアズがいっぽうにあり、インディゴーゴーやキックスターターが他方にある。両者の違いは、インディゴーゴーやキックスターターが、技術からアートまで、さまざまな種類のプロジェクトの資金を調達できる一般的なクラウドファンディング・プラットフォームだということである。これらのプラットフォームでは、資金が集まれば、そのプロジェクトを進め、約束したものを制作するのはクリエイターに任されている。ようするに、約束を果たせるかどうかはクリエイターしだいなのだ。いっぽうアンバウンドやインクシェアズは、本の出版に特化したクラウドファンディング組織なので、クラウドファンディングの目標額が達成されたあとは、これらの組織が出版社としての役割を果たし、本の制作と出版という道をたどる。インディゴーゴーやキックスターターなど純粋なクラウドファンディング組織は、作家や出版社だけでなく、多くのほかの目的の人びとにもプラットフォームを提供し、クラウドファンディングのプロジェクトを立ちあげられるようにしている。それに対し、アンバウンドやインクシェアズは、クラウドファンディングを資金調達とオーディエンス構築の仕組みとして活用している出版組織なのである。またこれらの出版組織は、クラウドファンディングの成功を出版の条件とする点で、従来の出版社とは一線を画している。

直販型出版としてのクラウドファンディング

ジョン・ミッチンソン、ダン・キエラン、ジャスティン・ポラードは、何年ものあいだ出版業界やその周辺で働き、従来の出版社の限界にはっきり気づいていた。ジョンはウォーターストーンズのマーケティング・ディレクターを務めたのち、ハーヴィル・プレスのマネージング・ディレクターになり、その後カッセル・アンド・カンパニーのマネージング・ディレクターになった。１９９８年にオリオンがカッセルを買収し、アシェットがオリオンを買収したので、ジョンはこの業界の企業がどんどん合併していく様を直接体験した。そののち、ジョンは出版社をやめて作家になった。ダンとジャスティンも著述の仕事をしていた。ダンは旅行の本を書き、〈アイドラー〉誌の共同編集もしていて、そこからスピンアウトさせた本を数冊出版して成功していた。いっぽうジャスティンは、一般向けの歴史書を書きながら、テレビや映画の脚本家として働いていた。２００８年の金融危機のあと、ダンは、出版社が新しい本になかなか関心を示してくれないことに気づいた。出版社はやたらと慎重になり、前払金がほとんど払われなくなったのだ。「海辺でランチの休憩を取っているとき、海を眺めながら考えました。世界じゅうで自分の本が40万部以上も売れたのに、本を買ってくれた読者の名前や住所をひとつも知らないと。私はいつもさまざまな中間業者を使って読者に近づいていたのです。でも、それはおかしいと思いました」。そこでダンは、自分の本についての映像を作り、それを自分のウェブサイトに載せて、ペイパルで資金を出してくれる人を集め、充分な資金が集まったら本を書いたらどうだろう、と考えた。そして、当時ＢＢＣのお笑いクイズ番組〈ＱＩ〉で一緒に働いていた、ジャスティンとジョンにこのアイデアを話した。ふたりはいいアイデアだと思ったが、ダンの本に限定する必要はないと考えた。世の中には同じ問題に悩む作家やライターが、どっさりいるのだから。ジョンは、キックスターターのことを知っていた。キックスターターは当時、立ちあげから1年ほどたっていた。ジョンはこのプラットフォームの仕組みが、かつての出版形態と似ていると感じていた。「これだと思いました。まるで18世紀の予約購読モデルのインターネット利用バージョンじゃないか、と。効率がいいし、重心が作家と読者のほうに移ります」。2010年の前半、ロンドンのパブでビールを片手に交わされたこの会話が、アンバウンドの始まりだった。

当初から3人は、従来の出版社とはまったく異なるタイプの出版ビジネスを生みだしたいと考えていた。ジョンはこう振りかえる。「出版の仕事で憂鬱になりはじめていたことがひとつありました。私が悪いカルマと呼んでいるものなのですが、それは時間を費やしてノーということです」。ジョンはくわしく説明しはじめた。

ノーといわないとしても、ある種の嘘をついています。作家に、実際よりも本がよく売れているといったり、次はもっと売れるといったり。この業界は悪いカルマの上に成り立っています。これはがっかりさせられますよ。私が書店員だったときに好きだったのは、お客様に本をすすめた1週間後に、そのお客様が店にやってきて、「あの本は、すごくおもしろかった」といってもらえることでしたから。アンバウンドを共同設立したとき、それが私のなかではっきり形になって現れました。従来型出版社が抱えている本当の問題は、読者との交流がないことだと気づきました。読者のために本を作っていたつもりが、じつは小売業者のために作っていたのです。あなたはいわばウォーターストーンズやアマゾンの研究開発部門で、彼らが売るための製品をみつけていたのです。

ジョンらが自ら据えた課題は、中間業者を迂回して、読者と直接つながれる新たなモデルを創りだすことだった。「必要なのは、いろいろ試して、ひとつのモデルを考案することでした。作家の頭のなかのアイデアを、本という形にして読者の手に渡すまでの全プロセスを網羅するモデルを」

3人はキックスターターやインディゴーゴーが開発した、インターネットを使ったクラウドファンディングのモデルは、自分たちのビジネスにも役立つだろうと考えた。読者から資金を集め、従来の出版の門番たちを迂回できるからだ。それでも、本のための資金調達は、ほんのさわりにすぎないこともわかっていた。従来の出版社が提供する出版サービスは、編集や制作から販売、マーケティングまで多岐にわたるが、キックスターターなどのクラウドファンディングのプラットフォームには、そこまでのサービスはない。そこには埋まっていない隙間がある。自分たちで、作家と読者にターゲットを絞ったクラウドファンディングのプラットフォームを開発できないだろうか。作家が書いた本を読者が手にするまでのすべての段階を網羅した、クラウドファンディング・プラットフォームだ。キックスターターみたいに、読者がどのプロジェクトを支援するか選ぶことで、どの本のプロジェクトが前進するかが決まる。けれども、資金調達の目標額に達したあと、本を制作し出版する際に払われるあらゆる労力と発揮される専門知識や技術は、アンバウンドが担う。アンバウンドはフルサービスの出版社であり、質の高い本の制作も目指す。これをデジタルのみの事業にするつもりはなかった。ジョンとダンとジャスティンの3人は、すぐれたデザインで作りこまれた美しい本の価値に魅力を感じていたので、物理的な本を見捨てたくなかった（それでものちには、とくに最初の本を出版したがっているフィクション作家のために、比較的低い資金調達目標を設定できるよう、デジタル専用のサービスも立ちあげた）。「私たちはとにかく質にこだわっていて、オープンなプラットフォームやデジタルのみで出版するというのが、いいアイデアとはまったく思えませんでした」とジョンは説明した。「誰でも出版できるように民主化したかったのですが、かといって堰《せき》を完全に開いてしまうと、あっというまにゴミでふさがってしまうだろうとみていました」。したがって、ジョンたちは、応募者から候補を選び、従来の方法で本を制作することにした。作家は本のアイデアをアンバウンドの編集チームに投げる。編集者は、基本的にふたつの基準を用いてプロジェクトを評価し、その評価に基づいてどのプロジェクトの資金調達を開始するかを決定する。ふたつの基準とは、プロジェクトの内容が興味深いか。その作家が資金を集められる種類のネットワークを有しているか、である（ようするに、「アイデアの質とネットワークの質――両方備わっているのが理想です」）。そして、人びとは一定の額をプレッジすることによって、どのプロジェクトに資金提供するかを選ぶ。そして、そのプロジェクトが資金調達の目標に達した場合、アンバウンドはその本の出版を約束し、美しいデザインの印刷書籍を制作する。これは、キュレーション型のクラウドファンディングのモデルであり、それゆえにアンバウンドは門番の機能を果たすことになる。これについて、創設者の心に疑いはまったく浮かばなかった。キュレーションによって、資金調達の段階に進むプロジェクトの数が少なくなり、その先に進むクラウドファンディングキャンペーンの成功の可能性が高まるのだから。それでも、クラウドファンディングを自分たちのモデルに組みこむことで、読者の声が意思決定プロセスに反映され、それによって「門がずいぶん大きく開かれる」と期待したのだ。

作家によって設立された出版ベンチャー企業であるからには、創設者たちにとって重要なのは、作家にいい条件が提供できる出版モデルを作りだすことだった。そんなわけで、アンバウンドの出版モデルは、作家とのジョイントベンチャーとしてデザインされた。つまり、「作家が儲からないかぎり、私たちも儲かりません」。アンバウンドは、予約特別版を印刷するのに必要な最低印刷部数を算出し（通常350部から100

0部のあいだ)、その部数で本を制作するために必要な費用の額を、調達すべき額として算出した(通常、印刷版で8000ポンドから1万2000ポンドの範囲、ただしデジタルのみの場合はもっと低額で通常はおよそ4000ポンド)。そのあとは作家とともに、必要な資金を調達するためには、どれだけのレベルでプレッジする人がどれだけ必要かを算出する。キャンペーンは、一般的なクラウドファンディングとして立ちあげられる。紹介文を書き、動画を作り、さまざまなレベルでプレッジしてくれる人のために一連の特典を考え、さらに、プレッジしたすべての人を本の巻末に掲載するという追加特典がつけられる。調達資金が目標に達すると、50対50の割合で利益が分配される。アンバウンドはそれぞれの本について、従来の印税計算書ではなく、損益計算書を作成する。制作費と諸経費を考慮し、それを超えた額はすべて著者と50対50で分けあう。実際には、キャンペーンを開始した本の大半で、目標金額を上回る額の資金が集まるので、この超過の資金――「私たちはスーパーファンディングと呼んでいます」――はすべて、アンバウンドと著者の収益になる。「目標額の100パーセントでとどまる本はなくて、120パーセントか130パーセントになります。つまり、印刷に5ポンドかかる本に対して35ポンドの寄付があった場合、目標額が集まったあとは、著者の懐には1冊につき15ポンドが入ってくるわけです。いったん資金が集まったら、収入状況が劇的に変わるのです」とダンは説明する。「だからこそ私たちは、クリエイターたちがスーパーファンディングを受けられるよう、支援チームを作って目標額の300パーセントまで資金調達額が伸びるよう努めています。その時点で、クリエイターらはかなりの額を稼いでいます」

クラウドファンディングの活動が、支援を約束した人に直接送られる予約特別版のための資金調達に焦点があてられているいっぽうで、本はいったん出版されると、通常の小売業者の販路を使って流通・販売ができる。アンバウンドは、イギリスのほかの出版社と取引して、アンバウンドで出版された本が通常の方法で流通できるようにしたし、その後、より体系的に流通・販売を行なうためにペンギン・ランダムハウスと合弁事業を立ちあげた。このベンチャービジネスでは、アンバウンドはペンギン・ランダムハウスに印刷の準備を整えたファイルを提供し、ペンギン・ランダムハウスは商業版としてその本を出版する。そして、その本の売上としてペンギン・ランダムハウスから受け取った収益は、アンバウンドとクリエイターとで50対50で分ける。けれども大半の作家は、資金調達目標に達したあとに余分の資金をクラウドファンディングから得るので、書店での売上よりもクラウドファンディングを通じて稼ぐお金のほうが大きくなる。それはアンバウンドも同じで、収益の3分の2は直販で、書店から得る売上は3分の1にすぎない。「アンバウンドが味わってきた厄介で不快な唯一の問題は、本を書店に並べるための取り組みです。もし、魔法の杖《つえ》を一振りして、書店に本を並べなくても良くなるなら、ぜひそうしたいところなのですが、作家にとっては、自分の本が書店に並ぶのはやはり重要なことですから」と、ジョンは説明した。「でも、支援の額が多くなればなるほど、書店への依存度は下がっていくことは、以前からずっと感じています」

アンバウンドのウェブサイトは、2011年5月29日に公開され、その年の後半には、最初の資金調達キャンペーンが開始された。アンバウンドはロンドンを拠点とする小規模のスタートアップで、従業員は彼ら3人（うちアンバウンドのためにフルタイムで働いていたのはひとりだけ）とアシスタントがひとりだけだった。2012年から2014年の最初の数年間は緩やかに成長し、集まったプレッジは総額で、年間25万ポンドから32万ポンドに上昇した。ところが2014年以降、アンバウンドは急速に成長しはじめた。図8・1は2012年から2017年までの、プレッジ額の伸びとアンバウンドの累積総収益を示している。プレッジ額は2014年の32万ポンドから2017年には約160万ポンドとなり、3年間で4倍増加した。合計すると、アンバウンドは最初の6年間で400万ポンド以上の資金調達を遂げた。2017年半ばまで

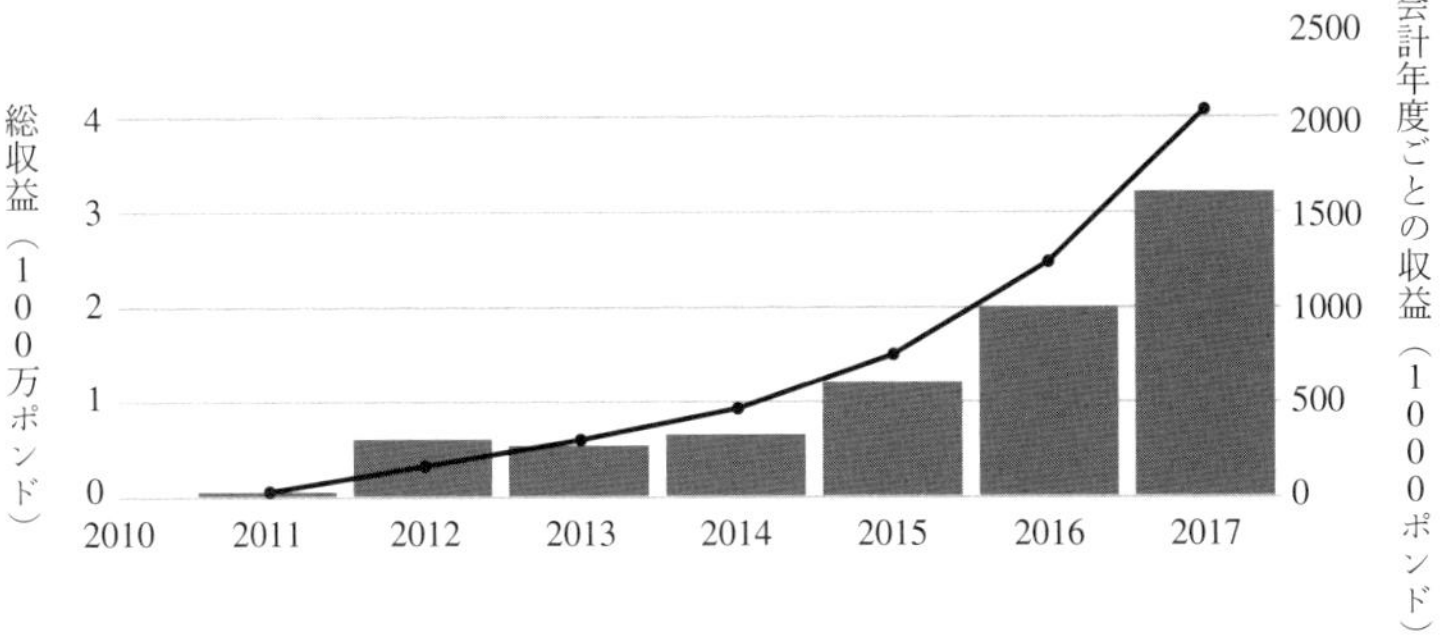

図 8.1　アンバウンド：2011–17 年にプレッジされた金額の増加（黒線は累積総収益）

で、２６５冊の本の資金調達を成功させ、約１１０冊を出版した。月に15～20件のキャンペーンが開始され、月に５～10件のキャンペーンが資金を調達していた。キュレーションモデルのおかげもあって、資金集めの成功率は著しく高い。約60パーセントが、キャンペーンのリストに載ってから12ヶ月以内に資金集めを遂げていた。２０１３年には、フォワード・インベストメント・パートナーズ、ＤＦＪエスプリ、ケンブリッジ・エンジェルズから１２０万ポンドのスタートアップ資金も調達した。だが、成長を支えるスタッフをさらに雇ったため、利益はなかなか出なかった。

「ぜひとも利益をあげたいとは思っていますが、出版というのは通常、既刊本で経費をまかない、新刊本で利益を出すものです。でも私たちには既刊本がありません」とダンはいう。スタートアップ資金に支えられ、この段階では利益よりも成長に焦点を絞ることを意識的に決定した。まずは会員数を増やし、出版作品を増やして、収益の心配はあとでしようというわけだ。これは、投資業界の一般的な時代精神と合っていたし、理にもかなっていた。なぜならアンバウンドは、規模を拡大しなければならなかったからだ。２０１７年までにユーザーは13万人になったので、このままユーザーが増加して１００万人に達すれば、資金を集めたい本はどれでも資金調達ができるようになるだろうし、そうなれば、自分たちが望んでいるものを生みだせるかもしれない。3人はそう考えた。それは、本のもうひとつのエコシステムを創るという壮大な望みだった。

もうひとつのエコシステムの鍵は、客と直接的な関係を築くことだ。このクラウドファンディング・モデルによって、新たな作家が現れるたびに、その作家の友人や家族や、作家が執筆を提案している本に興味を持っている人びとなど、数百人の新しいユーザーがそのエコシステムに導かれる。しかもそのような人びとの多くは、本好きで、本の価値を認めている。それらの人びとは、ただ本に囲まれたり、作家が自分の本について語るのを聞いたり、ほかの読者と読んだ本やお気に入りの本について話をしたりするために文芸フェスティバルに行く人びとと、同じタイプだ。このクラウドファンディング・モデルは、文芸フェスティバルの活力をその構造に組みこんでいる。「出版業界の別のエネルギー源をみつけたようなものです。小売業者にもっと本を仕入れてくれと、懇願しつづける行為とはちがいます」とジョンは語った。クラウドファンディングを介して、アンバウンドは熱心で献身的な読者、いわばバーチャルな文芸フェスティバルの参加者らのあいだでどんどん広がるネットワークを構築して、作家が読者と直接つながれるようにした。そうすることで、従来の出版社が無視しつづけてきたある関係、つまり消費者との直接的なつながりを土台にして築かれる出版モデルを作りだした。このクラウドファンディング・モデルによって、アンバウンドは事前に資金を集め、本を出版する際に生じるリスクをゼロ（あるいはほぼゼロ）にまで減らせるだけでなく、キャンペーンが開始されるたびに新たなユーザーの一群がサイトに登録されるので、それらのユーザーの関心や好み、プレッジ行為に関するデータの収集もできる――まさに「ゴールド・ラッシュ状態」なのだ。アンバウンドは収集したデータを分析し、人びとが支援する理由や、一般的な支援額、支援が多いプロジェクトの種類を解明する。そして、拡大しつづけるネットワークを構成する人びとに接触するための、適切なアプローチ方法を開発できる。本のプロジェクトや作家（あるいはその両方）を支援するために一定額のプレッジを約束するのは、店に出かけて本を買うことと同じではない。本を買うことは一種の取引だが、プレッジは一種の後援であり、本が生まれるよう、そして出版が実現できるように支援することである。したがって、プレッジ自体が創造的な行為で、読者はその行為によって創造的なプロセスの一翼を担えるようになる。この行為がなければ、または同様の行為が充分になされなければ、本は生まれない。したがって、アンバウンドは、読者と作家の新たな種類の関係を生みだしているのだ。この関係のなかでは、読者は単に本の買い手ではなく、むしろ本の共同制作者である。読者は作家に何を書くべきか指示するわけではない。大半の読者は作家に書きたい本を書く創作の自由を喜んで与える。しかし、多くの読者は、1冊の本のアイデアにまつわる会話に参加したいと考えていて、その会話が後押しにでもなって本が書かれるのならば、いくらかの額、ときにはかなりの額を喜んで払おうとする。アンバウンドは、これらの共同制作者らのデータをどんどん蓄積している。これらの人びとは、ある本のプロジェクトを支援する意思を示しているだけでなく、ほかのプロジェクトも支援してくれる可能性がある。いわば、文芸フェスティバルの参加者が、それまで名前を聞いたこともなかったが、おもしろそうな作家のイベントに参加するようなものだ。アンバウンドは読者に、創造的なプロセスへの出資を促し、同時に消費者との直接的な関係も築いている。そして、出版の未来がここから開かれると考えている。「立ちあげたときは、作家自身の力でキャンペーンの資金の90パーセントがもたらされていましたが、徐々に変化しました。いまでは、作家がもたらすのは3分の2で、残りの3分の1はネットワークによってもたらされます」。アンバウンドが築いているネットワークが大きくなればなるほど、そしてネットワークに加わっている個々人についての情報を知れば知るほど、家族や友人で構成される作家の個人的なネットワークに属していない潜在的な支援者と、作家とをつなぐことができるし、読者の熱意をさらに活用できるようになる。

しかも、これらはすべてアマゾンとは無関係に生じるのだ。大半の出版社と同じくアンバウンドも、アマゾンを含め小売業者を通じて、自社の商業版の本が売られるのは喜ばしいと感じている。だがこれはアンバウンドの活動の中心ではないし、アマゾンやその他の大規模小売業者に依存した出版ビジネスの構築には慎重だ。アンバウンドの認識によれば、アマゾンはビジネスがきわめて得意であるが、人間的な購買活動をスピードとコストというふたつの要素だけになるまでそぎ落としてしまった。このふたつの要素に関して、アマゾンに敵はいない。ほかのどこよりも早く、安く本が手に入る。しかしここで重要なのは、スピードとコストだけではない。従来の出版社は、おもな小売販路としてアマゾンにどんどん依存していき、自らの酸素供給源をゆっくりと減らしていっている。この販路に依存すればするほど、この販路が持つパワーが強まり、小売業者にさらに有利な条件で交渉が進められ、その結果、出版社は差益が絞られ、出版社にとってもっとも価値のある資産、つまりコンテンツの価格設定が支配しにくくなる。それと同時に、中間業者を通じて本を売ることによって、従来の出版社は自分たちの未来がかかっているかもしれない資産、すなわち客から切り離される。「あまりに痛烈な皮肉ですが、私たちがこれまで実践してきたのはまさに、アマゾンから出版業界が授かったふたつの教訓なのです」とダンは語る。「顧客に直販すること。顧客を自ら抱えること。読者を所有すること。そして、まったく新しい市場を生まねばならないこと。アマゾンはそれをキンドルで生みだし、私たちはクラウドファンディングを通じて生みだしました」。従来の出版社がますますアマゾンに依存するようになり、アマゾンは出版界をどんどん支配し、出版社がアクセスできない顧客データをすべて獲得している。そのいっぽうで、アンバウンドはアマゾンを迂回したネットワークを構築し、クラウドファンディングを通じて、作家と読者を直接結びつけられるようになり、同時に顧客データもアマゾンに吸いあげられっぱなしにせず、アンバウンドが取得できる。

本の制作に必要な資金を集めることで、出版に伴うリスクを軽減できるだけでなく、顧客との直接的な関係も築けるクラウドファンディングを活用しているという点では、アンバウンドはもうひとつのクラウドファンディング出版ベンチャーと共通している。この出版ベンチャー企業は、アンバウンドより少し遅れてシリコンバレーの北端に誕生した。けれども、このシリコンバレーのスタートアップ企業は、ハリウッドスタジオとのつながりを構築し、読者を重視して、新たな独特の展開を示した。

読者によるキュレーション

私がインクシェアズの共同創業者であるサド・ウッドマンとアダム・ゴモリンと会ったのは、カリフォルニア州ウェスト・オークランドの古い工業団地にあるインクシェアズのオフィスだった。ふたりと会話をしている最中にもうひとりの人物が加わった。インクシェアズと関係を深めつつあるハリウッドのスタジオ、レジェンダリー・エンターテインメントの役員のひとり、アレックスだ。インクシェアズのオフィスは、19世紀の赤レンガ造りの建物の2階にある。建物は袋小路に面していて、すぐ横にはオークランド・ポイントまで続く線路がある。通りを挟んだ向かいにあるのは、かつてカリフォルニア・パッキング・コーポレーション（カルパック）に属していたデルモンテが、本社工場として使っていた場所だ。この古い工業用建築物の小さな一群は、改装されて、さまざまな中小企業やスタートアップに貸しだされていた。湾の向こうに位置するサンフランシスコに比べて、家賃がはるかに安かったため、この場所に引き寄せられたのだ。サドによれば、インクシェアズ設立のきっかけは、ブルックリンで開かれたあるディナーパーティでの話題だった。

サドはリード・カレッジで哲学を学んだ柔らかな口調の男で、両親が出版社で働いていた（1990年代にヴェンタナ・プレスというコンピューター関連の本の出版社を設立していた）。2012年の後半に、サドはあるディナーパーティで、芸術を支援している裕福な人びとと話をした。支援者らは、長編ジャーナリズムの消滅と、出版業界への参入のむずかしさを嘆いていた。サドは支援者らがこの問題をかなり気にかけていることに感銘を受けた。そしてふと、それほど気にかけている出版関係のプロジェクトにならば、この人びとは喜んで資金を提供して、作家と直接つながりを持ちたいと思うのではないかと考えた。それがアイデアの種だった。このディナーパーティはいわば、出版に特化したクラウドファンディングという小宇宙の前段階だった。とはいえ、もちろんインディゴーゴーやキックスターターはすでに存在していたし、サドもそれらのことを知っていた。クラウドファンディングのことは、それらに任せておいたらいいのではないか。アンバウンドを生みだした創設者らと同じように、サドは純粋なクラウドファンディング・プラットフォームは資金調達にはもってこいだが、他方で、資金を手にしてから本を出版して読者の手に届けるまでのあいだに、多くの作家が必要とするインフラが欠けていると感じていた。「作家のなかには起業家精神に富んでいて、多額の資金を集めてすばらしい本を作れる人もいますが、そこまでするのはかなりむずかしいと感じる人もたくさんいます。資金を調達したあと本を作り、バーンズ&ノーブルへと進むのはひじょうに困難で、ほとんど不可能に近いでしょう。出版には必要なインフラがあり、それはささやかなものではありません」。サドは直感で、クラウドファンディングの要素を、従来の出版業務と結合させればいいのではないかと考えた。そうすれば、作家の原稿を本に変え、本のための既存の流通システムに乗せられるだろう。

サドは、新境地として開拓したい道がもうひとつあった。それは、本のプロジェクトで資産価値《エクイティ》を売ることだった。ここでさきほどのディナーパーティに話を戻すが、本のプロジェクトに関心がある人たちは、出版資金としてお金を差しだすだけでなく、そのプロジェクトのエクイティを購入するだろうとサドは考えた。「つまり、パトロンになるだけでなく、本という未来の収益源を、シェアして買えるようにするのです」とサドは説明した。印税が分配されれば、本の将来の成功によってすべての支援者に金銭的な利益が生まれる。このようなわけで、「インクシェアズ」という名前がつけられた。エクイティ型のクラウドファンディングという概念は、目新しいものではなく、クラウドファンディングの世界ではよく知られているモデルだが、本と関連づけて使われたことはなかった。したがってこれは、独自の構想だった——出版のためのエクイティ型クラウドファンディング・モデルを開発し、そのモデルと、原稿を本に変換して小売業者のサプライチェーンに乗せられる組織的なインフラとを結合させるのだ。

サドは、もうひとりの共同創設者であるラリー・レヴィツキーと一緒にサンフランシスコに移住し、会社を設立した。ラリーはサドに、証券を扱う企業弁護士アダム・ゴモリンを紹介した。計画では、アダムがクラウドファンディング・モデルのエクイティ面の担当だった。2012年4月、新規事業活性化法（JOBS法）が法律として成立したばかりだった。この法律の第3章によって、企業がクラウドファンディングを使って証券を発行できるようになった。サド、ラリー、アダムの3人は、この第3章を活用して、エクイティ型のクラウドファンディング・モデルを具体化しようと計画していた。ところが、米国証券取引委員会（SEC）によって、これを実現するための規則がいざ発表されると、きわめて複雑で非現実的な方法になっていたため、サドと共同創設者たちは、このアイデアを諦めるしかないという結論に至った。「これを実現するには、最初の荷が大きすぎました。適切に実施するには、プロジェクトごとに有限責任会社（LLC）を作らねばならず、作家は法人化して監査を受けなければならないので、作家に参画してもらうのは困難でした」とサドは説明する。「しかも、投資したいと思う人びとも監査を受けなければならないのです。

道のりがあまりに険しすぎました」。このような実務上の問題を目の当たりにして、サドらはエクイティ型モデルを捨て、読者が本を予約購入するアイデアに乗り換えた。

エクイティ型モデルの問題に取り組んでいたのと同じとき、サドたちは、新たなベンチャー事業のための資金集めにも取り組んでいた。これが思っていたよりかなり大変だった。この段階で、サド、ラリー、アダムは4人目の仲間、ジェレミー・トーマスを迎えた。ジェレミーはソフトウェア開発の経験があり、CTO（最高技術責任者）としてチームに加わった（がのちにこの会社を去った）。4人はシリコンバレーのベンチャービジネスの投資家に、このアイデアを売りこんだが、うまくいかなかった。「168回ノーといわれました」とジェレミーは当時を振りかえる。「こてんぱんにされました。シリコンバレーのベンチャーキャピタルの投資家たちの理屈からすると、本を出版するというアイデア、しかも物理的な印刷書籍の出版など、呪《のろ》いみたいなものなのです」。アダムは次のようにくわしく説明した。「シリコンバレーの住民は誰も本など信じていません。本と聞いて思い浮かべる言葉は、「超古臭い」とか、なんていうか……セクシーさのかけらもないものです。こんなふうにいわれました。「本なしでやったらどうだい」で、ぼくらは「本なしですというのは、どういうことですか」と聞きかえす。すると「前段階だけにするんだよ」と返されました。まるで茶番でしたね。ぼくらはじっとすわって、こいつら、いったい何をいってるんだ、と思っていました」。投資に対して少なくとも10倍の見返りを期待する、シリコンバレーのベンチャーキャピタルにとっては、本の出版などおもしろくもなんともないのだ。「業界は小さいし、活気に満ちているわけでもない。今後10年で業界が10倍に成長するなんてこともない」と、サドはベンチャーキャピタルの視点を要約した。本の出版は、シリコンバレーのベンチャーキャピタルがわくわくするようなビジネスではないのだ。このがっくりくるような反応にもかかわらず、サドらは友人や家族からどうにか35万ドルを集め、シードラウンド家もいくつか参入してきた。〔起業前後の資金調達の最初の段階〕では86万ドルの資金を調達した。そのほとんどがエンジェル投資家からだったが、機関投資家もいくつか参入してきた。これで100万ドル強の資金が集まり、起業するには充分な額になった。

インクシェアズは2013年に正式に設立され、2014年5月に運営を開始した。サドらが導入した予約注文型のモデルは、次のような仕組みになっている。本のアイデアを持っている作家志望者は、そのアイデアを20語以内で説明文にまとめる。そうすれば、本のプロジェクトを開始できる。誰でも開始可能で、その段階で選別はないが、中傷や差別、ポルノやわいせつな内容、暴力を誘発するような内容を禁止するサービス利用規約の順守が条件となる。本のアイデアには専用のページと独自のURLが提供され、そのサイトを訪れた人は、フォローしたりコメントを書きこんだりできる。フォロワーが増えれば、それだけあなたのアイデアに関心が集まっているということになる。ある時点で、次のステージに進むのに充分な関心が集まったと感じれば、そこで「草案作成」というボタンを押し、執筆している原稿の一部（序文や第1章の一部など）をアップロードする。その一部が引用されたり、ツイッターやフェイスブックでコメントされたり、シェアされたりすれば、より多くの読者を集め、より多くのフィードバックが得られる。そのような活動の結果、インクシェアズのフォロワーが100人になったとする。そうすると、最後まで進んでいい頃合いだ。あなたは覚悟を決めて「予約販売」というボタンを押す。まだ本は書きあがっていないが、読者に何かを買っているという感覚を与えるのに充分な量までは書けている。購入している感覚より重要なのは、その時点で予約注文すると、読者はその本の執筆と出版に協力している感覚が得られるというところだ。これは、どのクラウドファンディングのプラットフォームでも組みこまれている支援者心理である。当初は、予約注文1件あたり10ドルで1000件の予約注文という目標が設定され、1作品あたり1万ドルという定額の資金が調達できるようになっていた。しかしまもなく、これでは足りないことが判明し、予約注文1件あたり20

ドル、750件の予約注文で1作品あたり1万5000ドルを集めるという設定に変更された。規定した予約注文数に達すれば、インクシェアズはその本にゴーサインを出す。この時点で、インクシェアズの言葉を借りれば、実質的に「この本には需要があるという充分な根拠があるので、私たちは出版社としてふるまい、この本を出版します」。ここからインクシェアズは、多くの点で従来の出版社のような役割を果たす。担当のプロジェクトマネジャーが著者と納期を決め、編集、デザイン、組版、校正、印刷などを手配する。どれもみな、従来の出版社が行なっている作業だ。ただしインクシェアズは、これらの作業をすべて自社で行なっているわけではなく、じつはその大半を外部に委託している(当初から、ガール・フライデー・プロダクションズという独立系プロダクションに委託していた)。本がとうとう印刷されたあとは、予約された数だけ著者が本にサインをいれ、その他の本は、取次業者のイングラムとの契約のおかげもあって、通常の小売販路で流通される。

インクシェアズはある意味では従来の出版社のように機能するが、大きな違いがひとつある。それは担当の編集者がいない点だ。この予約注文型のクラウドファンディング・モデルでは読者が、その本を予約注文するという形で、どの本を出版するかを決定しているといえる。「読者は、私たちの原稿発掘編集者(アクイジション・エディター)なのです。読者は原稿発掘を担当する編集者と同じくらい、本を選ぶのがうまいと私たちは考えています。そもそも、出版業界に、どの本が人気を博して売れるのか、はっきりわかる人などいませんから」と、ジェレミーは語った。これについては、ジェレミーのいうとおりだ。ジェレミーは例を挙げて説明を続けた。インクシェアズのベストセラーのひとつに『ザ・ショウ(*The Show*)』というグーグルの元社員によって書かれた小説がある。これはグーグルでの経験から着想を得て書かれた小説だった――「基本的にはシリコンバレー版の『ウォール街狂乱日記――「狼」と呼ばれた私のヤバすぎる人生』(ジョーダン・ベルフォート著、酒井泰介訳、早川書房、2008年）です」。インクシェアズの誰も、この作品に見込みがあるとは思っていなかった。この作家は固定ファンもなく、予約注文数も出版するには充分だったが、けっしてとびぬけてはいなかった。ところが、いざ出版されると、ニュースサイトの〈ビジネスインサイダー〉や、その他複数の雑誌に取りあげられた。さらに、関心を持ったヨーロッパの撮影所から、テレビドラマのオプション権を買いたいという申し出がとつぜん舞いこみ、大手出版社からはオーディオブック権の購入について関心が寄せられ、いずれも相当な額で売れた。このように、ほかのメディアにも波及する可能性を秘め、結果的におおいに成功した本の制作を発注したのは、読者だ。インクシェアズのスタッフがそれを任されていたら、このプロジェクトは日の目を浴びなかったかもしれない。読者がこの本を形にしたのだ。これが読者によるキュレーションである。

最初の750冊の予約注文で集められた資金は、固定費をまかない、インクシェアズが本を出版するときに伴うリスクを軽減するために使われる。751冊目からの収益は著者とインクシェアズで分けあう。当初の収益の配分は、著者にとってかなり度量が広い割合で行なわれた。インクシェアズの創設者らは、予約注文を通じて一般大衆《クラウド》から開始時の費用の大半はまかなわれるため、リスクは低いと考えていた。資本の支出が従来の出版社よりはるかに少ないので、気前よく印税を支払う余裕があるとみていたのだ。このモデルでは、最初の750冊以降に売れた部数すべての総収入、つまり受け取った総収益を、印刷書籍の場合は50対50、電子書籍の場合は70対30で作家に有利な割合で分配していた。したがって、インクシェアズが小売業者から印刷書籍の売上として10ドルを受け取った場合、著者は5ドル、インクシェアズが5ドルを手にし、電子書籍の販売で5ドル受け取った場合は、著者が3・5ドル、インクシェアズが1・5ドルを手にする。紙に印刷された本の場合、インクシェアズは受け取った5ドルのなかから印刷コストと流通コストを支払わねばならない。しかしまもなく、これでは手元に残る額が少なすぎると気づいた。予約注文で集まった資金がしばしば実際の制作費を下回るので、事実上、大半の本に助成金を出しているのと同じだったため、なおさらだった。インクシェアズは多くのスタートアップ企業と同じような経験をしていた。収益モデルを掲げ、試行錯誤を繰り返してその効果を確認した。だが結果として、うまくいっていなかった。気づいたら資金が流出していて(「船に水が入ってきて、安定感ゼロのままなんとか浮かんでいる状態でした」)。2016年には、社内でいくらか考えの相違はあったものの、モデルを変更しなければならないということで大筋の意見がまとまった。

新たなモデルは2016年7月に〈メディウム〉に掲載された記事でアダムが説明しているとおり、それまでとまったくちがっていた。(8) 著者の印税は、もはや総収入ではなく純収入、つまり、特定の費用を差し引いたあとの純収益で計算されることになった(印刷本で直接注文の場合は印刷費、配送・梱包料、支払い処理費が差し引かれ、卸売りの注文の場合は印刷費、流通手数料、支払い処理費が差し引かれ、電子書籍の場合は印刷費以外の同様の費用が差し引かれる)。これらの費用を差し引いた残りは、65パーセントがインクシェアズに、35パーセントが著者に分配される。いいかえれば、いまや著者が受け取れるのは純利益の35パーセントになる。そうすると、本が1冊売れたときの売上が10ドルの場合、著者が受け取る額は(当初のモデルの5ドルではなく)約2・20ドルだ。これは大きな変更であり、著者の一部、とくに資金調達キャンペーンの最中だった人びとには受けいれがたい変更だった。(9) いっぽう、印刷書籍の制作や流通にかかる実際の費用を知っている人は誰でも、インクシェアズの当初のモデルが現実的ではないとわかっていた。したがって誤りは(ここで誤りの原因を考えるとすれば)、のちにモデルの変更を決定したことよりも、当初のモデルのデザインであることは、ほぼまちがいない。

収益モデルの変更は、インクシェアズの創設者らにとって審判の瞬間《とき》だった——自分たちがまちがっていたことを認め、会社をより持続可能な状態にするために、厳しい策を実施しなければならなかった（「方針の大転換というのではないが、45度くらいの方向転換ではありました」と、ある創設者は認めている）。けれどもそれは、インクシェアズ独自の特徴と画期的な部分に焦点を絞るきっかけにもなった。予約注文型のクラウドファンディング・モデルを通じてインクシェアズが作りだしてきたのは、いわば、これまで市場調査を拒否してきた業界で、それぞれの本のプロジェクトに対して、市場調査を行なう仕組みだった。予約注文のシステムは、ある本のプロジェクトを進めるかどうかを決めるまえに、予備調査をするひとつの手法だった。「サイモン＆シュスターが生みだしたものと、インクシェアズが生みだしたものの違いは、インクシェアズでは少なくとも750人がすでに手を挙げているという事実です」といったのは、会話に加わっていたレジェンダリー・エンターテインメントの役員であるアレックスだ。「したがって、そこには何か明白なものがあるのです。「同じ考えの人がいた」というだけのことではないし、「ああ、これは私のための本だ」というだけのことでもありません。それは、一定の読者の存在を示唆するデータになるのです」。インクシェアズはある種のキュレーションリストを作成していたが、キュレーションを行なっていたのは編集者ではなく、読者だった。読者によるキュレーションがこのモデルの核なのだ。

インクシェアズとハリウッドとのつながりは偶然ではなかった。映画業界も、出版業界とひじょうによく似た問題に直面しており、しかもその規模がはるかに大きかった。制作候補の映画の案はたくさんあるが、なんらかの方法で候補の範囲を絞り、数を減らさねばならなかった。さらに投資の額が書籍業界よりずっと大きいため、制作できる数は出版業界よりずっと少なかった。どうにかして、この意思決定プロセスを博打《ばくち》でないものに変えられないだろうか。実際にできあがった映画をみるまえに、人びとがみたがる映画はどれかについて、システマティックに手掛かりを集める方法があれば、きわめて有用ではないだろうか。ひとつの方法として、映画にするまえに、脚本に魅力を感じるオーディエンスがいるか確認すればいいのではないだろうか。脚本を小説化して、インクシェアズがその本を市場に送りだし、インクシェアズが集めたデータを使って、映画を制作するかどうかを決める参考にする。映画スタジオはインクシェアズの出版システムを活用してこれを何度も繰り返す。そうやって、映画化の候補となる知的財産を発見し精査する。このようなわけで、インクシェアズはレジェンダリーやその他のハリウッドのスタジオとパートナーシップを結ぶに至った。それでアレックスがインタビューの場にいて、私たちの会話に加わっていたのだ。

このパートナーシップは、インクシェアズにとっても実際的な利点がある。とくに大きな利点は、それらの映画スタジオが、新しい作家や新しいユーザーを獲得する貴重な窓口となるところである。インクシェアズにとってはこれが、事業拡大に欠かせない原動力となってきた。レジェンダリーは、ナーディスト、ギーク・アンド・サンドリー、スマート・ガールズなど数々のメディア・ブランドを買収している。これらのブランドではときおりフォロワーに出版コンテストの告知を行なう。インクシェアズのプラットフォームに登録して、原稿を投稿し、予約注文を募集すれば、インクシェアズが予約注文の多かった上位3作品を出版すると呼びかけるのだ。このようにして新しい本の候補が、インクシェアズで資金調達を開始するたびに、新たな読者が平均して142人もたらされる。これは作家志望者が自分の本のためにアウトリーチ活動を行なうからである。したがって、この種の予約注文のコンテストが開催されるたびに、新しい読者が大量に流れこみ、インクシェアズのシステムに取りこまれる。「これはおそらく、いままでいちばん効果的な集客法です」とサドは説明する。2017年前半には、約10万人のユーザーがシステムに取りこまれており、その数は1年まえのほぼ倍だった。約5000のプロジェクトがこのプラットフォーム上で開始され、2014

年11月に最初の本『ネコのパジャマ（*The Cat's Pajamas*）』が出版されて以来、約60冊の本が出版された。さらに１００冊ほどが承認され、さまざまな制作段階にある。誰でもプロジェクトを立ちあげられることを考慮すると、実際にゴーサインが出る割合はきわめて小さく、10人にひとりほどしかいない。それでも、ゴーサインが出ようが出まいが、著者が自分のネットワークにリーチアウトし、新しい人びとを呼びこむので、副次的な別の価値が生まれることに変わりはない。

インクシェアズにとっては、一般の傾向をある程度は反映する読者キュレーションのシステムを作るには、システムに参加している読者数を増やすことが大切だ。どの本も、著者自身がシステムに呼びこんだ人びとの予約注文ばかりだったとしたら、著者と個人的なつながりがない読者にとって、その本が魅力的なのかどうかがわからない。したがって、読者キュレーションシステムをより一般の傾向を反映するものにするには、そしてハリウッドのスタジオなどにとって興味深いものにするには、アダムのいう「流動性」を生みだすことが不可欠だ。それは「著者と社会的なつながりのない対等な立場の公平な読者が多数存在し、その本への興味が実際の現象として現れている状態です。著者の仲間がただ周りに集まって、本の出版を望んでいるのとはちがいます」。多数のユーザーがいて、流動性の高いエコシステムが構築できれば、データを使って興味深いことができる。サドは次のように説明した。「プラットフォーム上での各ユーザーとのやり取りに基づいて、まだあなたがみていないコンテンツの世界がここにありますと、ユーザーに知らせられますし、ランクづけをして、ユーザーが関心を持ちそうな物語を示すこともできます。そしてユーザーが、これはおもしろい、あれは良くないといえば、アルゴリズムが再教育され、ユーザーの好みにますます近づき、興味深いものを提供できるようになります」。それでも、ここで重要なポイントは、インクシェアズがレコメンデーション・アルゴリズムを開発して、それを改良できるということではなく、読者が予約注文するかしないかの判定結果を活用して（情報という面でいえば、予約注文するのと同じくらい、予約しないことに重要な意味がある）、コンテンツの仕分けと選別という根本的な問題の解決に役立てられる点にある。つまり、原稿の山からどのコンテンツを選びだして本にするかという、コンテンツを扱うすべてのクリエイティブ業界が共通して抱えている問題の解決に役立つのだ。「この業界でコンテンツの仕分けや選別を仕事にしている人たちが、10パーセントか15パーセントでも効率をあげられるなら、その人たちにとっては本当に有用なモデルでしょう」

インクシェアズの創設者らが、さらに大胆な展望を示すこともある。「私たちが作りたいと思っていたのは、読者の関心を測定し、憶測ではなくその測定に基づいて本の出版や出版準備のゴーサインが決定できるポータルです。そしてそれを使って、出版業界から、約10倍の規模のグローバルなストーリー業界へ移行したかったのです」とアダムは説明した〔ストーリー業界とは、映画やドラマなどのメディア産業を指す〕。この移行を目指すなら、本の出版は手始めにするのに最適の分野だ。本はグローバルなストーリー経済の支柱に近いのだから。「ハリウッドでは4000ものプロジェクトが進行していて、そのうち3000か2500はなんらかの知的財産を元にしており、おそらくその4分の3は本です。残りはビデオゲームや、グラフィックノベル、既存映画のリメイクなどです」と説明してくれたのは、レジェンダリーのアレックスだ。「私の仕事の大部分は、ハリウッドの多くのクリエイティブエグゼクティブと同じく、砂金を求めて川底の砂をさらうことです。私たちはみな、次の大物、次の大作を探しています。その多くは出版物から生まれるでしょう」。そういうことなら、本の出版に役立つ読者キュレーションの有用なシステムを開発できれば、そのシステムでより幅広いエンターテインメント業界に直接コンテンツを供給できるようになるだろう。相乗効果の可能性はかなり高い。映画やテレビ、ゲームなど、ほかの分野でも同じようなユーザー・キュレーション・システムを展開することさえできるかもしれない。

インクシェアズの創設者たちは、野心がないと非難されることはない。むしろ、自分たちがグローバルなストーリー業界の中心になるという目標は、やや大それた野心にみえるかもしれない。この企業が行なっているのはまだ小規模のニッチな事業で、２０１７年の前半の時点で出版した本は60冊ほどであり、収益を出すためにいまだ奮闘している状態だ。けれども、出版社ではなく読者が出版する本を決めるという出版ビジネスを構築し、クラウドファンディングを利用して、読者キュレーションという仕組みを生みだした手法は画期的であるし、真の開拓者といえる。従来なら出版社は直感やほかの本で得た経験、憶測などを混ぜあわせて、どの本を出版するか決定し、市場に送りだし、読者がみつかりますようにと願う。だが、インクシェアズはクラウドファンディングを活用して、従来の出版モデルを根底から覆した。これはかなり思い切った手法であるが、従来の出版社やクリエイティブ業界のほかの分野で働く人びともきっと、ここからひとつやふたつ学べる部分があるだろう。

メインストリームの引力

出版という視点からみると、クラウドファンディング・モデルには良い面が多い。本の制作に伴うリスクが軽減できるだけでなく、本が出版されるまえに、あるいは本の出版が決定されるまえでさえ、その本の市場を生みだせる。市場をテストする、というより市場を作りだすにはすばらしい仕組みである。５００年ものあいだ、出版業は有効な市場調査の形態がないまま、読者が示す好みよりも編集者や出版社の判断に大きく依存して営まれていた。しかし、作家の視点からみるとどうだろうか。作家としてクラウドファンディングを検討してみると、本のクラウドファンディングで出版するというアイデアは、どれほど魅力的に思えるだろうか。もちろん、この問いの答えは作家によって大きく異なるだろうし、ひとりの作家でも、キャリアのなかで時とともに変わっていくことさえあるだろう。ある時点で、とくにほかの選択肢がないように思えるときは、魅力的に映る可能性があるが、あとになってほかの道が開けたときは、魅力的に思えないかもしれない。問いの答えはひとつではなく、尋ねる相手や尋ねるタイミングによってさまざまな答えが出てくるだろう。作家の多くにとってクラウドファンディングは、門番を回避する有効な方法であることはまちがいない。従来の出版業界の販路を進もうとする新しいコンテンツをコントロールしている門番が、自分の本に対してほとんど、あるいはまったく関心を示さなかったり、出版を拒否したりしたとき、作家はクラウドファンディングで、その本を出版するために必要な資金を集めることができるのだから。だがそれと同時に、作家がクラウドファンディングという道を進むとき、厄介なことになりうる新たな責務をその身に引き受けているのもまた、事実である。ある大手クラウドファンディング組織のひとつに勤めているトムは、この件について率直に述べた。「クラウドファンディングを実施するなら、労力をかけねばなりません。フルタイムの仕事と同じくらいに」。また、インディゴーゴーやキックスターターのような一般的な組織のひとつで、クラウドファンディングを行なうなら、資金集めに成功したとしても、本を出版するための準備は自分でしなければならない。アンバウンドやインクシェアズのような出版に特化したクラウドファンディング組織は、資金さえ集まれば、本の出版はずっと容易である。それらの組織は、プロジェクトが資金の目標額を超えた時点で、従来の出版社のようにふるまい、完成原稿の提出からさまざまな制作の段階を踏んで、最終的な印刷を経て流通へと進んでいく。それでも、提供されるサービスは、従来の出版社よりも少ないかもしれない。あるいは少なくとも、一部の作家の目にはそう映るかもしれない。

サラはツイッターを活発に利用していて多くのフォロワーがいた。時事問題に対してサラが定期的につぶやく、皮肉混じりのユーモラスでウィットに富んだコメントを、読者は楽しんでいた。2万人を超してさらに増えつづけるフォロワー数に注目したある編集者から連絡があり、ツイートを本にするために、アンバウンドでキャンペーンを開始してみないかと声をかけられた。サラは興味をそそられた。本を書こうと思ったことはなかったし、アンバウンドという社名も聞いたことがなかった。けれどもこの会社について軽くリサーチをしているうちに、本を出版するというアイデアに惹かれていった。「調べれば調べるほど、自分のしていることに、ぴったり合っているように思えました。本を書くつもりなどさらさらなかったのに、ツイッターをきっかけに話が進みました。だからツイッターのフォロワーに、私はこれまで無料のツイートをあなたたちと共有してきたけれど、本が形になったら、それを買ってくれないだろうか、そうしてもらえると本当にうれしいとツイートしようと考えました。もともとツイートで始まったというルーツからして、そうするのがぴったりだと思ったのです」。それで、サラはやってみることに決めた。アンバウンドのスタッフは、目標や返礼の設定、動画制作など資金調達キャンペーンの立ちあげを手伝い、プロセス全体の手引きをしてくれた。まもなくキャンペーン開始の準備が整った。サラは自分のフォロワーにクラウドファンディングページへのリンクをつけて、キャンペーンの詳細をツイートした。その結果、あっというまに支援が集まり、3日後には目標額を達成した。キャンペーンはさらに数ヶ月続き、目標額の3倍近くが集まった。この本の制作が始まり、美しい本が出版され、よく売れた。1000人前後の支援者に加えて、商業出版された本はハードカバー版が1000部、ペーパーバック版が数千部売れた。これはクラウドファンディングのサクセスストーリーである。作家もハッピー、出版社もハッピー。このクラウドファンディングのプラットフォームとそこで働くスタッフの働きかけがなければ存在しなかったであろう本を、数千人の読者が買って読むことができた。

最初の本の成功と、アンバウンドとの共同で作業した全般的に肯定的な経験によって勢いづいたサラは、まもなく「おそらくアンバウンドとともに同じような本をもう1冊作れば、また売れるだろう」と、次の本の出版を考えはじめた。けれども、最初の本が出版され、比較的よく売れたあと、あるエージェントが接触してきた。「ルーシーというエージェントが手紙をくれて、会って今後の計画について話をしませんかと提案されたので、会って『いまやっていること以外、目新しい計画はありません』と伝えました。するとルーシーに『もっと野心的になって、いまとは別のものを何か考えるべきだ』といわれ、いくつかアイデアを提案されましたので、それらをじっくり検討することにしました」。サラは考えれば考えるほど、いいアイデアと思えたので、ルーシーと契約することにした。アンバウンドとも続編について連絡を取りあっていたが、サラはもう別の方向に動きだしていた。ルーシーは、サラが出版すべき本について自分なりのアイデアがあり、どこと手を組んで出版すべきかについても考えていて、アンバウンドはルーシーが望ましいと考える出版社リストの下位にあった。「ルーシーは最初から誰にアプローチしたらいいかについて断固とした考えがあって、とくにある出版社と手を組みたがっていました。以前に一緒に仕事をしたことがあって、そのチームを気に入っていたのです」。ルーシーのガイドとフィードバックを受けながらサラは新しい原稿を執筆し、ルーシーが望んだ出版社〝パシフィック〟に1週間のオプション権を与えることに合意した。パシフィックはこの原稿を気に入り、5桁の相当高額な前払金で気前のいいオファーを申し出てきたので、サラはメインストリームの出版社から本を出すことになった。

ところで、なぜサラは出版界への扉を開いてくれた画期的なクラウドファンディングのスタートアップ企業から離れていったのだろうか。なぜ次作をその会社から出版しなかったのだろうか。クラウドファンディング企業はサラにとどまってほしいと願っていたし、50対50の利益分配は、どの大手出版社から提示される印税よりも、一見したところではいい条件にみえる。サラは、最初の本を出版するチャンスを与えてくれたアンバウンドに感謝していたが、エージェントと契約し、大手出版社に移る魅力にはあらがえなかった。そもそもサラはエージェントを求めていた。作家が何をすべきかについて確たる見解を持っていて、執筆した作品について有用なフィードバックを返してくれて、執筆活動とキャリアを管理してくれるエージェントを。アンバウンドからは編集上のフィードバックをたいして受けておらず、「ここここの数ワードについて」の小さな提案を少ししてもらった程度だった。いっぽうルーシーは、徹底的なフィードバックを尻込みせずに出してきた。「最初はかなり抵抗がありましたが、いろいろ考えた結果、試してみて、経過をみてみようと思いました。そして、ルーシーが正しいと気づいたのです。自分ひとりではこの場所にはけっしてたどりつけなかったでしょう」。また、マーケティングと宣伝に真剣に取り組んでくれる商業出版社から本を出版するという考えも気に入っていた。それはアンバウンドから本を出版したときに唯一感じていた不満だった。「おそらくアンバウンドの唯一の短所は、マーケティングと宣伝に関する部分でしょう。アンバウンドで出版するとき、私は作家であり、マーケターであり、宣伝係でもあって、自分以外に誰もいないように感じていました。それはおそらくリソースの問題ですね。アンバウンドはどちらかというと小さな出版社なので、自社で売上を促進するというより、独自のフォロワーのいるプラットフォームを持っている作家に依存しているわけです。ようやく本が発売されたとき、ツイッターのサークルの外にはたいして広がりませんでした。レビューが1、2件ありましたが、それくらいです」。サラは、新しい本はこんなふうであってほしくないと考えていた。「自分でマーケティングや宣伝をしなければならない状況は望んでいません」とサラはいった。それに、パシフィックのリーチのほうが長いことに疑いの余地はなかった。「宣伝部のディレクターは商業出版の世界ではかなり強い影響力がある人で、しかもこの本に夢中なんです」。もちろん、出版社との契約と前払金もあった。アンバウンドで初めてクラウドファンディングキャンペーンを立ちあげたとき、最初の数日間は心が浮きたち、感激もした。多くの人がいい反応をしてくれたし、自分の本を喜んでサポートしてくれたのだ。けれども、出版社が多額の前払金を申し出てくれて、本の制作と出版に必要な資金をすべて投資してくれて、作家は資金調達活動をする必要がないという契約は、断るには惜しかった。

それだけではない。編集者からのフィードバックや宣伝やお金だけでなく、大手出版社に移ることで、文学界でいくぶんか名前を認められるという象徴的な要素もあった。「ほかにも思うところがありました。私がこんなことをいうのは心苦しいのですが、それは正統派かどうかということです。アンバウンドが正統な出版社でないというわけではありませんし、それについての不安は克服しましたが、パシフィックのほうが名前の通りがいいのです。パシフィックから出版された本の作家は、定期的に本を出しています。私はずっとほかの作家やライティングの場にかかわることを避けてきましたが、私のなかにはそこに混じりたいと思う自分もいたのです。ケーキは食べたいけど残してもおきたいというような矛盾した気持ちです」。あまり認めたくないことだったかもしれないが、サラはパシフィックから出版することで得られる知名度や象徴資本に価値を見いだし、パシフィックのカタログにある偉大な作家たちの仲間に入ることで利益を得た。選ばれし者のクラブに入ることを許され、有名で尊敬されているほかの作家たちが囲むテーブルに誘われたみたいな気がして気分が良かった。偉大な作家たちと同じ出版社から本を出しているという事実だけで、自分もその作家らが受けている尊敬の一部が得られるとわかっていた。アンバウンドも多くのすぐれた作家の本を出版していたが、そのリストはパシフィックの作家リストとは比べものにならない。この点で、かなう相手ではなかった。

振りかえってみても、サラはアンバウンドで最初の本を出版できて満足だった。とはいえ、パシフィックに移ったことにも満足していた。「アンバウンドは一種の後方支援者《イネーブラー》でした。それは私自身が出版の後方支援を望んでいたからではなく、アンバウンドのモデルはリスクが低いからです。だから、私のような人間とともに喜んでリスクを冒してくれるのです」。また当時、サラはツイッターをひじょうに活発に利用していて、ほぼ毎日何かを投稿していた。これがそのモデルにぴったりはまっていたのだ。「オンラインコミュニティとプロジェクトがみごとに融合し機能しました」。けれども、いまは人生の別のフェーズにいる。サラは作家としてのキャリアを築きたいと考えていて、エージェントや大手出版社との関係を育てるべきと感じていた。だからといって、今後はアンバウンドからいっさい本を出さないというわけではない。アンバウンドでの経験も全体的には良い経験だったし、アンバウンドの人たちに強い尊敬の念を抱いているので、たとえばツイッター生活にまつわる本など、アンバウンドからまた別の本を出版することが妥当と感じる状況もあるだろうと想像できる。「ですから、アンバウンドとは完全に縁を切ったというつもりはありませんが、近い将来のパートナーとしてはみていません」。いまのサラの見解では、アンバウンドは最終目的地というより、むしろ足掛かりだった。

もちろん、これはひとりの作家の人生に関するひとつの物語にすぎない。ほかの作家には語るべき物語がほかにあるだろうし、どの作家もサラのように成功するとはかぎらない。実際、彼女の物語は原則というより例外のほうだ。しかし、この話はいくつかの重要な事実を提示している。第一に、クラウドファンディングは、一部の作家にとって本を出版する有効な方法になるだろうが、ほかの選択肢があるときは、かならずしも選ばれないということ。クラウドファンディングは相当な労力がかかり、それを実現するためには、潜在的な支援者のネットワークを活用できなければならない。サラにはツイッターのフォロワーが多数いて、これを行なうのに理想的な状況だったが、そのサラでさえ、チャンスを得たときは、大手出版社に移ることを選んだ。第二に、サラの物語が浮き彫りにしているのは、作家の選択は、その人が人生やキャリアのどの段階にいるかによって異なり、ある段階で賢明とみなされる選択が、かならずしも別の段階でも選択されるとはかぎらないということだ。出版分野がどんどん多様化し、多くの新たなプレイヤーがフィールドに入ってきて、さまざまな選択肢が提供されるにつれて、作家の選択肢はさらに増えた。作家は自身で描く人生の道筋のなかで、まさにサラがそうだったように、時期がちがえば、ちがう選択肢をたどる可能性もある。そして第三に、サラの物語を聞いて頭に浮かぶのは、より多様化した新たなフィールドを通じて、ひとりの作家の行動《ムーブメント》は、画期的な新興出版社から生まれるムーブメントとかかわりあうこともあれば、従来の出版社による別のムーブメントとかかわりあう可能性もあるということだ。新しい出版社とはアンバウンドやインクシェアズなどのクラウドファンディング出版社や、スマッシュワーズやKDPをはじめとする自費出版プラットフォームなどであり、従来の出版社とはパシフィックなどの昔からあるメインストリーム出版社である。組織やプラットフォームがちがえば、提供されるものがちがうし、それぞれに長所と短所がある。選ぶ立場にあるのはあくまでも作家たちだ。作家が選択肢を比較検討し、その時点で作家自身にとって、いちばん重要なものを提供してくれそうな道を選ぶのである。

第9章　ブックフリックス

メディア産業のデジタル革命は、個人や組織が新たな方法でコンテンツを制作し流通できるようにしただけでなく、コンテンツをいかに消費するかについても、新たな可能性の扉を開いた。これに関して、いちばん重大な進化は、インターネットをベースにしたオンデマンドのストリーミング型配信サービスである。このサービスはさまざまなメディア産業で生まれたが、映画やテレビの世界でその草分けとなったのは、ネットフリックスだ。ネットフリックスはもともと、1997年にリード・ヘイスティングスとマーク・ランドルフというふたりの男がカリフォルニア州で始めたビジネスだった。郵便サービスを利用したDVDの販売とレンタル業で、ブロックバスター社が直接のライバルだった(1)。ネットフリックスは1999年にサブスクリプションサービスを導入し、2007年には、インターネットを介したオンデマンドのストリーミング型動画配信サービスを開始した。動画配信事業はすぐに軌道に乗り、2011年までに加入者はアメリカで2300万人を超え、2018年にはアメリカの加入者は5800万人以上、世界じゅうの加入者は1億3700万人を超えた。ブロックバスター社は2000年代前半まで強力なライバルだったが、2010年に倒産した。そのあいだにフールーや（アマゾンプライムの全加入者が利用できる）アマゾンプライムビデオなど、ほかの映像動画配信サービスが出現し、ネットフリックスの新たな競合となった。動画配信サービスでは、映画やテレビ番組を視聴する新たな方法を顧客に提供し、最近では動画配信サービスの事業者自身がオリジナルの連続ドラマなどをどんどん制作している。視聴者は月額の利用料を支払って、これらのコンテンツをみたいときにみたいだけ、テレビやコンピューターやモバイル端末を通じて、オンデマンドで視聴できる。映画やテレビ番組、連続ドラマがそれまでよりずっと手軽に視聴できるようになり、視聴者はどこでもボタンをひとつ押すだけですぐに、大量の視聴コンテンツからみたいものを選べるようになった。

同じような進化が、音楽業界にも起こっていた。2000年代前半にアップルのiTunesが音楽のデジタル・ダウンロード・ビジネスを開拓し、消費者はアルバムだけでなく、1曲だけを99セントで購入して、端末に直接ダウンロードできるようになった。そのいっぽうで、音楽の定額制配信サービスの開発を先駆けてやっている企業もあった。なかでも重要なのがスポティファイである。同社は2006年にダニエル・エクとマーティン・ロレンツォンのふたりのスウェーデン人が設立した音楽ストリーミングのプラットフォームだ。エクとロレンツォンはナップスターとともに育ったため、いろいろな音楽をオンラインで視聴できる利点を十二分に理解しており、その経験を合法のフレームワークに組みこみたいと考えていた。海賊行為にかわる正規の選択肢を提供すれば、アーティストやレコードレーベルの支持が得られるだろう[2]。2008年10月に、ふたりは構築したサービスを開始した。これによってユーザーは、音楽レーベルやメディア企業、独立系アーティストが制作し、デジタル著作権管理（DRM）[3]で保護されているコンテンツにアクセスできるようになった。ユーザーは「フリーミアムモデル」を介してストリーム配信された音楽を自分の端末で聴くことができる。フリーミアムモデルでは、基本サービスが無料になるかわりに広告が入るが、定額料金を払えば広告に邪魔されずに高音質で、音楽を視聴できるプレミアムサービスも利用できる。2011年3月には有料会員がヨーロッパで1００万人に上り、２０１８年11月には全世界で有料会員は８７００万人、アクティブユーザーは1億9１００万人になり、サブスクリプション型の音楽配信サービス界では最大規模になった。だが、現在は２０１5年6月にサービスが開始されたアップルミュージックをはじめ、ふたつのサブスクリプション型配信サービスを提供しているグーグル、アマゾン、早くからあったディーザーを含めその他の音楽専用配信サービスと激しい競争になっている。ネットフリックスと同様に、これらの音楽配信サービスでは、ユーザーは新しい方法で音楽にアクセスでき、多量のデータベースから音楽を試聴して選び、好きなときに好きなだけ聴けるようになっている。人びとが聞いている音楽と個人との関係は変化しつつある。ユーザーは音楽を所有するのではなく、アクセスしたり、「レンタル」したりするようになり、もはや音楽を購入する必要がまったくなくなった。相当な割合のユーザーが定額料金を支払って、広告のないプレミアムサービスを利用していて、これらのサービスは強力な収益の流れを生みだすことにも成功した。

配信サービスはとくに、映画や音楽などのコンテンツに適している。これらは経済学者から「経験財」と呼ばれている。(4) 経験財とは、事前に特性を知るのがむずかしい製品やサービスのことをいう。消費者は、製品やサービスを試したり経験したりしなければ、それらの選択に必要な参考情報を得られない。もちろん、消費者は評判や、（家族・友人など）信頼できる人からの口コミ、商品レビューなど別の情報源も利用できる。が、実際にその製品やサービスを使った自らの経験が、何より信頼できる情報源である。一般的に経験財と呼ばれるタイプの製品やサービスは、レストランやバー、美容院、宿泊施設などであるが、多くのメディア商品も経験財といえる。消費者は、なんらかの方法で映画や音楽を体験したり、試聴しないかぎり（たとえば、予告編をみたり、何曲かのさわりを聴くなど）、その映画や新しいアルバムをみたり買ったりしたいかを決められない。メディア製品のこの特性を考慮すると、配信サービスで映画や音楽にアクセスできるというのは、おおいに道理にかなっている。このサービスによって消費者は、多くの製品を試し、本当に楽しめるものだけを選んでいつまでも（あるいは繰り返し）みたり聴いたりできるのだ。

配信サービス会社は、消費者が利用できるコンテンツを所有してはいないため、サービスの魅力と持続可能性は、適切な条件でさまざまな望ましいコンテンツを獲得できるかどうかにかかっている。コンテンツの獲得に一般的に利用されるのは、ふたつのビジネスモデルだ。ひとつは、定額料金の前払いライセンスモデルである。ストリーミングサービス会社は、コンテンツ所有者にライセンス料を前払いし、その見返りとして、ユーザーに規定された期間は制限なしでそのコンテンツを配信できる。ただし、そのライセンスが独占権の場合は、相当高い料金になる。これは、ネットフリックスやその他の動画配信サービスが採用しているモデルである。動画配信サービスが始まったころは、ネットフリックスは比較的低価格で、質の高いコンテンツのライセンスを獲得できた。しかし、競争が激しくなるにつれ、スタジオやメディア企業は、以前より高い価格を要求し、厳しい条件を付与するようになった。前払いライセンス料モデルによるコンテンツの獲得がどんどん高額になってきているため、ネットフリックスやその他の動画配信サービスにしてみれば、コンテンツ獲得費用を抑えられるという理由で、独自コンテンツを制作するモチベーションが高くなる。ふたつめのモデルは、固定ロイヤリティプール・モデルである。この場合、配信サービスは、事前にライセンス料を払うのではなく、その収益の一部をロイヤリティプールに投入しておいて、特定の方程式にしたがって、そこからコンテンツの所有者に料金を支払う。このモデルを採用しているのは、スポティファイをはじめとする音楽配信サービスである。サブスクリプションサービスの場合は、収益の何パーセントをロイヤリティプールに投入するかを決め（スポティファイは約70パーセント）、アーティストごとに再生またはストリーミングの割合を算出し、プールに投入した収益を、その割合に応じてレコードレーベルに支払う。アーティストがいくら受け取るかは、アーティストとレコード会社との契約によって異なる。ロイヤリティプールからの支払いは総再生数に比例する。総再生数が莫大な数字になることもある（事実上、無制限である）ため、再生1回あたりの支払額はひじょうに小さい。スポティファイは、1ストリームあたり平均0・006ドルから0・0084ドルを権利者に支払っていると主張しているが、一般的には0・004ドルから0・005ドルのあいだと見積もっている人もいる。さらに、この種の比例型の支払いモデルは、メジャーレーベルや人気の高いアーティストに有利に働く傾向があり、ひじょうに人気のあるアーティストを競争相手にしているニッチなアーティストは、ロイヤリティプールからごくささやかなシェアしか得られない。このようなメジャーレーベルや人気アーティストに有利な支払いの偏りは、1ストリーミングあたりの支払額がごくわずかである事実と合わさって、近年、アーティストやその他からの批判の大合唱を招いている。2014年には、テイラー・スウィフトが、スポティファイの悪評が爆発的に増えているなか、同社のサービスから自身の楽曲をすべて引き上げて、大きな話題を呼んだ。[5]

　配信サービスが映画や音楽の消費者に人気であることが証明されているのなら、読者相手の配信サービスはどうだろうか。動画や音楽の配信サービスが急増しはじめたのと同じころに、電子書籍の売上が指数関数的に増大してきた。したがって映画や音楽と同じように、本もサブスクリプションサービスを通して電子的にアクセスできるのでは、という考えは充分に妥当な判断である――やってみればいいのではないか。映画や音楽のように、本は経験財であるため、読んでみるまでは、その本がおもしろいかどうかは本当にはわからない。もちろんリスクを減らす方法はごまんとあるが（たとえば、スティーヴン・キング、またはリー・チャイルドの本が好きなら、それらの作家の次作もきっと楽しめるはずだ）。さらに、ほどほどの定額料金で好きなだけ読める機会は、一部のヘビーリーダーにとって経済的にあらがいがたい提案かもしれない。それは、2010年以降、電子書籍コンテンツのサブスクリプションサービス誕生を導いた、数ある利点のひとつだった。

スクリブドの賭け

2000年代前半に、ハーバード大学のふたりの学生、トリップ・アドラーとジャレッド・フリードマンが出会った。ジャレッドはコンピューターサイエンスを研究しており、トリップは物理学と芸術を専攻していた。ふたりは一緒に会社を起こそうと考えたが、どんな会社にするかは明確ではなかった。ふたりはさまざまなアイデアを山ほど検討し、スタートアップの現況やインターネットの現状を把握しようといろいろ試した。そしてようやく、あるアイデアを思いついた――それがのちにスクリブドへとつながった。トリップの父はスタンフォード大学の教授で、自分が書きあげたばかりの医学論文を発表する方法がもっと簡単であればいいのにと不満を漏らしていた。「そこで、ウェブ上で論文を読んでもらえるよう簡単に論文を公開し、共有できるサービスを作ろうと考えたのです」とトリップは説明した。「その後まもなく、サービスを拡張して、医学論文だけでなく、あらゆる種類の文章コンテンツを含め、「ドキュメントのユーチューブ」と称するもののベースを作りました。どんな種類の文書でもウェブ上ですぐ公開できるサービスです」。ふたりはベイエリアに引っ越し、インキュベーターのYコンビネータから1万2000ドル、さらにあるエンジェル投資家から4万ドル、そのすぐあとにベンチャーキャピタル投資家から350万ドルの資金を調達し、2007年3月6日にスクリブドを立ちあげた。当時の多くのスタートアップ企業と同様に、この企業の方針も、まずはユーザー基盤を構築して、できるだけ早く成長し、儲けを出す方法はあとで考えることとしていた。「そうやってグーグルもフェイスブックもスタートしていましたし、私たちも同じような考えでした」。重要なのは、企業の特徴に沿った成長の指標に焦点を絞り、その指標を最適化しつづけることだった。「私たちにとって、その指標はアップロードされたドキュメント数と、そのドキュメントへのアクセス数でした。私たちはバイラルループを機能させました。人びとがドキュメントをアップロードするようになると、そのドキュメントへのアクセス数が増え、アクセスした人のなかから、自分のドキュメントをアップロードする人が出てくる、というふうにバイラルループが始まったのです」

立ちあげた当初、スクリブドは無料だった。ユーザーは無料でドキュメントをアップロードできたし、無料でドキュメントにアクセスできた。トリップとジャレッドが収益について真剣に考えはじめたのは、設立から1、2年たってからだった。多くの技術系スタートアップ企業と同じく、収益をあげるアイデアの大半は実験的なものだった。何かを試して、うまくいくかどうかを確認し、うまくいけばそれを発展させ、うまくいかなければ捨ててほかを試す。２００８年には、サイトに広告を掲載し、ささやかな収益源を生みだした。そのあと、コンテンツ、とくに本の販売を試みた。「早い時期から気づいていたことですが、出版社は販売促進のために本の抜粋を、弊社のサービスを通じて公開していました。ですからいっそ、出版社に本を売ってもらったらどうかと考えました」。そこでふたりは、スクリブドストアを立ちあげた。すると、ビッグファイブがみなさっそく参入してきた。スクリブドは電子書籍の小売業者として、エージェンシーモデルで電子書籍を販売した。しかし、これはあまりうまくいかなかった。ユーザーはコンテンツにお金を払いたがらず、払うならアマゾンで払う確率が高かった。したがって、この実験は失速した。「まったくうまくいきませんでした」。次に試したのは、当時人気があったもうひとつのモデル、プレミアムモデルの実験だった。このプランは、広告のない読書体験、アクセス無制限、ダウンロード無制限、コンテンツのプリント無制限など、いくつかのプレミアムサービスのサブスクリプション料として月8・99ドルを請求するプランだった。2010年にこのモデルの実験を開始した。その時点で月間の訪問者数は約8000万人に達していた。しかし、一部のユーザーの反応が悪く、怒りのメールが届いた。またインターネット上のフォーラムで怒りをぶちまけるユーザーもいた。多くのユーザーが去り、二度と戻ってこなかった。それでも、かなり多数のユーザーはそのまま残り、その多くがプレミアムサービスへの加入を選んだ。トリップは、これは質の高いコンテンツと良好なユーザー体験の組み合わせのおかげだと述べた。「ほかにはないコンテンツのライブラリがあり、コンテンツを閲覧して試し読みするという独自の体験を作りだしました」。収益をあげる仕組みとして、プレミアム・サブスクリプションモデルは、広告よりもはるかに効果的で、サイト上でのコンテンツ販売よりもずっとうまくいった。その結果、2012年には黒字に転換した。

しかし、収益はあがったものの、事業拡大のスピードはあまり速くなかった。プレミアムサービスにもっと質の高いコンテンツを投入して、サブスクリプションモデルを促進する必要があった。ネットフリックスやスポティファイは右肩あがりで、これまでコンテンツをアラカルト形式で個別に販売していたメディア産業を、サブスクリプション型サービスにみごとに転換させたとふたりは認識していた。スクリブドにはストアに多くの電子書籍があったが、売れ行きは芳しくなかったので、コンテンツを売るよりも、プレミアムサービスを広めるほうが、コンテンツではるかに多くの収益があげられると気づいた。そこで、出版社と提携して、出版社の本をサブスクリプションサービスに組みいれて、プレミアムユーザーが利用できるようにすれば、自分たちも出版社もさらに稼げるのではないかと考えた。ネットフリックスが映画やテレビ番組でしたように、またスポティファイが音楽でしたように、スクリブドは本でそれができる。電子書籍のサブスクリプションサービスを提供し、ユーザーは毎月の購読料を払うかわりに、サービス内の本に無制限にアクセスできるようにするのだ。スクリブドにはすでに多くの要素が備わっていた。読書プラットフォームがあり、膨大な数のサイト訪問者がおり、有料購読者が多くいるサブスクリプションサービスもあり、電子書籍の需要があり、ビッグファイブを含む多くの出版社とも、すでに関係を育んでいた。

いまや問題は、サブスクリプションサービスに電子書籍のライセンスを供与してくれるよう、どうやって出版社を説得するかだった。電子書籍のサブスクリプションサービスはこれまで誰もやったことがなかったので、いかに運営すればいいのか、権利を供与してくれる出版社がいるのか、出版社にとって経済的に価値があり、スクリブドにとっては、経済的に実行可能な条件で権利を獲得できるかどうかは未知だった。そこで、スクリブドは出版社と交渉を行なった。ネットフリックスやスポティファイがすでに存在しているという事実があるため、話はしやすかった。これらの企業を例に挙げて、このモデルがほかのメディア領域で機能していると示せたからだ。しかし、それでも簡単には進まなかった。スクリブドが話をした出版社の多くは、「冗談じゃない。電子書籍のサブスクリプションサービスなんて、うまくいくはずがない」という反応だった。そう考える理由はいろいろあった。人びとは音楽のように多くの本を消費しないので、消費者に価値のある案としてはそれほど魅力的ではない。つまりライセンスの問題は乗り越えがたいし、作家にとって公平な方法で契約を結ぶのは不可能なようだった。サブスクリプションサービスで読書するようになれば、電子書籍の売上が食われ、出版社は損をするのではないか、などなど。ようするに、温かく歓迎してもらえなかったのだ。「出版業界の多くの人に話を持ちかけました」とジャレドは振りかえる。「10人中9人くらいから、こんなアイデアはうまくいきっこないとか、頭がおかしいとか、諦めたほうがいいといわれました」。それでも、ふたりは諦めなかった。ベイエリアの小さな出版社、ベレット・ケーラーとインナー・トラディションズの2社が、このサービスへの参加を決めてくれたため、それなりに成功を収めたが、このサービスを軌道に乗せるには、複数の大手出版社が参入してくれる方法をみつける必要があった。これに大きくかかわるのが、出版社への支払いに用いた料金モデルだ。ネットフリックスが導入している前払いのライセンスモデルや、スポティファイが導入しているロイヤリティプール・モデルのことは知っていたが、電子書籍には明らかにどちらのモデルもうまく機能しそうにない。出版社が前払いのライセンス料モデルの利用に納得したとしても（それは可能性が低いが）、この方法では、支払うべきコンテンツのライセンス料があまりにも高くなる。いっぽうロイヤリティプール・モデルは、すべてのリスクを負うのはコンテンツ所有者なので、メインストリーム出版社から強い反発がある。そんなとき、ビッグファイブのひとつで経営幹部を務めたことがあり、彼らの懸念をよく理解している助言者のひとりから、「閾値」モデルあるいは「ペイ・パー・ユース」モデルと呼べるような別のモデルが提案された。これは、ユーザーが特定の閾値を超えると、その本が即金で購入されたかのように、スクリブドが出版社に代金を支払う仕組みである。これに基づいてスクリブドが考えた案は次のようなものだった――本の20パーセントが読まれた時点でスクリブドは出版社に本の価格の80パーセントを支払う。閾値自体は出版社によって異なるが、想定は20パーセントだった。

出版社にとって、この閾値モデル、つまりペイ・パー・ユース・モデルは、まちがいなく魅力的だった。リスクが出版社からサービスプロバイダーへ移動し、ユーザーが本の20パーセントを読んだ時点で、その本は売れたものとして出版社にその代金が確実に支払われるのだ。ユーザーが本を読みおえようが、おえまいが、もう1文を読み進めるかどうかさえ関係なく、20パーセントという閾値に到達しさえすれば、支払いが発生する。このモデルでも、読者がさわりだけを読んでは次の本を読みはじめてばかりいて、どれも20パーセントの閾値に到達せず、出版社はこの閾値以下の読書活動に対して何も支払われないという場合もありうるため、依然として共食いのリスクはある。けれども、そのリスクはロイヤリティプール・モデルよりもはるかに低い。さらに重要なことに、読者が20パーセントの閾値に達したとき出版社に支払われる金額がずっと高く、その価格は出版社が設定するため、出版社のコントロールの範囲内に収まる可能性が高かった。しかし、閾値モデルでは、サービスプロバイダー（この場合はスクリブド）に大きなリスクが伴う。なぜなら、スクリブドはこのサービスの購読者が平均的にほとんど本を読まないだろうとみなしていたからだ。もし、すべてまたは大半の購読者が毎月数冊の本を読み、あるいは毎月複数の本を20パーセント以上読んだとしたら、出版社への支払いは、月額8・99ドルのサブスクリプション料で得られる収入をはるかに超える。したがって、スクリブドの視点からすると、このモデルの実行可能性は、購読者に含まれるヘビーリーダーが比較的少数で、ヘビーリーダーが読んだ本の支払いは、ほとんど本を読まない、あるいは20パーセントの閾値をめったに超えない多くのライトリーダーによって相殺されるという前提に依存している。ようするに、これはトレーニングジムが採用しているモデルの一バージョンである。毎日ジムに通うヘビーユーザーは少数で、ジムの会員の多くはごく稀にしか行かないか、まったく行かない。定額制ビジネスの一般原則では、おおざっぱにいって、3分の1のヘビーユーザーを支援するために3分の2のライトユーザーが必要である。会員すべての利用パターンがヘビーであれば、ジムでランニングするのであれ、本のサブスクリプションサービスを利用しているのであれ、その仕組みは破綻する。

スクリブドはこのリスクを充分承知のうえで、このサービスを開始した。つまり、このモデルが自分たちにとって経済的に有効なのは、ジムモデルが本でうまく機能し、大半の利用者がやる気満々でジムに申しこんだもののほんのたまにしか行かない人びとのようであった場合のみとわかっていた。それでも、自分たちには選択肢がほとんどないこともわかっていた。大手の商業出版社に参入させたいのなら、機能するのはこのモデルしかないのはまちがいない。そう感じていた。これはギャンブルであり、博打であり、計算づくの賭けだった。最終的にうまくいくかどうかはわからないが、やってみなければ結果は出ない。「だから、やってみることにしたのです」とトリップはいった。「やっていくうちに、最適化する余地があるだろうと考えました」。まず、多くの中小出版社と契約を交わし、多くの自費出版の本、とくにスマッシュワーズの本を追加した。その後、ビッグファイブのひとつ、ハーパーコリンズを引きいれ、電子書籍の全既刊本（1年以上まえに出版された電子書籍すべて）を利用できるようにした。ハーパーコリンズの参入によって、電子書籍のサブスクリプションサービスを開始するのに充分なコンテンツと信頼性が得られたと判断したトリップらは、2013年10月1日にサービスを開始した。2014年5月にはサイモン&シュスターがスクリブドで電子書籍の既刊本を利用できるようにすると決め、2015年1月にはマクミランがそれに続いた。いまや、ビッグファイブのうち3社がこのサービスに参加していた。場合によっては、主要な出版社の参加を促すために、多額の前払金が支払われた。2014年11月には、オーディオブックが3万タイトル追加され、加入者は8・99ドルのサブスクリプション料のままで、これらのオーディオブックに無制限にアクセスできるようになった。こうして規模が急速に拡大し、膨大な数の本が加入者に提供されるようになった。

しかしまもなく、問題が起きた。問題は「もっとも忠実な最高のユーザーは、もっとも収益性の低いユーザーでもある」という閾値モデルの根底に潜むパラドックスから生じていた。利用者が消費すればするほどコストが高くなり、もっともヘビーなユーザーは最大の障害となる。これによって、逆誘因《リバース・インセンティブ》構造が生まれ、プロバイダーはヘビーユーザーの利用を制限したり、抑えたりする方法を探しはじめる。電子書籍とオーディオブックのサブスクリプションサービスの開始後、スクリブドの財政状態は急速に悪化し、黒字企業から赤字企業に変わってしまった。なんとかして損失を止める方法をみつけねばならなかった。利用パターンを調べたとき、ヘビーユーザーのパラドックスがとくに目立つ分野がふたつみつかった。ロマンス小説とオーディオブックである。「ロマンス小説の読者は、大半の読者よりも多くの本を読むことが明らかになりました。月に100冊は読むのです」とトリップは説明した。「これらの読者が原因で、ビジネス全体が崩壊しかけているので、なんらかの調整が必要でした」。スクリブドは2015年6月から、ロマンス小説の90パーセントを取り除くという思い切った決断を下した。「高価な小説はすべて抜きました。ことの発端は、ハーレクインとの契約です。この契約でハーレクインのカタログにある本は、ほぼサービスに含まれるようになり、それの支払額が指数関数的にあがりはじめたのです」。オーディオブックの問題も同様だった。「視聴活動はかなり活発で、数ヶ月後にはオーディオブックだけで月に100万ドルほどの損失が出ました」。そこでこれも変更し、8月には、オーディオブックは月1冊までに利用を制限したのだ。

このふたつの変更により、資金の流出はストップしたが、それでもやはり、採算が取れなかった。したがって、その時点で決断を下さねばならなかった。この使い放題のモデルのためにベンチャーキャピタルから資金を調達するか、それともモデルを変えて収益のあるサービスにするか。トリップらはモデルを変更すると決め、2016年春に毎月3冊まで読めるシステムに切り替えた。トリップは語った。「ロマンス以外で、月に3冊以上読んでいる購読者は3パーセント程度しかいません」。こうして、利用できる本の数をさらに減らして少ない作品を無制限で提供しつづけるのではなく、利用を月3冊に制限し、すべての人にさまざまな本を提供することにしたのだ。ただし、ふだんから多くの本を読んでいる3パーセントの人たちを失望させる危険はあった。

このような利用規約の変更に対して、ソーシャルメディアやマスコミの反応は、あまり良くなかった。あるユーザーは次のような不満を漏らした「「おとり商法」には心底がっかりしました。私は熱心なフィクションの読者ではありませんので、通常は月に1〜3冊しか読めませんが、参考図書としてノンフィクションの本はずいぶん活用していました。もう私はこの「サービス」を利用しないつもりです。ほかの人にも私の経験を話し、警告するつもりです。この変更は高くつき、この会社は収益を失うでしょう[6]」。また「熱心な読者として、やっと加入したのに1ヶ月後にこんな通知を受け取るなんて。本当に腹が立つ」と別のユーザーも不満を語っている。[7]トリップは厳しい時期だったと認めている。「みんなを怒らせたみたいでした。映画や音楽で起こったことを考えると、無制限に使えて当然と思われているからです。長期的には、本気で無制限のモデルを実現したいと思っていますが、それを実現させるには、出版社の協力が必要です」。いいかえれば、トリップの考えでは、無制限のアクセスは、出版社がプール・モデルを積極的に受けいれ、スクリブドが費用を厳しくコントロールできる場合にのみ機能する。出版社がそれを受けいれず、支払いに閾値モデルを使わざるをえない場合、制限的な利用がサービスを機能させる唯一の現実的な方法と思われた。そして実際のところ、一部のユーザーから不満が出たにもかかわらず、キャンセル数は比較的少なかった。「実際のデータをみれば、成長が緩やかになっていますし、キャンセルも出て新規加入数が少なくなっていますが、成長の大幅な鈍化はみられませんでした」

利用規約にこのような大幅な修正を加えたことで、スクリブドは黒字に転換し、その後もコンテンツの追加、ユーザー体験の改善、加入者数の増加という課題に取り組みつづけた。ドキュメント、書籍、オーディオブックに加え、2016年11月には雑誌を追加し、〈タイム〉、〈フォーチュン〉、〈ピープル〉、〈ブルームバーグ・ビジネスウィーク〉、〈フォーリン・ポリシー〉〈ニューヨーク・マガジン〉など、さまざまな雑誌を無制限に読めるようにし、ほかの雑誌もその後追加された。そして2017年5月には、〈ニューヨーク・タイムズ〉、〈ウォール・ストリート・ジャーナル〉、〈ガーディアン〉、〈フィナンシャルタイムズ〉、NPRのウェブ版、〈プロパブリカ〉など、いくつかの主要新聞や人気ニュースサイトのセレクト記事を追加した。その狙いは、ドキュメントや本、オーディオブック、雑誌、新聞記事など、多くのさまざまなコンテンツへのアクセスを提供し、それらすべてをひとつのサブスクリプション料でまとめることだった。そうすれば、さまざまなコンテンツを連携させて発見可能性が高まるし、ユーザーは、ある形態のコンテンツから別の形態のコンテンツへと、シームレスに行き来できるようになる。

2017年春までに、スクリブドの有料会員は50万人を超え、毎年約50パーセントずつ会員数が増え、2年後の2019年1月には会員数が100万人を超えた。新たな会員を募集するために、広告やその他の方法を使わなければならない多くのサブスクリプションサービスとはちがって、スクリブドの新規加入者の大半は、毎月1億5000万人に上るサイトの訪問者から生じていた。重要なのは、いったん加入した人や、無料トライアルを始めた人をつなぎ留めておくことで、そのためにはコンテンツを増やし、ユーザー体験を個別化する必要がある。「加入を続けようとユーザーに思わせるには、サービスを使いはじめた最初のセッションで、適切なユーザーの目の前に。適切なコンテンツを提示することです」とトリップは説明した。「ある会員がとどまるかどうかを示すいちばんの指標は、会員が加入してすぐサービスを利用し、本を読みはじめるかどうかであると、私たちは突きとめました。ですから基本的に、ある月、とくにサービスを使いはじめた最初の月か最初の週、もしくは最初の日に、実際にサービスを使って本を読む加入者の数を最適化しようとしています。私たちはフロントエンドとバックエンドの両方で、つねにこれを最適化しようと試みています。フロントエンドでは、ユーザーがどのように本を発見して読むかというユーザー体験を、バックエンドでは、どのようなコンテンツをおすすめとして表示するか。この最適化に努めています」。さまざまなサブスクリプションサービスと同じく、レコメンデーションエンジンで用いられるアルゴリズムは、この個別化の重要な鍵である。「私たちは数多くのさまざまな方法を使って、レコメンデーションを実施しています」とトリップは話した。「誰かが特定の本を読んでいるとき、その本を読んだ別の読者が、一般的にほかにどんな本を読むのかを確認します。そして、文章の類似度を調べます。たとえば再生可能エネルギーについて語っている部分が多い場合、再生可能エネルギーを話題にしている別の本を探し、そのような方法で類似した本をマッチさせていきます。世の中には数多くのさまざまなシステムがありますが、私たちはとにかく自分たちのレコメンデーションシステムを一貫して最適化しつづけています」。スクリブドで大きな役割を果たしているひとつの特性が、コンテンツ《クロスコンテンツ》を横断するレコメンデーションである。ようするに、読者がある雑誌記事を読んでいるとき、スクリブドは内容が似ている本をレコメンデーションし、本を読んでいるときは関連する記事をレコメンデーションする。「このクロスコンテンツレコメンデーションのおかげで、私たちの独自の立ち位置が確保できたのです」

　スクリブドは、電子書籍とオーディオブックのサブスクリプションサービスの構築に成功し、収益をあげ、成長も順調であるが、ネットフリックスやスポティファイなどのサブスクリプションサービスに比べると、規模はまだ小さい。ビッグファイブの出版社のうち3社を含む相当多くの出版社を説得して、既刊の電子書籍を読めるようにしたし、閾値モデルを機能させる方法もみつけた。それは、最初からスクリブドを導いてきた、きっちりと形づくられた計画によるというより、試行錯誤や延々と続く反復作業に近かった。「何か壮大な計画があるようにみえるかもしれませんが、何度も反復を繰り返して、ようやくこの光景にたどりついたのです」とトリップは説明した。スクリブドのようなスタートアップ企業の場合、積極的に大胆な挑戦をして、その後微調整してうまく機能させていくのが大切だ。いいタイミング、ここいちばんという場面での分別のある決断、そしてたっぷりの幸運が絡みあい、スクリブドは軌道に乗った――少なくともいまのところは。とはいえ、このビジネスを試みたのはスクリブドだけでない。だが、ほかの企業はそれほど幸運ではなかった。

オイスターの栄枯盛衰

トリップとジャレッドが、電子書籍を追加することで、文書のサブスクリプションサービスを拡大する方法をみつけようとしていたのとほぼ同じころ、ニューヨークでは、大学を卒業したばかりの23歳の若者が、同じようなことを考えていた。エリック・ストロンバーグは、デューク大学で歴史学と経済学を専攻し、ニューヨークのハンチという技術系のスタートアップ企業に入社した。ハンチはレコメンデーションエンジン技術を開発していた。2011年に同社がイーベイに売却されたあと、エリックは自分の会社を立ちあげようと決意した。当時は、電子書籍の売上が上り調子になってきたところで、エリックはスポティファイをみて刺激を受け（「音楽の聴きかたが変わりました」）、このふたつの出来事を考えあわせて、どうすれば電子書籍のサブスクリプションサービスを開発できるかを考えはじめた。スポティファイの良いところはとくに、レコメンデーションエンジンと聴取体験とが組み合わさっている点だった。エリックの見方によると、スポティファイがサブスクリプションサービスであるという事実よりも、こっちのほうがはるかに興味深いものだった。「サブスクリプションサービスに興味はありませんでした。本当に興味があったのは、サブスクリプションサービスによって可能になることです。何かをみつけたり、レコメンデーションされたり、ワンクリックで曲を選んだり、試聴もできる。それがみなひとつのアプリケーションに収まっているところです。ひとつの場所でいろいろなことができるというのが、サブスクリプションモデルから得たヒントでした」。出現しつつある電子書籍の世界で、エリックが真似をしたいと考えていたのは、このオール・イン・ワンの体験だった。

2012年2月、エリックは出版社、エージェント、作家など出版業界の人びとと話をして、この業界がどのように機能しているのかを理解し、電子書籍のサブスクリプションサービスというアイデアを、この業界の人びとが受けいれるかどうかを探った。トリップやジャレッドと同じようにエリックも、出版社はこのアイデアにあまり前向きではないと感じた。「2012年は、多くの人がまだデジタルを理解しようとしているところでした。その混沌のなかにサブスクリプションサービスを加えるというのは、すでに複雑な二次元のチェス盤を、きわめて複雑な三次元のチェス盤にしてしまうようなものでした。人びとは複雑さが増すことを望んでいませんでした」。出版社の熱量が当初は低かったが、それに左右されることなく、エリックは粘り強く話を持ちかけつづけた。エリックは、アンドリュー・ブラウンとウィレム・ヴァン・ランカーを、オイスターの共同創設者として仲間に加えた。3人は事業計画を立て、シリコンバレーで投資家にアイデアを売りこんだ。「私たちは、自分たちが本気だと示す必要がありました」。エリックは説明した。「投資家に後押ししてもらえるようになれば、出版社も、少なくとも数年間は、私たちが出版界に存在するつもりだとわかるでしょう。そこが重要でした」。2012年10月には、ピーター・ティールが率いるサンフランシスコのファウンダーズ・ファンドなどから、300万ドルのシード資金を調達した。この初期資金による後押しを得て、3人はアプリケーションの構築を開始し、出版社と契約を結びはじめた。

このサービスに電子書籍を提供してくれるよう出版社を説得するのは、簡単ではなかった。エリックは、出版社に接触して口説き落としてもらうために、出版界で長年働いてきて、この業界の多くの人びとに知られ信頼されている、マット・シャッツという人物を引きいれた。出版社へ売りこむにあたって、重要な主張がふたつあった。ひとつめは、このビジネスモデルが魅力的であること。スクリブドのように、オイスターも出版社にコンテンツを引き渡してもらうために、閾値モデルかペイ・パー・ユース・モデルを用いることにした。オイスターには、コンテンツのライセンス料を先払いで支払う（ネットフリックス方式）ためのリソースはないし、ロイヤリティプール・モデル（スポティファイ方式）を提案したところで、大手出版社はうんといわないとわかっていた。したがって、大手出版社の参入を望むなら、ペイ・パー・ユース・モデルが唯一の現実的な選択肢だった。閾値として支払いが発生する厳密な数字は、出版社ごとに交渉した。パーセンテージは固定されてはいないが、概して10〜20パーセントのあいだだった。読者がある本を閾値と決めた割合以上読めば、オイスターはその電子書籍のデジタル価格を出版社に支払う（ただし出版社ごとに取り決めた率で割り引く）。

ふたつめの主張は、サブスクリプションモデルへの参入は、発見可能性の問題を解決するための、うってつけの方法であるというものだった。出版社がこの件を懸念していることを、オイスターの創設者たちは知っていた。ボーダーズが経営破綻し、その他の実店舗書店も圧迫されつづけているし、本について話し合ったり、批評したりする場所だった別冊付録の書評特集やその他のメディアスペースが減少していて、読者がまだ知らない本を発見できる場所がどんどん減っていた。このような発見の場が減少しているのならば、読者はいかにして出版社の本をみつけているのだろうか。オイスターの売り込みのひとつが、このような状況下で、電子書籍のサブスクリプションサービスは、読者に新しい本の発見を促し、出版社に利益をもたらすという点だった。エリックは次のように説明した。「私の胸が躍ったのは、ネットフリックスでは、検索とは対照的に、発見によって見いだされるコンテンツの約80パーセントが古いコンテンツであるという統計データです。またスポティファイでは、聴かれている曲の約80パーセントが新譜以外の曲です。いっぽう、アップルやアマゾンなどの小売プラットフォームでは、発見を通してみつけられているのは、わずか20パーセントで、80パーセントが検索で見いだされています。ですから、サブスクリプションは、人びとに作品を発見させるのがひじょうに得意なのです」。顧客が新しいものをみつけるには、望んでいるものを正確に把握していて、それを検索エンジンで探すか（自分が欲しいものがわかっていれば、アマゾンではみごとにそれをみつけることができる）、あるいは、正確にわかっていなくても「ある特定の種類の」ものが欲しいとわかっている場合のどちらかだ。「ある特定の種類のものが欲しい」場合と、「具体的なあるものが欲しい」場合とのあいだには、大きな隔たりがある。特定の種類のものが欲しい場合は、みごとにデザインされたレコメンデーションエンジンが、真価を発揮しうる。さらに、そのレコメンデーションエンジンが、あるサブスクリプションモデルと結びつけば、その能力の効果は倍増する可能性がある。それは、サブスクリプションモデルは購入というハードルを取り除くという単純な理由による。読者（またはリスナー）は、本（あるいはアルバム）を試し読み（または試聴）したり、好きなだけ読んだり（あるいは聴いたり）して、最後まで読むなり、やめるなり好きにできる。そしてやめると決めたら、ほかを試せばいいのだ。1冊の本や1枚の音楽アルバムを最後まで読んだり聴いたりするほど、それを気に入るかどうか決めるために、それらを買う必要はないのだ。購入というハードルは、人びとが新しいものを試すことを妨げる摩擦を生む。そのハードルを取り除けば、人びとが試す確率が高くなる。「サブスクリプションモデルは、世界でもっともすぐれたブラウジング体験を創造しているのです」とエリックはいい切った。サブスクリプションモデルはとくに、既刊本など古いコンテンツやベストセラーでない本を、読者に発見させるのに適している。なぜなら、レコメンデーションエンジンは、ユーザーを既刊本やベストセラーリストに載っていない本へと、深く深くいざなうようにギアを入れ替えることができるからだ。これは多くの出版社にとって、心地のいい調べだった。出版社は書店や書評メディアの減少を憂いていて、自社の本の発見可能性を高め、既刊本の価値を引きだす方法を探していたからである。

最初に参入したのは、小規模出版社や専門分野に特化した出版社の一部だった。ビッグファイブを説得するのはなかなかむずかしかったが、サービスの規模と信頼性を高めるには、欠かせない存在だった。ハーパーコリンズが既刊本リストの10パーセントをサービスに組みこむことに同意したとき、エリックらはやっと、サービスを開始するのに充分なコンテンツが揃ったと感じた。「誰もが最初に尋ねるのは「ビッグファイブのどれかと一緒に仕事をしているのか」だとわかっていました。そして、ノーという答えとイエスという答えに大きな違いがあることも、もちろんわかっていました」。ハーパーコリンズの参入に合わせて、オイスターは2013年9月5日にサブスクリプションサービスを開始した。これはスクリブドが西海岸で電子書籍のサブスクリプションサービスを開始する、わずか数週間まえのことだった。オイスターは本のネットフリックスと報じられ(8)、1ヶ月9・95ドルで、電子書籍10万冊にアクセスできるサービスを提供した。会員はハーパーコリンズの既刊本の10パーセントだけでなく、ホートン・ミフリン・ハーコート、ワークマン、ロデイル、その他の小規模出版社の本に加え、スマッシュワーズから出ている大量の自費出版本も利用できた。

オイスターは2013年末から2014年にかけて、ユーザーインターフェースを開発し、ほかのプラットフォームへも機能を拡張し、コンテンツを追加して、サービスの拡充を続け、購読者数を増やした。2013年末には、ハイランド・キャピタル・パートナーズをはじめとするベンチャーキャピタル企業から、さらに1400万ドルの資金を調達した。2014年5月に、ハーパーコリンズとの契約を拡大し、既刊本が100パーセント含まれるようになっただけでなく、同月にサイモン&シュスターの既刊本もすべて利用できるようになった。2015年1月には、マクミランが既刊本1000冊をオイスターに組みいれることを発表し、同月の後半にオイスターはポッターモアと契約を締結し、『ハリー・ポッター』シリーズとその関連書の全10冊が、サブスクリプションサービスで利用できるようになったと発表した。2015年3月に、マンハッタンのミッドタウンにあるロフトを改造したオイスターの本社で、私がエリックと会ったとき、そこにはわくわくするような興奮した雰囲気が漂っていた。当時のオイスターでは、100万冊の本を利用できて、ビッグファイブのうちの3社とトップ10の出版社のうちの8社が、サービスに参入していた。さらに『ハリー・ポッター』シリーズを取りこんだのは、みごとな戦略で（「私たちにとって、信じられないほどの衝撃でした。世間の人びとにとってこれがどれほど大きな意味を持つかを、私自身も過小評価していました」とエリックはいった）、サービスは好評を博し、ビジネスは成長の一途で、従業員がさらに増えた。このスタートアップ企業は軌道に乗っているようにみえたし、電子書籍のサブスクリプションモデルは機能しているようだったし、可能性は無限だった。というか、無限であるようにみえた。

ところが、私たちが会話をしてからわずか6ヶ月後の2015年の9月21日、サービス開始から2年後に、オイスターはサービスを終了すると発表した。報告によると、エリックやその他オイスターのチーム数名はグーグルに加わり、グーグルはオイスターのスタッフの一部を雇用する権利を得るために、投資家らに約1500万〜2000万ドルを支払ったとされている——ようするに、オイスターはサービスを停止し、グーグルにオイスターのスタッフの一部をアクハイア〔acqhire：買収（acquire）と雇用（hire）を組み合わせた用語〕されたのだ。[9] グーグルはビジネスを買わず、プロダクトと技術と編集チームを買って、自社に取りこみ、自社のビジネスを改善したわけだ。では、いったい何が悪かったのか。なぜ、軌道に乗りかけているようにみえたスタートアップ企業が、ふいに潰れたのだろうか。

外部の評論家の視点でいけば、問題は明らかに、ビジネスモデルにあると思われたかもしれない。閾値モデルやペイ・パー・ユース・モデルは、たしかに船を沈めた穴だった。オイスターは、読者が本を10〜20パーセント読んだ時点で、出版社に電子書籍の価格の全額を支払うと同意したことによって、ビジネスモデルに自社を縛りつけてしまった。このビジネスモデルによって、購読料で集められる額以上の費用を、出版社に支払わねばならなくなり、結果として手元資金が流出し、黒字転換への望みが打ち砕かれた。そのせいでオイスターは失敗したように思われる可能性は高いが、じつはこれがおもな理由ではない。オイスターは、ある程度は利益をあげていた。おもな問題は、オイスターが購読者の数を充分なスピードで増やせず、新規顧客の獲得に費用をかけすぎたことだ。

ほかのサブスクリプションビジネスでも同じなのだが、オイスターの存続は、いわゆる顧客獲得単価（CPA）と、顧客生涯価値（LTV）との比率に依存していた。CPAとは、（広告やその他の方法で）新規顧客を獲得するために費やした月あたりの費用を調べ、その額を正味の新規契約者数（つまり、契約者数から解約者数を引いた数）で割ると算出できる。LTVは、各ユーザーに対して毎月いくら儲けているかを計算し、その数値に、平均的なユーザーがサービスを利用しつづける月数（実際の解約率に基づく）を掛けることによって、算出できる。オイスターのようなサブスクリプションビジネスの投資家は、一般的にCPA対LTVが1対3か1対4の比率になることを期待している。これは新規会員を獲得するために使う1ドルに対して、3ドルか4ドルの生涯価値を生みだしていなければならないことを意味する。

オイスターでは、利用者ひとりあたりから得られる利益はわずかで——サブスクリプション料10ドルあたり、約8ドルが出版社に支払われ、黒字はわずか2ドルほどだった。オイスターはレコメンデーションエンジンをひじょうに効果的に使って、費用があまりかからないわりに（たとえば費用が9ドルより3ドルの本）、読者を同じくらい満足させる本へと読者を導いていた。したがって、粗利益は出ていたが、差益が小さかった。そのいっぽうでオイスターは、新規会員を獲得して会員数を増やすために、多くの資金を費やしていた。

おもにフェイスブックやグーグルで表示される高額なオンライン広告を使って宣伝した。さまざまなメッセージや、さまざまな時間帯の広告、費用が安い時期に資金を費やすなど、賢くお金を使うように気を配ったが、それでも新規利用者を獲得するためには、新規利用者ひとりあたり40ドルから50ドルもの高額なコストがかかっていた。その結果、CPA対LTVの比は1対3や1対4に近づくどころか、むしろ遠のいた。「加入者が不採算だったということではありません。利益はあげていました」と、元関係者は説明した。「それでも、契約者を増やすために費やした額が、やはり高すぎたのです」。この元関係者の考えでは、オイスターが失敗したのは、広告に頼りすぎて「自然発生的な獲得」、つまり「顧客一人ひとりを買うのではなく、利用者自身の言葉をシェアしてもらう」口コミを無視したことだ。潜在的な投資家を満足させるCPA対LTV比の確保より、広告を使ってできるだけ早く会員数を増やすことに注意を向けすぎていた。だが、このCPA対LTV比は、投資家にとって重要な指標だった。オイスターが、すばやく会員数を増やし、業界の期待に沿うようなCPA対LTVの比を維持していることを示せていたら、シリーズB資金調達ラウンドで、積極的に参加する投資家をみつけられただろう。しかし、けっきょくはシリーズBで資金が集められず、このまま投資が得られなければビジネスを継続できない財務状況に陥った。したがって、次のステップとしては、婉曲的に「戦略的な金」と呼ばれるものを探すしかなかった。つまり、オイスターのビジネスを買い、その全体または一部を自社のビジネスと統合したいという企業を、探さねばならなかった。その結果がグーグルとの取引である。

これは、スクリブドが生き残り、オイスターが失敗した理由の説明にもなる。スクリブドはドキュメント事業を開始したあと、電子書籍のサブスクリプションサービスを開発したので、すでにサイト訪問者が毎月約1億5000万人いて、きわめて大規模な既存の利用者層と、既存のサブスクリプションサービスがあった。そのため、その既存の利用者層に対して、新たな電子書籍のサブスクリプションサービスを売りこむことができた。いいかえれば、既存のユーザーや訪問者の一部を、有料会員に引きいれることに労力を集中できたため、新規会員ひとりを獲得するためのコストは実質的にゼロだった。いっぽうオイスターは、ユーザーに接触して新規会員を獲得するために、有料広告を使っており、新規会員ひとりあたり40～50ドルの費用がかかっていた。成功しているサブスクリプションサービスの大半は、サービス開始当初からなにかしら有利な要素があった。ネットフリックスは、家電メーカーと契約して、DVDプレイヤーに無料お試し会員クーポンをつけたり、ウォルマートと契約して、その顧客をネットフリックスに誘導したりしていた。スポティファイはフェイスブックと契約して、数百万人のユーザー候補にリーチしていたし、スクリブドは既存のドキュメント事業を持っていた。オイスターはゼロからのスタートだった。ようするに、顧客ひとりあたりの獲得費用が、オイスターは高くてスクリブドは低かったので、オイスターは沈み、スクリブドは生き残ったのだ。

顧客ひとりあたりの獲得費用の高さが、オイスター撃沈のおもな理由だ。だが、電子書籍のサブスクリプション領域に別の大企業が現れて、思いがけない事態になったことが、もうひとつの理由だったのはまちがいない。

キンドルアンリミテッドがシーンに登場

スクリブドとオイスターがサービスを開始してから、9～10ヶ月後の2014年7月、アマゾンが、独自の電子書籍サブスクリプションサービスであるキンドルアンリミテッドの開始を発表した。これは、201

1年に開始されたキンドル・オーナーズ・レンディング・ライブラリ（KOLL。第7章参照）とは別の独立したサブスクリプションサービスである。いっぽうKOLLは、キンドルを持つアマゾンプライム会員が、キンドルストアから電子書籍を月に1冊借りられるという、アマゾンプライム会員の特典である。もういっぽうのキンドルアンリミテッドの加入者は、利用料として月額9・99ドルを支払えば、約60万冊の電子書籍と約2000冊のオーディオブックを無制限《アンリミテッド》に利用できるようになる。電子書籍はキンドルで読めるし、アプリケーション版のキンドルを使えば、ほかの端末でも読める。アマゾンの規模と、多くの読者が電子書籍を読むためにすでにキンドルを使っていることを考えると、アマゾンが開始したこの新しいサービスは、できてまもないサブスクリプションサービスのスタートアップ企業2社にとって、深刻な脅威になりかねなかった。表面的には、キンドルアンリミテッドは、スクリブドやオイスターとそっくりのサービスにみえた――どれも10ドル以下の利用料で、読み放題であるところなど。けれども、じつは重要な違いがあった。とくに重大な違いは次のふたつである。

第一に、キンドルアンリミテッドは、ほかの2社とは別のビジネスモデルである、混合モデルを採用している。アマゾンはKOLLのために、またその延長線上にあるキンドルアンリミテッドのために、『指輪物語』三部作、『ハンガー・ゲーム』三部作、『ハリー・ポッター』シリーズをはじめとする人気コンテンツを獲得しようと、さまざまな特別契約をいくつかの出版社と交わしていた。メインストリームの出版社から出ているこれらの本に対して、アマゾンは例外的に閾値モデルやペイ・パー・ユース・モデルの1バージョンを採用した。しかし、キンドルアンリミテッド内のその他の膨大なコンテンツに対して――その大半がキンドル・ダイレクトを通じて出版された自費出版本や（KDPセレクトに登録された本は自動的にキンドルアンリミテッドに登録される）、アマゾンの自社インプリントから出版された本――アマゾンが採用したモデルは、ロイヤリティプール・モデルの1バージョンであった。つまり、アマゾンはキンドルアンリミテッドのプールまたは基金を作り、利用者がある本の10パーセント以上を読んだとき、その本の著者はキンドルアンリミテッドのプールから、その本が占める割合に従って支払いを受けることになる（アマゾンはすでに、この種の取り扱いをKOLLで設定していた）。プールされる額は毎月変動し、2014年7月のキンドルアンリミテッド開始時のプール額は、250万ドルに設定されていた。ロイヤリティプール・モデルによってアマゾンは、スクリブドやオイスターにはできなかった方法で、コンテンツの費用を抑えられたが、この方法は、コンテンツの所有者への支払い総額がずっと低くなることも意味した。

サービス開始1年後の2015年7月、アマゾンは支払いモデルを変更した。読者が本の10パーセントを読むたびにロイヤリティを払うのではなく、読まれたページ数に応じてロイヤリティを著者に支払うことになった。評論家のなかには、アマゾンがこの支払い方式に変更したのは、20〜30ページのごく短い本がキンドルアンリミテッドにあふれるという状況に対応するためだった、という人もいた。10パーセントルール下では、20〜30ページのごく短い本の著者は、読者がほんの2〜3ページ読んだだけで報酬を得られるが、300ページの本の著者は、読者が30ページ以上読まないかぎり報酬が得られない。このキンドルアンリミテッド・モデルの10パーセントルールによって、著者は強いインセンティブが与えられ、短い短編小説を数多く自費出版し、それらがキンドルに蓄積されていったのだ。自費出版作家のC・E・キルゴアはこう述べた。「ページ数の多い作品の著者が離れていくいっぽうで、多くの著者は短編小説をロイヤリティプールにどんどん追加していくので、問題を悪化させています。キンドルアンリミテッドが、この過密化した浅いプールで溺れるのは時間の問題でした。このプールでは、読者が月に10ドル払って、25ページの本を30冊読むと、キンドルアンリミテッド側にかかる貸出の費用は、月80ドルになります」[10]。しかし、支払い条件の変更により、著者に支払われるのは、一般的には1ページあたり0・5セント以下というひじょうに少ない額になった。したがって、250ページの本を自費出版した著者は、読者のひとりがその本を全部読んだとしても、支払われるのは約1・25ドルで、最後まで読まなかったときはそれ以下になる（読者が50ページしか読まなかったときは、たった25セントになる）。それに対して、読者が3・99ドルで電子書籍を購入したときは、読者がその本を実際に読んだかどうかにかかわらず、著者は2・79ドルの印税を受け取る。この支払い条件の変更と、KDPセレクトに登録する著者に、アマゾンがキンドルでの独占権を要求した事実が重なって、キンドルアンリミテッドとKDPセレクトから本を引きあげてしまった著者もいた。しかし、ほかの多くの自費出版作家はキンドルアンリミテッドを、アマゾンの拡大し多様化するエコシステムに存在するもうひとつの収入源とみなし、少なくともしばらくのあいだは、自分の本がキンドルアンリミテッドに登録されるのを受けいれ、様子をみていた。

第二の大きな違いは、キンドルアンリミテッドに自社の本を進んで参入させたメインストリームの出版社はごく少数で、ビッグファイブはどれも揃って参入しなかったことである。そのおもな理由は、アマゾンのロイヤリティプールのビジネスモデルでは、自社の本が読まれたときに、出版社や著者に支払われる額を出版社がコントロールできないからだ。アマゾンが独自に毎月のロイヤリティプールの規模を決定するため、たとえば出版社は250ページの本が最初から最後まで読まれるたびに1・25ドル（読了していない場合はもっと少ない）を受け取ることになった場合、その金額を著者と分けなければならず、出版社からすれば、直接販売で得られたはずの金額のほんの一部しか得られない。出版社と著者はともに、また多くの著者の観点からすれば、このモデルは、スクリブドやオイスターが採用していた閾値モデルやペイ・パー・ユース・モデルに比べてまったく魅力がなく、ビッグファイブを含む大半の出版社は、この条件での参加に積極的でなかった。なかには、アマゾンの力が強まるのを警戒しているとか、市場での競争を促進させたいとか、単に定額制を警戒しているとか、ほかにも理由があり、今後もその理由がありつづけるせいで、キンドルアンリミテッドに参加したがらない出版社もあった。いずれにせよ、すべての従来型出版社に共通していたのは、アマゾンに有利なロイヤリティプール・モデルこそが、キンドルアンリミテッドに参入するモチベーションを下げる大きな理由だった。

その結果、キンドルアンリミテッドで利用できる本は、KDPを介して自費出版された本と、アマゾン自身のインプリントから出版された本ばかりになってしまった。ようするに、キンドルアンリミテッドのコンテンツは、アマゾンから出版または自費出版された本に大きく偏っていた。したがってコンテンツの面で、キンドルアンリミテッドは、スクリブドやオイスターとまったく異なっていたのだ。スクリブドやオイスターは、ビッグファイブのなかの数社を含む多くのメインストリーム出版社の既刊本を、読者に提供できるのを誇りにしていたが、キンドルアンリミテッドは、アマゾンを通して出版された本と自費出版された本にほぼ限定された。2018年に、キンドルアンリミテッドで利用できた本140万冊以上のうち、92パーセントにあたる130万冊近くがアマゾンに独占権のある本だった。これはアマゾンを介して自費出版された本か、アマゾン自体のインプリントのひとつから出版された本であることを意味する。残りのたった10万冊が独占権のない本で、その大半がやはり自費出版本だった。キンドルアンリミテッドの140万冊の本のごく一部が、ほかの出版社から出版された本で、ほとんどが小規模な出版社から出ている本だった。[11]

アマゾンを通じて出版されたコンテンツが圧倒的多数を占め、メインストリームの出版社から出ている本がないにもかかわらず、キンドルアンリミテッドはサブスクリプションサービスとして一定の牽引力があるようだった。キンドルアンリミテッドには、キンドルで利用できる唯一のサブスクリプションサービスであ

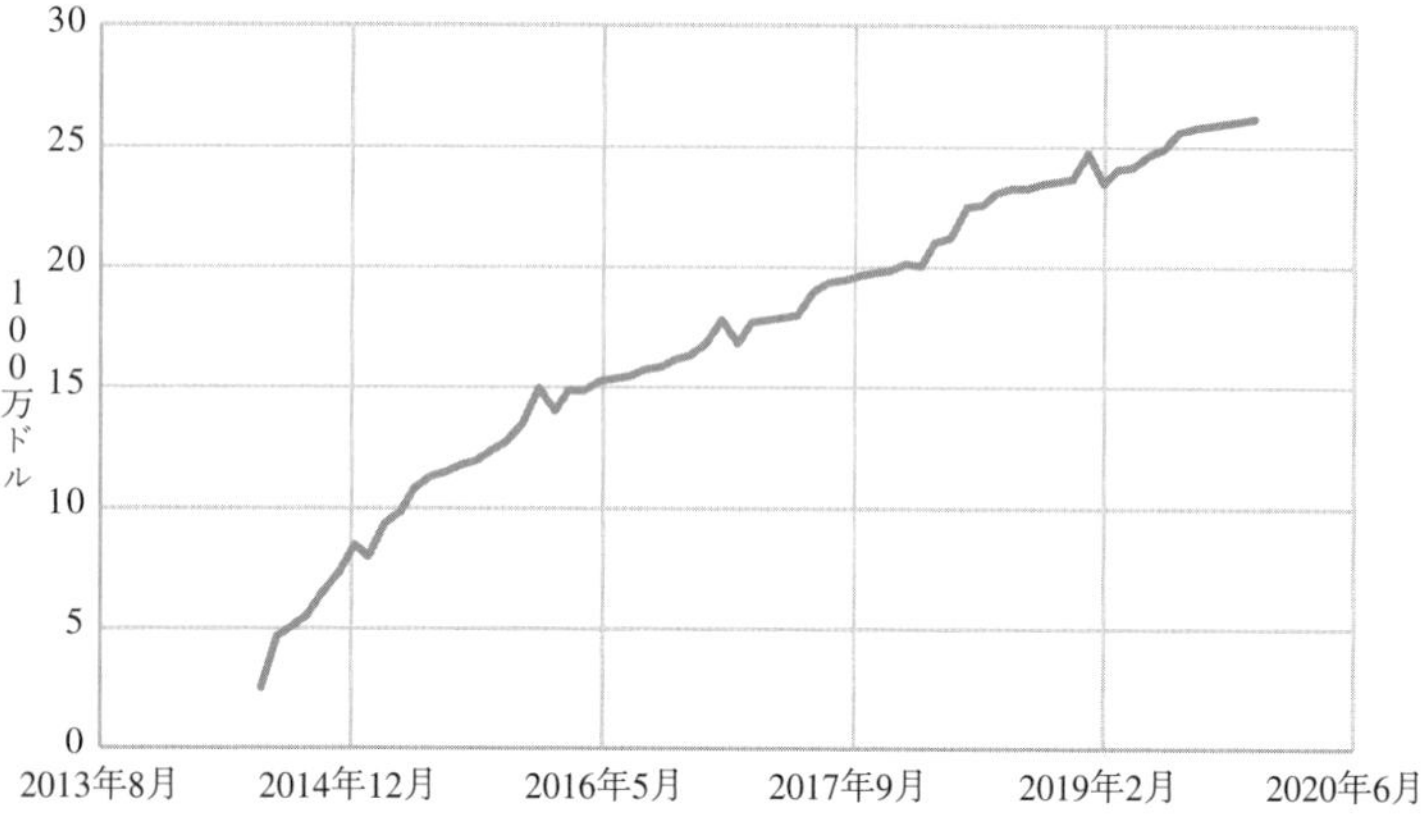

図 9.1　キンドルアンリミテッド・グローバル・ファンド
出典：Written Word Media

るという、大きな利点があった。キンドルは、当時（そして現在も）もっとも人気のある電子書籍端末である。例によってアマゾンは、ガードを固めて数字を明かさないが、ロイヤリティプールの規模が変わってきているのをみれば、キンドルアンリミテッドの成長がある程度わかる。図９・１は、キンドルアンリミテッド・グローバル・ファンドを示す。２０１４年７月にキンドルアンリミテッドが開始されてから２０１９年末まで、このファンドからロイヤリティが支払われた。

　このグラフに示されているとおり、最初の18ヶ月間でロイヤリティプールは急速に拡大し、２０１４年７月の２５０万ドルから２０１６年１月には１５００万ドルへと18ヶ月で６倍に増加した。その後のパターンはやや不安定で、増加も緩やかになっている。４年間でファンドは75パーセントの増加にとどまり、２０１６年１月は１５００万ドルから、２０１９年12月には２６２０万ドルになった。このことが示すのは、２０１６年前半からのサブスクリプションサービスの成長は、やや緩やかな状態であるということだ。アマゾンはサービスの利用者数をけっして公表しないが、一部の評論家は、ロイヤリティプールの規模、ページあたりの平均支払額、利用者が標準的に読む本の平均冊数などのデータを用いて利用者の総数を、2017年は約250万人と推定した。[12] これは良くても概算だが、2017年の利用者数は200〜300万のあいだというのが無難な推定数だろう。キンドルアンリミテッドの利用者は、その他の読者よりも読む冊数が多い傾向があり、かなりの割合の人が1ヶ月に20冊以上読むヘビーリーダーであることを示す証拠がいくつかある。[13] また、キンドルアンリミテッドの利用者は、自分が読むおもなジャンルとしてロマンスを挙げている率が高いという証拠もある。[14]

キンドルアンリミテッドは、アマゾンの主要な電子書籍サブスクリプションサービスであるが、旗艦会員プログラムであるアマゾンプライムでも、サービスを拡大して電子書籍を提供している。2016年10月、アマゾンはプライムリーディングというサービスを開始した。アマゾンプライム会員なら誰でも無制限に、1000冊の電子書籍やコミックや雑誌が読めるサービスで、選ばれる作品は常時入れ替わり、更新される。これは、アマゾンによるもうひとつの電子書籍の提供サービスであるが、読者は混乱しそうだ。プライムリーディングとキンドルアンリミテッド、さらにKOLLの違いはなんだろうか。プライムリーディングは、アマゾンプライムというサブスクリプションサービスについてくる特典のひとつだ。アマゾンプライム会員になれば、自動的に1000冊の電子書籍やコミックや雑誌が、自由に読めるようになる。それがプライムリーディングである（一部の映画やテレビ番組、音楽も利用できる）。いっぽうキンドルアンリミテッドは、完全に独立したサブスクリプションサービスで、電子書籍とオーディオブックに特化しており、アマゾンプライムとは別に利用料を支払わねばならない（2019年時点で、キンドルアンリミテッドは月額9・99ドル／7・99ポンド、アマゾンプライムは月額12・99ドル／7・99ポンドまたは年額119ドル／79ポンド）。キンドルアンリミテッドでは、電子書籍のカタログがはるかに多く、140万冊以上となっているのに対し、プライムリーディングで利用できる作品数は1000冊である。アマゾンプライムのようにKOLLも、アマゾンプライム会員であれば自由に利用することができる。KOLLは、80万冊以上とはるかに大きなカタログにアクセスできる。KOLLのカタログは、多くの点でキンドルアンリミテッドのカタログと類似している。しかし、KOLLでは月に1冊しか借りられないのに対し、キンドルアンリミテッドでは140万冊が並んだライブラリを無制限に利用できる。

本のエコシステムにおけるサブスクリプション

アマゾンが電子書籍のサブスクリプションビジネスに参入したことで、ゲームの流れが変わった。その時点までは、基本的にふたつのスタートアップ企業のあいだの戦いだった。ベンチャーキャピタル資金で運営されている2社が、ひじょうによく似た戦略やサービス内容で、互いに利用者を奪いあっていた。これらのスタートアップ企業のひとつで、シニアマネジャーをしている人物は次のように述べた。「キンドルアンリミテッドが事態を一変させました。スクリブドとオイスターの動きが目立ちはじめたら、アマゾンがきっと市場に参入してくるだろうと以前から予想はしていました。2社はこの新たな脅威と戦わざるをえないだろうという思いが、つねに心にあったのです。それでも反応があまりに早くて、誰もが驚いたと思います。大企業にとって、9ヶ月というのは本当に短い期間です。しかもその反応がいかに激しかったことか。また、スクリブドやオイスターからの考えうる脅威を和らげるために、アマゾンがどれほど積極的に自社ビジネスを共食い状態《カニバリゼーション》にしたことか」。これらのスタートアップ企業は、いまや、まったく桁違いのライバルと対峙していた。相手は少なくとも理論上は、ゲームの性質を変える規模とリソースを備えている。

アマゾンには強みが多くあったため、かなり一方的な戦いになるようにみえたかもしれない。第一に、アマゾンは電子書籍市場を支配している企業であるため、新たな電子書籍のサブスクリプションサービスを売りだせる、きわめて強力なプラットフォームを持っていた。アマゾンは自社の主要なさまざまなウェブサイト上で、キンドルアンリミテッドを積極的に宣伝した。長いあいだトップページに掲載し、サービス開始後も繰り返しトップページに掲載した。また、キンドルアンリミテッドで読めるすべての本のキンドル版がアマゾンのサイトに現れ、キンドルアンリミテッド内で無料で読める本として表示されるその事実だけで、それ自体が、キンドルアンリミテッドの強力で目を惹く宣伝になった。第二の大きな強みは、キンドルアンリミテッドのみがキンドル端末で利用可能なサブスクリプションサービスであったことだ。ようするに、スクリブドやオイスターのサービスに加入しても、キンドルではそのサービスから提供される本が読めなかったのである。キンドルは電子書籍の読書端末としては、ほかを圧倒している存在だったため、キンドルアンリミテッドとキンドルのあいだには閉じたループがあり、キンドルアンリミテッドはライバルに対して、決定的に有利だった。アマゾンは、キンドルアンリミテッドとキンドル端末を抱き合わせたり、クリスマスなどの重要な時期に、キンドル端末を使った特別販売促進キャンペーンを行なったりして、この強みを生かした。第三の強みは、キンドルアンリミテッドのコンテンツの多くが、アマゾンから出た自費出版本やアマゾンの出版プログラムによる本だったため、ロイヤリティプール・モデルを用いて、これらのコンテンツの獲得費用を抑えることができたことである。またこれによって、コンテンツ獲得にかかる平均費用を低く維持できた。これは、スクリブドやオイスターには使えない方法であった。コンテンツ獲得費用を下げることで、スクリブドやオイスターよりもキンドルアンリミテッドの利益率を高くできたのだ。

しかし、この費用を抑えて利益率をあげられるという強みは、キンドルアンリミテッドの大きな弱点でもあった。KDPを通じて自費出版された本や、アマゾンの自社インプリントから出版された本をたっぷり読みたい人に、キンドルアンリミテッドは最適だが、メインストリームの出版社から出版された本を読みたい人には、キンドルアンリミテッドはほとんど役に立たなかった。アマゾンは、『ハリー・ポッター』のような有名な本をキンドルアンリミテッドで読めるように、一部の出版社と特別な契約を結んでいたが、全ビッグファイブを含むほとんどのメインストリームの出版社は、キンドルアンリミテッドへの参加を拒否した。スクリブドの創設者のひとり、ジャレッドは次のように指摘する――「キンドルアンリミテッドは、自費出版のコンテンツが多数あります。ですが、需要に重きを置いた品揃えに注目すれば、キンドルアンリミテッドよりスクリブドのほうが、需要の高い世界じゅうの本を提供している割合がはるかに高いでしょう」。スクリブドとオイスターは、たとえ高い金額を支払ってでも、ビッグファイブのうちの3社の既刊本を含め、多くのメインストリームの出版社が出している電子書籍を読者が利用できるようにして、キンドルアンリミテッドで利用できる作品とは、まったく異なる選択肢を読者に提供できた。スクリブドとオイスターが有するもうひとつの強みは、プロダクト・デザインの領域だった。たしかに、キンドルアンリミテッドはキンドルとのクローズドループがあったが、キンドルもキンドルアンリミテッドも、ストリーミングサービスとして構築されたわけではなかった。ジャレッドはこう説明した。「ストリーミングサービスはプロダクトデザインという面で、Eコマースの体験とはぜんぜん別物です。たとえばiTunesとスポティファイを比べてみたとき、ユーザーへの課金方法が異なるだけでなく、プロダクトの見た目もまったく異なっています。また、キンドルアンリミテッドは、キンドルストアにある本を支払いなしで買うためだけの方法として構築されていますが、スクリブドやオイスターは、上質のストリーミング体験が味わえるように構築されています」

オイスターの消滅により、電子書籍のサブスクリプションサービス分野は、現在、おもなサービスふたつに二極化している。いっぽうはスクリブド、もういっぽうはキンドルアンリミテッド（KOLLやプライムリーディングなどその他の、アマゾンが提供するサービスもここに含まれる）である。このふたつのサービスにはコンテンツに差があるため、消費者は対照的な選択を迫られる。メインストリームの出版社の既刊本を利用できる、サブスクリプションサービスを望むなら、スクリブドを選ばねばならない。いっぽうロマンス小説や、アマゾンを通じて出版された何十万もの自費出版本や、アマゾンの自社インプリントによる本が読めるサブスクリプションサービスを望むなら、キンドルアンリミテッドに加入しなければならない。メインストリームの出版社がキンドルアンリミテッドへの参入を望んでいないことや、KDPセレクトの独占権の条件を考慮すると、ふたつの主要なサブスクリプションサービスで利用できるコンテンツはほとんど重ならない。キンドルアンリミテッドは、スクリブドより多くの会員を抱えていることはほぼまちがいないし、その数はおそらく2〜3倍にもなるだろうが、スクリブドは独自の会員をがっちり捉えていて、その数は増加しつづけている。2018年2月、スクリブドは、大半の会員に無制限のアクセスを提供するいっぽうで、ごく一部の読書量が多い読者に対しもっとも高価な作品へのアクセスを制限する、という仕組みを再開した。これら二極化したふたつのサービスを合わせると、電子書籍とオーディオブックのサブスクリプションサービスの利用料として、1ヶ月あたり8・99〜9・99ドル払っているユーザーは、300〜400万人も存在している可能性がある。

最近の傾向を考えると、電子書籍のサブスクリプションサービスは今後も成長していくだろうが、しばらくは、小売環境の比較的目立たない存在でありつづける可能性が高い。このふたつのサービスを合わせて300万〜400万人のユーザーが、サブスクリプションサービス料として1ヶ月あたり約10ドルを支払っているとすると、1年間の総収益は3億6000万〜4億8000万ドルになる。いっぽう出版業界全体では、アメリカだけで、2017年の収益が260億ドルを超え、一般書籍（つまり、教育書や専門書、学術書を除く）は約160億ドルの収益をあげている。したがって、取るに足らない額とまではいわないが、アメリカの一般書籍の収益のわずか3パーセントで、アメリカの書籍出版業全体の収益の2パーセントにも及ばず（すべての会員がアメリカ在住ではないことを考えると、実際の割合はさらに小さくなる可能性が高い）、出版市場のなかではごく小さなパーセンテージを占めているにすぎない。音楽業界やオーディオ・ビジュアル業界で、サブスクリプションサービスが中心になりつつある状態に比べれば、出版業界のサブスクリプションサービスの役割は、取るに足りないほど小さい(15)（2017年のアメリカの音楽業界の総収益のうち、3分の2近くを生みだしたのはストリーミングサービスで、2018年には、アメリカの全世帯の69パーセントが、ネットフリックスやアマゾンプライムやフールーなどの定額動画配信サービスを利用していた(16)）。もちろん、本は音楽や映画やテレビのシリーズ番組ほど、広く一般大衆を惹きつけるものではない。したがって、本に特化したサブスクリプションサービスの市場浸透度は、音楽やオーディオ・ビジュアル関連の娯楽に焦点を絞ったサブスクリプションサービスほどは高くなりそうにない。それでも、ここで検討すべき重要なことは、サブスクリプションサービスの全体的な市場浸透度ではなく、書籍業界全体の収益に占めるサブスクリプションサービスの収益の割合が、小さいままという事実である。だからといって、ずっとこのままというわけではなく、今後変わる可能性はある。変わるかどうかは、さまざまな要因に左右されるが、なかでも重要な要因は次の4点であろう。

もっとも明らかな第一の要因は、電子書籍のサブスクリプションサービスの人気は、物理的な紙の本を読むより、デジタル形式の画面を読むほうがいいと思う読者がどの程度いるかに依存しているところである。

この点に関して、出版業界のサブスクリプションサービスと、音楽や映画やテレビドラマ・シリーズのサブスクリプションサービスとは直接比較しにくい。それは多くの読者にとって、紙に印刷された物理的な本が、いまだに好ましい形式であるからである。このような好みの問題は、音楽や映画やテレビ業界にはない。こんにち、消費者の大半はなんらかのデジタル形式で音楽を聴き（レコードにふたたび人気が出てきたというのは、驚くべき返り咲きではあるものの、アメリカにおける2017年の音楽業界の収益に占めるレコードの割合は、5パーセントにも満たない）、映画やテレビ番組はつねに画面上で視聴される。したがって、音楽や映画やテレビ番組のサブスクリプションサービスは、もともとコンテンツが標準的かつ圧倒的にデジタルで配信され、（映画やテレビ番組の場合は）画面上で消費されてきた既存の市場に入りこんでおり、単純にそうやってしか消費されようがない。しかし本は、印刷書籍がいまだに支配的な媒体で、印刷書籍を好む読者は、電子書籍のサブスクリプションサービスにあまり魅力を感じない。たとえばロマンスやファンタジーやスリラーなど、電子書籍での読書がとくに普及している領域やジャンルでは、サブスクリプションサービスが支持されており、将来的に隆盛をきわめる可能性もある。それは、これらのジャンルが電子対印刷の比でいえば、電子書籍に偏っているからであり、これらのジャンルのヘビーリーダーは、サブスクリプションモデルでコンテンツを利用したとき、金銭的なメリットに浴する可能性が高いからでもある。とはいえ、電子書籍の売上が印刷書籍に比べて増加せず、横ばいまたは減少している場合、利用者の数が大幅に増加するという見込みは薄い。印刷された本に対する多くの読者の根強い支持とぶつかり、新規利用者数が飽和状態に達しているのかもしれない。

第二の要因は書籍業界のサブスクリプションサービスの発展に、重大な役割を果たしてきた。それは、コンテンツの所有者である出版社の多くが自社コンテンツの利用を、リスクの大半がサブスクリプションサービス側に課されるビジネスモデルが採用されている場合に限った点である。音楽やオーディオ・ビジュアル業界のサブスクリプションサービスが用いているビジネスモデルは、メインストリームの出版社からのコンテンツ獲得を望むサブスクリプションサービスでは採用できなかった。それらのサービス事業者は、高額な前払いのライセンス費を支払えるほどのリソースがないし、メインストリーム出版社は、ロイヤリティプール・モデルを受けいれない。そのため、スクリブドやオイスターは、メインストリームの出版社の本を取得するには、閾値モデルやペイ・パー・ユース・モデルを用いるしかなかった。このモデルでは、利幅が小さく絞られてしまい、サービス会社は支払い条件を調整する余地がほとんど残らない。アマゾンは、一部の人気作品を獲得するために特別契約を交わしていたが、キンドルアンリミテッドのコンテンツの大半は、自費出版本かアマゾンブランドのコンテンツで、支払いはロイヤリティプール・モデルであった。これによって、アマゾンがこのコンテンツに対して支払う金額を決められた。ビジネスモデルがこのようにふたつに分かれていることによって、この分野は二極化し、二大プレイヤー両方の成長規模に制限が加わっている。

第三の要因は書籍業界のサブスクリプションサービスの発展を妨げている。それは、ビジネスモデルがどれであれ、一部のメインストリームの出版社が、このサービスにまったく参入したがらないことである。ビッグファイブのうちの3社を含め出版社の一部は、自社の既刊本をスクリブドで（および存在していたときはオイスターで）利用できるようにしているが、その他の出版社はいまのところサブスクリプションサービスにまったく参入しておらず、ビッグファイブすべてを含むメインストリームの出版社の大半が、キンドルアンリミテッドへの参入を拒否している。出版社がキンドルアンリミテッドへの参入に消極的なのは理解できる。アマゾンがロイヤリティプール・モデルを好んでいることと、アマゾンの市場での優位性を考えれば無理もない。けれどもわからないのは、スクリブドのように、本の10〜20パーセントが読まれるたびに、売上としてデジタル価格の全額が支払われるサブスクリプションサービスへの参入を拒否する理由だ。それらのサブスクリプションサービスに参入していない、ある大手出版社のシニアマネジャーは、次のように懸念を示した――「当社が参入しないのは、提案される利益よりもそのモデルのリスクのほうが、いまのところは大きいと考えているからです」。このシニアマネジャーの説明によれば、サブスクリプションモデルがどれであれ、サブスクリプションサービスに加入して、もっとも得をするのはヘビーリーダーであるが、多量に読む読者がサブスクリプションサービスに移行すればするほど、出版社の全体的な収益が減少するリスクが高くなる。「本の世界で我々が恐れているのは、業界の収益の7〜8割に貢献しているヘビーリーダーが、ライトリーダーに比べてはるかにサブスクリプションモデルに魅力を感じやすい点です。年に1冊しか本を買わない人は、本のサブスクリプションサービスに加入する必要はありません。そのような力学からすると、既存のモデルよりサブスクリプションモデルのほうが、全体の収益プールが減少するリスクが大きいと、我々は考えています」。ヘビーリーダーが月に4〜5冊買っているとすると、年間700〜800ドルを本に費やしている可能性がある。本を購入するかわりに、サブスクリプションサービスで読書をすべて済ませてしまうとしたら、このヘビーリーダーが本に費やす年間の金額は、120ドルにまで低下する。もちろん、このふたつの消費方法は両立されないわけではない。読者は、ある本をサブスクリプションサービスで読みながら、そのサービスでは手に入らない本を買うこともある。しかしそれでも、ヘビーリーダーが書籍にかける全体的な支出が減少するリスクは残る。とはいえ、ここにはチャンスもある。1年間で本に費やす額が120ドルよりはるかに少ない多くの読者を、サブスクリプションサービス加入に誘導できれば、ヘビーリーダーの全体的な支出額の減少を補えるのではないだろうか。しかしいまのところ、多くのライトリーダーが加入する理由はみあたらない。「ですから、それほど大きなチャンスがあると思えないので、リスクがチャンスよりも大きいと考えています」。さらに、アマゾンがロイヤリティプールから支払うよりも高い額をこの出版社に支払うようになったとしても、その金額はアマゾンで直接売り上げた本から得られる金額の数分の1にすぎない。「そんなわけで、業界全体の視点でも、プラットフォームから弊社に支払われる分け前という視点でも、このモデルはきわめてリスクが高いとしか思えません」

大手出版社がみな共通して、このような慎重な視点に立っているわけではない。別の出版社のシニアマネジャーは、サブスクリプションサービスを、リスクというよりチャンスとみなしていると述べた。音楽などほかのメディア産業の消費者、とくに若い消費者をみると、多くの人が所有ではなく利用を望んでいることがわかる。したがって、その環境に身を置いて活動し、何がうまくいって、何がうまくいかないのかを知る努力が重要だ。「使ってみなければ、学べないし、何もいう権利はありません。そのモデルはあなたの属している出版社が参入しなくても確立されるでしょう」。たとえば、実店舗の減少で、ますます影が薄くなっている既刊本が、サブスクリプションモデルによって、多くの読者に利用されるようになるかもしれない。したがって、サブスクリプションサービスが、閾値モデルやペイ・パー・ユース・モデルを採用しているかぎり、何がうまくいき、何がうまくいかないのかをそのサービスで実験してみる価値はあると、このシニアマネジャーは考えていた。リスクも充分承知のうえだ。ヘビーリーダーがサブスクリプションサービスの利用者に転身したとき、それに伴う収益減のリスクはとくに。それでも、少なくともサブスクリプションモデルの進化の初期段階では、リスクよりも利益の可能性のほうが上回ると彼女は考えている。出版業界はこの問題で分裂しており、ほかの出版社がこの「実験して様子をみる」アプローチを選ぶかどうか、また選んだ場合は、実験を続ける気になるほど、充分好ましい経験が得られるかどうかは、未知数だ。

第四の要因はサブスクリプションサービスの未来を形づくるうえで、大きな役割を果たす。それは、アマゾンの動向である。スクリブドの実績がどれほど印象的であれ（実際、印象的な実績である。技術系のスタートアップ企業としてはめったにないことだが、収益をあげながら、サブスクリプションサービスの利用者数を驚きの速さで大幅に増やすという妙技をやってのけた）、ニッチな事業ということに変わりはない。アマゾンの役割はスクリブドよりもはるかに大きくなる可能性が高い。アマゾンには、はるかに巨大なリーチがあるというのが単純な理由である。キンドルアンリミテッド自体は比較的小さいとはいえ、アマゾンにはスクリブドよりずっと多くの顧客がいる。これまで、キンドルアンリミテッドの成長は、そのコンテンツが、KDPを介した自費出版本や、アマゾンの自社インプリントから出版された本ばかりという事実によって、制限されてきた。これまでずっと、キンドルアンリミテッドは広範な本のエコシステムの一部というより、アマゾンのエコシステムの一部に近かった。しかし、それが変わる可能性がある。理由がなんであれ、アマゾンがキンドルアンリミテッドの優先順位を引きあげることに決め、市場での影響力を利用して、キンドルアンリミテッドに参入するよう出版社に圧力をかけはじめたら、状況は変わるだろう。そうなれば、キンドルアンリミテッドが提供する電子書籍は、いまよりはるかに充実し、読者をもっと惹きつけるようになり、ゲームの流れが一変するにちがいない。しかし、そうなったとき、出版社は拒否できないのだろうか。拒否できるだろうが、これはパワーがものをいうゲームであり、出版社の売上の半分を支配している小売業者には、手持ちの切り札も多い。ある大手出版社のシニアエグゼクティブは次のように述べた――「アマゾンに「いいでしょう、御社が拒否されるなら、私たちは御社の本の販売をやめます。アマゾンのプラットフォームでは今後いっさい、販売しません」といわれる可能性もあります。それがアマゾンのパワーなのです」。このシニアエグゼクティブは出版業に長くかかわってきた男で、このコメントは被害妄想ではなく、市場の現実を冷静に評価したうえでの意見である。「これが現実に起こるのは、アマゾンがキンドルアンリミテッドの優先順位を高めようと考えた場合の話ですが、それがどの程度の高さになるのか、私たちにはわかりません」。しかし、彼がその可能性を指摘したという事実だけでも、アマゾンの小売業者としての影響力に対する多くの出版社の懸念と、その影響力を利用して業界の未来を形づくろうとするアマゾンのやり方に対する不安感がうかがえる。

アマゾンが選びうるもうひとつの選択肢は、アマゾンプライム会員の魅力をさらに高めるために、プライムリーディングを強化し、アマゾンプライムを多様な特典のあるサブスクリプションサービスとして拡大し、そのなかで電子書籍を必要不可欠な成長領域とすることであろう。さきほどの出版社のエクゼクティブは述べた――「たとえば、プライムリーディングで多くの本を読む人は、プライムリーディングで本を読まない人よりも、プライム会員を更新する可能性がはるかに高いと、アマゾンが気づいたとしましょう。そして、アマゾンプラットフォーム上のほかの方法を通じて、人びとをマネタイズするために、このサービスをさらに充実させたいと考えたとしたら、その影響力を利用して、出版社にさらに質の高い本をサービスに参入させるよう強要してくる可能性があります」。これもまた、仮説に基づいたシナリオであるが、まったくありえない話ではない。いまの話を含め、この方向へのあらゆる動きを、多くの出版社は危機感を持って見守っている。なぜならこの環境で、本は、顧客をアマゾンのプラットフォームに引き寄せるための誘引剤として利用されるが、引き寄せられた客がアマゾンのプラットフォームでお金を費やすのは、本以外の商品だからだ。また、プライム会員になった副産物として、消費者が無料で本を読めるようになれば、とくに読書時間があまり取れない人は、本のためにお金を払おうとしなくなるかもしれない。

出版社が抱いている、アマゾンの思惑への不信感と、サブスクリプションの領域でアマゾンにかかわるおもなプレイヤーが依然としてニッチな存在にとどまっている事実とを考えると、英米の本のエコシステムの進化において、サブスクリプションサービスは、比較的目立たない役割を演じつづけてもおかしくはない。書籍業界のサブスクリプションサービスは、書籍版のネットフリックスの登場と広く報じられたものの、音楽や映画やテレビ業界で果たしているほど重要な役回りを獲得していないのだ。しかし、この状況は変わるかもしれない。２０００年代に入って以降、本の小売環境は一変した。あと数年から数十年のあいだに、個人が本を購入したり消費したりする仕組みに、さらに重大な変化が起こる可能性はおおいにある。

第10章　新たな声の文化《オラリティ》

1970年代、文芸評論家のウォルター・オング（メディア論の先駆者マーシャル・マクルーハンの弟子）は、ラジオやテレビやその他の電子技術によって、「二次的な声の文化《オラリティ》」という新しい時代が到来したと述べた。こう名づけたのはオング自身で、新しい時代に話される言葉は電子的に処理され、一次的な声の文化に比べて大規模で広範な聴き手に利用されることによって、息を吹きかえしたという。(1)それまで、私たちの文化のさまざまな特徴は文書や印刷物によってくっきり形づくられてきた。これはマクルーハンが主張したとおりであるが、(2)そこに電子メディアによって新たなスペースが生まれ、そのスペースで話される言葉が現代生活の重大な特徴を形づくるものとして復活した。ここでオングの頭にあったスペースというのは、とくにラジオやテレビによって作られたスペースであり、そこでは、現在の大統領候補のテレビ討論会が1858年のリンカーンとダグラスの討論会とは異なるように、過去の声の文化とはまったく異なる新たな種類の声の文化が生まれている。昔の討論会では、議論の参加者は集まった大勢の聴衆の前で、声を聞かせなければならなかった。そして聴衆のほうは、叫んだり、やじったり、拍手を送ったりして自分たちの存在感を示した。けれども、現在の大統領候補のテレビ討論会はそれより抑制され管理されているし、聴衆はほとんどその場におらず、大統領候補者は原稿に忠実に話しがちで、オングの言葉を借りれば「いかにも自然な雰囲気を醸しだしているにもかかわらず、これらの媒体は、閉じているという感覚に完全に支配されている。この閉じているという感覚は印刷物から受け継いだ遺産」[3]なのである。オングの指摘は、ラジオやテレビといった電子メディアでみられる新しいタイプの声の文化に焦点をあてていた。そのいっぽうで、二次的な声の文化が出現しているという主張は、出版業界で起こったデジタル革命のもっとも驚くべき、予想外の特徴のひとつを浮き彫りにもしている。それはオーディオブックのめざましい普及である。

　もちろん、書かれた言葉と話される言葉のあいだのこのようなつながりは、何も目新しいものではない。古代、中世、そして現代により近い18世紀から19世紀にかけても、手書きの文書や印刷された文献は、しばしば声に出して読まれていた。読み書き《リテラシー》は、選ばれた少数の者が備えた貴重な技能で、それができないほかの者は、声に出して読まれる文章を聴いて楽しんだ[4]。初期の宗教的な集団や修道院では、文献はひとりで思索的に読まれることが多かった。だがその場合でさえ、読む行為は一般的に音読に近く、ハチの羽音のようにブツブツとつぶやき声で読まれた。唇を動かさず目だけを使う黙読という習慣は、特定の読書形態として、中世後期以降にどんどん広まり、近世にはほかの読書形態と共存していた。こんにちでは、印刷されたテキストと話される言葉を別物とみなす傾向があるが、書かれた文字や印刷されたテキストの歴史の大半では、手で書かれた言葉やページに印刷された言葉と、それらの言葉の音声表現には、ずっと密接なつながりがあった。

　とはいうものの、オーディオブックは、印刷された言葉と話される言葉のあいだに、これまでとはまた別の関係を生じさせている。オーディオブックでは、ページに印刷された言葉が音声になり、それが堅固な媒体に記録されるので、さまざまな時間や場所で聴くことができる。これは、ウォルター・オングの言葉を借りれば、特殊で二次的な声の文化であり、3つの特徴を備えている。第一の特徴は、この場合の音声は、印刷文化から派生していて、それに依存している。この点でいえば、それは書き言葉やテキストに基づく声の文化である。これはテレビ討論のように、テレビやラジオなどの電子メディアのスペースで、話される言葉が復活したという単純な話ではない。むしろ、ひとつの媒体から別の媒体へ、ページに印刷された言葉から電子的に記録された話される言葉へという、言葉の特定の変換である。別のいいかたをすれば、印刷されたテキストから録音された音声へのコントロールされた変換という、特殊な再媒体化である。もちろん、印刷されたテキストと録音された朗読のあいだの特定の関係は、固定されたものではなく、大きなばらつきを許容している。そもそも、読むという行為はすべて、それ自体が解釈である。オーディオブックの歴史には、テキストをいかに正確に読むべきか、テキストを省略したり修正したりしていいのか、会話はどれほど異なる声で表現すべきか、句読点やその他のテキストの特徴はどう処理すべきかなどについての指針や議論があふれている（これらの問題の一部については、のちほど触れる）。さらに、オーディオブックが発明され、このジャンルが本に似た独自の産業として発展すると、オーディオブックはそれ自体でひとつの芸術形式として、この分野に特化した専門家や栄誉や賞（たとえばオーディ賞）などの制度を生み、ある程度認知されるようになった。こうして、オーディオブックはもともとの土台だった印刷された本からある程度の独立を果たした。

オーディオブックの声の文化の第二の特徴は、堅固な媒体に録音されることによって、話された言葉が、対面で発せられる言葉にはない永続性を獲得することである。録音された音声は再生が可能で、その場にいなかった多くの人に聴かせることができる。録音された言葉は、独自の命を得て、その言葉がもともと発せられた背景から解放され、リクールによってつけられたぴったりの言葉を借りれば「距離を置き(5)」、話される言葉のはかなさを打ち破るたくましさを備えるようになる。話される言葉を録音する媒体の性質は、オーディオブックで可能なこと、不可能なことを線引きする際に重要な役割を果たす。そして、オーディオブックの歴史の多くは、レコードからMP3まで、さまざまな形式を通りすぎてきた物語であり、新たな形式が登場するたびに、以前は不可能だったことに新しい可能性の扉が開かれた。

第三の特徴は、テキストから録音された朗読への変換には目的があることだ。その目的はさまざまで、時とともに変化してきた。当初、この変換の目的は、目が不自由な人たちが本を読めるようにすることだった。しかし、技術が発展してくると、別の目的にも用いられるようになった。本の内容をリパッケージし、別の形で販売することが目的になったのだ。オーディオブックを作ることで、もともとは印刷媒体として出版された本を、別の媒体、つまり記録された音声媒体として再商品化できる。それこそが、オーディオブック業界の発展を下から支えている重要なポイントである。

オーディオブックの発展

本を朗読して録音するというアイデアは、長い歴史があり、録音技術が生まれた当初にまで遡ることができる。(6)　1877年にトーマス・エジソンが〈メリーさんの羊〉を蓄音機で録音して以来、人びとは本を1冊まるごと録音すれば、本を読むかわりに朗読を聴けるのではないかと考えはじめた。エジソン自身も、10インチ四方の金属板に録音した約4万語からなる「フォノグラフィックブック」で新たなオーディエンスを獲得しようと考えた。(7)　エジソンは小説の録音を目標に、ニューヨークで出版社を立ちあげさえしたが、その目標は達成されなかった。当時の録音装置の技術には限界があったため長い小説を録音しきれず、実用化できなかったのだ。録音した本という夢が実現するにはあと50年待たねばならなかった。

オーディオブック開発に大きく弾みがついたきっかけは、目のみえない人たちにも、本を読んでもらいたいという思いだった。１９３０年代前半、米国盲人協会などの支援団体は、視覚障害者が点字以外の形態で本を利用できる方法を先導して模索するよう議会に迫った。議会はこれに応えて、議会図書館の「ブック・フォー・アダルト・ブラインド・プロジェクト」に年間10万ドルの資金を提供した。(8) このころまでには、レコードの製造技術が発達し、標準的な長さの小説を20枚程度のレコードに録音できるようになっていた。このレコードは、特別な「トーキングブックマシン」で聞くことができた。これはレコードプレイヤーに似ているが、速度やトーンや音量が調節できた。１９３４年、アメリカの議会図書館は、視覚障害者に読み物を提供するために、最初のトーキングブック図書館を創設した。１９３５年６月までに、トーキングブック図書館は古典文学と現代文学の両方から選ばれた27作品を有しており、それ以降も着実に拡大していった。(9) イギリスでも同じような発展があり、英国盲人協会と英国ブラインド・ヴェテランズが主導して１９３５年にトーキングブック図書館が設立された。(10)

トーキングブックの開発は、視覚障害者の福祉に尽くす団体の先導によって行なわれたが、まもなく、録音技術によって生まれたチャンスをつかんだのは、商業的な野心を抱いた民間の人びとだった。そのなかにバーバラ・ホールドリッジとマリアンヌ・マンテルがいる。ふたりはハンターカレッジ（ニューヨーク市立大学ハンター校）を卒業後、それぞれ出版社とレコード会社に入社したが、下っ端仕事しかさせてもらえないことに不満を抱き、１５００ドルを共同出資して１９５２年にキャドモン・レコーズを設立した。ニューヨークにあるカルチャーセンター「ナインティ・セカンド・ストリートＹ」でディラン・トマスによる自作の詩の朗読会が行なわれたとき、大勢の聴衆が集まっていることに強い印象を受けたふたりは、そこに商機を見いだした。チェルシーホテルでの昼食に詩人を誘い、前金500ドルとレコードの最初の1000枚が売れたあとの売上に対して、10パーセントの印税を支払うかわりに、自作の詩を1時間朗読する権利を売ってくれと申し出た。この朗読レコードは1952年4月2日に発売され、1960年までに40万枚以上売れて、大成功を収めた。その後もウィリアム・フォークナー、W・B・イェイツ、T・S・エリオットなど、多くの作家自身の声や本を録音し、1959年にはキャドモン・レコーズの年間収益は50万ドルに達した。(11) キャドモンの成功と、同時期に立ちあげられたアメリカのオーディオ・ブック・カンパニーや、イギリスのアルゴ・レコードといった競合レコード会社の成功は、長時間再生が可能なビニールレコード、いわゆるLP盤レコードの開発がひとつの要因となった。LPは1948年にコロンビアが採用していて、従来の78回転レコードよりも再生時間が長く音質が良かった。(12)

LP盤は、オーディオブック産業が生まれる諸条件を作ったが、オーディオブックの普及を可能にしたのは、コンパクトなオーディオ・カセットテープの開発であった。カセットテープは、1962年にフィリップスが発明した磁気テープの記録方式である。もともとはインタビューや会議などを録音するために開発されたが、音声の忠実性が向上するにつれ、カセットテープはまもなく、音楽にも使われるようになった。小さくて使いやすく、かさばらない装置で再生できたからである。オーディオブックにカセットテープを使うというアイデアを開拓したのは、ロサンゼルスの証券会社で働いていたオリンピック出場経験のある元ボート選手、デュバル・ヘクトだった。ヘクトは毎日、ニューポートビーチの自宅からロサンゼルスの会社に通っていたが、2時間の通勤がおそろしく退屈だった。ラジオはあまり役に立たなかった。音楽もニュースも聞きあきていた。もっと刺激的なものが欲しかった。ふと、本を音声で聴けたら時間潰しにちょうどいいと思いついた。ただ困ったことに、1970年代前半の当時、カセットテープに収録された長編の本はほとんどなかった。そこでヘクトは、その隙間を埋めるために1974年にブックス・オン・テープというサービスを開始した。(13)当初、ヘクトは妻のシグリッドとともに自宅でビジネスを行なっていた。ふたりは、自家用車で通勤する人びとをターゲットにして一定期間カセットを貸しだした。利用後のカセットは、あらかじめ切手が貼られた箱にいれて返却するようにした。自家用車での通勤が一般的になっていき、車にカセットデッキが搭載されていくにつれ、その市場は急速に拡大していった。通勤客がおもな顧客だったが、1980年にソニーのウォークマンが発売されると、市場はさらに大きくなった。オーディオブックはそのとき、まさにモバイル化したのだ。もはや車内でも、ジムでも、公園でジョギングや散歩をしているときでも、カセットテープを聴くことができた。身体を動かしているが考えごとはできるとき——目や手は離せないが耳は使えるとき——ならいつでも、オーディオブックを聴けるすばらしい方法を、カセットテープは提供してくれた。ブックス・オン・テープが需要の高まりに応じて成長すると、ほかの多くのオーディオブック出版社もこの競争に参入してきた。1985年9月、〈パブリッシャーズ・ウィークリー〉の調べでは、21社のオーディオブック出版社が存在した。(14)1980年代の後半には、多くの大手出版社がオーディオブック部門を創設した。口火を切ったのはランダムハウスとバンタムで、他社もすぐに追随した。「わくわくするような時間でした」と当時早い時期にオーディオブック部門を立ちあげたある出版社にいた人物が、当時を振りかえった——「著者の言葉を表現し、読者に届けるまったく新しい方法がもうひとつあることに、私たちはとつぜん気づいたのです」。オーディオブックは、出版ビジネスのなかで独自のサブ部門となった。オーディオブックは書店で売られ、図書館でも利用可能で、オーディオブックの権利は、ほかの副次的な権利とともに売買されるようになった。

1980年代の終わりになると、オーディオブックはすっかり確立された存在になっていたが、初期のオーディオブック業界はその後、デジタル革命によって様変わりした。デジタル録音によって、音質は大きく向上し、録音した音をはるかに簡潔な形式で保存し、送信できるようになった。1982年にフィリップスとソニーがCDを商業的に導入した。これがこの方向への大きな第一歩だった。ビニール製のレコード盤やカセットテープに比べCDは、診察室みたいにクリーンで混じりけのない録音が可能であり、針が溝を引っかく音やテープがプレイヤーヘッドを通過するときの雑音がない[15]。重要なことに、CDはLPやカセットテープより丈夫で、傷つきにくく、CDに録音されたデジタル音源は経年劣化しない。CDプレイヤーが普及するにつれ、音楽のあとを追うようにオーディオブックもコンパクトカセットからCDに移行していった。しかし、1990年代から2000年代初頭にかけてインターネットが広がり、MP3ファイル形式というファイルサイズを大幅に縮小できるデータ圧縮技術が開発され、オーディオブックの出版社や取次業者に、オーディオブックをデジタル形式で送信できる道が新たに開かれた。つまり、デジタルファイルとして販売し消費者に視聴機器でダウンロードしてもらったり、インターネット上でストリーム配信したりできるようになったのだ。高音質のオーディオ機能を備えたコンパクトで洗練された機器が消費者市場にますます導入されていくにつれ――2001年に登場した最初のiPodから、2007年にアップルが初めてiPhoneを世に出したあとのスマートフォンの普及まで――オーディオブックの保存、流通、消費の仕方を根本的に変える技術的な環境が生まれた。いまやオーディオブックは、LPやカセットやCDのような有形の媒体に保存された物理的な製品として購入する必要がなくなった。録音された音楽と同じように、オーディオブックもMP3ファイルとして保存できるし、消費者は視聴機器に直接ダウンロードしたり、ストリーミング再生したりできるようになった。しかも視聴機器は、いつでも持ち歩ける多機能なスマートフォンなどで、つねにオン状態で、つねにつながっていて、つねに消費者のポケットやバッグのなかにある。デジタル革命

	出版タイトル数
2004	3,430
2005	2,667
2006	3,098
2007	3,073
2008	4,685
2009	4,602
2010	6,200
2011	7,237
2012	16,309
2013	24,755
2014	25,787
2015	35,944
2016	42,960
2017	46,089

表 10.1　オーディオブックの作品タイトル数

のおかげで、オーディオブックはようやく、比較的摩擦の少ない方法でリスナーの耳にたどりつく道をみつけたのだ。

　このような技術的な環境に支えられ、オーディオブックは2000年代前半以降にめざましく普及した。2004年にアメリカで出版されたオーディオブックはわずか3000タイトル強だったが、2017年には4万6000タイトルあまりまで増え、13年間で約13倍になった。2004年から2011年までの出版数はほぼ横ばいだったが、2011年を過ぎたあたりから、新たなオーディオブックの出版数は年を追うごとに大幅に増加し、2011年の7237タイトルから2017年には4万6089タイトルへ6年で6倍になった（表10・1と図10・1を参照）。売上も増加した。2003年から2012年までのあいだに、アメリカでオーディオブックに消費者が支出した額は、合計で年間8億ドルから10億ドルと推定された（表10・2、図10・2参照）[16]。2013年にオーディオブックの消費者支出が急増し、2012年は推定11億ドルだったのが、2017年には推定25億ドルになり、5年間で2倍以上になった。2017年のオーディオブックへの消費者支出だけで、前年比約20パーセント増となった。アメリカの出版業界全体の収益が概して横ばいで、大半の大手出版社の電子書籍の収益が減少しつつあったこの当時、オーディオブックへの消費者支出がこのように大きく上昇したのは、それ以外は停滞して

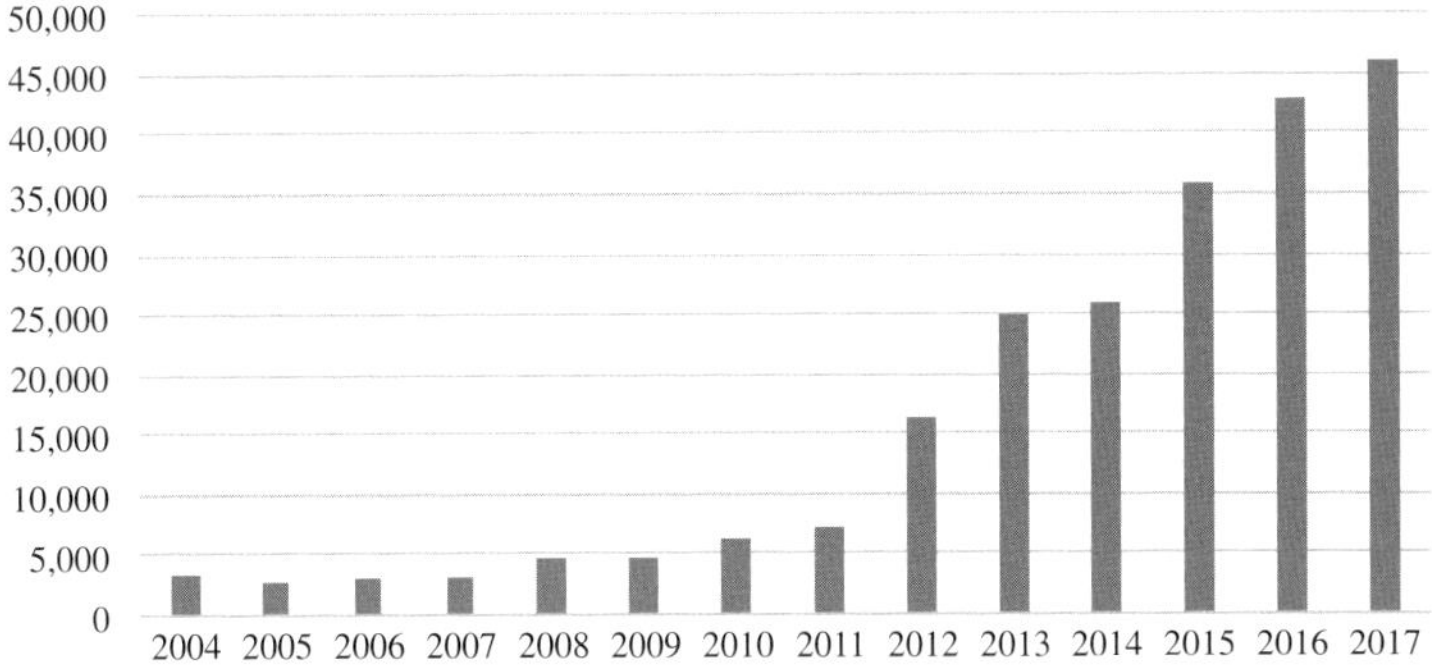

図10.1　アメリカで出版されたオーディオブックのタイトル数
出典：Audio Publishers Association（APA）

いた市場でひときわ好ましい傾向だった。大手出版社の多くにしてみれば、急成長している唯一のカテゴリはデジタル・カテゴリで、その成長を支えているのがオーディオブックだった(図10・3参照)。

オーディオブックの出版と売上の増加は、形式《フォーマット》の明確な変遷とともに進んだ。１９９０年代のオーディオブックの形式はカセットテープが主流だったが、ＣＤが急速に普及した。２００３年になると、カセットテープとＣＤのオーディオブックの売上の比率は、ほぼ互角になり、それ以降はＣＤがカセットテープを追い抜き、カセットテープは急速に勢いを失った（表10・3、図10・4参照）。２００３年から２０１０年にかけて、ＣＤはオーディオブックの媒体として主流だったが、ＣＤが衰退するにつれダウンロードの市場シェアが拡大した。２００７年にはオーディオブックの売上の80パーセント近くをＣＤが占め、ダウンロードは20パーセント未満だったが、２０１６年にこの数字が逆転し、ダウンロードがオーディオブックの売上の80パーセント以上を占め、ＣＤは20パーセント未満になった。２０１７年になるころ、ダウンロードはオーディオブックの売上の90パーセント近くを占めるようになった。これは決定的な

	総支出額（100万ドル）
2003	800
2004	832
2005	871
2006	923
2007	1,033
2008	1,000
2009	900
2010	900
2011	1,000
2012	1,100
2013	1,300
2014	1,470
2015	1,770
2016	2,100
2017	2,500

表 10.2　アメリカのオーディオブック推定消費者支出額

形式の転換で、ひとつの物理的な形式（カセット）が別の物理的形式（ＣＤ）に凌駕され、その後ＣＤはデジタルのダウンロードに取って代わられた。いまや多くの消費者が、オーディオブックをデジタルファイルとしてダウンロードしたりストリーミング再生したりしており、いまだにオーディオブックをＣＤという物理的な形式で購入しているのはおもに図書館、という状態になった。

オーディオブックの形式に明らかな変化がみられるいっぽう、オーディオブックとして出版される本のカテゴリは、２０００年代初頭からほぼ一貫していた。２０１３年から２０１８年にかけて、販売されたオーディオブックの70〜80パーセントがフィクション、20〜30パーセントがノンフィクションだった。２０１７年に購入されたもっとも人気のあるカテゴリは、ミステリ／スリラー／サスペンス、ＳＦ、ロマンスで、これは２００８年からさほど変化していない。２００８年当時の報告によると、オーディオブックとして好まれた五大カテゴリは、ミステリ／スリラー／サスペンス、一般フィクション、ＳＦ／ファンタジー、伝記／回顧録、古典小説だった。[17] 運転中の利用が人気のあるオーディオブックの使い方として一貫しており、２００８年に実施された調査では、オーディオブックのリスナーの58パーセントが、通勤中や長距

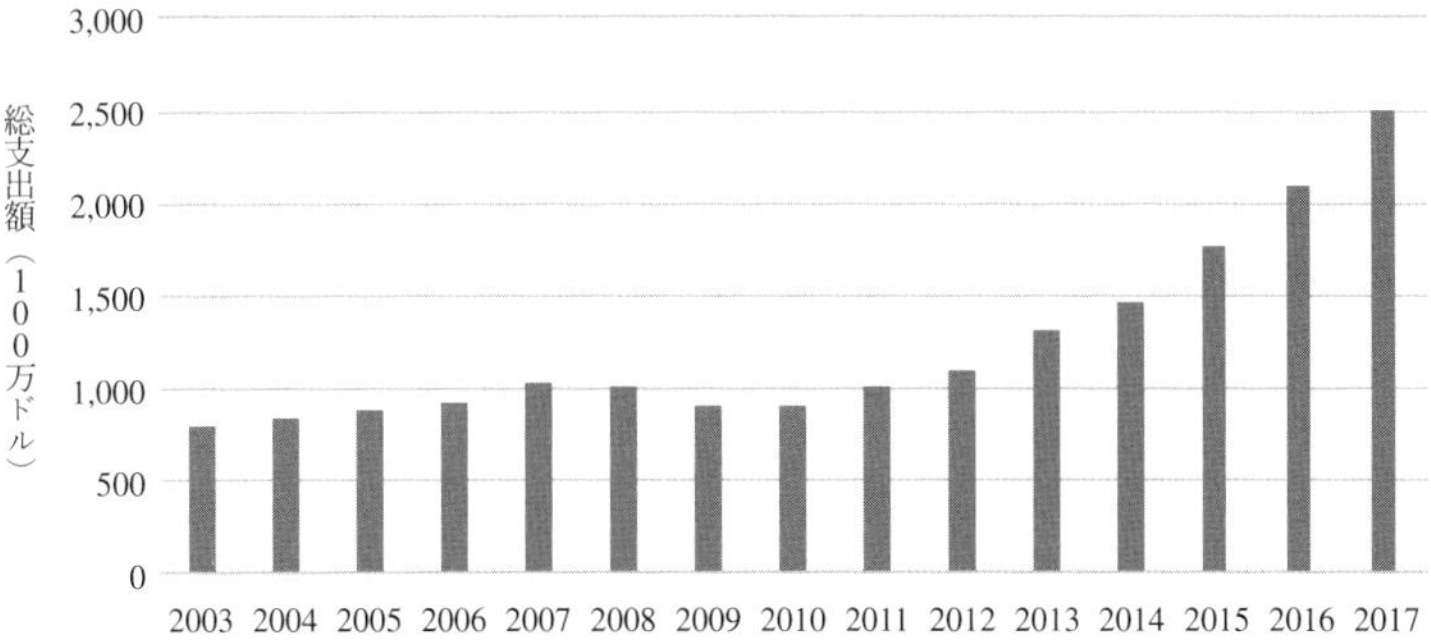

図10.2　アメリカでのオーディオブックの推定消費者支出額

離ドライブ中に聴いていると回答し、2018年には65パーセントがその聴きかたをしていた。しかし近年は、家庭内でのオーディオブック利用がどんどん人気になっており、2018年の調査では、45パーセントのリスナーが、自宅で家事や雑用をしながらオーディオブックを聴くと答えており、52パーセントが寝るまえのくつろぎの時間に聴くと回答した。また、スマートフォンで聴く人が大きく増加しており、2018年には利用者の73パーセントがスマートフォンを使用していて、47パーセントがこのデバイスをもっとも頻繁に使用していた。いっぽう2017年にスマートフォンでオーディオブックを聴いていた人は29パーセント、2015年は22パーセントしかいなかった[18]。多くの人がつねにスマートフォンを携帯しているため、通勤中や、ジムでの運動中、自宅でくつろいでいる最中などに、前回中断したところから続きを再生して、さまざまな行為をしながら聴くことができた。スマートフォンがあれば、カセットプレイヤーやCDプレイヤー、MP3プレイヤーなどオーディオブックのための機器はもう必要ない。オーディオブックを聴くという行為は、四六時中持ち歩く多機能電話が提供する追加機能のひとつになった。スマートフォンと、つねにオン状態でつねに携帯というその特徴のおかげで、オーディオブックの利用が日常生活の現実的な

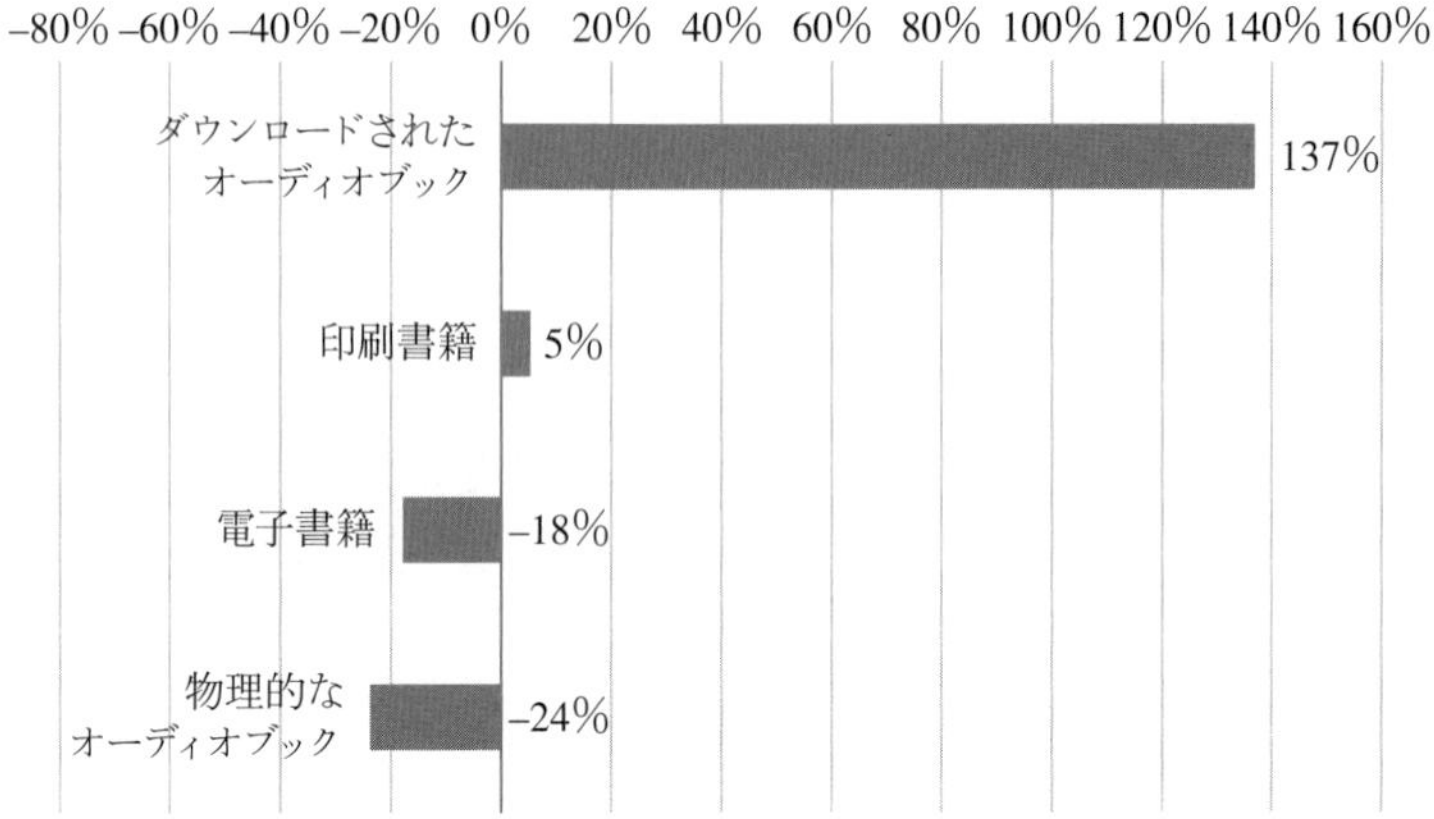

図 10.3　米出版社の売上形式別の変化
出典：Association of American Publishers および *Bloomsberg Businessweek*

活動フローにシームレスに組みこまれた。読むという行為が聴くという行為になり、印刷文化が目からではなく耳から吸収されるようになった。それは、中世や近世では多かった文字が読めない人のためというより、目はほかの行為で忙しいためである。

オーディオファイルを圧縮してダウンロードし、コンパクトな携帯機器で再生が可能になったことは、２０００年代初頭に起こったオーディオブック業界の構造の変化に不可欠な条件だった。これによって、この業界はカセットやＣＤなどの物理的な製品の製造と流通から、プラットフォームとデジタルダウンロードを主とする業界へ移行した。しかし、個々の人びとや組織は、このような発展によって開かれたチャンスを認識し、それを捉えねばならなかった。この移行に重要な役割を果たした人物がいる。それはオーディブルの創設者、ドン・カッツだ。

	カセット	CD	ダウンロード	その他
2002	58	35		
2003	49	45		
2004	30	63	6	2
2005	16.1	73.7	9.1	1
2006	7	77	14	1.4
2007	3	78	17	2
2008	3	73	21	4
2009	0.8	65.3	28.6	5.4
2010	0.6	58.4	36	4.6
2011	1	54	42	3.4
2012	0	43	54.4	2.6
2013	0	35.5	61.7	2.8
2014	0	29	69.1	2.1
2015	0	21.8	76.8	1.4
2016	0	16.2	82.4	1.4
2017	0	11.3	87.5	1.2

表 10.3　総売上額に占めるオーディオブック各形式の割合（%）

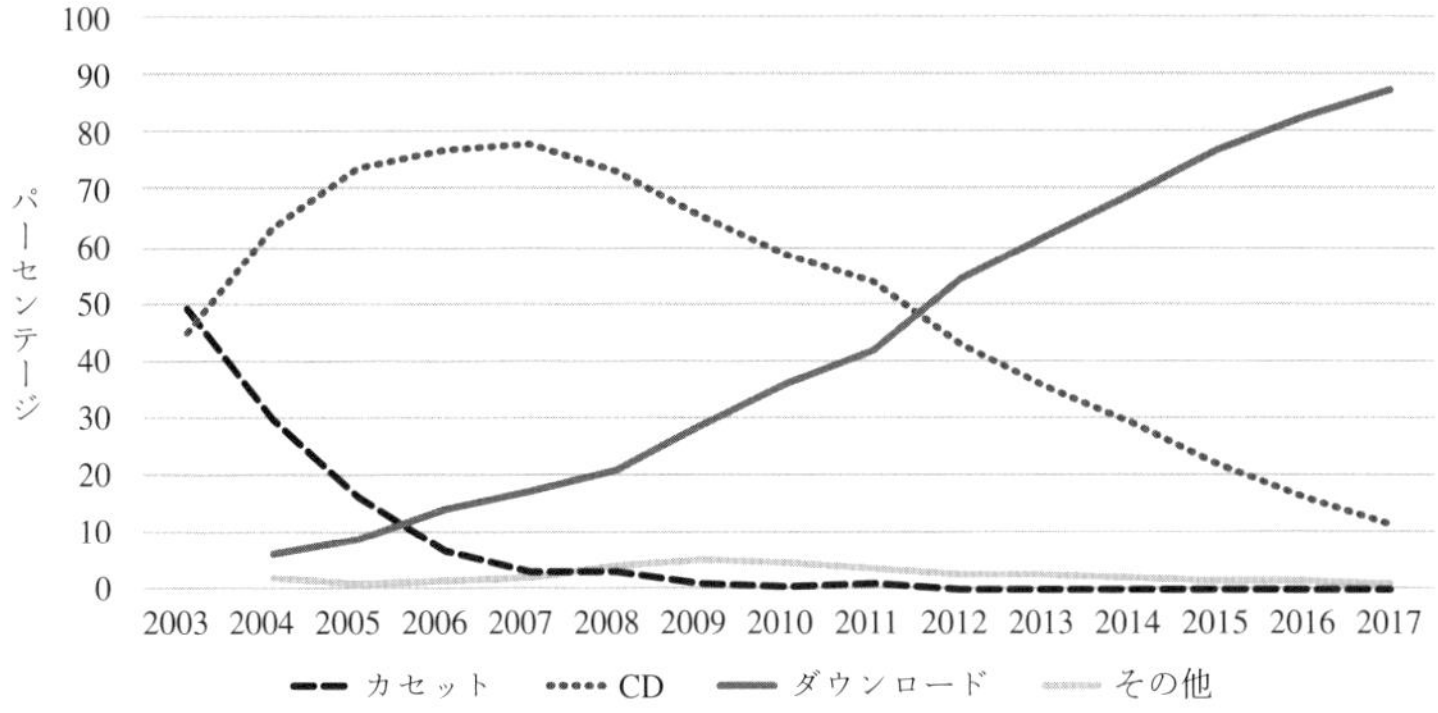

図 10.4　オーディオブック各形式

オーディブルの誕生

ドン・カッツは、1970年代にニューヨーク大学で文学を学んだ作家であり、ジャーナリストであった。1990年代前半にメディア界を一変させる新しい技術についての本を執筆していたが、執筆をいったん休んでオーディオブックの会社を始めることにした。大学で作家のラルフ・エリスンから学んだとき、アメリカの口承の力について聞かされた。それ以来、その言葉がカッツの心に残っていたのだ。(19) カッツのアイデアは単純だが大胆だった。1日24時間週7日、いつでも誰でも、書店の本棚にあるものだけに制限されることなく、オーディオブックのカタログにアクセスできて、物理的な市場のコストや不便さをすべて取り除いたビジネスを生みだせないものだろうか。このアイデアをヒントにして、カッツは1995年にオーディブルを設立した。300万ドルの資金を集め、オーディオブックを保護されたファイルとしてエンドユーザーに直接配信するための技術的な仕組みを構築しはじめた。目標はデスクトップパソコン依存から抜けだすことだった。というのは、多くの人が通勤中にオーディオブックを聴いていたので、ここに重要な市場があるとみていたからだ。つまりモバイル環境で使えなければならないと考えていた。しかし、これはスマートフォンどころかiPodが出現するかなりまえのことだったため、カッツはオーディオブック専用の機器、オーディブル・モバイル・プレイヤーの開発に着手し、1997年11月に発売した。215ドルのこのプレイヤーは音声を2時間聴くことができたが、音質がかなり悪かった。このプレイヤーは長く生き残れなかった。2001年に発売されたiPodのおかげで、すっかり影が薄くなってしまったからである。けれども、iPodの普及によってオーディブル単独では成しえなかったことが可能になった。つまり、ダウンロードして、ポケットやバッグにいれて楽に持ち運べる携帯装置で聴くオーディオファイルの巨大な市場が生まれたのだ。逆説的ではあるが、オーディブル・モバイル・プレイヤーの短命と早死は、オーディブルの終焉ではなく本当の始まりになった。これによってオーディブルは真のニッチをみつけたのだ。デバイスビジネスは、それを開発している、もっと大きくてもっと条件が整ったほかの企業に任せ、オーディブルはそのエネルギーを、オーディオブック化の権利獲得や、オーディオコンテンツのカタログ作成、リスナーが魅力と価値を感じるユーザー体験の創造に注ぐことができた。

当初オーディブルは、オーディオブックはもちろん、短いコメディドラマや講義、講演、パフォーマンスなどさまざまな種類のオーディオコンテンツを入手し、話される言葉を聞くのに最適化されたデジタルファイルとして再利用していた。オーディブルのオーディオブックは約8ドルでダウンロードでき、CDのオーディオブックの通常料金である20ドルよりもかなり安かった。しかし、カッツは個人の視点からみると、オーディオブックの所蔵の価値がかなり限定されているとわかっていた。物理的な本のように、蔵書の一部として保管し、自分の価値観や好みを示す象徴として自宅の本棚に並べ、あとで読みかえしたりしたいと思うこともなければ、音楽のように何度も繰り返し聴きたいと思うこともない。オーディオブックは一度聴いたら、もう一度聴こうとは思わないだろう。したがって、2000年に、オーディブルはクレジットに基づいたサブスクリプションモデルへ移行し、個別のダウンロードによる販売を続けながら、会員制も導入した。会員は月々の購読料を払えば（プランによって）月に1〜2冊のオーディオブックをダウンロードできる特定数のクレジットを付与され、クレジットを使いきったときは追加で購入できた。このシステムの導入によって、より安定した収入源ができただけでなく、オーディブルは顧客と長期的な関係を築けるようになり、顧客はいまや月々のサブスクリプション料を通じてオーディブルと結びついていた。オーディブルにオーディオブックを提供する出版社は、オーディオブックがダウンロードされたときに報酬を受け取るが、条件は出版社によって、またオーディブルとの契約の内容によって異なる。

2003年、オーディブルはアップルと、iTunes Storeで販売されるオーディオブックの独占的なサプライヤーとして取引契約を結んだ。これはオーディブルにとって大きな転換点だった。個人の音楽の聴きかたに革命を起こすことになる携帯端末iPodへの独占的なアクセス権を手にいれたのだ。こうして利用者は、音楽を購入しダウンロードするときと同じ方法と同じオンライン環境で、オーディオブックを購入しダウンロードできるようになり、ポケットやバッグにいれて持ち歩ける小さな携帯端末でオーディオブックを持ち歩けるようになった。オーディブルはいまや、真のマスマーケットにアクセスできるようになったのだ。

オーディオブックのリスニングに最適なプラットフォームと、顧客の長期の有料利用が見込めるサブスクリプションモデル、iTunesにオーディオブックを供給するための独占契約、iPodやその他のMP3プレイヤーの人気上昇などが組み合わさって、オーディブルは成長に恵まれた環境にあり、実際に成長した。[20] 売上は2000年の450万ドルから、2004年には6300万ドルに増加し、5年間で14倍になった。売上の増加という面では急上昇の軌道に乗っていたが、1年を除いて毎年赤字だった（2004年に初めて200万ドルの利益を計上したが、翌年はふたたび赤字に転落した）。2006年に、カッツはジェフ・ベゾスにアマゾンへの売却を持ちかけた。アマゾンはすでに同社に少額出資していた。2008年にオーディブルはアマゾンに3億ドルで売却された。オーディブルの買収により、アマゾンは拡大しているオーディオブック市場の先導的な企業という地位をがっちりと固めた（アマゾンはすでに、アメリカ最大の独立系オーディオブック出版社だったブリリアンス・オーディオを、2007年に買収していた）。これによってアマゾンは、オーディブルの購読者や出版社との契約、8万以上の音声録音データを利用できるようになった。いっぽうオーディブルは、はるかに大量の手元資金と、アマゾンの巨大な顧客層を利用できるようになり、アマゾンのエコシステムに組みこまれることで生まれる相乗効果と成長の機会を得た。

オーディブルは当初、ほかで制作された音声コンテンツを再利用し、リスニング用に最適化したファイル形式で利用できるようにしていたが、2007年から独自録音を開始した。市場でのオーディオブックの利用を増やす必要に駆られたからだった。人びとの関心を惹きつづけるには、新しいオーディオブックのコンテンツを制作するだけでは充分ではなかった。オーディブルは、コンテンツの選択肢がさらに増えれば、これまで以上にリスナーや購読者が増えるだろうと考え、オーディオブックの権利を買い占め、自身が出版社となった。当初は外部の録音スタジオに制作を委託していたが、ニュージャージー州ニューアークにある自社オフィス内に複数のスタジオを建設し、自社でも録音できるようにした。その後の2011年、オーディブルは、オーディオブック・クリエーション・エクスチェンジ（ACX）というオンラインプラットフォームを立ちあげた。これは、オーディオブックの権利者である著者やエージェントや出版社が、ナレーターやプロデューサーと連携して、新たなオーディオブックを制作できるプラットフォームだった。著者をはじめとする権利者は、ACXに登録し、サイト上でサービスを提供しているナレーターやプロデューサーを選び（または自ら朗読や制作を行なうことも可能）、朗読費や制作費は前払いするか、印税を50対50でシェアするか選択できた。オーディオブックが完成したあとは、オーディブルで配信することができ、オーディブルで独占契約を結んだ場合は、オーディブルやアマゾン、iTunesで売れたとき、売上の40パーセントを印税として受け取ることができた。また、それら以外に配信する権利を保持したい場合は25パーセントの印税を得ることができる。ACXは、もともと出版社であれ著者であれ、あらゆる権利者を対象としていたが、実際のところは、著者が自分のオーディオブックを制作するためのプラットフォーム、つまり、オーディオブックを自費出版するためのプラットフォームとなった。自費出版とのつながりは、アマゾンのエコシステムのなかで、アマゾンの自費出版プラットフォームであるＫＤＰと連携したことによってさらに強化された。ＡＣＸは、オーディオブックの市場への流入を増加させるために開発された。２０１３年だけでもＡＣＸでは１万を超える作品が制作され、その目的はたしかに達成された。(21)

オーディオブックがルーティンに

オーディオブックの市場が拡大するにつれ、大手出版社は、オーディオブックの権利をだんだん売ろうとしなくなり、オーディオブックの制作を自社のルーティンな制作プロセスの一部として扱うようになった。２０００年代前半は、大手出版社はまだ、オーディオブックとして制作する作品をかなり厳選していた。たとえば、ニューヨークの大手出版社〝エベレスト〟のオーディオブック部門の責任者キャシーは、２０００年代前半（私たちが話をしたのは２００７年）のオーディオブック出版の経験からすると、オーディオブックの売上はたいてい印刷された本の部数の10パーセントにしかならないと説明した。つまり、ある本がハードカバーで10万部売れたとしたら、オーディオブックは１万くらい売れると見込める。10パーセントルールとオーディオブックの制作費を考慮すると、エベレストのような大手出版社がオーディオブックを制作する作品として選ぶのは、ハードカバーで少なくとも５万部売れると見込める本である。５万部以下と推定された本はオーディオブックを制作する価値がないとみなされた。もちろん、なんにでも例外はある。「２万５０００部しか売れないと思われる本でも、ある程度話題になれば、最終的にはそれ以上売れると考える場合もあります。ですから、どのリストにある本でも、予想した部数より多く売れるように願いながら出版しています」と、キャシーは説明した。しかし、一般的な経験則では、ハードカバーの売れ行き見込みが5万部未満なら、オーディオブックを作る価値はない。したがって、まず数字の計算から開始する。その本はどれほど売れるのか。次に、朗読に向いている種類の本かどうかなど、ほかの要素も考慮する。料理本やダイエット本は一部の例外を除いて除外する。図版の多い本や参考図書なども除外する。一般的な筋書きのあるフィクションはとくにオーディオブックに適しているし、回顧録や、一般歴史書、一般的な伝記、ビジネス書など、物語性のあるノンフィクションも適している。これらの要素をすべて考慮すると、オーディオブックとして制作すべき新たな作品は少数精鋭になる。キャシーの場合、1シーズンに約100タイトル、1年で300タイトルほどのオーディオブックを制作していた。この数には、ほかの出版社から購入したオーディオブックの権利も含まれている。エベレスト自体は、年間5000作品近くを印刷書籍として出版していたため、オーディオブックになるのは出版された全作品数のほんの一部で、オーディオブックのなかにはほかの出版社から購入した権利もあるという事実を考慮すると、出版された本全体の5パーセントにも満たない。こういうことは、2000年代前半の大手出版社としては珍しい例ではなく、むしろオーディオブックの出版率は高いほうだった。

しかし10年たつと状況は大きく変わった。キャシーの後任としてサラがエベレストのオーディオブック担当となった。現在のオーディオブック・プログラムは、以前よりはるかに大規模になっている。サラはいま（10年後の2018年に話をした）、年間1000から1100タイトル、つまり前任者が制作していた3倍から4倍のタイトル数を制作していると説明した。「オーディオブックは1日に3タイトル出版しています。（エベレストは）音声形式に適したものはすべて出版しています」とサラは語った。このようにオーディオブック・プログラムが大幅に拡大された理由は、ひとつには、市場が変化し、スマートフォンが普及して、オーディオブックの需要が高まったためだ。オーディオブックはいまや成長途上にあり、これまでよりずっと重要な収入源となった。しかし理由はほかにもある。ほかの出版社と同じく、エベレストも本の権利を買うときオーディオブックの権利も欲しいと考えている。近年ではオーディオブックの権利をつけずに本を買うことはめったになかった。「本の著作権を買ったのにペーパーバックの権利や電子書籍の権利を買わないようなものです。ありえませんね」とサラは述べた。それでも、オーディオの権利の付与を主張するなら、オーディオブックの制作が必要になるのではないだろうか。「オーディオの権利はひじょうに価値のあるものになっていますので、エージェントや著者は、オーディオの権利を売り渡すからには、オーディオブックを制作してもらわねば、と当然のようにいいます」。さらに、従来の10パーセントルールにはまったく頼れなくなった。おおざっぱな目安としては問題なかったが、商業出版は偶然《セレンディピティ》の発見のビジネスであり、驚くことが起こる。思ったよりずっと多く売れることもあれば、思ったよりぜんぜん売れないこともある。それは、オーディオブックでも同じだ。サラは、数年まえに印刷書籍として出版した本を一例として挙げた。その本はよく売れたが、オーディオの権利はエージェントが持っていた。オーディオ権を買い取ろうと考えたが、細かい額を算出したところ、オーディオ権の取得に支払わねばならない額ほどの価値はないという結論に至ったので、サラたちは取得を見送った。しかし、ほかの出版社がそのオーディオの権利を買い取り、オーディオブックが出版されると、そのカテゴリでベストセラー第1位になった。この教訓は痛みを伴うものだったが、次のことが明確になった――とにかくどの本も権利を取っておこう。「見送らずにすべての本のオーディオ権を取っておけばまちがいありません。たしかに1パーセントしか売れない本もあるでしょうが、いまのところ、売上の50パーセントをオーディオブックが占める本もあります」。このような新たな環境では、従来の10パーセントルールは目安として、ほとんどあてにならない。

電子書籍が制作工程の標準的なアウトプットの形式となり、印刷用ファイルと並んでもうひとつのアウトプットになったように、オーディオブックもまた、少なくとも朗読に向いている種類の本については、大手出版社では、もうひとつの標準的なアウトプット形式になっている。もちろん、オーディオブックの制作には、電子書籍ファイルの制作ほどシンプルでも簡単でもなかった。オーディオブックの制作には、費用も時間もかかるまったく別の生産工程が必要だ。しかし、大手出版社にとってオーディオブックの制作は、いまやルーティンの制作工程のひとつになった。

同じころ、もうひとつ大きな転換があった。２０００年代の前半まで、大半のオーディオブック出版社は、2種類のオーディオブックを制作していた。個人客向けの要約されたバージョンと、図書館市場向けの完全版である。オーディオブック市場は、要約版と完全版に二分されていたのだ。図書館員は、完全版のオーディオブックを明らかに好み、完全版にかかる超過費用は、購入予算がある図書館の障害にはならなかった。しかし小売市場では、個人客が書店でオーディオブックをＣＤのボックスセットとして購入するため、価格はより繊細に検討すべき要素だった。個人客は要約版のオーディオブックに29•95ドルを喜んで支払うだろうが、完全版に80～90ドルを支払うのは躊躇するかもしれない。したがって、エベレストなど多くのオーディオブック出版社は、2種類のオーディオブックを録音し、完全版は図書館市場向けに、要約版は小売市場向けに制作した。これは、要約版と完全版が別のナレーターを使って別のスタジオで録音されるなど、ふたつの制作過程が別々に並行して進行することを意味する。しかし、オーディオブックの利用方法としてデジタルダウンロードが好まれるようになると、要約版の制作は徐々に必要とされなくなった。オーディオブックの出版社は、要約版の制作を終了したり、数を減らしたりしていった。サラは次のように語った。「要約版はほとんどなくなりました。いまでも多少は作っていますが、1年間に出版される1000タイトルのオーディオブックのうちの10数タイトル以下です。デジタル化で変わりました。いったんデジタルファイルになってしまえば、要約版でも完全版でも扱いは同じですから。そして消費者のほうも本当は全編を聞きたくて、要約は望んでいなかったのです」。現在でも、より低価格なラインを必要として、CDの要約版を望む特定の客のために要約版を制作しているケースもわずかにある。以前なら、たとえばジョン・グリシャム、リー・チャイルド、スティーヴン・キングなどの商業作家の本は通常、要約版のオーディオブックがつねに販売されていた。それらを仕入れていたのは、在庫を回転させるために低価格帯の製品が必要なウォルマートやコストコなどの量販店であった。ところがいまや、これは稀有《けう》な例になった。こんにち、おおかたのオーディオブックは完全版しか生産されていない。

2000年代前半、一部の大手出版社は、オーディオブックを制作するためにスタジオを建設したり、購入したりして、しばしば自社スタジオでオーディオブックの一部を制作し、残りを独立したスタジオに委託していた。アメリカのスタジオの多くは、ニューヨークかロサンゼルスにあった。それは、これらの地域に俳優が集中しているからだ。大半のスタジオが俳優を使って録音するのを好んだ。いまもそれは変わらない。オーディオブックの売上が上昇すると、出版社はさらに多くのスタジオを建設したり、購入したりして、オーディオブックの自社制作量を増やした。それでも依然として、オーディオブックの制作の一部は外部に委託していた。同時に、オーディオブックのサプライチェーンはより枝分かれして複雑になった。数多くの新しいプレイヤーがこのフィールドに参入し、オーディブルとしのぎを削り、オーディオブックの出版社には市場への新たな販路を提供し、消費者にはオーディオブックを利用する方法をさらに多く提供した。それまで、オーディブルという一小売業者が支配する、小さな家内工業じみた領域だったオーディオブックビジネスが急速に、迷宮のように複雑なサブフォールドになったのである。

オーディオブックのサプライチェーン

現在、オーディオブック界では、さまざまなプレイヤーが数多く活動しており、その大半が多種多様な役割を果たしている。新たなプレイヤーがフィールドに入ってきたり、古いプレイヤーがサービスを拡大して新しい役割を担ったりするので、この世界はつねに進化している。この世界を理解する手っ取り早い方法は、まずオーディオブックサプライチェーン内のおもな役割を分類し、そのあとで、このサプライチェーンのなかで、現在は多くのプレイヤーが複数の役割にまたがって活動していることを頭にいれつつ、各プレイヤーのおもな立場を確認することである。図10・5は、オーディオブックのサプライチェーンの概要図である。オーディオブックのサプライチェーンには次の5つの重要な役割がある――権利者、出版社、制作業者、取次業者、小売業者／サブスクリプションサービス／アグリゲータ〔図書館界では、複数出版社の電子ジャーナルなどを分野別に集約・掲載・配信するサービス事業者を指す〕。

オーディオブックの権利者とは、オーディオブックの権利を保有する作家、エージェント、出版社である。作家は出版社と契約を結ぶとき、一般的にすべての副次的権利を出版社に譲渡する。これらの副次的権利には通常オーディオブックの権利が含まれる（しかし、比較的古い契約書にはオーディオブックの権利が明示されていないことがあり、出版社が契約を変更するまえの電子書籍の権利と同様に、これらの権利の状態が曖昧なままになっていることがある）。なかには、オーディオブックの権利を保持して、別々に売ろうとするエージェントもあるが、前述のとおり、オーディオブック部門を持つ大半の大手出版社は最近、オーディオブックの権利を取得せずに本の著作権を取得することはない。とはいえ、かならずしも取得した権利を行使するとはかぎらない。むしろ多くの場合、その権利は使われない。出版社は、オーディオブックの制作の手配をせずに、オーディオブックの権利をただ保持しているだけということがある。しかし、あるオーディオブックの出版社がそのオーディオブックの制作に興味を持ったときは、オーディオブックの権利を保有している出版社からライセンスを受けなければならない。

オーディオブックサプライチェーン内のふたつめの重要な役割は、オーディオブック出版社である。簡単にいうと、オーディオブックの出版社には3つのタイプがある。第一のタイプは、メインストリームの出版社がオーディオブックの出版社でもあるというもの。大手出版社であれば、自社スタジオを備えたオーディオブック専門の部署がある。たとえばペンギン・ランダムハウス、ハーパーコリンズ、アシェットなどのビッグファイブなど。また、これらの出版社がオーディオブックの出版社を買収し、それを自社の出版事業に統合しているケースもある。たとえば、1987年のハーパー&ロー（現ハーパーコリンズ）によるキャドモンの買収や、2001年のランダムハウスによるブックス・オン・テープの買収など。大手出版社のオーディオブック部門は、自社が出版する多くの印刷書籍のオーディオブック版を制作しているが、概して、ほかの出版社から印刷書籍として出版される本のオーディオブック権も取得する半独立した出版事業として運営されている。いいかえれば、それらの半独立事業は、オーディオブック権の市場で活躍するプレイヤーなのである。比較的小規模な出版社のなかにも、自社でオーディオブックを出版しているところがある。それらの小規模出版社は、自社スタジオを備えていないが、独立系のプロダクションスタジオやフリーランスのプロデューサーやナレーターと協力して、自社で出版した印刷書籍のいくつかを、オーディオブックにして出版している。

オーディオブック出版社の第二のタイプは、オーディオブックの出版を目的として設立された出版社であ

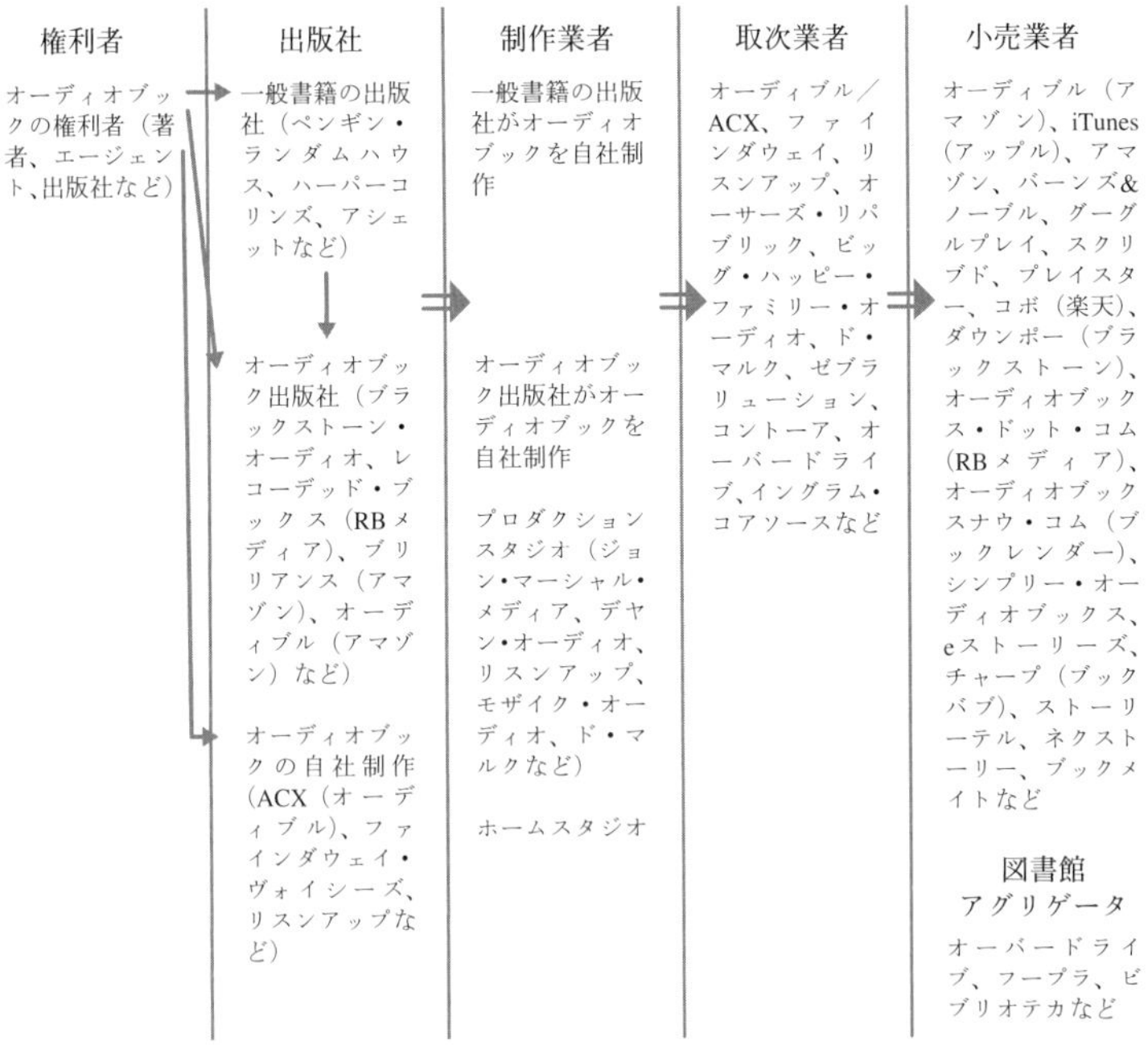

図10.5　オーディオブックのサプライチェーン

る。これらの出版社はオーディオブックを出版のレパートリーのひとつに加えた一般書籍の出版社ではなく、オーディオブックの出版をおもな目的とするオーディオブック専門出版社である。一般的には、出版社やその他の権利者から一定期間、オーディオブックの権利を取得し、自社のインプリント名でオーディオブックを制作し出版する。また、現在はパブリックドメインに含まれている古典作品のオーディオブック版も制作し出版している。キャドモン・レコーズとブックス・オン・テープはこの方法でオーディオブック出版社として始まったし、レコーデッド・ブックス、ブラックストーン・パブリッシング、ブリリアンス・オーディオやその他のオーディオブック専門の出版社も同様であった。

レコーデッド・ブックスは、1978年にメリーランド州シャーロットホールで、ヘンリー・トレントマンによって設立された。トレントマンは出張の多いセールスマンで、長時間かけて車で移動することが多かった経験から、オーディオブックはラジオのかわりになるだろうと目をつけた。そして、カセットテープに本の完全版を録音し、郵便注文で貸しだすことを計画した。これはブックス・オン・テープのデュバル・ヘクトがその数年まえに思いついたのと似たモデルである。レコーデッド・ブックスは1980年代から1990年代にかけて事業を拡大し、1999年にヘイツ・クロス・コミュニケーションに買収された。その後、数回経営者が変わり、2015年には未公開株式投資会社のシャムロック・キャピタル・アドバイザーズに買収され、現在は、ほかのインプリントとともにRBメディアのインプリントとして運営されている。RBメディアのほかのインプリントには、ハイブリッジ・オーディオがある。これはギャリソン・キーラのラジオ・バラエティ・ショー〈プレーリー・ホーム・コンパニオン〉の録音を制作するために、1980年代前半にミネソタ・パブリック・ラジオによって設立され、2014年にレコーデッド・ブックスに買収された。また、2000年にケビンとローラのコールバンク夫妻と、きょうだいのアレン・コールバンクがカリフォルニア州サンクレメンテで設立したタンター・メディアも、2014年にレコーデッド・ブックスに買収された。さらに2004年にホヴェル・オーディオという名前で設立されたクリスチャンオーディオ、2004年に設立されたグラフィック・オーディオも同様に買収された。年間の総出版数が約3000タイトルのRBメディアはいまや、世界最大級のオーディオブック出版社となった。2018年、RBメディアはシャムロック・キャピタル・アドバイザーズによって、メディアやテクノロジー分野に巨額の投資を行なっている同じく未公開株式投資会社のKKRに売却された。

ブラックストーン・パブリッシングは、1987年にオレゴン州アシュランドでクレイグとミシェルのブラック夫妻によって設立され、当初はクラシックス・オン・テープという名前で運営されていた。多くのオーディオブック出版社と同じく、ブラックストーンも通勤の経験から生まれた。1980年代、クレイグは毎日3時間かけて通勤していた。あるとき、友人から時間潰しにと、ジョージ・オーウェルの『1984』のオーディオブック版を借りたとき、すぐにその可能性を見いだした。アシュランドでは、毎年シェイクスピア・フェスティバルが開催されていた関係で、演劇関係の人材が豊富だったため、ナレーターを集めてオーディオブックを録音できた。初年度の1988年に制作したオーディオブックは30タイトルだったが、30年後の2018年には年間1200タイトルを制作し、アメリカでは比較的大きな独立系オーディオブック出版社のひとつとなった。

ブリリアンス・オーディオは、1984年にミシガン州グランドヘイブンでマイケル・スノッドグラスによって設立された。2007年になるころにはCDベースのオーディオブックで最大級の制作会社のひとつになっていたが、その年アマゾンに買収された。それはアマゾンがオーディブルを買収する少しまえのことだった。

オーディオブック出版社は、従来の出版社やその他の権利者からオーディオブックの権利を取得し、オーディオブックを制作して出版する組織として事業を開始するのが一般的だったが、その多くは年月を経るにつれ多角化した。なかには、質の高いコンテンツを増やす必要があって多角化した出版社もある。従来の出版社が独自のオーディオブックを制作するようになればなるほど、オーディオブック出版社への供給源は尽きていった。オーディオブック出版社はふと気づけば、数十年まえにペーパーバック出版社が陥ったのと同じ状況に陥っていた（当時はハードカバーを出版していた従来の出版社が自社でペーパーバック・シリーズを開発しはじめ、ペーパーバック出版社は経営難の憂き目をみた）。そこで、比較的大きなオーディオブック出版社のなかには、一般書籍の出版社に転身し、オーディオブックだけでなく、印刷書籍や電子書籍を出版する権利とその他付属する権利をすべてまとめて契約しはじめる出版社もあった。2012年にタンター・メディアは印刷書籍のラインナップを追加し、ブラックストーンは2015年に印刷書籍のインプリントを立ちあげた。さらに、デジタルダウンロードへの移行とともに、一部のオーディオブック出版社は自社のプラットフォームを開発し、自社コンテンツを図書館や消費者に直接供給するようになった。2013年、ブラックストーンはダウンポー・ドット・コムを開設した。これはオーディブルの直接の競合となるオンラインのオーディオブックストアで、サブスクリプションサービスを提供し、会員は月々12・99ドルで、ブラックストーンやその他のオーディオブック出版社のオーディオブックを、ダウンロードできるようになっている。2018年、レコーデッド・ブックスは図書館向けアプリケーションであるRBデジタルのサービスを開始して、図書館の利用者がストリーミングサービスでオーディオブックやビデオコンテンツを利用できるようにした。また、オーディオブック出版社として立ちあげられた組織が、下流方向に多角化し、新たな市場への販路を生む小売業や、取次業を立ちあげることもあった。かと思えば、たとえば小売業とサブスクリプションサービスの会社として設立されたオーディブルは、オーディオブック出版社として事業を上流に拡大していき、従来の出版社からオーディオブックの権利を取得して、自社で独自のオーディオコンテンツを制作しはじめた。オーディオブック出版社と制作業者、取次業者、小売業者のあいだの境界はますます曖昧になっていった。

オーディオブック出版社の第三のタイプは、オーディオブックの自費出版社である。印刷書籍や電子書籍出版界で、自分の本を自費出版しようとする多くの人びとに選ばれる出版社と同じく、オーディオブック界でも自費出版社がある。印刷書籍や電子書籍はいまや、従来の出版社を介さずに、自分で出版できるようになった。それと同じようにオーディオブックも、オーディオブック出版社を介さずに、自分で自費出版できるのだ。従来のオーディオブック出版社に頼る必要はもうない。オーディオブックの場合、オーディオブックの権利を所有してさえいれば、完全にDIYでオーディオブックを制作できる。マイクを手にいれ、静かな場所をみつけてデジタル録音を行ない、そのオーディオブックを適切な流通システムにアップロードすればいいのである。著者が野心的に、自身のオーディオブックを朗読して制作しようと考えたときは、自費出版した著者やオーディオブック業界に携わっている人や組織から、オンラインや印刷書籍を介して多くの助言や手引きが手にいれられる。[22] ただし、朗読の録音は見た目ほど単純な作業ではない。高品質のオーディオブックを制作するには複雑な作業が必要になる。朗読はそれ自体がひとつの技芸で、自分で録音するよりも、経験豊かなナレーターを探して録音するほうがいい場合が多い。また、著者が自分でオーディオブックを録音するとしても、プロの助けを借りれば質を高められる。印刷書籍や電子書籍と同様に、数多くのオーディオブックの自費出版プラットフォームがあるので、著者はそれらを活用して自分のオーディオブックを自費出版できる。なかでももっとも大きく、もっとも有名な自費出版プラットフォームは、2011年にオーディブルが作ったオーディオブック・クリエーション・エクスチェンジ（ACX）である（491ページ）。このプラットフォームでいったんオーディオブックを作成すれば、ACXがオーディブル、アマゾン、iTunesを介した流通を請け負ってくれる。さらに、それらより低い印税率になるが、ほかの小売経路を介した流通も選択できる。とはいえ、ACXが唯一の選択肢というわけではない。

ACXの主要なライバルはファインダウウェイ・ヴォイシーズである。これはオーディオブック取次業者の先駆けのひとつであるファインダウウェイが、小売業者に提供できるオーディオブック・コンテンツの供給経路をひとつ増やすために、2017年7月に立ちあげた。ACXと同じく、ファインダウウェイ・ヴォイシーズも独立系作家や自費出版コミュニティをおもなターゲットとしているが、出版社から利用されることもある。オーディオブックの制作を望んでいる人に、ACXとおおよそ類似した一連のオプションを提供しているものの、いくつかの点でACXと異なる。第一に、ACXの利用はアメリカ、イギリス、カナダ、アイルランドの居住者に限定されているが、ファインダウェイ・ヴォイシーズは世界じゅうの著者を受けいれている。第二に、ACXは著者が自分の本に合っていると思うナレーターを探せるオープンな市場であるのに対し、ファインダウェイ・ヴォイシーズは著者のためにナレーターの選定を手助けし、著者から情報を集め、そのプロジェクトにとくに適していると思われる5～10人のナレーターを紹介する。第三に、ファインダウェイ・ヴォイシーズは、著者や出版社にオーディオブックの価格設定のコントロールを完全に委ねているので、この企業と組んだ著者や出版社は自分たちでオーディオブックの価格を設定する。それに対し、ACXでは、価格の設定は各小売業者の裁量に任される（オーディブルでは、概して長さに基づいて価格が設定される）。第四に、ファインダウェイ・ヴォイシーズは、多くのオーディオブック小売業者やサブスクリプションサービスに流通できるが、ACXが取次ぐのはオーディブル、アマゾン、iTunesに限られる。ただし、前述したとおり、作り手がACXと非独占契約を結べば、ファインダウェイ・ヴォイシーズやオーサーズ・リパブリックなどほかの取次業者を利用して、ほかの小売チャネルへ流通させることもできる。ファインダウェイ・ヴォイシーズが自費出版コミュニティにとって魅力的であるのはまちがいない。それは、ファインダウェイ・ヴォイシーズは、ACXが属しているアマゾンのエコシステムにかかわる独立した自費出版社だからである。また、スマッシュワーズやドラフト2デジタルを含む多くの電子書籍の自費出版プラットフォームと契約を結んでいるため、自費出版作家がオーディオブックの制作や取次サービスをシームレスに利用できることも魅力のひとつである。

ACXとファインダウウェイ・ヴォイシーズは、オーディオブックの自費出版の主要なプラットフォームである。そのいっぽうで、独立系作家や出版社が自身でオーディオブックを制作できるよう、別の道を切り拓いたプレイヤーもいる。リスンアップ・オーディオブックスは、ジョージア州アトランタを本拠とするオーディオ制作会社リスンアップによって、2016年に設立された。この会社は作家や出版社に、フルサービスのオーディオブック・ソリューションを提供している。そのサービスにはディレクター、ナレーターの選択、専門スタジオでの録音、フル編集、最終マスタリングなどが含まれる。また、オーディブルをはじめさまざまな小売業者や図書館などへの流通オプションも提供している。オーサーズ・リパブリックは、2015年にオーディオブックス・ドット・コムによって作られたオーディオブックの取次業者である。独自のオーディオブック制作サービスは提供していないが、オーディオブックの制作方法を順序立てて説明し、オーディオブック制作に対応できるおすすめの制作会社を多数紹介している。(23)

オーディオブックサプライチェーンの3つめの重要な役割は、オーディオブック制作業者である。ここでは話を簡潔にするために、オーディオブック制作業者または制作会社を4タイプに分類する。第一のタイプは、専門の制作部門を自社内に作り、オーディオブックのすべてまたは一部を制作している従来の出版社である。このような出版社の大半は現在、社内に設えたり新たに手にいれたりした自社の制作施設を持つか、オーディオブック制作の一部を独立系スタジオに委託している。第二のタイプは、これもまた自社の制作スタジオを備え、オーディオブックのすべて（または一部）を自社で制作している多くのオーディオブック出版社である。しかし、出版社ではないが、質の高いオーディオ制作を専門とするオーディオ制作会社も多く存在する。それらの会社はミュージシャンから出版社まで、幅広いクライアントに録音スタジオとオーディオ制作サービスを提供している。これが第三のタイプである。オーディオブック界で活躍しているオーディオ制作会社としてひじょうに有名なのは、ジョン・マーシャル・メディアとデヤン・オーディオの2社である。ジョン・マーシャル・メディアは、バークリー音楽院を卒業したオーディオエンジニア、ジョン・マーシャル・チエリーによって1995年に設立された。ジョン・マーシャル・メディアはニューヨークを拠点にしていたため、朗読できる人材が豊富で、オーディオブック制作のリーディング・カンパニーのひとつという地位を確立し、スタジオのレンタルからキャスティング、最終納品まで、オーディオブック制作のフルサービスを出版社に提供している。デヤン・オーディオは、1990年にボブとデブラのデヤン夫妻によってオーディオブック制作を目的に設立された。当時はまだオーディオブックがひじょうにニッチな製品だった時代である。夫婦はカリフォルニア州ヴァンナイズの自宅で録音を開始し、のちに事業を拡大してカリフォルニア州ターザーナの大きなスタジオでも録音するようになった。ロサンゼルスを拠点にしているおかげで、朗読ができる俳優には事欠かなかった。ジョン・マーシャル・メディアとデヤン・オーディオは、オーディオブック制作を専門とする二大オーディオ制作会社として知られているが、このサービスを提供しているオーディオ制作会社はほかにも数多くある。たとえば、ほんの数社だけでも、モザイク・オーディオ、ド・マルク、エッジ・スタジオ、ヴェリティ・オーディオ、オーディオ・ファクトリー、リスニング・ブックスなどが思い浮かぶ。

オーディオブック制作業者の第四のタイプは、ホームスタジオだ。ホームスタジオとは、家庭内の空間、たとえば自宅の寝室やクローゼット、リビングの一角などに設備を整えて録音スタジオとして使用することである。当初のホームスタジオは、吹き替えや朗読を仕事にしている人の長い通勤時間を解消するために開発された。場合によっては、オーディオ制作会社がホームスタジオの設置に手を貸したり、機材やソフトを提供したりすることもあった。オーディオブックが普及し、ACXのようなオーディオブックの自費出版プラットフォームが出現すると、ホームスタジオはフリーランスのナレーターのあいだで人気が出た。それらの人びとは自宅に録音スタジオを作って、仕事をするようになった。簡易の防音対策は最低限の費用で施すことができるし、予算に合わせて、マイクやラップトップ・コンピューターや編集ソフトなど基本的な装置でスタジオ設備を整えることもできる。ナレーター志望者に助言をしてくれるガイドや資料もオンラインには数多く存在し、ホームスタジオの設置方法や、朗読と編集の基本をひとつひとつ学ぶことができる(24)。

オーディオブックのサプライチェーンにおける4つめの役割は、取次業者である。取次業者は、サプライチェーンのなかの中間業者で、サプライヤー（ここでは出版社や制作会社を指す）が多数の小売経路にコンテンツを流しやすくするため、また、小売業者が多数のサプライヤーからコンテンツを取得しやすくするために存在する。サプライヤーが1社で小売業者も1社なら、取次業者は必要ない。サプライヤーが直接小売業者にコンテンツを供給すればいいだけだ。しかし、サプライヤーと小売業者が多くなれば、サプライチェーンの仲介役として、取次業者の重要性が高くなる。サプライヤーにはできるだけ多くの小売業者との接触を提供し、小売業者にはいわばなんでも揃う《ワンストップ》卸売店としてコンテンツを御すのだ。オーディブルが小売業者として圧倒的な地位を占めており、またオーディオブックの主要な出版・制作会社でもあり、iTunesやアマゾンへオーディオブックを直接流通させているという事実から、オーディオブックのサプライチェーンには偏りがある。つまり、オーディブルは、オーディオブックの出版や制作から取次、小売までサプライチェーン全体にわたって活動し、オーディオブックの制作と販売の両方で、大きな割合を占めているのだ。これによって、オーディオブック・サプライチェーンのなかに、大きなパイプラインが作られており、それが、オーディブルというひとつの組織によって支配されている。さらにこのオーディブル自体はアマゾンが所有しており、アマゾンには自社の自費出版プラットフォームであるACXもある。このパイプラインの重要性は、2003年以降、オーディブルがiTunesへオーディオブックを独占的に供給しているという事実からも高まった。この独占供給によって、iTunes Storeへの流通を求める出版社は、オーディブルのパイプラインを通らねばならなくなった。ドイツ図書流通連盟による訴えを受け、この取り決めは欧州委員会とドイツの反トラスト監査機関である連邦カルテル庁による調査の対象となり、2017年1月にオーディブルとアップルはiTunesへのオーディオブックの供給に関する独占的な取引を終了すると発表した。これ以降、出版社はiTunesに直接オーディオブックを供給したり、第三者である別の取次業者を通じてiTunesにコンテンツを供給したりできるようになった。

オーディオブック出版社や制作業者と、オーディオブック小売業者とのあいだには、オーディオブックの取次業者がたくさんが出現した。たとえばファインダウェイ、オーサーズ・リパブリック、ビッグ・ハッピー・ファミリー・オーディオ、ド・マルク、コントーア、ゼブラリューションなど。なかにはリッスンアップのように、オーディオブックの出版社や制作業者が、顧客に向けて取次サービスを提供していることもある。これらの取次業者には、それぞれの歴史と特定の強みがある。たとえば、オハイオ州ソロンを拠点とするファインダウェイは、2000年代前半にプリロード型デジタルオーディオプレイヤー、プレイアウェイの開発でその名を知られ、その後デジタル取次に進出し、世界最大規模のオーディオブック取次業者となった。オーサーズ・リパブリックは、オーディオブックのサブスクリプションサービスを提供しているオーディオブックス・ドット・コムにより、2015年に立ちあげられた。この企業の目的は、自費出版でオーディオブックを作成した人びとの作品の流通を支援することだった。ビッグ・ハッピー・ファミリー・オーディオは、中小出版社とオーディオブックの小売業者とのつながりを支援するために、2006年に元オーディオブック出版業者のジェシカ・ケイによって設立された。これらはほんの一部である。取次業者は、重点を置いている活動や流通している市場という面ではさまざまに異なるが、いずれの場合もゴールは同じで、仲介役を務めることである。その役割として大小の出版社から、オーディオブックというデジタルコンテンツを託され、それらを集めてリストにして、できるだけ多くの小売業者やサブスクリプションサービス、ダウンロードサイト、図書館に提供し、印税の支払い処理や収益を上流の出版社に分配する。このようにして、小売業者はさまざまな何百もの出版社や制作業者とではなく、単一の取次業者と取引することができるし、出版社、とくに小規模出版社や自費出版社は、自社ではつながれないであろう小売業者とつながれる。そして、取次業者は、これら両者の取引経路を単純化し、提供するサービスに対して売上の一部を受け取る。

オーディオブック・サプライチェーンにおける最後の5つめの役割は、小売業である。近年、オーディオブックを小売りする企業や組織は、サブスクリプションサービス業者やオンラインストア、図書館分野のアグリゲータや出版社や制作会社のなかにもおり、紛れもなく爆発的に増加している。そのなかで２０００年代前半から、オーディブルがオーディオブック界で圧倒的に優勢な小売業者であったことはまちがいない。デジタルダウンロードによるクレジット購入型のサブスクリプションサービス〔購入したクレジットの分だけ読めるシステム〕、アマゾンとの相乗的な関係、ｉＴｕｎｅｓとの独占的な取次契約により、オーディブルはオーディオブックを消費するための主要媒体として、ＣＤの衰退とデジタルダウンロードの普及を最大限に活用できる絶好の立場にあった。２０１０年代初めには、少なくともアメリカの多数の消費者にとって、オーディオブックといえばオーディブルというくらいの存在だった。しかし、新たな小売業者がこのフィールドに参入しつつあり、電子書籍やその他のデジタルコンテンツの小売業者のなかには、オーディオブックを販売品目に加えはじめたところもあった。スクリブドは２０１５年にサブスクリプションサービスにオーディオブックを加えたし、トロントを本拠とするエンターテインメント系のサブスクリプションサービスを実施しているプレイスターも同様であった。2014年にバーンズ&ノーブルは、ユーザーがオーディオブックを購入し、ヌックにダウンロードできる新たなオーディオブック・アプリケーションを発表した。2017年には、コボがその販売品目にオーディオブックを追加し、オーディブルとよく似た、定額先払い制のサブスクリプションサービスを月額10ドルで開始した。2018年にはウォルマートがコボと提携してウォルマートEブックスを開始した。このプラットフォームには、購読料9・99ドルで毎月1冊のオーディオブックが利用できるオーディオブックのサブスクリプションサービスが含まれていた。グーグルは2018年にグーグルプレイストアにオーディオブックを追加した。

オーディオブック出版社や取次業者のなかには、自社の消費者に向けた小売業者を独自に生みだした企業もあった。また、独立したさまざまなオーディオブック・サブスクリプション・サービスが開始された。たとえば、オーディオブックス・ドット・コムはオーディブルに対抗して2012年に設立されたクレジット購入型のサブスクリプションサービスで、2017年にレコーデッド・ブックスを所有しているRBメディアに買収された。オーディオブックスナウ・ドット・コムはブックスフリーによって、2012年に設立されたダウンロードとストリーミングサービスの会社である(ブックスフリーは2000年に設立され、2016年にブックレンダーという名前に変わったオンライン書籍レンタル会社である)。イーストーリーズは、1990年代後半に始まったオンラインの音楽サブスクリプションサービスのイーミュージックが、2016年に開始したオーディオブックのサブスクリプションサービスである。リブロ・ドット・エフエムは2013年に創設されたオーディオブックサービスで、同社と提携することで独立系書店はオーディオブック市場のシェア獲得が可能になる。2019年には、ブックバブがオーディオブックサービス、チャープを開始した(ブックバブは毎日、個別でも購入できるオーディオブックから選んだ作品を期間限定で消費者に提供している)。こうしたオーディオブックのサブスクリプションサービスの多くは、アメリカで大部分が――というか独占的に――運営されているが、欧州などその他の地域でも多くのサービスが始まっている。欧州で先駆的な存在は、スウェーデンのストーリーテルという北欧最大のオーディオブックのサブスクリプションサービスで、20カ国で展開している。北米以外のオーディオブック市場では、ネクストーリー（これもスウェーデンを拠点としている）、ブックメイト（ロンドンとモスクワが拠点）も重要なプレイヤーである。また、オーディオブックを集約し、それらを図書館へ供給することに特化したサービスも多い。この方面ではオーバードライブが圧倒的なプレイヤーだったが、現在はフープラやビブリオテカなど、ほかの供給サービスも出現している。

消費者に向けたオーディオブックサービスや図書館へ供給するサービスなどの乱立によって、オーディオブック業界は複雑になっている。オーディオブックの売上が増加するにつれ、ますます多くのプレイヤーがオーディオブック界に参入したり、この分野での活動を拡大したりして、状況はつねに変化している。とはいえ、近年は小売業者の数が大幅に増加し、現在も増えつづけているものの、その多くは小規模な業者のままで、アメリカのオーディオブックの消費者向け小売市場は、いまだにオーディブルとそれを所有しているアマゾンに支配されている。アマゾンはメインサイトでも、オーディオブックを販売している。コデックス・グループによると、2019年5月のアメリカにおける、オーディオブックの売上部数に対するアマゾンの総シェア（オーディブルを含む）は54パーセントで、前年の2018年6月の42パーセントから上昇した。いいかえればこの推定では、オーディオブックの総売上部数の半分以上が、現在はアマゾン／オーディブルを通じて販売されているわけだ。コデックスの推定によると、オーディブル単独のシェアは、前年の29パーセントから2019年5月は34パーセントに上昇した。同時期に、バーンズ＆ノーブルのオーディオブック市場におけるシェアは18パーセントから11パーセントに低下し、その他の全デジタルオーディオブック小売業者のシェアも26パーセントから22パーセントに低下しており、アマゾン／オーディブルのシェアは競合他社を犠牲にして拡大しているようであった。[25] アマゾン／オーディブルのシェアのパーセンテージがこれよりはるかに高い報告もあり、あるアナリストは90パーセントを超えていると報告している。[26] オーディブルとiTunesとのあいだの独占契約は終了したため、オーディブルが享受していた市場での特権の一部は縮小されたかもしれない。それでもオーディブルは依然として、オーディオブックのもっとも重要な小売経路として独走状態で、オーディオブックの大手出版社の大半がオーディブルを通じて、iTunesに流通しつづけている。オーディブルは、オーディオブックサプライチェーンのあらゆる段階で中心的立場にある。アマゾンと統合され、さらにオーディブルだけのオリジナルコンテンツ（いわゆるオーディブル・オリジナル）制作への投資が増加していることを考慮すると、しばらくのあいだは、オーディオブック界の支配的プレイヤーでありつづけるのは確実と思われる。

特定の組織や個人が担う役割は、その組織や個人が、オーディオブックサプライチェーンのどこに位置しているかによって異なる。オーディオブックの出版社が担う役割と、ナレーターが担う役割はちがうし、取次業者の役割と、消費者向けのサブスクリプション・サイトの役割もちがう。オーディオブックがどのように制作されているのかを知るために、サプライチェーン内のいくつかのポイントを覗いてみよう。

オーディオブックの制作

リチャードは、ニューヨークの大手出版社〝ホライズン〟社のオーディオブック部門を担当している。リチャードが同社でオーディオブックを担当しはじめたのは、２０００年代前半だったため、カセットテープやCDからデジタルダウンロードという形式の移行だけでなく、オーディオブック・ビジネスの拡大も身を持って経験してきた。「私が入社した２０００年代前半のオーディオブックの年間出版数は50～65タイトルでした。これは出版される本全体の20から30パーセント程度で、その大部分が要約版でした。今年、出版するオーディオブックは７００タイトルの予定ですが、すべて完全版で、これは弊社が出版するハードカバー全体の80パーセント近くにあたります」とリチャードは語った。収益面でいえば、２０１８年のホライズン社全体の収益のうち、オーディオブックが占める割合は5～10パーセント程度で、電子書籍が占める割合の3分の1から半分くらいだったが、電子書籍の売上が停滞し、オーディオブックの売上が伸びているので、その差は縮まりつつある。デジタル販売による収益という点で、オーディオブックは新たな希望の光だった。

自分の部署が扱う書籍数を考えると、リチャードはオーディオブックの選定や制作のプロセスを効率化する必要があった。もはや重要なのは、ベストセラーになりそうなものを選んで制作することではない。現在は、ほぼ全作品をオーディオブックの候補として検討する必要がある。リチャードは、来年度の販売計画にある作品をみて、それを3つのグループに分けはじめた。

> 青信号の本は、自動的にオーディオブックが出版されます。赤信号の本は、市場が小さすぎたり、ニッチだったり、料理本などのようにオーディオブックにしにくかったりするものを指します。黄信号の本とは、スピードを落として注意しながら進めるべき作品です。スケジュール表では、このタイプの本はみな、黄色のハイライトがつけられています。これらの作品に関しては、状況を見きわめながら進めなければなりません。マーケティングキャンペーンや宣伝活動を検討し、著者のプロモーションツアーの有無などを確認します。ときに

は、もっと詳細な部分を確認することもあります。編集者と話をして、レイアウトを尋ね、ちょっと読んでみたいといってサンプルページを手にいれることもあります。さらに、印刷書籍の予算と電子書籍の予算を確認します。もはやひとつの形式だけに目を向けることはありません。オンラインでどれほど売るつもりなのかも調べます。このように、黄信号がつく領域には、ずいぶん多くの検討事項があるのです。

オーディオブック制作に選ばれなかった黄信号の作品は、副次的権利部門に回され、ほかの出版社にオーディオブックの権利を売却できるかどうかが検討される。出版社は副次的権利も含めた料金を支払っているため、自社でオーディオブックを出版しないとしても、その権利を有効に活用しようと考えるのだ。どの作品のオーディオブックを制作するかを決定したら、自社のシステム内で手配し、それぞれのプロジェクトにプロデューサーを割り当てる。プロデューサーは、完成した本か草稿を手にいれて読み、著者と話し合い、キャスティングの相談をする。たとえば、ナレーターはひとりでいいか、複数人で行なうか。アメリカ人ではなく、イングランドやスコットランドの出身者など、特定の話し方や特定の声のナレーターがいいのかなど。このような相談は、最終原稿ができるまえでも行なわれ、この段階では、「準備稿」と呼ばれる完成前の原稿を使って作業することもある。しかし、最終的な台本が完成するまでは、録音は開始できない。その結果、印刷版や電子版の本の出版と同時にオーディオブックを発売できるよう準備しておこうとすると、時間がタイトになる。これは新たな状況だ。「以前の、オーディオブックが船の帆柱みたいな重要な存在でなかったころは、このような問題はありませんでした。オーディオブックは、印刷された本が出版されてから6ヶ月後に出版されていました。それがいまでは、人気のある著者の場合、印刷書籍が出版される日に、デジタル版として電子書籍と並んで、あるいは書店の棚に印刷書籍と一緒に並んでいなければならないのです」とリチャードは語った。したがって、できるだけ早い段階から準備稿を使って配役を決め、ナレーター本人やそのエージェントに連絡を取って手配し、スタジオを予約したりする。著者がこのプロセスの一部について相談を受けることはあるが、著者本人が朗読を行なうのは稀で、そうするのは、著者が講演を行なっていたり、俳優であったり、ほかの誰かが本を朗読するなど想像できないほど、その声が有名だったりするときである。本の内容が個人的な物語の場合はとくに、本人の朗読が好まれる。たとえば、ビル・クリントンは『マイライフ――クリントンの回想』（楡井浩一訳、朝日新聞社、2004年）の朗読をしたし、バラク・オバマは『マイ・ドリーム――バラク・オバマ自伝』（白倉三紀子・木内裕也訳、ダイヤモンド社、2007年）を、ミシェル・オバマは『マイ・ストーリー』（長尾莉紗・柴田さとみ訳、集英社、2019年）を朗読している。しかし、大半の録音では、リチャードのチームは、ナレーターとしてプロの俳優、とくにオーディオブックの朗読をおもな活動のひとつにしている俳優を使うほうが望ましいと考えている。演劇の訓練を受けたプロの俳優は、とくにすぐれたナレーターになれるとリチャードは説明する。なぜなら、それらの俳優はすぐれた朗読に必要な集中力や注意力を備えているし、発声や演劇の訓練を受けているからだ。さらに、ふだんから本を読んでいて、読書が好きならなお良い。しかし、プロの俳優がみなすぐれたナレーターになれるとはかぎらない。オーディオブックの朗読には持久力が必要で、それがネックになることもある。スタジオに長時間すわりっぱなしで、休憩や中断もないまま、連続した文章を延々と読まねばならないこともある。「テレビドラマでは名優で、スタジオの観客を前にしたドラマの演者としてもやっていけるけれど、孤立したブースで5日間も朗読するのは性に合わないという人もいます」

リチャードたちが使うナレーターの大半はプロの俳優だが、ときには有名人をナレーターとして起用することもある。セレブを起用することは、宣伝や売上の面でメリットがある。世間によく名の知れた人をナレーターに起用することで、ときおりプレスリリースが発表されたり、業界で話題になったりする。しかし、有名人ナレーターに法外な額を支払うことになり、あまり旨味がない場合が多いとリチャードは語った。さらに、制作の面でも頭痛の種になりうる。「ナレーターとして雇ったときは、スケジュールがあく予定だったのに、ふいにシャングリラみたいな遠いどこかで撮影する映画出演のオファーが来て、ドタキャンされたことがあります。そうなるとひじょうにややこしい事態になります。セレブ相手だとキャスティングも録音場所もむずかしいし、場所代がさらにかかることもあります」。オーディオブックの朗読作品を代表作のひとつに挙げているプロの俳優のほうが、ずっと信頼が置けるのである。

ホライズンでは自社スタジオを使用しているが、制作数を考えるとスタジオも借りなければならない。自社制作だけでは間に合わないのだ。リチャードは、スタジオにはナレーターだけでなく、ディレクターとエンジニアも顔を出し、録音中はガラスの仕切り越しに立ち会うのが望ましいと考えている。ディレクターは録音中に台詞が飛んだり、言葉が不明瞭になったり、お腹の鳴る音が入ったりなどの不具合がないか確認しなければならない。そして、登場人物の声が章ごとに大きく変わっていないかなども確認する必要がある。「ごく滑らかなオーディオブックを作るには、誰かが立ち会う必要があります」とリチャードは説明する。オーディオブックの場合、完成したオーディオが1時間の作品の録音には、スタジオ作業が約3時間必要で、オーディオブックビジネスの一般的な経験則では、9300語で完成オーディオブックの1時間分に相当する。つまり、9万語の本であれば、完成オーディオは約9・7時間になる。これを制作するには約29時間のスタジオ作業が必要で、いいかえれば1日6時間のスタジオ作業がまる1週間必要となる。

費用の面でいうと、ナレーターの報酬は、完成したオーディオの時間あたりで算出される（PFH）。レートはナレーターによってばらばらだが、多くのプロの俳優が映画俳優組合‐米テレビ・ラジオ芸術家連盟

（SAG‐AFTRA）に所属しており、組合員のレートは組合がオーディオブックの出版社やプロデューサーと交渉している。多くの出版社のSAG‐AFTRAメンバーの最低レートは200ドルから250ドルPFH程度である。したがって、ナレーターの費用のみで、9万語の本に2000ドルから2500ドルの費用がかかる。また、編集やチェックにも1時間単位で支払いが生じる。これは、仕上がったオーディオを聴いて、あらゆる間違いを確実に拾い、正す作業を伴う品質管理の仕事である。自社スタジオがあり、プロデューサーやディレクター、エンジニアが社内スタッフなら、この費用は節約できるが、スタジオを借りれば追加費用がかかる。たとえば、ニューヨークのスタジオは1時間100ドルから150ドルなので、30時間だと3000ドルから4500ドルの費用がかかる。費用はあっというまに積みあがっていく。オーディオブックの制作はけっして安いものではないのだ。

自社スタジオを使って（ナレーター以外は）自社スタッフでオーディオブックを制作する場合、少なくとも500〜600部を売ることができれば、経済的にやっていけるとリチャードは説明する。「500部以下しか売れないときは、かなり問題です」。しかし、外部のスタジオを使って、作業の一部を外注しなければならない場合、「1000部以下の売上で利益を出すのは、かなりむずかしくなります」。リチャードはリストを作成するとき、このようなことをすべて頭のなかで計算している。「リストを作るときに、頭のなかですばやく損益計算をします。制作費用と売上を並べて比べるわけです。そうすれば、何を追加すべきか、何を追加すべきでないかがわかりますし、制作する価値があるかどうかがわかります」

ホライズンはプレミアムオーディオブックサービスを提供している。これは、専用の社内スタジオ（または借りたスタジオ）で、経験豊富なスタッフと専門のナレーターが携わる質の高いオーディオブックの制作サービスだ。しかし、オーディオブックをもっと安く制作することも可能である。スペクトラムのもういっぽうの端には、ACXのDIYモデルがある。これは、ナレーターを50〜100ドルPFHで雇うことができ（ただし、経験豊富なナレーターの費用はもっと高い）、印税のシェアを選べば、ナレーターの前払い費用を完全に回避できる。この両極端なモデルのあいだには、さまざまな中間モデルがあり、さまざまなオーディオブック出版社やプロデューサーが、独自のやり方やシステムを構築している。オーディオブックの進化しつつあるエコシステムのなかで、とくに重要なのはホームスタジオの発展である。これによって、ナレーターはフリーランスとして自宅で働けるようになり、出版社や制作会社は専用スタジオを用意したり、借りたりする必要がなくなる。既存の出版社相手であれ、ACXやファインダウェイ・ヴォイシーズでオーディオブックの自主制作を望んでいる著者が相手であれ、朗読の作業の多くは、いまや家庭というシャドウエコノミーで行なわれている。

ページ上の演技

スチュアートは俳優としての訓練を受け、俳優としてキャリアを開始したときは、シェイクスピア作品を演目とする劇団の巡業に参加したり、劇場で働いたり、パートタイムで演技を教えたりしていた。しかし、家庭を持ち、ニューヨークに居を定めたとき、これまでのスキルを生かせる別の選択肢が必要だと感じた。商業的なテレビ番組の仕事をいくつかやってみたものの、報酬は高いが安定しなかった。ブッキングが週単位に行なわれるので、いったいいくら稼げるのか予測がつかないのだ。もっと安定した収入源が必要だった。スチュアートは読書が好きで、オーディオブックをよく聴いていた。とくに自宅と大学院を往復する長距離ドライブ時や、シェイクスピア作品の巡業中によく聴いていた。そこで、オーディオブックの朗読について調べてみた。どういうことが行なわれるのか、どうすればその仕事を始められるのかを、くわしく知りたかったので、そのような状況で多くの人がするであろうことをした。オーディオブックのナレーターとして成功している人をみつけ、お茶に誘ってその友人の知恵を借りた」のだ。その友人のおかげで、オーディオブックの世界は、演劇や映画やテレビや商業的な吹き替えの世界とある意味では似た構成になっているが、ネットワークはまったく別物で、両者はほとんど重なる部分がないとわかった。また、オーディオブックの世界はほかの業界に比べてひどく小さいため、制作会社や出版社との一対一の直接の関係がとくに重要だった。その友人は、この世界のネットワークに入りこむコツをいくつか伝授してくれた。たとえば、オーディオ出版社の利益を代表する業界団体、オーディオ出版協会が主催するイベントやコンベンションに参加する。そして、バーやイベントの開催施設で、出版社の人間や制作業者やほかのナレーターと出会い（「いわば合コンみたいに」）、あれやこれや話をして名刺を渡し、いい印象を残すようにする（「秘訣は、なんでもいいから出版以外のことを話し、まずはちゃんとした人間関係を作ること」）。長期戦の構えでいかねばならない、とスチュアートは語った。「出版社や制作会社の人と会って話をしてから、なんらかの形でその会社と仕事をするようになるまでに2、3年かかることさえあります。そういう人間関係を築いて、それらの人びととメールで連絡を取りあうのですが、あまり熱心にやりすぎてはいけません。そんなことをすれば、しつこい厄介者として扱われてしまうのがオチです」とスチュアートはいった。

その友人は、朗読の技術をひととおり学ぶために誰の指導を受けたらいいか、どのワークショップに参加すべきかという有益な助言もしてくれた。オーディオブックの朗読技術の多くは、方言の話し方や（喉を痛めずに長時間話せるようになるための）声のメンテナンス法など、演劇のトレーニングで取得したものと重なる部分もあるが、オーディオブック特有の技術もあり、それらはワークショップや個別指導で学ばねばならない。さらに、その友人は、ホームスタジオの設置方法や、技術的な面からみた開始方法など、実践的な助言もしてくれた。当時スチュアートは、小さなウォークインクローゼットがあるアパートメントに住んでいたので、ウォークインクローゼットに装置を備えて、毎日長時間、静かな場所で邪魔されることなく仕事ができるようにした。ここで防音効果があるかどうかはたいして重要な問題ではない。「本当のところ、防音のことはあまり考えていません。この状況で重要なのは、音響的な処理のほうです」とスチュアートは語った。基本的には、まず静かな場所をみつけて、その場所で設備を整えて、均質で生き生きした、響きの良い音を出せるようにする必要がある。「反射面がないようにします。モニターもだめです」。ノートパソコン、録音ソフト、質の良いマイクなど基本的な機材を揃えて、適切に配置することも大事だ。また、正確で雑音のない、安定した録音ができるように、コンピューターを的確に操作する方法を学ばねばならない。スチュアートはすでにノートパソコンと読書用のｉＰａｄを持っていたので、マイクやその他の機材を友人から借りた。基本的な機材を揃えて準備は万端だった。それでも、これまで働いたことのない業界で、フリーランスのナレーターとしてどうやって仕事を開始すればいいのだろうか。

ほかの多くの始めたばかりのナレーターと同じく、スチュアートが業界に入れたきっかけはＡＣＸだった。ＡＣＸに登録して、プロフィールを作成した。それまでに参加したワークショップでは録音を行なうこともあったので、そうやって録音したものを最初のデモとしてＡＣＸにアップした。そして、本のオーディションをいくつか受けて、そこから仕事を開始した。最初の本では、いくら請求すればいいのかわからなかったため、１５０ドルＰＦＨで請求したが、２冊目は、当時の業界標準だった２００ドルＰＦＨを請求した。ＡＣＸで本４冊の朗読の仕事をしたあと、オーディブル・スタジオの目に留まり、幸運の扉が開いた。オーディブルは、あるオーディオブックのコンベンションで、オーディオブック制作のワークショップを開催していた。スチュアートはそのワークショップに参加してオーディションを受けた。そのとき、オーディブルのプロデューサーに声を気に入られ（「まだあまり経験がないのは明らかでしたが、自分の声を本当に理解している俳優だと思いました」）、ノンフィクション作品の朗読者として採用された。その後、オーディブルで10冊の本を朗読した。録音は自宅ではなく、オーディブルのスタジオで行なった。こうして、オーディオブック・ナレーターとして軌道に乗ったように思えたが、その後、オーディブルが多くの自社スタジオを閉鎖して長期的な改装にはいったとき、ふと気づくと、ほかの大勢のナレーターとともに雇い主がいない状態になっていた。朗読の仕事を手にいれるためにACXに戻ってオーディションを受けたり、雇ってもらえるかもしれないという希望を抱いて、オーディオ出版協会の交流イベントで知り合った人に連絡を取ったりした。挙句には、本を読んでオーディオブックが作成されているかどうか調べ、作成されていなければ、オーディオブックの版権を所有する人を探し、出版社を介した、あるいはACXを介した独自のオーディオブック作成に興味がないかと売り込みをかけることさえあった。あき時間を埋めるために、パブリックドメインの作品を専門にしている小さな出版社を通じて、パブリックドメインの本を何冊かオーディオブックにした。このようにさまざまな仕事をこなして、代表作品のリストに本を加えつづけ、出版社が自分のことを思い出し、必要としてくれる絶好のタイミングに絶好の場所にいることを願いながら、仕事の質を高めていった。しかし、「ずいぶん時間のかかる、のんびりしたスタートでした」とスチュアートは振りかえった。

やがてスチュアートは、タンター・メディアなど、ほかのオーディオブック出版社からも仕事を受けられるようになった。またオーディブルのスタジオが再開されたため、ふたたびオーディブルの仕事もしはじめ、状況が好転した。これがちょうど引っ越しと重なり、この機会にホームスタジオをアップグレードした。スチュアートはスタジオブリックス・ワンというプロ用のレコーディングブースに投資して、ブルックリンの新居アパートメントの小さな部屋の一角に設置した。このようなプロ用レコーディングブースは1万ドルほどかかり、かなりの投資だった。しかし、作業環境は大幅に改善された。「換気機能がある静かな専用スペースができましたし、以前よりも音響的にすぐれた録音を行なえるようになりました。それに「スタジオブリックスを持っている」というアピールができます。出版社にそう話せば、私がこの仕事に本気で向き合っている、プロのナレーターだと示せるのです」。この投資を行なうという決意こそ、オーディオブックの朗読が、いまやスチュアートのキャリアの中心になった証拠だった。朗読は、小遣い稼ぎ程度の副業ではなく、スチュアートの仕事の核になっていた。スチュアートはいまだに自分は俳優だと思っているし、テレビの仕事が来たら喜んで引き受けるが、現在の優先順位はナレーターとしてのキャリアを積みあげることだ。テレビの仕事は、たいてい半日でオーディションが行なわれ、1～2日かけて撮影されるのでうまくこなせるが、演劇の仕事ははるかに受けにくい。期間が長いので、演劇をするなら、出版社との契約を破棄しなければならない。したがって、いまはなかなか受けられない状態だ。自分は俳優だと思ってはいるが、生計を立てて、家族とキャリアを支えているのはオーディオブックの朗読という仕事である。「仕事は何かと聞かれたら、たいていは「俳優で、オーディオブックの朗読をしています」と答えています。昨年は6本のテレビ番組に出演したので、テレビの仕事をおろそかにしているわけではないし、いつか子どもたちが大きくなったら、また演劇にも復帰できるだろうけど、いまはできるだけオーディオブックの仕事でスケジュールを埋めたいと思っています」

フルタイムのフリーランス・ナレーターとして、スチュアートは慎重にスケジュールを組まねばならない。理想は、数ヶ月先までスケジュールが埋まっている状態だ。そうすれば2ヶ月のバッファが確保できるからだ。新しい案件を始めるときは、少なくとも1日か2日は、本を読んで準備を整える時間を確保する必要がある。それから、通常は4、5日を朗読に充てる。ただし、本がひじょうに短くて、2、3日で済むとわかっている場合は例外だ。出版社から準備稿が送られてくると、スチュアートはそれを読み、アイアノテイトというアプリケーションを使って、マーカーを引く。たとえば登場人物によってマーカーの色を変え、その人物にどんな声をあてるか決める。その声をボイスメモで録音してフォルダに落とし、そのキャラクターが出てくるたびに一貫した声を維持できるようにする。見慣れない単語や発音がわからないフレーズなども、同じようにマーカーを引いて、あとで参考にするためにネットで調べてボイスメモに録音しておく。ときには著者が、登場人物の声はこんなふうがいいと知らせてくることもあるが、描写されている一人ひとりのキャラクターに基づいた声の選択は、たいていナレーターに任されている。声はキャラクターに合っていなければならないが、同時に、リスナーが人物を聞きわけられるように、充分に違いがなければならない。スチュアートは次のように説明した。「基本的に、誰がしゃべっているのか、リスナーにつねにはっきり知らせなければなりません」。登場人物が6人ほどいると、ややこしくなる。たとえば、そのうちの3人がティーンエイジャーの少年たちとか。でも、サンプルを録音しておけば、それを聞きなおして、それぞれの人物にあてた声を思い出せるため、声の一貫性を保ち、混乱を避けることができるわけだ。

準備作業が終わると、いつでも録音を開始できる状態になる。ナレーターはそれぞれ1冊の本の朗読をするにあたって、自分なりのゴールを考えている。ナレーターは段落や句読点など、読者にとって視覚的な合図になるものを備えた印刷された文章を、リスナーが理解できる音声の合図を含めた、話される言葉に変えていく。その変換を行なうには、数々の判断が必要だ。たとえば、登場人物にどのような声をあてるかといった大きな決断もあれば、話される言葉の流れのなかで、コンマやコロンや括弧をどう伝えるかといった、小さいが重要な決断もある。わかりきっていることなど何もない。ナレーターは一本調子で朗読できない。

それは耐えがたいほど退屈だろう。朗読には一定のリズムや抑揚《よくよう》が必要であるし、ナレーターはあるポイントで調子を変えて、気分や感情、強い意志や緊張感や疑念などを表現しなければならないし、どれも慎重に計算しておかねばならない。一本調子だとリスナーの心を捉えられないし、感情を込めすぎると大げさになって敬遠される可能性がある。あっさりしすぎず、しつこくもない絶妙のバランスを追い求めなければならない。オーディオブックの朗読は、独特のルールや慣行がある複雑な行為であり、それ自体がひとつの芸術形態である。また、オーディオブックの朗読の世界には、有名で評判の良いナレーターによるビデオやパネル討論会があふれるほどある。それを利用すれば、女性なら男性の声、男性なら女性の声を扱う方法、方言や台詞まわし、句読点の扱いかたなど、朗読術の注意すべき部分に対応するためのヒントや思慮深い助言が得られる(27)。

オーディオブックの朗読もひとつのパフォーマンスであり、すべてのパフォーマンスと同じく、演技には創造の要素と解釈の要素がある。それはたとえば、脚本が劇場で上演される作品になったときや、作曲された曲がオーケストラによって演奏されるときと同じである。これこそ、スチュアートのようなトレーニングを積んだ俳優が、舞台での演技と、オーディオブックの朗読のあいだに深い親和性を見いだす理由のひとつだ。「テキストを与えられた俳優なら誰もが目指す基本的なゴールは、そのテキストと人間的なつながりを作ることです。それは感情的なつながりでもあり、理知的なつながりでもあります。そのあとで、テキストを解釈し、それぞれの場面で起こっていることについて、アーティスティックな選択を行ない、観客もテキストと人間的なつながりを作れるように、テキストとかかわります。いわば、紙のテキストと観客とのあいだに橋を架けているのです」。オーディオブックの朗読をするときも、基本的にやっていることは同じ。「朗読するにせよ、登場人物を演じるにせよ、その本や人物に共鳴する部分を、自分自身のなかにみつけ、正確に、けれども同時に、感情的な観点と理知的な観点から生まれるものを自由に操って、リスナーにわかりやすく、魅力的に朗読できなければなりません」。ナレーターは朗読している過程で、明示的にも暗示的にも無数の選択をしなければならない。そのいっぽうで、自分以外の誰かが書いた文章を読んでいるわけだから、好き勝手に言葉を発することはできず、ページに現れる言葉を読み、文章にある合図に従わねばならない。したがってナレーターの創造性は、つねにテキストに埋めこまれた言葉と合図に縛られている。そのことについて、スチュアートは次のように語った。

朗読はいわば、著者と私自身との、ある種の芸術的なコラボレーションなのです。私は著者が書いた合図にできるだけ従いますが、同時に私自身のアーティストとしての選択と解釈を加えてもいます。そこにはつねに、著者が伝えようとしている物語や意図や、ものの見方があります。私の仕事は、著者のものの見方を理解し、私自身の理解を通じてそれを解釈し、できるかぎり効果的に、明確に、興味をかきたてるように表現して、リスナーに本の内容を最大限に伝えることです。私は、その本にふさわしくて、リスナーがその本を特別に思えるような朗読のトーンを探します。原稿にある合図に従っていますが、真実味が出るように読むのは私です。そんなふうに私は選択をしていますが、著者が選択したあとに私が選択しているわけです。ときには技巧を凝らしますが、けっして元のテキストを損なわないようにして、このふたつを合体させます。それがオーディオブックです。

実際には、テキストに埋めこまれた著者の選択と、ナレーターの選択とのあいだの違いは、かならずしも明確ではない。ときには、ナレーターが準備をして朗読をするときに下す決定に、直接かかわってくる人もいる。これは著者によってさまざまで、まったく関与しない著者もいれば、喜んで、あるいは熱心に準備に参加し、メールに返信したり、電話で話したりさえする著者もいる。著者によっては、登場人物はこんな声をしているべき、という明確なアイデアがあり、出版社とナレーターに最初に自分の意見を伝えてくる人もいる。ときには、ナレーターがテキストのある側面について確信が持てなくて、著者にメールで尋ねることもある。これは珍しい名前などの発音に関することが多いが、誤字誤記と思われるものを偶然みつけて、テキストを修正していいか確認したい場合もある。「「こんにちは。こんな誤記をみつけました。修正してもいいでしょうか」という由を書いて送ると、たいていすぐに「ええ、いいですよ。こんなふうに修正してくださいますか」というような返事があるので、私たちはそれを確認して作業を進めていきます」。けれども、そうやってすべての選択肢を綿密に調べている暇がないときもある。そんなときは、ナレーターが判断して先へ進めなければならない。スチュアートは次のように説明した。「つまり、相互に行き来するコラボレーションとは対照的な、別の種類のコラボレーションです。いわば段階的に行なわれるコラボレーションですね。ひとりめが作品に貢献し、次にひとりめの貢献と協調する形でふたりめが貢献し、というプロセスを経て、製造業でいう最終製品ができあがります。私の作業は素材ができた状態から始まりますので、著者と肩を並べて最終製品に仕上げているわけではないとしても、素材には敬意を払っています」。ここでいう最終製品とはオーディオブックである。オーディオブックは、紙に印刷された本をベースにしているし、それと密接なつながりはあるが、まったく別物だ。オーディオブックの制作は、独自のルールや慣行によって形づくられており、印刷書籍とはまったく別の過程を経る。その過程でナレーターは、しばしば独自に、またはディレクターと協力して無数の判断を行なわねばならない。そうやって、視覚的な合図がある印刷された原稿を、話される言葉の連続に変えていくのである。

実際のところ、スチュアートの仕事は、出版社のスタジオに出向いて録音する場合と、自宅のスタジオで録音する場合とがある。自宅録音とスタジオ録音の大きな違いは、スタジオではエンジニアやプロデューサー、ディレクターと一緒に作業するので、指示や間違いの指摘、修正の助言をもらえるところである。自宅では、自分自身がプロデューサーやディレクターとなり、機材も自分で操作しなければならない。スチュアートは訓練を受けた俳優であるので、選択し慣れている。演技はさまざまな自己演出の賜物で、どう演じるべきか指示を待つのではなく、つねに自分で選択しなければならない。したがってナレーターとして、自分自身を監督するのはむずかしいことではない。けれども、一貫性と細部にきちんと気を配る自律的な仕事の仕方を確立する必要がある。自宅スタジオには、録音を聴きなおして「おっと、そこがこうだからもう一度やり直そう」といってくれる人はほかにいない。「すべての登場人物に対して演技の選択をしつづけること、風変りなファンタジーのような設定でも、台詞は現実感を持たせること。ノンフィクションであれば、特定のテーマについて、時間をかけて本を書きたいと思うほど、そのテーマを情熱的に信じている人物になること」に集中して専念できるかどうかは、自分しだいである。「それが私の演じている登場人物です。ですから、その登場人物でありつづけなければ、リスナーの興味は薄れてしまうでしょう」。けれども、スチュアートは自分自身のプロデューサーでもあるため、自分で時間を決め、時間を管理し、出版社と取り決めた制作目標から外れないようにする責任がある。

スチュアートの説明によると、録音の実際的な面でいうと、録音方法にはおもにふたつの種類がある。ひとつは「オープン・レコード」と呼ばれるものである。これは録音しっぱなしで、言い間違いや読み間違いなどをしたときは、その行を読みなおし、あとでエラーした部分を編集する。この方法の大きな問題は、録音が終わってから、何百カ所も編集しなければならない場合があり、ひじょうに時間がかかることである。

もうひとつは「パンチ・アンド・ロール」と呼ばれる方法で、録音しながら編集できるため、制作スピードがあげられる。この方法では、録音中にミスした場合、停止してカーソルをミスするまえにドラッグすると——画面上にある波形から話していた部分がわかる——プログラムは自動的に3秒後ろに戻り、直前に朗読した部分が再生されるため、朗読のペースと声のトーンを聞くことができ、その部分を朗読すると自動的にふたたび録音を開始するので、どんどん朗読を進めるだけでいい。これがパンチ・アンド・ロールである。こうすることで、はるかに良質で、完成度が高い作品になるが、この作業を滑らかにたやすくできるようになるには、ある程度の練習が必要だ。「これは、時間がたつにつれて、どんどん上達していきます。身体で覚えていくような技術です。意識的に「ああ、まちがえた。これをしてからあれをして、さらにこっちをしなくちゃ」と考えるのではなく、ポン、ポン、ポンという感じです。この部分は私にとっては日常的な行為で、身体が勝手に動きます。慣れれば流れが良くなり、作業効率があがります」

ナレーターの報酬は通常完成した音声の時間で支払われるが、1時間の完成音声を作るには1時間以上かかるのがつねで、ナレーターにとって、朗読の仕事の経済的な利益は、完成時間あたりの料金だけでなく、朗読の効率にも左右される。つまり報酬を得られる完成音声の時間に対する、録音作業に費やした時間の比率が重要になってくる。ナレーターは時間をかけ、経験を重ねて効率をあげていくことで、この比率を下げられる。スチュアートは時を経るうちに、ずいぶん効率があがり、いまでは通常の比率は2対1である。「はかどるときはそれよりやや良くなりますが、それほどすいすい進まないときもあります」。しかし、平均すると2時間かけて作業して、1時間分の完成録音ができあがる。つまり、10時から5時まで録音ブースにこもり、昼食に1時間の休憩（ただし、ブースに戻ったときに胃が鳴らないように軽く済ませている）を取る場合、この6時間の作業の結果、3時間の完成音声ができあがる。1日に3時間分の完成音声を録音するとして、本全体の朗読時間が10時間としたら、「4日かかります」。なかには、12時間や14時間など、10時間以上かかる本もあれば、もう少し短いものもある。「だから、1冊に平均4、5日を割り当てています」。けれども、これには準備時間が含まれていない。準備時間をいれれば、3対1くらいになるだろう。つまり、スチュアートが200ドルPFHの仕事を引き受けたとき、スタジオでの作業1時間あたりで考えると100ドル、準備時間を含めたスチュアートの実際の作業時間で考えると報酬は1時間あたり67ドルになる。それより高い報酬、たとえば250ドルPFHの場合は、それに比例して1時間あたりの収入は、スタジオの時間で考えれば125ドル、準備時間を含めた実際の作業時間にすると83ドル程度になる。

オーディオブックの朗読は、テレビ撮影やコマーシャル用の吹き替えの仕事ほど報酬が高くないが、生活は充分に成り立たせることができる。むしろ、演劇とテレビと講師の仕事を組み合わせて、どうにか収入を得ていた以前よりも、稼ぎははるかに多い。とはいえ、4、5日かけて1冊の本を朗読するよりも、テレビの撮影を1日こなすほうがずっと高い報酬を得られるのは事実で、労力もずっと少なくて済む。オーディオブックの朗読は時間のかかる仕事だ（「何時間もかかります」）。それでも、テレビの仕事はその性質上、予測がつかないので、次の仕事がいつ来るかちっともわからない。朗読の仕事なら計画的な生活ができる。このような生活は、テレビやコマーシャルの吹き替えの世界で、その日暮らしのような生きかたをしていたときには不可能だった。いまのスチュアートにとってのおもなリスクは、スケジュールがいっぱいになるほど、オーディオブックの仕事が充分に来ないことである。したがって、日頃の課題は、依頼を受ける会社を幅広く多様にしておくことだ。そのためには、コンベンションでネットワークを広げ、そこで出会ったプロデューサーと連絡を絶やさず、オーディオブックを制作している会社の扉を叩きつづけなければならない。オーディブルが改修のためにスタジオを閉鎖したとき、仕事の依頼が途絶えた経験は、忘れがたい教訓になった。

「できるかぎり多くの出版社の仕事をして、特定の出版社に仕事が偏らないようにしています」。さまざまな制作会社から仕事を受けることで、1社だけに依存しなくても、スケジュールが埋まりつづけるようにしているのだ。

スチュアートは、自分はタイミングが良かったと自覚している。「この業界の成長と本の入手しやすさや、この業界に属している俳優の数という点からすると、私はこれ以上ないほどいいタイミングでこの業界に入れたと思っています」。同じ本をめぐってほかのナレーターと競うこともあるが、仕事は充分にいきわたるほどあるので、ときに負けることがあっても気にしない。それでも、今後もこの状態が続くとはかぎらないとわかっている。「風向きが変わるときに備えて、つねに覚悟はしています」

オーディオ・ビジュアル・コンテンツに埋もれる本

オーディオブックの躍進がいつまで続くだろうかと考えているのは、スチュアートだけではない。この業界の誰もがそう思っている。当面は、この業界の成長を謳歌し、出版業界で前年と比べて2桁成長を遂げている唯一の分野として浴びる注目も享受している。しかし、これが長く続くとは思っていない。オーディオブックの躍進は始まってまだそれほどたっておらず、大きく売りだされたのは2013〜2014年であるし、多くの出版社が現在制作を強化しているところなので、この躍進はまだしばらく続くだろう。それでも、電子書籍がそうであったように、成長曲線がいつかはまちがいなく横ばいになる。しかし、それがいつなのか、どの程度なのかは誰にもわからない。オーディオブックの未来を予測しようとするのは、2000年代前半に電子書籍の未来を予測しようとしたのと同じくらい無益だ。

オーディオブックの売上という面で何が起こっているかはどうあれ、書籍文化の幅を拡張したという点で、オーディオブックはすでに驚くべきことを成し遂げた。印刷文化の典型ともいえる本を、独特で順応性が高く、しかも安価で、デジタル時代のビジュアル・オーディオ文化に組みこむ方法を提供したのである。もちろん、このような方法はほかにもある。たとえば、本の映画化やテレビドラマ化には長い歴史がある。しかし、本を映画やテレビドラマシリーズにするのは、相当な額の投資や長期の制作期間を必要とする高額なビジネスである。それに比べれば、本をオーディオブックにするのは安いし早い。オーディオブックは、映画やテレビドラマのような視覚的な要素が欠けているが、視覚的な領域の欠如を補うほど、その音声は豊かで耐久性があり、印刷された本に対して忠実である。さらに、視覚的な領域の欠如は、すでに示した理由から、オーディオブックの限界であると同時に長所にもなっている。つまり、オーディオブックは耳（と頭の一部）しか使わないので、目や手やその他の身体のあらゆる部分（脳の一部は別として）があき、運転やランニングや料理、その他の家事、自宅で夕べのひとときをゆっくり過ごすなど、ほかの行為ができるのである。スマートフォンやその他のデジタル機器（アマゾン・エコーやグーグル・ホームなどの家庭用スマートスピーカーなど）のおかげで、本はオーディオ・ビジュアルが融合したデジタル文化の一部となり、日常生活の行動パターンにシームレスに組みこまれる。

とはいえ、本はオーディオとビジュアルの融合したデジタル文化の一部になって早々に、あらゆる文化的な財がこの空間で直面する最大の問題にぶつかった。それは、消費者の注意を惹くための競争である。その競争は、オーディオブックを聴く機器としてもっともよく使われるのがスマートフォンであるという事実から、さらに激化する。現在、誰もがスマートフォンをさまざまな用途に利用している。個人用の携帯音楽プレイヤーやゲーム機、映画館、テレビやラジオ、新聞や雑誌や電子書籍のリーダー、オーディオブックプレイヤー、そしていうまでもなくインターネットブラウザやソーシャルメディアハブ、テキストメッセージ端末、メール端末、そして最後に、だがおろそかにできない電話としての機能。「これが私たちの最大の課題です」と、エベレストのオーディオブック部門の責任者、サラは述べた。「これほど多くのコンテンツが備わった単一の機器で、消費者があらゆる用途に使えるという状況にあるとき、有料の動画配信サービスでドラマシリーズの〈ビリオンズ〉に釘付けになるかわりに、オーディオブックの作品や作家に注目させて、就寝まえの2時間を費やしてもらうには、どうしたらいいのでしょうか。そのような消費者の時間を、どうすれば自社製品に取りこめるでしょうか。それが私たちの課題ですし、現在のメディア産業界にいる全員の課題でもあります」。オーディオ・ビジュアル融合分野における、オーディオのみの領域においてさえ、オーディオブックは消費者が利用できる数ある選択肢のなかのひとつにすぎない。ユーザーは、スマートフォン内の個人的な音楽ライブラリやスポティファイのようなストリーミングサービスなどから音楽を聴いたり、オンラインでストリーミングされているさまざまなラジオ局の番組を聴いたりできるし、無料で利用できる広告つきのポッドキャストやポッドキャスト・サービスという成長中の巨大な選択肢もある。オーディオブックの未来は、オーディオとビジュアルが融合したデジタル文化のなかで、多くの人びとに対し安定した存在感を示せるかどうかにかかっている。新たなオーディオ・ビジュアル・コンテンツは、消費者の興味を惹こうと騒ぎ立てながら、洪水のように圧倒的に増えつづけている。これらのコンテンツとの競争に直面して、オーディオブックはその存在感を強められるか、弱まるか、それとも現状を維持するだろうか。

第11章　ソーシャルメディアでのストーリーテリング

物語の共有《ストーリーテリング》は、出版業界だけが続けてきた行為ではない。ストーリーテリングの歴史は人間の社会生活と同じくらい古く、太古から人間は物語を共有する数々の方法を見いだしており、それは出版業界の確立された制度や販路で本を出版することだけにとどまらない。そういう意味では、出版社を迂回して物語を分かちあう方法は、何も目新しいものではないといえる。出版社はこれまでずっと、出版業界よりはるかに大きなストーリーテリングという宇宙に存在するプレイヤーの一群にすぎず、しかも比較的小さくて、比較的目新しいプレイヤー集団であった。しかし、そこにまた新しいストーリーテリングの手法が生まれた。デジタル革命とインターネットの発展に伴い、物語を書いて、それを個人的な知り合いではなく、日常生活では交流することもない何百、何千、何百万という人びとと共有することが、これまでにないほど容易になった。インターネットの発展とともに、個人が物語や物語の一部を投稿し、ほかの人が読んだり、コメントしたりできるサイトやオンライン空間が劇的に増えたのだ。その投稿先は、個人のブログやウェブサイトはもちろん、さまざまな種類の物語やフィクションを掲載している多様なウェブサイトやプラットフォームである。これらのサイトのなかには、新たなコンテンツ創作の培養地になり、アンディ・ウィアーがブログに書いた宇宙飛行士の物語がベストセラー小説になったように、やがてメインストリームの出版につながることもある。オンライン小説サイトからベストセラーへの道が開けた小説のうち、もっとも有名な例はもちろん、『フィフティ・シェイズ・オブ・グレイ』（E・L・ジェイムズ著、池田真紀子訳、早川書房、2012年）であろう。この本はもともとファンフィクション・ドット・ネットというサイトで、ステファニー・メイヤーの小説『トワイライト』のファンフィクションとして投稿されたのが始まりだった。最終的にはランダムハウスに買われて出版され、世界的なベストセラーとなった。[1] 当然ながら、この種の成功はごく稀で、オンライン上のサイトの多くはニッチな空間にすぎず、少数の作り手が、趣味を同じくする一握りの読者と物語を共有し、特定ジャンルのお気に入りの小説を存分に味わう場となっている。しかし、すべてのサイトがそうというわけではない。なかには巨大なものもある。何十万、ときには何百万もの人びとを引き寄せ、独自のルールやしきたりを設け、スターを抱え、それ自体がひとつの世界を形づくっているオンラインのストーリーテリング宇宙があるのだ。その世界はメインストリームの出版界と、ほぼ完全に分離している。そしてそこでは、読者が著者の書いたものを読み、ときには読んだものに対してコメントする。このような活動がすべて、従来の出版社の手をまったく借りずに行なわれているのだ。

このような世界のもうひとつの特徴は、ソーシャルメディアの発展により、ある程度の対話やユーザー参加が一般的に行なわれていることである。このような交流は、書籍出版業など従来のメディア産業はいうまでもなく、インターネットでも、その黎明期には不可能だった。新たな世界では、読者は単なる読み手ではない。読んだ小説にコメントし、そのコメントを著者とほかの読者の両方に示すことができる。そして、さらに重要なのは、読み手も書き手になれるという点である。このようなオンラインの世界では、読者と著者を隔てるドアは大きく開かれていて、そのドアをあける鍵は不要だし、ひとつの役割から別の役割に変わるのに特別な許可もいらない。ただドアを抜けて、ほかの人に読んでもらえるように自作の物語を投稿すればいいだけだ。文章を書いて「公開」ボタンを押すのと同じくらい簡単である。

フィクションをオンラインで読むためのサイトやプラットフォーム、リポジトリは現在、さまざまなものが存在するが(2)、とくに若い人びとのあいだで人気を集めているプラットフォームがひとつある。ワットパッドだ。2019年8月の時点で、全世界でワットパッドを利用している月間利用者数は8000万人を超え、サイトへの物語のアップロード数は5億6500万を超えた。この生データの数字は驚異的ではあるが、このプラットフォームがいったいどういうものなのかは、数字では伝わらない。ワットパッドは、小説を扱うリポジトリではあるが、オンライン上の小説の単なるリポジトリではない。また自費出版ともほとんど共通点がない。なぜなら、たいていの場合、ワットパッドは完成作品を扱っていないからである。完成作品というのは、著者が本として自費出版し、一般的な本の流通を通じて、デジタルや物理的な本として読者に販売したいと望む作品である。ワットパッドは、これまでのプラットフォームとはまったく異なり、物語を書いたり読んだりするという共通の活動を通じて、読み手と書き手が相互に交流する、ソーシャルメディア・プラットフォームである。ワットパッドは、ソーシャルメディア内で連載型のストーリーテリングが行なわれるプラットフォームであり、おもにモバイル機器を介して利用される。連載型のストーリーテリング、ソーシャルメディア、モバイル機器という3つが、その特徴であり成功の鍵でもある。

物語のためのユーチューブを構築

ワットパッドは、モバイル通信を専門とするふたりのソフトウェアエンジニア、アレン・ラウとアイヴァン・ユエンによって生みだされた。アレンは大学卒業後、トロントの技術系インキュベーターに入社し、同時にティラ・ワイヤレスという会社を立ちあげ、ノキアの携帯電話に対応したモバイルゲームを専門としていた。ところが、アレンはゲームよりも読書に興味があったので、２００２年にノキアの携帯電話で機能する携帯読書アプリケーションを試作した。しかし、ノキアの画面は小さく、文章は5行ずつしか表示できなかったため、しばらくのあいだはこのアイデアを棚上げしておくことにした。そして数年たった２００６年、アレンは自宅の地下室で、もう一度このアイデアに取り組みはじめた。ちょうどそのとき、友人であり仕事仲間でもあるアイヴァン・ユエンから連絡があった。アイヴァンはかつてティラ・ワイヤレスに勤務していたが、当時はカナダのバンクーバーで暮らしていた。アイヴァンは、携帯電話で物語をシェアし、ほかの人に読んでもらえる新しいアプリケーションの試作品を開発したという。それは、アレンが暇をみつけては取り組んでいたものとそっくりだった。アレンは、バンクーバーに向かい、アイヴァンと空港で落ちあった。そして2時間後、ふたりはワットパッドを共同で創設した。

最初の製品は、折り畳み式携帯電話のモトローラ・レーザー用の読書アプリケーションだった。スマートフォンが登場するまえの２０００年代初頭に大人気だったこの携帯電話は、画面が小さかったが、一度に6行の短いテキストをみるには充分な（ちょうどいい）大きさだった。とはいえ、コンテンツも必要だ――読者が読むものがなければならない。アレンとアイヴァンは、出版について何も知らなかったし、出版社からコンテンツの著作権を取得するつもりもなかった。そこで、手始めにパブリックドメインの作品を頼りにすることにした。プロジェクト・グーテンベルクを始めたマイケル・ハートの手を借りて、チャールズ・ディケンズの『クリスマス・キャロル』（越前敏弥訳、ＫＡＤＯＫＡＷＡ、２０２０年）やジェーン・オースティンの『高慢と偏見』（大島一彦訳、中央公論新社、２０１７年）など、２万点ほどのパブリックドメイン作品のインポートを行なった。しかし、パブリックドメインの作品だけでは、多くの読者を惹きつけられないとわかっていたので、コンテンツを増やすためのほかの方法を模索した。当時（2006年）、ユーチューブが成長し、グーグルに買収されていた。そこでふたりは考えた。「「ユーチューブの手法をほかに応用できないだろうか」と。本にまつわるユーチューブみたいなモデルを構築するというのは、私たちにとって、ごく合理的なアイデアでしたし、何かおもしろいことになればいいいと、期待していました」[3]。ふたりの推定では、今後多くの人びとがますます、モバイル端末からコンテンツにアクセスするようになり、コンテンツクリエイターになる人が増えるだろう。だから、このふたつを結びつけて、物語を読むことと書くことを中心に据えてみようと考えた。そして、ウェブサイトを作った。そのサイトでは、人びとが物語を執筆し、それを別の人が携帯電話にダウンロードして読むことができる。ふたりの望みは、読み手と書き手をつなぐネットワークを築き、ユーザーが作成したコンテンツを携帯電話で読めるようにすることだった。

これはすばらしいアイデアだったが、最初の2〜3年は、なかなか利用率があがらなかった。アレンは当時を振りかえって、次のように述べた――「成長していることはしていましたが、開始時点のユーザーが1000人というのは、かなり気をそがれました」。しかし、アレンたちは諦めずに目的を追求しつづけ、2009年の半ばには、ユーザー数が50万人近くに達した。スタートは華々しくなかったが、これは大幅な成長である。環境は変化しつつあった。世間の人びとはソーシャルメディアに慣れはじめており、2007年に発売されたiPhoneによって、モバイル端末でテキストを読むという体験が大きく改善されていた。2010年の前半に、ワットパッドは50万ドルという少額の資金を集め、小さなオフィスを借り、何人か開発者を雇い、プロセスを加速させた。そして、設立5年後の2011年半ばには、月間利用者数が約300万人となった。その時点で、ベンチャーキャピタルのファーストラウンドの資金調達に乗りだした。ベンチャーキャピタルへの売り込みの言葉は、シンプルで驚くほど野心的だった。

世界には読み書きができる人が約50億人おり、インターネットにアクセスできる人は30億人以上います。読み書きは人間の活動の核となるものです。人びとは動画をみたり、音楽を聴いたり、写真や画像を眺めたりします。そして、そこには文字で書かれた言葉があります。したがって、これは巨大な市場でありますが、このタイプの媒体のネットワークを構築している人は、まだ誰もいません。ユーチューブのような動画のネットワークが築かれ、インスタグラムのような写真のネットワークが築かれていますが、書かれた言葉には誰も取り組んでいません。ストーリーテリングを提供するネットワークは誰も構築していないのです。それをしたのは、私たちだけでしたし、いまも私たちだけです。私たちは、読んだり書いたりするための、世界最大のネットワークを構築したいのです。

ベンチャーキャピタルは、アレンらの売り込みを真剣に検討した。アレンたちは2011年にユニオン・スクエア・ベンチャーズから350万ドルの資金を調達し、2012年にはコースラ・ベンチャーズと、ヤフーの共同創業者であるジェリー・ヤンからさらに1700万ドルを調達した。これらの資金を元手に、トロントのより大きなオフィスに拠点を移し、さらにスタッフを増やして、ビジネスの規模を拡大した。

2015年までに、ワットパッドのユーザー数は2011年時点の300万人から4500万人へと、たった4年で15倍もの増加を果たした。2015年当時、アレンはこの急増が続くと予想し、2020年までにユーザー数は5億人を突破すると予測した。蓋をあけてみると、この予測はあまりに楽観視しすぎていたことが判明した。2019年のワットパッドの月間の有効利用者数は、8000万人だった。成長速度はかなり鈍くなった。2015年以降の4年間でユーザー数はほぼ倍増したが、この成長率は、そのまえの4年間の15倍には程遠かったし、総数も5億には遠く及ばなかった。それでもこの数字は驚異的で、複数の大陸に散らばる8000万人が、スマートフォンなどのモバイル端末にワットパッド・アプリケーションをダウンロードして、物語を読んでいることになる。アメリカが単独で最大の市場で、利用者数は1400万人以上おり、全体の約20パーセントを占めた。しかし、ワットパッドはアジアにも大きな市場があり、フィリピンやインドネシアに多くのユーザーを抱え、インドやトルコをはじめとするその他の地域でも市場が拡大している。

ワットパッドの利用者の多くは、若い女性である。「若いというのは、30歳未満として定義しています」と、ワットパッドの社員のひとりで国外のコンテンツ制作を統括しているソフィーは説明する。「13歳から18歳が約45パーセント、18歳から30歳が約45パーセント、残りがそれより年齢の高い世代です」。男女比は60対40くらい。「10代の女子にとても人気があるのです」とソフィーはいった。ユーザー制作コンテンツのためのほかのプラットフォームと同じく、ワットパッドを利用している人の大半は、作家になるために加入しているわけではない。多くの人びとは物語を読み、オンラインで友人やほかの人びととつながるために加入している。オンラインコンテンツの参加は100／10／1ルールに沿う傾向にある。つまり、利用者全体を100パーセントとすると、コメントを書きコンテンツを通じて交流している利用者は10パーセント、積極的に新しいコンテンツを投稿しているいわゆるスーパーユーザーは1パーセントで、残りの90パーセントの利用者は、ただ読んでいるだけである。ワットパッドの場合、積極的に投稿している著者の割合は、通常の1パーセントのスーパーユーザー・ルールよりも高くて5パーセントに近く、月間8000万人の利用者のうち約400万人が積極的な著者である。ワットパッドで積極的に投稿している著者は、物語を読むことから始めた人が大半だ。ワットパッドの物語はたいてい連載形式で、著者がある章を投稿したり、更新したりすると、読者は書かれたストーリーの続きを読み、望むならそれにコメントをすることができる。そして、ほかの読者はストーリーだけでなく、そのコメントも読めるようになっている。「連載が更新されるまでにたいてい間があくため、ほかに読みたいものがみつからないとき、利用者のなかには自分で物語を書こうと考える人がいるのです」とソフィーは語った。著者は小規模に、まずは数ページだけ投稿して様子をみる。本を1冊書こうとするよりずっと気軽で、それが魅力のひとつになっている。ソフィーは次のように語った。「執筆というのはとても孤独な作業です。けれども1章を投稿して、それにフィードバックを得られるというのは、続けるための大きなモチベーションになります。自分の書いた物語を誰かが聞いたり、読んだりして、反応してくれて、楽しんでもらえたとわかるのですから」

ほとんどの場合、ワットパッドでものを書いている人びとは、作家としてのキャリアを築いているとは思っていない。大半の人にとって、執筆は夢の職業ではなく、むしろ楽しい趣味なのだ。人びとはただ自作の物語を伝えたい、読んでもらいたいと願っている。ワットパッドはそれを簡単に実現する方法を提供してくれる。物語の著者は、ほかの人に作品を読んでもらって、その反応を知りたいのだ。ワットパッドの構成要素としてのソーシャルメディアの機能は、付加的なおまけではなく、執筆過程に不可欠なのである。また、著者には人気者になりたいという願望もあり、自分の作品に「いいね！」や、コメントを得たりするのが、オンライン上で人気を得るひとつの方法になっている。「誰がいちばん「いいね！」を獲得しているか、誰が誰の作品に「いいね！」をつけているかを比べるのです。それがソーシャルネットワーク上の通貨です。それらがすべて、人気のバロメーターなのです」。ワットパッド上の著者のうち、かなり多くの支持を得て、別のところで自分の物語を出版したり、自費出版したりしようと考えはじめる人は、ごく一部である。それらの人びとにしてみれば、ワットパッドの環境から自分の作品を削除するなど、考えるだけで気が重い。なぜなら、読者がくれるコメントや「いいね！」はその物語の一部で、書きつづけたり、すべてに価値があると思わせたりしてくれる承認の印だからだ。このような承認の印を剝ぎとるのは、物語に命を与えてくれた読者やフォロワーのコミュニティから引きはなされることを意味する。

ワットパッド上の著者が、多くの人が作家として思い浮かべるような作家ではないように、ワットパッドの読者の多くも、印刷書籍を読む読者のタイプとは少しちがう。ワットパッドの大部分の物語は連載形式になっており、多くの読者は、ストーリーが展開していくのに合わせてコメントするので、これらの読者は、印刷書籍では一般的とされない方法で、物語に入りこんでいる。いかに些細なことであれ、ワットパッドの読者はコメントを通じて、登場人物の造形や物語の展開に手を貸すことができる。また読者は著者と直接やり取りができる。著者にプライベートメッセージを送って会話したりすることもある。印刷された本ではもちろん、キンドルでもそれはできない。したがって、ソーシャルメディアの要素は、ワットパッドで小説を書くことにした人にとって不可欠であるのと同様に、ワットパッドで物語を読み、フォローしている多くの人にとっても、不可欠な要素なのである。

このユーザーコミュニティの特徴を考慮すれば、もっとも人気のある作品が、ティーン向け小説、ファンフィクション、ロマンスなどの分野であるのは意外なことではない。ソフィーは次のように語った――「ワットパッドでは、バンドやセレブをモデルにした小説など、実在の人物のファンフィクションが多くみられます。もとの物語とは異なる展開になるファンフィクションもあります。たとえば『フィフティ・シェイズ・オブ・グレイ』では、ふたりの登場人物は（『トワイライト』シリーズと）同じですが、男がヴァンパイアでなく会社役員で、女がその男にインタビューをする女子大生だったらどうなるか、という物語でした」。また、ティーン向けの恋愛小説や、ヴァンパイア、狼男などが出てくるパラノーマルや、クリーピーパスタ(4)をはじめとするホラーなどのジャンルも多い。なかには、文章の質が素人レベルだと馬鹿にする人もいるかもしれないが、ソフィーはこのようなレベルについての判断はほとんど下さず、寛容な姿勢を貫いている。「私たちは判断を下さず、読者に判断を委ねています。多くの人が読みたいと思うのなら、そこにはなにかしらいいものがあるにちがいないのです。文章が技術的にすぐれているとはかぎりませんが、人気の高い小説を多くみていると、その多くはストーリーに説得力があります。筋書きや、展開が興味深いのです」。不完全な文章をアップロードしても構わないという事実にも、書き手は多少なりとも力づけられる。ほかの人が読みたくなるような物語を書くのに、クリエイティブライティングの学位を取る必要はないのだと、人びとは気づいたのだ。このスペースでは、自分を作家だと思ったこともない人が、正式なトレーニングを受けずに書きはじめることができる。書く経験を積み、ほかの人からコメントや励ましをもらい、もしかすると作家としてのスキルを向上させることさえできる。しかもこれらがみな、出版社を通さずに起こっているのだ。門番も、売買による金銭授受もない。

とはいえ、門番はいないがルールはある。なんでもアップロードできるわけではない。ワットパッドには、サイトに投稿できるものとできないものを明確に規定したコンテンツ・ガイドラインがある。禁止コンテンツは、著作権を侵害するもの、ポルノ、同意のない性的行為の描写を含むコンテンツ、暴力やテロ、ヘイトグループ、過激派組織を称賛・賛美するコンテンツなどである(5)。このガイドラインを守ってもらうために、おもにふたつの手法が採られている。ひとつめは、望ましくないコンテンツを選定するフィルターの使用である。「このフィルターによって、望ましくないコンテンツのだいたい90パーセントが除去されます」とアレンは説明する。そのあと、頼りにしているのは、不適切と思われるコンテンツがあれば、警告してくれる利用者だ。また、他者とコミュニケーションを取る際に、ある種の言葉や表現の使用を奨励する厳格な行動ルールも設けている。[6]「私たちは懸命に努力して、ひじょうに肯定的なコミュニティを築こうとしています。コミュニティがごく肯定的で協力的な雰囲気になるよう、膨大な努力を重ねています。攻撃的なコメントがあれば削除しますし、ふるまいが攻撃的であれば、そのユーザーをブロックします。そして、攻撃的な態度が繰り返されるときは、アカウントを削除します」と、アレンは語る。アレン自身がよく自覚しているように、ワットパッドはコンテンツの質に関して寛容な姿勢を貫いているが、コンテンツと行動に関してこれらのガイドラインを用いることで、オンラインコミュニティ内の雰囲気を維持している。ここでは、何が許容されるかの限界が、何が合法かの限界よりもかなり狭く線引きされているのである。違法ではないある種のコンテンツが、このコミュニティでは不適切な作品として排除される。「絶叫したり怒鳴ったりするのは違法ではないし、誰にでもそうする権利はあります。でも、私がレストランのオーナーで、レストランで絶叫したり怒鳴ったりする人がいれば、私はその人を追い出す権利があります。根本的な方針を決めることが大切です。これは望ましくない、あれも良くない、といったん決めて、土台を適切に整えれば、コンテンツのガイドラインや文化は自己増強されます」と、アレンは語る。ようするに、誰でも物語をアップロードできるという意味では、ワットパッドに門番は存在しないが、その物語は法的にも規範的にも特定の条件に従っていなければならず、利用者は特定の行動ルールに従わねばならない。それらの条件に従わなければ、コンテンツが削除され、ルールに違反した場合は、サイトから追放されることもある。これらのルールは厳格に実施され、アカウントが抹消される場合、その著者のコンテンツが削除されるだけでなく、著者がある種のつながりを築いてきた、ほかの人びとのコメントもすべて削除されるため、悲しい結果が生じる可能性がある――つまり、コミュニティから排除されるのだ。[7] したがって、ここには門番がいないが、制限はある。

無料で物語を共有する

ワットパッドの注目すべき特徴は、物語を伝える活動の大半（コンスタントに連載小説をアップロードしたり、物語を読んだり、コメントを書きこんだり）は、金銭のやり取りがなく無料で行なわれることだ。ワットパッドへの入会は無料で、入会後は、期間も分量も制限がなく、好きなだけ読みたいものを読むことができる。ワットパッドの読者の大部分はお金を受け取っていないし、ワットパッドの読者の大部分は物語を読むときもお金を払っていない。そんなことが可能なのだろうか。このような企業はどうやって存続しているのだろうか。トロントにあるオフィスで１６０人ものスタッフを雇っている会社が、利用者にまったく課金せずにやっていけるものなのか。

多くの技術系スタートアップ企業と同じく、ワットパッドはこれまでおもにベンチャーキャピタルによって存続してきた。アレンとアイヴァンが起業したとき、お金のことはあまり心配していなかった。サービスが軌道に乗れば、お金を稼ぐ方法をみつけるのは、それほどむずかしくないだろうと考えていたからだ。「ビジネスモデルについては、あまり本気で考えていませんでした。なぜなら、これがある程度新しい行動を生みだすので、この新しい行動が実際に普及し、何百万人ものユーザーを獲得できれば、お金を稼ぐための興味深い方法がいろいろみえるだろうと考えていたからです。だからまずサービスを軌道に乗せよう、利用者を集めよう。そうして人びとがサービスを使うようになれば、お金を稼ぐ方法をみつけられるだろうと考えていたのです」。この考え方は、大半のベンチャーキャピタルの考え方とも、ひじょうによく一致していた。ワットパッドのようなインターネットをベースにした企業には、成長こそが鍵なのだ。成長に集中し、規模を拡大し、できるだけ早くできるだけ大きくなって、そのあとでお金を稼ぐ方法を考えはじめればいい。ある時点がくれば、収益と利益について考えなければならないが、あまり早くから考えるのはまちがいだ。利用者が100万か200万人だけの場合よりも、数億人いる場合のほうが、収益を生むのがはるかに簡単である。したがって、すぐに金銭的な見返りがあると期待せずに、サービスを改善してユーザー基盤を構築するために投資することは、長い目でみれば賢明な戦略になりうる。ワットパッドは2011年に350万ドル、2012年に1700万ドルの資金を調達したあと、2014年4月にさらに4600万ドル、2018年1月にさらに5100万ドルの資金を調達した。後者の場合はとくに、中国の技術系の巨大企業テンセントなどから資金を集め、2011年以降の調達総額は1億1700万ドルを超えた。

アレンがビジネスモデルを真剣に考えはじめたのは、2015年ごろだった。当時、ユーザー数は約4500万人にまで増えていた。その後の数年間で、ビジネスモデルは次の三本柱に発展していった――広告を通じて無料会員から収益を生みだすこと、お金を払う意思のある会員から収益を得ること、プラットフォーム以外の活動から収益を得ること。これらの柱をひとつひとつ簡単に検討していこう。

アレンの見解では、ユーザーが無料でプラットフォーム上の物語をシェアしたり、読んだりできるのが重要だった。無料だからこそ、世界じゅうで何百万もの人びとが、ワットパッドを利用してくれるので、アレンはこの方針を変えたくなかった。ユーザー数が増加してくると、ワットパッドでの広告掲載は企業にとってますます魅力的になり、ユーザーに無料でプラットフォームを提供しながら、サイト上である程度の収益をあげられるようになった。ワットパッドは、サイト上にバナー広告を導入し、物語のページにビデオ広告を挿入しはじめた。ビデオ広告は、章と章のあいだや読書中に一定の間隔で表示される。また、「ネイティブ広告」（広告が表示されるプラットフォームの形式やコンテンツの内容と同じだったり、模倣したりしている広告）という独特なタイプの広告も開発し、「ワットパッド・ブランド・パートナーシップス」と名づけた。このネイティブ広告では、映画を制作している会社やサワー・パッチ・キッズやニキビクリームなどの日用品メーカーと提携して、そのブランドストーリーをワットパッドで物語として伝える。これによってブランドイメージが構築され、促進されるのだ。ワットパッド上で活動している著者に、ブランドストーリーの執筆を依頼することもあり、そうすることで著者には報酬が入り、ワットパッドには広告収入が入り、企業はターゲットを絞った環境でブランド構築ができる。アレンの言葉は大胆だった——「これは誰にとってもウィン、ウィン、ウィンの関係です。広告主は宣伝になり、彼らが望むブランドイメージが構築できますし、私たちは収入を得て、著者は報酬を得られるのですから」。この種の広告らしくない広告は、倫理面で曖昧な部分がある。そこに不安はないのだろうか。不安はない、という答えが返ってきた。「私たちはきわめて公明正大です。読者のみなさんに、AT&Tが提供しています、ソニー・ピクチャーズが提供していま す、など示していますから」とアレンはいった。しかも、これは人びとの時間や集中力を奪う従来の広告とはちがう。「私たちは宣伝をしていると同時に、実際は娯楽を提供してもいるのです。したがって、これは正味のマイナスではなく、正味のプラスです」。そして、もちろん、それを読む必要はない。企業が提供している小説が嫌なら無視すればいいのだ。

サイト上に広告が多く登場するようになると、これによってプレミアムサービスを開発する機会も生まれた。お金を支払う意思がある利用者は、広告を消すことができるサービスだ。2017年10月、ワットパッドはオプションでサブスクリプションサービスを導入した。月額5・99ドルまたは年間50ドルの購読料を支払うと、ユーザーは広告なしで小説を読むことができ、購読者のみに制限されるいくつかの機能を利用できるようになる。また、ワットパッドは、執筆した物語で著者が収入を得られるよう、さまざまなスキームも導入した。2016年8月にはワットパッド・フューチャーズ・プログラムが導入された。これによって、一部の著者は、物語に挿入された動画広告が視聴されたときに発生する広告収入の一部を、得られるようになった。その後、2018年10月にはワットパッド・ネクスト・プログラムが開始された。これによって、一部の著者は、自分の物語の前にペイウォール〔ウェブサイト上の一部のコンテンツを有料にして閲覧を制限し、料金を支払ったユーザーのみアクセスできる仕組み〕を設置できるようになり、ワットパッドの仮想通貨（ワットコイン）を使って、章ごと、または作品全体を読者に購入してもらえるようになった。2019年3月に、ワットパッド・ネクスト・プログラムは、ペイド・ストーリーズという新しいプログラムに置き換わり、よく似た方針に従って、一部の著者が自作の物語にペイウォールを設置し、章ごとまたは作品全体に対して読者に課金できるようになった。ペイド・ストーリーズ・プログラムが導入されたのはひとつには、より多くの読者を惹きつけるために、より多くのコンテンツが必要となり、プラットフォームにもっとも人気のある著者を留めておかねばならないという認識があったからだ。「私たちとしては、さらなるコンテンツが必要ですし、著者も留めておかねばなりませんので、著者に収益をあげるための道具を提供する必要がありました。ですから、ペイド・ストーリーズというプログラムは私たちだけのものではありません。私たちは収益の大半を著者と分けあっているのです」とアレンは説明した。

しかし、広告やプレミアムサービスやペイド・ストーリーズは、ワットパッドの収益を生む戦略のなかでも、どちらかというとローカルな、プラットフォーム・ベースの撚《より》糸の1本にすぎなかった。おそらく、長期的に重要なのはプラットフォーム外の戦略であろう。ワットパッドのビジネスが拡大するにつれ、ワットパッド上で創作されたコンテンツは、ワットパッドのエコシステム外では商業的な価値を秘めている可能性が、ますます明らかになってきた。ワットパッドにとって課題は、自分たちがダメージを被ることなく、またエコシステムからコンテンツが流出して自分たちが弱体化したりせずに、商業的な可能性を発展させる方法をみつけて、その発展に自分たちが確実に一枚噛《か》む道を見いだすことだった。ワットパッド上で物語を創作している著者は、その作品の著作権を持っているため、ワットパッドは従来の出版社の立場にはないので、出版社が著者やエージェントと契約したときは、出版社がさまざまな形態《フォーム》や形式《フォーマット》でそのコンテンツを利用する権利を取得する。ワットパッドの従業員がこのリスクに気づいたのは、サウスウェールズ出身のティーンエイジャー、ベス・リークルスが、まだ大学入学資格試験（Aレベル）の勉強をしていた2013年に、ランダムハウスと3冊の本の契約を結んだときだった。ベスがワットパッドで『キスブース（*The Kissing Booth*）』という物語を書きはじめたのは、2011年でまだ15歳のころだった。『キスブース』は2011年にワットパッドが毎年開催しているワッティ賞のもっとも人気のあるティーン・フィクション部門に輝き、ワットパッドで1900万回読まれた。ランダムハウスの編集者がこの本に目をつけ、ワットパッドのプライベートメッセージでベスと連絡を取り、ロンドンの自社オフィスでベスと会う段取りをして、3冊の本の契約を提示した。ランダムハウスが、ベスと契約を交わしたとき、『キスブース』をワットパッドのサイトから削除するよう主張したため、ワットパッドはもっとも人気のある小説のひとつを失ってしまった。ソフィーは次のように述べた。「ワットパッドでものを書いている人は誰でも、自分の作品を所有していますので、いつでもその作品をしたいようにできます。私たちと従来の出版業界とのあいだにある問題は、出版社がその作品を獲得すれば、私たちは自社サイトから、その作品を削除しなければならないという部分です。私たちは、これはやや無理のある制限ではないかと指摘してきました。どちらかいっぽうである必要はありません。著者が両方を選べる別の方法もあります。書いたものから新しい作品を生むこともできますし、別の作品を書くように依頼することもできますし、書いた小説から短編を創ったり、翻案したりすることもできます」。そして、このような状況に先手を打つためにも、ワットパッドはより積極的に行動することにした。

アナ・トッドもまた、大きな支持を集めている若きワットパッド作家のひとりだった。2013年4月、テキサス州フォートフッドで息子を育てながら仕事を転々としていたアナは、さまざまな仕事の合間に携帯電話で書いていた『AFTER』（飯原裕美訳、小学館、2015–16年）という小説を、ワットパッドに投稿しはじめた。(8)『AFTER』は、当時ワン・ダイレクションのメンバーとして活躍していたハリー・スタイルズをモデルにしたファンフィクション小説である。小説ではテッサという18歳の純真な女子大学生が、全身にタトゥーをいれた無作法な青年ハリーと出会って物語が進行していく。2014年の前半に、ワットパッドのスタッフは、アナが多くの支持者を集め、その人気が急加速していると気づいた。「アナはワットパッドの総トラフィックの約5パーセントを、牽引していました」とソフィーは当時を思いかえしていった。「アナの小説を読むことだけが目的で人びとがサイトを訪れるのです。最初から只者《ただもの》ではありませんでした。それゆえに、外部の出版社からアプローチされるリスクも高いと考えました。ですから、アナとの結びつきを強めようとしました」。ようするに、この作家を失いたくなかったのだ。そこでアナに連絡を取り、目標や望み、執筆によってどのような結果を望んでいるのか尋ねた。「アナはファンフィクションを書いているだけで、出版については本気で考えたことがないようでした。アナにとっては趣味にすぎなかったのです」。それでも、ワットパッドのスタッフには、アナが持つ可能性と同時にリスクもみえていた。そこで、積極的に行動することにした。メディアとの面談を設定し、アナを連れてニューヨークに行き、出版社と会った。ワットパッドが契約の仲介をすることで、著者にも出版社にも、そしてワットパッドにもメリットが得られるかどうか確かめてみたかった。そのメリットには、ワットパッドのプラットフォームに『AFTER』を残すという条件が含まれていた。ワットパッドがみつけたのは、サイモン&シュスターだった。この出版社は

『AFTER』を4冊のシリーズ本にすることを熱望しており、原作をワットパッドに残すことを快く了承してくれた。1冊目は2014年10月に出版され、フランスとスペインでは1位を獲得した。著者は有利な出版契約を結び、〈ニューヨーク・タイムズ〉のベストセラーリストに掲載された。さらに35カ国語に翻訳され、ワットパッドはかなりの仲介料を得て、サイモン&シュスターはベストセラーを手にいれた。そして『AFTER』はいまもワットパッド上に残り、2019年までに5億7200万回読まれており、前日譚を含む『AFTER』五部作は、のべ15億回読まれている。

しかし、ワットパッド上の物語がベストセラー本に変身したのは、まだ序奏にすぎなかった。

物語からスタジオへ

ワットパッド上で創作された物語がベストセラーに変身するのなら、テレビドラマや映画にもなるのではないだろうか。ワットパッドをコンテンツのインキュベーターとみなしてはどうだろうか。そして、ここで書きたい人が創作した物語は、携帯端末のアプリケーションで読まれるだけでなく、さまざまな媒体で楽しまれてもいいのでは。けっきょくのところ、誰もが読書好きというわけではないし、物語は文字だけでなく、さまざまな方法で共有できるものだ。そんな直感に基づいて、ワットパッドから現在、数々の新たな事業が生まれつつある。「ワットパッドのコンテンツを消費する方法が大きく広がりました。私たちは、読んだり書いたりするだけのコミュニティではなくなりました」とアレンはだけを強調していった。「私たちはマルチプラットフォーム企業です。読み手と書き手のコミュニティを工場として活用し、独自コンテンツを生みだしたあと、そのコンテンツを、プラットフォーム内であれ、プラットフォーム外であれ、さまざまなフォーマットでマネタイズする方法を探します」

この方向で行なった最初の大きな取り組みは、フィリピンのテレビ局であるTV5とのコラボレーション〈ワットパッド・プレゼンツ〉で、ワットパッドで人気の物語が翻案され、10代向けに週1回のテレビドラマが制作された。ワットパッドはフィリピンで人気を博しており、インドネシアと並んで、アメリカ国外の二大市場になっている。〈ワットパッド・プレゼンツ〉は2014年に実験的に放送が開始されたが、毎週200〜300万人の視聴者を引き寄せる大ヒット番組となった。ワットパッドはTV5と収益を分けあうことで合意し、テレビの広告収入と関連商品の売上から分配された収益を得た。フィリピンのテレビ局とこのように取引できるのなら、このアイデアをほかの地域でも再現できるのではないだろうか。

これが現実になりそうな可能性を示す最初の兆しが現れたのは、ワットパッドのふたつの成功例である『キスブース』と『AFTER』の2作品に映画化の話がきたときだった。『キスブース』については、ワッティ賞のもっとも人気のあるティーン・フィクション部門に選ばれた2011年に、小さな映画スタジオがこの小説の映画化権を購入した。その映画スタジオは5年間も権利を確保したまま何もしなかったが、2016年にネットフリックスがこの本を見いだし、権利を獲得して映画制作にゴーサインを出した。映画は〔邦題〈キスからはじまるものがたり〉という〕2018年5月にネットフリックスで公開され、またたくまにネットフリックスでもっとも成功した映画のひとつとなり、2018年のもっとも再視聴された映画の1位になった[9]。この映画は批評家からは酷評され、映画批評サイト〈ロッテントマト〉で肯定的なレビューを残した批評家はわずか17パーセントだったが、ネットフリックスでは商業的に大成功し、2019年1月に続編の制作が発表された。

『AFTER』の映画化権は、当初パラマウント・ピクチャーズに売却されたが、パラマウントでは制作しないまま期限が来て、ワットパッドに戻された。ワットパッドは、映画に資金を投じてくれる独立した投資家をみつけ、カルメープル・メディア、オフスプリング・エンターテインメントなどとともに、この映画の制作に直接かかわった。脚本への翻案作業や、撮影現場に参加したりもした。映画は2019年4月12日に公開され、まもなく商業的成功を収めた。5月の第3週までに、国際興行収入は合計5000万ドルを超え、17カ国で初登場1位を獲得し、アメリカでは1200万ドルを超える売上を記録し、まもなく続編の制作が発表された。[10] この映画も批評家らには人気がなく、ロッテントマトでの支持率は15パーセントにとどまったが、市場をみつけたのはまちがいない。

ワットパッドは『AFTER』の映画化を経験したことによって、自社プラットフォーム上で物語を書いたり読んだりする場を提供するだけでなく、コンテンツ創作活動をさらに拡大するための雛形をひとつ手にいれた。2016年4月、ワットパッドはワットパッド・スタジオズを立ちあげた。これはエンターテインメント業界の企業と提携して、映画やテレビドラマなどを共同制作する組織だった。しかし、なぜ映画会社やテレビ局は、ワットパッドとの提携に興味を持つのだろうか。ワットパッドは、それらの企業がほかでは得られないものを何か提供できるのだろうか。ワットパッドが提供できるのは次の3つだった。

ひとつめは、独自のコンテンツ、独自の知的財産である。しかもこれは、ただの古いコンテンツでなく、検証済みのコンテンツである。その物語は、ワットパッド内ですでに整えられており、ワットパッドのプラットフォーム上で読まれ、コメントされている。そのため、ワットパッドには、物語がいかに読み手の心を惹きつけたかについての細かな情報がたっぷり蓄えられている。たとえば、その物語が何回読まれたかだけでなく、フォロワーが何人いるか、投稿された章を何人が読んだか、何人がコメントしたか、どの部分が好まれ、どの部分が好まれていないかなど。ワットパッドは、自らのエコシステムのなかで「検証を済ませた」か、または「事前テストを済ませた」ので、多くのファンがついている物語を選び、確信を持って撮影スタジオに売りこむことができる。「これらはどれも保証つきです。すでにファンがいますから」と。また、それらの物語が、テレビ番組や映画のようなオーディオ・ビジュアル形式にはまるかどうか、つまり、映像化に適しているかどうか、スクリーンで映えるかどうかを日常的に検討してもいる。「そうやって、筋書きがすばらしいだけでなく、視覚的にも魅力があることも確認します」とアレンは説明する。

ワットパッドがふたつめに提供できるのは、物語を映画用に翻案する際に必要な、データに基づいた情報である。ワットパッドが望んでいるアプローチ法は、映画化権やテレビ放映権を販売し、スタジオに物語の映画化を任せるという単純な方法ではない。なぜならワットパッドには、映画化へのプロセスで真価を発揮するであろう、その物語に対する読者の反応についての知識があるからだ。アレンは次のように述べた。

本が原作になっている映画をみて何度、「ああ、この脚色はお粗末だ。本のほうがずっといい」と嘆いたことでしょう。その理由のひとつは、一般的な本は400〜500ページほどありますが、脚本は90ページほどなので、内容の80パーセントをカットしなければならないからです。けれども、どこを削るべきか、どうすればわかるのでしょうか。脚本家は従来から裏づけとなるデータを持たず、手掛かりもないまま、自分の勘に基づいて書いています。ですが、脚本家自身がターゲットとする視聴者層と異なる場合があり、こういってはなんですが、うまく勘が働いていないことが多いのです。けれども、ワットパッドの場合は、すべての数値と裏づけとなる情報があります。ですから私たちは脚本家に、こんなふうに伝えることができます。「第1章、第5章は残して、第7章は最初の2段落だけ残しましょう。私たちが受け取った20万件のコメントによると、その2段落は物語全体でもっとも心を打つ段落ですから。ところで、物語全体に対するコメントから、メインキャラクターのひとりであるあの男はカットしていいことがわかりました。誰からも好かれていませんから。予算を節約しましょう」

　ワットパッドは、自社のエコシステムで集めた、すべての読者のコメントや投票などのデータを利用して、脚本の制作に役立つ情報や手掛かりを提供することができる。ここでは、機械学習の利用が不可欠になる。物語によっては数十万件ものコメントが寄せられるため、スタッフのひとり、あるいは複数のスタッフが掛かってさえ、すべてのコメントに目を通して要約するのは現実的ではない。「40万件のコメントを人間が労力をかけて読むのは、〈ミッション：インポッシブル〉並みの難題です」とアレンは語る。「けれども、機械は一瞬で、それをやってのけます」。さらに、機械はコメントの言葉を分析できる。自然言語処理〔話し言葉や書き言葉を機械で処理して内容を抽出する技術〕を用いて、コメントを分解し、機械に物語の感情に訴える部分を分析させることが可能である。「つまり、感情に訴えるかどうかという観点からグラフで視覚的に、この物語がどのように進んでいくのか、物語がどのように構成されているのかを確認できます。このような情報は、以前の人間の労力を使った見方では不可能でした。ですから、これはいわば、私たちの秘伝のソースなのです」

　ワットパッドが3つめに提供できるのは、マーケティング上の利点である。ワットパッドの物語が映画やテレビドラマシリーズになることがあるが、その物語にはすでに確立されたファン層がある。何十万人、場合によっては何百万人もの人びとが、すでにその物語のファンで、映画やテレビドラマシリーズが公開されたあかつきには、ぜひ観たいと思っている。さらに、ワットパッドは、スタジオと協力して、ワットパッドのコミュニティに向けて、ターゲットを絞ったマーケティングキャンペーンを展開できる。スポンサーつき小説という形でネイティブ広告を含むキャンペーンを、全世界で8000万人ものユーザーがおり、おそろしく膨大なオーディエンスになりうるコミュニティに向けて実施できる。ワットパッドは、このようなマーケティングキャンペーンの成功例をいくつか挙げられるのだ。たとえば、ソニー・ピクチャーズが、ジェーン・オースティンの『高慢と偏見』をパロディ化したセス・グレアム＝スミスの2009年の小説『高慢と偏見とゾンビ』（安原和見訳、二見書房、2010年）を映画化して2016年に公開したとき、ソニーはワットパッドと協力して、『AFTER』のゾンビ化ファンフィクションの執筆をある作家に依頼した。これは、『AFTER』のファンがワットパッド上でこの物語に引き寄せられ、物語を読んでいるうちに、映画〈高慢と偏見とゾンビ〉の予告編を目にするというアイデアだった。ワットパッドは『AFTER』のファン層を活用して、その映画の市場を作る手助けができた。この方法を使えば、ワットパッドは広告収入を得ることができ、ファンフィクション作家は報酬を手にいれ、ソニーは映画をみてくれそうなユーザーの注意を惹くことができる。

これら3つの要素、つまり、テスト済み原作の知的財産、脚本作成に向けたデータに基づく情報の提供、マーケティングを提供することで、ワットパッド・スタジオは、単に映画やテレビ番組の権利を売る場合よりもはるかに活発に、撮影会社と協力できる。アレンがいうように、「これは完全かつ完璧なサイクルです。そして、その過程のすべての段階に、私たちは商業的に関与しています」。もちろん、ワットパッド・スタジオは2016年4月に立ちあげられたばかりで、まだ日が浅い。しかし、映画〈キスから始まるものがたり〉と〈AFTER〉の続編が公開されているという事実は、ワットパッドがいいものをみつけた可能性を示唆する証拠となる。フィリピン、インドネシア、シンガポール、韓国、イタリア、ドイツ、フランスなどのスタジオと数々の取り組みが進行中であるという事実もその証拠だ（「インドネシアでは26本の映画を作っています」と、アレンは何食わぬ顔で述べた）。また楽観視できる例として、ワットパッドで410万回読まれたゾーイ・アーセンのティーン向けの超自然系スリラー『羽根のように軽く、盤《ボード》のように硬い（*Light as a*

Feather, Stiff as a Board)』がある。この作品はフールーが権利を獲得し、〈羽根のように軽い〉という題名で10話構成のテレビドラマになり、バイアコム社のオウサムネスTVの制作で2018年10月にフールーで初公開され、2019年2月には、16話の第二シリーズの開始が発表された。このケースでは、『羽根のように軽く、盤のように硬い』が、半年足らずで100万人の読者を獲得していることに気づいたワットパッドが、この作品をプラットフォームからすくいあげ、撮影スタジオに提示した。するとフールーがその作品を獲得し、まさに期待どおりにビジネスモデルが機能した。ただ、ひとつだけ想定外の出来事があった。それは、ワットパッドがサイモン&シュスターと契約し、テレビドラマシリーズと同じ時期に〈羽根のように軽い〉の書籍版を出版することになったことだ。けれどもなぜ、サイモン&シュスターが本を出版することになったのだろうか。ワットパッドがもう少し組織を改革していれば、自社で本を出せたのではないだろうか。

物語から本へ

アレンはまさにそのように考えた結果、2019年にワットパッド・スタジオ内の出版インプリントとして、ワットパッド・ブックスを立ちあげた。物語を書いたり読んだりすることを基盤に設立された組織が、映画やテレビ番組に移行したあとで、本の出版に乗りだすというのは、やや皮肉めいているかもしれない。しかし、本への移行が、イノベーションサイクルの後半に来たとしても、設立当初のアイデアからすれば、ワットパッドにとって、これは自然な進化だった。このときまでに、ワットパッドは5年のあいだビッグファイブの大半を含む出版社と共同で本を出版し、あるときはエージェントとして、あるときは共同出版社として、多くの契約を仲介した。この過程で、明らかになったことがふたつあった。ひとつは、従来の出版社はとにかく動きが遅くて、ひどく慎重であるということだ。アレンはこう語った。「これらの出版社は、私たちほどデータにこだわりがありません。たいていは、創造性に重きが置かれますので、ひじょうに主観的ですし、直感で判断します。ですから私たちは、この物語は売れると説得しなければなりませんでした」。ワットパッドは、サイトに投稿された物語がユーザーに人気を博している証拠をこれでもかと示したにもかかわらず、メインストリームの出版社から何度も拒絶された。もうひとつ明らかになったのは、ワットパッドの著者は、ワットパッド以外の著者に比べて、前払金以上の収益を生む確率がはるかに高いということである。ワットパッドのデータによると、ワットパッドの著者の90パーセントは、前払金以上の収益をあげているが、業界平均はそれよりはるかに低い[11]。「つまり、私たちの打率は、業界平均よりずっと高いことがわかったのです」。また、これが示すのは、ワットパッドの著者がもっと本を出版すれば、ほかの著者よりいい結果が得られる可能性があるということである。

したがって、ワットパッドが独自の書籍出版部門を立ちあげれば、一度に複数のことが実現可能になる。第一に、自社で出版するか否かの決定が下せるため、これまでに比べてずっと早く動けるし、多大な時間とエネルギーを費やして従来の出版社に、自分たちのコンテンツに賭けるよう説得する必要もなくなる。第二に、本のプロジェクトごとにほかの出版社と提携する必要がないため、より多くの物語を書籍化することができる。そして第三に、エージェントやパートナーではなく、自らが出版社であるゆえに、さらに大きな価値を獲得できる。これほど理にかなった選択があるだろうか。

しかしそれは同時に、ワットパッドが、今度は、いわゆる「車輪の再発明」をして、書籍出版を一から立ちあげ、従来型出版社としてのインフラを築かねばならないことを意味していた――それまでのワットパッドは、携帯電話などのアプリケーションを介したオンライン環境で、書き手と読み手が物語とコメントを共有する仮想コミュニティとしてつねに存在し、物理的な製品を制作したことがなく、物理的な製品の制作にまったく興味を示してこなかった。アレンも共同創業者のアイヴァンも出版の経験はなかったが、社内には出版業界で働いたことがあり、出版についていくらか知識のあるスタッフが複数いた。コンテンツの獲得はそれほどむずかしいことではない。すでに自社プラットフォーム上にコンテンツを執筆している数多くの著者がいるのだから、コンテンツには事欠かない。したがって課題は、出版する本を選ぶことだった。物語の人気度に関して集めたデータを、意思決定プロセスにいかに活用するか。そして、編集やコンテンツ開発の面でも、出版プロセスに新たな手法をもたらすことができた。サイト上の物語に対する読者の反応についてのデータを編集プロセスに生かして、指針とすることができる。ワットパッドで高い人気を誇る物語の多くは、通常の本よりもずっと長い。物語はデジタルテキストとしてのみ存在するため、長さや章数を制限する必要はないからだ。これらの長い物語を300〜400ページ以下の本にするには、大部分を削らねばならないが、何を削るべきか、どのように判断すればいいのだろうか。ワットパッドでは、読者の反応に関するデータを利用して、何を残し、何を削除するかを判断できる。「私たちが携わっているもののアウトプットは、従来のコンテンツと同じにみえるかもしれません。映画館でみる従来の映画と同じにみえるかもしれないし、紙に印刷された従来の本と同じにみえるかもしれない。けれども、その背後には多くのデータサイエンスがありますし、さまざまな機械学習を活用しています」とアレンは説明する。その他の出版の要素はごく標準的だ。多くの小規模出版社と同様に、社内には制作担当者がいて、印刷は印刷会社に外注し、販売と流通は第三者に委託している。マーケティングは自社で行なっており、ワットパッドでの広告キャンペーンや撮影スタジオとの共同制作で培った、マーケティングの技術とノウハウを生かしている。したがって、書籍出版ビジネスの特殊な部分を除けば、ワットパッド・ブックスの戦略は、映画会社やテレビ会社との共同制作時の戦略と基本的に同じである。ようするに、読者がすでにいる検証済みのコンテンツを使って作業を開始し、データと機械学習を使ってそれぞれの媒体向けにコンテンツを整え、市場に出すという、完璧なサイクルになっているのだ。

ワットパッド・ブックスの最初の6作品が出版されたのは、2019年秋で、いずれもティーン向け小説（出版業界用語でいえばヤングアダルト）であった。そこには、アメリカン・フットボール部でクォーターバック（QB）を務める不良少年と、チアリーダーの恋を描いたテイ・マーリー著『不良QBと私（*The QB Bad Boy and Me*）』も含まれている。この小説は、2620万回読まれ、2018年のワットパッドでもっとも人気のある本となった。スカイ・チェイス著『エベレストを救う（*Saving Everest*）』は、人気者だが不幸せなエベレストという若者と内気なビバリーという少女の関係を描いた物語で、ワットパッドで合計1700万回以上読まれた。ローレン・パルフレイマンによる超常現象系のティーン小説『キューピッドのお相手（*Cupid's Match*）』は、のべ閲覧回数が4600万回を超えた。これらの作品が本としてどれだけ成功するかは、時間がたてばわかるだろうが、注目すべき――革命的でさえある――点は、ワットパッドの生みだした出版モデルである。なにしろ、過去500年のあいだ大半の書籍出版が基盤にしてきたモデルを、ひっくり返したのだから。

一般的な本の出版業、とくに商業出版では、つねにビジネスはセレンディピティに根差していた。出版社や編集者は、何を売るべきか直感で決める。やや薄弱な（作家の実績や類似している本の売上などの）証拠をその判断の手掛かりに用いるかもしれないが、たいてい直感は直感でしかない。そしてひとつの賭けに出る。一部の本の企画は進め、ほかの企画は見送り、自分たちの判断がまちがっていないことを期待するが、本が出版されたときに実際にどうなるか目の当たりにするまでは、まったく確信が持てない。本の出版、とくに商業出版は、これまでずっとトップダウンのビジネスだった。出版社が市場で力を発揮すると思われるものを判断し、投資し、制作して世に送りだし、結果をみる。もちろん、この一般的な原則にはさまざまな例外がある。たとえば有名作家は、次の小説を買ってくれると見込まれるコアなファン層がある。だからこそ有名作家は、出版社にとって宝であり、コンテンツ市場において高額な前払金を得られるのである。つまり、セレンディピティがビジネスの根底にある業界で、有名作家は大本命も同然なのだ。しかし、大半の本と、ほぼすべてのデビューしたての作家にとって、出版というのは博打で、本がどれだけ売れるかは誰にもわからない。

ワットパッド・ブックスがひじょうにクレバーで独創的なのは、意思決定モデルをトップダウン方式からボトムアップ方式に変えたところにある。要は、ワットパッドではどの本を出版するかという決定を、自社のプラットフォーム上にある物語の実際の人気に基づいて判断しているのである。ワットパッドはプラットフォーム上で、誰が何を読んでいるかを追跡できるし、あらゆるコメントを記録できるので、どの物語がどういった読者に人気なのか、きめの細かい分析ができる。たとえば、作品の人気が高まっているかどうか。人気が高いなら、どれほどの速度でそうなったのか。あるいは正反対に、多くの読者が物語に飽きて読むのを止めているかどうかなど。またコメントを活用して、多くの読者に好まれている、または好まれていない章や登場人物、物語の展開などを特定することもできる。大人気の物語を読んでコメントを投稿する人の数を考慮すれば、すべての情報を処理するには、コンピューターによる機械学習に頼らねばならない。しかし、それによっておおいに信頼の置ける——大半の出版社が持っているデータよりずっと信頼性が高い——価値のある独自データが得られる。それらのデータは、どの物語を本として出版すべきか、そしてその物語のどこを削りどこを修正すれば、いちばんいい形で本にできるかという意思決定に活用できる。この種のボトムアップ方式の出版活動を行なっているのはワットパッドだけではない。第8章でみてきたように、アンバウンドやインクシェアズといったクラウドファンディング出版社も、似た考え方を発展させている。それでも、ワットパッドとクラウドファンディング出版社には大きな違いがある。それは、その規模だ。インクシェアズは10万人以上のユーザーを抱えているかもしれないが、ワットパッドのユーザーは８０００万人以上で、およそ８００倍である。このような方法でデータを使って人気を評価し、パターンを分析するなら、その規模がものをいう。

ワットパッドのボトムアップ方式の出版モデルは、読み手と書き手のオンラインコミュニティを構築するためのネットワークを使ったアプローチ法から、自然発生した。ビジネスの始まりは本の出版ではない。ワットパッドの前身となるアプリケーションやウェブサイトを構築しようとしていたころのアレンとアイヴァンには、書籍出版についてなんの知識もなかった。ふたりはもっと根本的なところから始めた。物語を伝えたいという人間の欲求から、物語を作り共有し消費したいという欲求から、ビジネスを始めたのだ。たまたまちょうど、ふたりの作ったプラットフォームは、人びとがつねに持ち歩いているモバイル端末を通じたオンライン環境にぴったりマッチして、ひじょうに簡単に物語を創作し共有し、その物語にコメントできるようになった。このプラットフォームは、過去５００年間に私たちの文化のなかで、どの物語をどのように共有するかを決定する中心的な役割を果たしてきた出版制度の前提と慣習に疑問を投げかけているともいえる。アレンは次のように語った。「大半の破壊者に共通しているのは、破壊者はボトムアップ型であり、トップダウン型ではないということです。その出発点は、従来の産業ではありません。出発点は白紙の状態です。私たちをみても、ユーチューブをみても、ネットフリックスをみても、同様です。ネットフリックスは撮影スタジオとして始まったのではありません」

もちろん、ワットパッドの出版モデルやプラットフォーム外の開発戦略は、概して、デザイン的には画期的であるものの、その範囲はかなり限定されている。それは単に、ワットパッドから引きだされるコンテンツが、ワットパッドのコミュニティは、大半が10代の若い女性でほぼ占められているという、ユーザー層の特徴を反映しているからである。ヤングアダルト小説を出版している出版社にとって、ワットパッド・ブックスは注目すべき出版社である。恐るべきライバルになるかもしれないし、本から映画、テレビドラマシリーズまで、複数のメディア産業に橋渡しをして相乗効果を生みだすその能力は、それらの出版社が成しうる何にもまさるかもしれない。しかし、出版業界のほかの企業にとって重要なのは、ワットパッドがみごとに発展させたボトムアップ方式から、なにかしら学べるものがあるか、あるとすれば、それはいったいなんなのかである。この問題については、再度取りあげる。

第12章　オールドメディアとニューメディア

長いあいだ自分たちのやり方で仕事を続けてきた老舗企業にとって、技術革命は恐るべきものだ。それらの企業は、新たな方法が従来の習慣に取って代わるという問題をふいに突きつけられる。あるいはもっと深刻な問題は、新たな技術がもたらす新しい経済やサプライチェーンのなかで、自社の製品やサービスがもはや、必要とされなくなることだ。生き残るにはすばやく順応して、新たに出現した経済のなかで、新たなポジションを確保しつつ、旧来のサービスも提供しつづけなければならない。なぜなら、たとえ未来がほかの場所にあるようにみえていたとしても、自社の収益の多くは相変わらず既存の経済から得ている場合があるからだ。これは、あらゆる産業でいえることだが、とくにデジタル革命に直面しているメディア・クリエイティブ産業にあてはまる。その理由は、前述したとおり、これらの業界が扱っているものが記号化できるコンテンツであるから、にほかならない。つまりコンテンツの大半が、デジタル化され、0と1の数列に変換され、コンピューター処理され、端末に保存され、電子的に送信することができるからだ。以前なら、記号コンテンツは、市場で売買できるように、印刷された新聞や雑誌、レコード盤、印刷書籍など従来の物理的な媒体に埋めこまれてきた。ところが現在は、物理的な媒体に埋めこまなくても、新たな端末と、新たな販路によってコンテンツが受け渡しできるようになり、従来の物理的な媒体は、脇に追いやられる可能性がある。デジタル・ハリケーンが上陸したとき、メディア・クリエイティブ産業に従事する多くの人びとが抱いた恐怖は、程度の差こそあれ、抱いて当然のものだった。

とはいえ、デジタル革命の最初の数十年間を過ごして、私たちが学んだ（あるいは学ぶべきだった）教訓があるとすればそれは、この革命はどこでも均一に、同じ影響を及ぼしたわけではないということである。そして、ふたつめの教訓があるとすれば、デジタル革命の一見有益と思える成果には、この革命の推進者らが私たちに信じこませようとしているよりも有害な要素が、こっそり入りこんでいるかもしれないということだ。何事も見かけどおりとはいかないものである。

クリエイティブ業界のデジタルディスラプション

デジタル革命は、メディア・クリエイティブ産業の多くの分野、またはすべての分野で同様の影響を及ぼすと思われがちであるが、これは真実から程遠い。その理由は簡単だ。新たな技術が特定の産業分野、あるいは特定の生活圏に及ぼす影響は、技術そのものや技術で可能になること（ギブソンがつけたぴったりの用語を使えば、その「アフォーダンス」(1)）のみならず、技術が開発され、実践され、使用される状況《コンテクスト》にも否応なく左右されるからである。このコンテクストには、これらの技術を促進したい、または阻害したい仲介者や組織が含まれる。さらには、これらの組織間の関係や、特定の市場またはフィールドでの組織の相対的な力、多くの個人が含まれる。この多くの個人の関心、習慣、センス、好みはさまざまで、その技術を利用し、自分の生活に組みこみたいと望む人もいれば、望まない人もいる。社会的なコンテクストは複雑でまとまりがなく、メディア・クリエイティブ産業のある分野から別の分野まで、実にバラエティに富んでいる。あるコンテクストではぴったりはまって機能する技術が、別のコンテクストではまったく機能しないこともある。それは技術そのものよりも、技術が開発され、実践され、使用されている（場合によっては使用されていない）コンテクストの特徴と関係している可能性が高い。同様に、メディア・クリエイティブ産業のある分野に、デジタル変革によってもたらされるディスラプションのパターンは、別の分野のディスラプションのパターンとまったく異なっているかもしれない。この場合も、技術そのものよりも、産業分野の特性や、技術が活用される特定の領域で、その技術を使おうとする個人、または使おうとしない個人のさまざまな習慣、センス、好みがディスラプションのパターンに関係していると考えられる。

このように考えると、少なくともこれまでのところ、出版業界でのデジタル変革が歩んできた道のりは、音楽業界や新聞業界といったその他のメディア・クリエイティブ産業でデジタル変革がたどってきた道とは、まったく異なるという事実も、最初に感じたほど意外ではなくなる。本書序論で検討したとおり、アメリカのレコード音楽業界の収益は、21世紀の最初の10年間で急落した。これは、LPやCDの販売からデジタルダウンロードへ移行した影響と、ファイル共有が横行した影響が重なったからで、2009年には、アメリカのレコード音楽業界の総収益は、10年まえの約半分になっていた。新聞業界も21世紀の最初の10年間に急激な衰退を経験した。アメリカの日刊紙の発行部数は、1980年代から1990年代初頭は6000万部を超えていたが、2010年には4000万部に減少し、広告収入は2004年の約500億ドルから2012年には約250億ドルへと、10年もたたないうちに半分になった(2)。これらの成り行きを見守り、ますます警戒心を強めてきた出版業界の多くの人びとは、自分たちの業界もきっと同じ運命をたどるにちがいないと考えた。それは当然ではないだろうか。出版社は、音楽業界と同じように記号コンテンツの管理と商品化

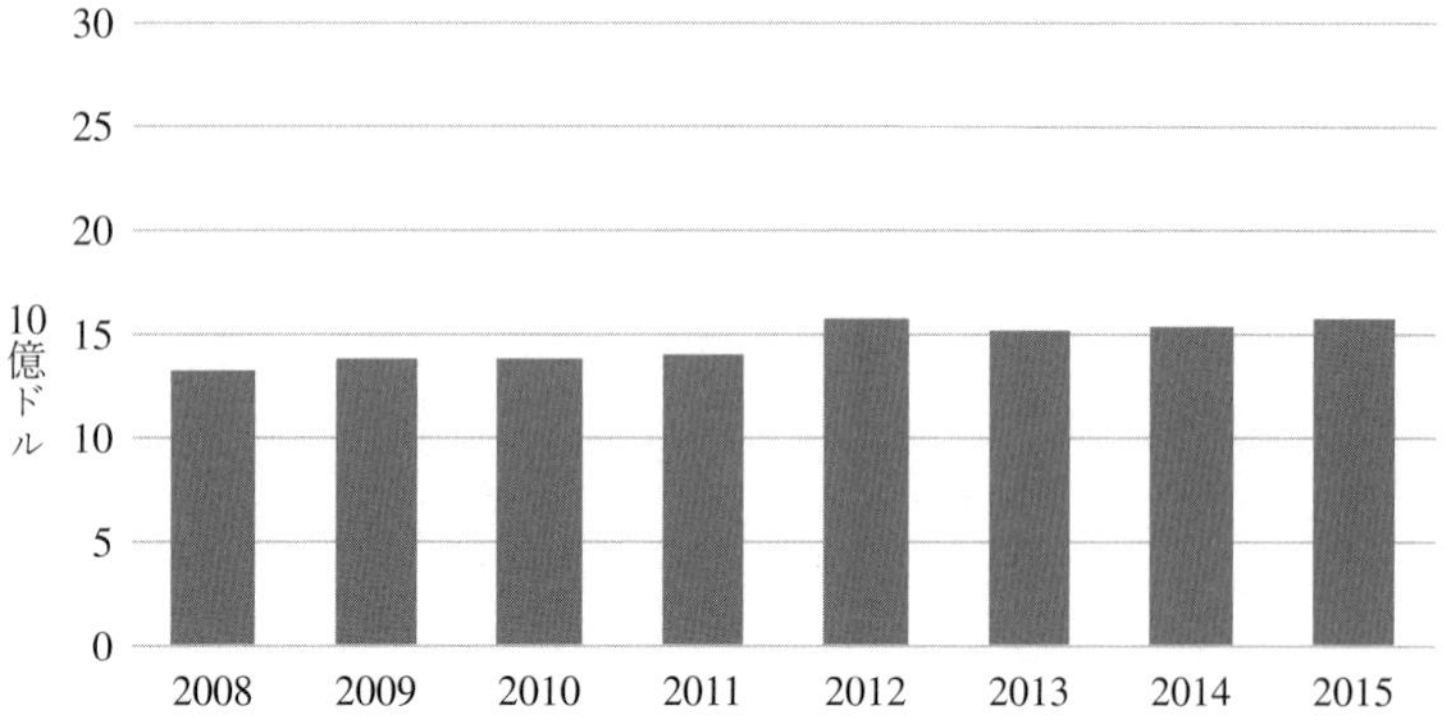

図12.1　アメリカの商業出版の収益
出典：Association of American Publishers

を基盤とした業界に身を置いている。音楽業界ではデジタル化によって、記号コンテンツを管理しつづけることがはるかに困難になり、この業界の人びとは、たとえ管理できたとしても価格の下落は避けられないと気づいた。それと同じく、出版社も、自分たちが管理している記号コンテンツが、著作権侵害と価格下落の強力な圧力にさらされる可能性があると気づいた。この圧力は、出版業界で働く多くの人びとの生活やキャリアはいうまでもなく、業界が土台にしている価値創造のモデル全体を揺るがしかねない。この不確実な状態が、人びとの動揺を誘い、不安をあおった。出版業界に属する多くの人が恐怖におののきながら、出版界のｉＰｏｄ到来の瞬間を待ちかまえていた。

２００７年11月にキンドルが発売され、電子書籍の販売がようやく上向きになりはじめたとき、多くの人が、ついに出版界のｉＰｏｄが生まれたと感じた。キンドルは、ｉＰｏｄが音楽業界に起こしたのと同じようなことを、書籍業界に起こすだろう。つまり、キンドルというコンパクトに携帯できる、小さな図書館を備えた、価格も手頃で使いやすい端末を使って、簡単かつ合法的にデジタルファイルとして本をダウンロードして読めるようになるだろうと考えていた。業界内では２００８年か

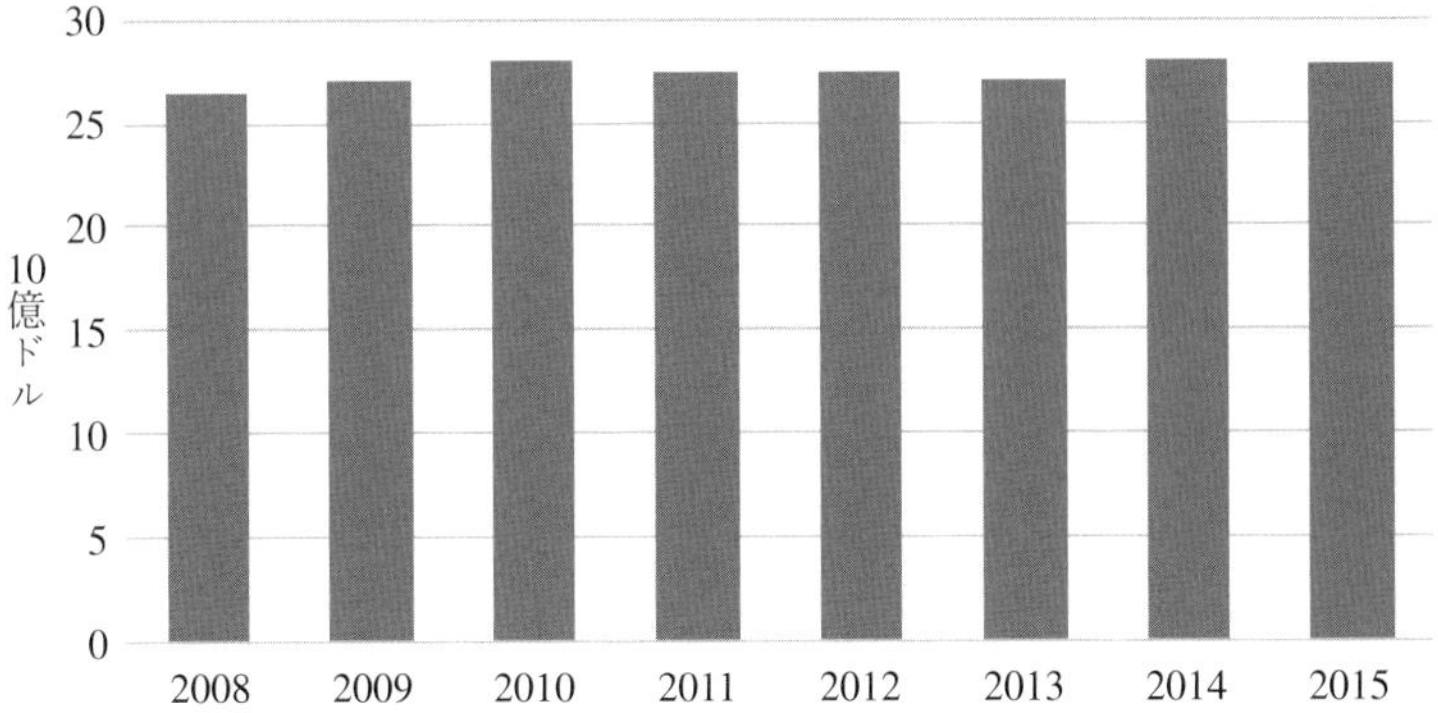

図 12.2　アメリカの出版産業の収益
出典：Association of American Publishers

ら２０１２年にかけて、電子書籍の売上が劇的なスピードで伸びたのを目の当たりにして、当然ながら多くの人が、これは昔ながらの紙に印刷された本の終わりの始まりだと考えた。そして、電子書籍が本の売上の大半を占めるのは時間の問題で、そうなれば、従来の印刷書籍をベースにしているサプライチェーンは、次々と重大な打撃を受けるだろうし、実店舗を持つ小売業者は取引量が大幅に減ると予想され、業界崩壊の恐怖が大きく広がった。しかし、これまでにみてきたとおり、電子書籍の売上増加は２０１３年にとつぜん停止した。それは、多くの人が予想していたよりもずっと早く、あっけないものだった。電子書籍が従来印刷書籍を失速させ、廃れたテクノロジー博物館のＬＰレコードの隣あたりに追いやるのではという懸念は、少なくとも当分は、いらぬ心配だったことが明らかになった。

　印刷書籍が多くの予想より早く立ちなおっただけではない。出版業界は、現時点では、デジタルの嵐を音楽業界よりうまく切り抜けている。１９９８年から２０１０年の米レコード音楽業界の収益急落（図０・１）と、２００８年から２０１５年の米商業出版界の収益（図12・1）と、出版業界全体の収益（図12・2）とを比較しよう。これらの図から、アメリカの出版業

	総売上額（100万ドル）	営業利益（100万ドル）	利益率（%）
2008	857	88	10.2
2009	795	50	6.2
2010	791	72	9.1
2011	787	85	10.8
2012	790	80	10.1
2013	809	106	13.1
2014	778	100	12.8
2015	780	114	14.6
2016	767	119	15.5
2017	830	136	16.4
2018	825	144	17.4

表 12.1　サイモン & シュスターの総売上額、営業利益、利益率

出典：Publishers Weekly

界全体の収益は、この期間にわたってほぼ変わらない状態で推移し、商業出版の収益は緩やかではあるが、増加を続けていることがみてとれる。電子書籍のこの収益に占める割合は、2014年まで拡大を続けていたが、相変わらず印刷書籍が収益の大部分を占めていた。この期間中、商業出版の収益は、2008年の132億ドルから2015年の158億ドルへと、全体で約26億ドル増加し、8年間で約20パーセント増加したが、出版業界の収益は、265億ドルから278億ドルへと、全体で13億ドル増加し、同時期に約5パーセント増加した。これと比較すると、アメリカのレコード音楽業界は、2000年から2010年のあいだに、全体の収益が138億ドルから56億ドルに減少した。つまり、10年まえの収益のたった40パーセントに落ちこんだのである。音楽の場合、デジタルダウンロードの収益が増加しただけでは、CD売上の急減を充分に補えなかった。ところが、商業出版の場合は、印刷書籍の売上で得られる収益の低下はずっと緩やかで、印刷書籍の売上減少による収益不足は電子書籍やオーディオブックの売上で充分以上に補われた。2015年に商業出版の総収益の約80パーセントを占めていたのは依然として印刷書籍で、印刷書籍の堅調な売上が、収益の

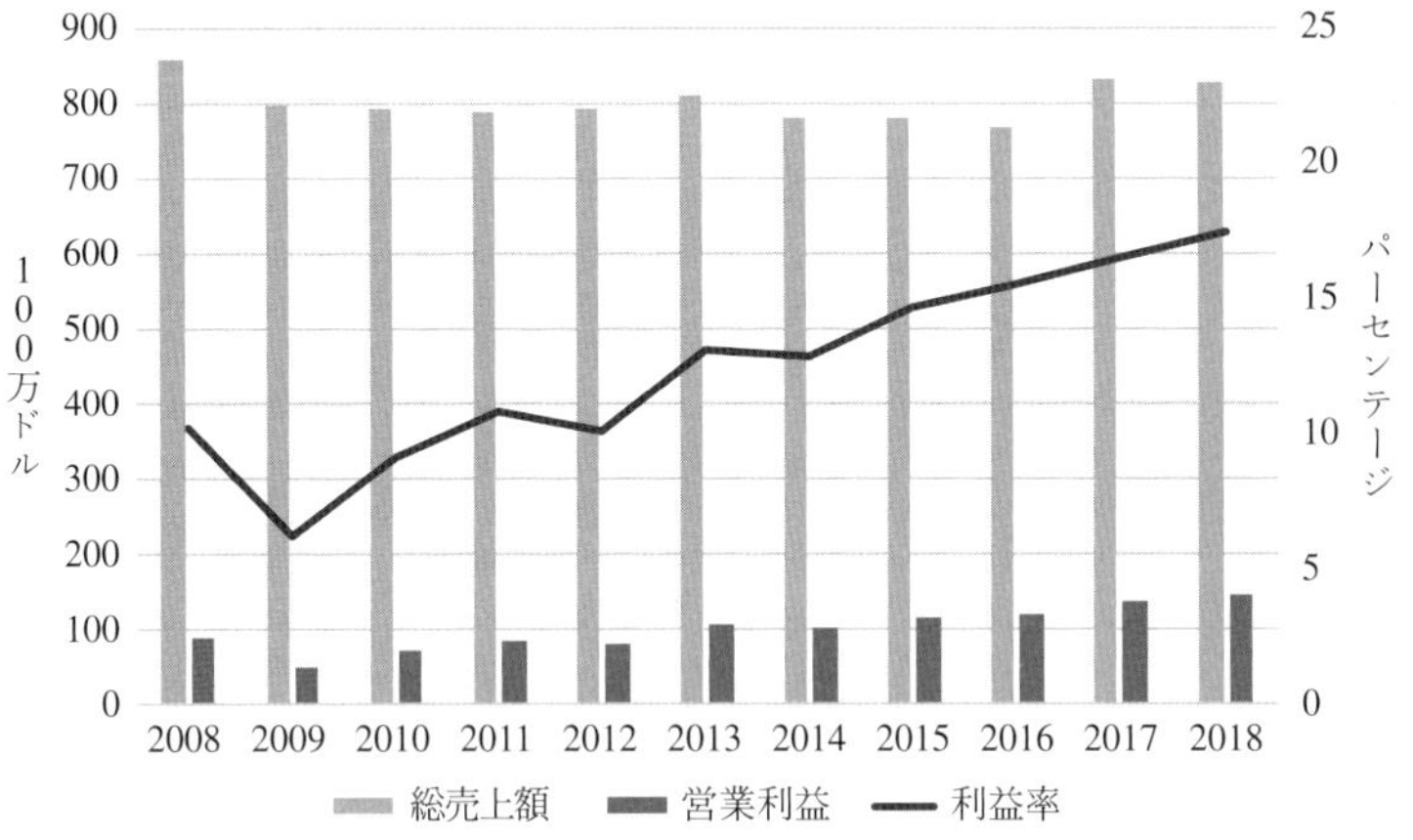

図12.3　サイモン＆シュスターの総売上額、営業利益、利益率
出典：Publishers Weekly

急落を防ぐ業界の防御壁となった。

さらに、ほとんどの出版社は、全体の収益がほぼ変わらないままであるにもかかわらず、じつは純利益は増加していた。たとえ、売上の大半がまだ印刷書籍に占められているとしても、デジタルへの移行によって、サプライチェーンの費用がいくらか削減でき、それによって採算が良くなったのである。表12・1と図12・3は、アメリカのビッグファイブのひとつであるサイモン＆シュスターの額２００８年から２０１８年までの総売上額、営業利益、利益率の推移を示したものである。総売上はこの期間にわたって堅調で、２００８年から２００９年で7パーセント減少したものの、その後9年間はほぼ変わらず推移している。いっぽう、営業利益と利益率は同様の期間中に増加した。営業利益と利益率は２００８年から２００９年にかけて落ちこんだが、２００９年から２０１８年にかけては大幅に増加した。営業利益は２００９年から２０１８年でほぼ3倍になり、利益率は２００９年の6・2パーセントから２０１８年は17・4パーセントに増加した。これは一部には、効率があがり、既刊本の

売上が増加したためである。けれども、生産・流通コストが低くて返本もない電子書籍を含む、デジタル製品（オーディオブックも増えている）が、２０１５年にはサイモン＆シュスターの売上の25パーセントを占めていたという事実も、利益増加に重要な役割を果たした。

ほかの大手出版社が経験したことも、サイモン＆シュスターと同様で、２００８年から２０１８年までは、全体的な収益が横ばいであるものの、利益率は伸びている。電子書籍の売上は、プラスアルファで増えたというより、むしろ置き換えのようなものであった（つまり、電子書籍が増えたかわりに印刷書籍の売上が減った）。電子書籍の価格は概して印刷書籍よりもいくぶん低いため、２００８年以降の電子書籍の売上増加とその横ばいが、出版社の販売単価の低下を少なからず引き起こした。そしてそれが、次の年からその次の年へかけて、全体的な売上の横ばいや低下という影響を及ぼした。いっぽう、電子書籍は販売コストが低く、返本もないため、印刷書籍よりも採算が高い。したがって、全体的な売上はほぼ横ばいであるにもかかわらず、利益率は高くなった。これは、デジタル時代の大手商業出版社が取り組むビジネスの新たな特徴で、１９８０年代、１９９０年代、２０００年代初頭の状況とはまったくちがう。そのころの大手出版社は、会社のオーナーからの圧力を受けて、採算を着実にあげながら、前年比10パーセントを目標とする大幅な成長を達成しようと邁進《まいしん》していた。(3) また、この展開によって、作家や作家協会、エージェントから、出版社が得た利益に対して作家の配分をもっと大きくすべき、という要求に勢いが加わった。(4)「デジタル配当」、つまりデジタル革命による効率化とコスト削減によって予想外に利益が高まったからだ。

それでも、デジタル革命が出版業界に与えた影響は、音楽業界やその他のメディア・クリエイティブ産業に及ぼした影響と、なぜこれほどまでにちがうのだろうか。この謎はどのように説明できるだろうか。これに対する答えは、どの業界と比較するかによって大きく異なる。なぜなら、さまざまなメディア産業におけるデジタル変革の道筋を形づくった要因は、各業界によってさまざまだからだ。ここでは、音楽業界との違いに注目してみよう。出版業界の経験が、（少なくともいままでのところ）なぜ音楽業界が経た状況と大きく異なるのかという説明に欠かせない要因は、まちがいなく数多くあるが、とくに重要と思われる要因は、次の6つである。

第一に、デジタル革命が音楽業界に深刻な影響を及ぼしはじめたのは、電子書籍の波が起こる数年まえであったこと。ユーザー同士でMP3ファイルを共有できるP2P（コンピューター間）のファイル共有サービス、ナップスターが運営を開始したのは1999年6月で、裁判所に閉鎖されたのが2001年7月のことだった。その時点で、ナップスターのユーザーは全世界で2600万人を超えていた。アップルがiTunesの最初のバージョンをリリースしたのは2001年1月で、iTunes Storeを開設したのは2003年4月だった。iTunes Storeによって、デジタル化された音楽の合法的な市場が生まれ、ユーザーは合法的にデジタル音楽ファイルをダウンロードして、好きな曲をまとめて聴けるようになった。5年後の2008年4月に、iTunes Storeはウォルマートを抜いてアメリカ最大の音楽小売業者となり、5000万人を超える顧客を抱え、600万曲を超える音楽カタログを備えていた[5]。2008年から2009年に電子書籍が普及しはじめたころには、音楽業界のデジタルダウンロードへの移行は、すでにかなり進行していた。そして、音楽業界では、5年から10年早くデジタル革命の影響を受けていたため、出版業界の経営者らは、音楽業界で起こったことを教訓にして、デジタル革命が自分たちの業界に根を下ろしはじめたとき、同じ過ちを繰り返さないように努めることができた。これはいわば、2番手の強みである。

この2番手の強みの重大性が、とくに示された領域がふたつある。そしてそれが、第二と第三の要因だ。

ひとつは、違法なファイル共有という領域である。これについて、出版業界の経営者らが強く認識していた事実がある。音楽業界では、多くの人びとがデジタル革命をなかなか受けいれようとせず、音楽をダウンロード可能なファイルとして提供しなかった。そこに抑えられていた《ペントアップ》需要が生まれ、それがナップスターによって効率よく利用された。禁酒法と同じように、望むコンテンツが合法的な販路で入手できないことで、密造品の違法取引が促されたのだ。出版業界の経営者はこの教訓から学び、膨大な時間とお金を投じて、(a)コンテンツのデジタル著作権の保有と、(b)コンテンツの適切なデジタル形式への変換を確実に実行した。これによって、デジタルコンテンツへの需要が生じたときに、市場にそれを供給できる立場を確立しておいたのだ。2007年に、大手商業出版社の経営幹部のひとりがこの件について次のように述べている——真によくできた読書端末が広く普及するまえに「私たちが確実にしておきたいのは、その読書端末がいざ導入されたとき、端末で利用されるコンテンツが適切に小売業者を通して販売されるよう後押しする立場として、業界が存在していることです。コンテンツが合法的に販売される業界とは対照的な、海賊版が氾濫する業界になっては困りますから」。音楽業界の経験のおかげもあり、出版社側が自分たちのコンテンツを適切なデジタル形式で提供しないのは、長期的にみれば業界に不利に働くだけだと、このマネジャーにはわかっていた。流れに逆らって泳ぐより、流れに身をまかせるほうがいい。

出版業界の経営者らが、音楽業界の人びとの経験から学んだ第二の領域は、価格という切迫した問題に関連のある領域だ。一般法則として、コンテンツのデジタル化は価格低下の圧力を生む傾向がある。これは、情報経済のふたつの特徴から来ている。ひとつめの特徴は、一から情報を生みだすには費用がかかるが、複製や再利用にかかる追加の費用（限界費用）はゼロに近いということ。いったん情報を生みだし、それを適切なデジタル形式に変換してしまえば、ごく簡単に、ごく安価で複製や再利用が可能になる。ふたつめの特徴は、コンテンツをオンラインで流通させる主要な企業は、通常はそのコンテンツを制作していないため、制作コストを負担していないことである。これらの企業にとっては、できるだけ多くのユーザーにできるだけ多くのコンテンツを流通させて、その流通路の支配者としての地位を強化することが利益になる。そのため、コンテンツの価格をできるかぎり低く抑えることが、最大の利益につながりやすい。アップルがiTunes Storeを立ちあげたとき、ほとんどの曲の価格が99セントだった。これは、売上を最大にするために、1ドルという閾値をわずかに下回る、目を惹く価格が設定されたためである。しかし、音楽が低価格で販売されればされるほど、この業界に流れこむ全体的な収益は、時間とともに低下していくようであった。もちろん、販売数が増加して1曲あたりの収益の減少を相殺できれば話は別ではある（低価格化の支持者はそうなると主張することが多いが、実際のところ、多くの市場は支持者らが考えるほど弾力的ではない）。別の言葉でいうと、価格デフレはほぼ確実に、その業界から価値の流出を招く。21世紀の最初の10年に、デジタル革命が音楽業界に浸透していくにつれ、まさにこのようなことが起こった。それゆえ、出版業界のシニアマネジャーたちが、あのニュースにあれほど強く反応したのは当然といえば当然のことだった。2007年11月にキンドルが発売されたときに、〈ニューヨーク・タイムズ〉のベストセラーリスト作品や多くの新作が、キンドルでは9・99ドルで読めるというニュースは、出版業界の人びとにとって青天の霹靂だった。アップルのように、アマゾンはもっとも価値の高いコンテンツの価格を、象徴的閾値（この場合、10ドル）をわずかに下回る額に設定し、印刷書籍の販売価格よりもずっと低い価格に下げた。また、大手出版社が、電子書籍の売上に関してはエージェンシーモデルへの移行を希望していたのも当然のことである（ただしこれによって、第5章で述べたとおり、訴訟という形で大きな犠牲を払った出版社もある）。大手商業出版社がエージェンシーモデルへの移行を望んだのは、ひとつの単純な理由からだった。自社コンテンツの価格をコントロールして、値引きを止めるには、この方法しかなかったのだ。またこれは今後、より多くの書籍がデジタル形式で販売され、価格のデフレが生じたとしても、それには底があると確信できる唯一の方法だった。エージェンシーモデルならば、販売部数は下がるかもしれないが、長期的には価格をコントロールしつづけられ、音楽業界で起こったような価値の流出を防ぐ、あるいは少なくとも制限できる強い立場に立てる。そして、この視点でいえば、道を進む過程でどれほどステップを踏みまちがえたかはさておき、商業出版社はおそらく正しかった。

このような戦略的な判断は別にして、音楽業界と出版業界は記号化できる商品を扱っているとはいえ、種類がまったく異なるというのも事実で、これが第四の要因となる。音楽業界では、アルバムはつねにかなり不自然な製品だった。一般的にアルバムはさまざまな曲の集積で、複数の曲がまとめて収められ、1枚のアルバムとして売られていたが、リスナーの視点からすると、アルバムの曲すべてに等しい価値があるわけではなかった。消費者にとっては、気に入った曲が1、2曲あってアルバムを買ったのに、アルバムの残りの10〜12曲は、まったく興味が持てない曲ばかりだったという経験は、珍しい話ではない。iTunes Storeの偉大な革新的手法のひとつは、アルバムをばらばらにして1曲99セントで切り売り《アンバンドリング》したことだ。これで、欲しいわけではないほかの10曲かそこらを入手する必要がなくなった。これは消費者にとっては大きな魅力だ。聴きたくもない曲をいくつも聴かずに済むし、自分だけのプレイリストを作れるようになったのだから。しかし、出版業界では、切り売りに同様の魅力はなかった。なぜなら、多くの本は章を恣意的に寄せ集めているのではなく、むしろ、物語や筋書きや議論が展開するにつれ、ある章から次の章へ続く構造的な順序を持つ統合したテキストだからである。アガサ・クリスティーの小説のひとつの章だけを買って、ほかは買わずに済ましても意味はない。もちろん、原稿の一部の章や部分を切り離して、サンプルとして読者に提供できるという利点はあるので、出版業界でもそれは一般的に行なわれている。しかし、サンプルにするのと、本をばらばらにして各章をアラカルトのように個別に販売するのとはちがう。コンテンツのデジタル・アンバンドリングは、出版業界では音楽業界ほどの潜在能力はない。

そして、おそらくもっとも重大な要因がもうひとつある。それは、本の消費者が印刷書籍から電子書籍への移行で被るデメリットは、音楽のリスナーがアナログからデジタルへの移行で被るデメリットよりも、大きかったということだ。LPレコードを聴くには、専用のプレイヤーが必要で、融通がほとんど利かない。LPは傷がつきやすく、移動中に聴くことはできないし、聴きたくない曲があってもスキップするのはむずかしい。CDによってリスナーは、ハイファイ音楽を自由に携帯できるようになった。デジタルダウンロードでますます自由に音楽を持ち歩けるようになり、さらにアルバムの曲をアンバンドリングして個別に購入したり、ストリーミングサービスで聴いたりできるようになった。ようするに、デジタル音楽への移行は消費者に多くのメリットをもたらし、デメリットはほとんどなかった。ところが本の場合は状況がそこまで明快ではない。長文のテキストを画面上で読むことに利点があるのは疑いようがない。本を容易に購入できるし、すぐにダウンロードでき、概して価格が安いし、文字の大きさをユーザーに合わせて自由に変えられて、1台の端末で多くの本を持ち運べる、などなど。ただ、現実には不便な部分もいくつかある。なかでも重大な弱点は、多くの読者にとって、画面上で長文を読む体験は、印刷されたページを読む体験ほどいいものではなかったという点だ。この弱点は、恋愛小説や商業小説の読者にとっては、それほど顕著ではなかったかもしれないが、文芸フィクションやノンフィクションの多くの読者、とくに集中力を必要とする本や図表などのある本、参考文献として使われる本には、画面ではなく印刷されたページで読むほうに明らかな利点があった。みていて心地がいいし、本のなかで前後に移動しやすく、特定の理由で特定の部分を拾い読みしやすいし、印刷された本を手に取り、ページをめくり、すばらしいデザインで作りこまれた本を読むことには、触覚的にも感覚的にも喜びがある。もちろん、このように知覚され感じられる利点のなかには、習慣や慣習に根ざしたものもある。特定の方法で本を読むのに慣れた人は、それを変えるのがむずかしいと感じる可能性がある。いっぽう新たな世代の人びとは、印刷書籍とともに育った人の習慣や慣習に、さほど縛られていない可能性もある。それでも、印刷書籍の注目すべき粘り強さは、印刷されたページで本を読むことで得られるごく現実的な利点や有用性に一部起因している。印刷書籍は、すぐれた読書端末で、質の高い読書体験を可能にする——多くの人にとっては、スマートフォンなどの画面で長い文章を読む経験よりも良好だ。また同時に、手に取って、賛美し、楽しむべきものとして、それ自体に価値のある、美的で心地良い文化的な対象でもある。LPレコードにどれほどの価値があったとしても（ジャケットのデザインが芸術の域に達していて、なんらかの美的価値もあったことはまちがいないとしても）、音楽の場合は、長所と短所のバランスがデジタルのほうにずいぶん大きく傾いていたのに対し、本の場合は長所と短所にさほど差がなく、本の種類によっては印刷書籍のほうにバランスが傾いていた。

重要な要因がもうひとつある。それは、第1章で私が本の所有価値と呼んだものである。つまり、本のなかには、読むだけでなく、手元に置き、本棚に並べ、あとで読みかえしたり、他人に貸したり、贈ったり、リビングルームに飾ったりする対象になるものがある。そうやって、自分がどういう人間か、どういう本が好きで、どこに価値を置いているか（あるいは他人にどうみられたいのか、どこに価値を置いていると思われたいのか）を示す象徴でもある。このようなことはみな、電子書籍よりも印刷書籍のほうがずっと簡単にできる。印刷された本を買うとき、私たちはその本を所有し、好きなように扱える（読んでも、飾っても、共有しても、プレゼントしてもいいし、転売すらも可能だ）。いっぽう、電子書籍を買うとき、私たちはライセンスを取得している。そして、ライセンスの条件によって、一般的に、コンテンツでできることが制限される（たとえば、その電子書籍を読める端末の数が制限されたり、共有できなかったりなど）。したがって、物理的な物体として本を所有するのは、現実的な有用性と利点がある。音楽にも所有価値はあるが、それにはまた別の意味がある。iTunesのライブラリであれ、CDやLPのコレクションという形であれ、音楽のコレクションを個人で持つことはできるが、CDやLPは本ほど飾られることはないし、音楽はデジタル形式（たとえばCD）で簡単に共有したり贈ったりできる。さらに、スポティファイやアップルミュージックのような音楽のストリーミングサービスが普及していくにしたがって、多くのリスナーにとって、音楽は所有よりアクセスが重要になってきているように思われる。つまり、音楽の所有は、オンデマンドでいつでもアクセスできることより重要性が低くなっている可能性がある。印刷された本は、所有し、保持し、飾り、共有し、他人に与えたいと多くの人が思う文化的な対象である――つまり、所有価値が高いという事実が、印刷書籍の生き残りに貢献した可能性が高い。

これらの6つの要因が、音楽業界の運命は自分たちの運命でもあると考えていた出版業界の人びとの懸念に反して、音楽業界とはちがった結果になった理由を説明している。また、これらの要因を考えれば、メディア・クリエイティブ産業の一分野で起こったことを、ほかの分野で起こりうる問題の道しるべになると思いこんだりすれば、まちがって危険な道へ迷いこむ恐れがあるのは明白であろう。それぞれの分野独自の要因が多すぎるし、各分野で行なわれる文化の生産と消費の形態には、独自の要素がありすぎるため、このような一般化はむずかしいのである。

これらの要因とここ数年の傾向とを併せて考えれば、今後数年に起こるであろう出版業界の進化は、音楽業界やその他のメディア・クリエイティブ産業が歩んだ道とは、かなり異なるだろうと想像はつく。もちろとはいえ、未来の予測など無駄である。これまで多くの評論家が書籍の未来について推測し、どれほど的外れなことをいってきたかを考えれば、その推測に従うのは賢明ではない。しかし、ここ数年のパターンを考慮して、そこから推定することはできる。それでも、このように展開されるであろうという未来については、いかなる見解であれ、勘以上のものにはならないと承知しておくべきである。未来のことはわからないし、近年生まれたパターンが今後も続くかどうかさえ、なんともいえない。まだ明らかになっていない何か新しい展開が介在して、流れが変わることだってありうるのだ。

とはいえ、最近のパターンに基づいた私の見解では、書籍出版の未来は、少なくとも今後数年のあいだは、印刷書籍からデジタルへの一方向の移行ではなく、印刷書籍とデジタルが混じりあった経済になるだろう。出版の世界で今後起こりそうなことは、印刷書籍とデジタルが共存する文化である。デジタル時代の本は、印刷書籍とデジタル書籍が互いにしのぎを削るというより、両方が肩を並べて存在するハイブリッド文化のなかで発展するだろう。そして、印刷書籍とデジタルが占める売上の割合は、本のカテゴリによってさまざまであろう。第1章で述べたとおり、電子書籍はコンテンツを収め、読者に届けられるもうひとつの形式《フォーマット》にすぎないとみなすべきである。そういう意味では、電子書籍はペーパーバックと変わらない。ペーパーバックも初めて世に出たときは（いまでは想像しづらいが）過激な革命とみなされた。ペーパーバックのように電子書籍も、さまざまな形式のあいだで自分の居場所をみつけるだろう。それらの形式は出版社やその他の組織が本を制作し、消費者がそれを読むために購入したり借りたりなどする際に、活用できるようになっている。しかし、しばらくのあいだは、電子書籍が紙に印刷された本を凌駕する可能性は低い。印刷書籍は、多くの読者に選ばれるアウトプット形式のひとつとして、その立場を維持するだろう。このシナリオが、私たちが現在いる場所からすれば、もっとも可能性が高いと思われるが、この推測がまちがっているかもしれないということも、私がいちばんわかっている。この状況がどこへ向かうかは、その性質上、予測不能である。未知の技術革新や読者の習慣や好みなど、数えきれないほど多くの要因に依存しているし、今後数年間にどのような傾向が生じるかは誰にもわからない。

データパワー

デジタル革命が出版業界に及ぼす影響について論じる場では、電子書籍自体と、電子書籍が印刷書籍にどの程度取って代わるかという問題に焦点が絞られがちだ。これは無理もないが、電子書籍にすべての注目が集まると、性質としてははるかに大きく、より根本的なほかの発展に目がいかなくなってしまう。これまでの章でも、こうした電子書籍以外の動向の多くを考察してきたが、ここでは、一歩退いて細部から離れ、これらの動向をより広いコンテクストで捉えてみたい。技術的な変化はそれだけが独立して生じるわけではなく、より広大な社会的プロセスや経済的プロセスと分かちがたく絡みあっている。新たなテクノロジーは、それらのプロセスと共鳴したり増幅したりすることもあれば、衰退させたり弱体化させることもある。ここからは、こうしたもっと広い視点での社会的プロセスや経済的プロセスの一部に焦点をあててみよう。

デジタル革命とインターネットの出現は、ふたつの広大なプロセスと織りあわさっている。このふたつのプロセスは、現代西欧社会の特徴でもある。いっぽうは、ウルリッヒ・ベックらが(6)「個人化」と呼ぶ、個人とその個人が自らの運命を形づくる能力とがますます重視されるようになったこと。もういっぽうは、資本主義の拡大と変容である。資本主義は、１９５０年代から１９６０年代にかけて、政治体制や法体制によって制約があったが、いまやその一部から解放された。さらに、グローバル化とデジタル革命が結びついて生まれた新たな機会によって、資本主義は活気づいている。1970年代以降、デジタル革命はペースをあげながら、個人化と資本主義の拡大・変容というふたつのプロセスと重なりあうように発展してきた。それはまちがいない。デジタル技術とインターネットは個人に力を与え、個人のチャンスを広げるツールとして、広く支持された。それらは伝統的な制度やトップダウンの権力構造を挟まずに、個人が自分自身で、または誰かと協力しあって、何かをすることを可能にする。デジタル技術とインターネットは、DIY文化の重要な促進剤であり、このDIY文化は、現代社会の個人重視の高まりの要《かなめ》である。そして現代社会では、自己は再帰的で終わりのない、自己創造というプロジェクトとなり、DIYで語られる一代記のなかで、個人が主導権を握り、自分自身の人生のプロジェクトの責任を担うことが促され、称賛される。個人の自由と、自身の人生や未来を形づくる個人の力の重視は、インターネットの初期の発展を形づくったカウンターカルチャーや、リバタリアンの思考に共通するテーマで、シリコンバレーの初期の起業家の多くに影響を及ぼした。それらの起業家は自分たちの行為を、大企業や高圧的な国家に直面した個人に力を与える方法として示すことが多かった(7)。いっぽう、組織（営利組織、営利組織の設立を目指す起業家やベンチャーキャピタル、および国家いずれも）のほうも、既存の活動を拡大し、新しいチャンスの扉を開くために、デジタル技術とインターネットに注目し、開発してきた。営利組織、起業家、ベンチャーキャピタリストにとって、デジタル技術とインターネットは、未踏の広大な領域だった。そこは、実験と投資に活用できる場所であり、古いルールや規制の多くがもはやあてはまらない、新たな形の収益が生まれうる場所で、正しく理解すれば巨万の富が生まれうる場所だった。しかし、莫大な資金が浪費されることもよくあり、インターネットという未開の地は、そこに乗りだした多くの新たなベンチャー企業の墓場と化してもいた。

1970年代から現在にかけて花開いたデジタル革命の変遷と、そのキープレイヤーに対する世間の認識の変遷は、個人化と資本主義の拡大・変容というふたつの広大な社会的プロセスとの相互作用という観点でみれば、理解しやすくなる。また、このふたつの社会的プロセスがインターネットを基盤とする経済の発展とも複雑に相互作用してきたことを踏まえると、さらに理解しやすくなる。まずは、技術系の大企業によって生みだされる富とパワーの規模が徐々に明らかになるにつれ、パワーの濫用が表面化した（エドワード・スノーデンらが明らかにした国家によるパワーの濫用であれ、ケンブリッジ・アナリティカ疑惑などで明らかになった技術系の巨大企業自身によるパワーの濫用や失態という形であれ）。すると、デジタル革命とインターネットに対する初期の楽観的な見方（解放的でカウンターカルチャー的な性質や、垂直の力関係に対する水平の力関係の奨励などを重視する傾向があった）は、デジタル革命のより陰鬱な側面を浮き彫りにする、より暗く全体としてより悲観的な見方へと変化しはじめた。シリコンバレーの企業のスローガンにある耳馴染みの良い言葉の裏には、（グーグルの「邪悪になるな（Don't be evil）」、フェイスブックの「もっとオープンでつながりのある世界に（Making the world more open and connected）」など）、冷酷に利益を追求し、創業者や株主に空前の富をもたらす強力な企業マシンが存在していた。このことがしだいに実感されていくにつれ、インターネット初期のテクノロジー楽観主義（テクノオプティミズム）は、テクノロジー悲観主義（テクノペシミズム）に姿を変えていき、ほぼ制限なく拡大していくシリコンバレーのパワーに対して、批判の声が大きくなっていった。こうしてテックラッシュが始まった〔技術（テック）と反発（バックラッシュ）を合わせた造語。大手技術系企業に対する反発を意味する〕。その文化的環境や政治的環境は変化しつづけているが、根底にある力学はほぼ変わっていない。デジタル革命と当初から絡みあっていた個人化と資本主義の拡大・変容という広大な社会的プロセスは、いまだに進行中で、いまだにインターネットを基盤にした経済発展を形づくっている。しかし、デジタル革命が生みだした巨大企業の圧倒的なスケールが明らかになり、これまで隠されていたそれらの企業の経営手法の片鱗が、最近のスキャンダルによって、露わになった。その結果、巨大企業の美徳と悪徳に対する、私たちの文化的な認識や政治的な認識が変わってしまった。

デジタル革命が出版業界に根づいていくにつれ、個人化および資本主義の拡大・変容というふたつの広大なプロセスと、デジタル革命との密接なかかわりも明らかになっていった。多くの出版社は、当初、デジタル革命を警戒し、それがもたらす変化を恐れていた。しかしまもなく、大半の出版社は組織を再編成し、自分たちの業務の一部をデザインしなおして、変わりつつある環境に適応し、新たなチャンスの扉を開くべきだと気づいた。同時に、このフィールドでは起業家的な活動が激増した。個人や組織は、新しいテクノロジーやインターネットを活用して、特定のプレイヤーに支配されていた空間で新しいタイプの活動を開始したり、その活動を強化したりしはじめた。ほかの分野と同様に、この起業家的な活動の多くは失敗に終わる。たしかに、なかにはみごとな成功を収めた活動もあるが、技術革新の歴史は過去をゆがんだレンズでみる傾向がある。成功が強調され、失敗が覆い隠されたり、抹消されたりする。けれども、通常は失敗のほうがはるかに多いものだ(8)。

こうした起業家的な活動のなかには、現代社会における個人重視の高まりと結びついたＤＩＹ文化ともよく共鳴するものもある。自費出版の爆発的な増加は、書籍出版というフィールドでのＤＩＹ文化を、みごとに示している。またほかにも、本のクラウドファンディングや、書き手と読み手が互いに交流するソーシャルメディア・プラットフォームの創出など、この個人重視の高まりと共鳴する動きが多くみられる。自費出版のプラットフォームの発展に伴い、個人は自分自身で本を出版するためのツールを手にし、既存の出版社に頼る必要がなくなった。そして、これらのプラットフォームを中心に育まれた独立系出版の文化では、肯定的な選択として、自費出版活動が歓迎されている。その活動は、個人がひとりの作家として、自作品を出版するかしないかの決定や自分の運命をコントロールするために、積極的に選択できる道とみなされている。

書籍出版というフィールドでの起業家的活動のなかには、現代社会の個人化と共鳴するものもあるが、別の側面もある。出版業界での起業家的活動は、デジタル技術とインターネットのいずれもが資本蓄積とパワーの新たな形態の出現を促進したり密接にかかわったりすることにも共鳴するという面である。英米商業出版のフィールドがデジタル革命から受けた影響のなかでも、もっとも重要で唯一無二であったのは、これまでのところ、自費出版の爆発的な増加ではなく（これはこれで重要ではあるが）、電子書籍の出現やほかのデジタルコンテンツの激増でもない（こちらもやはり重要ではあるが）。それは、小売業の分野に状況を一変させるような画期的な影響を及ぼし、とくに出版のフィールドにおいて、強力なプレイヤー登場の好例となったもの――デジタル革命の申し子、アマゾンである。アマゾンの登場が、英米出版業界に及ぼした影響は、いくら強調してもしすぎることはない。現在アマゾンは、アメリカの印刷書籍の総売上部数の約45パーセントを占めており[9]、電子書籍にいたっては総売上部数の75パーセントを超え[10]、多くの出版社にとっては、自社売上の約半分（一部はそれ以上）が、この唯一無二の顧客、アマゾンで占められている。書籍出版の500年の歴史のなかで、これほどの市場シェアを誇る小売業者は、いままで現れたことがない。そして、この市場シェアに伴うパワーも類がない。そのパワーには、サプライヤーと条件を交渉するパワーや、読者の注目を自由に操るパワーなどが含まれる。さらに、アマゾンは書籍小売業だけでなく、出版業界のその他新興分野でも圧倒的な地位にある。たとえば自費出版分野ではキンドル・ダイレクトとして支配的なプレイヤーであり、オーディオブックの分野でもオーディブルの買収によって支配的なプレイヤーの座にある[11]。アマゾンのパワーは、バーンズ＆ノーブルのような従来の実店舗を持つ書店の地位が弱くなるにつれて、増大していく可能性が高い。意外なことではないが、ある大手出版社のCEOは「アマゾンのパワーは、こんなにちの出版界で、唯一かつ最大の問題だ」と断言した。これはもっともな意見だ。

ところで、アマゾンのパワーの根底には、いったい何があるのだろうか。またどうやって、アマゾンは書籍出版のフィールドで、これほどまでに難攻不落とも思える地位を確立できたのだろうか。もちろん、本の小売業がジェフ・ベゾスの出発点であり、第5章で述べたように、1990年代にアマゾンを創設したとき、ベゾスが築こうとしたインターネットを利用する小売ビジネスでは、本は理想的な製品だった。実店舗の書店が提供できる品揃えを大きく上回る膨大な数の本の提供、積極的な値引き、どこにも引けを取らない傑出したカスタマーサービス。市場でもっとも成功した電子書籍用の読書端末の開発と、キンドルストアで販売される電子書籍とのクローズドループの構築。オーディブルとブリリアンスの買収によるオーディオブックの強力な足場の確立。アマゾンは、これらとその他多くの製品とサービスをひとつのプラットフォームに統合し、書籍を、ユーザーや会員に真の利益をもたらす巨大なエコシステムの一部に組みこむことで、書籍スーパーチェーンという競争相手を圧倒した。書籍スーパーチェーンの大半は、大衆向け小売業が活発だったプレ・インターネット時代から抜けだせずにいた。その時代の大規模書店は、大衆を引き寄せる商業の神殿のようにみなされていた。しかし書籍購入者が、インターネットを使えばもっと多くの本をより安く購入できると気づいたとき、これらの神殿はあっというまに墓場に変貌した。アマゾンは多くの書籍購入者にとって、ますます好ましい購入先となった。本の購入者は、1冊の本を買うために手間をかけて書店に出かけるよりも、オンラインで簡単に注文できて、しばしば割引セールがあり、無料で自宅の玄関先まで本を届けてもらえるほうが好ましかった。探している本が古い既刊本やより専門的な書籍であれば、出かけていっても店の在庫にないかもしれないとわかっているだけに、なおさらだった。

しかし、顧客へのアピールがアマゾンの急成長と成功に欠かせなかったとはいえ、これはパワーの真の源構築していたほかの多くの技術系企業と同じように、アマゾンもまもなく、インターネットによって可能になるのは、ビジネスの急速な成長だけでないと気づいた。同社のサービスを受けているユーザー（この場合は、同社のプラットフォームで、本やその他の商品を閲覧したり購入したりしている個人と、同社のさまざまなサービスを利用している個人）に関する情報の収集や、類がないほど詳細で豊富な、独自データの大量蓄積が可能になったのだ。そうやって集められる情報には、住所、郵便番号、クレジットカード情報といった個人情報だけでなく、ユーザーのセンスや好み、ふるまいに関する詳細な情報も含まれた。オンライン上の個人のふるまい、つまりすべてのクリックや検索、ページの閲覧や商品の購入の履歴などが、巨大なデータ抽出作業のなかで、ひじょうに多くの生データとなった。データ抽出は複数の大手技術系企業が先駆けて行なっていたが、このようにして収集された大量のデータは、それ自体単独ではとくに役に立たない。単純にデータが多すぎるし、各データ記録があまりに個人的すぎるのだ。しかし、アルゴリズムや機械学習、高性能のコンピューター処理を活用することで、このデータは個人の好みや欲求、現在と将来に起こしそうな行動に関する知識に変換できる。これは相当に価値が高い。大量の生データをこのような行動に関する知識へ変換することで、既存の顧客層に対してさらに効率よく多くの商品を宣伝したり販売したりするなど、さまざまな目的に利用できるようになるし、実際に利用されてきた。ところがしばらくすると、技術系企業は、この知識それ自体が貴重で、新しい種類の市場で取引できる商品になると気づいた。この新たな市場では、商品やサービスの広告が的確にターゲットを絞って展開されるので、ほかの企業がこの知識に喜んでお金を払うのである。

この「行動先物市場」は、ショシャナ・ズボフが「監視資本主義」というぴったりの名前をつけた新しい形態の資本主義、というより新しい形の資本蓄積の基盤になっている。これは、商品の生産と販売ではなく、むしろ人間の経験から抽出されるデータの処理と販売に基づいている。[12] 行動に関する情報に適切に変換されたこのデータにアクセスできれば、組織は、従来の広告の形態では実現できなかった、より細やかで効率のいい方法で、自社の製品やサービスの標的を定められるようになる。また、データへのアクセスによって、組織は個人の行動に影響を及ぼしたり、その行動を形づくったりできるようになるか、少なくともそれらを目指せるようになる。その行動は製品やサービスの購入や、その他の消費に関する決定かもしれないし、その他のなにがしかの行動（たとえば、特定の候補者への投票など）かもしれない。ズボフが示したとおり、個人データの抽出、処理、販売は、隠れた経済論理で、これが、グーグルやフェイスブックのような巨大技術系企業の驚異的な富の根底にある。これらの巨大技術系企業は、膨大な個人データを行動に関する情報に変換したり、行動先物市場でこの情報を取引したりすることで、世界でも有数の価値が高い企業になった。この行動先物市場では、これら以外の企業が自社の製品やサービスを宣伝するために、多額の費用を進んで支払っている。グーグルはこのプロセスの先駆者だったが、ある単純な理由から、フェイスブックやツイッター、その他の技術系企業もすぐに追随した。それはこれが、自社のサービスの使用料をユーザーに直接請求することなく、膨大な収益を生みだすひじょうに効果的な方法だったからである。ユーザーは、自分の個人データにその企業がアクセスすることを条件に、無料でサービスを利用することができた（実際には、条件をわざわざ読んだり、それらを気にしたりするユーザーはほとんどいない）。さほどの躊躇もなく手放された個人情報は、行動に関する情報に変換され、行動先物市場で販売される。その価格は、データの量と詳細さ、ネットワークの規模などによって異なる。もっとも多くのデータを蓄積した企業が、もっとも高額でターゲット広告を販売できる。したがって、できるだけ積極的にネットワークとユーザー層を拡大して、競合他社よりも多くのデータを集められるようにすることが、行動先物市場で自社の立場を最大化する最良の方法だった。インターネット経済では「データは新たな石油」というのが、いまやありふれたフレーズになっている。[13]

多くの大手技術系企業にとって、ユーザーデータは数ある資産のひとつではなく、もっとも価値のある資産であり、パワーのおもな源である。この資産がなければ、そしてこれを行動に関する情報に変換できなければ、自社の販売・マーケティング業務に利用したり行動先物市場で広告用に売ったりすることもできず、収益を生みだす能力は大幅に低下し、パワーも大幅に低下する。単純明快な話である。インターネット経済における、ユーザーデータの重要性を考えると、これに名前があるほうが便利だろう。私はこれを「情報資本」と呼び、情報資本を基盤とする独特のパワーの形態をいいあらわすために「データパワー」という言葉を使うことにする。前述したように、[14]情報資本とは、特定の目的を追求するために収集し、保存し、処理し、利用できるこまごました情報からなる特定の種類のリソースである。それはデジタル形式である必要はない。情報資本は何世紀にもわたってデジタルではなかったが、デジタル技術によって新たな形で蓄積して利用できるようになり、その価値が大幅に高まった。情報資本は、経済資本（つまり、お金やその他の財政的なリソース）、人的資本（訓練を受けた優秀なスタッフ）、社会関係資本（確立された社会的な関係や社会的なつながり）、象徴資本（蓄積された名声、認識、尊敬）とは異なるし、データパワーは、経済的なパワー、政治的なパワー、象徴的なパワーと同じではない。しかし、情報資本は、商品やサービスの販売に利用することによって、また行動先物市場で取引されることによって、経済資本に転換できる。また、情報資本を所有することによって、この資本を持っていないが利用したい人たちに対してや、現在所有している情報資本の元になった生データとして、個人データを提供した多数の個人に対して、特殊なパワーを持つことができる。[15]技術系企業は大量の情報資本を蓄積することで、さまざまな方法でそれを商品化できる。それによって情報資本を経済資本に転換し、経済的な立場を強化し、自社の企業価値を高める。これは、なぜ大半の技術系スタートアップ企業が自社の収益（の欠如）を楽観しているのかについての説明にもなる。これらの企業は事業の成長と規模はインターネット経済で第一のゴールだとわかっている――これは、ベンチャーキャピタル投資家からもきっぱりと言いわたされる。なぜなら、ユーザーが増えれば増えるほど、より多くのユーザーデータを集めることができ、ユーザーデータが多いほど、行動先物市場での自社の地位が強化されるからである。さらに、ネットワーク効果により、ユーザーが増えれば増えるほどネットワークの価値が高まるため、大きなネットワークは小さなネットワークを押しのける傾向がある。そうやって勝者ほぼ総取りの経済が導かれる。技術系企業は短期的に採算が取れない場合でも、勝者ほぼ総取り経済のもとで大量の情報資本を蓄積していれば、中長期的に巨大な価値と利益を生む可能性があるのだ。

グーグルやフェイスブックは、データの抽出と情報資本の蓄積をベースに、パワーを有する企業に成長した先駆者であるし、アマゾンも同じような道を歩んできた。顧客に関するデータの収集は、アマゾンのもともとのビジネスプランの必要不可欠な部分である。ただし、データの収集はそれ自体が目的ではなく、それぞれの顧客に効率よく商品を売るためであり、顧客をマネタイズし、顧客生涯価値を最大限に生かすためであった。[16] いまやアマゾンは、オンラインでアマゾンのサイトから商品やサービスを購入している世界じゅうの何億人もの人びとに関する独自のユーザーデータを、大量に蓄積している。[17] それらの商品はアマゾンが供給することもあれば、アマゾンマーケットプレイスという、アマゾンが所有し運営している電子商取引プラットフォーム上に存在する、何十万という第三者の売り手によって供給されることもある。アマゾンは、オンライン小売業者であるのと同じ程度にハードウェアの製造業者であり、企業や消費者に向けてさまざまなサービスを提供するプロバイダーとして、おそろしく多様なサービスをラインナップしている。アマゾンはけっして、行動先物市場の情報資本取引にのみ依存しているわけではない。しかしアマゾンは、収集した個人データを、自社サイトで広告を販売するために利用し、広告収入をめぐってグーグルやフェイスブックと直接競争している。また、このデータを用いて、自社の商品やサービスの売上を伸ばすためのマーケティングツールを開発し、本や音楽からテクノロジー、おもちゃ、衣類、美容製品、家電、園芸用品、ペット用品、食料品まで、あらゆるものを扱う人気のオンライン小売業者としての地位を強化している。さらには、スマートスピーカーシステム「エコー」とバーチャルアシスタント「アレクサ」を発売し、ユーザーの自宅から個人データを収集できるホームオートメーションハブの開発において、グーグルやアップルと肩を並べている。これらの家庭用の音声制御機器が重要なのは、ユーザーの日常生活から、新たなデータストリームを利用できるからだ。たとえば、私たちが何を聴いているのか、家庭内の日常の動きや交流に関するデータ、そして接続された家庭用機器、いわゆる「モノのインターネット」から引きだされるデータなどが利用される。このようなスマートスピーカーシステムによって、技術系企業はもはやデータを収集するために、私たちの注意を惹こうと競う必要がなくなる。それらの企業は日常生活の生のデータストリームを利用すればよく、そこから継続的にデータを引きだすことができるのだ[18]。もはや聖域はない。それについて真剣に考えることもないまま（エコーを買うことほど無害なことが、ほかにあるだろうか）、私たちのマイホームはガラスの家になり、生活のなかでもっともプライベートな空間が、データ収集のもうひとつの領域となっている。こうして、さらなる生データが、アマゾンをはじめとする、スマートスピーカーシステムを提供している技術系企業のデータベースに加えられる。そして、新たな方法でデータ収集の範囲が拡大され、すでに情報を大量に保有しているそれらの企業の情報資本がさらに増えていく。

アマゾンの出現は、デジタル時代における資本主義の変容に欠かせない部分であり、ほかの巨大技術系企業のように、そのパワーと富の多くは、蓄積した情報資本の上に築かれてきた。だが、同時にアマゾンは、現代社会の要である個人の重視に共鳴し、それを歓迎してもいる。消費者としての個人は、つねにアマゾンのビジネス哲学の中心になってきた。ベゾスは「私たちは、地球上でもっとも顧客中心の会社になりたいと願っています。私たちのブランドは、お客様からはじまり、遡ってサービスへ通じるという深遠な概念で、知られるようになりたいのです」と語っている。(19) アマゾンは、幅広い製品を取り揃え、商品の領域をかつてないほど拡大しつづけている。そのおかげで、消費者は望むものがなんでもみつけられるどころか、欲望に溺れたり、欲しいと気づくまえに世界じゅうの新しいものを発見したりもする。(20) しかし、個人の自由やＤＩＹ文化という理念は、アマゾンのほかの側面にも浸透している。アマゾンは、デジタル革命によって自費出版が爆発的に増加した当初から活躍していた企業のひとつである。アマゾンの社内で、自費出版プラットフォームとしてＫＤＰの拡張を推しすすめた人びとは、著者も顧客として扱い、出版業界の既存の門番を介さずに自らの物語を伝えられるツールを提供するというアイデアに、真剣に取り組んだ。アマゾンの従業員のひとりがＫＤＰを「制作手段の民主化」といいあらわしたとき、その人物は本気でそれを意図していた。彼の視点では、まさにそのとおりだったのだ。個人の能力の開花《エンパワメント》と創造力というＤＩＹ文化の重視は、アマゾンの不可欠な要素であり、多くの独立系作家がアマゾンとＫＤＰを熱狂的に支持する理由のひとつでもある。しかし、デジタル革命が生んだ多くの組織と同様に、このＤＩＹ文化の重視と手に手を取って進むのは、事業拡大と市場パワーの追求である。これらの追求は、グローバルに展開する新しい巨大企業の構築のために、あらゆる手段を用いて真剣に取り組まれる（その手段に情報資本の蓄積と活用がある）。もちろん、互いに補いあうこのふたつ、つまり個人のエンパワメントの重視と企業としての成長の追求は、かならずしも容易に両立するとはかぎらない。それでも、多くの異なる子会社や事業部門がかかわって日々のビジネスが展開される現実世界では、このふたつのあいだで生じうる緊張状態による軋《きし》みは、企業文化と呼ばれる耳障りな雑音に、いともたやすくかき消されてしまう(21)。

印刷書籍と電子書籍両方の小売業者であるアマゾンの支配的な立場と、同社が情報資本を大量に蓄積している点を考えあわせると、出版社には最大の顧客とのあいだに、悪魔との契約にも似たジレンマが存在している。つまり、いっぽうでは、多くの出版社にとってアマゾンは、もっとも重要な唯一無二の販路になっており、場合によっては出版社の総売上の50パーセント以上を占めることもあるため、出版社はアマゾンと取引せざるをえない。アマゾンに本を供給しなければ、売上は地に落ち、著者と読者の両者からの信頼が大きく損なわれるだろう。アマゾンは単なる販路ではない。多くの著者や読者の目に映るアマゾンは、本の入手可能性を示す事実上の公的記録であり、多くの著者や読者にとって、アマゾンに掲載されていない本は存在しないも同然なのだ。ところが他方では、アマゾンを通じて売上があがるごとに、アマゾンの情報資本のストックが増え、市場シェアが大きくなる。そして、そのせいですでにかなり非対称になっているパワーバランスが、アマゾン側にさらに傾く。アマゾンはいわば、出版社が夢中になり、一度手をつけたらなかなか手放せないドラッグだ。しかし、出版社の本がアマゾンを経由して売れれば売れるほど、アマゾンは書籍購入者やユーザーのセンスや好み、閲覧行動や購買行動に関する情報資本を蓄積できる。そして、この情報資本を活用して、より多くの本や商品を顧客に宣伝したり、販売したり、出版社などに広告を販売したりして、市場における自社の地位を強化できる。アマゾンの市場シェアは拡大し、アマゾンが販売する本の出版社にとって、ますます欠かせない存在になる。出版社はアマゾンに本を供給することで、本の最終的な顧客である読者を小売業者である技術系企業に引き渡しているのである。そしてその企業は、出版社がわかっている以上に読者のことをはるかによくわかっていて、何かを販売するたびに少しずつ新たな情報を得る。出版社とアマゾンのあいだの力関係は、アマゾン側に大きく偏っており、情報資本に関していえばそのバランスは、ほぼ完全にアマゾン側に傾いている。

アマゾンのパワーの強さは、情報資本を支配しているせいでもあるという事実をみれば、この企業のパワーが過去の大手書籍小売業者のパワーとは一味ちがうだけでなく、それよりもはるかに大きい理由がわかるだろう。1980年代から1990年代にかけて、出版社のあいだでは、アメリカのバーンズ&ノーブルやボーダーズ、イギリスのウォーターストーンズやディロンズといった、スーパーストアチェーンのパワーに対する懸念があった。アマゾンの書籍小売業者としての優位性は、それ以前のバーンズ&ノーブルやボーダーズの優位性と変わらないとよくいわれたり仮定されたりしている。しかし、そう思っていると、アマゾンのパワーの本質を見誤ってしまうだろう。1990年代後半にウォーターストーンズとディロンズが合併し、2011年にボーダーズが破産して、スーパーストアチェーンと呼ばれる規模の書店がアメリカではバーンズ&ノーブルだけになったときでさえ、このスーパーストアチェーンが占めていた印刷書籍の市場シェアは、現在のアマゾンが維持している市場シェアに匹敵するどころか、程遠いものだった。また、これらの小売業者のなかで、電子書籍端末の市場で本気で勝負しようとした唯一の小売業者は、バーンズ&ノーブルのヌックのみだったが、この市場におけるアマゾンの優位性に、挑戦しつづけることはできなかった。しかも、これだけではない。アマゾンはもっと根本的なレベルで、書籍スーパーストアチェーンを含むすべての過去の書籍小売業者と一線を画している。それは、アマゾンがかつてないほどの規模で、情報資本を集めてきたという側面である。過去の書籍小売業者はみな、書籍スーパーストアチェーンを含め、おもに実店舗で店内の客に本を販売していた。そのため、インターネットをベースにした小売業であるアマゾンが、その上にビジネスを構築したような情報資本はまったく蓄積できていなかった。これがアマゾンに競争上の巨大な強みを与えたのである。アマゾンは出版社よりも顧客や読者のことをはるかによく知っているだけでなく、書籍スーパーストアチェーンを含むほかの小売業者よりもずっと多くの情報を持っている。また、書籍スーパーストアチェーンよりもはるかに効率よく、広告とターゲットマーケティングを販売することもできる。いっぽう書籍スーパーストアチェーンは依然として、一部が共同広告料として資金提供される従来の店内ディスプレイに依存しつづけた。しかし、店内ディスプレイが力を発揮するのは、人びとが店にやってきた場合のみである。オンラインマーケティングやオンライン広告を通じて効率よくターゲットにされた読者が、オンライン購入に移っていけば、店内ディスプレイの効果はどんどん弱まっていく。書籍小売業という競争の場で、アマゾンは重要なリソースを備え、そのリソースを蓄積し活用する術《すべ》を持っていて、それについて実店舗の書店はけっしてかなわない。ほかの部分でアマゾンと競うことは可能だが、情報資本の分布が偏っているゆえに、アマゾンはつねに、競争で優位な立場にある。

アマゾンと出版社、アマゾンとほかの書籍小売業者との関係に情報資本の偏りがあるとするならば、アマゾンとその顧客の関係にもバランスの偏りがある。これは、それ自体が悪魔に魂を売ったファウストの契約のようなものだ。本を買う人はみな、アマゾンで本を買う魅力をよく知っている。同じように、どの顧客もみな、このなんでも売っている店でほかの商品を買う魅力も知っている。無類の品揃え、しばしば割引があるお手頃価格、すばらしいカスタマーサービス、速くて無料の自宅配送。文句のつけようがないではないか。ただし、アマゾンでの購入はすべてアマゾンに、より多くの収入とより多くのデータをもたらし、微細ながらもそれらが積み重なることで重大な貢献を果たし、世界最大の小売業者の市場シェアの拡大と情報資本の増加に手を貸し、競合他社の棺桶にさらなる釘を打ちこむことになる。支払い処理はごくシンプルで、あまりに便利で日常的に購入できるため、私たちは日常生活のこの小さななにげない行為のなかで何を提供しているかがみえなくなる。それは私たちのデータである。私たち自身についてや、私たちのセンスや好みや習慣についての情報である。その情報は、私たちが購入したくなりそうな本や商品をすすめる、ターゲットが絞りこまれた陽気なメールという形で、あるいは、次にアマゾンのサイトを訪れたときに目にする、テイラーメイドされたおすすめ商品という形で、私たちを迎える。私たちの選択は、私たちのデータから得た情報に基づくプロセスとアルゴリズムによって、巧妙に導かれ、形づくられているのだが、その方法を私たちはまったく知らされていない。そして、ここでもまた、大きくバランスが偏っている。アマゾンは、自社のプラットフォーム上で私たちが何かを探したり購入したりする行動をすべて知っていて、キンドルアンリミテッドやオーディブル、プライムビデオなどのアマゾンのサービスを利用している場合、これらのサービスでの私たちの行動も把握している。だが、私たちユーザーは、アマゾンについてまったく何も知らないし、アマゾンが私たちの何を知っているかもまったく知らない。ユーザーの視点では、アマゾンはブラックボックスであり、完全に謎に包まれている。もちろん、このバランスの偏りはアマゾンに限ったことではない。これは監視資本主義の構造的な特徴であり、商業的な目的で利用される情報資本の蓄積の上に、そのパワーを築いてきたすべての組織の存在条件である。(22)

では、いったい私たちに何ができるのか。何をすべきなのだろうか。これらの問いは複雑な問題を提起する。それらの問題は、デジタル革命が出版業界に及ぼす影響という研究の範囲をはるかに超えている。この問題に取り組むには、デジタル革命に続いて出現した新しい形態のパワーについて、より広範に考察する必要がある。私たちはそろそろ、社会的、経済的、政治的、文化的生活が、ひとつの転換によっていかに再構築されたかを振りかえり、あまりに根深く浸透しすぎていて、ほとんど目につかないこの転換が、いかにして新たなプレイヤーの一群を生みだしたかを振りかえってみてもいいころだ。新たなプレイヤーらの空前の富とパワーは、産業化時代の大企業を支えた種類のリソースとは異なる新たなタイプのリソース、すなわち形がなくて見落とされやすいにもかかわらず、すさまじく価値のあるリソースの上に築かれた。資本主義の初期に考案された規制政策は、新たな時代になって再検討を余儀なくされている。また新たな時代になって、情報の蓄積と情報のコントロールが、企業のパワーの重要な土台になった。さらにこの新たな時代は、ネットワーク効果によって勝者がほぼ総取りする経済が生まれる傾向にある。このような状況では、最大規模のプレイヤーが事実上の独占を確立してほかの比較的小さなプレイヤーを駆逐するため、新たなライバルはこのフィールドに参入できないとはいわないまでも、そうするのがひどくむずかしくなっている。さらに、最大規模のプレイヤーが買い手や売り手として活動しているだけでなく、ネットワーク経済のプラットフォームを運営している場合、このプレイヤーは新しい形態のパワーを手にしている。このパワーは、そのプレイヤーが果たす重要な役回りからも、プラットフォーム上での取引データを抽出する能力からも生じる。支配的なプラットフォームは、ネットワーク効果によって利益を得て、顧客データへの独自のアクセスを活用し、ライバルのプラットフォームが競争力を持てないようにする。そして、この支配的なプラットフォームが事実上の供給独占状態に到達すると、商品やサービスのサプライヤーに対して市場で巨大なパワーを発揮できるようになり、容易に需要独占状態にもなれる。サプライヤーは、ふと気づくと、いまや市場の大きなシェアを占めて手札をほぼすべて握っている小売業者と取引するしか、選択の余地がない状況に置かれる。ある小売業者があるサプライヤーを必要としているよりはるかに、そのサプライヤーがその小売業者を必要としている場合、取引条件を交渉するときのパワーバランスは、小売業者のほうに大きく傾く。

では、このような一般的な問題を踏まえて、出版業界というフィールドでは何ができるか、いくつかの実際的な方策を考えてみよう。第一に、そろそろ、反トラスト法に照らしてアマゾンの市場パワーを本気で検討してもいいころである。第5章で検討した1970年代以降のアメリカにみられる反トラスト法政策の大幅な変化を考慮すると、アマゾンがこれまで司法省の監視の目から逃れていたのは意外なことではない。もし、大企業の一極集中やパワーよりも、消費者利益が主たる懸念事項なら、アマゾンは当局の懸念事項リストの上位に来ないだろう。しかし、極端に大きなパワーを持つ大企業が市場プロセスをねじまげたり、競争を減らしたりする方法はさまざまあって、事実上の独占的な地位を利用して、競合する小売業者を排除したり、サプライヤーに過度の圧力をかけて自社に有利になるよう取引条件を変更するというのも、そのような方法のひとつだ。さらに、単一の業界のさまざまな小売分野（出版業界でいえば、印刷書籍や電子書籍やオーディオブック）において、単独のプレイヤーが支配的地位にいるのを許すかどうかについて、問いただすべき妥当な疑問が複数ある。アマゾンはいまや、これらすべての分野で圧倒的な市場シェアを誇っており、市場シェアの点でほかのプレイヤーは、アマゾンの足元にも及ばない。これは、この市場シェアによって、アマゾンなどの単一のプレイヤーが、出版社と読者をつなぐ販路を支配する圧倒的なパワーを得ている、というだけの話ではない（それも重大なことではあるが）。デジタル時代の市場で独占的なシェアを占めるということは、この単一のプレイヤーが、出版業界のいくつかの重要な分野で消費者の活動からデータを蓄積できることを意味する。また、それによって、情報資本を増やし、自社の地位を揺るぎないものにできることも意味する。このような観点に基づいて、グーグル、フェイスブック、アマゾンなどの大手技術系企業を、反トラスト法上の監視対象とするよう強く主張する人もいる。パワーの不均衡を是正し、市場プロセスのゆがみを正し、市場の競争と多様性を育むために、これらの企業に、いままで買収してきた企業の一部売却を要求するという主張も妥当である。しかし、（パワーの）分散は脇に置くとして、ネットワーク経済には、大きすぎる市場パワーがもたらす反競争的な影響で生じる重要な問題がほかにも数多くある。たとえば、略奪的な価格設定、ターゲットを絞った値引き、競合する企業やサプライヤーに害を及ぼす排除的行為など。これらは反トラスト法という側面から、再検討すべきであろう。[23]

けれども再検討すべき問題は、反トラスト法にかかわることだけではない。悪魔との契約じみたアマゾンとの関係に縛られていると気づいたほかのプレイヤーのふるまいや、より大きな視点でいえば、いまや私たち自身がどっぷり浸かっている、新たなデータ支配の構造とそれが引き起こす影響も再検討すべきである。アマゾンが書籍取引の小売経路で中核を担い、圧倒的な市場シェアを誇っている点を考えると、ごく少数の例外を除き、大半の出版社はアマゾンと協力せずにはやっていけないという見解を示していることは、充分に理解できる。しかし、このような状況にある出版社はあまりにも安易に、この一小売経路に依存しすぎている。それはまるで、ドラッグに溺れ、それなしでは生きていけないと考える薬物依存者のようである。自らの運命に責任を持つ組織として、出版社には、別の小売経路をみつけだして育み、収益源を多様化する義務がある。ますます市場シェアを広げて出版社に対するパワーを強めていく一小売業者に依存しすぎることを自らに許してはならない。実のところ、出版社がそうすることはアマゾンの利益にもなる。なぜなら、アマゾンが市場シェアをこれ以上拡大すると、反トラスト法の監視のリスクも大きくなる段階に達しているからだ。出版社が自らの運命に対する支配権をさらに強めるためにできることは、ほかにもある（これについては後述する）。しかし、独立系書店であれ、大手書店チェーンであれ、ブックショップ・ドット・オルグのような始まったばかりの新たな小売の取り組みであれ、別の小売経路を積極的に育て、ほかの小売業者と手を組み、より多様な市場を生むことが重要なステップであるのはまちがいない。[24]同様に、アマゾンの比類なき品揃えとすばらしいカスタマーサービスを考えれば、多くの読者や書籍購入者にとってアマゾンが既定《デフォルト》の書店となっているのは、当然といえば当然ではある。けれども、個々の人びとがアマゾンからばかり書籍を購入するのは、アマゾンの市場での地位を強化し、競争相手を弱めることにしかならず、それによって、微々たるものではあるとはいえ、巨大オンライン企業がますます支配を強める市場と、ますます閑散としていく実店舗を生みだすことに貢献している。また、アマゾンのサイトで購買活動をするたびに、同時に、個人情報抽出マシンにもささやかな貢献をしており、街角の書店の首を絞めるロープを、さらに引っ張ることになる。したがって、アマゾン以外の小売業者から本を買うという消費者の決断は、たとえ規模が小さくても、出版社が別の小売経路を育むために実施している取り組みと同じくらい重要な、市場多様化の行為である。

しかし、個人データの収集と利用、情報資本への変換に伴う構造的な不均衡は、個々のユーザーやサプライヤーの意思決定だけでは対処できない。これは、デジタル時代における個人データの所有と利用についての根本的な問題を提起している。その問題には、最終的には複数の国家の協調した行動によって、集団で取り組むしかない。アマゾンなどの技術系企業は、あまりにも巨大で強力な存在になってしまい、私たちの社会生活や経済生活にあまりに深く浸透しているため、個人や、個々の組織でさえも単独では、その習慣を大幅に変えられない。ひとりのユーザー、あるいは数千人のユーザーを失ったとしても、数億人から数十億人のユーザーを抱えている組織にとっては、たいした問題ではない。ある業界の一サプライヤーを失い、それがたとえその業界では重要なサプライヤーだったとしても、数十の業界の何千ものサプライヤーと取引している組織にとって、大きな違いはないだろう。けっきょくのところ、個人データの抽出、処理、活用に基づくこの新たな経済の中心にある問題は、社会レベルや政治レベルで幅広く取り組むべき問題である。私たちは法的枠組みについて、もう一度考える必要がある。現在の枠組みでは、民間組織と国家の両方が個人データを収集し、保存し、自分たちの目的のために使用できるようになっており、個人はほとんど保護されず、このデータを所有し管理する組織と、データを提供する個人とのあいだに知識と富とパワーの面で、大きな偏りがある。アメリカと欧州のプライバシーおよびデータセキュリティに関する法律は、概して、デジタル革命がもたらした変化に大きく遅れを取っている。２０１８年5月にＥＵで施行された一般データ保護規則（ＧＤＰＲ）は、正しい方向へ向かう第一歩で、最大２０００万ユーロまたは世界総売上の4パーセントのいずれか高いほうという相当高額の罰金の脅威によって、企業の注意を惹いたのはまちがいない。それでも、これが大手技術系企業を支える経済論理やそれらの企業の市場支配に、実際にどれほど違いをもたらすかは、いまだ明らかではない。[25] しかし、明らかになっていることもある。それは、大手技術系企業は、国家から強制されないかぎり、ユーザーの個人データの収集、処理、利用の方法を大幅に変更したりしないだろうということである。これらの企業にしてみれば、自分たちを世界でもっとも価値が高い企業に押しあげた行為から得るものがあまりに多く、富の基盤である個人データの管理の引き渡しで失うものが多すぎるため、自分たちで自らの行為の根本的な改善に取りかかりはしない。つまるところ、これは、一般消費者の集団的な慎重さと複数の国家の一致した行動が必要とされる問題である。私たちは、自らが払っている代償について、集団的に考える必要がある。私たちは個人としてのプライバシーや自己決定権と、民主主義の健全性という両面で犠牲を払い、そのかわりに、より強い接続性《コネクティビティ》を得ている。したがって、この接続性の上にパワーを増大させ富を築き、今後も築いていくであろう組織の活動に適切な制限を設けるために、必要に応じて、民主的手段を利用していく必要がある。

コンテンツプロセスの育成、文化の植民地化

出版社と技術系企業のあいだに生じた緊張と対立は、市場シェアと情報資本の蓄積を基盤にして獲得されたアマゾンのパワーにも一部起因している。とはいえ、緊張のもうひとつの要因は、出版などのオールドメディア産業に影響を及ぼしている経済論理と、新しいインターネットを使った技術系企業のそれとの違いである。出版のようなオールドメディア産業では、鍵となる組織的なプレイヤー（この場合は出版社）は、記号コンテンツの創造とキュレーションに本質的に関係しており、そのおもな収益はコンテンツの売上から生じている。これは、直接的なコンテンツの売買という形もあれば、ライセンス契約や副次的な権利についての契約（たとえば、翻訳やオーディオブックの出版、テレビドラマシリーズなどのための許諾権）という形で、収益が生じることもある。もちろん、出版社の仕事はそれだけではないし（これについては後述）、書籍コンテンツの創造とキュレーションにかかわっているのは、出版社だけではない（書籍コンテンツの大半を創造しているのは、実際は作家であるし、エージェントなどほかのプレイヤーもコンテンツの創造にかかわっている）。しかし出版社にとっては、コンテンツこそ重要な部分であるため、長期的に持続可能なコンテンツの供給ラインを確保することも、重大な問題である。新しいコンテンツが継続的に供給されるからこそ、出版社は本を制作・出版して、直接的（取引を通じて）あるいは間接的（ライセンスや副次的権利を通じて）に本を販売できるのだから、それを可能にする種類と質を伴った新しいコンテンツが供給されなければ、出版社の収入源は枯渇し、作家やエージェントなど、出版社からの支払いに依存している人や組織の収入源も枯渇する。ようするに、出版業界の重要なプレイヤーらにとって、コンテンツ創造という持続可能な文化は

必要不可欠なのである。

ところが、出版業界に入りこんでいる大手技術系企業の大半は、自社でコンテンツ制作ビジネスを行なっているわけではなく、制作していたとしても、事業のごく一部にすぎない。それらの大手技術系企業はほかの方法で、たとえば、広告業や小売業、ハードウェアの販売、サービスの提供、またはそれらの組み合わせなどで収益をあげている。また、インターネット経済で活動する技術系企業は、規模が大きくなければネットワーク効果を享受できないため、巨大である必要がある。競合企業を締めだすことでしか、勝者ほぼ総取り市場の勝者にはなれないため、早く大きくなる必要がある。しかし、早く大きくなるためには、コンテンツが大量に必要である。これらの企業はユーザーに自社のプラットフォームで活動していてもらわねばならない。たとえば、検索したり、コメントしたり、「いいね！」したり、閲覧したり、何かを買ったりなど、プラットフォームで通常ユーザーが行なうことはなんであれ、ユーザーが自社プラットフォームで何かをしているかぎり、その企業はより多くのデータを集め、そのデータを処理システムに取りこみ、もっとも有益なリソース、つまり情報資本を増やすことができる。したがって、多くの大手技術系企業にとって、コンテンツはそれ自体が目的ではなく、別の目的に向かうための手段であり、その目的とは、ユーザー基盤を構築し、独自のユーザーデータのストック、つまり情報資本を積みあげることである。したがって、多くの大手技術系企業の経済論理は、自社のプラットフォーム上の活動を最大化するために、コンテンツの価格を可能なかぎり低く抑えることである。ユーザーが創作するコンテンツは、完全に無料なので理想的だ。ユーザーがコンテンツを創造し、ほかのユーザーがそれを読み、視聴し、「いいね！」して共有しても、誰もお金を払う必要はない。そういったユーザー生成コンテンツは、ユーザーを引き寄せ、プラットフォームに関与させつづけるいっぽう、プラットフォーム自体は、ユーザーのデータを集め、それを利用して行動先物市場で収益をあげる。これはマジシャンの完璧なトリックみたいなものだ。みんながコンテンツに注意を向けているあいだに、プラットフォームは誰もみていない別の場所でお金を稼いでいる。検索エンジンの会社が検索エンジンのフィールドで優位に立とうと努力しているときに、大量の高品質な本のコンテンツを自社のサーバーにほうりこんで、誰にもお金を払わずに、検索エンジンの結果を改善するために利用できるようにするのも、すぐれた戦略だ。検索エンジン戦争で競争相手の裏をかこうとしているなら、こうすることで、あっというまに、別の重大なアドバンテージが得られるだろうし、いったん勝者ほぼ総取り市場で勝者となったなら、行動先物市場での収益のあがるサービスに、プレミアム料金を課せるようになる。あなたが小売業者の場合は、話はそれほど単純ではない。小売業者の仕事はほかの誰かの製品の再販なので、コンテンツは完全に無料にはなりえない。それでも、同じ経済論理を適用することはできる。つまり、この場合はできるだけ価格を下げるようプレッシャーをかけることである。安ければ安いほどいい。というのも、オンライン小売業者としてのあなたの利益は、あなたのプラットフォームでの販売活動を最大化することであり、より低い価格は（より良いサービスとともに）、あなたのプラットフォームに多くの顧客を呼びこみ、より多くの活動を生むからである。もちろん、小売業者としては価格を低くするだけでなく利鞘も欲しいので、サプライヤーには価格を低くするよう圧力をかけるだけでなく、それと並んで取引条件を改善するよう圧力をかける。消費者に低い価格を提供し、小売業者として自社の利鞘を保護または改善するには、サプライヤーに値引きを迫り、価格を低く抑えるしかない。さて、ここでも規模がものをいう。もし、あなたが支配的な小売業者で、サプライヤーがあなたと取引しないわけにはいかないほどサプライヤーにとって重要な存在になっていれば、サプライヤーと有利な条件で交渉する際に大きな影響力を発揮できるだろう。

出版のようなオールドメディア産業を支える経済論理と、インターネットを基盤とする技術系企業のような新たなメディアプレイヤーを支える経済論理がそれぞれ異なることが、出版社と技術系企業が長きにわたって激しく争い、膠着状態にまで陥った理由の説明に役立つ。争いとは、たとえばグーグル図書館プロジェクトをめぐる争いや、価格協定を疑った司法省が出版社とアップルを提訴した、電子書籍価格をめぐるアマゾンとの対立などだ。これらの争いの背景にある重要な部分は、コンテンツの価値についての考えが、大きく異なることとである。グーグル図書館プロジェクトの場合、グーグルのおもな動機は――創業者たちが全世界共通のユニバーサル・ライブラリを作るという夢を持っていたのはさておき――検索結果に書籍のスニペットを表示させることによって、自社の検索エンジンの質を改善することであった。グーグルの検索結果に現れるのが、インターネットから引きだされたコンテンツだけでなく、それよりもはるかに質の高い書籍のコンテンツであれば、検索エンジン戦争においてグーグルはヤフーやマイクロソフトをしのぐ競争力を得られる。しかし、出版社というオールドメディア産業の視点からすると、グーグル図書館プロジェクトは明らかな著作権侵害の事象に映った。グーグルは著作権で保護されている何百万冊もの本のコンテンツをデジタル化し、コンテンツ作成者である出版社や作家に使用料を支払うどころか、許可さえも得ずに、自らの商業目的のために利用していた。最終的に、この訴訟では米著作権法におけるフェアユースの法理の解釈が結果を左右することになったが、目下のより大きな問題は、コンテンツの価値に対する認識が大きく異なることである。グーグルにとって本のコンテンツは、雑食性の検索エンジンという製粉機にいれるための穀物で、コンテンツが多ければ多いほど、検索エンジンはより良くなる。コンテンツの質が高ければ、なお良い。コンテンツはより良い検索結果を出し、ユーザーを増やし、市場シェアを広げ、さらに多くのデータを集め、情報資本を生み、行動先物市場でさらに儲けるのに役立つ――シームレスな経済論理である。書籍コンテンツはグーグルにとって有用だが、必要不可欠なものではない。持っているに越したことはないが、なくてもビジネスは成立する。いっぽうオールドメディア産業の出版社にとっては、書籍コンテンツこそすべてである。出版社はコンテンツ制作業を営んでおり、コンテンツを取りあげられたら（あるいはオンラインで無料で利用できるようになれば）、何も残らない（あるいは唯一の真の資産がひどく損なわれる）のだ。なぜなら、コンテンツの制作と販売が出版社のビジネスだからである。もちろん、グーグル図書館プロジェクトが、出版社が自ら生みだしたコンテンツを管理・販売する能力をどのように損なうのかは、議論の余地がある。グーグルが提案しているのは本の全文ではなく、スニペットの表示だけだったし、オンラインでスニペットが自由に利用できたとしても、依然として全文には価値がある。しかし、グーグルはこのプロジェクトの一環として、参加する図書館にその図書館が所蔵する本の完全に電子化したコピーを提供することを提案した。そして、図書館がこの電子化したコピーで行なうことに制限を設けなかったため、出版社の目には、自社の本（単なるスニペットの断片ではなく、完全な書籍）が、オンラインで自由に利用可能になる現実の危険にさらされているようにみえた。けっきょくのところ、グーグル図書館プロジェクトをめぐる長期にわたる争いの根底にあったのは、本のコンテンツが、グーグルにとっては製粉機にいれる穀物で、出版社にとっては生命線であるという、コンテンツに対する見解の相違であった。

電子書籍の価格設定をめぐる出版社とアマゾンの争いも、やはりコンテンツの価値に対する同様の見解の相違がベースになっている。２００７年11月にキンドルを発売したとき、アマゾンは、小売業者およびハードウェア製造業者としてこのフィールドに足を踏みいれた。そのおもな狙いはキンドルを圧倒的な電子書籍端末として確立することだった。アマゾンのみがキンドルで読める電子書籍を販売できることを考慮すると、消費者が一度キンドルを望ましい電子書籍端末として選択したら、電子書籍コンテンツを手にいれるために、アマゾンに囲いこまれるというクローズドループが成り立つ。アマゾンは、電子書籍端末を初めて作った製造業者ではまったくないし、最後の製造業者でもないため、やがてかならず姿を現す脅威——ジェフ・ベゾスの古くからのライバルであるアップルなど——を退けるために、支配的な地位をすばやく確立する必要があった。アップルを手本にして、アマゾンは、アップルが音楽で採用したのと同じ戦略を、電子書籍の価格設定に採りいれた。消費者によだれが出そうなほど安い価格と思わせるために、重大な基準価格を下回る価格にしたのだ。つまり、曲の場合は99セント、電子書籍の場合は9・99ドルであった。アマゾンが〈ニューヨーク・タイムズ〉のベストセラーや、新作の多くをこの価格で販売して赤字を出しているかもしれないという事実は、ここでは取るに足りない問題である。キンドルが支配的な電子書籍端末となり、アマゾンが支配的な電子書籍小売業者としての地位を確立し、競合を出し抜き、より長期的に揺るぎない地位を築くという大きな目標に到達できれば、こうした小さな損失は吸収できる。しかしこの戦略は、アマゾンが望む価格設定で（たとえ一部の電子書籍を赤字で販売することになっても）コンテンツを販売できなければ効果がない。これこそが、一部の出版社による、電子書籍の取引条件をホールセールモデルからエージェンシーモデルに変更するという決定が、アマゾンにとって脅威となった理由である。エージェンシーモデルでは、電子書籍の価格が小売業者ではなく出版社によって決定されるため、出版社が高い価格を選んだ場合、アマゾンはもはや電子書籍に9・99ドルという価格をつけられなくなる。アマゾンが9・99ドルという価格に決めたのは、競合他社を骨抜きにして、電子書籍市場で支配的な地位を確立するための、戦略的な決断であった。デジタルコンテンツの複製の限界費用がゼロに近いことを考えると、出版社が設定した（そしていまもしている）電子書籍の価格は高すぎると純粋に考えた（そしていまも考えている）人が、アマゾンには（そしてほかの場所にも）多くいるのはまちがいない。そしてそれらの人びとは、電子書籍の価格をもっと低くすれば、もっと多くの部数が売れるだろうと純粋に考えていた（いまもそう考えている）。しかし、9・99ドルという価格に決定した最大の要因は次のようなもくろみにある。ようするに、アマゾンは人気作品の電子書籍の価格を、重大な基準値である10ドル以下にすることで、キンドルを支配的な電子書籍端末として、また、自社を支配的な電子書籍の小売業者として、確立できる可能性を高めたかったのだ。しかし、多くの出版社の視点に立てば、アマゾンは出版社のコンテンツを自らの戦略的目的のために利用し、そのコンテンツを本来の価値に見合わない価格で販売していた。しかもそうすることで、消費者に、そのコンテンツは9・99ドルの価値しかないという印象を与えてコンテンツの価値を下げ、出版社が作家に支払った前払金などのコストを回収するためにとくに頼りにしているハードカバーの売上を低下させるのである。アマゾンは、端末を販売して市場シェアを獲得するために、電子書籍の価格を人為的に低く設定し、コンテンツ制作ビジネスから価値を吸い取った。少なくとも、出版社にはそう認識されていた。このプロセスを阻む唯一の方法は、電子書籍の価格設定の決定権を主張することであり、そのためにはモデルを変えるしかなかった。それゆえのエージェンシーモデルへの移行だった。大手出版社のうち5社が、アップルとともに、電子書籍の価格固定を共謀したとして被告席に立たされたという事実は、出版社がこの移行を洗練された方法で行なえなかったことを示唆しているが、この事実は、出版社の立場からみた経済論理を否定しているわけではない。出版社の立場からすれば、質の高いコンテンツを制作するのは困難で費用のかかるビジネスであるのに、自社の利益をただ追い求め、独自の戦いを自分のためだけに行なっている小売業者や技術系企業に、そのコンテンツの価値を決められるのは不合理である。したがって、和解判決によって課された一時的な合意の期間が終わったとき、ビッグファイブの商業出版社が、すべてエージェンシーモデルに移行したのも当然のことである。出版社にとってもっとも重要なのは、自社のコンテンツの価値を守ることである。そうすることで、自社のコンテンツを大手小売業者の市場シェア争奪戦の捨て駒にさせずに済むし、長期的に持続可能なコンテンツ創造モデルを機能させられる。

コンテンツの価値に対する認識の根本的な違いは、出版などのオールドメディア産業と新たな技術系企業とのあいだにしばしばみられた多くの対立の核心である。そして、多くの場合、技術系企業の富とパワーの増大は、コンテンツ創造に焦点を絞ってきたオールドメディア産業の犠牲のもとに、成し遂げられてきた。技術系巨大企業の出現は、コンテンツ創造ビジネスからの価値の流出と密接に関係している。このふたつのプロセスは、ジョナサン・タプリンが的確に述べているように表裏一体である。その理由のひとつは、技術系企業が自社のビジネスの価値をあげるために、コンテンツの価値を下げているせいである。[26] 出版業界は、音楽業界や新聞業界などほかのクリエイティブ業界ほどには（少なくとも、いまのところは）この価値のシーソーに、それほど悩まされてはいないかもしれない。しかし、グーグルやアマゾンとの争いが示すように、このダイナミズムは、ほかのオールドメディア産業と同様に書籍出版でも強く現れている。

このようなわけで、出版社がグーグル図書館プロジェクトに反対する姿勢を明確に打ちだしたり、エージェンシーモデルの価格設定に移行したりしたことは、たとえ費用のかかる法的な戦いに巻きこまれたとしても、まったく理にかなっていたのである。なぜなら、ほかの多くのメディア・クリエイティブ産業と同様に、書籍出版の基本的な事業は、コンテンツの創造とキュレーションであるからだ。長期にわたって持続可能な質の高いコンテンツの供給ラインを確保するのは、出版社の利益になる。これを実現するには、業界への収益の流れを止めないようにする必要がある。出版社は、書籍コンテンツの供給ラインの重要なプレイヤーとして、コンテンツ制作プロセスを育て、支援することによって利益を得ていると同時に、そうする義務も負っているが、質の高いコンテンツの制作はけっして安い仕事ではない。出版社が印税や前払金を通じて（不充分ながら）支援する執筆費用は別にしても、とりわけ編集作業やデザイン、制作、マーケティング、流通などに費用がかかる。これらの費用はすべて出版社が支払わなければならず、たとえデジタル流通によってこれらの費用の一部（物理的な本の保管や流通、返本対応など）が削減されたとしても、すべてがなくなることはない。しかし、創作にどれほど費用がかかろうとも、そのコンテンツが第三者自身の目的のためにその組織によって無償で流用されたり、「情報は無料であるべきだ」と考える個人や組織によって、無償で提供されたり、小売業者によってその制作にかかった実際のコストとはほとんど、またはまったく釣り合わない価格で販売されたりする場合、コンテンツの創作プロセスは脅かされ、文化はほかの目的のために植民されてしまう。質の高いコンテンツを長期にわたって生産できる持続可能な創造性の文化を維持し、作家やその他のコンテンツクリエイターに支援環境を提供し、コンテンツを有効に開発・制作・販売するために必要なリソースを提供するには、草木の茂った庭園が水を必要とするように、しっかりした着実な収入源が必要である。その収入源が、ほかの形態の収益によって補完されることもなく、枯渇または大幅に縮小することになれば、クリエイターだけでなく消費者も、けっきょくは恵まれない状況に陥るだろう。

デジタル時代の出版

さきほど、出版社は（とくに）コンテンツの創作とキュレーションのビジネスを行なっていると述べたが、コンテンツが豊富にある時代に、出版社がなぜ存在しつづけるべきなのだろうか。文章であれ、曲であれ、映像であれ、ほかの形式のコンテンツであれ、かつてないほど容易にコンテンツをオンラインで自由に利用できる現在、誰が出版社を必要とするのだろうか。コンテンツを創造する過程で、出版社がいなければできないことを、出版社はしているのだろうか。これは、デジタル革命が出版業界やほかのメディア産業に及ぼ

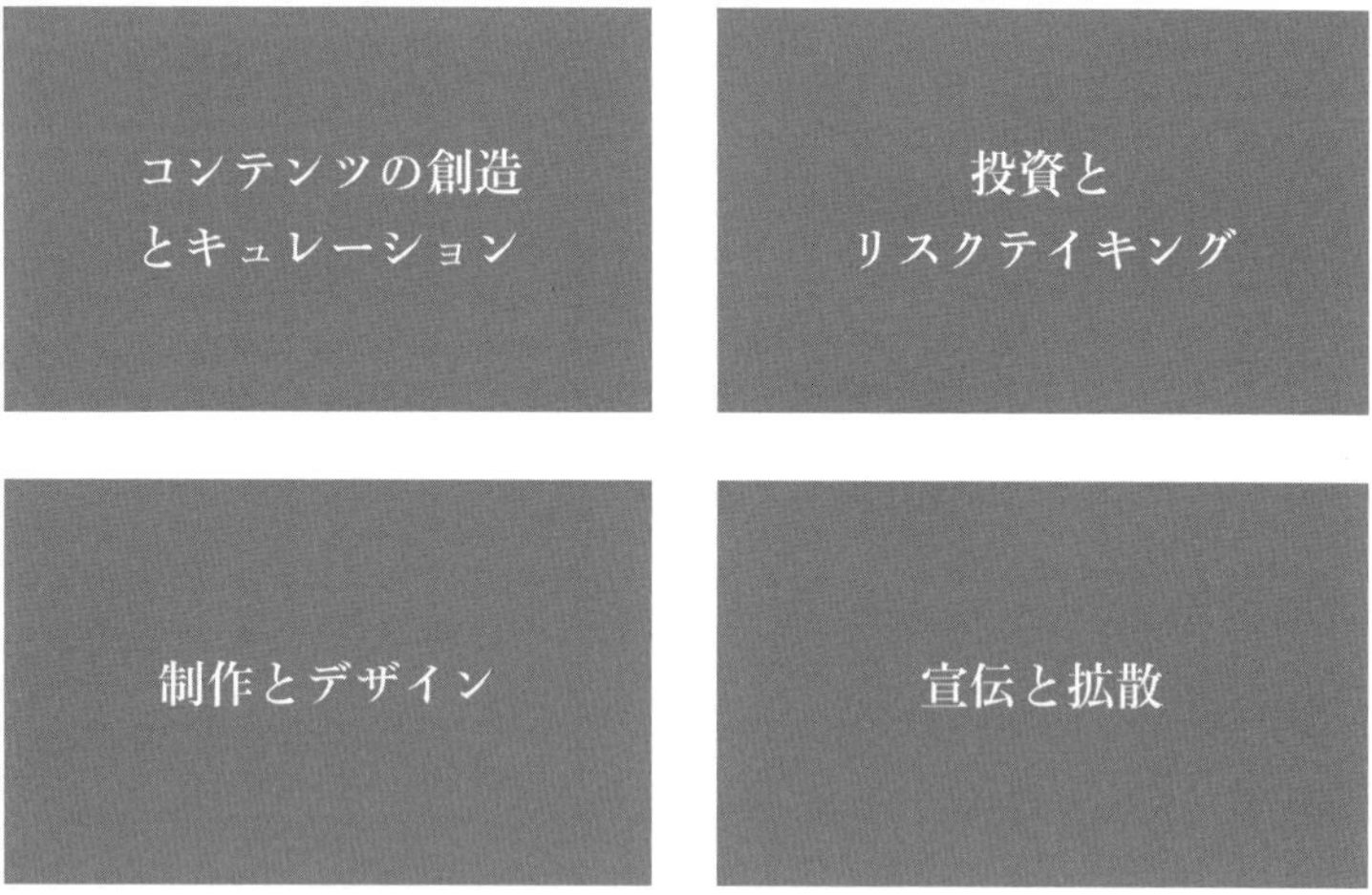

図12.4　出版社のおもな機能

す影響――一般的に「中抜き」と呼ばれている――を議論する際にしばしば根底に潜んでいる問いである。

この問いに適切な答えを出すには、出版社の日々の実際的な活動から一歩引いて、出版社が一般的に担っているおもな機能や、さまざまな役割を、分類してみる必要がある。これらの機能や役割を概念化する方法はいろいろあるが、基本的には4つの機能にまとめられる[27]。それが図12・4である。それぞれについて簡単に説明しよう。

第一に、出版社は、コンテンツの創造とキュレーションにかかわっている。出版社は、コンテンツを選択したりフィルターにかけたりする仕組みのひとつであると同時に、コンテンツの創造と開発を組織的に行なう装置でもある。出版社は選択と排除を行なっている。出版社は概して、出版できる数よりも多くのプロポーザルや原稿を受け取るので、さまざまな方法を用いて、ある作品を選びとり、ほかを退けている。この点では、この種の文化的仲介者を説明するためにしばしば使われる概念でいうと、出版社は文化の門番である。しかし、「門番」という言葉は、多くの出版社がコンテンツの創作と開発で果たしている活動的な役割を正確にいいあらわしていない。たいていの場合、出版社は本のアイデアを積極的に生んでいるし、それを執筆する作家を求めてもいるし、あるアイデアに可能性があるとみれば、それを持ちこんだ作家がアイデアを実現できるよう手助けする。実際に本を執筆するのは作家だが、本作りはしばしば、編集者と原稿閲読者《リーダー》、ときにはエージェントも巻きこみ、共同作業に近いプロセスで行なわれる。このような共同作業的プロセスを通じて、作品の質はしばしば向上する——登場人物が磨かれ、文や文体が洗練され、筋書きや主張が練られる。出版社はコンテンツを創造するだけでなく、それをキュレーションしている。つまり、コンテンツを選び、整理し、ほかのコンテンツとの関係を明確に定める。収集物などのキュレーションというのは、キュレーターが美術品の展覧会を企画するのと同じように、対象物を整理し、対象物のためのコンテクストを創造し、ほかのものと結びつけることによって、その対象物を理解しやすくするひとつの方法である[28]。

ところで、「コンテンツ」とはいったいなんなのだろうか。出版社は本の制作にかかわっているのではないのか。なぜ、実際に制作されるコンテンツは本なのに、「コンテンツ」について語るのか。それは、ここで「コンテンツ」について語ることで、議論を概念レベルへと進められるからである。「本」という言葉の問題は、それが曖昧であるところにある。いっぽうでは、紙に印刷された本という特定の種類の物質的な対象を指しているが、他方では、記号コンテンツの特定の形態を指してもいる。記号コンテンツを複数の章に分け、ある程度の長さをもたせたひとつの構造にまとめる特定の方法である。したがって、より厳密に検討していくために、ここでは5つの要素——コンテンツ、形態《フォーム》、ジャンル、媒体、形式《フォーマット》に分けてみよう。「コンテンツ」とは、記号化が可能な中身、つまり、意味を表現し伝達する内容を指す。この広い意味で理解されるコンテンツは、多くの異なる形態をとりうる。意味は、言葉や画像や音などで表現され、伝達されうる。形態とは、コンテンツをまとめ、収める枠組みの種類を指す(29)。映画がオーディオ・ビジュアル・コンテンツをまとめるための形態で、歌が音楽コンテンツをまとめるための形態であるように、本は、文章のコンテンツをまとめるための形態である。つまり、特定の共通の規則や文化的なルールに従ってコンテンツを構築するひとつの方法なのだ。そういう意味で、本はひとつの形態であるが、この形態には、小説、スリラー、伝記、学術書など、独自の特殊な規則がある多数の亜種が存在する。これらの亜種を私たちはジャンルと呼んでいる。どのジャンルにも独自の規則がある。みなそれらの規則は何かを承知しつつ、作家は執筆し、出版社は出版し、読者は読んでいる。本とは何か、本はどのように構成されるかについて、多かれ少なかれ同じ規則と背景となる前提をもとに活動しており、これらの規則と前提が、ジャンルごとにいかに異なっているかを知っている（あるいは、ある程度感じている）。形態とその亜種であるジャンルによって、クリエイターは、他者から容易に理解される方法で、作品を創作することができる。記号コンテンツの受け手である私たちは、自分たちが何を受け取っているかを理解している。たとえば本とか、映画とか、歌であると理解している。そして、スリラーやロマンスや伝記といった、ジャンルもわかっている。形態とジャンルは、記号コンテンツが収まっている枠組みである。

記号コンテンツは形態とジャンルによって枠組みが決まるが、それでは充分ではなく、何かに保存されAからBへ運ばれねばならない。そこに登場するのが媒体である。媒体は保存と送付、または送信のモードである。媒体は有形の物体であることもある。この意味では、紙に印刷された本はひとつの媒体である。特定の形態の記号コンテンツが収まった物理的な容器——それを私たちは本と呼ぶ。しかし、本はほかの媒体によっても送られうる。それが、出版におけるデジタル革命の最初の大きな教訓だった。紙に印刷された本は、記号コンテンツが埋めこまれ、送られる一媒体にすぎず、コンテンツはほかの媒体でも送ることができる。

本のコンテンツが0と1の数列としてデジタル的にコード化される場合、物理的な本としてではなく、デジタルファイルとして送ることができる。もちろん、デジタル媒体は単なるファイルではない。ファイルは送信されなければならないし、ファイルを送信するにはネットワークが必要だし、ファイルが解読されて画面に表示されるには、ハードウェアとソフトウェアの両方が必要だ。デジタル媒体は印刷媒体に劣らず、というよりある意味、印刷媒体より複雑である。デジタルファイルを作成し、保存し、送信し、解読し、適切な形式でエンドユーザーに示すには、複雑で組織的な技術のインフラが前提であるし、必要とされる。

　形式は媒体とは別物であるが、媒体に依存している。形式は、コンテンツをパッケージングしたり、提示したりする方法として理解すれば、もっともわかりやすい。印刷物という媒体を例にしてみよう。本は、紙に印刷され、ハードカバーとして、トレード・ペーパーバックとして、マスマーケット・ペーパーバックとしてなど、多種多様な形式で出版され、送られる。それらの形式はすべて、印刷媒体で出版される1冊の本である。つまり、印刷された本のパッケージングと提示の方法が異なるのである。それらのさまざまな形式のどれを取っても、コンテンツは基本的に同じである。ちがうのは、提示の方法とパッケージングと、出版社がコンテンツを商品化する方法である。同様に、デジタル媒体では、1冊の本は、電子書籍や拡張された《エンハンスド》電子書籍、アプリケーションなど、さまざまな形式で提供されうる。さらに、異なるファイル形式（PDF、EPUBなど）を使用することで、デジタル媒体で出版される電子書籍には、異なる特性（固定レイアウト型や、端末によってレイアウトが流動的に変わるリフロー型など）が備わり、異なる価格を設定できる。

　コンテンツの創造とキュレーションは出版の核であるが、コンテンツは形態によって形づくられる。作品を出版する出版社とその作品の著者は、本という形態でコンテンツを創作しキュレーションしている。つまり、本とは何かについて、また小説やスリラー、伝記や歴史書などの特定の種類の本とはどういうものかに関して、ある特定の規則や前提に立って形づくられているものを意味する。しかし、コンテンツは、媒体によって形づくられてもいる。紙媒体の本として出版される本は、一定の条件と制約に沿っている必要があるが、これらの制約は変わる可能性があり、時間とともに変化する。もっとも明白な制約は長さである。印刷媒体では、長さはコスト増加につながるため、本の長さを３００ページ程度に調整する強い動機がある。それくらいの長さが、印刷された本のさまざまな形式とうまく調和する。しかしもちろん、これは調整可能であるし、印刷された本はさまざまな形や大きさにすることができる。デジタル媒体では、長さはもはや制約されず、本をずっと短くすることも、はるかに長くすることもできる。ページが何千ページ、単語が何百万語も収まった本もあれば、ページが1ページしかない本もある。たしかにデジタル媒体では、少なくとも原理的には、本という形態そのものを変えることが可能で、デジタル時代に合わせて、根本的に新たな形態が考案される可能性がある。しかし、第2章でみたようにこの可能性は、独創的で創造的な実験が数多く行なわれたにもかかわらず、少なくともいまはまだ実現していない。私が本書で用いている表現では、電子書籍は、印刷媒体のトレード・ペーパーバックやマスマーケット・ペーパーバックに匹敵する本のもうひとつの形式《フォーマット》として理解するのが、いちばんわかりやすいだろう。デジタル媒体としての出版では、本の形態はいまだ大幅には変わっていない。

本という形態でのコンテンツの創作とキュレーションは、出版社の核となる機能だが、唯一の機能ではない。出版社はお金を投じる投資家でもあり、リスクテイカーでもある。また、1冊の本を制作し出版するための財源を確保する銀行家でもある。(30) この経済的な側面は欠かせない。なぜなら、コンテンツの創作、制作、宣伝（普及）は費用がかからないわけではなく、時間もかかり、資材もたっぷり使うため、どこかの時点で誰かがその勘定を払わねばならないからだ。もちろん、印刷媒体では、印刷業者に代金を支払い、物理的な本を制作して保管し、物理的に輸送しなければならないため、コストはさらに高くなる。とはいえデジタル媒体でも、費用はゼロではない。最初の1冊を作るための費用には、作家の時間と執筆活動、編集作業費、デザイン費、さらに流通とマーケティングの費用が含まれる。従来の出版モデルでは、出版社はこのプロセスを実現するために資金繰りを行なう投資家であり、リスクテイカーである。本が売れれば、出版社は報酬を得られるが、本が売れなければ、出版社が損をする。本が作られ出版されるまでのサプライチェーンのなかで、出版社は最後の砦となる出資者なのである。

出版社の第三の重要な機能は、制作とデザインだ。この機能は見落とされたり、必要なものでないように扱われたりすることがよくある。それは出版社が、書籍の制作とデザインの多くを外注しているためである。編集、組版、カバーデザイン、印刷などはみな、フリーランスの編集者や印刷業者などに外注されるのが普通である。しかし、これらすべての管理や調整には時間がかかり、専門知識も必要である。このような作業を外注したとしても、外注先に指示を与え、作業条件に合意し、報酬を支払わねばならないから、これらをみな管理するための時間と経験が必要とされるのだ。同様に本の販売価格と出版部数についても決定を下す必要がある。これは出版社の経済的存続に重大な要素であるし、在庫管理も本のライフサイクルを通じて欠かせない。本がデジタルファイルとしてしか存在しない場合でも、そのファイルを一定の方法で作成し、適切なフォーマットで、適切な流通経路に投入する必要がある。これにもある程度の専門知識と専門技術が必要だ。これらのプロセスの一部は、ある程度自動化できるが、それを可能にするシステムの構築と維持には、時間とコストと専門技術が必要である。

第四の重要な機能を、私はおおざっぱに「広告と拡散」と呼んでいる。この機能では、「出版する《パブリッシュ》」という動詞のもっとも基本的な意味にかかわる、さまざまな活動をひとまとまりにしている。出版するというのは、公表することであり、ほかの人に知らしめることである。コンテンツを創り、キュレーションし、投資して、本を制作するだけでは充分ではない。作り手以外誰もその本のことを知らないのなら、その本は出版されているとはいえない。出版しなくても1冊の本を執筆することはできる。著者の机の上やコンピューターのハードディスクに置かれたまま、日の目をみていない未発表の原稿として存在していることもある。出版されない本を制作することもある。出版社のハードディスクにファイルとして残ったり、倉庫に本の山として残ったりしている場合、それは出版されたことにはならない。世間の人びと――つまり一般大衆が利用できるようになり、他者に知られるようになって初めて、出版されたといえる。それゆえ、宣伝、マーケティング、拡散、販売に関連する部分は余分な付け足しではなく、出版というプロセスに必須の活動で、それらなしでは出版は成り立たない。しかし、これらは出版社が直面するもっとも困難で課題の多い仕事のひとつでもある。とくに、「一般大衆が利用できるようにする」と「一般大衆に知られるようになる」とを隔てる捉えがたいけれども決定的な違いが、これまでになく重要になっているインターネット時代では、なおさらむずかしい。本を「一般大衆が利用できるようにする」という意味での出版は、現在は以前よりも容易である。テキストをオンラインで公開したり、ウェブサイトに投稿したり、電子書籍として自費出版する場合、それは「一般大衆が利用できるようにする」という意味で、原稿を出版したことになる。しかし、本を「一般大衆に知られるように」して、人びとの目に触れさせ、注意を充分に惹きつけ、本を購入してもらい、おそらくは読むように促すという意味での出版は、まったく別の話である。これについてはこんにちほど困難な時代はないだろう。いまの時代は、消費者や読者が利用できるコンテンツの量が膨大で、すぐれた出版社とはいえ、リソースを充分につぎこんだ力強いマーケティングキャンペーンさえ、埋もれてしまうほどである。市場開拓者であり、その世界で貴重なのはコンテンツではなく関心（アテンション）なのである。

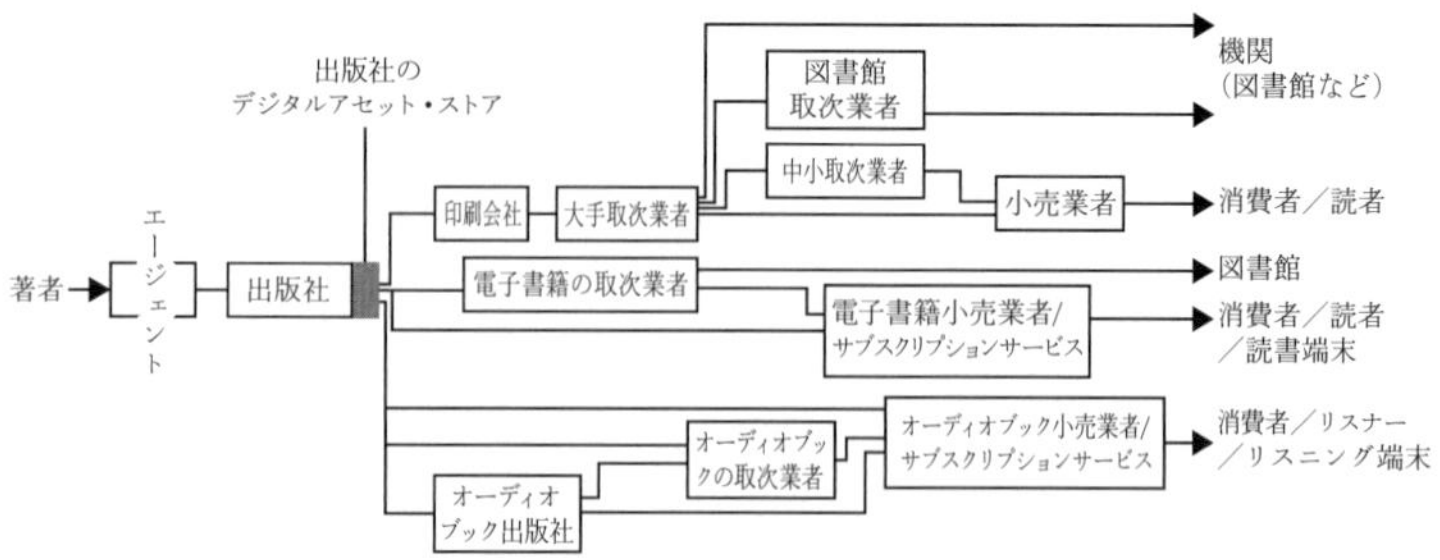

図 12.5　メインストリーム出版社の本のサプライチェーン

このようなさまざまな役割を果たしてきた出版社は、デジタル革命によってますます枝分かれし、複雑になった書籍サプライチェーンのなかで、（重要ではあるが）単なる一プレイヤーになった。1980年代以前は、このサプライチェーンは比較的単純であった。なぜなら、いくつかの異なる形式があっても、基本的な出力方式は紙に印刷される本というひとつの方式しかなかったからである。しかし、デジタル革命が起こり、デジタルワークフローが出現し、コンテンツが印刷媒体から解放されたことで、紙に印刷された本は、ほとんどの出版社のデジタルワークフローから生まれる、さまざまな媒体を使った数多くの出力方式のひとつにすぎなくなった。図12・5は現在、多くのメインストリーム商業出版社が属している書籍サプライチェーンを簡単に視覚化した図である。著者はコンテンツを創作し、それを出版社に提供する。商業出版では、このプロセスはエージェントが仲介することが多い。エージェントはいわばフィルターとなって原稿を選び、適切な出版社にその原稿を渡す。出版社は著者またはエージェントから、ひとまとまりの権利を購入し、たとえば編集、校正、デザインなど、さまざまな業務を実行し、出版社のデジタル資産の保管場所や、アーカイブに保存できる適切な形式のファイル一式を生成する。印刷用ファイルはその後印刷会社に送られ、印刷会社はそれを印刷して製本し、取次業者に送る。取次業者は出版社に属している場合もあれば、第三者の場合もある。

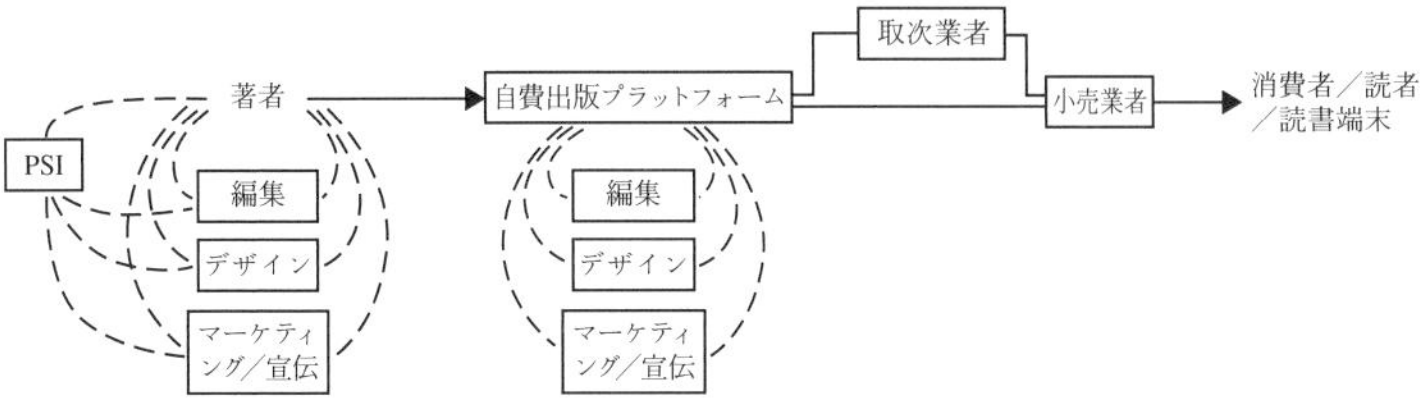

図12.6　自費出版書籍サプライチェーン

取次業者は在庫を保管し、小売業者や別の中小取次業者からの注文に応じる。小売業者は個人消費者に、取次業者は小売業者やそのほかの機関（図書館など）に本を販売したり、注文に応じたりする。従来の書籍サプライチェーンでは、出版社の顧客は個人消費者や読者ではなく、サプライチェーンの中間にある取次業者と小売業者である。読者を直接相手にするのは小売業者（または図書館）で、大半の読者にとってはこれらの組織が書籍サプライチェーンとの唯一の接点である。このプロセスと並行して、たいていは同時進行で、出版社は適切な電子書籍ファイル形式で、電子書籍の取次業者や小売業者に電子書籍ファイルを供給する。また出版社は、独自のオーディオブック版を制作するか、オーディオブック出版社にその権利を許諾し、オーディオブックの独立したサプライチェーンを通じて、消費者やリスナーに供給することもある。

この従来の書籍サプライチェーンは、いまだに支配的で、メインストリームの商業出版社はこれが自分たちの業界を正確に表現していると考えている。けれども、デジタル革命によって多くの発展が起こり、従来のものとは大きく異なる新たな複数のサプライチェーンが生まれた。自費出版のサプライチェーンは、従来型とはまったく別物である。なぜなら、自費出版モデルでは、著者はもはや従来の出版社（あるいはエージェント）とは取引せず、自費出版用プラットフォームに自身で原稿を直接アップロードして、自分の本を自費出版しているからだ（図12・6参照）。このモデルでは、従来の出版社が担っていた門番の役割はほぼ果たされない。自費出版プラットフォームは、従来の出版社と比べてほとんど選定を行なわず、大半がオープンドア・ポリシーであるが、ここでも許容される範囲には制限がある。したがってある程度の選定は継続されるが、従来の出版社の特徴だった選定の機能に比べれば、その制限ははるかに緩い。編集やデザイン、宣伝・マーケティングといった出版社のほかの役割の多くは、このモデルで消滅したわけではないが、再割り振りされている。ここで、これらの役割を果たす責任は著者にある。そして、これまでみてきたとおり、需要の高まりに応えるために出現した、シャドウエコノミーのサービスに費用を支払っているのは、出版社ではなく著者である。著者はそれらの役割の一部、またはすべてを自分自身でこなすか、フリーランサーにそれらの役割を委託する。委託する場合、著者はフリーランサーを探しだし、直接契約するか、このプロセスを滞りなく進めるために出版サービス仲介業者（ＰＳＩ）を利用することもある。この選択肢を選ぶと、著者はこれらの活動やこれらの役割の一部を、自費出版プラットフォームに有料で再割り振りすることになる。ここでも支払うのは著者である。自費出版モデルにおいて、投資家とリスクテイカーという役割は消滅したわけでなく、著者がその役割を引き受け、見返りとして出版プロセスをはるかに幅広くコントロールできるようになり（そもそも、出版するかどうかという決定がひじょうに重要だ）、売上から得られる収益の割合がずっと大きくなる。しかし、昔のバニティプレスとは異なり、著者は自費出版プラットフォームに自作品の出版という特権を得るための料金を支払う必要はない。いくつかのプラットフォームでは、個別のサービスを購入できるようになっているが、これはオプションであり、プラットフォーム利用の条件ではない。自費出版モデルでは、従来の出版社の仲介が排除されたが、出版社が果たしていた役割がなくなったわけではない。たいていは、それらの役割は再割り当てされ、自費出版業者として著者が引き継ぐか、フリーランサーやオーダーメイドのサービス、自費出版プラットフォームに外注される（あるいは、その役

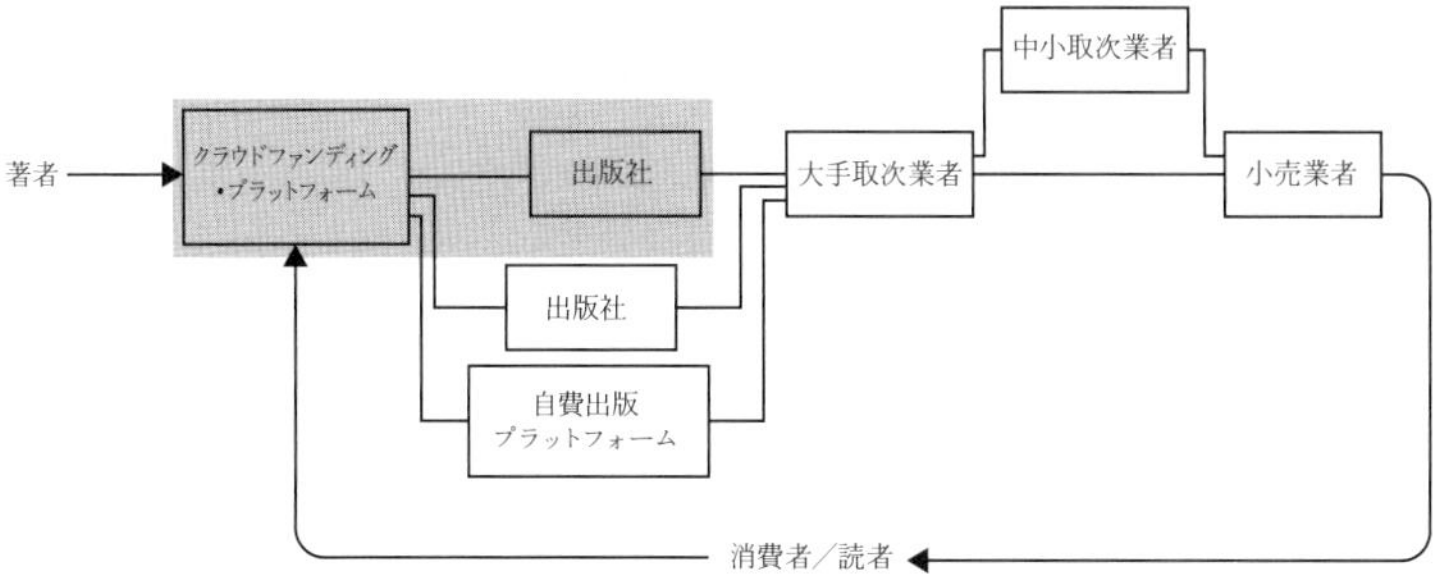

図12.7　クラウドファンディング出版における書籍サプライチェーン

割がほとんど実行されていないケースもある）。

クラウドファンディングによる出版の場合、サプライチェーンはここでもまた、そして重要な点で従来のものと異なっている。クラウドファンディングによる出版が真に画期的なのは、消費者・読者が選定プロセスで重要な役割を果たし、本を制作するための資金も提供するところである。図12・7のフィードバックループはこのことを表している。このモデルでは、従来は出版社が行なっていた選定は、消費者・読者が示した好き嫌いに直接基づいており、消費者・読者は、資金を提供することでプロジェクトを支援するかどうか決定し、プロジェクトが資金調達の目標値に達したときにのみ、本が出版される。そして、いかにして本が制作されるかは、どのタイプのクラウドファンディングが利用されたかに左右される。キックスターターやインディゴーゴーのようなタイプであれば、著者はクラウドファンディングのキャンペーンによって提供された資金と読者層を手土産に、本を出版してくれる出版社をみつけるか、集めた資金を使って自費出版プラットフォームから自費出版する必要がある。ただし、インクシェアズやアンバウンドのような書籍出版に特化したクラウドファンディング組織を利用した場合、この書籍プロジェクトは、資金調達の目標額に達しさえすれば、同じ組織のなかで、クラウドファンディング部門から出版部門に、業務が移行するだけである。とはいえ、このモデルが画期的なのは、消費者・読者が選定や資金調達のプロセスに積極的にかかわっている点である。プロジェクトが進められ、本が制作されるかどうかは、消費者・読者が資金を提供して、プロジェクトを支援する意思を示すかどうかで決まるのである。資金を提供することは、それ自体が創造的な行為であり、これがなければその本は出版されない。この点で、寄付をした人は、インフルエンサー以上の存在で、寄付という行為で本の創造を手助けする共同プロデューサーとなる。これは、クラウドファンディング・プラットフォームや出版社が、選定プロセスの役割をまったく担っていないという意味ではなく、実際は担っているのである。クラウドファンディング・プラットフォームは、サイト上で許可するプロジェクトの種類に関して独自のルールやガイドラインを持っている。また、ある種の書籍プロジェクトを含む特定の種類のプロジェクトを積極的に探しだし、クリエイターと協力してプロジェクトを築き、資金調達キャンペーンを計画して実行する支援を行なうことがある。アンバウンドのようなプラットフォームは、とくに明白なキュレーター的役割を果たし、クラウドファンディングの段階に進めるプロジェクトを積極的に選び、成功の可能性を高めるために著者と密接に協力する。さらに、キックスターターやインディゴーゴーで資金を集めた著者が、メインストリームの出版社から本を出版しようとする場合、出版社の選定プロセスを経なければならないが、この場合、著者がクラウドファンディングで集めた資金を持ちこむことを考えると、受けいれのハードルは低くなる可能性がある。クラウドファンディングで調達した資金があれば、一定数の読者（しかもその読者はかならず本を購入してくれる）が保証されるので、出版社のリスクはほかの方法よりはるかに低くなる。

似たようなフィードバックループが、ワットパッドが展開するサプライチェーンにも必要不可欠な部分として存在する。ワットパッドは、もともと物語を書いたり読んだりするためにデザインされた、ソーシャル

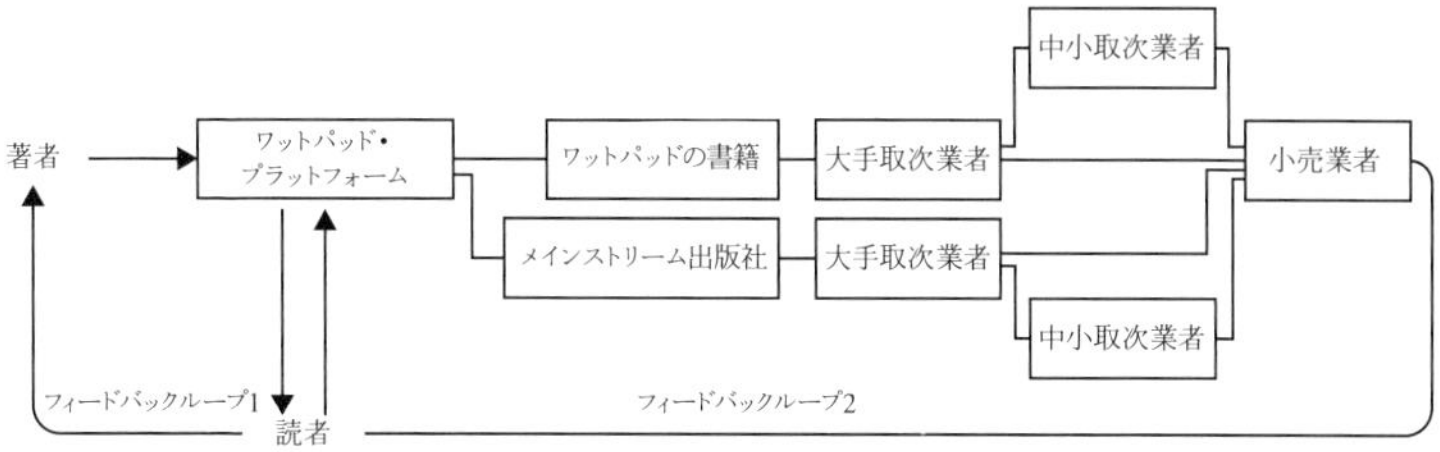

図12.8　ワットパッドの書籍サプライチェーン

メディアのプラットフォームだったが、そこから書籍出版事業が枝分かれした。この場合のフィードバックループはひとつではなく、ふたつある（図12・8参照）。いっぽうでは、著者と読者は、ワットパッドのプラットフォームというソーシャルメディアの特性によって直接結びついている。読者は著者をフォローし、執筆が進行している最中の物語を読んでコメントし、著者はそのコメントを参考にしながら次の章に取りかかる（フィードバックループ1）。もういっぽうのフィードバックループでは、プラットフォーム上の人気が、どの物語を本にするか、あるいは映画やテレビ番組などほかの文化的な財にするかを決定する際の指針になる。さらに、読者がプラットフォーム上の物語に、どのような反応を示すか、たとえば、どの部分が好きで、どの部分が好きでないか、どのようなコメントをするかなどがコンテンツ開発プロセスに活用される。つまり、読者からの情報によって、書籍制作（あるいは映画やテレビドラマの制作）の創造的な側面や、編集の側面が形づくられる。クラウドファンディング・モデルと同じく、これによって、出版社のリスク（または映画・テレビのスタジオのリスク）が軽減される。というのは、コンテンツがその本（または映画やテレビドラマ）の潜在市場となる、多くの読者・消費者に好意的に評価されているという確固とした証拠があるからだ。クラウドファンディング・モデルとは異なり、出版社は財源となり、制作に投資しなければならない。だが、ワットパッドで事前に確立された多くのファンが存在するため、失敗のリスクは大幅に軽減され、出版社は市場開拓の面でかなり有利なスタートを切ることができる。ワットパッドのプラットフォームから生まれた本のいくつかは、ワットパッドの出版部門であるワットパッド・ブックスから出版されるものもあれば、サイモン&シュスターなどのメインストリーム出版社とライセンス契約が結ばれたり共同制作として出版されたりすることもある。ワットパッドのプラットフォーム上の物語を読んでいたもともとの読者は、このような開発プロセスから生まれた本に、事前に存在する大きな市場を提供する(フィードバックループ2)が、出版される本は、はるかに幅広い読者に向けてもマーケティングされ、販売される。

デジタル革命が切り拓いた新たな機会によって、新しい書籍サプライチェーン、あるいは、ロバート・ダーントン流のぴったりくる言い回しを借りれば「コミュニケーション回路」が増えている[31]。書籍出版のエコシステムはいまや、これまでになく複雑で、単一のコミュニケーションフロー・モデルでは、現在稼働しているシステムの多重性を的確に捉えることはできない。ここで私が取りあげたのは、ほんの一部にすぎない。しかし、新しいモデルが浮き彫りにしているものがひとつある。それは、デジタル革命が、従来の書籍サプライチェーンになかったものを可能にしたことである。すなわち、著者や出版社が、読者や消費者とより緊密で直接的な関係を結べるようにしたのだ[32]。デジタル革命は、出版などの特定フィールドのなかで、単に新たな取り組みを生みだしただけではなく、むしろ、出版業界やほかのすべてのメディア・クリエイティブ業界が存在している情報環境の本質そのものを変化させてきた。これが従来の出版社に示しているのは、多くの新たな課題や競争相手だけではない。新たなチャンスも指し示しているのだ。

読者のことを本気で考える

書籍出版の500年の歴史を通じて、出版社は、たいていの場合、小売業者のような中間業者を自社のおもな顧客とみなしてきた。出版社は、小売業者や取次業者に本を販売し、読者に本を売るのは小売業者に任せていた。出版社は書店が、最終消費者である読者のために本を陳列し、需要を喚起してくれるのをあてにしていた。いいかえれば、出版社は読者との直接の接点がほとんど、またはまったくなく、マーケティング用語でいえば「B2C」（企業と顧客間）ではなく、「B2B」（企業と企業間）ビジネスが中心だった。そしてそれは、出版社が読者や読者の購買習慣や読書習慣をほとんど知らないことを意味してもいた。出版社が知っていることは、間接的に、逸話的に、あるいは二次的に得たものだった。たとえば、小売業者のバイヤーと話したり、売上額をモニターしたり、書評を読んだり、たまたま出会った読者と話をしたり、自分自身の読者としての経験から推定したりなど、どれもかなり間接的で偶然に知った情報である。けれども小売業者とて、読者のことをそれほどよく知っていたわけではない。たしかに一日売り場にいれば、書店に来店する客として、本の買い手や読者に接する機会は比較的多い。けれども情報が得られる機会の有無は、大半がきわめてランダムであるし、客が声をかけてくるかどうかにかかっていた。もちろん、客がどの本に興味を持つかを予測して、それに応じて仕入れるのが書店員の仕事であるし、書店員はどの本が売れて、どの本が陳列台や棚に残ったままなのかを、文字どおり目の当たりにできる立場にあった。また、小売業者のなかには、継続的に取引している得意客がいて、住所やクレジットカード情報など、その客に関するいくつかの情報を持っている業者もいた。本のリストとその他の販促資料を組み合わせて、顧客に直接送っている小売業者もあった。したがって、小売業者は、読者と読者の購買習慣について出版社よりもくわしく知れる立場にあり、なかには一部の顧客の情報を収集して保有し、その顧客に直接宣伝を行なう小売業者もあった。しかし現実には、従来の書籍サプライチェーンのプレイヤーはいずれも、読者自身についても、読者の書店内での行動習慣や購入習慣、読書習慣についてもそれほど多くを知らなかった。デジタル以前の世界では、この種の情報を知るのは簡単ではなかったし、体系的に情報を集めることも、顧客とコミュニケーションを取ることも容易ではなかった。ところが、デジタル革命が起こって、状況が一変した。

消費者がオンラインで本やその他の商品を閲覧し購入すると、その行動履歴がデジタルデータとして残り、それを体系的に収集することで、小売業者は消費者の閲覧・購入活動の包括的な履歴を手にいれられる。小売業者のプラットフォーム上で消費者がクリックすると、実際の購入であれ、単なるページの閲覧であれ、それらはすべて追跡され、記録され、保存される。小売業者は過去に遡ってあらゆる消費者のオンライン行動の全体像を把握できるようになった。さらに、小売業者は、名前やメールアドレス、住所や郵便番号、クレジットカード番号など、購入者すべての個人情報を持っているので、消費者についてさまざまなことを知っており、消費者と直接かつ容易にコミュニケーションを取ることができる。さらに、このコミュニケーションは個別化が可能である。いまでは、すべての客に標準的な図書目録を郵送する必要などなく、消費者一人ひとりを追跡した記録に合わせて、メールをカスタマイズできる。アルゴリズムと機械学習を利用することで、これらすべてが自動化できるので、消費者はそれぞれ、過去の閲覧と購入の履歴に基づいてカスタマイズされ、小売業者が予測した消費者の好みに応じてレコメンデーションを受け取るようになっている。小売業者は、消費者ごとにサイトのページをカスタマイズし、その消費者がサイトを訪れたときに、自社の予測に基づいて消費者が興味を持ちそうな本やその他の商品をパーソナライズして、表示させることも可能である。さらに、同じ知識と仕組みを使って、出版社やほかのサプライヤーに広告を売ることもできる。このように本の行動先物市場は機能する。そして、１９９０年代後半から２０００年代前半にかけては、アマゾンという一小売業者が市場を独占した。いまやデジタル革命のおかげで、一小売業者が、読者の閲覧行動および購入行動の情報を、どの出版社よりも無限に知っているのだ。出版社には知りえなかった、そしてこの先も知りようがないくらい多くの情報を。こうして出版ゲームの流れが変わり、大部分のカードは、読者に関する情報資本を事実上独占しているこの一小売業者が握り、このフィールドで支配的な地位を獲得した。

２０００年代から２０１０年代に入ると、多くの出版業者は、このフィールドがますます生存競争の厳しい場所へ進化していると気づきはじめた。２０１１年のボーダーズの倒産によって、実店舗を持つ書店の不安定な状況が浮き彫りになり、出版社は、オンライン小売業者であるアマゾンにますます依存していった。アマゾンは急速にシェアを拡大し、出版社がこれまで知りようがなかった読者のことを、はるかによく知るようになった。情報資本に変換が可能なデータの源となる読者は、新たな出版ゲームで活用できるチップとなりうるが、このチップは圧倒的にアマゾン側に高く積みあげられていた。しかし、かならずしもそういいきれないのでは、という疑問が、２０１０年あたりからメインストリーム出版社のシニアマネジャーの一部の心を占めはじめた。おそらく出版社は、従来から行なってきたB２B型の自社のビジネスモデルをもう一度見直して、これまでやってこなかったこと、つまり読者と直接コミュニケーションを取る経路を構築できないかどうか、検討する時期に来ていたのだろう。

デジタル革命のおかげで、これがいままでにない方法で可能になった。デジタル革命は、出版社のコンテンツをデジタル化し、ワークフローをデジタル化し、コンテンツ供給のための新たなオンライン上の経路を生みだしただけでなく、ほかのメディア・クリエイティブ産業のように、出版事業が営まれている、より広大な情報環境も変化させていた。人びとはますますオンライン環境に移行し、それによって、書店の売り場に立っていなくても成り立つ、新たな交流やコミュニケーションの機会が生まれた。アマゾンがこのような新たな交流やコミュニケーションの形態を活用できるのなら、出版社にも可能ではないだろうか。出版社も、自社の本を読んだり、その本に関心を寄せたりしてくれる人びとと、直接交流できる新しい経路を開くことができるのでは。そして、読者に関する情報の独自データベースを構築し、読者が何に興味を持っているか、どんな種類の本に魅力を感じるかを知り、自社が出版する新しい本について、読者に情報を直接伝えることができるのでは。広告料という形で特別扱いのための費用を支払って、アマゾンに頼る必要はない。なぜなら出版社は、読者と直接コミュニケーションを取れるからである。出版社が読者に本を売る必要はなく、既存の小売チャネルであるアマゾンや、バーンズ＆ノーブル、ウォーターストーンズ、または独立系書店に読者を誘導し、小売業者と販売を完了してもらえばいい。ただし、直接販売できれば、小売業者の値引きを排除でき、第三者である中間業者への依存を減らし、（フルフィルメントの工夫しだいで）利鞘も改善できる可能性がある。しかし、直販して小売業者を迂回するという部分は必須ではない。重要なのはいまや出版社は、これまで不可能だった方法と規模で、自社の本の読者と直接コミュニケーションできるようになったことである。

かつて、出版社が自社以外に目を向けるときは、著者や小売業者、つまり作り手や取引先に焦点を絞りがちだった。出版社はサービス提供業者で、コンテンツの作り手（著者）と、コンテンツの消費者（読者）を、書籍サプライチェーンの中間業者（小売業者や取次業者）を介して結びつけていた。出版社が著者（およびエージェント）を重視したのは、自分たちがビジネスを行なうために必要なコンテンツの源泉として、クリエイティブな才能を発見し、育て、それを保持するためである。小売業者（および取次業者）を重視したのは、それらの業者が直接の客で、一般大衆が本を利用できるようにして、個々の消費者に売る仕事を委ねていたからである。最終的な客である読者は、書籍サプライチェーンのかなり先にいて、出版社の手の届かない存在だった（また、たいていの場合、出版社の関心の範囲外でもあった）。このモデルは、複数の小売業者と、本を陳列し、消費者に発見してもらうための多様な物理的空間を提供する、多くの書店が存在するかぎり、うまく機能した。しかし、物理的な小売の空間が減少し、かつてない規模で顧客データを蓄積している一オンライン小売業者のプラットフォームに、どんどん売上が流れていっている現在、出版界で長いあいだ普及していた古いモデルは、私たちが現在生活している新しい世界に、どんどんそぐわなくなっているようにみえる。もちろん、出版社は著者を重視し、書籍サプライチェーン内のクライアントである小売業者や取次業者と、良好な関係を維持する必要がある。しかし現在、出版社は小売業者を飛び越えて、書籍の最終的な消費者である読者とつながり、直接的な関係を築かねばならない。著者と小売業者というふたつの方向に向いている組織が、読者という第三の方向にも向く必要がある。ようするに、出版社は読者のことを真剣に考えねばならないのだ。デジタル革命のおかげで、以前はできなかった方法で、それが可能になった。出版社は、著者中心、書店中心ではなく、読者中心のビジネスを行なえるようになった。読者とコミュニケーションを取り、読者について知り、宣伝できるばかりか、それらを大規模に行なえるようになったのだ。出版社のなかには、これこそがデジタル革命の真の意義と考えている企業もいる。ある大手商業出版社のCEOは、次のように語っている。

デジタル革命の本質《エッセンス》は、私たちがもっと読者中心のビジネスを行なわねばならないことです。私たちは出版社として、もっともっと消費者に焦点をあてなければなりません。なぜなら、私たちはこれまでずっとB2B

を重視し、つねに書店に尽くして、書店のもっとも目立つ場所に本を陳列してもらおうとしてきました。そして、書店は需要を促す役割を担っていました。ところが、デジタル革命の早い時期にボーダーズが倒産し、一夜にして私たちは800店舗を失いました。その時点で、私たちはみな、もっと読者中心でビジネスを行なわねばならない、出版社はB2Bの書店中心のビジネスから、B2Cのもっと読者中心のビジネスを行なうための意識改革が必要だと、気づきました――これがデジタル革命の本質なのです。

これは、根本的な方向転換だった。デジタル革命によって必要となったと同時に、可能にもなった焦点の転換であり、さまざまな方法で追求ができる。

もっとも基本的なレベルでは、出版社は、読者や潜在的な読者のメールアドレスと、読者の関心やセンスや好みについての情報のデータベースを構築し、消費者に直接販売するためのリソースとしてそのデータベースを利用できる。これを行なうことの大きな利点は、メールとインターネットのおかげで出版社は、自分たちが出版する本に興味を持ちそうな読者に、直接アプローチする費用対効果の高い方法を開発できることである。これで出版社は、新聞や雑誌などの従来の媒体を使った画一的で費用が高くて標的が絞られていない広告や、アマゾンやグーグル、フェイスブックなどのプラットフォームから購入するインターネット広告に頼る必要がなくなり、消費者に本をすすめるかどうかをアマゾンの判断に委ねる必要もなくなる。もちろん、これらのすべてか一部に頼ることはできるが、読者と直接コミュニケーションを取る経路を開拓すれば、独自のデジタルマーケティングをさらに強力に管理できるようになる。出版社は、すでにアマゾンがひじょうに効率よく行なってきたことを、自社で行なうことができるのだ。つまり、自分たちとは関心と目的が一致していない、強いパワーを持つ中間業者に頼らずに、最終的な顧客である読者のデータを集め、そのデータを利用して、読者と直接取引ができる。ようするに、出版社は自分たちのささやかな情報資本を蓄えられるのだ。しかし技術系企業とは異なり、出版社はビジネスとしてこのデータを行動先物市場で売買してはいないし、売買すべきでもない。出版社は、第三者に広告を販売するために顧客情報のデータベースを構築しているのではない。出版社が読者についての情報のデータベースを構築しているのは、読者と交流し、読者について学び、読者が興味を持ちそうな本を出版したときに、読者に知らせるためである。これによって高度なターゲットマーケティングが可能になる。なぜなら、特定の読者層に関して出版社が知っている情報に基づいて、マーケティングを行なえるからである。それらの読者は、出版社が出版しているタイプの本に興味を示し、メールアドレスを提供したり、（いつでも自由にやめられる）出版社のニュースレターを購読したりして、出版社からのコミュニケーションに関心を持ち、それを受けいれる姿勢をみせる。

メールデータベースの構築は、出版社にとって効果的なマーケティングツールになりうるが、その実現は容易なことではない。読者と直接コミュニケーションを取るには、出版社が読者を誘導して、ニュースレターへの登録や、メールアドレスなどの詳細な情報を提供してもらわねばならない。出版社はアマゾンほどの強みがない。アマゾンの強みは、読者やその他の消費者が、アマゾンのプラットフォームで販売している膨大な種類の商品から本やその他のものを購入するために、個人情報を提供する動機があるところだ。したがって、出版社はほかの手段を頼りにして、読者が出版社の顧客リストに加わりたくなる気にさせねばならない。たとえば、懸賞への応募や、本の無料提供、出版社が直販を開始したとき、次回の注文時に大幅な割引をするなど、さまざまなインセンティブの提供が、読者の登録を促す方法のひとつになる。しかし、たとえインセンティブがあったとしても、とくに（ＥＵのように）企業が個人情報をデータベースに保有する際、厳密な法的条件を順守しなければならない地域では、長く煩雑なプロセスがある。最終的に数千のメールアドレスしか集められないなら、労力に見合わないようにみえるかもしれない。しかし、自社の出版する本に興味を持ち、新刊のお知らせなどを希望する人びとのメールアドレスが10万人分集められるとしたらどうだろうか。１００万人分、あるいは１０００万人分のメールアドレスを集め、新刊や近刊や、似た種類の既刊本について、読者と直接コミュニケーションが取れるとしたらどうだろうか。そうなれば、趣味や関心、好みがわかっている多くの積極的な読者それぞれとコミュニケーションを取れる確実な方法を手にしているといえるのではないだろうか。しかも高度にターゲットが絞れて、実質的には費用をかけずにそれが行なえるのである。

読者データベースの構築は重要なステップであるが、それは読者に焦点を移すための手段のひとつにすぎない。出版社にとって真の問題は、読者中心になるというのが、顧客のメールアドレスのデータベース構築や、顧客への直接的な宣伝が得意になる以上のことを意味するのかを、突きとめることである。そして、もしそうなら、それはいったいどういうことなのかを、突きとめることである。たとえば、外注しているプロセスや出版プロセスに、読者の興味や好みを直接組みこむことを意味する可能性もある。出版フィールドの周縁に存在するスタートアップ企業のなかには、読者のフィードバックを参考にするための新たな方法の開発に、とくに独創的かつ前向きに取り組んでいる企業もある。クラウドファンディング・モデルは、読者の反応を意思決定プロセスに体系的に組みこんでいる。なぜなら、このモデルは、本を出版するかどうかの決定が、経済的な支援を約束してプロジェクトを支援しようとする個人がどの程度いるかにかかっているからだ。これは、従来の出版モデルとまったく正反対である。もはや「本を出版してから、その本の市場を探す」のではなく、「本の市場をみつけてから、出版するかどうかを決める」のである。これは、読者の好みを考慮し、出版社のリスクを大幅に軽減するすばらしいモデルであるが、時間がかかり、管理も複雑で、年間何千冊もの新刊を出版するような大規模な出版事業へと拡大するのは、むずかしいだろう。ワットパッドのソーシャルメディア・モデルは、読者からのフィードバックをクラウドファンディングとは異なるやり方で取りいれている。それによって、著者が物語を書いているときに読者のコメントを参考にしたり、読者数やコメントの内容に関するデータを用いて、どの物語を書籍化したり映画化したりするかが決定できるし、開発プロセスの指針にしたりすることができる。ワットパッドが、ソーシャルメディア・プラットフォームとして、全世界で8000万人以上のユーザーがおり、5億6500万以上の物語がアップロードされていて、すでに大規模な運営が行なわれていることを考慮すると、この企業の出版事業が大規模に拡大する可能性は相当大きい。ここでの問題は、このモデルが、ワットパッドがとくに強い支持を集めているティーン向け小説という特定のジャンルを超えて、一般化できるかどうかである。このフィードバック・モデルは、ワットパッドのソーシャルメディア・プラットフォームへの参加を選んだユーザーで構成されている、既存のコミュニティを前提としており、そのプラットフォーム上での行動（フォローやコメントしている物語など）は、フィードバックプロセスのための生データになる。ワットパッド上で突出して大きな割合を占めている物語の種類は、ティーン向け小説、ティーン向けロマンス、ファンフィクションなどで、さまざまな種類の物語が世界的に若い人、とくにティーンの女性から大きな人気を集めている。いっぽう、ノンフィクションはいうまでもなく、ほかの種類のフィクションも、ワットパッドがプラットフォーム上で収集しているようなユーザーデータが生成可能なほど、充分な規模の支持を集められるかどうかは、明らかではない。

クラウドファンディングや、ワットパッドのソーシャルメディア・プラットフォームで育まれたタイプのフィードバックプロセスを、メインストリームの出版社がそのまま再現するのはむずかしいかもしれないが、読者とのコミュニケーション・チャネルを開くために、出版社ができることはほかにもある。出版社がメールデータベースを構築しはじめた場合、ただ読者が関心を持ちそうな新刊の情報を知らせるだけでなく、読者を、本の単なる消費者というより対話の相手として扱うことで、読者との会話を始めることができる。オンラインのコミュニケーションというのは、潜在的に双方向の二者間あるいは、多元的なコミュニケーションである。読者は、ターゲットを絞ったマーケティング・メッセージの潜在的な受信者であるだけでなく、対話型交流の参加者になりうる。読者を交流の潜在的な参加者として扱うために、出版社は、読者の声に耳を傾けたり積極的に見解を求めたりする方法を学び、その声に応えるための新たな方法を開発しなければならない。出版社は、読者に対して効果的なマーケティングを行なうにはどうすれば良いかだけでなく、読者の声にいかにして耳を傾けるかを自らに問い、読者が出版社に何を求め、何に関心を持っているのかをもっと知る必要がある。そして、メールやソーシャルメディアなど、デジタル技術によって切り開かれた新たなコミュニケーション・チャネルを利用して、本を出版する著者と、著者の本を読みたがっている読者との交流を促す方法を考えねばならない。なぜなら出版社は、著者と読者のあいだの架け橋となり、本がより広大な文化的対話の一部となることを可能にする、文化交流プロセスの唯一の仲介者であるからだ。読者は著者がどんな話をするのか関心がある。現実の世界であれ想像の世界であれ、著者がつづる物語に関心があり、どのようにして結末にたどりつき、別の結末がありえたのかなど、著者の説明に興味があるのであって、出版社自体には（この件については小売業者にも）たいして興味がない。したがって、出版社が現在直面している根本的な問題は、出版社が、オンラインとオフラインの両方（とはいえオンラインが徐々に増えている）に存在する複数の環境で行なわれる文化的対話を、いかにして促進し、そこに効果的に参加できるかである。また、21世紀の変動する情報環境のなかで、本の居場所をいかにして確実に確保しつづけられるか、ということである。

デジタル時代の本

これは見込みなしだと思う人もいるかもしれない。そのような人びとは、ますます進むオンライン化や、携帯端末などの画面を利用するデジタル文化、そしてまばゆく、騒がしく、つねに変化するインターネットの世界と、本という文化形態は基本的に相いれないと考えているかもしれない。ニコラス・カーの示唆に富むフレーズを借りれば、現在のインターネットの世界は、人びとを没入型の読書という深い海から引っぱりあげて、気を逸らすものの多い浅瀬に導く傾向がある。[33] おそらく、私たちは長時間型の読書に必要な持続的な集中力を保てなくなっていて、読書に以前ほど魅力を感じなくなってきている。そうではないだろうか。

ひょっとするとそうかもしれない。たしかにこんにち、本を読む時間よりも、テレビやコンピューターや携帯端末などさまざまな機器の画面で、オーディオ・ビジュアル・コンテンツを消費する時間のほうがはるかに長いという人が多い。アメリカで最近行なわれた研究によると、アメリカ人は1日平均2・8時間テレビをみて、47分間コンピューターゲームをしたり、楽しみのためにコンピューターを使っていたりするのに対し、読書は1日わずか26分である。[34] ようするに、テレビをみたりコンピューターを使ったりしている時間は、読書の時間の平均8倍以上である。いっぽう、過去1年間に少なくとも1冊の本を読んだと答えたアメリカ人の割合は、ここ数年ほとんど変化しておらず、印刷された本はいまだに、電子書籍やオーディオブックよりもかなり人気がある。[35] ますます画面の利用が増えていくデジタルの世界にあって、読書に費やす平均時間が、テレビの視聴をはじめ画面を利用する活動に費やす時間よりはるかに少なくなっているとしても、本、とくに印刷された本は、多くの人が考えているよりも根強い存在感を示しているようである。これほどまでに本がしぶとく存在しつづける理由は、どう説明できるだろうか。

この問いに対する答えが、いろいろあるのはまちがいない。人びとはさまざまな理由で本を読み、その価値を認めている。とはいえ、本、とくに印刷された本が現在も多くの人びとに評価されているのは、とりもなおさず、画面を利用するデジタル文化とは異なるからではないだろうか。人びとの生活が画面を利用する文化に縛られれば縛られるほど、その文化に完全に取りこまれていない活動形態に、人びとは価値を見いだすのかもしれない。ドイツで行なわれた最近の研究によると、人びとが読書を楽しむおもな理由のひとつは、日常生活の絶え間ないプレッシャーと、デジタル機器によるマルチタスクのとめどない要求に押しつぶされそうになっているせいだった。読書は、これらのプレッシャーや要求から逃れ、しばらくのあいだ別世界に没頭する機会を与えてくれる。ある読者は次のように語った──「世界はますますせわしくなっている気がします。だからゆっくりくつろげる別天地が必要なのです[36]」。一部の人びとにとって読書は、画面生活から離れる機会であり、日常生活をどんどん飲みこんでいくようにすらなった世界から一時的に脱出する機会なのだ。現在の世界は、すばやい応答を求めるメールやメッセージの畳みかけるような通知音によって、つねにさまざまな方向に注意を逸らされる。読書によって私たちは、気を逸らされる浅瀬から出て、より深みのある別世界に没入できるのだ。

ここで大事なのは、日常生活のプレッシャーを遮断して解放されたいという欲求より、時間をもう一度自分でコントロールしたいという欲求かもしれない。ハルトムート・ローザが「加速する社会」と呼ぶように[37]、休みなくスピードアップしていく世界に生きているという感覚は、現代の西洋社会に広くいきわたっている。かつてないほど急かされ、時間に追われ、駆り立てられていると多くの人びとが感じている[38]。これは新たな技術が開発されたからというだけではない。労働パターンの変化など、ほかの要因がここでは重要であるし、新たな技術それ自体がかならずしも、日常生活のスピードアップを招くわけではない。しかし、新たな技術の普及に伴って、それによって期待されること（たとえば生産される商品や、実行される活動、送信される通信量など）にも著しく増加がみられるとき、人びとは生活のスピードが速くなり、時間の希少さが高まる経験をする傾向にある。[39] 余暇やその他の活動に時間を自由に使うのではなく（これは技術革新がみせる大いなる幻想、果たされない約束だ）、新たな技術の導入によって、人びとは同じ時間、あるいはより短い時間でより多くのことをこなそうとするため、かえって仕事が増大してストレスのレベルが上昇する可能性がある。時間を節約できるテクノロジーは、時間を消費するテクノロジーへと姿を変え、時間はこれまで以上に吸い取られ、人びとは自分の時間がますます少なくなったという感覚を強くする。スローフードやスローファッション、スロートラベル、スローメディアなど、生活をスローダウンしようという声や運動が高まっている要因は、ここにもあるのではないだろうか。[40]

この文脈で考えると、本や読書という行為は新たな意義を帯びる可能性がある。多くの人が生活が加速し、自分の時間がますます減っていると感じている世界で、読書は加速のサイクルから抜けでて、時間をふたたびコントロールできるようになるひとつの方法になる。多くの人にとって読書は、ファストアクティビティではない。文章に没入するための時間を確保し、何時間も、というよりおそらく何日も、その行為を続けなければならない。1冊の本を読むことを選択すれば、相当な時間をささげることになる。つまり、1冊の本を読むという決定は、持続的な集中力と注意力を必要とする特定の活動に、かなりの時間を費やすと決定することである。その性質ゆえに時間を食い、著しいスピードアップが不可能なある活動に従事すると選択することである。読書は、日常生活で人びとの時間と注意を吸い取る多くの活動とはちがったテンポを備えているが、それは欠点というよりむしろ魅力のひとつかもしれない。時間がますます貴重なものとなっていく世界で、読書は自分自身の時間を取り戻すひとつの方法である。本は、どんどん加速していく世界のいわば「俗世遮断器《ブレーカー》」である。読書は、生活の速度を落とすというよりもむしろ、ペースを再調整する活動であり、日常生活の流れのなかで異なる種類のバランスをみつけるための行為である。本を読むというのは、絶え間なくスピードアップしていく世界の要求に急かされないように、駆り立てられないように、縛られないようにする行為である。それは、加速する世界から脱出して時間が止まっている「減速のオアシス」に引きこもることではなく、むしろ、その世界で生きる別の方法を確立し、その世界と自身との関係を再調整することである。そうすることで、切迫感や重圧を感じないようになる。このような関係が、ひょっとするとローザのいう「共鳴《レゾナンツ》」という言葉で特徴づけられる関係かもしれない。個人が、その世界に悩まされたり、駆り立てられたり、圧倒されるのではなく、その世界と調和していると感じられるような、人のあり方である。(41)もちろん、読書だけが、満ち足りた気持ちで個人が社会に存在するための唯一の方法というわけではない。音楽を聴いたり、郊外を散歩したり、家族や友人とただ家でゆっくり過ごすなど、さまざまな方法がある。しかし本を読むという行為は、個人が世界で自分のあり方を再調整できる術《すべ》として、文化が混じりあう現代社会に居場所を得たのかもしれない。その居場所は、画面を利用する文化がそれ以前の文化をきれいさっぱり一掃してしまうと予測(あるいは懸念)していた人びとの想像よりも持続性があるようだ。

このようなことをいうのは、アナログの復活によってデジタル文化が輝きを失う「ポストデジタル時代」に突入しつつあると主張するためではない。むしろそれとは程遠い。私たちの時代は完全に、かつ不可逆的にデジタル時代そのものであり、出版を含むメディア・クリエイティブ産業の諸分野はみな、デジタル革命によって大きな変貌を遂げたし、今後も変貌していくだろう。だからといって、すべての文化的な財がデジタル製品に変わるというわけではないし、個人があらゆる文化的な財をデジタル的加工物として消費しようとするとか、画面を利用する文化活動だけを行なうだろうなどと、いっているわけではない。そういうことはちっとも起こりそうにない。それは、デジタルの魅力にとらわれた貧しい想像力によって生まれた、ありそうにないシナリオが写しだされていたにすぎない。テクノロジーは、かならずしも順々に代替わりするわけではなく、ときには共存するのである。たとえば、テレビのオーディオ・ビジュアルの豊かさは、ラジオよりすぐれているが、ラジオは多くの人びとの生活のなかに居場所を確保してきた。同様に、紙に印刷された本も、電子書籍やオーディオブック、そして将来登場するかもしれない未知の媒体とも共存しつづけられるだろう――それは私たちが、ますますデジタル化が進む時代に生きているにもかかわらず、というより、こんな時代に生きているからこそ、である。

結論——流動する世界

21世紀の最初の20年間は、書籍出版を含むすべてのメディア・クリエイティブ産業にとって、きわめて困難な時代だった。これらの業界は、デジタル革命による変化の波に独自の形でさらされた。それは、特殊なコンテンツ、0と1の数列にデジタル化できる記号コンテンツを扱っていたからにほかならない。コンテンツのこうしたデジタル化があらゆる可能性を開いた。21世紀が始まるというとき、この技術変革はメディア・クリエイティブ産業の、終わりの始まりだと予言する人があとを絶たなかった。それらの業界は、LPレコードであれ、紙の新聞であれ、紙に印刷された本であれ、記号コンテンツが埋めこまれた、物質的な加工物の生産と流通によってビジネスが成り立っていた。ところが、新しい時代が生まれると、インターネットを通じて、物質的な加工物の生産・保管・配送にかかわる摩擦や費用を生じさせることなく、記号コンテンツが電子的に創造・拡散・消費された。ちょっとまえの世代がなじんでいた文化的な財は、過去の時代のいわば人工遺物として、その多くが古物研究に関心のあるコレクター向けのアイテムになり、新たな世代の人びとは、自分たちの世界とはかけ離れているようにみえる世界を、当惑しながらも好奇心を持って振りかえることになる。新たな世代の世界では、膨大な量のコンテンツがたやすく、迅速に、安価に、しばしば画面をタッチしたり、マウスをクリックしたりするだけで、しかもたいてい無料で利用できる。グーテンベルクよ、さらば——続いているあいだは申し分なかったが、あなたの時代は終わった。

テクノロジーにはそれ自体に変革の力がある、という概念が根っこにある多くの物語と同じように、デジタル革命がメディア・クリエイティブ産業に及ぼす影響についてのこの見解は、すさまじく複雑で多面的であるはずのプロセスを、あまりに単純化しすぎていた。このプロセスは、メディア・クリエイティブ産業のそれぞれの分野によって大きく異なるだけでなく、出版業界など特定の業界内だけをみても、ひどく複雑であることがすでに明らかになっている。それは、テクノロジーが単独では力を発揮できないことも原因の一端である。テクノロジーはつねに特定の社会的、歴史的なコンテクストのなかで開発され、導入され、受けいれられる。あるいは無視される。これらのコンテクストには既存の制度や慣習が含まれる。それらの制度や慣習によってテクノロジーがどう創造されるか、どう使われるかが決まる。また、そのコンテクストのなかで、現実の人間がそれぞれの興味や目的、欲求や好みで、そのテクノロジーを使うか使わないかを選択している。テクノロジーはそれ自体で、およびそれ自体が世界を変える力を持つデウス・エクス・マキナではない。テクノロジーはリソースであって、開発・導入するのは特定の社会的コンテクストのなかで自らの利益と目的を追求する行為者だ。行為者はテクノロジーを利用し、それによって生まれたチャンスを捉えて、自らが価値を認め、価値があると感じるものを追い求め、開発する。このような一連の行動がみな成功するとはかぎらず、それどころか大半は失敗する。また、そのような行動のなかには、他者の利益を侵害したり、他者から脅威とみられたりする機会を追求する者もいて、そのせいで他者との争いが生じることがある。いかなる産業でも、とくに書籍出版のようなオールドメディア産業では、テクノロジーの変化という社会的現実《ソーシャル・リアリティ》〔社会が認知している現実〕は、権力や争いと切っても切れない厄介な出来事なのだ。なぜなら、ある者による新しい機会の追求は、ほかの者の犠牲の上に成り立つことが多々あるからである。

2007年にキンドルが導入されてから最初の数年間で、電子書籍の売上が急増したとき、多くの人びとは、MP3やiPodが音楽業界の流れを変えたように、これがポスト・グーテンベルク時代を導く技術革新になるのではないかとみていた。これも結果的には、複雑な現実を単純化しすぎていたし、さらにいえばデジタル革命がどういうものかを見誤っていた。たしかに、最初の数年間の電子書籍の急発展は、500年にわたる長い歴史のなかで、出版業界がそれまで経験したことがないほどめざましいもので、そのなかを生き、間近で目撃した人びとが、これをターニング・ポイントだと考えたとしても無理はない。しかし、そうはならなかった。電子書籍の売上は離陸したとたん、その急上昇が急停止し、知ってのとおり、印刷書籍の終焉について書かれた多くのページは、つねにそうであったように、物事をあまりに単純化しすぎていたことが露わになったのである。しかし、表面的な数字の裏には、もっと複雑な現実の姿が隠れていた。電子書籍は、ある種の書籍、とくにロマンス、性愛、SF、ファンタジー、スリラーといった特定のジャンルフィクションに適した形式《フォーマット》であることが判明した。しかし、数多くのノンフィクションを含むほかのカテゴリでは、印刷書籍の驚くべき粘り強さが証明された。これらのカテゴリでも電子書籍は売れていたが、その量ははるかに少なかった。ようするに、書籍が印刷書籍からデジタル形式に移行する程度は、実にさまざまであったのだ。ジャンルフィクションを出している出版社にとって、デジタルへの移行の激しさは、自費出版の爆発的な普及と相まって、この分野に大きな影響を及ぼす重大な展開であった。しかし、ほかの分野、とくに絵本のような独特な分野はもちろん、文芸フィクションやノンフィクションのようなメインストリームの分野に重点を置いている出版社は、電子書籍の出現でそれほど強い影響を受けなかった。つまり、電子書籍は、多くの人が予想して恐れていたような業界の根本を揺るがす破壊者でもなければ、一部の評論家や起業家が想像していたような、本の形態そのものが再発明されて生まれた媒体でもなかった。蓋をあけてみると、実際のところ電子書籍は、出版社が本をパッケージングして消費者に届けるためのもうひとつの形式にすぎなかった。この状況は、1930年代以降にペーパーバックが出版社にとって、利用可能なもうひとつの形式になったときとそっくりだった。

しかし、デジタル革命が出版業界に及ぼした影響は、電子書籍にとどまらなかった。電子書籍は物語のほんの一部でしかなく、それが状況を一気に変えるゲームチェンジャーになると考えていた人たちはまちがっていた。もっとずっと根本的な変化が広がりつつあったのだ。デジタル革命は、私たちの社会の広範な情報通信環境を、急速かつ決定的に変貌させていった。ソーシャルな世界と政治的な世界において情報が流れる経路や、個人が互いにコミュニケーションを取ったり、記号コンテンツを消費したりする方法を変えた。出版業界は、ほかのメディア・クリエイティブ産業と同様に、この環境の変化に適応する以外に道はなかった。技術上のあらゆる大革命と同じく、デジタル革命は、技術そのものよりも、技術によって社会的な人間関係がどのように変化するかのほうが、はるかに重要だった。ふと気がつくと、出版社は、羅針盤も地図も持たずにすばらしき新世界に船出していた。そして、何に出会うかもわからず、状況も見渡せず、見慣れた過去の世界に引き返すこともできぬまま、自分たちの進むべき路《みち》を探した。できるところから試し、先に船出せざるをえなかったほかの産業から学び、新たなチャンスを切り拓きながら、同時に抜け目なく気を配って、いつなんどき状況が悪くなって、何十年も何百年も積みあげてきたものが、あっというまに潰《つい》えてしまってもおかしくないと、覚悟しておかねばならなかった。書籍出版の世界では、どんなに大きな出版社であっても、自分たちがいま船を進めざるをえないこのすばらしき新世界では、ごく小さなプレイヤーにすぎないことも、まもなく明らかになった。この世界を動かしているのは大手技術系企業で、おもに西海岸に拠点を置くこれらの会社の資本規模は、業界最大の大手出版社でさえ小人族《リリパット》にみえるほどだった。こうした技術系企業の一部が、出版社が生産しているものに本気で関心を持ちはじめ、出版社が何世紀にもわたってそれなりに安穏と暮らしてきたフィールドで本格的な存在感を示すようになるにつれ、対立の可能性がつねにつきまとうようになった。対立は意図されていたわけではなく、大半は意図しないものだった。もともとの意図はしばしば善良で、称賛に値するものでさえあり、出版社は技術系企業が開発した新たな形態の情報処理技術や電子商取引から、数えきれないほどの恩恵も受けた。アマゾンは本の市場を大きく拡大し、書店にたやすく出かけられない読者が本を容易に購入できるようにして、以前よりずっと効率的なサプライチェーンを確立した。電子書籍を合法的に売買できるキンドルは、読者が使いやすい端末で本を消費できる安全な環境を提供してくれる、まさにギフトだった。しかし、出版社の利益と技術系企業の利益がつねに一致していたわけではなく、それぞれの利益がもっとも激しく乖離したそのとき、書籍戦争が勃発した。

こうした対立で問題になったのは、コンテンツに対する考え方の違いと、パワーを生みだす方法の違いだった。出版社のようなオールドメディアにとっては、コンテンツこそすべてだった。出版社はコンテンツ制作というビジネスを行なっており、新たなコンテンツの継続的な供給を受ける必要があり、ビジネスを存続できるかどうかは、コンテンツを持続的な方法で商品化し、活用できるかにかかっていた。それとは対照的に、技術系企業にとってコンテンツは、別の目的を達成するための道具だった。技術系企業は、コンテンツ制作を事業として（または本業として）扱っていなかった。本業は検索エンジンビジネスや、小売ビジネスなど別にあったため、それらの企業にとってコンテンツは、それらのほかのビジネスを牽引したり、増幅したり、改善したりするための手段で、それ自体が最終目標ではなかった。さらに、技術系企業はネットワーク経済の重要な特性を発見し、それを自らの強みとして利用できた。それは、独自に集めたユーザーデータを特定のリソース、つまり情報資本に転換できるということだった。このデータは適切な条件が揃えば、きわめて価値が高くなり、行動先物市場で広告主に売ることができた。ユーザー数が多くなり、生成できるユーザーデータが増えれば増えるほど、広告収入をめぐる競争で自社の立場が強くなる。この広告収入が、インターネットを通じてこれまでにないほど大量に流れこんできた。技術系企業がコンテンツを欲しがるのは、コンテンツがあればあるだけ、より多くのユーザーを引き寄せられるし、より多くのユーザーデータが手に入るからであった。ただし、技術系企業にとってコンテンツの価値は重要ではなかった。彼らが商品として売っていたのはコンテンツではなく、ユーザーデータだったからだ。したがって、これらの企業はコンテンツの価値の維持にまったく関心がなかった。むしろ、コンテンツは安ければ安いほど都合が良かった。コンテンツはユーザーを惹きつけるひとつの道具であって、技術系企業の真の資産、つまりもっとも有用な資産でありパワーの重要な源であるのは、ユーザーデータだったからだ。グーグルをめぐる長期にわたる争いや、電子書籍の価格設定をめぐるアマゾンとの対立が起こったのは、書籍出版業などのオールドメディア産業とグーグルやアマゾンなどの新たな技術系企業の根底にある経済論理が異なるせいだった。これらの争いで問題になったのは、コンテンツの価値に対する考え方の違いと、これらの企業がパワーの基盤としている財源の生みかたの違いだった。

表面的には、出版社が巨大技術系企業との戦いに負けたようにみえた。たとえば、グーグル図書館プロジェクトの場合、アメリカの裁判所は、最終的にグーグルに有利な判決を下し、著作権が有効な作品をグーグルが利用しても、米著作権法上のフェアユースにあたるとした。しかし、この判決が発表されるころには、グーグルの書籍コンテンツへの関心はすでに薄れていた。２０００年代前半、自社の検索結果を改善して検索エンジン戦争での地位を強化するために、書籍コンテンツをサーバーに追加するというのは、グーグルにとっていい考えのように思われた。けれども、裁判所がグーグルに有利な判決を出したころにはすでに、検索エンジン戦争は終わっていて、グーグルは本の助けを借りるまでもなく、勝利を収めていた。いっぽう出版社は、グーグルと示談し、グーグルと図書館が著作権の有効な作品に対して行なえることに制限を設け、著作権を侵害していると判断した相手には、法的手段に訴える用意があることをはっきり示した。グーグル図書館プロジェクトが巻きこまれた法的なごたごたを考慮すると、ほかの企業や人がすぐに同じような道を進み、あえて危険を冒そうとはしないように思われる。電子書籍の価格協定に関する争いでは、司法省の見解として、アップルとビッグファイブとが共謀して電子書籍の価格を引きあげ、アメリカの反トラスト法に違反して競争を制限したとされた。出版社は、費用がかかって長引きそうな（負ければ破産の可能性もある）訴訟に取り組むよりも、司法省との和解を選び、和解判決の懲罰条項を受けいれた。いっぽうアマゾンは、出版社のエージェンシーモデルの価格設定への移行という決断から失うものが多く、出版社とアップルの取引を調査するよう司法省に働きかけていたが、この一件では無傷で、これまで以上に強い立場で脱出した。しかし、和解判決によって課された一時的な契約が終わると、ビッグファイブはみなエージェンシーモデルの契約に移行し、電子書籍の価格設定に対する支配力を取り戻した。この支配力が、そもそも電子書籍価格をめぐる争いが生じた原因である。その結果、出版社は、本来なら避けられたし、避けるべきだった反トラスト法にかかわる調査に巻きこまれて大きな代償を払わされたものの、最終的には望みどおりの成果を手にいれた。

グーグル図書館プロジェクトと電子書籍の価格協定をめぐる争いは、書籍戦争のなかでもひときわ目を惹く激しい戦いだった。それでもこれらは、出版社が踏みこみつつある複雑な新世界で勃発している数々の火種のひとつにすぎない。この新世界では、古いルールの多くはもはや使われておらず、船をどう進めるかを長期的に見定めるのはむずかしい。それでも、新たな危機やリスクがある世界には、新たなチャンスもある。出版社の課題は、リスクを最小限に抑えつつ、新たなチャンスを精一杯つかむことだった。とはいえ、このプロセスにいるのは出版社だけではない。これまで業界外の企業に対して比較的閉鎖的で、業界内の独自の経済論理に従って大きく発展してきたフィールドの境界を、デジタル革命が壊したからだ。デジタル革命によって、参入の障壁が低くなり、新たなプレイヤーがこのフィールドに参入して、既存のプレイヤーに挑戦できるような環境が生まれていた。それと同じくらい重要なのは、フィールド自体の境界が曖昧になってきていることである。その結果、新しい活動領域がこのフィールドの境界線上に出現し、独自のプレイヤーや習慣や、シャドウエコノミーを巻きこんで新しいエコシステムが発達し、場合によっては古いフィールドと重なりあうこともあれば、ほとんど重なることなく独立して発展することもあった。

新規参入者のうち、出版業界にずばぬけて大きな影響を及ぼしているのは、もちろんアマゾンである。このデジタル革命の申し子の重要性はどれだけ語っても、語りすぎることはない。1997年にシアトルの車庫で慎ましやかに誕生したアマゾンは、書籍ビジネスの小売領域で革命を起こした。これは、1980年代から1990年代にかけて書籍スーパーストアチェーンが起こした小売革命よりも、はるかに広範で重大な影響を及ぼした。アマゾンの重要性は、物理的な書籍の売上で、書籍スーパーストアチェーンの最大手が全盛期に到達した市場シェアを大きく上回ったということだけではないし、いちばん人気の電子書籍用端末を開発して、電子書籍市場で圧倒的な地位を確立したということだけでもない。いちばん重要なのは、アマゾンがユーザーデータの重要性にいち早く気づき、出版業界でそれまで試みられなかった、あるいは想像すらされていなかった方法と規模で、ユーザーデータを収集し活用する方法を開発したことである。アマゾンは本の世界における情報資本のパイオニアで、これがやがて出版業界で発揮される先例のないほど強力なパワーの源泉となる。アマゾンは印刷書籍と電子書籍の両方の小売業者としての圧倒的な市場シェアと、書籍購入者に関する大量に蓄積された独自のユーザーデータ（情報資本）を確保することによって、このフィールドで有利な立場を獲得し、サプライヤーと取引条件の交渉をする際に、大きな影響力を及ぼせるようになった。自社の売上の半分以上を支配している小売業者の怒りを買うようなことをしたがる出版社はいない。アマゾンのこのフィールドでの優位性は、小売業者としての役割からのみ生じているのではない。アマゾンは、自社の出版事業を開発したり、革新的なスタートアップ企業を買収したりする手はずも整えて、自費出版、サブスクリプションサービス、オーディオブックなど、このフィールドの周縁に出現しつつある領域でも、優位な地位を確保しようとしていた。アマゾンは書籍の一小売業者にとどまらない。アマゾンは（とりもなおさず）、印刷書籍から電子書籍、オーディオブックまで、複数の形式の本の制作、宣伝、消費が行なわれるエコシステムそのものなのである。そして、ひとつのエコシステムが、出版社と調和して共存することもあれば、出版社と対立する可能性もある。ここへきて出版社は、デジタル革命によって、自分たちの業界にテクノロジーの巨人が産み落とされた事実を、勘定にいれねばならなくなった。すなわち、これまで馴染みのあったものとは異なる、はるかに強力で、別の種類のパワーを持つ新しいタイプの小売組織が生まれたのである。

デジタル革命は、このフィールドの境界を曖昧にもしたが、独自の道を歩む新たな活動領域も生みだした。なかでも、急速に拡大している自費出版の世界はまちがいなく、とくに重要な存在である。フィールドの片隅で進化してきたパラレルワールドそのものの自費出版という世界は、それ自体がひじょうに複雑で、作家の卵たちが出版界の従来の門番を回避して自作品を出版するための、ありとあらゆる道を提供している。しかし、新たな活動領域はほかにもたくさんある。たとえば、アンバウンドやインクシェアズなどの新しいクラウドファンディング出版ベンチャーや、スクリブドなどの新しい電子書籍のサブスクリプションサービス、ワットパッドなどの書き手と読み手のための新しいソーシャルメディア・プラットフォーム。加えて、その道に特化した組織やルール、年次会議や賞なども創設され、独自の産業へと発展したオーディオブックの世界もある。デジタル革命によって、出版の世界は、より多くのプレイヤーとスタートアップ企業が混在するはるかに複雑な空間になった。そのうちのいくつかは、このフィールドで持続可能なビジネスとなるだろうが、ほかは、将来に向けて持続可能な道筋を築くことができず、道半ばで挫折するだろう。

デジタル革命は、出版というフィールドの垣根を下げ、その境界を曖昧にするいっぽうで、出版業が産業として存在している、より広範な情報通信環境も変えてしまった。それによって出版社は、自らを変革し、情報通信フローの新たな世界に適応する必要に迫られると同時に、チャンスも与えられた。何世紀ものあいだ、出版社は中間業者が棲息している書籍サプライチェーン内に存在していた。出版社は、本を生みだし、コンテンツの作り手（著者）とコンテンツの消費者（読者）を結びつける役割を果たしてきたが、書店や取次業者を含めさまざまな中間業者に依存してきた。そして、数世紀まえからほとんど変わらない書籍サプライチェーンのなかで、それらの中間業者が本をエンドユーザーに届けてきた。書店の役目は、消費者の目に留まるように本を提示し、読者が本を試し読みしたり、新たな本を発見したりできるような物理的な空間を提供することだった。これは一方通行のコミュニケーションモデルで、このなかで出版社は門番として、編集上の判断でどの本を出版するか決め、書籍サプライチェーンの中間業者を介して市場に送りだす。このモデルでは、事実上の顧客は読者ではなく、むしろ中間業者の書店や取次業者で、出版社はこれらの中間業者と密接なビジネス上の関係を築きながら、それに依存して読者に本を届けてもらっていた。出版社は、自社のビジネスが運営できるだけの部数が売れているかぎり、最終的な消費者である読者には、さほど注意を払っていなかった。しかし、何世紀にもわたって出版業界を形づくってきたこのモデルは、デジタル革命によって根本から崩壊しつつあった。

この崩壊の理由は、書籍サプライチェーン内の中間業者が、旧来の実店舗を持つ書店とはまったく異なる方法で事業を行なう、強力な新興の技術系企業にどんどん置き換わっていったからである。書店が次々と閉店し、書籍スーパーストアチェーンが規模を縮小したり、潰れたりしていくにつれ、出版社は従来の書籍サプライチェーン内に存在した中間業者がつねに行なってきたこと、つまり実店舗で読者に向けた本の提示や販売はもう期待できないという認識を強めていった。読者は新たな方法で本をみつけていた。書店に足を運んで店頭の陳列台を眺めるよりも、オンラインで閲覧したり、おすすめタイトルのリストをメールで受け取ったりなどの方法で、本を探すようになっていたのだ。しかし、出版社はこれまで自社の本を読んでいる読者に、あまり注意を払ってこなかったため、読者のことをほとんど知らなかった。したがって、デジタル革命によってもたらされた新しい情報通信環境のなかで、読者が自社の本を発見できたり、あるいは発見できなかったりする過程に影響を及ぼせなかった。しかも、これの重要性に早くから着目し、読者の閲覧・購買行動に関する大量のデータを自社でせっせと蓄積してきた唯一のプレイヤーに、すっかり翻弄されていた。

理解の程度と関与の程度はさまざまであれ、出版社はこのすばらしき新世界で自らの未来を確保する最善の方法は、書店中心の出版社の古いモデルを捨てることだと気づいた。そして、本という特定の形態を通じて、コンテンツの作り手（著者）とコンテンツの消費者（読者）を結びつけるサービスの提供者として、自分たちの役割を見つめなおすべきだと認識するようになった。そのためには、読者がどの媒体でコンテンツを読みたがるかについてわかったふりをせず、新しい媒体でコンテンツを率先して提供すべきである。その媒体は読者にとって魅力的かもしれないのだから。これらのことが唯一明らかな最初のステップだ。この最初のステップに関しては、出版社はかなりまえから認識していた。出版社にとってはるかに困難な問題は、読者はおまけのような存在ではなく、むしろ注意を向ける中心的な存在としてビジネスを方向転換し、作家中心であり読者中心でもある組織となり、この両者にすぐれたサービスを提供してこそ、組織として繁栄するという考えを自社のDNAに組みこむことである。これは何も、出版社にとって書店はもはや重要でないという意味ではない。もちろん書店は重要だ。むしろ、書店はこれまで以上に重要な存在である。それは、過去に本が可視化されていたほかの多くの場所（新聞の書評欄、本の紹介に特化したテレビ番組など）が、現在は衰退したり消えたりしているからである。しかし、書店を中心に据えた関係は、読者との関係の代用として、あまりに長く活用させすぎた。つきつめれば、読者との関係のほうがずっと重要なのに、この関係はおろそかにされてきたのだ。

幸いにも、デジタル革命は出版社に、読者との関係の大切さを認識させただけでなかった。出版社がこの関係を大きく発展させられるツールも提供したのだ。出版社は創造的に考え、深く関与することで、デジタル革命がもたらした新たな形の情報通信フローを活用して、読者と直接関係を結べるようになった。この直接的な関係を結ぶ目的は単に、読者に本を直接売りこむことだけではない。それより重要なのは、読者と交流してその声に耳を傾け、読者が何に興味を持っているかを知り、自社の判断で使えるリソースを活用して作家と読者の対話を促進させることである。出版の従来のモデルは一方通行のコミュニケーションに根ざしていたが、出版社はいま、ビジネスを再構築する好機を得た。デジタル革命が創出した新しい相互コミュニケーション型の情報通信フローに沿ったビジネスである。同時に、出版社はサービス提供者としても自身を再認識しつつある。サービス提供者としての出版社は、自社で蓄積したスキルやリソースや専門知識を活用して本を生みだし、本という形態を通じて、またその形態の周辺でコミュニケーションを取りたいと願っている作家と読者を結びつけることができる。

第三千世紀〔21世紀から30世紀までの期間を指す〕の幕があけてから出版業界では、デジタル革命による破壊が危惧され、出版業界ならではの混乱が起こったものの、いまのところはきわめて好調で、メディア・クリエイティブ産業のほかの大半の分野より、はるかに順調であった。書籍の収益が地に落ちることもなければ、印刷書籍も消滅せず、実店舗書店でさえも、ささやかな復活を遂げはじめている。多くの預言者の予測に反して、書籍出版の終末は来ていない（少なくとも、いまのところは）。デジタル革命のように抜本的かつ広範な技術革新があってさえ、紙に印刷された古いタイプの本も含め、本は私たちの生活に根ざしており、簡単にはなくならないように思われる。しかし、安心はできない。デジタル革命は、出版のフィールドで、かつてないないほどのパワーを発揮する組織を生みだした。いっぽう、ほかの多くの組織は、ささやかな収益と薄い利幅で命をつないでいて、大きなロックダウンや長引く不況はいうまでもなく、ちょっとした景気の下降で支払い不能な状態に陥るほどである。電子書籍の売上は横ばいかもしれないが、電子書籍は出版業界が受けたデジタル革命の影響の核心ではまったくなくて、私たちの社会で起きているもっと深くてもっと重大な変革のひとつの徴候にすぎない。デジタル革命のおかげで、私たちの世界の情報通信の仕組みは流動的になっている。人びとはさまざまな方法でコミュニケーションを取り、さまざまに時間を過ごすようになり、以前はうまく機能していた古い方法が、デジタル化された情報通信フローの新世界では、もはやそれほど有効でなくなっている可能性がある。画面を利用する文化によって私たちの集中力が衰えていくのではと懸念する人びともいるが、私が思うに、長時間の読書は今後何年も何十年も、私たちの社会生活、政治生活、文化生活において重要な役割を担いつづけるだろう。私たちはそう簡単には、想像上の世界への贅沢な探検や、現実世界の持続的な分析を諦めたりしない。それらはいずれも長時間の読書によって促されるし、可能にもなる。しかし出版社が、読書にまつわるコミュニケーションの輪のひとつでありつづけるかどうか、今後どのようなタイプの企業になっていくのか、どのような役割を果たすのかは、最終的に、大規模な技術革命によって生まれる新たな情報通信環境に、いかに有効に、想像力豊かに順応していけるかにかかっている。

付録1　米大手商業出版社の売上データ

〝オリンピック〟とは、2006年から2016年までの電子書籍の売上に関する自社データを快く提供してくれた、アメリカのある大手商業出版社の仮名である。オリンピック社のデータアナリストは、このデータを大きなカテゴリ（フィクション、ノンフィクション、およびジュブナイル）と、アメリカの標準的な件名標目であるBISACの主題カテゴリのなかから選んだ番号を用いた細かいカテゴリのいずれにも、分けることが可能だった。このデータは、実際に売り上げた部数や金額ではなく、パーセンテージで表示されている。つまり、総売上に対する各カテゴリの電子書籍の割合を純売上部数別と純売上額別で示している。例外的に売上が好調な作品をデータから除外し、外れ値によるゆがみの影響を最小限に抑えた。大きなカテゴリのデータは第1章に記載した。細かいカテゴリのデータは、以下の表A・1および表A・2に示す。第1章の図1・8と図1・9は、これらの表に基づいている。

	伝記・自叙伝	ビジネス・経済	料理	家族・人間関係	フィクション（一般）	健康・フィットネス	歴史	ジュブナイルフィクション	ジュブナイルノンフィクション	ミステリ	宗教	ロマンス	SF・ファンタジー	自己啓発	旅行
2006	0	0.1	0	0	0.1	0	0	0	0	0.1	0	0.3	0.5	0.1	0
2007	0.1	0.1	0	0.1	0.1	0.1	0.1	0	0	0.2	0.1	0.5	0.5	0.1	0
2008	0.6	0.6	0	0.2	0.6	0.5	0.9	0.1	0	1.1	0.3	1.6	1.7	0.3	0.1
2009	2.9	3.2	0.2	1.3	3.9	1.7	2.9	0.4	0	4.9	1.4	6.7	5.8	2	0.5
2010	7.7	8.9	0.5	4.7	12.2	4.9	7.4	1.4	0.2	16.6	4.1	15.5	16	5.3	1.8
2011	25.8	13.9	2.7	12.4	24.9	17.1	17.3	5.5	0.7	33.5	10	44.2	30.8	11.3	4.7
2012	25.6	19.3	3.5	19.2	32.9	20.1	20.8	9	1.2	42.6	12.9	39.7	40.3	13.3	6.6
2013	24.7	18.9	4.8	19.4	33	17.2	21.7	9.7	1.5	40.7	16.7	55.7	39.7	16.6	6.8
2014	20.4	20.4	4.8	18.6	38.7	21.7	25.7	12.7	1.8	44.9	16.9	55.9	43.1	16.2	8.1
2015	27.2	15.7	5.1	15.3	35.1	24.3	27.7	7.6	2	38.1	16.3	45.4	29.6	16	11.2
2016	20.8	16.6	4	14.8	28.6	17.5	19.4	6	2.6	37.8	11.8	52.8	34.6	16.7	22.4

表 A.1　オリンピック社のカテゴリ別総売上額に電子書籍の純売上額が占める割合（%）

	伝記・自叙伝	ビジネス・経済	料理	家族・人間関係	フィクション（一般）	健康・フィットネス	歴史	ジュブナイルフィクション	ジュブナイルノンフィクション	ミステリ	宗教	ロマンス	SF・ファンタジー	自己啓発	旅行
2006	0	0.1	0	0	0.1	0	0.1	0	0	0.1	0	0.3	0.6	0.1	0
2007	0.1	0.1	0	0.1	0.1	0.1	0.2	0	0	0.2	0.1	0.4	0.7	0.1	0
2008	0.6	0.6	0	0.2	0.6	0.4	0.9	0.1	0	0.9	0.3	1.4	1.7	0.2	0.1
2009	2.5	2.5	0.3	1.1	3.2	1.4	2.5	0.3	0	3.8	0.9	5.6	5.2	1.7	0.5
2010	7.2	7.2	0.7	3.8	10.4	4.5	7.3	1	0.1	13.6	2.9	14.8	15.8	4.5	1.9
2011	24.7	13.1	2.9	10.9	24	15	19.1	4	0.5	31.1	7.4	40.6	27.7	10.1	5.5
2012	27.5	19	4.7	16.7	31.1	20.3	23	5.9	1	39.5	10.2	40.1	33.8	11.8	7.6
2013	25	19.3	5.7	17.7	31.3	18.2	23.6	6.7	1.8	41.1	13.3	55.7	36.6	14.7	8.1
2014	22.4	18.9	6.7	16.4	36.8	21.9	26.8	8.3	2.1	40.7	14	57.1	38.6	14.2	9.4
2015	31.7	16.1	7.8	13.6	36.6	27.7	30.6	4.1	2.3	42.9	12.2	51.2	27.8	15.9	12.6
2016	26.4	18.9	10.5	14.2	31.8	23.3	21.9	3.5	1.8	42.1	12.7	56.2	36.7	18	24.6

表 A.2　オリンピック社のカテゴリ別総売上部数に電子書籍の純売上部数が占める割合（%）

付録2　調査手法についてのメモ

本書は、2013年から2019年までの6年間にアメリカとイギリスで実施した調査に基づいている。アンドリュー・W・メロン財団からの寛大な助成金によって、私はニューヨークとサンフランシスコに長期間滞在し、研究したい企業のいくつかが拠点を置くアメリカのほかの地域も訪問できた。私はそれまで、1960年代から2000年代前半までの英米商業出版の進化を研究してきたが、今回の新たな調査ではとくに、「デジタル革命が英米商業出版に及ぼした影響とは何か」という、特定の疑問に焦点をあてたいと考えた。この研究のためには、既存の出版社内で起こっていることや、より広範には商業出版というフィールドで生じていることをじっくり観察するだけでなく、このフィールドの外で起きている展開や、出版業界に影響を及ぼしている、あるいは及ぼす可能性のある展開にも目を向ける必要があった。私は広く網を張り、規模の大小を問わず、数多くのプレイヤーを考慮にいれねばならなかった。それらのプレイヤーは、書籍や長文の読み物の創造、制作、流通、消費に影響を与えうる方法で、デジタル技術に取り組んだり実験を行なったりしていた。従来型出版社の経験を理解するのは重要なプロセスだった。出版業界について見解を示している評論家のなかには、出版社内で実際に何が起こっているのかを突きとめようともしない人があまりに多くいた。私はそのような間違いを犯すまいと決意した。とはいえ、従来の出版社だけに注目するわけにはいかないとも承知していた。なぜなら、本や長編の読み物に関する本当に重要な新しい展開のいくつかは、従来の出版社とは別の場所で起こっているように思えたからである。

　本書のための調査の大半は２０１３年から２０１９年にかけて実施したが、以前に行なった出版業界についての調査、つまり２０００年に行なった調査も遡って利用した。したがって、私は20年以上にわたる出版業界に関する直接のフィールドワークを利用することができたことになる。さらに重要なことに、この20年間は、出版業界のデジタル移行問題が、この業界で働く多くの人びとの頭に真っ先に浮かぶ問題であった。この長い期間が重要なのは、最近のこの業界の展開をより広いコンテクストで捉えることができるだけでなく、時間とともに組織がどのように変化するか、あるいは変化しないかについてより深く理解できるし、これを理解したうえでこの業界の展開を眺められるからだ。新しいテクノロジーに関する研究ではおしなべて、短期主義はつねにリスクがつきまとう。私たちは短期的なものに焦点を絞りがちで、目を惹く新たな道具《ガジェット》を新しい時代の前触れとみなす傾向があるが、実際のところ、それらの道具は、現れては消えていく道具の長い歴史に登場する、ほんの小さな事例にすぎないかもしれない。私は、道具に夢中になるのではなく、エージェントや組織に焦点をあてたいと考えた。それらは社会的アクターで、技術の変化によって開かれたチャンスを捉え、新たなアイデアを思いつき、新しい製品や新しい習慣を生みだし、コンテンツを創作し、加工し、宣伝し、消費する新しい方法を開発しようとしている。また、これらを行なう新たな方法を、どうすれば時を経ても持続可能な活動に変えられるかを把握しようともしている。私はここに焦点を絞ろうと考えた。そして、これらの画期的な活動が、成功するにせよしないにせよ、どのような結果をもたらすのか見届けられればと願っていた。そして、とくにメディア・クリエイティブ産業内の諸分野で、イノベーションがうまくいかなかった場合、そこから成功するイノベーションの条件について、何か得るものがあるかどうかを確かめたかった。そして、このプロセスを、イノベーションを実践した人びとの視点で眺めてみたかった。これらの人びとは、自分ではうまくいきそうに思えたアイデアが実際に機能するかどうか、自分たちの努力が報われるかどうか確信がないまま、試行錯誤を繰り返して進んでいることが多かった。そしてこのプロセスをそれらのいわば改革者らの視点から見ようとするなら、その先に失敗が待っている可能性を覚えておかなければならない。技術革新に携わる者であれば誰でも、成功の保証はないとわかっている。短期主義のリスクを最小限にするために、私には時間が必要だった。時間があればあるほどいい。どの技術革新が市場の牽引力のようなものを得て、この世界の持続可能な特性になるのか、またどの技術革新が道半ばで潰え、失敗に終わった偉大なアイデアが詰まった分厚いカタログに収められるのかは、時間がたってみなければわからないからだ。

私が用いたおもな調査手法は、半構造化デプスインタビューだった。私が行なっていたような種類の調査でこの手法を用いる際の大きな利点は、組織の内側に入りこみ、どのように機能しているかを感じ取れることである。また、従来の出版社のCEOやシニアマネジャーであれ、スタートアップを立ちあげて成功に導こうとしている起業家であれ、その他出版業界のどこかにいて、独自の利益や目的を追求している多くの個人であれ、このフィールドにいるプレイヤー個人の視点でフィールドをみることができるところである。私はつねに、同意を得ないかぎり、インタビューを受けてくれた人やその組織は匿名であること、そして彼らが機密事項として話したことはすべて秘密のままであることを、相手に保証している。私はインタビューの相手が、インタビューという状況下で示された見解が、あとで印刷された本になったときに影響が及ぶのではないかという不安を持たずに、数々の問題を気兼ねなく論じられるように努めた。しかし、もし名前を明記して彼らの言葉を引用したいと考えたときは、後日改めてその部分をおみせすると伝えた。この選択肢を残しておく必要があると私にはわかっていた。というのも、状況によっては、オリジナリティのある特定の組織について論じる場合、その組織を匿名にしたまま、その組織が何をしてきたかについて具体的な細かい説明を加えるのは不可能であるからだ。私がインタビューした相手に、彼らの組織について述べた文章をみせたときはいずれの場合も、その文章を使うことを快諾してくれた（なかには、小さな修正や変更を加えたものもある）。まえがきで述べたように、私は本書を執筆するにあたって、個人と組織を匿名にする場合と実名を使う場合とを区別するために、次のようなルールに従った。個人について仮名を使う場合は、トムやサラなどファーストネームだけを使い、実名を用いる場合は、初回にフルネーム（ファーストネームとファミリーネーム）を記した（ただし、それ以降はファーストネームのみ）。組織名を仮名にする場合は、初出時に引用符〝〟でくくり、実名を使う場合は、初回か否かにかかわらず引用符なしで表記している。このルールによって、匿名性が重要な場合にはそれを維持し、同時に特定の組織の独特の性質を正当に扱いながら、その軌跡を正確かつ詳細に記述することができるのである。

大半の場合、組織に連絡を取り、キーパーソンとのインタビューを手配するのは、さほどむずかしくはなかった。それは一部には、私が以前に商業出版というフィールドで調査を行なったことがあり、出版社にはすでに多くの知り合いがいて、再会を喜んでくれたり、ほかの人に私を紹介してくれたりしたからだ。しかし、技術系スタートアップとの仕事は初めてで、この業界にはほとんど知り合いがいなかった。まずは、このフィールドやそのなかのサブフィールドをマッピングし、そこに存在するプレイヤーを特定し、彼らが何をしているのか、その背後にはどの企業がいるのかを把握しようと努めた。幸運なことに、以前の調査のためにインタビューした相手のなかに、アメリカの出版関連の技術系スタートアップの世界で、ひじょうに顔が広い人がいた。その人物は業界の人みんなと知り合いなのでは、と思えるほどで、たとえ、ある特定のスタートアップの誰かを直接知らなくても、ほぼ確実に、その誰かの知り合いと知り合いだった。彼は貴重な情報源になってくれた。あるスタートアップの幹部に連絡を取る必要があるときはいつも、彼に連絡を取った。そうやっていつも助けてもらった。ひどく大変なことは何もなかった。親身な手助けと温かい口添えのおかげで、ドアはいつも開かれた。

出版関連の技術系スタートアップに近づくのは比較的容易だったが、技術系大企業にはなかなか近づけなかった。大手の技術系企業についての調査がむずかしいのは有名な話で、私の経験も例外ではなかった。私たちのことをいろいろ知っている組織のことを、私たちは事実上何も知らないという矛盾は、皮肉であると同時に落ち着かない気分にさせられる。それらの組織は私たちのデータが詰まったブラックボックスなのだ。これらの組織にとって、危うくなっているのが自社のプライバシーでないかぎり、プライバシーはあまり重要ではない。それらの企業はひどく秘密主義で、外界と切り離された孤立した空間であり、部外者に自分たちのことをなるべく知られないように、入念な対策を取っている。ある意味、これは完璧に理解できることではある。ハイテク産業界は競争が激しく、部外者との情報共有は、厳しい競争の場で組織の立場を弱めることになりかねない（どの程度であれ、強化することはない）からだ。さらに、これらの組織の規模や、活動している領域で独占とはいわないまでも、圧倒的に優位な立場にあることを考えると、法的措置や反トラスト法に基づく調査のリスクは、彼らの懸念からけっして遠いものではない。部外者に伝えられるメッセージの管理は、その企業が自己防衛するための組織的な仕組みのひとつになっている。しかし、ここにももっと深遠な何かがあるのかもしれない。これらの企業は、大量の個人データを組織的に集めることを基盤にしてビジネスを展開している組織であり、このデータこそが組織のパワーのおもな源泉で、このデータなしでは、そしてこのデータの独占的な支配なしでは、彼らが行なっていることは成しえないのだろう。彼らのビジネスは情報資本の上に成り立っている。つまり個人データの民間の所有と管理によって成り立っているのだ。これらの組織にとって、データはパワーであり、この重要な資源が絶対に漏れないように壁が築かれているのである。

私の調査にとってもっとも重要だった巨大技術系企業は、グーグルとアマゾンの2社だった。グーグルについては、私は幸運にも2000年代前半からこの会社のシニアマネジャーと知り合いだった。彼は事情通で、いつでも快く話をしてくれた。私たちは定期的にグーグルの広大なニューヨークオフィス（8番街の旧港湾公社ビル）で会い、グーグルと出版業界の長く厄介な争いについて、あらゆる角度で会話を重ねた。そして、その会話はしばしばグーグルの、品揃えが豊富で有名な無料カフェテリアで、昼食を取りながら行なわれた。アマゾンはもっとむずかしかった。私はアマゾンのキーパーソンを知っていたが、それらの人物にコンタクトを取るには、広報担当マネジャーを通さねばならなかった。この広報担当マネジャーが個々の人びととのあらゆるやり取りを調整する仕事を担っていた。インタビューは承諾されたが、厳密に管理された条件の下でしか実施できなかった。具体的にいうと、電話のみで1時間以内のインタビュー。現地訪問なし。そして広報担当マネジャーがインタビューをモニタリングしていて、そのマネジャーがデリケートな問題と判断したテーマに話が及ぶと、口を挟まれ、話題を変えられた。インタビューの相手とは快く会話ができたし、誰もがほどよく愛想も良かったが、このように綿密に管理されたやり取りに基づいていては、アマゾンについて知ろうにも限界があった。幸いにも私の情報源は、このような企業関係者とのインタビューだけではなかった。私は、かつてアマゾンで働いていた人を紹介された――私の情報源にふたたび感謝、である。その人は、たいてい昼下がりのバーで、非公式に快く私と会ってくれて、大手技術系企業における会社勤めの実態を話してくれた。彼が話すことや話せることには限界があったが（数字はまったく立ち入れない領域だし、アマゾンのパワーや出版社との厄介な関係にかかわる質問をすると、彼は目にみえて神経質になった）、この人はありがたい貴重な情報源で、アマゾンの視点で世界をみるのをおおいに助けてもらった。

本書のために行なったインタビューは、全部で約１８０件に及ぶ。その多くは２０１３年から18年のあいだに実施したものであるが、２０１９年にはこのフィールドに戻り、以前の研究の一部を更新し、さらにオーディオブックの重要性の増大など、最近の動向を考慮にいれた。それに加えて、前作のために実施した２８０件のインタビューのデータもあったので、そうするのが有益な場合は、本書に引用した。１８０件の新たなインタビューの大半は、ニューヨークやシリコンバレーで行なったが、なかにはロンドンやボストン、フィラデルフィアやトロントなど、イギリスとアメリカのほかの都市で実施したものもある。ニューヨークやロンドンに密集している伝統的な従来の英米出版業界とは異なり、出版関連の技術系ベンチャー企業は地理的に分散している。一部のインタビュー、とくに2回目以降のインタビューは、電話やスカイプで行なうこともあったが、できるだけ対面で会ってインタビューするほうが好ましかった。そうすることで、組織や物理的な施設の雰囲気を感じられるし、直接会うほうが信頼関係を築きやすいからだ。また、企業のなかには、会議に同席させてくれる企業もあって、そのときはテーブルにレコーダーを置き、そのテーブルを囲んで行なわれる会話を録音した。私は詳細なフィールドワーク・ノートをつけていて、インタビューの状況や、録音されなかったコメントを記したノートは半ダースになった。インタビューの多くは1時間から1時間半で行なわれたが、なかにはもっと短いものもあれば、2時間以上という長いものもある――人びとはひじょうに寛大に時間をさいてくれた。インタビューを文字起こししたあと、私はそれを読み、共通のテーマを書き留めて、ファイルにまとめ、あとで原稿を書きはじめたときに読みかえした。インタビューでの言葉を引用するときは、インタビュー時に使われた言葉にできるだけ近くなるようにしたが、文法の間違いや話し言葉のくせのいくつかは、読者の助けではなく妨げになると思われる場合、取り除いた。

また、特定の組織について調査していたときは、何度か足を運び、キーパーソンに2回以上インタビューするようにした。そうすることで、前回のインタビューで触れた話題をさらに掘りさげてくわしい話を聞き、突っこんだ話ができた。また、それによって、ひとつの組織が時とともにどのように発展したかを追跡することもできた。たとえば売上高や購読者数の増加など、以前に立てた予想のとおりになったのか、あるいは希望的観測にすぎなかったのかを確認できた。場合によっては、成功と失敗の道筋を追いかけることもできたし、画期的なビジネスが失敗に終わった場合は、一度は自分たちの製品やサービスを情熱的に信頼していたのに、いまや船とともに沈みつつあると気づいた人たちとともに、失敗の原因を探ることもできた。いつもハッピーエンドとはかぎらなかったが、それらの結果は、技術革新のフィールドでは、成功よりも失敗のほうが圧倒的に多いということを、改めて思い知らされる有益なリマインダーとなった。

上手にインタビューを行なう技量は過小評価されている。一見簡単そうにみえるからであろう。質問をして、人びとに話をさせることのどこがむずかしいのだろうか、と。とはいえ、質問の質と精度、相手の話にどれほどすばやく反応し、関連のある補足の質問をいかにタイミングよく差しはさむか、そしてインタビューの相手とどのような種類の親しい関係を築けるかに、インタビューは大きく左右される。充分に準備する必要はあるが、臨機応変に敏速に反応する必要もあり、予想もしないことが起こったときは、準備した計画から喜んで逸れていかねばならない。私が行なった最高のインタビューのいくつかは、ある組織がどのように機能していたのか、またはあるフィールドで何が問題になっているのかを理解するうえでたいへん役に立ったが、それらは、まったく計画どおりに進まなかったインタビューだった。私は手間をかけて準備していったものの、会話の早い段階で、インタビュー相手の発した言葉が気になり、くわしく話してもらったところ、まったく予期せぬ方向へ話が転がっていった。これこそインタビューの醍醐味である。相互の信頼関係を背景に、良好にインタビューが進めば、その人の世界へ導いてもらえるのだ。

インタビューが私のおもな情報源だが、統計学的データや売上データも可能なかぎり収集した。このデータのなかには、米国出版協会（AAP）、書籍産業研究グループ（BISG）、英国出版協会（PA）、オーディオ出版協会（APA）が作成したデータなど、一般に公開されている資料もある。これらの団体はみな、追加資料の提供や、不明確なデータ（あるいはデータの収集方法）についての問い合わせに、親切に答えてくれた。出版業界のように広大な業界では、信頼できるデータを入手し、その意味を正確に理解する作業は見た目ほど単純ではない。このフィールドでの活動の多くが、業界の専門組織のレーダー網をかいくぐって行なわれている場合はとくに。私はひじょうに幸運なことに、アメリカのある大手商業出版社が独自に保有するデータへアクセスもすることもでき、その企業のデータアナリスト者と協力してそのデータを分析することができた。それによって、2006年から2016年までの重大な10年間の電子書籍と印刷書籍の売上を、厳密かつ詳細に記録することができた。こうして私は、アメリカの大手商業出版社の経験から、この10年にわたる電子書籍の売上に関して、いったい何が起こったかを正確に示すことができた。

データを集めることと、データから意味をくみとることは、まったく別の話である。このテーマに取り組めば取り組むほど、デジタル革命が引き起こした（あるいは再活性化したり方向転換させたりした）、出版業界になんらかの形でかかわる新しい活動・展開が、実に多様であることに驚かされた。それは、うまく統率されたオーケストラのコンサートというより、無数のミュージシャンが、奇妙で新しい多種多様な楽器で思い思いの曲を思い思いのやり方で演奏している、荒々しく耳障りな不協和音に似ていた。この多様性のなかから秩序を、騒音のなかからメロディーを識別しようするのは、けっして簡単なことでも単純なことでもないが、私の思考は、ひとつの包括的なアイデアによって導かれた。ようするに、技術革命と変化はつねにコンテクストと深く関連しているという概念である。それらはつねに、ある方法で構築された特定の社会的・歴史的コンテクストで起こり、そのなかで、特定のアクターがあることを達成しようとして、自由にリソースを用いて特定の目標を追求し、それを達成している。[1] 本書および出版業界に関する過去の自著のなかで、私はフランスの社会学者ピエール・ブルデューの場《フィールド》概念を借り〔フランス語でchamp、英語でfield、日本語で「界」や「場」とも訳されるが、本書ではイメージのしやすさから「フィールド」という訳をおもに採用した。文脈によっては「場」などとしている〕、この概念を用いて社会的な状況を概念化した。[2] この概念によって、私たちは社会的な状況の構成要素を細分化し、それらの特徴を分析することが可能になる。その構成要素とはつまり、個人や組織がその利益や目的を追求する際に蓄積したり活用したりするさまざまな種類のリソースである資本の形態や、フィールドを構成するリソースの不均衡な分布や力関係、フィールドに存在するほかのプレイヤーと関係したアクターの配置の方法（および自分たち自身の立場）、またそうやって配置されたアクターの活動がもたらす協力、競争、対立の形態などである。このフィールドという概念を通じて技術革新を研究すれば、この革新のあるがままの姿がみえる。つまり、特定のフィールドに置かれた個人や組織は、（経済的、技術的、社会的に）自分たちの意のままに使えるマテリアルや、さまざまな知識、リソースを用いて、一連の活動を実施し、特定の目的を追求する。いいかえれば、技術が利益やリソース、パワーを伴いながら、人間らしい動機や社会関係という現実と不可分に結びついている様を私たちは目にする。技術革新は真空ではけっして起こらない。技術革新はつねに社会生活という複雑な現実の一部なのである。

私はまえまえから、社会的コンテクストがどのように構成されているかを考える際に、フィールド理論が役に立つと認識していた（とくに、文化的な財が生産されている状況で。それは私が関心を持っている特定の領域であった）。それと同時に、私が関心を持っている問題に取り組むためには、ブルデューによって開発されたこの理論の先へと進まねばならないという事実にも気づいていた。そもそも、ブルデューの研究では、技術があまり大きく取りあげられていない。ブルデューは文学、ジャーナリズム、テレビについては鋭く切りこんでいるが、文化の形態を明確に表現し伝達するためのそれ特有の媒体にはあまり注意を払っていなかった。私は技術の問題にフィールド理論を導入し、技術革新は実際のところ、どういう状態に達するのかを詳細に調べる必要があった。たとえば、特定のフィールドのなかで、技術革新は、いかにしてさまざまな形態の実践を可能にするのか。また技術革新は、既存のプレイヤーと新たなプレイヤーの両方の実践にどのように組みこまれるのか。技術革新はフィールドの本質と境界をどのように変えるのか――たとえば、技術革新は新規参入の障壁を下げ、部外者に対してほぼ完全に閉ざされていたフィールドに新規参入者が入りこむ余地を与えることがある。また、技術革新によって、新しいフィールドやサブフィールドの出現が促される可能性もつねに頭にいれておく必要があった。それらのフィールドは、独自の規則やルール、文化的経済を発展させ、場合によっては、長いこと確立されてきたフィールドと重なる部分があったり、またある場合には、あるフィールドから枝分かれして、独自の半自律的な空間を形成したりすることもある。

しかし、単に技術をフィールド理論に埋めこめばいいというわけではなかった。私としては、組織をフィールド理論の中心に戻し、組織の経時的な軌跡を分析したいと考えていた。つまり、組織そのものと、技術に基づく組織の変化の縦断的な分析を深めたかったのだ。そうすることで、動いているフィールド、つまり組織が技術革新による破壊と不確実性に対処しようと絶えず進化しているフィールドの動力学的な姿を描けるようになる。これは外せない重要な部分だった。なぜなら、技術革新は一瞬で起こるものではなく、多くが長く延々と続くものであり、実験の一プロセスであり、試行錯誤の繰り返しであるからである。そしてそのあいだ、大半の人は個人として、一般的にはチームで働いたり、ほかの人と協働したりすることで、何が機能し、何が機能しないのかを突きとめようとする。すばらしいアイデアがあっても、それを実現させるには、資金を調達し、スタッフを雇用し、物事を成し遂げることができる会社のような組織を構築する必要がある。そして、技術が進化するのと同様に、技術を推進する組織も進化する。これらの技術がどの程度安定し、私たちの生活の一部として残っていくかは、これらの組織が生き残り、繁栄するかどうかに左右されることが多い。したがって、技術革新の運命を理解することと、それを支える組織の軌跡を理解することとは、切っても切れない関係なのである。

最後になるが、私が述べてきた話の中心は、フィールドや技術、組織だけでなく、現実の生身の人間も存在することをはっきりさせておきたい。つまり私は、人間を物語のなかに戻したかった、というよりむしろ、人間と、人間が生みだしたアイデアは物語の最初からそこにあったし、それが基本的な要素でもあることをはっきり示す必要があった。テクノロジーに関する学術的研究の一部には、プロセスやテクノロジーに依拠して生まれた物だけで改革や変化を引き起こせるかのように、それらに焦点をあてる傾向がある。しかし、技術革新は、人間や人間のアイデア、モチベーション、野心、欲求と本質的に結びついている。それらを付随的な部分として物語から抜き取ったり、おまけみたいにあとから付け足したりはできない。人びとの目的や野望は、最初からそこにあらねばならない。もちろん、個人は何もない空間で行動しているわけではない。人びとはつねにある種の状況に立たされており、その状況で、できることもあればできないこともある。その人たちの認識や野心は、社会空間を通ってきたその人たちの特定の軌跡によって形づくられるし、もっとも意志が強い人であっても、不利な状況にあれば失敗する。しかし、すべての歴史と同じく技術革新の歴史は、プロセスと同様に人間によって、組織や技術、人びとが置かれている状況と同様に、個人によっても作られる。したがって、物語から人間を除外したりすれば、ある国家の政治的な歴史を指導者や国家を構成する市民など、人間のことを省いて書くのと同じくらい部分的で偏った物語になるだろう。

フィールド、技術、組織、個人。私はそれぞれを正当に評価し、どれもえこひいきせずにすべてを織りまぜて、既存のオールドメディア産業が現代の偉大な技術革命と出会うとき、いったい何が起こるかについての説明を試みた。この試みが成功したかどうかの判断は、読者のみなさんに委ねるとしよう。

索引

数字・アルファベット

『7つの習慣——原則中心リーダーシップ』 136
『7つの習慣——人格主義の回復』 136
『AFTER』 535-41
B2B モデル 609, 611, 613-4
B. ドルトン・ブックセラー B. Dalton Bookseller 7, 180, 240
IAC インタラクティブコープ IAC/InterActiveCorp 95, 97, 101
iBookstore 190-1, 294
iPad 33, 52, 74, 83, 190
iPhone 467, 523
iPod 467, 474, 476, 552
ISBN 221, 294, 336-41
iTunes 418, 489, 494, 557
OR ブックス OR Books 249
RB メディア RBMedia 485, 488
W・H・スミス WH Smith 8, 228

あ行

アーセン，ゾーイ Aarsen, Zoe 541
アシェット Hachette 11, 200-3, 243, 278, 484
アタヴィスト・ブックス Atavist Books 96-103
アップストア App Store 33, 103-6, 118, 123, 190
アップル Apple
　iBookstore 294, 317-8
　iPhone の発売 467, 523
　音楽配信 22
　電子書籍価格訴訟 190-7, 589-92, 630
　——とオーディブル 476
　→「iPad」も参照。
アトウェル，マーゴット Atwell, Margot 383
アドビ・インデザイン Adobe In-Design 305-6
アドラー，トリップ Adler, Trip 422-4, 428-32
アマゾン Amazon 631-2
　エージェンシーモデル 190-2, 212-7
　オーディブル 476-8
　クラウドファンディング出版 396-7
　スマッシュワーズ 294
　データ収集と情報資本 218-20, 267-8, 574-80, 584-5
　電子書籍リーダー／電子書籍 →「キンドル」を参照。
　——の実店舗書店 243-7
　ブラーブ 307, 315
アマゾンアンコール AmazonEncore 199
アマゾン・パブリッシング Amazon Publishing 199
アマゾンプライム Amazon Prime 246, 320, 417, 442
　プライムリーディング 447-8, 452, 458
アメリカメディア写真家協会 American Society of Media Photographers 171
アレクサ Alexa 575
〈荒地〉 115-9
アレン・レイン Allen Lane 61-2

アンダーソン，クリス　Anderson, Chris　19
アンバウンド　Unbound　369, 386, 388-97, 410-6, 605-6, 632
一般データ保護規則（EU）General Data Protection Regulation（GDPR）　585
『イノベーションのジレンマ』　185
イリノイ大学　28
インディゴーゴー　Indiegogo　369-74, 379-81, 386, 389, 398, 410, 605-6
ヴァン・ダム，アンドリーズ　van Dam, Andries　28
ヴァンテージ・プレス　Vantage Press　282
ウィアー，アンドリュー　Weir Andrew　1-7, 231, 364
ヴィシェンバルト，R　Wischenbart R　77-9
ウィットビー，マックス　Whitby Max　110-5, 122-8
ウォーターストーンズ　Waterstones　8, 181
ウォルデンブックス　Waldenbooks　7, 180, 240
ウッドマン，サド　Woodham Thad　397-401, 406-7
英国出版協会　Publishers Association　77, 650
エクスリブリス　Xlibris　283-4, 324
エジソン，トーマス　Edison, Thomas　463
エバンス，チャールズ　Evans, Charles　62
『エベレストを救う』　545
エリオット，T.S.　Eliot, T. S.　115-6, 465
エントレキン，モーガン　262-6
オイスター　Oyster　433-41, 450-1
オーウェル，ジョージ　George Orwell　134, 487
オーウェン，ローラ　Owen, Laura　90
『狼とくらした少女ジュリー』　142-3
〈オーケストラ〉　116-8
オーサーズ・リパブリック　Author's Republic　491, 494
オーサーハウス　AuthorHouse　283, 324, 338
オーディオ出版協会　Audio Publishers Association　505, 650
オーディオブック・クリエーション・エクスチェンジ　Audiobook Creation Exchange（ACX）　477-8, 489-92, 504, 506-7
オーディブル　Audible　474-8, 487-98, 506-7, 569-70
オープン・ロード　Open Road Integrated Media　138-54
オプラズ・ブッククラブ　Oprah's Book Club　227-8
オング，ウォルター　Ong, Walter　460-1

か行

カー，ニコラス　Carr, Nicolas　619
カーシュバウム，ラリー　Kirshbaum, Larry　199
『火星の人』　2-7, 231-3
カッツ，ドン　Katz, Don　474-6
ガットパンチ・プレス　Gutpunch Press　384
カメリオ，ブライアン　Camelio, Brian　371
キエラン，ダン　Kieran, Dan　387, 391, 393, 396
『キスブース』　534, 537
キックスターター　Kickstarter　311, 369, 372-5, 378-80, 384, 386, 388-9, 605-6
ギティンズ，アイリーン　Gittins, Eileen　301-8, 310-5
『キューピッドのお相手』　545
キルゴア，C.E.　Kilgore, C. E.　443
キング，スティーヴン　King, Stephen　24, 201

キンドル　Kindle　3-6, 31, 51-2, 88, 136-7, 180, 184-9
電子書籍売上　34, 40, 74, 76, 136-7, 552-3
電子書籍価格　186, 591-2
——とアマゾンのエコシステム　212-3
——のライバル　32-3
キンドルアンリミテッド　Kindle Unlimited　72, 214-5, 320-1, 352, 355, 441-51, 454, 457
キンドルストア　Kindle Store　32, 186, 188, 198, 316-8
キンドル・ダイレクト・パブリッシング　Kindle Direct Publishing　71, 199, 323-4, 337, 339, 344, 355, 576
KDP セレクト　317-21
アマゾン標準識別番号（ASIN）　337
グーグル　Google
——とオイスター　438
——の富とパワーの源泉としてのデータ　572-3
ユーチューブの買収　523
グーグル図書館プロジェクト　Google Library Project　157-76, 589-90, 629-30
グーグルブックス　Google Books　160-1, 176-8
グーグルプリント　Google Print　160, 162
グーグルプレイ　Google Play　166, 177, 196
グッドリーズ　Goodreads　245-6, 384
クラカワー，ジョン　88-9
クリエイトスペース　CreateSpace　316-7, 324, 337, 339-40, 358, 381
クリステンセン，クレイトン　Christensen, Clayton　185
クルーグマン，ポール　Krugman, Paul　203-5
グレアム＝スミス，セス　Grahame-Smith, Seth　541
グレイ，セオ　Gray, Theo　110-4, 120, 125, 127
クレイグヘッド・ジョージ，ジーン　Craighead George, Jean　142-3
クレバノフ，アーサー　Klebanoff, Arthur　133
グローヴ・アトランティック　Grove Atlantic　262-4
クロミー，ジョン　Crombie, John　114
クンズル，ハリ　Kunzru, Hari　98
ケイ，ジェシカ　Kaye, Jessica　494
ケール，ブリュースター　Kahle, Brewster　157
ケッシンジャー・パブリッシング　Kessinger Publishing　280
ケラー，マイケル　Keller, Michael　161
〈元素図鑑〉　112-4, 117-8, 122
『献眠』　97-100
コヴィー，スティーヴン　Covey, Stephen　136
『高慢と偏見とゾンビ』　541
〈高慢と偏見とゾンビ〉　541
コーカー，マーク　Coker, Mark　288-300, 319-20, 340, 342
コーディ，フランシス　Coady, Francis　95-7, 100
コート，デニス（裁判官）　Cote, Denise　194, 196, 211
コブ，マシュー　Cobb, Matthew　328
ゴモリン，アダム　Gomolin, Adam　397-400, 404, 407-8

さ行

サージェント，ジョン　Sargent, John　191, 194
サイモン＆シュスター　10-1, 136-7, 163, 243, 405, 428, 437, 535-6, 542, 554-6
サリバン，マイケル　Sullivan, Michael　371

シアレリ，ニコラス　Ciarelli, Nicholas　269
ジェイコブス，デニス（裁判官）　194-6
シェル，エリック　Schell, Eric　372
閾値モデル／ペイ・パー・ユース・モデル　426-44, 454, 456
司法省（アメリカ）　72, 165, 192-4, 202, 205, 209-10, 216, 357, 582, 589, 630
シャッツ，マット　Shatz, Matt　434
シャンカー，ジョシュ　Schanker, Josh　269-72
シュニットマン，エヴァン　Schnittman, Evan　108
ショウ，フィオナ　Shaw, Fiona　116
ジョン・マーシャル・メディア　John Marshall Media　492
新規事業活性化法（アメリカ）　399
スウェッド，マーク　Swed, Mark　117
スクリブド　Scribd　422-34, 437, 440-51, 454, 457, 495, 633
スタイロン，ウィリアム　Styron, William　135, 141-2
スタイン，シドニー（裁判官）　Stein, Sidney　135, 138
スタンフォード大学　156-8, 161-2, 174
ストロンバーグ，エリック　Stromberg, Eric　433-8
スニペット　162-3, 171-2, 175-6, 589-90
スノッドグラス，マイケル　Snodgrass, Michael　487
スポティファイ　Spotify　418, 420-1, 424-6, 432-3, 435, 441, 450, 518, 563
ズボフ，ショシャナ　Zuboff Shoshana　571-2
スマッシュワーズ　Smashwords　290-300, 317, 319-20, 323-4, 334, 339-42, 359, 416, 428, 437, 490
『スリー・カップス・オブ・ティー』　89
『スリー・カップス・オブ・デスィート』　88-9
『世界で一番美しい元素図鑑』　112
全米作家協会　Authors Guild　163, 166-70, 175
全米写真家協会　Professional Photographers of America（PPA）　171
ソニー　Sony　31-4, 74, 187, 294, 466-7
ソニー・ピクチャーズ　Sony Pictures　532, 541
『ソフィーの選択』　141

た行

ダーントン、ロバート　Darnton, Robert　60, 608
タッチ・プレス　Touch Press　109-28
チェイス，スカイ　Chase, Sky　545
著作権法（アメリカ）　132, 163, 165, 167, 175, 589, 629
チン，デニー（裁判官）　Chin, Denny　165-9, 171-2, 176
ツイッター　Twitter　376, 384, 401, 411, 413, 415
ディケンズ，チャールズ　Dickens, Charles　522
〈ディズニー・アニメイテッド〉　120-2, 125
テイマン，ジョン　Tayman, John　87-94
ディラー，バリー　Diller, Barry　95, 97
ディロンズ　Dillons　8, 181, 578
デヤン・オーディオ　Deyan Audio　492
デュラン，ヴァンサン　Durand, Vincent　328
『トゥワイス・アポン・ア・タイム』　98
トーキングブック　464
トッド，アナ　Todd, Anna　535
トマス，ディラン　Thomas, Dylan　464
トレントマン，ヘンリー　Trentman, Henry　486

な行

ナタフ，エマニュエル　Nataf, Emmanuel　328
ナップスター　Napster　21-2, 557-8
ニールセン　Nielsen　76
ニューヨーク公共図書館　156, 161-2
〈ニューヨーク・タイムズ〉　6, 32, 98, 142, 144, 186, 188, 201, 227, 231, 266, 276, 430, 536, 559, 591
ニューヨーク・ブック・エディターズ　New York Book Editors　326-8, 332-3
ヌック　Nook　83
　オーディオブック　496
　自費出版　317
　——とオンライン書店　32-3, 189, 196-7

は行

ハーティトラスト　HathiTrust Digital Library　168-70
ハート，マイケル　Hart, Michael　28-9, 157, 522
ハーパーコリンズ　HarperCollins　11, 115, 137, 142-3, 261, 428, 437, 484
ハーバード大学　Harvard University　156, 161-2, 174, 269
バーンズ＆ノーブル　Barnes & Noble　7, 70, 189-90, 240
バイシュ，リー　Beisch, Leigh　311
バイライナー　Byliner　88-94
ハウイー，ヒュー　Howey, Hugh　201
バックワルド，ナオミ・ライス（裁判官）　Buchwald, Naomi Reice　143
〈羽根のように軽い〉　542
『羽根のように軽く、盤ボードのように硬い』　541-2
『パリのスフィンクス』　381
パルフレイマン，ローレン　Palphreyman, Lauren　545
反トラスト法（アメリカ）　192-6, 203-11, 582-3, 630, 646
日替わりセール（アマゾン）　147-8, 150, 268
ビッグ・ハッピー・ファミリー　Big Happy Family　494
ビブリオバザール　Bibliobazaar　280
ピュリッツァー，ジョセフ　Pulitzer, Joseph　370
ファインダウェイ・ヴォイシーズ　Findaway Voices　489-91
ファンダヴログ　Fundavlog　371
ファントム　Phantom　105-6
ファンフィクション・ドット・ネット　Fanfiction.net　520
『フィフティ・シェイズ・オブ・グレイ』　520, 527
フィリップス，アンガス　Phillips, Angus　82
フールー　Hulu　417, 452, 542
フェイエ，リカルド　Fayet, Ricardo　328, 330
フェイスブック　Facebook　100, 232, 252-8, 275, 304, 309, 376, 384, 401, 423, 440-1, 567, 572-5, 582, 614
ブッキッシュ　Bookish　243, 264
ブッキファイ　Bookify　305
ブックサージ　BookSurge　315
ブックショップ・ドット・オルグ　Bookshop.org　583
ブックス・オン・テープ　Books on Tape　466, 484-6
ブックスマート　BookSmart　305
ブックバブ　BookBub　150, 269-75, 496
ブックマッチ　Bookmatch　236
ブックライト　BookWright　305
ブラーブ　Blurb　302-15, 324, 331, 339-40, 381, 385

ブライスウォーターハウスクーパース PricewaterhouseCoopers 24-5
フラウエンフェルダー，マーク Frauenfelder, Mark 232
ブラックストーン・パブリッシング Blackstone Publishing 485-8
フランクフルト・ブックフェア Frankfurt Book Fair 160
『不良 QB と私』 545
ブリリアンス・オーディオ Brilliance Audio 476, 485, 487, 570
ブリン，セルゲイ Brin, Sergey 157-61, 178
プレストン，デイヴィッド Preston, David 201
ブレナン，サマー Brennan, Summer 380-1
プロジェクト・グーテンベルク Project Gutenberg 28-9, 157
ベア・ジュニア，ハロルド（裁判官） Baer, Jr., Harold 169-70
米国出版協会 Association of American Publishers 162-3, 166, 171, 356, 650
米国大学出版協会 Association of American University Presses 162
米国レコード協会 Recording Industry Association of America 21
ペイジ，ラリー Page, Larry 157-62, 178
ページランク（グーグル） Google PageRank 157-8
ヘクト，デュヴァル Hecht, Duvall 465-6, 486
ベゾス，ジェフ Bezos, Jeff 181-8, 235, 476, 570, 576
ペンギン Penguin 62, 163, 243
　　ランダムハウス 11, 261, 263, 392, 484
ポインター，ダン Poynter, Dan 289
ボウカー Bowker 294, 336-7, 340
ボーク，ロバート Bork, Robert 208-9
ボーダーズ Borders 7, 70, 180-1, 184, 240
ホールドリッジ，バーバラ Holdridge, Barbara 464
ポズナー，リチャード Posner, Richard 208
ボドリアン図書館（オックスフォード大学） Bodleian Library, Oxford 161
ポラード，ジャスティン Pollard, Justin 387
ホルツブリンク 11

ま行

マーシャル・チエリー，ジョン Marshall Cheary, John 492
マーリー，テイ Marley, Tay 545
マイクロソフト Microsoft 158, 160, 183
マクミラン Macmillan 191-4, 261, 428, 437
マクルーハン，マーシャル McLuhan, Marshall 460
マセマティカ Mathematica 111
マッキンゼー McKinsey 252
マンテル，マリアンヌ Mantell, Marianne 464
ミシガン大学 156, 161-2, 169, 174
ミッチンソン，ジョン Mitchinson, John 387-92, 394
モーテンソン，グレッグ Mortenson, Greg 89

や行

ヤロウ，オルダー Yarrow Alder 310-2, 383
ヤン，ジェリー Yang, Jerry 524
ヤング，ボブ Young, Bob 286-7
ユエン，アイヴァン Yuen Ivan 522, 530, 544, 547

ら行

『ライディング・ザ・ブレット』　24
ライトニングソース　Lightning Source　18
ラウ，アレン　Lau, Allen　521-4, 528-33, 536, 539-44, 547
ラッセル，カレン　Russell, Karen　97
リークルス，ベス　Reekles, Beth　534
リージィ　Reedsy　326, 328-34
リヴィングストン，デブラ・アン（裁判官）　Livingstone, Debra Ann　195-6
リウカス，リンダ　Liukas, Linda　382
リクール，ポール　Ricoeur, Paul　462
リッジオ，スティーブ　Riggio, Steve　134
リッスンアップ・オーディオブック　ListenUp Audiobooks　494
リテラリー・ハブ　Literary Hub　262-6
リトハブ・デイリー　LitHub Daily　266
リブリエ　Librié　31
リンゲルマン，ダナエ　Ringelmann, Danae　372
ルーディン，スコット　Rudin, Scott　95
ルービン，スラヴァ　Rubin, Slava　372
『ルビィのぼうけん』　382
ルル　Lulu　286-8, 291, 315, 324, 339-40, 381, 385
レヴィツキー，ラリー　Levitsky, Larry　399-400
レキチ，ナタシャ　Lekic, Natasa　327-8
レコーデッド・ブックス　Recorded Books　485-8
レジェンダリー　Legendary　406
レッド・ハット　Red Hat　286
連邦取引委員会（アメリカ）　192, 206, 209
ローザ，ハルトムート　Rosa, Hartmut　620, 622
『ローラーダービー・ライフ』　383-4
ロゼッタブックス　RosettaBooks　133-8, 141, 143, 146-52
ロンドン・ブックフェア・デジタル・カンファレンス　London Book Fair Digital Conference　108

わ行

『ワインのエッセンス』　312, 383
ワットパッド　Wattpad　521-48, 606-8, 617, 633

原注

序論

（1）この三大プレイヤーの隆盛と英米商業出版業界に及ぼした影響については、以下の本で詳しく分析されている。John B. *Thompson, Merchants of Culture: The Publishing Business in the Twenty-First Century*, Second Edition（Cambridge: Polity; New York: Penguin, 2012）.

（2）1960年代以降、文学界の作家たちがいかにして、文書作成テクノロジーを使用するようになっていったかという歴史については、以下を参照のこと。Matthew G. Kirschenbaum, *Track Changes: A Literary History of Word Processing*（Cambridge, Mass.: Harvard University Press, 2016）.

（3）John B. Thompson, *Books in the Digital Age: The Transformation of Academic and Higher Education Publishing in Britain and the United States*（Cambridge: Polity, 2005）, ch. 15 を参照。

（4）Chris Anderson, *The Long Tail: Why the Future of Business is Selling Less of More*（New York: Hyperion, 2006）〔クリス・アンダーソン『ロングテール――「売れない商品」を宝の山に変える新戦略』篠森ゆりこ訳、早川書房、2014年〕を参照。

（5）RIAA, US Sales Database. www.riaa.com/u-s-sales-databasewo を参照。

（6）同上。

（7）RIAA。この時期には、レコードやミュージックビデオや、2005年以降は着信音や呼出音メロディ、サブスクリプションなどの別の収益源もあったが、収益減少という全体的な傾向が大きく変わることはなかった。

（8）David Goldman, 'Music's lost decade: Sales cut in half', *CNN Money*（3 February 2010）, https://money.cnn.com/2010/02/02/news/companies/napster_music_industry/ を参照。

第1章　電子書籍のためらいがちな出足

（1）UNESCO, 'Recommendation Concerning the International Standardization of Statistics Relating to Book Production and Periodicals'（19 November 1964）, http://portal.unesco.org/en/ev.php-URL_ID=13068&URL_DO=DO_TOPIC&URL_SECTION=201.html〔「図書及び定期刊行物の出版についての統計の国際化な標準化に関する勧告」https://www.mext.go.jp/unesco/009/1387084.htm〕参照。

（2）Nicole Yankelovich, Norman Meyrowitz and Andries van Dam, 'Reading and Writing the Electronic Book', *Computer*, 18, 10（October 1985）, 15–30.

（3）Michael Hart, 'The History and Philosophy of Project Gutenberg', at www.gutenberg.org/wiki/Gutenberg:The_History_and_Philosophy_of_Project_Gutenberg_by_Michael_Hart; Marie Lebert, *A Short History of eBooks*（NEF（Net des études françaises / Net of French Studies）, University of Toronto, 2009）, pp. 5ff., at www.etudes-francaises.net/dossiers/ebookEN.pdf 参照。

（4）米国出版協会出典のデータについて、2011年以降は約1200社の出版社の一次データに基づいている。2008–10年のデータは参加企業や定義の変更に合わせて調整している。

（5）ジュブナイルおよび、ミステリやSFなど、一般向けのカテゴリの一部では、売上額に対する割合と販売部数に対する割合に大きな開きがあり、売上額でみた場合の電子書籍の売上の割合が販売部数でみた場合の売上よりも高い割合を占めている。これは直感に反しているように思えるかもしれない。電子書籍は概して紙の本より価格が低いので、純売上額の比率は純売上部数の比率よりも低いと予想されるからだ。では、この一見直感に反する矛盾はどのように説明されるのだろうか。その理由は、価格設定をめぐる訴訟（第5章参照）後、司法省が出版社に課した和解案の実務的な詳細をみればわかる。この和解案では、出版社は2年間、エージェンシーモデルの使用を禁止されたが、「エージェンシーライト」と呼ばれ

る価格設定モデルの使用は認められた。このモデルは、エージェンシーモデルに似ているが、小売業者は、総値引額が出版社のカタログに掲載されている書籍を1年間販売して得た手数料の額を超えない限り、複数の作品を値引きすることができる。つまり、実際には、小売業者は特定の複数のタイトルを値引きすることができたし、とくに一部の本の価格を大きく値引きしていた。たとえば、特定のベストセラーの電子書籍は2.99ドルという低価格で販売されていた。ホリデーシーズンや新作映画の公開など、さまざまな最盛期には、小売店によっては価格を下げて特別な販売促進を行なうことがあり、ほかの小売店もそれに追随することがある。これは、ジュブナイル、ミステリ、SFなど、特定のカテゴリの本でとくによくみられた。何百万冊もの電子書籍がごく安い価格で販売されていたが、エージェンシーライトの条件のもとで、出版社には正規の定価が支払われていた。したがって、エージェンシーライトは電子書籍の売上の割合を膨らませる傾向があった。

（6）BISACの件名標目コードは、BISACサブジェクトコードとも呼ばれる。BISGが作成したこのコードは本のサプライチェーン内で多くの企業によって使用されており、このBISACの件名標目に基づいて本が分類されている。件名標目別の全リストについては次のサイトを参照のこと。www.bisg.org/bisac-subject-codes.

（7）ここでいう「一般フィクション」（general fiction）とは、ミステリ、ロマンス、SF・ファンタジーを除く　すべてのフィクションのカテゴリを含む。ミステリ、ロマンス、SF・ファンタジーは別に分類されている。つまり、一般フィクションには、BISACのカテゴリである文芸フィクション、「フィクション（一般）」（General Fiction）、ヒストリカルフィクションなどさまざまなカテゴリが含まれ、含まれないカテゴリはミステリ、ロマンス、SF・ファンタジーのみである。

（8）ジュブナイルフィクションに関しては、重要な注意事項がある。それは、このカテゴリには児童書だけでなくヤングアダルト・フィクションを含めており、このふたつのサブカテゴリが示す傾向はまったく異なるということである。ヤングアダルトとヤングアダルト以外の児童書に分けたとしたら、ヤングアダルト以外の児童書は5パーセント以下とかなり低いが、ヤングアダルトは20パーセント台になるだろう。ヤングアダルト・フィクションはむしろ大人向けの一般フィクションと似た動きをしており、たとえばステファニー・メイヤーの『トワイライト』シリーズやスーザン・コリンズの『ハンガー・ゲーム』三部作など、ヤングアダルトに分類される本には、多くの大人を含むさまざまな年齢層の読者に読まれているであろうものもある。

（9）Robert Darnton, 'A Historian of Books, Lost and Found in Cyberspace', *Chronicle of Higher Education*, 12 March 1999; Robert Darnton, 'The New Age of the Book', *New York Review of Books*, 18 March 1999. いずれもRobert Darnton, *The Case for Books: Past, Present, and Future*（New York: Public Affairs, 2009）に再掲されている。

（10）Jeremy Lewis, *Penguin Special: The Life and Times of Allen Lane*（London: Penguin, 2005）, p. 74.

（11）同上p. 96で引用されている。

（12）同上p. 94で引用されている。

（13）アマゾンは、クリエイトスペースという印刷書籍自費出版プラットフォームを並行して開発したが、キンドル・ダイレクト・パブリッシングで出版する作家の多くは印刷書籍を販売しない。この点については、第7章で詳しく説明する。

（14）この件についても、第7章で詳しく説明する。

（15）関連するデータは*PA Statistics Yearbook 2015*（London: The Publishers Association, 2016）と*PA Statistics Yearbook 2018*（London: The Publishers Association, 2019）に掲載されている。ただし、*PA Statistics Yearbook*の「デジタル売上」には、電子書籍以外にも、オーディオブックのダウンロード、書籍の全部／一部のダウンロード、サブスクリプション／オンライン上の出版物へのアクセス、その他オンラインまたはCD-ROMで配信されるデジタル素材全体が含まれている（*PA Statistics Yearbook 2018*, Technical Appendix A, p.83）。本書の図表は、ニールセン社と英国出版協会から提供された補足データに基づいている。このデータでは消費者の電子書籍売上は、より広いカテゴリである「デジタル売上」から分離されている。

（16）Rüdiger Wischenbart, together with Carlo Carrenho, Javier Celaya, Yanhong Kong and Miha Kovac, *Global eBook 2017: A Report on Market Trends and Developments*, www.global-ebook.com参照。

（17）Börsenverein、同上p. 65に複製。

（18）同上。

（19）Wischenbart et al., *Global eBook 2017*, p. 100.

（20）Rüdiger Wischenbart, together with Carlo Carrenho, Dayou Chen, Javier Celaya, Yanhong Kong, Miha Kovac and Vinutha Mallya, *Global eBook 2016: A Report on Market Trends and Developments*, pp. 107, 110, www.global-ebook.com 参照。

（21）Rüdiger Wischenbart, together with Carlo Carrenho, Javier Celaya, Miha Kovac and Vinutha Mallya, *Global eBook 2015: A Report on Market Trends and Developments*, p. 118, www.global-ebook.com 参照。

第2章　本の再発明

（1）Angus Phillips, *Turning the Page: The Evolution of the Book*（Abingdon: Routledge, 2014）.

（2）1万語以下のひじょうに短い本はフランス語やスペイン語などほかの言語ではもっと一般的だ。しかし、英語の商業出版では、1万語以下のテキストが1冊の印刷書籍として出版されるのは稀である。

（3）Laura Hazard Owen, 'Why 2012 Was the Year of the E-Single', Gigaom（24 December 2012）, https://gigaom 参照。

（4）ヴックはその後2015年5月にブランド名をプロナウンに変更し、プロナウンは2016年5月にマクミランUSに買収された。

（5）ブルックリンを拠点とするレストレス・ブックス社がもうひとつの例だ。同社は2013年にイラン・スタバンスによって創設された。イラン・スタバンスはアマースト大学の人文科学とラテンアメリカ文化の教授である。レストレス・ブックス社はメキシコやその他の国の本を英語に翻訳して電子書籍として出版する事業を開始した。当初は共感した後援者によって資金を提供されていたが、自立した継続企業になることをスタバンスは望んでいた。電子書籍のみの出版社になることは、その当時は良いアイデアのように思われた。「安価で簡単で、印刷機さえいらない。取次業者もいらない。電子書籍の出版を開始するだけでいいんです」と従業員のひとりが説明した。しかし、まもなく、電子書籍のみを扱う出版社であるのはひじょうにむずかしいことが明らかになった。2013年10月に5、6冊の本を出版しはじめたが、本は売れなかった。誰もそれらの本のことを知らなかった。書店に本はないし、書評にも取り上げてもらえなかった。売上はスズメの涙ほどで、何千部はおろか何百部でさえなく、何十部しか売れなかった。「それらの本はほとんどが姿を消しました」。最初の本を出版してから6ヶ月後、方向転換して物理的な印刷された本を出版しなければならないのは明らかだった。「レストレスの当初のミッションは、電子書籍を作って、新しい新鮮な存在になることで、国境や境界を超える方法として、情報をデジタルに変換する方法を考えることでした。それはいまだに当てはまります。けれども、おかしなことに、革新的であるためには、従来の方法に従うしかなかった。印刷された本の出版社になるしかなかったのです」。アタヴィスト・ブックスとはちがって、レストレスは生き延び、2015年には売上の約90パーセントは印刷書籍が占めている。

（6）エヴァン・シュニットマン、2011年のロンドン・ブックフェア・デジタル・カンファレンス。www.youtube.com/watch?v=fiUapEUGRhY を参照のこと。

（7）Adam Hammond, 'How Faber's App Rescues Eliot's Masterpiece from the Waste Land of Print', *The Toronto Review of Books*, 17 April 2012 www.torontoreviewofbooks.com/2012/04/how-faber-and-fabers-ipad-app-rescues-t-s-eliots-masterpiece-from-the-waste-land-of-print 参照のこと。

（8）2011年6月26日の〈サンデー・タイムズ〉。

（9）2012年12月7日の〈ガーディアン〉。

（10）Thomas Sommer, 'App Store Stats Bonanza'（7 August 2014）参照のこと（www.applift.com/blog/app-store-stats-bonanza）。

（11）ほかの人びとも同様の結論に達している。デイヴ・アディはアプリケーション開発エージェンシー、エージェント社を2002年に設立し、2009年にiPhone用のアプリ、ナショナル・レイル・エンクワイアリ（National Rail Enquiries app）を発売して大成功を収めた。その後も出版社のために数々のアプリを制作し、フェイバー＆フェイバーにもいくつかアプリを制作したが、そのひとつが『The Thick of It ――社会安全市民省ファイルを無くして（The Thick of It: The Missing DoSAC Files）』という本のアプリバージョ

ン〈マルコム・タッカー——iPhoneを無くして（Malcolm Tucker: The Missing iPhone）〉である。このアプリケーションは2011年のBAFTAにノミネートされた。デイヴ・アディはレミントン・スパのオフィスに会社を移転して、スタッフを数人追加で雇い入れる計画を立てていた。ところが、気づいたらタッチ・プレス社を蝕んだ、アプリストアで認知してもらうことのむずかしさと価格引き下げの圧力とに挟み撃ちされ、エージェント社を継続するのが困難になっていた。最終的にアディは白旗をあげ、2013年に会社を畳んだ。「アプリの制作はリスクを冒す価値のある製品ではないと判断しました。私のようなリスクに賭けていきたい人間にとってはとくに」

第3章 既刊本をめぐる戦い

（1）たとえば、1978年以前に著作権が付与された作品は、著作権の保護期間を延長するためには、その作品が出版されてから28年以内に著作権を更新しなければならなかった。この著作権更新の必要性は、1992年の著作権更新法によってなくなったが、更新されずにパブリックドメインになった作品が再び著作権の保護を受けることはできなくなった。したがって、1964年以前に出版された作品で著作権が更新されなかったものはパブリックドメインとなる。著作権の期間に影響するさまざまな条件に関する有用な概略は、https://copyright.cornell.edu/resources/publicdomain.cfm の Peter B. Hirtle, 'Copyright Term and the Public Domain in the United States'（1 January 2015）を参照のこと。

（2）アーサー・クレバノフは、つぎの回顧録の中で、ロゼッタブックスの設立について、自ら説明している。*The Agent: Personalities, Politics, and Publishing*（New York: Texere, 2001）, pp. 1–29.

（3）Motoko Rich, 'Random House Cedes Some Digital Rights to Styron Heirs', *The New York Times*, 25 April 2010. www.nytimes.com/2010/04/26/books/26random.html 参照のこと。

（4）Naomi Reice Buchwald, *HarperCollins Publishers LLC v. Open Road Integrated Media, LLP*, United States District Court, S. D. New York, 7 F. Supp.3d 363（SDNY 2014）, p.7, https://casetext.com/case/harpercollins-publishers-llc-v-open-rd-integrated-media 参照のこと。

（5）これは「デジタルでの表示価格」、つまり出版社が電子書籍に付けた価格である。しかし電子書籍はアマゾンのようなホールセールモデルを用いている小売業者に提供されるため、約50パーセントの業者割引があり、アマゾンやその他の小売業者はたいてい、この割引の一部を消費者に転嫁して、たとえば9.99ドルで電子書籍を販売している。14ドルの本の場合、出版社は14ドルから50パーセントを差し引いた7ドルを受けとることになる。

（6）既刊本の電子化権を取得するというアイデアを基盤にしたスタートアップ企業はほかに、Eリーズ社やスタート・パブリッシング社などがある。Eリーズ社は、リチャード・カーティスが1999年に設立した会社で、この会社の1200冊以上の電子書籍リストは、2014年にオープン・ロード社に買い取られた。スタート・パブリッシング社は、スタート・メディア社から分離独立して2012年に設立された。同社は手始めに大規模なパブリックドメインのライブラリを買い取り、ナイト・シェード・ブックス、サルボ・プレス、クレイス・プレス、ヴィヴァ・エディションズなど、さまざまな企業の電子書籍資産を獲得して急成長し、2017年には16の異なるインプリントと約7300の作品リストを有していたが、その大半がSF、スリラー、ヒストリカルフィクション、クリスチャンフィクションなど特定のニッチなジャンルの作品である。ロゼッタブックスやオープン・ロードとは異なり、スタート・パブリッシング社のモデルは、期間限定のライセンスではなく、著作権が残存している期間いっぱいまでのライセンスの獲得を基本としている。また、ロゼッタブックスやオープン・ロードとはちがって、他社との法的紛争に巻きこまれる可能性のある活動は避けていた。同社の代表者のひとりは、「誰かが何かの権利を持っていると主張するなら、慎重すぎるくらい慎重に行動すべきだ」と述べている。

（7）かつての協力者同士の対立の有名な例として、2010年にエージェントのアンドリュー・ワイリーがオデッセイ・エディションズ社を立ちあげたことが挙げられる。ワイリーは、大手出版社が既刊本の電子書籍化に際し印税率をあげようとしないことに不満を抱き、自ら出版事業を立ちあげ、ソール・ベロー、ジョン・アップダイク、フィリップ・ロスなど自分の顧客の一部が著した既刊本の電子書籍を発売した。これは、出版社に圧力をかけて、既刊本の電子書籍の印税率を高くするように仕向けることを狙ったのだったが、この取り組みは出版社の怒りを買い、オデッセイ・エディションズ社の設立直後にランダムハウス

は、エージェンシーとしてのワイリーとの取引を停止すると発表した。通常は抜け目のないワイリーも、業界最大手の商業出版社の突然の対抗措置に不意を突かれた。ワイリーとランダムハウスのCEOとは何度も会合を重ねたすえ、満足のいく合意が得られ、ランダムハウスが出版している作品はオデッセイ・エディションズ社のリストから削除された。この出版社の立ちあげは、新たな出版ベンチャーの創造というよりも、このフィールドに充分定着していたプレイヤーが活躍していた古いゲームのなかの新たな動きに近かった。それでも、そのゲームに持ちこまれた何かしら新しいこと――つまり既刊本の電子書籍販売に際して支払われる印税――は、いまだ問題として残っている。

第4章　グーグルの乱

（1）グーグルの起源については、David A. Vise with Mark Malseed, *The Google Story*（New York: Bantam Dell, 2005）を参照のこと。

（2）'Search Engine Market Shares', Frictionless Data, http://data.okfn.org/data/rgrp/search-engine-market-shares#readme.

（3）Vise with Malseed, *The Google Story*, pp. 36, 230.「グーグルを始めるまえから、図書館員が愛情を込めて整理していた膨大な量の情報をオンラインで検索できればと夢想していた」とペイジは回想している（Vise with Malseed p. 230 より引用）。

（4）Deanna Marcum and Roger C. Schonfeld, *Along Came Google: The Brief, Eventful History of Library Digitization*（Princeton University Press, 2021）.

（5）同上から引用。Michael Keller.

（6）Marcum and Schonfeld, *Along Came Google*.

（7）'Google Checks Out Library Books', *News from Google*, 14 December 2004 http://googlepress.blogspot.co.uk/2004/12/google-checks-out-library-books.html 参照。

（8）グーグル図書館プロジェクトとそれによって提起された法的問題についての詳細な説明は、つぎのすぐれた一連の論文を参照のこと。Jonathan Band, 'The Google Library Project: The Copyright Debate'（American Library Association, Office for Information Technology Policy, January 2006）, www.policybandwidth.com/doc/googlepaper.pdf を参照、'The Google Library Project: Both Sides of the Story'（University of Michigan Library, 2006）, http://quod.lib.umich.edu/p/plag/5240451.0001.002/--googlelibrary-project-both-sides-of-the-story?rgn=main;view=fulltext を参照、'A Guide for the Perplexed: Libraries and the Google Library Project Settlement'（American Library Association and Association of Research Libraries, 13 November 2008）, www.arl.org/storage/documents/google-settlement-13nov08.pdf を参照；'A Guide for the Perplexed Part II: The Amended Google–Michigan Agreement'（American Library Association and Association of Research Libraries, 12 June 2009）, at www.arl.org/storage/documents/google-michigan-12jun09.pdf を参照、'A Guide for the Perplexed Part III: The Amended Settlement Agreement'（American Library Association and Association of Research Libraries, 23 November 2009）, at www.arl.org/storage/documents/publications/guide-for-perplexed-part3-nov09.pdf、'A Guide For the Perplexed Part IV: The Rejection of the Google Books Settlement'（American Library Association and Association of Research Libraries, 31 March 2011）, www.arl.org/storage/documents/publications/guide-for-perplexed-part4-apr11.pdf 参照。Jonathan Band, 'The Long and Winding Road to the Google Books Settlement', *The John Marshall Review of Intellectual Property Law*, 9, 2（2009）, 227–329, https://repository.jmls.edu/ripl/vol9/iss2/2 参照。図書館協会のウェブサイトにあるグーグルブックスのページ www.arl.org/component/taxonomy/term/summary/75/135#.V6im28_rvmH にはほかにも多くの有用な文献が掲載されている。

（9）和解案の全文は、www.googlebooksettlement.com/agreement.html にて参照できる。有用な要約として、Band, 'A Guide for the Perplexed: Libraries and the Google Library Project Settlement' を参照のこと。

（10）改訂和解案のおもな変更について詳しくは Band, 'A Guide for the Perplexed Part III: The Amended Settlement Agreement' を参照のこと。

（11）判決文の全文は以下のサイトでみることができる。*The Authors Guild et al.v. Google Inc.*, 05 Civ.8136（2011）, www.nysd.uscourts.gov/cases/show.php?db=special&id=115. 承認拒否に関する詳細は、Band, 'A Guide For the Perplexed Part IV: The Rejection of the Google Books Settlement' を参照のこと。

(12) 'Publishers and Google Reach Agreement': http://googlepress.blogspot.co.uk/2012/10/publishers-and-google-reach-agreement.html.

(13) *The Authors Guild et al. v. Google, Inc.*, 05 Civ. 8136 (2013), at www.nysd.uscourts.gov/cases/show.php?db=special&id=355.

(14) Pierre N. Leval, 'Toward a Fair Use Standard', *Harvard Law Review*, 103 (March 1990), 1105, at www.yalelawtech.org/wp-content/uploads/leval.pdf.

(15) 同上、p. 4.

(16) *The Authors Guild et al. v. Google, Inc.*, p. 21.

(17) 同上、p. 25.

(18) *The Authors Guild et al. v. HathiTrust et al.*, 11 CV 6351 (HB), at http://cases.justia.com/federal/district-courts/newyork/nysdce/1:2011cv06351/384619/156/0.pdf?ts=1428708650 を参照のこと。

(19) 同上、p. 22.

(20) *Authors Guild v. HathiTrust*, 121-4547-cv, http://law.justia.com/cases/federal/appellate-courts/ca2/12-4547/12-4547-2014-06-10.html# を参照のこと。

(21) Jonathan Band, 'What Does the HathiTrust Decision Mean for Libraries?' 7 July 2014, www.librarycopyrightalliance.org/storage/documents/article-hathitrustanalysis-7jul2014.pdf 参照のこと。

(22) 出典 : Jonathan Band, 'Google Books Litigation Family Tree', 16 October 2015: www.librarycopyrightalliance.org/storage/documents/google-books-litigation-tree-16oct2015.pdf.

(23) 'Search Engine Market Shares'.

(24) Pamela Samuelson, 'The Google Book Settlement as Copyright Reform', *Wisconsin Law Review*, 479 (2011), 479–562.

(25) 同上、pp. 485–6.

第5章　上り調子のアマゾン

(1) アメリカの書籍出版の発展に関するすぐれた解説書として次の書籍を参照のこと。Laura J. Miller, *Reluctant Capitalists: Bookselling and the Culture of Consumption* (University of Chicago Press, 2006), ch. 2.

(2) Brad Stone, *The Everything Store: Jeff Bezos and the Age of Amazon* (New York: Little, Brown, 2014), p. 24〔ブラッド・ストーン『ジェフ・ベゾス 果てなき野望――アマゾンを創った無敵の奇才経営者』井口耕二訳、日経 BP、2014 年〕. この章全体を通じて、ブラッド・ストーンによるアマゾンについてのすばらしい解説を参考にした。Robert Spector, *Amazon.com: Get Big Fast* (London: Random House, 2000)〔ロバート・スペクター『アマゾン・ドット・コム』長谷川真実訳、日経 BP、2000 年〕も参照のこと。

(3) Stone, *The Everything Store*, p. 26.

(4) 同上。p. 39、Spector, *Amazon.com*, p. 93.

(5) Robert H. Reid, *Architects of the Web: 1,000 Days that Built the Future of Business* (New York: John Wiley & Sons, 1997)〔ロバート・リード『インターネット激動の 1000 日―― WWW の地平を切り開くパイオニアたち』山岡洋一訳、日経 BP、1997 年〕, p. 31 で引用された Marc Andreessen の言葉。

(6) Stephanie Oda and Glenn Sanislo, *The Subtext 2002–2003 Perspective on Book Publishing: Numbers, Issues and Trends* (Darien, Conn.: Open Book Publishing, 2003), p. 80.

(7) 同上。

(8) Stone, *The Everything Store*, p. 231.

(9) Clayton M. Christensen, *The Innovator's Dilemma: When New Technologies Cause Great Firms to Fail* (Boston, Mass.: Harvard Business Review Press, 1997)〔クレイトン・クリステンセン『イノベーションのジレンマ――技術革新が巨大企業を滅ぼすとき』伊豆原弓訳、翔泳社、2000 年〕.

(10) Stone, *The Everything Store*, pp. 234–9.

(11) www.amazon.com/tag/kindle/forum/ref=cm_cd_et_md_pl?_encoding=UTF8&cdForum=Fx1D7SY3BVSESG&cdMsgNo=1&cdPage=1&cdSort=oldest&cdThread=Tx2MEGQWTNGIMHV&displayType=tagsDetail&cdMsgID=Mx5Z9849POTZ4P#Mx5Z9849POTZ4P.

（12）www.justice.gov/file/486986/download. この訴訟の法的問題の詳細な解説は次を参照のこと。Chris Sagers, *United States v. Apple: Competition in America*（Cambridge, Mass.: Harvard University Press, 2019）.

（13）Michael Cader, 'Hurry Up, Wait, and What the … !? Life Under Agency Lite', *PublishersLunch*., 7 September 2012, http://lunch.publishersmarketplace.com/2012/09/hurry-up-wait-and-what-the-life-under-agency-lite 参照。

（14）www.cnet.com/news/macmillan-reaches-e-book-pricing-settlement-with-doj.

（15）*United States v. Apple*, 12 Civ. 2826（SDNY 2013）, p. 11: www.nysd.uscourts.gov/cases/show.php?db=special&id=306.

（16）*United States v. Apple, Inc*., 13-3741-cv（L）: www.justice.gov/file/628971/download.

（17）同上、pp. 9–10.

（18）コデックス・グループによるリサーチの報告 Jim Milliot, 'BEA 2014: Can Anyone Compete with Amazon?' *Publishers Weekly*（28 May 2014）: https://www.publishersweekly.com/pw/by-topic/industry-news/bea/article/62520-bea-2014-can-anyone-compete-with-amazon.html.

（19）同上。

（20）オーサーアーニングスの2016年の市場シェア推定値を作成したポール・アバッシによると、電子書籍におけるアマゾンの市場占有率は2016年から増加しつづけ、いっぽうバーンズ＆ノーブルのヌックの市場占有率は（現在は3パーセントまで）減少しつづけ、同社が失ったシェアはアマゾンに移行しているという。さらに、アマゾンのキンドルアンリミテッド・プログラムの拡大により、アマゾンのシェアはさらに増加している。アバッシは、2019年のキンドルアンリミテッドでの100パーセント読了（full read）を含む5億4000万冊の電子書籍売上部数の91パーセントをアマゾンが占めていると算出している。しかし、ほとんどの従来の出版社はキンドルアンリミテッドに参加していないため、それらの出版社が出している電子書籍の2019年の売上部数のうち、アマゾンが占める割合は75パーセント程度であろう。キンドルアンリミテッドの存在と、低価格帯の電子書籍売上に占めるアマゾンの割合が大きいことから、アマゾンが占める販売数の市場シェアは、販売額に占める割合よりも大幅に高い（私信）。印刷書籍と電子書籍におけるアマゾンの市場シェアについては、本書の第12章、574–91ページを参照のこと。

（21）http://phx.corporate-ir.net/phoenix.zhtml?ID=1376977&c=176060&p=irolnewsArticle.

（22）第7章参照。

（23）David Streitfeld, 'Writers Feel an Amazon–Hachette Spat', *The New York Times*, 9 May 2014: www.nytimes.com/2014/05/10/technology/writers-feel-an-amazon-hachette-spat.html、David Streitfeld and Melissa Eddy, 'As Publishers Fight Amazon,Books Vanish', *The New York Times*, 23 May 2014: http://bits.blogs.nytimes.com/2014/05/23/amazon-escalates-its-battle-against-hachette.

（24）http://authorsunited.net.

（25）www.change.org/p/hachette-stop-fighting-low-prices-and-fair-wages.

（26）共同広告とは、メーカーやサプライヤーと小売業者のあいだで結ばれた金銭的な取り決めで、これによりサプライヤーは小売業者の宣伝費用の一部を負担する。出版業界では、印刷された本の販売促進のために共同広告の取り決めがよく行なわれている。たとえば、共同広告の資金は一般的に、店頭のショーウインドウや陳列台に本を陳列するための費用として使用される。アマゾンは、ウェブサイトや顧客層へのメールによるプロモーションが、紙の書籍と電子書籍の両方の売上を伸ばしているという根拠に基づいて、電子書籍の販売についても共同広告の取り決めを求めた。

（27）関連問題についてのすぐれた概要として、つぎを参照のこと。Roger D. Blair and Jeffrey L. Harrison, *Monopsony in Law and Economics*（New York: Cambridge University Press, 2010）.

（28）Paul Krugman, 'Amazon's Monopsony is not O.K.', *The New York Times*, 19 October 2014: www.nytimes.com/2014/10/20/opinion/paul-krugman-amazons-monopsony-is-not-ok.html?_r=0.

（29）同上。

（30）同上。

（31）このセクションのこことその他の部分でも、クリス・セイガーズはアメリカの反トラスト法についての知識を私に気前よく分けてくれて、大変お世話になった。

（32）*United States v. Socony-Vacuum Oil Co., Inc*., 310 US 150（1940）: https://supreme.justia.com/cases/federal/us/310/150/case.html.

(33) Sagers, *United States v. Apple*, p. 13.

(34) John B. Kirkwood, 'Powerful Buyers and Merger Enforcement', *Boston University Law Review*, 92 (2012), 1488、参照のこと。

(35) *Toys "R" Us, Inc. v. FTC* 221 F.3d 928 (2000): http://scholar.google.co.uk/scholar_case?case=11480829751523506812.

(36) Kirkwood, 'Powerful Buyers and Merger Enforcement', p. 1490.

(37) 同上、p. 1496.

(38) つぎを参照のこと。John B. Kirkwood, 'Collusion to Control a Powerful Customer: Amazon, E-Books, and Antitrust Policy', *University of Miami Law Review*, 69, 1 (2014), 1–63.

(39) これはまさにカークウッドの見解だ。彼は、司法省がアップルと大手商業出版社を電子書籍の価格固定のために共謀したとして起訴したことは正しいと考えているが、モノプソニー・パワーであれ、カウンターベーリング・パワーであれ、強いパワーを備えた買い手をコントロールするための共謀は正当化される場合も（稀ではあるが）あると考えている。

(40) この変化については次の文献で詳しく解説されている。Rudolph J. R. Peritz, *Competition Policy in America, 1988–1992: History, Rhetoric, Law* (New York: Oxford University Press, 1996), chs. 5–6 と、Jonathan B. Baker, *The Antitrust Paradigm: Restoring a Competitive Economy* (Cambridge, Mass.: Harvard University Press, 2019), ch. 2.

(41) Robert Bork, *The Antitrust Paradox* (New York: Free Press, 1978).

(42) Sagers, *United States v. Apple*, pp.193–7 参照。共謀事件の裁判で通常要求される証拠の基準に照らして、政府の論拠は疑いようもなく強力であるとセイガーズは考えており、つぎのように述べている。「政府が主張した両者の共謀の証拠は明白で圧倒的である。理由はどうあれ、これらの特定の被告は、自分たちの行為が違法だとわかっていたことを示す証拠がいくつかあるにもかかわらず、それを秘密にしておく努力をほとんどしていなかった」(p.194)。しかし、誰もがセイガーズと同じ見解を持っているわけではない。2013 年にコート裁判官がアップルに不利な判決を下した直後、コンスタンティン・キャノン法律事務所のパートナーで反トラスト法の訴訟を専門にしているアンカー・カプールは、この判決に強く反論した。「この判決は完全に間違っている。アップルを出版社間の共謀に結びつけるものは何も見当たらない」とカプールは語った。カプールの見解では、政府の提供している証拠は、主張されている出版社間の共謀の仲介役をアップルが務めたことを証明するのに充分ではなかった。「出版社を異なる流通モデルに移行させようとすること、それ自体は、価格をいくらにするかという合意とはちがう」（アンカー・カプールの言葉は次の文献から引用した。Jeff Bercovici, 'Apple Conspired on E-Book Pricing, Judge Rules.But Did It?' *Forbes*, 10 July 2013: www.forbes.com/sites/jeffbercovici/2013/07/10/apple-conspired-on-e-book-pricing-judge-rules-but-did-it/#351a56433f88）。

(43) *United States v. Apple*, 12 Civ. 2826 (SDNY 2013), p. 157: www.nysd.uscourts.gov/cases/show.php?db=special&id=306.

(44) とくに、反トラストの考えかたや政策に対し、新しい技術がいかにして新たな課題を示してきたかについては、*The Antitrust Paradigm* でジョナサン・ベイカーのすぐれた解説を参照のこと。

第 6 章　可視性への闘い

(1) 2016 年第一四半期時点で、アマゾンは全世界で 3 億 1000 万のアクティブな顧客アカウントを保有している（www.statista.com/statistics/476196/number-of-active-amazoncustomer-accounts-quarter 参照）。アマゾンの報告によると、2019 年末時点で、アマゾンの有料プライム会員数は 1 億 5000 万人で、2018 年第一四半期末の世界中の有料プライム会員数 1 億人から上昇している（www.statista.com/statistics/829113/ number-of-paying-amazon-prime-members 参照）。

(2) ひとつの本がふたつ以上の形式（たとえばハードカバー、トレード・ペーパーバック、マスマーケット・ペーパーバックなど）で出版されると、複数の ISBN を有するため、この数字はまったく信頼できない。電子書籍の場合も、さまざまな形式ごとにそれぞれ ISBN が割り当てられているため、この問題はデジタル革命によってさらに複雑になっている。作品のアウトプットをめぐる問題と、それを正確に測定す

ることのむずかしさについての詳細な考察については、Thompson, *Merchants of Culture*, pp.239–43 を参照のこと。

（3）書誌情報の大手提供業者であり、アメリカのISBN付与公式機関でもあるボウカーによると、2012年に「従来型の出版社」が製作した書籍数は30万9957作品であった。しかし同じ年の「従来型ではない出版分野」による制作数は、204万2840作品だった。「従来型ではない出版分野」には、パブリックドメインの作品の復刻を専門とするリプリントハウス、自費出版者、「超ニッチ」な出版物を制作する出版社などが含まれる。しかし、これらの数字は年によって大きく変動するため、この数値がどのほど一貫性があるのか、信頼できるのかを知るのは困難である。たとえば2013年、ボウカーは、従来の出版社のアウトプットが2パーセント減少し、従来型ではない出版分野では46パーセント減少したと報告している（'Traditional Print Book Production Dipped Slightly in 2013': www.bowker.com/news/2014/Traditional-Print-Book-Production-Dipped-Slightly-in-2013.html）。さらに、ボウカーの数字はISBNの登録に基づいているため、最大の自費出版チャネルであるキンドル・ダイレクト・パブリッシングでの自費出版された多くの本をはじめ、ISBNなしで制作された本は含まれていない。また、異なる形式それぞれにISBNが割り当てられている作品は、二重または三重にカウントされている。

（4）可視性の概念についてのさらなる考察は次を参照のこと。John B. Thompson, 'The New Visibility', *Theory, Culture and Society*, 22, 6（December 2005）, 31–51.

（5）第5章の原注26を参照。

（6）Steve Wasserman, 'Goodbye to All That', *Columbia Journalism Review*, September/October 2007.

（7）Stone, *The Everything Store*, p. 51.

（8）同上。

（9）Greg Linden, Brent Smith and Jeremy York, 'Amazon.com Recommendations: Item-to-Item Collaborative Filtering', *IEEE Internet Computing*（January–February 2003）, p. 77.

（10）同上、p. 79.

（11）同上、p. 78.

（12）2019年にバーンズ＆ノーブルがヘッジファンドのエリオット・マネジメントに売却されたとき、同社は627店舗を運営していた。新CEOのジェームズ・ドーントによる経営下でも店舗閉鎖が続くかどうかは、経過をみていくしかない。バーンズ＆ノーブルはさておき、1990年代から2000年代初頭にかけて閉店した独立系書店が近年、ある種の復活を遂げていることにも注目すべきであろう。アメリカ小売書店協会によれば2009年から2015年にかけて、独立系書店の数は1651店舗から2227店舗へと35パーセント増加している。しかし、2020年の新型コロナウイルスによるロックダウンで、一部の書店が完全に閉店するという事態になれば、この傾向は逆戻りするおそれがある。

（13）グッドリーズは、本を読んで感想や評価を書く活動に特化したソーシャル・メディア・プラットフォームである。2006年にオーティス・チャンドラーとエリザベス・クーリ・チャンドラーによって設立された。このプラットフォームの目的は、自分の好きな本をほかの人に紹介したり、本について話しあったり、オンラインでの交流を通じて本を発見できるようなソーシャルネットワークを作ることだった。誰かの家に招かれ、その家の本棚を見て、その本について話し合う行為と同じことをオンラインで行なうのである。また、グッドリーズは本のための新たなレビューの場所も提供しており、読者が読んだ本の評価やレビューを書くことができるし、ほかの読者の評価やレビューを通じて、またはグッドリーズのアルゴリズムによる推奨によって好みの本を新たにみつけることができる。2012年までに、グッドリーズの会員数は1000万人に達し、月間の訪問者数は2000万人になり、サイト上で3億3000万冊の本が評価された。2013年、アマゾンがグッドリーズを買収したため（金額は未公開）、読者と読書のための先進的なソーシャル・メディア・プラットフォームはアマゾンのエコシステムに組みこまれた。

（14）たとえば2006年のアメリカでは、約124億ドルの書籍小売市場の約45パーセントをスーパーストアとモールチェーンが占めていて、バーンズ＆ノーブルは3つのチェーン（ボーダーズ・グループとブックス・ア・ミリオンを含む）のうち、最大チェーンとしてチェーンストア全体の売上の半分強を占めていた。Stephanie Oda and Glenn Sanislo, *The Subtext Perspective on Book Publishing 2007–2008:The Subtext Perspective on Book Publishing 2007–2008: Numbers, Issues & Trends*（Darien, Conn.: Open Book Publishing, 2007）, pp.64–6 を参照のこと。

(15) Nora Aufreiter, Julien Boudet and Vivian Weng, 'Why Marketers Should Keep Sending You E-mails', McKinsey & Company (January 2014): www.mckinsey.com/business-functions/marketing-and-sales/our-insights/why-marketers-should-keep-sending-you-emails.

(16) www.bookbub.com/partners/pricing を参照のこと。

(17) 2018 年のデータを分析したあるアナリストの示唆するところでは、99 セントに値引きされた電子書籍のために平均的なレベルで行なわれるキャンペーンによって、ブックバブのカテゴリの 69 パーセント(42 カテゴリのうち 29)で投資回収率がプラスになるが、平均回収率は 2015 年の 35.9 パーセントから 2018 年には 14.4 パーセントに低下した。http://dankoboldt.com/bookbub-analysis-update-2018 を参照のこと。

第 7 章　自費出版の大爆発

(1) 門番という概念が初めて用いられたのは 1940 年代のこと。ホワイトという人物が新聞編集者に関する研究のなかで、メディアとの関連で用いた : David Manning White, 'The Gatekeeper: A Case Study in the Selection of News', *Journalism Quarterly*, 27, 4 (1950), 283–9. その後、この概念はコーザー、カドゥシン、パウエルによる出版業界に関する古典的な研究のなかで、出版社に対して用いられた : Lewis A. Coser, Charles Kadushin and Walter W. Powell, Books: *The Culture and Commerce of Publishing* (New York: Basic Books, 1982). この概念を出版業に当てはめるには、限界があるが (第 12 章 599–601 ページ、および以下も参照のこと。John B. Thompson, *Books in the Digital Age: The Transformation of Academic and Higher Education Publishing in Britain and the United States* (Cambridge: Polity, 2005), p. 4)、出版社はどの本を出版するかという決定において、従来からある程度の選択を行なってきたという事実を正しく浮き彫りにしている。

(2) 非従来型出版のさまざまな形態の有用な概要として次を参照のこと。Jana Bradley, Bruce Fulton, Marlene Helm and Katherine A. Pittner, 'Non-traditional Book Publishing', *First Monday*, 16, 8 (1 August 2001), at http://firstmonday.org/ojs/ index.php/fm/article/view/3353/3030.

(3) 2010 年にビブリオバザールだけで 146 万 1918 点の ISBN を占め、当時の非従来型出版物全体の半数以上を占めていた。ビブリオバザール、ゼネラル・ブックス、ケッシンジャーを合わせると、全体の 96 パーセントにあたる 266 万 8774 点の ISBN を占めた ('Print Isn't Dead, Says Bowker's Annual Book Production Report', www.bowker.com/ index.php/press-releases/633-print-isnt-dead-says-bowkers-annual-book-productionreport)。もちろん、これらの作品は従来の感覚では「出版」されていない。これらの組織は、パブリックドメインの作品をスキャンし、テキストと表紙のファイルを作成し、ISBN を取得してメタデータを作成し、作品の販売とオンデマンド印刷を可能にしているにすぎない。さらに、これらの試算も ISBN に基づいていて、ISBN を付けずに出版されている、多くの自費出版を含む多数の本を計算に入れていない。これについては後述する)。

(4) 作家志望者のための自費出版の手引きは多数あるが、出版界の一分野として自費出版の出現を包括的に記述しているものは存在しない。自費出版の側面に関する有用な文献として、次を参照のこと。Laura J. Miller, 'Whither the Professional Book Publisher in an Era of Distribution on Demand?' in Angharad N. Valdivia and Vicki Mayer (eds.), *The International Encyclopedia Media Studies*, vol. II (Chichester, UK: Wiley-Blackwell, 2013), pp. 171–91; Sarah Glazer, 'How to Be Your Own Publisher', *New York Times Book Review*, 24 April 2005, pp. 10–11; Juris Dilevko and Keren Dali, 'The Self-Publishing Phenomenon and Libraries', *Library and Information Science Research*, 28 (2006), 208–34; and Timothy Laquintano, *Mass Authorship and the Rise of Self-Publishing* (University of Iowa Press, 2016).

(5) Glazer, 'How to Be Your Own Publisher'.

(6) オーサーハウスは 2007 年にカリフォルニアを拠点とする投資グループ、バートラム・キャピタルに買収された。バートラム・キャピタルはアイユニバースも買収した。オーサーハウスとアイユニバースはオーサー・ソリューションズという新会社のインプリントとなった。2009 年、オーサー・ソリューションズはエクスリブリスとカナダの自費出版社トラフォード・パブリッシングという二大企業をさらに買収した。2012 年、オーサー・ソリューションズは、ペンギンの親会社であるピアソンに 1 億 1600 万ドルで買収された。この買収は物議を醸したが、多くの作家らの目にはこれらの会社の評判を落とされたようにみえ、ペンギン側の不用意な行動と見なされた。ペンギンとランダムハウスの合併後、オーサー・ソリュー

ションズは 2015 年 12 月に金額非公開で未公開株式投資会社に売却された。

（7）‘Lulu Founder Bob Young talks to ABCtales’（14 March 2007), at www.abctales.com/blog/tcook/lulu-founder-bob-young-talks-abctales.

（8）Dan Poynter, *The Self-Publishing Manual: How to Write, Print and Sell Your Own Book*（Santa Barbara, Calif.: Para Publishing, 1979). ダン・ポインターが出版の世界に足を踏みいれたのは、まったくの偶然だった。航空業界でパラシュートのデザイナーをしていたポインターは、パラシュートに関する技術書を書こうと思い立ったが、興味を示す出版社はいないだろうと思い、自分で印刷した。その後、ハンドグライダーという新たなスポーツに関心を持ったが、これに関する本が見つからなかったため、自分で本を書いて出版した。その後、自分自身の経験に基づいて、*The Self-Publishing Manual* を書いて出版した。この本は何度も版を重ね、出版を希望する物書きの重要なハウツーガイドとして名声を確立した。ポインターは電子書籍時代のまえに自費出版を始めたが、多くの人から、現代的な自費出版の父であり、独立系作家ムーブメントという名前が付けられるずっとまえから、このムーブメントの影のリーダーだったとみなされている。

（9）https://blog.smashwords.com/2019/12/2020.html. 1 万 9300 という正味の増加は、リリースされた新しい本の総数よりも少ない。これは、リリースされた新しい本としてカタログに掲載されても、一部はけっきょく出版されなかったり、過去に出版が止まっていた本が出版されたりという変動が考慮されているためである。

（10）https://blog.smashwords.com/2014/04/indie-author-manifesto.html.

（11）キックスターターについては第 8 章でさらに詳しく説明する。

（12）‘CreateSpace, an Amazon Business, Launches Books on Demand Self-Publishing Service for Authors’, 8 August 2007, at www.createspace.com/Special/AboutUs/PR/20070808_Books.jsp. www.createspace.com/AboutUs.jsp も参照のこと。

（13）第 5 章 202–3 ページを参照のこと。

（14）‘Introducing “KDP Select” – A $6 Million Fund for Kindle Direct Publishing Authors and Publishers’（8 December 2011), at http://phx.corporate-ir.net/phoenix.zhtml?c=176060&p=irol-newsArticle&ID=1637803.

（15）キンドル・オーナーズ・レンディング・ライブラリは、キンドルの所有者でアマゾンのプライム会員にも入会している人が利用できる。プライム会員はレンディング・ライブラリから毎月 1 冊無料で電子書籍を選ぶことができる。2011 年に KDP セレクトが開始されたとき、アマゾンプライム会員の費用は年間 79 ドルで送料の割引と一部のビデオ・スクリーミングが無料だった〔日本ではキンドル・オーナーライブラリーと呼ばれていたが、2021 年 1 月閉鎖された〕。

（16）キンドルアンリミテッドについては、第 9 章でさらに詳しく考察している。

（17）この点については、KDP セレクトに関するマークのブログ投稿に応答したある作家の指摘が秀逸だ。「マーク、あなたの主張は理解できますが、アマゾンが作家に強制しているというあなたの判断には同意しかねます。すべて選択できるからです。このプログラムに、自分の本を 1 冊、一部、あるいはすべてを登録できますし、どれも登録しなくてもいいのです。たしかに独占販売ですが、それは 90 日間だけです。登録更新の 2 週間まえになると、アマゾンから「登録を解除しなければ、更新されます」という由のメールが届きます。これは一度決めたら変更不能ではなく、変更可能になっているのです。著者にとっては、作品の宣伝としてすばらしい方法だと思います。個人的には、3 作品を KDP セレクトに登録し、スマッシュワーズからそれらを削除しました。残念ながら、スマッシュワーズとスマッシュワーズが取次している販売先を介して得られる売上は、アマゾンに比べてずっと、ずっと、ずっと低いので、今後 90 日間を通じて、私にはあまり害はないと考えています。これは単なる私の意見で、ほかの作家はまったく同意しないでしょうけど」――スマッシュワーズ（2011 年 12 月 8 日）、http://blog.smashwords.com/2011/12/amazonshows-predatory-spots-with-kdp.html.

（18）クリエイトスペースと KDP は、いっぽうは印刷書籍用（クリエイトスペース）、もういっぽうは電子書籍用（KDP）として、どちらもアマゾンの自費出版サービスとして立ちあげられた。10 年間は並行して別々のサービスとして運営されていた。しかし 2018 年に、クリエイトスペースは KDP に統合された。すべてのクリエイトスペースの本だけでなくアカウントの詳細が KDP に移行され、KDP は印刷書籍と電子書籍を自費出版するためのアマゾンの統合された単一プラットフォームとなった。

（19）最近の報告として次を参照のこと：‘Self-Publishing in the United States, 2010–2015, Print vs. Ebooks’

(Bowker, 2016); 'Self-Publishing in the United States, 2011–2016, Print and Ebook' (Bowker, 2017); 'Self-Publishing in the United States, 2012–2017, Print vs. Ebooks' (Bowker, 2018); 'Self-Publishing in the United States, 2013–2018, Print and Ebooks' (Bowker, 2019). すべて www.bowker.com に掲載されている。

(20) ボウカーは独立系作家に ISBN の割り当て料を請求する。単一の ISBN は 125 ドルもの額になることもあるし、10 個パックで 250 ドルになる場合もある。出版社は日常的に 1000 以上の ISBN を ISBN ひとつあたり 1 ドル以下という大幅な割引価格で購入しているため、独立系作家は自費出版プラットフォームから 1 ドルまたは無料で ISBN を取得できることが多い。しかし、それでも、独立系作家は多くのプラットフォーム上で作品を自費出版するので、実際には ISBN が必要ではない。そのため、手間をかけて取得しようとはしない独立系作家もいる。

(21) ポーター・アンダーソンは、ボウカーのビート・バーブランと共に、登録された ISBN と出版された作品のあいだの食い違いの問題に取り組んだ。アンダーソンは、2015 年に自費出版社が登録した 72 万 7125 の ISBN は、実際はいくつの本、すなわちどれほどの作品数を表しているのかとバーブランに尋ねた。バーブランは、72 万 7125 の ISBN は 62 万 5327 作品を表していると述べた。これが正確に算出された数値ならば、大半の自費出版の作家は、自分の作品にひとつの ISBN しか登録していないことになる。これらの問題の詳細については次を参照のこと。Porter Anderson, 'Bowker Now Cites at Least 625,327 US Indie Books Published in 2015', Publishing Perspectives (October 4, 2016), at http://publishingperspectives.com/2016/10/bowker-indie-titles-2015-isbn/#.WGaOf_krKUk.

(22) すべてのプラットフォームの一覧は次を参照のこと。'Self-Publishing in the United States, 2010–2015' および 'Self-Publishing in the United States, 2013–2018'。このふたつの出典元は 2013 年、2014 年、2015 年が重なっており、食い違いがある。その部分は、2013–18 年の報告書のほうの数字を用いた。最新のボウカーのリポートでは、合計 45 の自費出版社に加えて、オーサー・ソリューションズのインプリントと部門が 15 個挙げられているが、多くの小規模自費出版社や、ドラフト 2 デジタルのような重要な自費出版プラットフォームのいくつかが抜け落ちている。

(23) アメリカの本市場のあるアナリストは、アマゾンの数字を突きとめるのに多くの時間を費やして、2017 年に、アマゾンのサイトにある驚くほど豊富なデータを使って、毎年約 100 万冊の新しい電子書籍が KDP でアップロードされていると見積もった。この推定がどれほど正確かは知りようがないが、2018 年にアマゾンの自費出版プラットフォームは印刷書籍のために 140 万以上の ISBN を取得しているため、毎年 100 万冊の新しい電子書籍が KDP で自費出版されているというのは、ありえない数字ではないし、実のところ、実際の数字はそれよりずっと高い可能性もある。

(24) https://blog.smashwords.com/2016/04/2016survey-how-to-publish-and-sellebooks.html.

(25) Mark Coker, 'Smashwords Survey Helps Authors Sell More eBooks' (September 2013), at https://blog.smashwords.com/2013/05/new-smashwords-survey-helpsauthors.html.

(26) http://authorearnings.com/reports. このウェブサイトは 2017 年に閉鎖され、Bookstat.com に代わっている。このウェブサイトはデータ・ガイが開始した新たなサブスクリプション・ベースのデータサービスで、現在、データ提供会社のブックスキャンが把握できないオンライン書籍市場の分野の売上を追跡するために一部の出版社が使用している。

(27) Hugh Howey, 'The 7k Report' (2014 年 2 月 12 日)。ジャンルフィクションには、ミステリ・スリラー、SF・ファンタジー、ロマンスなどが含まれる。データ・ガイいわく、この 3 ジャンルはアマゾンのベストセラートップ 100 の 70 パーセントを占め、ベストセラートップ 1000 の半数以上を占めている。

(28) 'February 2016 Author Earnings Report: Amazon's Ebook, Print and Audio Sales'.

(29) アマゾンの電子書籍ビジネスは成長を続けてきたかもしれないが、どれほど成長したかは不明であるし、おそらく 2008 年から 2012 年までの濃厚な成長期の伸び率に比べれば、2012 年以降の伸びは、はるかに小さかったであろう。

(30) Data Guy, '2016 Digital Book World Keynote Presentation' (11 March 2016).

(31) データ・ガイは、電子書籍市場は 2008 年から 2012 年の大きな拡張期よりもはるかに緩やかになったものの、いまだ成長を続けていると考えているが、電子書籍全体の売上に占める大手出版社のシェアは小さくなったと考えている。データ・ガイの見積もりによると、ビッグファイブが 2019 年の電子書籍の販売部数に占める割合は 24 パーセントで、電子書籍の売上額に占める割合は 39 パーセントであった。

(32) 2011年に行なわれた自費出版作家への調査では、すべての自費出版の本から2万ドル以上の印税を得ているのはわずか7パーセントで、半数以上の収益は500ドル以下であり、自費出版された本全体の4分の1は、その本を創るために費やした金額を補えるほど充分な収益が得られない可能性が高いことが示された。(Dave Cornford and Steven Lewis, *Not a Gold Rush: The Taleist Self-Publishing Survey* (Taleist, 2012))。この調査は、調査への参加の呼びかけに応じた自費出版の作家1007人を対象とした。回答者は自選で、自費出版集団全体を代表するものではない可能性がある。たとえば、熱心で成功している独立系作家ほど、この調査に進んで回答していた可能性がある。

(33) 多くのウェブサイトやポッドキャストや講義によって、本をより効果的に販売し、宣伝する方法や、売上を伸ばす方法が自費出版作家に伝授されている。その例として、https://6figureauthors.com や http://selfpublishstrong.com を参照のこと。しかし、このどれもが簡単ではなく、大半は費用がかかる。作品を自費出版している作家の多くは、魂を込めた本がようやく世に出たのに、ほとんど注目されないままだと気づくこともある。「その事実によってもたらされる失望を克服するにはタフでなければなりません」と、シリーズものの SF を何年もかけて執筆したものの、積極的に出版してくれる従来の出版社がみつからず、自費出版したある作家が語っている。「著者と出版社という関係は、お金を持っている人のためのものです」と彼女は振りかえる。「本に注目してもらうためには多額の費用がかかりますが、私にはそんなお金はありません」

第8章　本のクラウドファンディング

(1) 'How Marillion Pioneered Crowdfunding in Music', at www.virgin.com/music/how-marillion-pioneered-crowdfunding-music.

(2) David M. Freeman and Matthew R. Nutting, 'A Brief History of Crowdfunding' (2014–15), at www.freedman-chicago.com/ec4i/History-of-Crowdfunding.pdf.

(3) Daniela Castrataro, 'A Social History of Crowdfunding' (12 December 2011), at https://socialmediaweek.org/blog/2011/12/a-social-history-of-crowdfunding.

(4) 'Wake Me Up Before You Indiegogo: Interview with Slava Rubin', Film Threat (5 October 2010), at http://filmthreat.com/uncategorized/wake-me-up-before-you-indiegogo-interview-with-slava-rubin.

(5) 'How I Built This with Guy Raz: Kickstarter: Perry Chen', NPR (31 July 2017), at www.npr.org/podcasts/510313/how-i-built-this.

(6) 実際のところ、約束した成果が提供されないのは比較的稀なようである。資金調達に成功したキックスターターのプロジェクトを調べた研究によると、デザインとテクノロジーのカテゴリで、2012年7月までに支援者に明確な成果を提供すると約束したプロジェクト381件のうち、完全に失敗したのは14件のみで、3件が払い戻しを行ない、11件が支援者への対応を停止していた。つまり、直接的な失敗率はわずか3.6パーセントである。しかし、約束した成果の提供が遅れるのはよくあることで、プロジェクトの75パーセントが遅延し、2013年6月の時点で33パーセントがまだ成果を提供していなかった。Ethan Mollick, 'The Dynamics of Crowdfunding: An Exploratory Study', *Journal of Business Venturing*, 29 (2014), 11–12を参照のこと。

(7) すべてのカテゴリを含めた全体的な成功率はずっと高い可能性がある。2009年の開始時から2012年7月までに立ちあげられたキックスターターのプロジェクトを調べたモリックの研究によると、全体の成功率は48.1パーセントであった (Mollick, 'The Dynamics of Crowdfunding', p. 4)。

(8) Adam Gomolin, 'Restructuring Royalties', *Medium* (31 July 2016), at https://medium.com/@adamgomolin/restructuring-royalties-38e7c566aa02.

(9) たとえば http://jdennehy.com/my-experience-with-inkshares-a-cautionary-tale などを参照のこと。

第9章　ブックフリックス

(1) ネットフリックスの歴史の全容は次を参照のこと。Gina Keating, *Netflixed: The Epic Battle for America's Eyeballs* (New York: Penguin, 2013)〔ジーナ・キーティング『NETFLIX コンテンツ帝国の野望―― GAFA

を超える最強 IT 企業』牧野洋訳、新潮社、2019 年〕.

（2） Sarah Lacey, 'How Daniel Became Goliath: An Interview with Spotify CEO Daniel Ek'、Startups.co（12 March 2017）, at www.startups.co/articles/how-daniel-became-goliath.

（3） デジタル著作権管理技術とは、著作権者が知的財産の利用方法を指定し管理できる一連のツールで、たとえば、認証されたユーザーだけしかコンテンツにアクセスできないようにしたり、限定された数の端末でしか利用できないようにしたり、コピーできないようにしたりなどが可能になる。

（4） Phillip Nelson, 'Information and Consumer Behavior', *Journal of Political Economy*, 78, 2（1970）, 311–29.

（5） Hannah Ellis-Petersen, 'Taylor Swift Takes a Stand over Spotify Music Royalties', *The Guardian*, 5 November 2014, at www.theguardian.com/music/2014/nov/04/taylor-swift-spotify-streaming-album-sales-snub. アーティストとスポティファイとのあいだの争いについて概要は、L. K. R. Marshall, '"Let's Keep Music Special.F---Spotify": On-Demand Streaming and the Controversy over Artist Royalties', *Creative Industries Journal*, 8（2015）, 177–89.

（6） Glinda Harrison, 'Scribd Adds New Content Limits', eBook Evangelist, at https://ebookevangelist.com/2016/02/16/scribd-adds-new-content-limits の記事で引用されているジェイのコメント。

（7） 上の記事で引用されているミシュリン・コファーのコメント。

（8） Steven Bertoni, 'Oyster Launches Netflix for Books', *Forbes*（5 September 2013）, at www.forbes.com/sites/stevenbertoni/2013/09/05/oyster-launches-netflix-for-books/#35c703f14ce1.

（9） Mark Bergen and Peter Kafka, 'Oyster, a Netflix for Books, Is Shutting Down. But Most of Its Team Is Heading to Google', Recode（21 September 2015）, at www.recode.net/2015/9/21/11618788/oyster-books-shuts-down-team-heads-to-google.

（10） 'You Don't Get Paid Unless People Actually Read Your Book: The New Kindle Unlimited Royalties', *MobyLives*（16 June 2015）, www.mhpbooks.com/you-dont-get-paid-unless-people-actually-read-your-book-the-new-kindle-unlimited-royalties で Kirsten Reach によって引用されている C. E. Kilgore の言葉。

（11） Dan Price, '5 Reasons Why Kindle Unlimited Is Not Worth Your Money', makeuseof.com（updated January 7 2019）, at www.makeuseof.com/tag/kindle-unlimited-worth-money-why.

（12） 'How Do Kindle Unlimited Subscribers Behave（and How Does it Impact Authors）?' Written Word Media（13 April 2017）, at www.writtenwordmedia.com/2017/04/13/kindle-unlimited-subscribers/#.

（13） 同上。これは、1000 人近くの読者の調査に基づいている。これらの読者はキンドルアンリミテッドの利用者もいれば、そうでない読者もいる。この調査によると、月に 5 冊以上読むと回答した人は、キンドルアンリミテッドの利用者では全体の 71 パーセント以上だったのに対し、利用者ではない読者では 57 パーセントだった。またキンドルアンリミテッド購読者の 20 パーセントは月に 20 冊以上読むと回答していた。しかし、これはリトゥン・ワードの読者集団から得た自己申告の結果であった。これは一般的なサンプルとは考えにくく、キンドルアンリミテッド利用者の読書習慣を正確に描きだしていない可能性がある。

（14） 同上。この調査によると、自分が読むおもな分野をロマンスであると答えた割合は、キンドルアンリミテッド利用者では 35 パーセントだったいっぽう、キンドルアンリミテッドを利用していない読者では 25 パーセントだった。

（15） Joshua P. Friedlander, 'News and Notes on 2017 RIAA Revenue Statistics', at www.riaa.com/wp-content/uploads/2018/03/RIAA-Year-End-2017-News-and-Notes.pdf.

（16） '69% of U.S. Households Have an SVOD Service', Leichtman Research Group, at www.leichtmanresearch.com/wp-content/uploads/2018/08/LRG-Press-Release-08-27-18.pdf.

第 10 章　新たな声の文化

（1） Walter J. Ong, *Rhetoric, Romance, and Technology*（Ithaca: Cornell University Press, 1971）; *Interfaces of the Word*（Ithaca: Cornell University Press, 1977）; *Orality and Literacy: The Technologizing of the Word*（London: Routledge, 1982）, pp.135–40.

（2） Marshall McLuhan, *The Gutenberg Galaxy: The Making of Typographic Man*（University of Toronto Press,

1962).

(3) Ong, *Orality and Literacy*, p. 137.

(4) Guglielmo Cavallo and Roger Chartier (eds.), *A History of Reading in the West* (Cambridge: Polity, 1999); Alberto Manguel, *A History of Reading* (London: HarperCollins, 1996); Paul Saenger, *Space Between Words: The Origins of Silent Reading* (Stanford University Press, 1997).

(5) Paul Ricoeur, 'The Hermeneutical Function of Distanciation', in his *Hermeneutics and the Human Sciences*, tr. John B. Thompson (Cambridge University Press, 1981), pp. 131–44.

(6) オーディオブックの歴史に関するすぐれた説明として次を参照のこと。Matthew Rubery, *The Untold Story of the Talking Book* (Cambridge, Mass.: Harvard University Press, 2016). これ以降の数段落はルベリーの説明に助けていただいた。

(7) 同上、p. 31.

(8) 同上、p. 62.

(9) 同上、pp. 84, 109.

(10) 同上、pp. 129–57.

(11) 同上、p. 186; Shannon Maughan, 'A Golden Audio Anniversary', *Publishers Weekly*, 249, 9 (4 March 2002), at www.publishersweekly.com/pw/print/20020304/38379-a-golden-audio-anniversary.html; Ben Cheever, 'Audio's Original Voices', *Publishers Weekly*, 252, 42 (21 October 2005), at www.publishersweekly.com/pw/print/20051024/33210-audio-s-original-voices.html.

(12) Andre Millard, *America on Record: A History of Recorded Sound*, Second Edition (Cambridge University Press, 2005), pp. 202–7.

(13) Rubery, *The Untold Story of the Talking Book*, pp. 217–21.

(14) Virgil L. P. Blake, 'Something New Has Been Added: Aural Literacy and Libraries', *Information Literacies for the Twenty-First Century* (G. K. Hall & Co., 1990), p. 206, at https://archive.org/details/SomethingNewHasBeenAdded.

(15) Millard, *America on Record*, pp.251–5.

(16) これらの表と図の数字は、出版社の収益に基づき、平均的な割引額を考慮し、報告を行なっていない出版社が占めている市場の一部を推定して、消費者の総支出額を推定している。推定値はおそらく高いほうに傾いている。2018 年、オーディオ出版協会は、書籍業界のほかの統計報告書とより密接に整合させるため、市場規模の報告方法を消費者の推定支出額から回答のあった出版社の収益額へ変更した。データを提供したのはオーディブル、アシェットオーディオ、ハーパーコリンズ、マクミラン、ペンギン・ランダムハウス、サイモン & シュスターをはじめとする 20 社であった。この手法変更の結果、総売上と出版タイトル数の推計は大幅に下方修正された。2017 年のオーディオブックに対する消費者の総支出額は、以前の手法では推定 25 億ドルだったのに対し、2018 年のオーディオブックの売上は、出版社が報告した収益に基づいた新方式では 9 億 4000 万ドルとされた。この 9 億 4000 万ドルという数字は、前年と比べて 24.5 パーセント増と報告されていて、2017 年のオーディオブックの売上は、新方式では (25 億ドルではなく) 7 億 5500 万ドルになった。同様に、2017 年に APA は合計 4 万 6089 点のオーディオブックが生産されたと報告したのに対し、2018 年にはオーディオブックが 4 万 4685 点生産されたと報告し、これは前年比 5.8 パーセントの増加と報告された。つまり、2017 年に出版されたタイトル数は新しい方式を用いると (4 万 6089 点ではなく) 4 万 2235 点となる。2018 年以降、APA は消費者の総支出額を推定しなくなったため、2018 年以降の APA データは、2016 年以前の APA データと直接比較ができない。

(17) Audio Publishers Association, Consumer Survey Results for 2008 and 2018, at www.audiopub.org.

(18) 同上。

(19) Taylor Smith, 'The Spoken Word with Audible Founder & CEO Donald Katz', *Urban Agenda Magazine* (February 2017), at www.urbanagendamagazine.com/audible-founder-ceo-donald-katz.

(20) www.referenceforbusiness.com/history2/20/Audible-Inc.html.

(21) Shannon Maughan, 'Audible's DIY Audiobook Platform Turns Three', *Publishers Weekly* (11 April 2014), at www.publishersweekly.com/pw/by-topic/industry-news/audio-books/article/61830-audible-s-diy-audiobook-platform-turns-three.html.

(22) 例として次を参照のこと。Chandler Bolt, 'How to Make an Audiobook: What Every Author Should Know', at

https://self-publishingschool.com/creating-audiobook-every-author-know; Ricci Wolman, 'How to Publish an Audiobook: Your Guide to Audiobook Production and Distribution', at www.writtenwordmedia.com/self-publish-audiobook-production-and-distribution; Michele Cobb, 'Creating an Audiobook as a Self-Published Author', at https://blog.bookbaby.com/2018/06/creating-an-audiobook-as-a-self-published-author. 印刷書籍でオーディオブック制作のための最高の手引きは Jessica Kaye, *The Guide to Publishing Audiobooks: How to Produce and Sell an Audiobook*（Cincinnati, Ohio: Writer's Digest Books, 2019）.

（23）www.authorsrepublic.com/creation を参照。

（24）たとえば、自宅でオーディオブックのナレーションを録音するためのビデオレッスン 5 本が ACX から公開されている。www.acx.com/help/setup/202008260 を参照。

（25）U.S. *Audiobook Participation and Market Unit Share, May 2019*（New York: Codex Group, 2019）. 市場シェアについてのコデックス・グループの推定は、2019 年 4 月 25 日から 5 月 13 日にかけて実施された、18 歳以上の過去 1 ヶ月の書籍購入者 4151 人（年齢と地域別に調整、過去 1 ヶ月に少なくとも 1 タイトル、過去 12 ヶ月に少なくとも 3 タイトルのオーディオブックを購入した人）を対象とした全米オンライン消費者調査に基づいている。

（26）ブックスタットのポール・アバッシ（データ・ガイとして知られていた）の推定によれば、2019 年のアメリカにおける 1 億 3000 万部のオーディオブックの売上部数のうち 95 パーセントが Audible.com、Amazon.com、アップルの iTunes を通じてオーディブルが流通させたものであり、コデックス・グループが消費者調査に基づいて推定した 54 パーセントよりはるかに高い割合が示されている。アバッシの推計は、データ・ガイとして開発した手法と同様の手法でベストセラーリストでの順位を追跡したものである（第 7 章、348-63 ページ参照）。しかし、スクリブドやオーバードライブのようなオーディオブック・ライブラリのサプライヤーなど、一部のオーディオブック小売業者は彼の分析に含まれていないため、これは高めの予想かもしれない。

（27）たとえば、www.youtube.com/watch?v=eMnIwAaFx3o を参照のこと。

第 11 章　ソーシャルメディアでのストーリーテリング

（1）実際はもっと紆余曲折がある。エリカ・レナード（ペンネーム E・L・ジェイムズ）は 40 代半ばの生粋のロンドン子で、ステファニー・メイヤーの吸血鬼小説シリーズ『トワイライト』のファンで、2009 年に同シリーズからヒントを得て小説を書いた。そしてその作品を *Master of the Universe*（その道の達人）と名付け、「スノークイーンズ・アイスドラゴン」というペンネームでファンフィクションサイト FanFiction.net に投稿した。この小説には、『トワイライト』の登場人物であるエドワード・カレンとベラ・スワンにちなんだ人物が登場する。この小説の性的な描写について苦情が寄せられたあと、E・L・ジェイムズはファンフィクションサイトから文章を削除し、自身のウェブサイト「50Shades.com」に掲載した。その後、原稿に修正を加えて、主要な登場人物の名前をクリスチャン・グレイとアナスタシア・スティールに変え、オーストラリアの小さな出版社ライターズ・コーヒーショップ・パブリッシング・ハウスを通じて、『フィフティ・シェイズ・オブ・グレイ』の第 1 巻を 2011 年 5 月に出版し、その後 8 ヶ月間にさらに 2 巻を刊行した。この本のニュースがソーシャルメディアや口コミで広まるにつれ、メインストリームの出版社から注目されるようになった。2012 年に、ランダムハウスが版権を取得し、3 部作を再出版した。2015 年までに 52 カ国語に翻訳され、全世界で 1 億 2500 万部以上売れた。この 3 部作は連作映画となり、批評家からは酷評されたが、全世界で 10 億ドル以上の興行収入を記録した。

（2）いくつかの一般的なウェブ小説サイトの小規模なセレクションについては、https://medium.com/@axp/the-best-6-web-novel-sites-to-read-fiction-online-d901fbb3eec8 を参照のこと。より大規模なセレクションについては www.fictionontheweb.co.uk/p/resources.html を参照のこと。ファンフィクションサイトについては、https://ebookfriendly.com/fan-fiction-websites を参照のこと。SF・ファンタジーやホラーについては www.kirkusreviews.com/features/best-websites-read-free-and-good-science-fiction-f を参照のこと。さらに連続小説に特化した最近のアプリについては、www.nytimes.com/2017/05/12/books/review/new-apps-provide-a-world-of-literature-one-chapter-at-a-time.html を参照のこと。

（3）アレン・ラウの言葉。引用元：Sophie Rochester, 'Wattpad: Building the World's Biggest Reader and Writer

Community', *The Literary Platform* (October 2012), at http://theliteraryplatform.com/magazine/2012/10/wattpad-building-the-worlds-biggest-reader-and-writer-community.

（4）クリーピーパスタは、ウェブベースのホラー・フィクションの一ジャンル。この用語は、もとはオンライン上の怪談を語るひとまとまりのテキストをコピー・アンド・ペーストしていたことから「コピー・アンド・ペースト」に由来するが、現在は一般的に、オンライン発で真に迫った登場人物が出てくるウェブ上のホラー小説を指す言葉として使われている。Lucia Peters, 'What is Creepypasta? Here's Everything You Need to Know about the Internet's Spookiest Stories', Bustle (25 December 2015), at www.bustle.com/articles/130057-what-is-creepypasta-heres-everything-you-need-to-know-about-the-internets-spookiest-stories を参照のこと。

（5）https://support.wattpad.com/hc/en-us/articles/200774334-Content-Guidelines を参照のこと。

（6）https://support.wattpad.com/hc/en-us/articles/200774234-Code-of-Conduct.

（7）ひとりの人間にとってこれがどれほど苦痛であるかを示す例として、www.youtube.com/watch?v=HnbPxNLBsfQ&list=RDgRxxKVaR5u8&start_radio=1 を参照のこと。

（8）『AFTER』の背景については次を参照のこと：Bianca Bosker, 'The One Direction Fan-Fiction Novel that Became a Literary Sensation', *The Atlantic* (December 2018), at www.theatlantic.com/magazine/archive/2018/12/crowdsourcing-the-novel/573907.

（9）Elizabeth MacLeod, 'The Kissing Booth Tops Netflix's Most Re-Watched Films of 2018', *The Telegraph* (12 December 2018), at www.telegraph.co.uk/on-demand/2018/12/12/kissing-booth-tops-netflixs-re-watched-films-2018.

（10）Leo Barraclough, 'Sequel to Independent Movie Hit "After" Launches in Cannes', *Variety* (20 May 2019), at https://variety.com/2019/film/news/sequel-after-cannes-1203220820.

（11）業界平均の推定値は、10–20 パーセント、30 パーセント、「半分以下」と幅がある。

第12章　オールドメディアとニューメディア

（1）James J. Gibson, *Ecological Approach to Visual Perception* (Boston: Houghton Mifflin, 1979)〔J.J. ギブソン『生態学的視覚論――ヒトの知覚世界を探る』古崎敬ほか共訳、サイエンス社、1985年〕内の 'The Theory of Affordances'.

（2）Michael Barthel, 'Despite Subscription Surges for Largest U.S. Newspapers, Circulation and Revenue Fall for Industry Overall', Pew Research Center (1 June 2017), at www.pewresearch.org/fact-tank/2017/06/01/circulation-and-revenue-fall-for-newspaper-industry.

（3）Thompson, *Merchants of Culture* ch. 6 参照。

（4）例として次を参照のこと。Nicola Solomon, 'The Profits from Publishing: Authors', *The Bookseller* (2 March 2018), at www.thebookseller.com/blogs/profitspublishing- authors-perspective-743226; Alison Flood, 'Philip Pullman Calls for Authors to Get Faireer Share of Publisher Profits', *The Guardian* (5 March 2018), at www.theguardian.com/books/2018/mar/05/philip-pullman-calls-for-authors-to-getfairer- share-of-publisher-profits. 一部のエージェントは、長年にわたって電子書籍の印税を印刷書籍より高くすべきと要望しており、一部の出版社は（公にはしないまでも、私的に）そのような場合があることを認めている。

（5）'iTunes Store Top Music Retailer in the US' (3 April 2008), at www.apple.com/newsroom/2008/04/03iTunes-Store-Top-Music-Retailer-in-the-US.

（6）Ulrich Beck, *Risk Society: Towards a New Modernity*, tr. Mark Ritter (London: Sage, 1992)〔ウルリヒ・ベック『危険社会――新しい近代への道』東廉・伊藤美登里訳、法政大学出版局、1998年〕; Ulrich Beck and Elisabeth Beck-Gernsheim, *Individualization: Institutionalized Individualism and its Social and Political Consequences* (London: Sage, 2002)〔ウルリッヒ・ベック、エリーザベト・ベック＝ゲルンスハイム『個人化の社会学』中村好孝・荻野達史・川北稔・工藤宏司・高山龍太郎・吉田竜司・玉本拓郎・有本尚央訳、ミネルヴァ書房、2022年〕; Anthony Giddens, *Modernity and Self-Identity: Self and Society in the Late Modern Age* (Cambridge: Polity, 1991)〔アンソニー・ギデンズ『モダニティと自己アイデンティティ――後期近代における自己と社会』秋吉美都・安藤太郎・筒井淳也訳、ハーベスト社、2005年〕; Zygmunt Bauman,

Liquid Modernity (Cambridge: Polity, 2000)〔ジークムント・バウマン『リキッド・モダニティ――液状化する社会』森田典正訳、大月書店、2001 年〕.

（7）Fred Turner, *From Counterculture to Cyberculture* (University of Chicago Press, 2008) を参照。

（8）社会通念では、インターネット系のスタートアップ企業の 90 パーセントが失敗に終わるが、現実の状況は、何を「失敗」とみなすかに左右される部分があり、このシンプルな数字が示唆しているよりもはるかに複雑である可能性が高い。ハーバード・ビジネス・スクールのシカール・ゴーシュの研究によると、アメリカではベンチャー投資で支援を受けた企業の約 4 分の 3 が投資家の元金に対し利益の分配ができず、30–40 パーセントはすべての資産が清算され投資家は全投資金を失う結果になることが示されている。この数字は、2004 年から 2010 年にベンチャー向けの資金提供を受けた 2000 社に基づいている (Deborah Gage, 'The Venture Capital Secret: 3 Out of 4 Start-Ups Fail', *The Wall Street Journal*, 20 September 2012, at www.wsj.com/articles/SB10000872396390443720204578004980476429190)。1985 年から 2014 年までに投資されたファンドによる 7000 件強の投資にもとづいたベンチャーキャピタル投資企業ホースリー・ブリッジ・パートナーズ由来の集計データによると、投資全体の約半数は投資額以下のリターンであり、ごく一部（このデータによると 6 パーセント）が少なくとも 10 倍のリターンという大きな成功を収めた (Benedict Evans, 'In Praise of Failure' (10 August 2017), at www.ben-evans.com/benedictevans/2016/4/28/winning-and-losing)。ベンチャーキャピタル投資家らは、「死者はひっそりと葬る」とゴーシュは語る。「成功は強調するが、失敗はまったく口にしない」

（9）ブックスタットのポール・アバッシによると、NPD ブックスキャン（旧 Nielsen Bookscan）が 2019 年に報告したアメリカのハードカバーとペーパーバックの売上部数 6 億 9000 万部のうち、49 パーセントにあたる 3 億 3900 万部が Amazon.com を介して販売された。この 6 億 9000 万部という総数には、図書館への販売、出版社直販、著者直販、最小の流通チャネルを通じた販売は含まれていないが、Amazon.com、バーンズ & ノーブル、ブックス・ア・ミリオン、ハドソン・ニュース、量販店（ウォルマートやターゲットなど）と ABA に報告されている 700 以上の独立系書店は含まれ、アメリカの全印刷物売上の約 85 パーセントを占めると広く認識されている。NPD ブックスキャンでカバーされていないこの 15 パーセントの追加的な売上を考慮すると、アマゾンの実際のアメリカの印刷市場のシェアは 43–45 パーセント程度になるとアバッシは推定している。これは明らかに圧倒的な市場シェアであり、2 番目に大きい小売業者（バーンズ & ノーブル、アメリカの印刷物売上の約 21 パーセントを占める）の 2 倍以上である。NPD ブックスキャンが報じているアメリカの印刷物売上部数に占めるアマゾンの市場シェアも近年大幅に拡大しており、2015 年の 38 パーセントから 2019 年は 49 パーセントになっている（私信）。2020 年の新型コロナウイルスパンデミック時に実施されたロックダウンにより、この傾向はさらに強まり、2020 年のアマゾンのアメリカの印刷物売上シェアは、さらに 5–10 パーセント上昇するとみられる。ロックダウンによって、一部の書店の閉店が永久のものとなれば、この 2020 年の増加分の一部は、アマゾンの市場シェアの恒久的な拡大になる可能性がある。

（10）第 5 章 196–8 ページを参照のこと。

（11）オーディオブック市場におけるオーディブルのシェアについては、第 10 章 497–8 ページを参照のこと。

（12）Shoshana Zuboff, *The Age of Surveillance Capitalism: The Fight for a Human Future at the New Frontier of Power* (New York: Public Affairs, 2019)〔ショシャナ・ズボフ『監視資本主義――人類の未来を賭けた闘い』野中香方子訳、東洋経済新報社、2021 年〕.

（13）このフレーズは通常、シェフィールド大学の数学者クライブ・ハンビーの発言とされている。2017 年に〈エコノミスト〉で取りあげられた ('The World's Most Valuable Resource Is No Longer Oil, but Data', *The Economist* (6 May 2017))。サイトは次を参照のこと：www.economist.com/leaders/2017/05/06/the-worlds-most-valuable-resource-is-no-longer-oil-but-data)、Jonathan Taplin が次の重要な著作で用いている *Move Fast and Break Things: How Facebook, Google and Amazon Have Cornered Culture and What It Means for All of Us* (New York: Little, Brown, 2017). もちろん、データは石油とはまったく別の種類のリソースである。たとえば、データは石油とは異なり、使用しているうちに必ずしも枯渇するわけではない。さらに、データは行動先物市場で取引できる価値あるリソースになるまでに多くの処理を必要とする。しかし、石油が産業資本主義にとって重要であるのと同じくらい、概してデータは監視資本主義にとって重要である。

（14）第 6 章 222–3 ページを参照のこと。

（15）ここは、さまざまな形態のパワーとその基盤となるリソースについて、詳しく説明する場ではないが、その説明になる基本的な要素は次の書籍に記載されている。John B. Thompson, *The Media and Modernity: A Social Theory of the Media*（Cambridge: Polity, 1995）, pp.12–18, and Thompson, *Merchants of Culture*, pp.3–10.

（16）アマゾンのデータ収集重視の姿勢は当初からあった。初期のアマゾンで働いていたジェームス・マーカスは、1997 年にスリーピング・レディ・リゾートで行なわれた会社の旅行時にこの点が浮き彫りになった様子を次のように回想している。「当初から、データ収集もアマゾンのビジネスのひとつであることが明らかになりました。サイト内を移動するすべての顧客の行動は記録され、追跡され、それ自体が商品であることが私たちに明確に示されましたから」（James Marcus, in 'Amazon: What They Know About Us', *BBC Panorama*、2020 年 2 月 17 日に放送。www.bbc.co.uk/programmes/m000fjdz を参照のこと）。

（17）ユーザー数については、第 6 章の原注 1 を参照のこと。

（18）Siva Vaidhyanathan, *Anti-Social Media: How Facebook Disconnects Us and Undermines Democracy*（New York: Oxford University Press, 2018）, pp. 98–105〔シヴァ・ヴァイディアナサン『アンチソーシャルメディア——Facebook はいかにして「人をつなぐ」メディアから「分断する」メディアになったか』、松本裕訳、ディスカヴァー・トゥエンティワン、2020 年〕参照のこと。

（19）ジェフ・ベゾスの言葉。引用元：'Amazon: What They Know About Us'.

（20）マーカスによれば、「全体的な使命は顧客を幸せにすること、顧客を恍惚とさせること、それがジェフの目指していた精神状態です」（James Marcus の言葉。引用元：'Amazon: What They Know About Us'）。

（21）この点は、アマゾンでシニアマネジャーを長年務めていた私の情報源のひとりがしばしば強調していた。「多くの人は、アマゾンを、見事に調整された方向感覚と使命感を持つ卓越した戦略的巨大企業《ジャガーノート》という印象を持っていますが、まったくそういうものではありませんでした。多くが行き当たりばったりでした」

（22）Zuboff, *The Age of Surveillance Capitalism*, p. 11.

（23）大規模な技術系企業の行動によって生じる独占禁止法の問題についての貴重な概要については次を参照のこと：Baker, *The Antitrust Paradigm*, esp.chs.7–9.

（24）Bookshop.org は新しいオンライン書店である。2020 年 1 月にアンディ・ハンターが米国書店協会と取次業者イングラムと共同で立ちあげた。アンディ・ハンターは独立系出版やデジタル出版の世界では有名な人物である。エレクトリック・リテラチャーを設立し、カタパルトを共同で立ちあげ、リテラリー・ハブの設立パートナーでもあった。出版業界の多くの人びとと同じく、ハンターもアマゾンの支配の拡大と多くの独立系書店の苦境にますます警戒を強めるようになった。ブックショップ・ドット・オルグは、アマゾンに代わるものであると同時に、独立系書店を支援するように設計された。そのモデルはシンプルである。書店、出版社、著者、書評家、書評メディア、ブッククラブなど、本を広めたい人なら誰でもブックショップ・ドット・オルグに会員（アフィリエイト）として登録できる。アフィリエイトは、自ら売上をあげるごとに 10 パーセントの報酬を受けとる。さらに 10 パーセントがプールされ、参加している独立系書店に均等に配分される。アマゾンのような巨大企業が支配する市場で、このような小さなスタートアップ企業が足場を築こうとするのは、「ミッション・インポッシブル」のようにみえるかもしれない。しかし、無慈悲な偶然によって新型コロナウイルスの大流行でロックダウンされたことにより、ブックショップ・ドット・オルグは意外な手助けを得た。2020 年 1 月に設立され、初年度売上目標をわずか 8 週間で達成し、その年の 6 月には地元の書店に 438 万 8970 ドルもの支援金を集めたと発表した。パンデミックが終わったあとも、この勢いを維持できるかどうかはわからないが、心強いスタートである。

（25）GDPR が二大プラットフォームであるグーグルとフェイスブックにとって財政的に有益であったことを示唆するいくつかの証拠があり、両社は GDPR 導入後の 1 年間にヨーロッパで表示される広告からの収入を大幅に増やし、ヨーロッパから得た収入はヨーロッパのデジタル広告市場全体よりも増加した（Nick Kostov and Sam Schechner, 'GDPR Has Been a Boon for Google and Facebook', *The Wall Street Journal*, 17 June 2019, at www.wsj.com/articles/gdpr-has-been-a-boon-for-google-and-facebook-11560789219 を参照）。短期的には、GDPR の登場は、一部の企業に法律に抵触しないであろうという期待からデジタル広告の予算を最大手企業に集中させる後押しをしたようにもみえるが、これが長期的にどうなるかはまだわからない。

（26）Taplin, *Move Fast and Break Things*, pp. 6–8.

（27）これらの機能や役割のなかには、ふたつ以上の別々の役割に分割し別のラベルを付けられるものもある。そうすることでより精巧なスキーマが生まれるが、ここでは基本に焦点を当てるために単純化した。

（28）Michael Bhaskar, *Curation: The Power of Selection in a World of Excess*（London: Piatkus, 2016）を参照のこと。

（29）Michael Bhaskar, *The Content Machine: Towards a Theory of Publishing from the Printing Press to the Digital Network*（London: Anthem Press, 2013）を参照のこと。バスカーは、出版をコンテンツのフィルタリング、フレーミング、増幅することとして、うまく概念化した。しかし、フレーミングという概念は、広すぎて、私が形態、ジャンル、媒体、形式に切り分けた大きく異なる要素を一緒くたにしているように、私には思える。

（30）私の考えでは、バスカーの出版の本質に関する説明はこれ以外は秀逸であるが、この機能は過小評価されている。説明がないわけではないが、フィルタリング、フレーミング、増幅のプロセスを形成する「モデル」という形にのみ登場しており、それ自体が出版の重要な機能として特徴づけられていない。

（31）Robert Darnton, 'What Is the History of Books?' *Daedalus*（summer 1982）, reprinted in his *The Case for Books: Past, Present, and Future*（New York: PublicAffairs, 2009）, pp. 175–206.

（32）従来の書籍サプライチェーンに関するダーントンのもともとのモデルでは、読者と作家のあいだに緩いフィードバックループが存在し、オリジナルの図では点線で示されている（*The Case for Books* の 182 ページ）。それは、読者が「作文行為の前にも後にも作者に影響を与える」し、「作家は自分自身が読者であるからである。ほかの読者や作家と読んだり、かかわったりすることで、ジャンルやスタイルという概念と、文学的事業に関する全般的な感覚とを育み、それが自分の文章に影響するのである」（p.180）。しかし、このフィードバックループはごく弱く、広く拡散しており、先に述べた形態やジャンルという概念からみれば、次のように理解するのが最善である。つまり、一連の決まりや背景となる前提は、特定の社会的文脈や歴史的文脈のなかで作家と読者に共有され、作家によっては自分が書いているものに対しオーディエンスという概念をいくらか持っているかもしれないが、たとえ持っていたとしても、通常はひどく拡散した極めて一般的な概念で、実際の読者の好みや習慣とはほとんど関係がない可能性があるという事実と結びついている。

（33）Nicholas Carr, *The Shallows: How the Internet Is Changing the Way We Think, Read and Remember*（New York: W. W. Norton, 2010）〔ニコラス・G・カー『ネット・バカ――インターネットがわたしたちの脳にしていること』、篠儀直子訳、青土社、2010 年〕.

（34）2019 年 6 月 19 日に米労働統計局が発表した 'American Time Use Survey – 2018 Results'、www.bls.gov/news.release/atus.nr0.htm を参照のこと。

（35）Andrew Perrin, 'Book Reading 2016', Pew Research Center（1 September 2016）, at www.pewinternet.org/2016/09/01/book-reading-2016.

（36）'Buchkäufer - quo vadis?', Börsenverein des Deutschen Buchhandels（June 2018）, p.66.

（37）Hartmut Rosa, *Social Acceleration: A New Theory of Modernity*, tr. Jonathan Trejo-Mathys（New York: Columbia University Press, 2013）〔ハルトムート・ローザ『加速する社会――近代における時間構造の変容』、出口剛司監訳、福村出版、2022 年〕を参照のこと。

（38）Judy Wajcman, *Pressed for Time: The Acceleration of Life in Digital Capitalism*（University of Chicago Press, 2015）参照。ある調査によると、「いつも急かされていると感じる」と答えるアメリカ人の割合は、1965 年の 25 パーセントから 40 年後には 35 パーセントに上昇し、現在は半数弱が「ほぼいつも時間に余裕がない」と答えている（Wajcman, p.64）。

（39）Rosa, *Social Acceleration*, pp.65–70.

（40）次を参照のこと。Carlo Petrini, *Slow Food Nation: Why Our Food Should Be Good, Clean, Fair*（New York: Rizzoli, 2007）; Carl Honoré, *In Praise of Slow: How a Worldwide Movement is Challenging the Cult of Speed*（New York: Harper Books, 2005）; Wendy Parkins and Geoffrey Craig, *Slow Living*（Oxford: Berg, 2006）; Jennifer Rauch, *Slow Media: Why 'Slow' Is Satisfying, Sustainable, and Smart*（New York: Oxford University Press, 2018）.

（41）Hartmut Rosa, *Resonance: A Sociology of Our Relationship to the World*, tr. James C. Wagner（Cambridge: Polity, 2019）.

付録 2

（1）科学とテクノロジーの研究は、長らくテクノロジーがその使いかただけでなく技術デザインや製品としても、社会的な要因によって形づくられることを浮き彫りにしてきた（たとえば、Donald MacKenzie and Judy Wajcman（eds.）, *The Social Shaping of Technology*, Second Edition（Maidenhead: Open University Press, 1999）を参照）。私の見解はこれと大筋で共通しているが、社会を概念化する方法については、見解が異なる部分もある。

（2）Pierre Bourdieu, *The Field of Cultural Production: Essays on Art and Literature*, ed. Randal Johnson（Cambridge: Polity, 1993）〔ピエール・ブルデュー『社会学の社会学』田原音和監訳、藤原書店、1991 年〕; Pierre Bourdieu, 'Some Properties of Fields', in his *Sociology in Question*, tr. Richard Nice（London: Sage, 1993）, pp. 72–7; and Pierre Bourdieu, *The Rules of Art: Genesis and Structure of the Literary Field*, tr. Susan Emanuel（Cambridge: Polity, 1996）〔ピエール・ブルデュー『芸術の規則』石井洋二郎訳、藤原書店、1995–96 年〕. ブルデューのフィールドの理論を、出版業界を分析するためにどのように使用したかの説明としては、Thompson, *Merchants of Culture*, pp. 3–14 を参照のこと。

著者略歴

(John B. Thompson)

社会学者．ケンブリッジ大学名誉教授．アンソニー・ギデンズのもとで学び，邦訳のある『批判的解釈学――リクールとハーバマスの思想』（山本啓・小川英司訳，法政大学出版局，1992）や，*Ideology and Modern Culture: Critical Social Theory in the Era of Mass Communication* (1990)，*Media and Modernity: A Social Theory of the Media* (1995)，*Political Scandal: Power and Visibility in the Media Age* (2000) などの著作がある．*Political Scandal* ではアマルフィ賞を受賞．*Books in the Digital Age: The Transformation of Academic and Higher Education Publishing in Britain and the United States* (2005)，*Merchants of Culture: The Publishing Business in the Twenty-First Century* (2010，2012) など，商業出版・学術出版のそれぞれを対象とした研究でも知られ，本書はその集大成．ギデンズと共に出版社 Polity の経営に携わる．

訳者略歴

久保美代子〈くぼ・みよこ〉 翻訳家．大阪外国語大学卒業．おもな訳書に，ヤンシー・ストリックラー『2050年を生きる僕らのマニフェスト――「お金」からの解放』（早川書房，2023），アリ・ラッタンシ『14歳から考えたいレイシズム』（すばる舎，2021），カーラ・ヴァレンタイン『殺人は容易ではない――アガサ・クリスティーの法科学』（化学同人，2023）などがある．

ジョン・B・トンプソン
ブック・ウォーズ
デジタル革命と本の未来
久保美代子訳

2025年 1 月23日　第 1 刷発行

発行所 株式会社 みすず書房
〒113-0033 東京都文京区本郷 2 丁目 20-7
電話 03-3814-0131(営業) 03-3815-9181(編集)
www.msz.co.jp

本文組版 キャップス
本文印刷所 精文堂印刷
扉・表紙・カバー印刷所 リヒトプランニング
製本所 松岳社
装丁 大倉真一郎

ISBN 978-4-622-09749-5
[ブックウォーズ]